日めくり
マタニティブック

専門家のチームが、妊娠のすべてについて解説・アドバイスし、
妊娠生活の280日を1日ごとに、
豊富な写真とともに追いながらカウントダウンしていきます。

日めくり マタニティブック

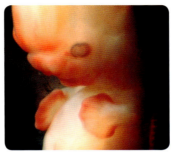

監修　ドクター　マギー・ブロット　産科医

日本語版監修　竹内正人　産科医

翻訳　松浦直美

技術評論社

Original Title: The Day-by-Day Pregnancy Book
Copyright ©Dorling Kindersley Limited, 2009, 2014
Japanese translation rights arranged with
Dorling Kindersley Limited, London
through FORTUNA Co., Ltd., Tokyo
For sale in Japanese territory only.

Printed and bound in China

Project Editors Dawn Bates, Claire Cross
Project Designers Emma Forge, Tom Forge, Peggy Sadler
Senior Editors Andrea Bagg, Anne Yelland, Emma Woolf
Senior Art Editors Sarah Ponder, Nicola Rodway, Liz Sephton
Production Editor Ben Marcus
Production Controller Alice Holloway
Creative Technical Support Sonia Charbonnier
Illustrators Debbie Maizels, Medi-Mation
Picture Researcher Sarah Smithies
Managing Editors Esther Ripley, Penny Warren
Managing Art Editors Glenda Fisher, Marianne Markham
Publisher Peggy Vance

UPDATED EDITION
Project Editor Martha Burley
Design Assistant Kate Fenton
Senior Pre-Production Producer Tony Phipps
Creative Publishing Manager Anna Davidson
Managing Art Editor Christine Keilty

● 本書は英国DK社（www.dk.com）によるベストセラー書籍『The Day-by-Day Pregnancy Book』を、日本語版として翻訳したものです。

● 本書記載の情報は、本書制作時 2017 年 5 月時点のものを掲載しています。本書のご利用時には情報が更新されている場合もありますのでご注意ください。

● 本書に記載された内容は、情報の提供のみを目的としています。翻訳にあたり内容の検討を十分におこないましたが、本書を用いた運用については、必ずお客様自身の責任と判断によっておこなってください。これらの情報の運用の結果について、技術評論社および監修者、翻訳者はいかなる責任も負いません。

監修
ドクター マギー・ブロット
産科医

マギー・ブロット医師は30年以上にわたって産科、婦人科の領域に携わってきました。ロンドンのキングス・カレッジ病院およびユニバーシティ・カレッジ病院では産科医、英国産科婦人科学会ではスポークスパーソンを務め、婦人科系の問題を抱える女性のためのコラムを雑誌に寄稿した経験もあります。現在は、アブダビの病院に産科医として勤務し、妊娠中のケアにも分娩にも積極的にとり組んでいます。

日本語版監修
竹内正人 (たけうち まさと)
産科医

学生時代より世界諸国を放浪。日本医科大学、米国ロマリンダ大学、日本医科大学大学院卒業後は、主に周産期医療、国内外の母子保健、グリーフケアに携わってきました。現在も地域・国、医療の枠をこえて、さまざまな取り組みを展開しています。『マイマタニティーダイアリー』（海竜社）ほか多数の著書・監修書もあります。

オフィシャルサイト『産科医 竹内正人 Accept & Start!』
http://www.takeuchimasato.com/

翻訳
松浦直美 (まつうら なおみ)

バイリンガルのアート雑誌の編集を経て、翻訳家として活動しています。主な訳書に『新編 シアーズ博士夫妻のマタニティブック』（主婦の友社）、『世界のアート図鑑』『ヒミツの子ねこ』シリーズ（ポプラ社）があります。

執筆協力

ドクター キャロル・クーパー、
フリーデリーケ・エーベン、
ドクター カトリーナ・アースキン、
ドクター ローラ・グッツル、
ドクター ベリンダ・グリーン、
ドクター ディアドレ・ゲラン、
アマンダ・ハッチャーソン、
ドクター フィリッパ・ケイ、
ドクター スー・ローレント、
アンドリュー・ラウニー、
ドクター ポール・モラン、
メリンダ・ニッチ、
キャサリン・パーカー – リトラー、
ドクター ホープ・リッチョッティ、
ドクター ヴィンセント M. リード、
ドクター メアリー・スティーン、
カレン・サリヴァン、
サリー・ワトキン

目次

- はじめに 8
- この本の構成 10

すこやかな妊娠生活 12
- 妊娠中の食事 14
- 安全に運動する 18
- セックスとふたりの関係 19
- 病気と薬 20
- 身のまわりの有害物 24
- 肌、毛髪、歯 26
- 妊娠中の旅行 28

マタニティ日めくり 30
- ようこそ妊娠初期の世界へ 32
  - 第1週（妊娠0週1日〜1週0日）................. 34
  - 第2週（妊娠1週1日〜2週0日）................. 42
  - 受胎 50
  - 第3週（妊娠2週1日〜3週0日）................. 52
  - 遺伝子と遺伝 54
  - 第4週（妊娠3週1日〜4週0日）................. 62
  - 第5週（妊娠4週1日〜5週0日）................. 70
  - 第6週（妊娠5週1日〜6週0日）................. 78
  - 変わりゆく世界 82
  - 第7週（妊娠6週1日〜7週0日）................. 88
  - 筋肉を強化し整えるエクササイズ 90
  - 流産 94
  - 第8週（妊娠7週1日〜8週0日）................. 98
  - 英国の妊婦健診 102
  - 第9週（妊娠8週1日〜9週0日）............... 108
  - 赤ちゃんの命を支える仕組み 112
  - 第10週（妊娠9週1日〜10週0日）........... 118
  - NHSの病院での妊婦健診 122
  - 第11週（妊娠10週1日〜11週0日）......... 128
  - 第12週（妊娠11週1日〜12週0日）......... 136
  - 超音波検査による妊娠日数の算出 138
  - スクリーニング検査 142
- 妊娠中期へようこそ 148
  - 第13週（妊娠12週1日〜13週0日）......... 150
  - 確定診断検査 152
  - 第14週（妊娠13週1日〜14週0日）......... 160
  - 第15週（妊娠14週1日〜15週0日）......... 168
  - 第16週（妊娠15週1日〜16週0日）......... 176
  - 第17週（妊娠16週1日〜17週0日）......... 184
  - 第18週（妊娠17週1日〜18週0日）......... 192
  - 安全に運動する 196
  - 第19週（妊娠18週1日〜19週0日）......... 202
  - 第20週（妊娠19週1日〜20週0日）......... 210
  - 妊娠20週の超音波検査 214
  - 第21週（妊娠20週1日〜21週0日）......... 220
  - 第22週（妊娠21週1日〜22週0日）......... 228
  - 第23週（妊娠22週1日〜23週0日）......... 236
  - 第24週（妊娠23週1日〜24週0日）......... 244
  - 腹部のエクササイズ 250
  - 第25週（妊娠24週1日〜25週0日）......... 254
- 妊娠後期へようこそ 262
  - 第26週（妊娠25週1日〜26週0日）......... 264
  - 第27週（妊娠26週1日〜27週0日）......... 272
  - 第28週（妊娠27週1日〜28週0日）......... 280
  - 赤ちゃんの発育と健康を評価する 284
  - 第29週（妊娠28週1日〜29週0日）......... 290
  - 第30週（妊娠29週1日〜30週0日）......... 298
  - どのような出産にしたいか考える 302
  - 第31週（妊娠30週1日〜31週0日）......... 308
  - 双子 312
  - 第32週（妊娠31週1日〜32週0日）......... 318
  - 第33週（妊娠32週1日〜33週0日）......... 326
  - 第34週（妊娠33週1日〜34週0日）......... 334
  - 第35週（妊娠34週1日〜35週0日）......... 342
  - 英国における産前産後の権利と手当 348
  - 第36週（妊娠35週1日〜36週0日）......... 352
  - 第37週（妊娠36週1日〜37週0日）......... 360
  - 第38週（妊娠37週1日〜38週0日）......... 368
  - 第39週（妊娠38週1日〜39週0日）......... 376
  - 第40週（妊娠39週1日〜40週0日）......... 384
  - 出産予定日を過ぎたら 393

陣痛と分娩 394
- 鎮痛方法いろいろ 396
  - 痛みに対処する 397
  - 薬に頼らない鎮痛方法 398
  - 薬を使う鎮痛方法 402
- 分娩第1期 408
  - 出産が近づいています 409
  - 分娩の進行 412
  - 分娩の経過を監視する 418
  - 分娩第1期の体位 420
- 分娩第2期と第3期 422
  - 赤ちゃんを娩出する 423
  - 赤ちゃんが生まれたら 428
- 特殊なケース 430
  - 早期産（早産）.................................... 431
  - 分娩の誘発 432
  - 骨盤位（逆子）の赤ちゃん 433
  - 多胎の出産 434
  - 器械分娩 436
  - 帝王切開 438

新生児との生活 440
- 産後12時間 442
- 第1週：1日目 退院 444
- 第1週：2日目 家に落ち着く 445
- 第1週：3日目 毎日のお世話 446
- 第1週：4日目 初めてのお出かけ 447
  - 授乳 448
- 第1週：5日目 診察を受ける 450
- 第1週：6日目
  - 自分のやり方をみつける 451
  - 特別な治療が必要な赤ちゃん 452
- 第1週：7日目
  - 赤ちゃんのことがわかってくる 454
- 第2週：8日目 健康的な生活 455
- 第2週：9日目 自分も大切に 456
- 第2週：10日目 赤ちゃん時間 457
- 第2週：11日目 よく考えて決める 458
- 第2週：12日目 振り返ってみる 459
- 第2週：13日目 お互いを思いやる 460
- 第2週：14日目 新たなはじまり 461
- 産後6週健診 462

よくある不安と問題 464
- 妊娠中によくある不安 466
  - 全身症状 466
  - 皮膚の変化 467
  - 乳房の問題 467
  - 消化の問題 467
  - 心臓、血液循環の問題 468
  - さまざまな痛み 469
  - 泌尿器と膣の問題 471
- 妊娠中・分娩時に起こる問題 472
  - 妊娠中に起こる問題 472
  - 分娩時に起こる問題 474
- 出産後の不安 475
  - お母さんの問題 475
  - 赤ちゃんの先天的な疾患 476
  - 誕生後の赤ちゃんの問題 477

- 用語集 478
- 本文内容に関する注 480
- 索引 482
- Acknowledgments 495

はじめに

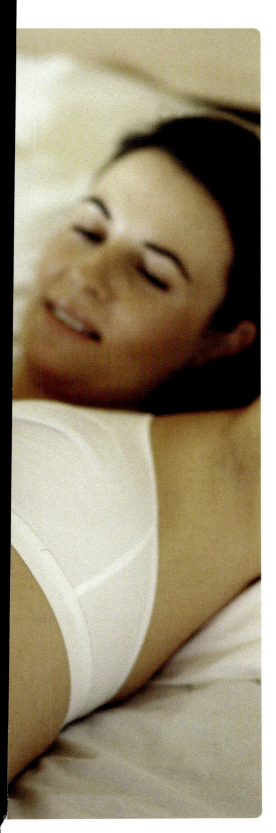

妊娠・出産は生物学的には普遍的現象ですが、文化でもあるので、国、時代によってその認識は違ってきます。自然妊娠・自然出産が主だった日本も、晩婚・晩産傾向、医療の発展により、不妊治療による妊娠、無痛分娩、帝王切開は年々増えています。胎児、妊娠のメカニズムの知見がより解明され、出生前診断も普及してきています。

ところが、こうした変化は妊婦の不安をかえって増長させているように感じます。そこには情報の氾濫も影響しているのでしょう。これまで私は数多の書籍に関与してきましたが、現代の多様化した情報を、これほど包括的に、豊富なビジュアルを用いて、1日ごとに解説している本を知りません。しかも不安を煽ることのない客観的な記述は、女性だけでなく男性にも受け入れられることでしょう。

本書は多領域の専門家により執筆されていますが、翻訳にあたっては翻訳家の松浦直美さん、編集の佐藤丈樹さんと再度、細部まで医療的な検証もしています。その一方で興味深い英国の事情はそのまま掲載し、監修者注と補足情報を追加しました。ていねいに産み出せた本書を、こうして日本の読者の皆さまに提供できる喜びを、今感じています。

日本語版監修　産科医　竹内正人

妊娠期間は、女性がとても大切なライフステージのひとつを迎え、妊娠・出産に関する知識を速やかにとり入れて理解しなければならない特別な期間です。かつては、出産は助産師や親類の女性たちに世話をしてもらいながら自宅でおこなわれるのが一般的で、妊娠も出産も身近なできごとでした。今日では、そのような直接的な体験は稀で、女性は妊娠・出産についてまったく知識がないか、初産で得た知識しかもっていないことが多いのです。結果的に、すべてでないとしても多くの女性が、不安と好奇心のまじりあった気持ちで妊娠に向き合うことになります。そして、自分がどのようなライフスタイルを選ぶかによって、自分自身と赤ちゃんの健康が大きく左右されるのだとわかると、たいてい不安や好奇心に拍車がかかります。ですから、女性が妊娠について正確で、バランスのとれた情報を容易に入手できることがとても大切になります。

この本には、さまざまな分野の専門家たちが情報を提供しています。中核となる情報を執筆してくれた助産師、内科医、産科医、小児科医の経験を総合すると、妊娠・出産のあらゆる段階にいる何千人もの女性たちのケアにたずさわり、何千人もの赤ちゃんの分娩に立ち会い、産後のお母さんや生まれた赤ちゃんの支援とケアをしてきたことになります。彼らの専門知識を結集した、妊娠期間、分娩、出産後の期間を網羅する記録を補うのが、栄養士による食生活についての、また、ライフスタイルおよび運動の指導者によるエクササイズについての専門知識です。この本の情報はすぐに役に立ち、詳しく、わかりやすい説明とアドバイスばかりですので、女性が妊娠を計画し、妊娠中に経験する多くの変化にうまく対処し、安全で自分に合った出産計画を立てるうえで欠かせないものとなるでしょう。

ほとんどのマタニティブックは女性のために書かれています。今日では、多くの男性が産まれてくる赤ちゃんの発達をよく知っておきたいと思っているのに、情報が乏しく疎外感を覚えることが少なくありません。この本では、妊娠中に起こる変化について、パートナーの不安をとり除くような説明をしていきます。女性には、妊娠中や親としての生活をスタートさせるときからパートナーに育児に参加してもらうためのアドバイスも盛り込んでいきます。

Margaret J. Blott

ドクター　マギー・ブロット

この本の構成

　この本は、すこやかで安全な妊娠生活を楽しむための手引きと、妊娠前の期間にもほぼ共通するライフスタイルのアドバイスからはじまります。本の中核となる部分では、妊娠を1日ごとにみて、体のなかでどのような物理的・情緒的な変化が起こるかを詳しく説明し、赤ちゃんが子宮のなかでたどる成長過程について興味深い見解も紹介します。陣痛・分娩の章では、分娩の過程をひと通り説明し、それに続く章で、赤ちゃんが生まれてからの2週間を大まかにみていきます。最終章では、妊娠中、分娩時、産後のお母さんと赤ちゃんに起こりうる諸問題と、よくある不安をとりあげます。

すこやかな妊娠生活

　この章では、みなさんがライフスタイル選びをするうえで必要な情報を提供します。妊娠期間を通してできるだけすこやかに過ごし、赤ちゃんにできるだけよい人生のスタートを切らせてあげるには、どのようなライフスタイルが適しているかを知りましょう。また、安全に運動し、健康的な食生活を送り、体によくないものを避け、病気に対処するためのアドバイスもしていきます。そして、妊娠による情緒的・身体的な変化がパートナーとの関係に影響するのではないかという不安についてもとりあげます。

マタニティ日めくり

　この章では、受胎と妊娠の驚くべき物語を、全妊娠日数の280日を1日ごとに追いながら陣痛のはじまりまでお話ししていきます。赤ちゃんがどのように成長し、お母さんの体にどのような変化が起こっているのかを1日単位でみていきましょう。妊娠期間の40週、280日を、初期、中期、後期にほぼ3等分して考えます。単に時期的な目安となるだけではなく、3つの期間はそれぞれ、赤ちゃんの成長においても、妊娠の進み具合においても、特徴的な段階を示しています。

妊娠初期　この本では妊娠初期を第12週（妊娠12週0日）までと定義しています（注：日本では通常、妊娠初期を妊娠13週6日まで、中期を妊娠14週0日～27週6日、後期を妊娠28週0日以降とする。本書での週の数え方とその対応に注意）。妊娠初期は月経のはじまりから、通常およそ2週間後になる受胎の瞬間までの期間を含みます。受胎の瞬間は正確にわからないため、確実に特定できる日、つまり月経周期の初日を妊娠のはじまりとするのです。正確には、妊娠がはじまるのは月経開始から2週間たってからですが、その2週間はすこやかな妊娠生活を送るうえで非常に大切です。そこでこの本では、受胎のため、そして初期胚が着床するための準備が子宮のなかでどのように進んでいるか、日を追って説明し、食生活について助言するとともに、妊娠の可能性を高めるためにどんなことができるか、不妊治療の専門家からのアドバイスを紹介します。

　妊娠初期は並外れた展開がみられる期間です。赤ちゃんの主要な器官がすべて形づくられ、人はこの期間に生涯のどの時期よりも急速に成長します。1日ごとに、お母さんと赤ちゃんが経験する変化を説明し、心身ともに参ってしまうような妊娠初期の変化にどう対処できるかを紹介します。また、この時期のお母さんによくある感情を率直に分析しますので、前向きな感情だけでなく、消極的な感情があってもいいのだと安心できるでしょう。妊婦健診について実際に役立つ情報を紹介し、どのような選択肢があるかを詳しく説明するので、妊娠を計画し、どのような出産をしたいか考えはじめる参考になるでしょう。

妊娠中期　妊娠中期は第13週から25週まで（妊娠12週1日から25

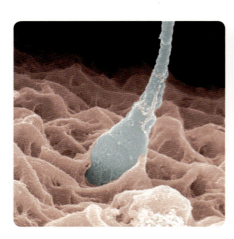

週0日まで）です。赤ちゃんは成長し続け、器官がさらに成熟します。中期になると、赤ちゃんの成長がお母さんの体のラインにあらわれはじめたり、お母さんが赤ちゃんの動きを感じられるようになったりと、エキサイティングな期間となるでしょう。けれども、中期は女性がさまざまな症状を感じる時期でもあります。ほとんどがまったく正常な妊娠の過程で起こるものですが、なんらかの問題を知らせている場合もあります。例えば腹痛の原因には、靱帯が引き伸ばされている、便秘しているなどが考えられますが、胎盤に問題がある場合もあります。そのような症状については、関係する妊娠の段階で詳しく説明してみなさんの不安をとり除き、助産師や医師に知らせるべきより深刻な問題が疑われる場合について注意を促します。

妊娠後期　妊娠後期は妊娠26週から40週まで（妊娠25週1日から40週0日まで）です。赤ちゃんは成長と成熟を続け、早く生まれたとしても子宮の外で生命を維持することができます。妊娠後期にはお母さんの体は分娩に向けて準備をはじめます。この本では、妊娠後期にどんな変化がなぜ起こるのかを説明するとともに、どのような状態なら問題がないか、どのような症状は助産師や医師に報告する必要があるかをアドバイスします。出産経験のある女性たちに体験談を語ってもらい、医師や助産師にはよくきかれる質問をあげてもらうことで、重要な情報を集めた知識バンクを提供します。産前産後の休業に関することから、妊娠中のセックスがおなかの赤ちゃんに影響しないということまで、実用的なアドバイスが出産前の数週間をのりきるうえで役立つでしょう。

陣痛と分娩

　陣痛をうまくのりきるのにもっともいい方法のひとつは、陣痛の段階を理解することです。陣痛と分娩の章では、専門家のチームが陣痛の過程を詳しくとり上げ、それぞれが専門的な見解を述べます。助産師は正常分娩について述べ、薬を使わない鎮痛方法を紹介します。麻酔医は医学的な鎮痛方法にどのような選択肢があるかを説明し、硬膜外麻酔の流れとそのメリットとデメリットについて掘り下げます。ほとんどの女性が問題なく正常分娩で出産しますが、平均して25％の女性が帝王切開で、約10～12％が吸引分娩や鉗子分娩で出産します（**注**：日本での帝王切開率は18.6％。2011年日本産婦人科医会調査）。産科医は難産についてとり上げ、合併症や、必要となる可能性がある医療介入を解説します。

新生児との生活

　この章では、産後間もなくの、生まれた赤ちゃんとの生活に慣れるまでの日々を、1日ごとにみていきます。小児科医は赤ちゃんのお世話という実際的なことを説明し、助産師にお母さんの情緒面と肉体面での変化を重点的にとり上げます。お母さんは体が回復しつつあるなか、赤ちゃんの世話をしたり、授乳したりミルクを飲ませたりという新たな役割にとり組むようになると、さまざまな変化を経験するからです。

よくある不安と問題

　この参考ページは、妊娠中および分娩時に起こりうる問題と、お母さんと赤ちゃんの産後のトラブルに関する、わかりやすいガイドです。明確な説明があれば、みなさんは医学的な情報をしっかりのみこみ、どのような症状なら心配いらないかを理解できます。また、妊娠中、分娩時、産後になんらかの深刻な問題が起こった場合にどのような対処をすればよいかがわかるので安心できるでしょう。

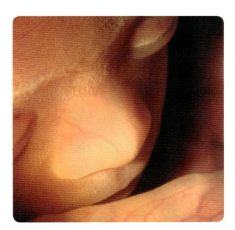

妊娠中は、畏れと驚きの入り混じった気持ちになることや、
ワクワクすることばかりでなく、自分自身や赤ちゃんの幸せを
思って不安になることもあるものです。妊娠中のお母さんの行動が
短期的にも長期的にも赤ちゃんの健康に影響するということは
どんどん解明されてきているので、現代の女性は確実に
赤ちゃんのためになるライフスタイルを選ぶことができます。
すこやかな食生活を送り、日ごろから運動し、
体に悪いものを避けることすべてが、赤ちゃんにできるだけ
すばらしい人生のスタートを切らせてあげるのに役立つでしょう。

すこやかな妊娠生活

妊娠中の食事

お母さん自身がすこやかでいられるように、また赤ちゃんのすこやかな成長のためにも、妊娠中を通じて栄養価の高いバランスの取れた食事をすることが大切です。

1日を通して規則的で栄養価の高い食事と間食をとることで、十分なエネルギー量が確保され、赤ちゃんに、すこやかな発育に必要なさまざまな栄養素やエネルギーを届けることができます。

近年、研究が進み、どのようなものが含まれているのが妊娠中の食事として健康的なのかがわかってきました。先天異常を予防するうえで葉酸（p.16参照）が重要だということがいまや定説になっているように、出生後の健康がさまざまな面で母親の妊娠中の食生活に影響される可能性があると示す証拠は山のようにあります。現在の考え方では、妊娠中に理想的な栄養状態を維持すれば、赤ちゃんが将来的に肥満や糖尿病、心臓病になるリスクが低くなる可能性があるとされています。

また、妊娠中の栄養状態が良好なら、お母さんの健康状態もよくなり、妊娠にともなうさまざまな変化にも対処しやすくなるでしょう。

健康的な食生活

たんぱく質、炭水化物、脂質を妊娠中にバランスよくとるのは難しくありません。妊娠中だからといって、摂取割合がふだんと変わるわけではなく、摂取カロリーの50～60％は炭水化物、25～35％は脂質、20％はたんぱく質からとるのが理想です。食事のたびに、または毎日、この栄養バランスを気にする必要はありませんが、1週間でみたときにバランスがとれるようにしましょう。野菜、果物、精白されていない穀物、良質のたんぱく質と脂質をたくさん含む食事なら、自然と栄養バランスはよくなるものです。

炭水化物

炭水化物は、お母さんだけでなく赤ちゃんにとっても大事なエネルギー源となります。ブドウ糖（グルコース）に分解されて胎盤を通過しやすくなるからです。1回量の目安を食パンなら1枚、シリアルなら60g、ゆでたパスタなら75gと考え、1日に4～6回とるようにしましょう。

炭水化物は、精白済みと未精白の、ふたつのグループに分けられます。一般的に炭水化物なら白いものはよくありません。白米や白いパンなどの精白されたものは、急速に分解され、血液中に入って血糖を急増させることになるためです。いまのところ確証はないものの、血糖値が急激に上がると、赤ちゃんが標準以上に大きくなる、出生後に肥満になる危険性が生じるなど、健康に影響する可能性が指摘されています。

精白されていない炭水化物は加工の度合いが低いので、分解されるのに時間がかかり、血液中にブドウ糖を安定的に放出します。また、便秘予防に役立つ食物繊維も多く含まれます。未精白の炭水化物のほうがより健康的なので、摂取する炭水化物すべてとはいかなくても、少なくとも半分は未精白のものにするべきです。全粒粉パンやいろいろな穀物を使用したパン、玄米、全粒粉パスタやシリアルなどが、未精白の炭水化物の例です。

たんぱく質

たんぱく質は、お母さんの体のためにも、赤ちゃんと胎盤の成長にも欠かせません。妊娠中の女性には、1日約60gのたんぱく質が必要です。目安となる1回量を、赤身の肉なら85g、魚なら150gとし、1日にたんぱく質の豊富な食物を2～3回とりましょう。ほとんどの成人が1日に約100gのたんぱく質を摂取しているので、通常は摂取量を増やす必要はありません。毎食たんぱく質をとっている場合はなおさらです。ベジタリアンなら、毎回の食事だけでなく間食にもたんぱく質をとり入れましょう。ふたり以上を妊娠しているなら1日に80g、授乳期には1日70gのたんぱく質が必要です。

飽和脂肪酸の少ないたんぱく質源を選ぶようにしましょう。皮なしの鶏肉、赤身の牛肉や豚肉、豆腐、低脂肪のチーズやヨーグルト、スキムミルクなどです。魚、ナッツ、種子類にはより体にいい不飽和脂肪酸（次ページ参照）が含まれていますが、なかには赤ちゃんに悪い影響をおよぼす水銀を含んでいるため、摂取量を制限したほうが

よい魚があります（p.96 参照）。

脂質

脂質にはビタミンが溶けており、細胞の健常な成長に役立ちます。ただし、脂質は栄養摂取全般でみれば貢献度が高くても、とりすぎないよう注意が必要です。魚や、特定の油に含まれる、より健康的な不飽和脂肪酸をとるようにしましょう。高脂肪の乳製品や肉に含まれる飽和脂肪酸や、加工食品に含まれるトランス脂肪酸（注：アメリカでは2018年8月までに食品添加物から全廃予定）は、健康によくありません。

オメガ3脂肪酸 複数の研究が、オメガ3脂肪酸は赤ちゃんの神経系の発達を促進する可能性があることを示しています。脂肪分の多い魚は、オメガ3脂肪酸の宝庫です。ただし、水銀含有率の高い魚（p.96参照）は避け、オメガ3脂肪酸が豊富で、かつ安全なサケやイワシを選びましょう。天然のサケにはオメガ3脂肪酸が非常に多く含まれますが、養殖のサケにも豊富です。そのほか、オメガ3脂肪酸強化卵、アマニ、アマニ油、クルミ、菜種（キャノーラ）油、オメガ3系サプリメント、オメガ3脂肪酸を含む妊婦用ビタミン剤などがあります。

乳製品

乳製品はたんぱく質と脂質だけでなく、カルシウムやビタミン類も豊富なため、食生活を考えるうえで重要な要素です。カルシウムは、骨や歯の健全な成長に不可欠です。低脂肪の乳製品を選ぶようにしましょう。1回量の目安をハードチーズなら30g、牛乳なら200mLとして、1日に2〜3回分を目標にしましょう。

ビタミン、ミネラル

妊娠中は、ビタミンやミネラルをたくさんとる必要があります。お母さん自身の健康のためにも、おなかの赤ちゃんにとっても大事なものだからです。ビタミンやミネラルは、体の組織がうまく機能するように助けます。また、抗酸化物質を含んでおり、フリーラジカルという有害な化学物質から体を守ってくれます。ここでは、特に重要なビタミンやミネラルが豊富に含まれる食品を紹介していきます。果物と野菜をたくさんとり入れて、いろいろな食品を食べて

1日の推奨摂取量

健康的でバランスの取れた食生活を送ることが、妊娠中にはきわめて大切です。そうすることで、体の求めに応じてしっかり栄養をとり、赤ちゃんに必要な栄養素を届けられます。さまざま種類の健康的な食物をとり入れることで、自分自身も赤ちゃんも確実にバランスよく栄養をとれるのです。主要な食品群（前ページ参照）から毎日いろいろな食品をとり入れ、新鮮な果物と野菜を多くとり、便秘予防のために水をたくさん飲みましょう。

魚、赤身の肉、鶏肉、豆類、チーズ、ナッツなど、**たんぱく質の豊富な食品を1日に2〜3回量**とり、赤ちゃんの体がすこやかに形成されていくようにしましょう。

毎日、牛乳、チーズ、ヨーグルトなど**乳製品を2〜3回量**とり入れるようにしましょう。できればどれも、低脂肪のものを選びましょう。

未精白の炭水化物を1日に4〜6回量とりましょう。玄米、全粒粉のパンやパスタなどを食べると十分なエネルギーを確保できるうえ、食物繊維もしっかりとれます。

1日に野菜を3〜4回量食べると、妊娠中不可欠なビタミン類、ミネラル類がたくさんとれます。いろいろな色の野菜を食べるよう心がけ、火を通しすぎないようにしましょう。

新鮮な果物を毎日4〜5回量食べると、さまざまなビタミンやミネラルがとれ、その多くには体のためになる抗酸化物質が含まれています。

毎日、卵や緑色の濃い葉物野菜など、**鉄を多く含む食品を1〜2回量**とりましょう。必要量の増える妊娠中に、体内の鉄量を健全なレベルに保ちやすくなります。

新鮮な果物や野菜をたくさん食べると、妊娠中すこやかに過ごす助けとなります。体に必要なさまざまなビタミンやミネラルを備えておけるからです。

すこやかな妊娠生活

いれば、体に必要なビタミンとミネラルは摂取できるはずですが、いくつか例外があります。例えば、妊娠中に必要とされる量の鉄分を食事からとるのは難しいかもしれません。妊娠中は血中のヘモグロビンの値がチェックされ、必要なら鉄剤が処方されるかサプリメントの利用をすすめられるでしょう。また、妊娠前と妊娠初期には葉酸のサプリメントも必要です（右記参照）。

ビタミンA 目、皮膚、髪の健康に重要なビタミンです。アンズ、パプリカ、ニンジン、トマトなど、オレンジ色の果物や野菜に多く含まれます。

ビタミンB 体のシステムがうまく機能するために必要で、体が感染と闘う力を強めます。バナナ、牛乳、未精白の穀物、チーズ、キャベツなどに豊富です。

ビタミンC 鉄の吸収を促すとともに、感染予防に役立ちます。柑橘類、キウイ、パプリカ、ブロッコリー、ホウレンソウなどに豊富です。

ビタミンD カルシウムの吸収を助けます。卵、緑色の濃い葉物野菜に含まれ、日光浴をすることでも得られます。外出できない、または戸外でほとんど肌を出すことがないなどの理由で、日光を浴びる量が限られている女性や、アフリカ、南アジア、中東またはカリブ出身の女性は、ビタミンDのサプリメントを1日に10μgとるといいでしょう。

ビタミンE 抗酸化物質が含まれ、皮膚、髪、筋肉をよい状態に保ちます。ナッツや種子類に多く含まれます。

葉酸 さまざまな研究が、食品やサプリメントから十分な葉酸をとると、二分脊椎などの神経管欠損症のリスクを最大で50%下げる可能性があることを示しています。神経管欠損症では、妊娠6週までに閉じるべき胎芽の神経管が開いた溝のままになり、脳や脊髄の発達が不完全になります。葉酸は神経管が完全に閉じるよう促すので、妊娠中の女性は葉酸の豊富なものを食べるとよいとされています。葉酸は緑の濃い葉物野菜や、豆類、葉酸が強化されたシリアルに多く含まれます。食事だけでは十分な葉酸をとることができないことがあるため、妊娠前と妊娠初期には毎日400μgの葉酸サプリメントをとるようすすめられる場合もあります。

鉄 赤血球中のヘモグロビン合成に必要で、肉、魚、卵、干しアンズ、ホウレンソウ、ブロッコリーなどに含まれています。

カルシウム 骨と歯の健康に欠かせません。乳製品、卵、カルシウムが強化されたシリアル、葉物野菜などに含まれています。

亜鉛 すこやかな免疫系を維持するのに役立ちます。バナナ、魚介類、ナッツに含まれています。

ベジタリアンの食事

乳製品を含め、動物性の食品をいっさいとらないビーガン（完全菜食主義）や、ベジタリアンの食事は、妊娠中にも安全で健康的です。ただし、栄養バランスをきちんと考え、たんぱく質（p.126参照）を十分にとるようにしてください。ベジタリアンのお母さんからは、だいたい健康的な出生体重の赤ちゃんが生まれます。しかし、ビーガンのお母さんはかなり気をつけて十分なたんぱく質と、ビタミンB12と亜鉛を確実にとれるようにする必要があります。ビーガンのお母さんがビタミンB12の必要量を満たすには、酵母エキスやベジストック、ベジバーガー、大豆ミート、豆乳、植物性およびヒマワリ油のマーガリン、シリアルなどの食品をとり入れるといいでしょう

(p.121 参照)。

低 GI 食

炭水化物が分解されてできるブドウ糖（グルコース）は、成長中の赤ちゃんにとっていちばんのエネルギー源になります。栄養学の新しい概念、グリセミック指数（GI値）は、それぞれの食品が血糖値をどれだけ上げるかを示すものです。未精白の炭水化物は時間をかけてブドウ糖を放出するので GI 値が低く、精白済みのものより健康的だと考えられます。

低 GI 値の食生活を送る利点

グリセミック指数の低い食生活は、お母さんと赤ちゃんの健康にいいということが裏づけられています。お母さんが炭水化物をとると血液中のブドウ糖濃度に影響する可能性があり、それが赤ちゃんの成長にも影響する場合があります。正常域であっても、ブドウ糖濃度が高めだと、赤ちゃんは（p.284 にある赤ちゃんの成長曲線で上位 10％にはいるくらい）大きくなるかもしれません。出生体重が多いと、のちに肥満や糖尿病や心臓病などの健康上のリスクがついてまわるといわれています。GI 値の低い食生活を送った女性の赤ちゃんは標準的な大きさで、GI 値の高い食生活を送った女性の赤ちゃんより体脂肪が少なかったという研究結果もあります。

低 GI 値の食事は、妊娠糖尿病（p.473 参照）のお母さんの血糖値をコントロールする助けにもなり、妊娠糖尿病にともなう陣痛・分娩時に起こる問題を回避することにもつながります。

妊娠中の摂取カロリー

1 日の推奨摂取カロリーは 2100 〜 2500 kcal で、妊娠後期にはおよそ 200kcal（バナナ 1 本または牛乳 1 杯分）増やすことになります。妊娠前の体重と活動レベルによって、必要となるエネルギー量は異なるでしょう。

妊娠中に適正に体重を増やしていくことは、お母さんと赤ちゃんのためになります。体重増加が推奨されている範囲（p.99 参照）におさまっていれば、出産後に妊娠前の体重に戻りやすいでしょう。妊娠中に体重が増えすぎると、赤ちゃんが大きくなり、その子の将来に健康上のリスクをもたらすことになります（上記参照）。逆に、体重増加が少なすぎても、出生後の赤ちゃんの健康にとって理想的ではありません。

特に気をつけるべきこと

食事についての注意

おなかの赤ちゃんを危険から守るために、食べないか、食べる量を制限したほうがいい食品があります。基本的な調理法を見直し、衛生対策をしっかりとることも、リスクを減らすうえで重要です。

リステリア菌は食物が媒介する菌で、妊娠中は感染しやすくなります。加熱処理されていない、または不適切に管理された乳製品を介して広がります。動物が媒介することもあるので、生肉は適切に扱うことが大切です。リステリア菌を避けるため、ホットドッグ、ハムなどの加工肉、惣菜はしっかり熱を加え、肉を使ったパテ、加熱処理されていない乳製品は避け、ソフトチーズはラベルを確認し、殺菌済みの乳が使われているものを選びましょう。

水銀を含む魚介類は胎児の神経系の発達に影響しかねません。妊娠中は、メカジキ、サメ、マカジキ、淡水魚を避けましょう。安全な摂取量にとどめておくには、マグロやサバ、イワシやマスなどの脂ののった魚は、週に 2 人前（1 人前は 140g）までにしておきましょう（p.96 参照）。

トキソプラズマは猫の糞や、生の牛肉、豚肉、羊肉を介して広がる寄生虫で、胎児に害をおよぼす可能性があります。猫のトイレの掃除は避け、生肉を扱うときは台所を衛生的に保ち、野菜などほかの食品を汚染しないように気をつけましょう。肉はすべて、よく火を通してください。

サルモネラ菌は鶏肉や卵に含まれます。感染すると、ひどい嘔吐を引き起こすことがありますが、胎児に直接影響はありません。生または半熟の卵を含む製品は避け、鶏肉は完全に火を通すようにしましょう。サルモネラ菌は加熱調理によって死滅するからです。

BMI（体格指数）

妊娠がわかると、医師か助産師がお母さんの BMI（体格指数）を計算します。

BMI は身長と体重に基づいて体脂肪を推定するものです。BMI を計算することで、身長に対して健康的な体重か、妊娠中に体重が原因で問題が起こりそうかを知ることができます。

BMI は、体重（kg）÷（身長（m）の 2 乗）で算出し、18.5 〜 25 未満は標準、25 以上は肥満、18.5 未満はやせ、とされています。

妊娠中に低体重になると、早産の危険性が高まったり、赤ちゃんの成長が制限されたりします。過体重になると、高血圧、妊娠高血圧症候群（p.474 参照）、妊娠糖尿病（p.473 参照）などの問題が生じるリスクが高まり、大きい赤ちゃんを出産する確率が高くなるでしょう。これらの因子は分娩時に問題が起こる可能性を高めます。

（補足）日本では 20 歳代、30 歳代女性の BMI が減少の一途をたどっていて、BMI 18.5 未満のやせの基準にあてはまる女性が 4 分の 1 にも達しています。やせ願望などから不自然なダイエットをおこなっていることが懸念され、このような女性が妊娠した場合、妊娠前と変わらない食事摂取を継続する可能性が危惧されています。

安全に運動する

妊娠中に体を整えておけば、お母さんにも赤ちゃんにもいいことがたくさんあります。
また、陣痛・分娩時の持久力も増します。

運動中にも、運動の前後にもたくさん水を飲み、**しっかり水分補給しましょう。**

妊娠する前に決まったプログラムで運動していた人は、医師や助産師の許可があれば妊娠初期にそのまま同じ運動をしてかまいません。妊娠が進むにつれ、内容を変えたほうがよくなる場合もあります。

妊娠前に運動する習慣がなかったなら、いまこそ新たにより健康的な習慣をつけるのにふさわしいときです。そうしておけば、この先何年も成果を感じられるでしょう。これから運動をはじめるなら、無理せず徐々におこないましょう。体の声に耳を傾け、快適にできることだけをしてください。

たまに思い立ったように激しい運動をするのは妊娠中にはおすすめできません。それよりも、日常的にゆるやかな運動をするほうがずっといいのです。コンスタントでゆるやかな運動のほうが、体がうまくついていけるからです。

運動はなぜいいの？

運動すると体力が増すだけでなく、お母さんが前向きな考え方を維持しやすく、変わりゆく身体イメージに自信をもちやすくなります。また運動することで、胃のむかつき、こむら返り、足のむくみ、静脈瘤、便秘、不眠症、腰痛など、妊娠中に一般的な不快感が緩和されます。運動によって筋肉を強くしなやかに保てば、お母さんの体は妊娠中の姿勢の変化に耐えやすくなります。運動して体を整えておくほど、分娩や出産後の回復にかかる時間は短縮でき、出産にまつわるお母さんの不安そのものを軽減しやすいことが実証されています。

食べて力をつける

栄養のある、バランスの取れた食事は妊娠中に欠かせません。運動もするなら、うまく食べてエネルギーのレベルを安定させておくことが、いっそう重要になります。規則的に、栄養価の高い食事をとり、体によい新鮮な食品からエネルギーを摂取するようにして、高カロリーで糖分の多いおやつは避けましょう。

すべきこと／してはいけないこと

妊娠中の運動は安全です。ただし、**以下にあげる簡単なアドバイスに従ってください**。妊娠が進むにつれ、エクササイズの内容を調整し、ゆるやかなものにすることになるでしょう。

▶すべきこと
- 適度なウォームアップとクールダウンをする。
- エクササイズの最中と前後に十分な水分補給をする。
- 肋骨まわりに余裕のある快適なウエアを着る。
- 習慣的に運動する。
- がんばるのはほどほどに――妊娠中に自己ベストをねらわない。
- 徐々に筋肉をつける（特に背中、肩、胸、下半身）。
- 骨盤底筋のエクササイズ（p.69参照）を毎日して、骨盤底筋を整える。
- 運動中、特に重い物を持ち上げるときは、呼吸を止めないよう気をつける。
- 横になった姿勢から起きあがるときは、腰に負担をかけないようにする。左側を下にして横をむき、脚を使って起きあがる。
- 違和感や不快感をともなう運動は避ける。
- 姿勢、体のゆがみに気をつける。
- 局所的に強い痛みを感じたり、膣から出血したり、気分が悪くなったりしたら、すぐに運動をやめて専門家に相談する。
- 軽食やおやつをとり、エネルギーを維持して血糖値がさがらないようにする。

▶してはいけないこと
- 高温多湿の環境でのエクササイズ。
- 急激な動き、上下動、腹部にねじりや回転を加える動き。
- 重すぎるものは持ち上げない。
- 転倒、転落の危険性のあるスポーツ（スキー、乗馬など）。
- ストレッチしすぎない。妊娠ホルモンのレラキシンのせいで、実際よりも体が柔軟だと感じることがある。
- 疲れ果てるまで運動しない。疲れたら運動量を減らし、時間を短くする。1時間ごとに1時間の休憩をいれる。

セックスとふたりの関係

妊娠にともなう気持ちと体の変化に、
パートナーとふたりで慣れていく必要があると気づくでしょう。

順調に妊娠が進んでいれば、セックスをしてもまず安全です。ただし、妊娠期間を通して、女性の性欲は変動することがあります。多くの女性は、妊娠初期の性欲はそれまでと同じか少し衰えるといいます。妊娠中期になると、性欲に個人差が生じ、後期にはたいてい性欲が減退するようです。

妊娠中のセックス

妊娠初期の女性は、ホルモンの変化による胃のむかつき、嘔吐、疲労感があるため、性欲が衰えるのは自然なことです。しかし、ほかの変化が女性の性欲を刺激することもあります。例えば、妊娠すると血流が増えるためにクリトリスや陰唇が膨張し、おりものが増えます。妊娠中期は特に、腟の滑りがよくなりオルガスムが強まる可能性があり、それにともない子宮が若干収縮しておなかが張ることがあるかもしれません。これは正常な反応ですので心配いりません。多くの女性は、妊娠が終わりに近づくにつれて性欲の減退を感じるそうです。おなかが大きくなるとセックスがぎこちなく、快適ではなくなるためです。また、出産に対する不安がだんだん高まることも関係するかもしれません。

パートナーの気持ち

妊娠中のセックスについて、男性の感じ方はさまざまです。以前よりも丸みを帯びたパートナーの体がとても官能的だと感じる人もいれば、赤ちゃんへの影響を恐れてセックスに慎重になる人もいます。ふたつの感情を併せもつ人もいるでしょう。妊娠に問題（右記参照）がなければ、一般的にセックスが赤ちゃんに悪影響をおよぼすことはありません。赤ちゃんは羊水と子宮にしっかり守られており、子宮口をふさいでいる粘液の栓が感染を防いでくれます。

妊娠にともなう変化を受け入れることで、妊娠中、出産後のふたりのきずなは強まるでしょう。

こんなときは相談を

妊娠中の性交後に腟から出血がある場合がありますが、ほとんどの場合は問題ありません。妊娠によって子宮頸管への血流が増えていて、パートナーのペニスとの接触で出血することがほとんどです。これが出血の原因なら、出産が終われば落ち着くはずです。ただし、ほかの原因も考えられるため、出血した場合は必ず助産師か医師に相談してください。

おなかが大きくなるとセックスしづらいだけでなく、妊娠が終盤になるとセックス中に痛みを感じる女性もいます。原因は赤ちゃんが骨盤内におりてくるため、またはオルガスムによる子宮収縮が次第に苦痛になるためです。これらの症状が不安材料になることはまずありませんが、助産師に話しておけば安心できるでしょう。

妊娠後期になると、性交が危険になる場合があります。過去に早産の経験がある、子宮頸管無力症など早産の危険性があった場合、または今回の妊娠が前置胎盤（p.212参照）である、破水によって羊水が漏れている可能性があるといった場合です。

心配なことがあれば、ためらわず助産師にアドバイスを求めましょう。妊娠中にセックスを楽しめれば、妊娠という移行期にお互いを近く感じられるでしょう。実際、心理学者によれば、妊娠中のセックスを楽しむカップルは赤ちゃんの誕生後にお互いをいたわりあい、意思疎通がうまくいくといいます。

どうしたらいいの？

心の通い合った妊娠生活を

妊娠中は、疲れていたり、変わりゆく体型に心穏やかでいられなかったり、セックスしても大丈夫かしらという不安があったりで、ふたりの関係が難しくなるかもしれません。焦らず時間をかけて妊娠生活に慣れ、いつでもコミュニケーションをとれるようにしておけば、妊娠というふたりの関係の新たな段階をパートナーと楽しむことができるでしょう。

■ **ふたりの気持ちを話し合い**、お互いの性欲が変動しうることを確認しておきましょう。

■ **大きなおなかが原因で不快な体位があれば**、横向き、後ろからの挿入、女性上位など、おなかが妨げにならない体位を試してみましょう。

■ **性交以外にも親密さを保つ方法はあります**。触れ合ったり、マッサージしたりしてみましょう。

病気と薬

病気をどう管理し、どの薬が安全かを知っておくことは、
お母さんと赤ちゃんの健康を守るうえで重要です。

妊娠前から治療中の病気がある場合も、妊娠中に病気や感染症にかかった場合も、薬をのんだり、処方薬の使用をやめたりする前に必ず医師に相談してください。

持病
妊娠前に高血圧や糖尿病などの疾患があると、ハイリスク妊娠に該当し、通常以上に慎重に経過をみていかなければなりません。なんらかの治療薬を使用中に妊娠した場合は、薬の使用をやめないで、できるだけ早く医師に相談しましょう。使用中の薬を使い続けていい場合と、別の種類の薬に変えなければならない場合があります。いちばん大切なのは、妊娠中に病気を管理してお母さんと赤ちゃんへの影響を最小限にすることです。そのためには、たいていの場合、薬を使い続けることになります。

糖尿病 糖尿病の治療中に妊娠を考えるなら、糖尿病をどのように管理すればいいか医師に相談する必要があります。血糖値をどのようにコントロールするのがいちばんいいかを主治医と話し合い、妊娠中は糖尿病の管理をどのようにするか相談しましょう。糖尿病にかかっている女性は、妊娠を目指しはじめる前と妊娠してから、それぞれ3カ月間に葉酸サプリメントを1日5mgとるよういわれます。これは糖尿病でない女性が推奨される1日400μgより多い葉酸摂取量です（p.16参照）。その理由は、お母さんが糖尿病を患っていると、赤ちゃんが二分脊椎などの問題を引き起こすリスクが高まり、その予防には葉酸が効果的だからです。糖尿病の女性が出産する赤ちゃんは、出生体重が多い、出生時の呼吸障害、黄疸、出生時の低血糖などの問題を引き起こす可能性も高まります。

妊娠したら糖尿病に詳しい産婦人科医を紹介してもらい、しっかり管理してもらいましょう。妊婦健診やエコーの回数を増やし、血糖値の推移をみるために血液検査の回数も増やすことになります。おそらく1日に約4回のインスリン注射が必要になり、妊娠が進むにつれて投与量を増やし、出産直前まで続けることになるでしょう。血糖値をうまくコントロールすれば、妊娠中、お母さんと赤ちゃんに問題が生じにくくなります。

糖尿病にかかっていると、妊娠後期に妊娠高血圧症候群（p.474参照）、死産などのリスクが少し高まるので、出産予定日の1週間ほど前に陣痛誘発をすすめられるかもしれません（p.432参照）。

陣痛がはじまると、血糖値の推移を慎重にチェックしながら、必要であればインスリンを注射します。赤ちゃんの血糖値も出生後24時間は注意深くチェックします。出産後は、お母さんのインスリン量は出産前と同じ量に減らされ、赤ちゃんを母乳で育てる場合はさらに減らされることもあります。

てんかん てんかんのある女性は、妊娠する前に医師に相談することが非常に重要です。てんかんの薬には、発育中の赤ちゃんに悪影響をおよぼす可能性が完全に排除できないものがあるからです。しかし、お母さんのてんかんを抑えることも重要なので、妊娠前にできる限り薬の量を減らすことになるでしょう。妊娠20週あたりで胎児の形態異常スクリーニング（超音波検査、p.214参照）によって、特定の薬の服用でわずかに発症率の高まる口蓋裂などをチェックします。妊娠中にてんかんの症状が悪化するようなら、医師に連絡してください。

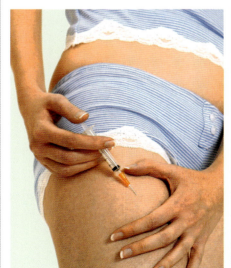 

（左）**妊娠中の糖尿病は毎日インスリンを注射することで管理します**。おなかの皮膚は張ってくるので、腿の脂肪組織のほうが注射しやすいかもしれません。（右）**妊娠中に喘息の症状を抑えるためには薬を続けることが大切**です。

全身性エリテマトーデス（全身性紅斑性狼瘡）

この自己免疫疾患は、腎臓、関節、皮膚、神経系、心臓、肺など、体のさまざまな部位に炎症を起こします。男性より女性、特に出産年齢の女性に多く見られます。妊娠中に症状がやわらぐという女性もいますが、ひどくなることもあります。発育中の赤ちゃんに影響することがあり、流産、成長不良、早産、死産などのリスクが高まるので、妊娠中に症状を抑えることが大切です。全身性エリテマトーデスの治療薬は、ほとんどのものが妊娠中に使用しても安全ですが、なかには安全でないものもあります。そのため、使用中の薬を変える必要があるか、医師に確認しなければなりません。妊娠32週あたりから、赤ちゃんをしっかり観察し、成長しているか、元気かをチェックすることになるでしょう。お母さんや赤ちゃんの状態に不安があれば、早めに陣痛促進をするか、計画的に帝王切開をすることがあります。

高血圧 高血圧で降圧剤を使用しているなら、妊娠中に使い続けて安全な薬かどうか医師に確認しましょう。高血圧はお母さんにも赤ちゃんにも害になることがあるので、降圧剤を服用し続けて妊娠中も血圧を安定させておくことが重要です。医師や助産師は、お母さんの血圧をこまめにチェックし、尿検査をしてたんぱくが出ていないか調べます。高血圧と尿たんぱくは、妊娠高血圧腎症の兆候だからです。また、胎児がしっかり成長しているかみるために、超音波検査を通常より増やすようすすめられるかもしれません。

甲状腺疾患 甲状腺機能が低下していてサイロキシン（チラーヂンS）錠剤をのんでいるなら血液検査をし、甲状腺がうまく機能していること、薬の量が適切であることを確認する必要があります。妊娠すると、必要とされるサイロキシン量が増加することがあるからです。サイロキシンが不足すると赤ちゃんに影響するので注意が必要です。甲状腺機能亢進症で治療を受けているなら、使用している抗甲状腺薬が妊娠中に使用して安全なものか医師に確認しましょう。妊娠中は、甲状腺機能の推移をみながら、治療薬を変更する必要がないかを

よくある心配ごと

Q. 喘息もちです。妊娠中に吸入具を使っても大丈夫ですか？

A. 妊娠中に喘息を落ち着かせておかなければならないので、吸入具は使い続けてください。喘息の治療薬を使うリスクよりも、喘息をコントロールできないリスクのほうがはるかに大きいのです。喘息を抑えられていないと、胎児に十分な酸素が届かない可能性があり、出生体重が低くなったり、早産の可能性が高まったりします（p.431参照）。薬を使う以外に喘息の管理に役立つのは、発作を誘発する動物の毛や家ダニを近づけないことです。空気清浄機、掃除機、ぬれぞうきんなどを利用し、アレルギー対応の布団カバーや枕カバーを使いましょう。妊娠によって喘息の症状が軽くなることがありますが、少しでも呼吸しにくいと感じたら、医師に相談して薬を見直してもらいましょう。

Q. ホメオパシーは一般的な療法のようですが、効果と安全性のほどは？

A. ホメオパシーは、体にもともと備わっている治癒能力を刺激するために、同質のもので同質のものを治療するという原則のもとに成り立っています。その効能についてはこれまで賛否両論ありましたが、科学的にはホメオパシーに心理的効果以上のものがあるという根拠は不十分だとされています。しかし、妊娠中や分娩時に利用しても安全ですし、大勢の女性が利用しており、よい結果も報告されています。吐き気や胸やけなど妊娠中によくある症状を癒すために使われ、陣痛がはじまってから使えるキットもあります（p.400参照）。（注：日本ではホメオパシーや下記のハーブ療法は、一般的に受け入れられていない）

Q. ハーブ療法（植物性の生薬）やハーブティーを妊娠中に利用してもいいですか？

A. ハーブ療法は控えたほうがいいというのが一般的なアドバイスです。植物性の生薬は体内にとり込まれますが、安全とされるものもある一方、胎盤を通りぬけて胎児に悪影響をおよぼす可能性があるものもあるからです。カモミールやペパーミントなど、ハーブティーの多くは安全ですが、事前にラベルを確認しましょう。時期によっては安全に利用できる生薬もあるかもしれません。例えば、ラズベリーリーフティーを出産予定日の6～8週前から飲みはじめると、分娩がスムーズになるといいます。ハーブ療法を利用したいなら、まず有資格の専門家と話してから、医師に相談しましょう。

チェックします。

腸疾患 潰瘍性大腸炎（結腸炎）、クローン病などの炎症性腸疾患を患っている女性は、通常、妊娠中は症状が改善するようですが、赤ちゃんが生まれるとまた悪化します。通常は腸疾患が妊娠中に大きな問題の原因となることはありませんが、なかには副作用として貧血を引き起こすものがあるので確認しましょう。また、胎児がしっかり成長しているかみるために、超音波検査の回数を通常よりも増やすようすすめられるかもしれません。

（補足）精神疾患 心身ともに健康な状況での妊娠が望まれますが、妊娠を希望する女性の年代はうつ病や不安障害、統合失調症など、精神疾患の好発年齢にあたります。向精神薬を飲んでいる女性が、妊娠により、胎児、妊娠への影響を心配して、勝手に服薬をやめることがありますが、自己判断は危険です。それによりコントロールされていた症状が再発したり、悪化して、かえって妊娠に悪影響をまねいたり、服薬量が増えてしまうことがあるからです。胎児への薬の影響は、解明できてないところも多いのですが、中止が前提ではありません。薬を継続するのか、量を減らすのか、薬を変更するか、あるいは中止して、カウンセリングなどで様子をみてゆくのかなど、まずは医師によく相談しましょう。

どうしたらいいの？

水痘や風疹に接触したら

妊娠中に水痘にかかると重症化して肺炎を引き起こすことがあり、赤ちゃんに影響が出る場合もあります。妊娠初期に初めて風疹にかかると、流産の原因となったり、赤ちゃんに深刻な影響をおよぼしたりします。

水痘に接触したら、免疫があるかどうか医師や助産師に検査してもらいましょう。免疫がない場合は水痘が重症化する恐れがあるため、抗ウイルス薬（アシクロビル）の投与をすすめられるかもしれません。

妊娠がわかると、風疹に免疫があるかチェックします。免疫がなければ、出産後に予防接種を受けられます。それまでは、くれぐれも注意してください。

水痘を発症した、発疹が出て風疹の疑いがあるという場合は、すぐに医師に連絡してください。ただし、感染の広がりを防ぐため、産婦人科にはいかないでください。

妊娠中の感染症

妊娠すると、免疫系がわずかに抑制されます。赤ちゃんは、遺伝子の半分を父親から受け継いでおり、母親の体にとってはいわば異物です。それでも母親の体が赤ちゃんを拒絶しないのは、母親の免疫系が抑制されるおかげなのです。その反面、母親は風邪、咳、のどの痛み、食あたりなど、よくある体調不良をふだんより少し起こしやすくなり、病気が長引くことがあります。

風邪、咳　ほとんどの女性は妊娠中のどこかの段階で風邪をひいたり、咳が出たりします。しかし、風邪薬はのまないのが理想的です。妊娠中に安全でないものが含まれている可能性があるので、特に最初の3カ月は服用を避けてください（次ページ参照）。唯一、のんでいいのはアセトアミノフェン（カロナール）ですが、どうしても必要なときだけにしましょう。蒸気吸入で鼻づまりをやわらげたり、ハチミツ入りの飲み物でのどの痛みを抑えたりできます。

インフルエンザ　妊娠中にインフルエンザにかかったら、水をたくさん飲んで十分休みましょう。不快感をやわらげるためにどうしても必要ならアセトアミノフェン（カロナール）をのんでください。妊娠初期は、流産を引き起こす可能性があるので、高熱をすぐに下げる必要があります。妊娠中に服用して安全なアセトアミノフェン（カロナール）の量を、医師に教えてもらいましょう。ぬるま湯を含ませたタオルで体をふいたり、扇風機の前にすわったりするのもおすすめです。熱が24時間以上続く場合は医師に相談してください。

（補足）日本ではインフルエンザが疑われる場合、早めに検査して陽性であれば、タミフルなどの抗インフルエンザ薬が処方されることが多いでしょう。また、妊娠中の予防接種も推奨されています。

食中毒、腹痛　ひどい食あたりはお母さんにも赤ちゃんにも害になることがあり、初期の流産を引き起こすこともあります。ですから、キッチンを衛生的に保つことが非常に大切です（p.17参照）。食あたりや、腹痛を引き起こしたら、水分を十分にとってください。症状が24時間以上続く場合は、医師の診察を受けてください（胃腸炎については p.468 参照）。

カンジダ症　おりものの状態が異常だと感じたら、助産師や医師に相談しましょう。妊娠中に発症しやすい膣カンジダ症かもしれません。そのままにしておくと、経膣分娩の際に赤ちゃんにうつり、治療が必要になる可能性があります。診断を確定させるために綿棒でおりものを採取し、疑わしいときは抗真菌薬の膣錠を挿入し、患部に塗るクリームを処方されるでしょう（次ページ参照）。プレーンヨーグルトを食べると膣内の細菌バランスが回復するでしょう。木綿の下着をつけ、体を締めつけるような服装を避けるのもいいでしょう。

尿路感染症　プロゲステロンというホルモンが体中の平滑筋を緩めるため、通常は膣に生息する菌が尿道に移動し、感染を引き起こします。尿路感染症の症状は、妊娠中は少々特徴があります。排尿時に焼けるような痛みがあり、頻繁にトイレにいきたくなるという一般的なものから、腰の痛み、下腹部の痛み、吐き気、嘔吐などの症状がみられます。ほとんどの場合、抗生物質で簡単に治ります。たいていの抗生物質は、妊娠中に使っても安全です。

妊娠中、体調が悪いときはしっかり休んで治しましょう。妊娠していると、軽い症状でもこじらせてしまうことがあります。

すこやかな妊娠生活

薬について

妊娠中の薬

妊娠初期の3カ月は、安全に使用できる市販薬はアセトアミノフェン（カロナール）だけです。中期にはいると、ほかにも安全に使用できるとされる薬がありますが、疑問に思ったら必ず医師に相談してください。このページは、妊娠中によくある症状や軽度の疾患に対応する薬についての手引きです。

制酸薬　胸やけと消化不良は妊娠につきものです。特に妊娠後期には、大きくなった赤ちゃんが胃を圧迫するのでこれらの症状が起こりやすくなります。ほとんどの制酸薬は妊娠中でも安全に使えますが、重曹（重炭酸ナトリウム）はナトリウムが血液中にとり込まれる可能性があるので避けましょう。医師や薬剤師に、どの薬がおすすめかたずねましょう。

抗菌薬（抗生物質を含む）　感染症治療に使われる抗菌薬の多くは妊娠中でも安全に使えます。ペニシリンを含有する抗菌薬も使えますが、ペニシリンにアレルギーを起こす人には安全な代替薬があります。妊娠中は次の抗菌薬の使用を避けてください。
- ストレプトマイシン：発達中の赤ちゃんの耳にダメージを与え、難聴にしてしまう可能性があります。
- スルホンアミド系：新生児の黄疸の原因となります。
- テトラサイクリン系：赤ちゃんの骨や歯の発達に影響し、歯を変色させることがあります。

制吐薬　吐き気や嘔吐がひどく、ジンジャーティーやペパーミントティーなどの自然療法が効果的でない場合は、妊娠中に安全に使える制吐薬をすすめられるかもしれません。

抗真菌薬　膣カンジダ症の治療に市販の抗真菌薬（経口薬を含む）を使わないようにしましょう。医師に相談し、適当な膣錠とクリームを処方してもらってください。

風邪薬　咳、風邪の薬にはだいたい、カフェイン、抗ヒスタミン剤、その他の充血除去剤などさまざまな成分が含まれ、その多くは妊娠中に安全ではありません。市販薬を買う前によくラベルをみて、わからないことがあれば医師や薬剤師にたずねてください。できれば、風邪薬は使わないようにして、代わりに蒸気吸入や温かい飲み物で症状をやわらげましょう。必要なら、アセトアミノフェン（カロナール）を短期間使用します。

利尿薬　妊娠中に手足がむくむのはよくあることです。利尿薬（利尿作用のあるハーブを含む）を使ってむくみを解消しようとしないでください。急に顔や手足がむくんできたら、妊娠高血圧症候群の兆候かもしれないので、助産師か医師に相談しましょう（p.474参照）。

便秘薬　便秘を解消するにはまず、食事療法をします。食物繊維の摂取量を増やし、水分をたくさんとってください。それでも解消しなければ、医師に相談して、適切な下剤を処方してもらいましょう。

鎮痛薬　一般的に、妊娠中、特に妊娠初期はいかなる鎮痛薬も避けたほうがいいといいます。頭痛や腰痛のようなよくある痛みに鎮痛薬を使う前に、まず、自然療法を試してください。マッサージしたり、温かいお湯につかったりすると、効果的に痛みをやわらげてくれます。それでもまだ痛ければ、短期的にアセトアミノフェン（カロナール）を使います。イブプロフェンなどの抗炎症薬やアスピリンは妊娠期間を通して使用しないでください。ある種の痛みには短期的にコデインという鎮痛薬を使うことがありますが、必ず医師の指示に従いましょう。

水分補給飲料　おなかの具合が悪く、ひどい下痢が長引くような場合は、水分補給飲料を医師からすすめられるかもしれません。妊娠中に飲んでも安全です。

ステロイド　妊娠前から湿疹、皮膚炎の症状がある場合や、妊娠中に湿疹や皮膚炎を発症したりひどくなったりした場合には、医師がヒドロコルチゾンなどのステロイド系の塗り薬を処方するかもしれません。ステロイド系の塗り薬は妊娠中に使っても安全といわれますが、大きな面積に塗ったり、長期間使用したりするのは避けましょう。ステロイド系の塗り薬の安全な使い方については医師がアドバイスしてくれます。

喘息治療用のステロイド系吸入具は、妊娠中、安全に使用できますし、妊娠中に喘息を抑えておくことは大切です。

それ以外にも、症状によっては経口ステロイド剤が処方されることがありますが、医師の指示に従って安全に続けられるでしょう。筋肉の増強に使われるアナボリックステロイドは、妊娠中に使用しないでください。

（補足）薬の使用時期による妊娠への影響

妊娠中はできる限り薬を使用したくないと考える人は多いでしょう。ただ、持病がある場合、母体の健康維持のため薬の使用が必要なことがあるので、自己判断で服薬を中止しないで、医師に相談してください。

一方、妊娠に気づかず薬を服用し、胎児への影響を心配している人もいるでしょう。風邪薬などの単発の服用では、ほとんどの場合は心配は少ないでしょうが、影響がある場合は、服用した時期によってその影響が違ってきます。

- all or noneの時期（妊娠3週ごろまで）
  影響を受けた場合は流産となります。逆に妊娠が継続していれば影響はなかったと考えてよい時期です。
- 胎芽期（妊娠4週〜9週）
  器官形成期にあたるこの時期は、先天異常のリスクが最も高い時期です。医師に相談してください。
- 胎児期（妊娠10週以降）
  器官はほぼ完成しているので、先天異常の発生リスクは低下します。それでも、臓器の機能に影響を受ける可能性は残ります。

身のまわりの有害物

妊娠すると「あれもこれも赤ちゃんによくないかも……」という不安に悩まされるかもしれません。避けるべきものを知って、不安をやわらげましょう。

妊娠中の人も、妊娠を考えている人も、いまこそ自分の生活習慣や、住まいと職場の環境の安全性を見直すときです。お母さんの健康を害する恐れのあるものはすべて、赤ちゃんにも影響する可能性があります。特に妊娠初期は気をつけて。でも、神経質になりすぎるのもよくありません。それなら、有害物を遠ざけるために正確な情報を知っておきましょう。そして、リラックスして、妊娠生活を楽しんでください。

生活習慣

赤ちゃんがほしいと思ったら、自分の生活習慣を見直し、必要なら改善したくなるでしょう。

飲酒 妊娠中のアルコール摂取に安全量というものがあるとしても、いまだに明確には確立されていません。たまにワインを1杯飲んだからといって、おそらく赤ちゃんに影響はありませんが、妊娠中は飲酒を避けるのがいちばんです。確実にわかっているのは、アルコールの飲みすぎによる胎児への影響です。妊娠中に大量飲酒を続けると、胎児性アルコール症候群として知られる症状を引き起こす可能性があります。赤ちゃんへの影響は、発育遅延、顔面奇形や関節異常、心奇形などがあります。

妊娠がわかる前に何度かお酒を飲みすぎたことがあっても、心配しないでください。ただし、すぐに禁酒しましょう。多くの女性は妊娠を目指すときに、受精率を高めるために禁酒を決意します。

喫煙 妊娠する前に禁煙するのが理想的です。妊娠してからもまだ喫煙している場合、すぐに禁煙することが大切です。パートナーや友人がたばこを吸うなら、家のなかや自分の近くでたばこを吸わないようにしてもらいましょう。たばこの煙を吸い込むと、赤ちゃんへの酸素供給を妨げ、赤ちゃんの出生体重が低くなるかもしれませ

（左）**家庭用洗剤を使うときはゴム手袋をはめる**と、直接化学物質に触れにくくなります。
（右）**"環境にやさしい"塗料**を選び、屋内で塗装をするときは部屋の換気をよくしましょう。

ん。また、死産になったり、SIDS（乳幼児突然死症候群）のリスクも高まります。

ドラッグ 快楽を得るためにドラッグを使うと、自分自身の健康を損ねるだけでなく、胎児を危険にさらしかねません。

ヘロインやコカインは、妊娠中の女性にも胎児にも悪影響をおよぼします。これらのドラッグは胎児の成長をはばみ、胎盤に影響し、流産や早産の原因となり、新生児に健康障害をもたらすことがあります。ヘロインを常用する女性が出産した赤ちゃんは、禁断症状があらわれるでしょう。エクスタシーに関する報告書では、妊娠中の使用により四肢の異常などの先天異常の発生率が高まるとしています。アンフェタミンやLSDが胎児におよぼす影響は、はっきりわかっていませんが、避けたほうがいいでしょう。

マリファナに含まれる活性物質が胎児に直接影響するという確証はありませんが、マリファナを吸うのには、たばこを吸うのと同じリスクをともないます。

家庭にある有害物質

わたしたちは家のなかや周辺で、毎日、化学物質を使っています。バスオイル、デオドラント製品、ヘアスプレーなど直接体に触れるものだけでなく、身のまわりには掃除・洗濯用の洗剤や漂白剤、消臭スプレーなどの化学物質がいろいろそろっていませんか？

それぞれの製品に書いてある使い方を守っていれば、妊娠中に問題が起こる可能性はほとんどありません。しかし、皮膚についたり吸い込んだりすることで、微量の化学物質が血液中に入り込み、胎盤を通過する可能性はあります。それが悪影響をおよぼすという確実な証拠はありませんが、化学物質が発育中の赤ちゃんに届く可能性は最小限にしたほうがいいはずです。

化学物質を含む製品を使うときは、ゴム手袋をして直接製品に触れるのを防ぎ、部屋の換気をよくしましょう。霧状になったり気化したりしたものを吸い込まないように、エアロゾル製品は使わないようにしてください。また、環境への影響が少ないとされる製品なら、含まれる化学物質は少ないものです。天然のもので代用できる場合は、そちらを使いましょう。

ペンキ塗りと飾りつけ DIYにも安全を心がけることが重要です。おなかが大きくなると体の重心が変わるので、はじごに登ったりテーブルの上にあがったりして高いところの作業をするのは避けましょう。また、油性のペンキ、スプレー塗料、ペンキ落とし、フローリング用のニス、補修剤や接着剤などを使う場合は、直接触れたり、吸い込んだりしないようにしましょう。作業中は部屋をよく換気し、できればだれかにやってもらいましょう。

ペットと感染症 胎児に害をおよぼす感染症のなかには、ペットからうつるものがあります。寄生虫により感染するトキソプラズマ症は猫の糞に触れることでうつります。感染すると、インフルエンザのような症状が出る場合と、まったく症状があらわれない場合があります。多くの人は過去の接触によって、気づかないうちに免疫を得ています。しかし、稀ではあっても、妊娠中に初めてトキソプラズマ症にかかってしまうと、流産や先天異常などの深刻な問題につながりかねません。犬、小鳥、カメなどは、サルモネラ菌を持っていることがあります。サルモネラ感染症は、胎児に直接影響することはありませんが、妊娠中の女性がかかると下痢、発熱、腹痛などを引き起こすことがあります。

衛生管理に気をつけていれば、これらの感染症を予防できます。猫のトイレや、ペットのケージを掃除したり、犬の糞を始末したりするときはゴム手袋をはめ、終わったら手を洗いましょう。ガーデニングや草取りをするときも、動物が庭で糞をした可能性を考えて、手袋を使いましょう。これらの作業をだれかにやってもらってもいいでしょう。

生焼けまたは生の肉や卵を食べて、トキソプラズマ菌やサルモネラ菌に感染することもあります。キッチンを衛生的にして、調理も慎重にしましょう（p.17参照）。

職場にある有害物質

雇用主には法律上、従業員が安全に働ける環境を用意する責任があります。妊娠中は、自分の権利を知っておくと、自分自身と赤ちゃんを守りやすくなります。

近年、女性の間で、コンピューターのスクリーンに向かって仕事をすることで、赤ちゃんを危険にさらすことになるのではないかという不安の声がきかれます。現在、コンピューターのスクリーン、コピー機、プリンターを使用しても安全だということは、はっきりわかっています。しかし、なかには危険が潜んでいる職場環境もあります。X線機器や医療用スキャナーなどの医療機器を扱う人は、所属部署に妊娠したことを知らせてください。

美容院、ネイルサロン、研究所で仕事をする人や、手工業や工芸に従事する人は、有毒な化学物質にさらされるかもしれません。また、ドライクリーニングの溶剤を吸い込むことは、流産との関係が指摘されています。必ず十分な換気をおこない、有害物質から従業員を守るのは雇用主の義務です。職場環境に不満があれば、上司か人事の責任者に相談しましょう。

1日中立ちっぱなしになる仕事、重い物を持ち上げる肉体労働をするのは、妊娠中の体にはこたえます。そのような仕事についているなら、もう少し軽い業務に変えてもらえないか、たずねてみましょう。

仕事で化学物質を扱うなら、必ずリスク評価をし、有害物質を避けられることを確認しましょう。

よくある心配ごと

Q. 妊娠中に携帯電話を使っても大丈夫ですか？ 携帯電話からは放射線が出ていると読んだことがあります。
A. 携帯電話から放出されるのは"非電離放射線"で、大量に浴びると有害なX線撮影の放射線とは異なります。携帯電話の使用がお母さんやおなかの赤ちゃんに有害だと示す証拠はありません。

Q. 週に2回、水泳をしています。おなかの重みから解放される感覚がとてもいいのですが、プールの消毒に使われている塩素は赤ちゃんによくないでしょうか？
A. 以前、妊娠中に塩素消毒されたプールで泳ぐのが安全かどうか、議論されたことがありました。しかし、現在ではほとんどの専門家は、塩素消毒されたプールでの水泳が妊娠中の女性やおなかの赤ちゃんの健康を害することはないと考えています。つわりの時期は、塩素のにおいで気分が悪くなることがあっても、屋外プールならあまり気にならないかもしれません。プールの水を飲まないよう気をつけ、プールからあがったらシャワーを浴びましょう。妊娠中の水泳は非常にためになります。けがをする危険性が低いうえ、心血管系のトレーニングになり、筋緊張の改善になります。ですから、いらぬ心配からやめてしまわないでください。

Q. 妊娠中にニコチンパッチやニコチンガムを使ってもいいですか？
A. ニコチンは胎児に供給される血液量を減らすことで知られています。これは、特に妊娠の早い段階で、赤ちゃんの成長に影響する可能性があります。パッチ、ガム、トローチなどのたばこの代替品は、喫煙に比べて体内に入るニコチン量は少ないですが、絶対に医師のアドバイスを受けずに使うべきではありません。住んでいる地域の保健センターで、どうしてもたばこを吸いたいときに、安全に対処する方法をたずねてみましょう。

身のまわりの有害物

肌、毛髪、歯

妊娠中のホルモンの変化は、
体内で起こることだけでなく外見にも影響します。

妊娠してからのほうが以前よりはつらつとして、実際に気分がいいという女性はたくさんいますが、まったく逆の影響が外見にあらわれる女性もいます。妊娠の影響がどんなものであれ、それは一時的な変化です。出産が終われば間もなく、ふだんの自分に戻れます。

肌

妊娠してからのほうが肌の調子がよくみえると感じるなら、それはホルモンが変化し、水分が体内にたまりがちになり、血流が増えるためです。この一連の変化が、肌のきめを整え、よくいわれる"妊婦の輝き"を生み出しているのです。一方、肌が乾燥しがちになり、吹き出物が増えてきて、妊娠中は肌の手入れにいっそう気をつかわなければならないと感じる人もいるでしょう。

また、妊娠中は皮膚の色が濃くなる傾向がありますが、なぜかははっきりわかりません。考えられる理由は、エストロゲンとメラニン細胞刺激ホルモンの分泌量が増え、色素沈着を促すためです。

妊娠線 妊娠中に、おなか、胸、臀部、脚に妊娠線が生じるのはよくあることです。はじめはピンクや紫の線としてあらわれ、とてもかゆいでしょう。出産後は、薄い銀色がかった白いしわになります。なぜ妊娠線ができるのかは明確にわかっていませんが、おそらく妊娠ホルモンと皮膚が引き伸ばされることが重なって生じるのでしょう。妊娠線ができやすいのは、若年妊娠、妊娠してから非常に体重が増えた、赤ちゃんが非常に大きいといった場合です。遺伝、妊娠前に極度の太りすぎだった、特定の民族の出身であるなどの要因は、妊娠線の発生にあまり関係ないとされています。妊娠線予防・ケア用のクリーム、ローション、オイルなどが多数販売されていますが、いずれも効果は証明されていません。ビタミンEを含む商品が効果的だといわれますが、それを裏づける研究結果は出ていません。市販のクリーム、ローション、オイルなどは使用しても安全で、皮膚の柔軟性を保つことで妊娠線を最小限に抑えられるかもしれませんが、完全に防げるという保証はありません。いちばんのアドバイスは、太りすぎないことと、水をたくさん飲んで皮膚の潤いを保つことです。

肝斑 肝斑とは頬、鼻、顎の皮膚への着色（しみ）を指し、妊娠した女性の50〜70％が経験します。SPF値（日焼け止め指数）が高い日焼け止めを使ったり、（光に対して敏感になる）光感作用のある化粧品を使わないようにしたりして肝斑を減らせるでしょう。光感作用があるのはキノリンやベルガモットオイルなど、肌を日光に反応しやすくする成分が含まれる製品です。どの製品を避ければよいか、薬剤師にたずねてみましょう。

毛髪と爪

妊娠中は毛髪の成長期が長くなるので、髪が長く、多くなるでしょう。あまりうれしくないのは、顔の産毛や体毛まで濃くなるということです。出産後は、毛髪の成長期が終わるので、多くの女性が急に大量の髪が抜けるようになったと感じます。半年ほどたてば、ふだんの状態に戻ったと感じるでしょう。

爪も変化するかもしれません。たいてい折れたり割れたりしにくくなりますが、なかには爪がやわらかく、もろくなる人もいます。爪に白い斑点や横方向の溝ができたりするかもしれませんが、ほとんど心配いりませんし、ビタミン不足が原因でもありません。

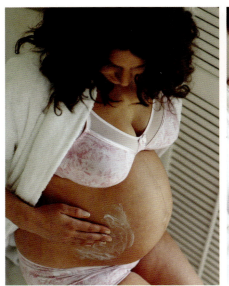

（左）**保湿クリーム**でかさついてかゆい肌をいたわったり、妊娠線の予防クリームを使ったりするのは安全です。（右）妊娠中は歯のトラブルを起こしやすいので、**歯と歯肉のケア**をしっかりしましょう。

よくある心配ごと

Q. 妊娠18週です。もうすぐ休暇で海にいきますが、顔も体も毛深くなって、見た目がとてもよくありません。安全に除毛する方法はありますか？

A. 毛抜きやワックスで除毛するか、剃るのが安全です。脱色クリームや除毛クリームはおそらく妊娠中に使っても大丈夫ですが、十分な調査ができていないため確実なことはいえません。クリームは皮膚から吸収される可能性がありますが、赤ちゃんへの影響はわからないからです。レーザーや電気分解などの永久脱毛技術は、妊娠中に施術しても安全だと考えられています。どちらの技術も、皮下数ミリまでしか達しないため、赤ちゃんに害をおよぼすことはないでしょう。

Q. しばらくにきび治療の塗り薬を使っています。つい最近、妊娠していることがわかりました。赤ちゃんに影響するでしょうか？

A. トレチノイン（にきびなどの治療薬）はビタミンAを含むレチノイドという薬の一種で、先天異常との関連が指摘されています。この治療薬の妊娠中の使用による影響については複数の研究がされていますが、妊娠初期の使用を含め、赤ちゃんの先天異常発生率に影響しないという結果が出ています。しかし、医師は妊娠中のトレチノイン使用を避けるようにすすめています。類似薬のイソトレチノインは錠剤の経口薬ですが、先天異常を引き起こす可能性があり、妊娠中の使用は禁止されています。

Q. 妊娠初期です。もうすぐ妹の結婚式に出席することになっています。髪にハイライトを入れても大丈夫でしょうか？

A. 毛髪染料を妊娠初期に使用した場合の安全性についての調査結果にはばらつきがあるようですが、使用する化学物質の量は少なく、害になるとは考えにくいです。また、美容師がフォイルを使用すれば、染料は頭皮に接触しません。

Q. 帝王切開で出産するならマニキュアを落とさなければならない、ときいたことがあります。なぜですか？

A. かつては、手術前にマニキュアを落としたほうがいいといわれていました。その理由のひとつは、手術中に指につけて血中の酸素濃度を測るパルスオキシメーター（血中酸素濃度計）をマニキュアの上からつけると、実際よりも低い数値が出ることがあるからです。しかし、マニキュアをしていても、指を左右からはさむようにつければ、この装置は本来の機能を果たせます。ですからマニキュアを落とす必要はありません（注→p.480）。

歯

妊娠すると、虫歯、歯肉からの出血、慢性の歯周病（歯肉感染症）を引き起こしやすくなります。口腔衛生の状態が悪いと、お母さんだけでなく赤ちゃんにも影響することがあります。妊娠中の歯周病は早産との関係が指摘されていますし、出産後もお母さんに虫歯があると、赤ちゃんはお母さんの唾液から細菌をもらってしまい、小さいうちに虫歯になる、という研究結果が出ています。そのため、歯のケアをしっかりし、定期的に歯科医や歯科衛生士に診てもらうことが大切です。

一般的な歯科治療や局所麻酔は妊娠中に受けても安全ですが、英国保健省はアマルガム充填（歯の詰め物）の交換は出産後にするよう推奨しています。妊娠中に歯のX線撮影を受けるのを不安に思う人は多いでしょう。歯科のレントゲンで浴びる放射線はごく少量で、おそらく赤ちゃんへのリスクはほとんどありません。しかし歯科医は、歯根管治療など、どうしても必要な場合にしかレントゲンを使わないでしょう。

（補足）歯科治療 歯科治療をおこなってはいけない時期はありませんが、妊娠中期（5カ月～8カ月）がもっとも適した時期です。虫歯があると陣痛時にうまくいきめないことがあります。また、出産後には通院が難しくなるので、中期に歯科検診を受けておくといいでしょう。まだ流産の不安もあり、嘔気を引き起こしてつわりが増悪することもある妊娠初期、妊娠後期は基本的に応急処置のみおこなうのがよいでしょう。

安全なものとそうでないもの

美容と化粧品

ヘアケア・ネイルケア用品 シャンプー、コンディショナー、マニキュア、ペディキュアは安全です。毛髪染料については、わずかに皮膚から吸収されるかもしれませんが、それが赤ちゃんに影響するという裏づけはありません。化学薬品を使用したパーマやストレートパーマも安全だと考えられています。

ピアス 顔やおへそ、乳首、性器にピアスをするのは、感染を引き起こすリスクが高くなるのでおすすめしません。すでにおへそにピアスをしているなら、金属製のリングをやわらかいテフロン（PTFE）製のものに交換するといいでしょう。乳首のピアスは授乳の妨げとなるので、皮膚が再生するように出産前にはずしましょう。性器ピアスは出産時のダメージを避けるためにはずしておくのがいちばんです。

日焼け 日焼けマシンは有害な紫外線を浴びることになるので、おすすめできません。また、体温が上がりすぎて赤ちゃんに害をおよぼす可能性があり、紫外線が葉酸を破壊することも考えられます。日焼けローションは安全ですが、最初にパッチテストをしてアレルギー反応を起こさないか確認してください。

ボディラップ、ホットタブ どちらも体温を上げるので、お母さんにも赤ちゃんにもよくありません。妊娠初期の3カ月間にお母さんの体温が上がりすぎると、二分脊椎発症のリスクを高めるともいわれています。

フェイシャルケア 顔用の化粧品は妊娠中も安全に使えるとされています。

ボトックス（注→p.480） 天然の毒素を含むため、安全性について議論されています。ボトックス注射は局所的なものなので、おそらく問題ありませんし、妊娠していると気づかずにボトックス注射を受けた女性たちにも、その赤ちゃんたちにも悪影響は認められませんでした。しかし、医師は妊娠中のボトックス注射をすすめません。

妊娠中の旅行

おなかが大きくなってきたからといって旅行をあきらめないで
――いつもより念入りに計画すれば問題なく休暇を楽しめます。

チェックリスト

妊娠初期・中期・後期ごとの旅行アドバイス

（補足）妊娠中の旅行や活動の考え方は、海外と日本ではかなり違っています。海外では妊娠に直接影響がなければ、自己責任のもとかなりのことまで許可されていて、妊婦がここまでしてよいのだろうかと驚かされるほどです。日本では今でも妊娠中はなにが起こるかわからないので「無理をしないように」という考え方が一般的です。医師に相談しても、妊娠中の海外旅行はできれば控えた方がよいといわれることも多いでしょう。

▶妊娠初期（第1～12週）
- 流産率がもっとも高く、赤ちゃんの発達上の問題がいちばん発生しやすい時期です。気温が極端な場所や、激しい活動は避けましょう。
- 乗り物酔いでつわりがひどくなることがあります。
- 特に問題のない妊娠なら、飛行機に乗っても大丈夫です。

▶妊娠中期（第13～25週）
- いちばん気分がよく、流産や赤ちゃんの発達上の問題が生じる確率は大幅に下がります。
- 飛行機には乗れますが、出産予定日を記した医師の許可書が必要になる場合があるので、確認しましょう。

▶妊娠後期（第26～40週）
- おなかがとても大きくなって、あまり快適に旅行できないかもしれません。
- 妊娠36週を過ぎると、たいていの航空会社に搭乗を断られます。航空会社によっては、さらに早い段階で断られる場合があります。

妊娠が順調に進んでいれば、遠くへ旅することは十分可能です。しかし、極端に暑い、高緯度、簡易宿泊など、快適とはいえない環境に抵抗を感じることがあるかもしれませんし、場合によってはおなかの赤ちゃんの安全にかかわることもあるでしょう。

もっとも旅行に向いている時期

妊娠初期は、つわりと疲労感のせいであまり旅をする気分になれないかもしれません。ほとんどの女性が妊娠中期にもっとも気分がよくなります。また、この時期は流産のリスクも低く、活力は増し、出産予定日はまだまだ先なので、旅をするのにはいちばんいい時期です。妊娠28週以降は、おなかが大きくなり、疲れやすく、出産予定日を間近に控えているので、家にいるのがいちばんだと感じるかもしれません。

事前の計画

パスポートもチケットも準備完了！ でも妊娠中は、次のようなものも必要になるかもしれません。

- 出産予定日を記載した、医師か助産師からの旅行許可書（28週を過ぎたら必ず持っていきましょう）。
- 妊娠、その他の健康面に関して、特におさえておくべき病歴のわかるもの。
- 滞在先にある医療施設の電話番号リスト。
- 胸やけや痔など、妊娠中のちょっとしたトラブル用の薬。外国にいくと、使い慣れたものが手に入らないかもしれません。

計画を立てる

妊娠中の旅を楽しいものにするコツは、少し念入りに計画することです。パンフレットがどんなに魅力的に見えても、予約する前によく考えてください。目的地までの移動手段と所要時間は？ 妊娠中は長距離旅行のストレスが増大します。飛行機を使いたいなら、航空会社に連絡して搭乗できるか確かめましょう。航空会社によって異なりますが、多くは妊娠36週以上の女性の搭乗を許可しません。主に、フライトの途中で陣痛がはじまる可能性があるためです。

万一に備えて予防する 病気にかかる危険性が高まる国へはいかないほうが賢明です。予防接種や抗マラリア薬のような保護剤は、妊娠中や妊娠を目指しているときにおすすめできません。しかし、どうしてもマラリアが流行している地域にいく必要が

もっとも旅行しやすいのは、妊娠中期です。つわりはおさまってきて、まだ動きづらいほどおなかが大きくないからです。

あれば、感染の危険を冒すよりは抗マラリア薬を選択してください。旅先の情報をインターネットで調べ、どんな健康上のリスクがあり、病院がどこにあるかを知っておきましょう。糖尿病のように、問題が起きる可能性のある病気をもっているなら、旅行中に治療を受けられることを確認しておいてください。

目的地がどこであれ、必ず旅行傷害保険に加入しましょう。

病原菌を避ける

妊娠中は免疫系の効率が下がるので、病気に感染するリスクが高まります。旅行中に衛生状態の悪い食事や水が原因で腹痛を起こす可能性が高まるかもしれません。

旅先の水道水が不安なら、ボトル入りの水（蓋を開けたあとがないか確認しましょう）を買い、飲み水としてだけでなく、歯磨きにも使いましょう。氷入りの飲み物や、サラダや皮を剥けない果物は避けてください。野菜や果物は不衛生な水で洗われているかもしれません。メロンのような果物は重量を増すために水を注入してある場合があるので、食べないのがいちばんです。

屋台や露店の飲食店は、調理してから時間がたったものを出すかもしれないので、避けましょう。調理したての食事を出していて、衛生基準の高そうなレストランを選びましょう。衛生面にはくれぐれも注意し、手洗い設備が整っていない場合に備えてウェットティッシュを持ち歩くのがおすすめです。

移動中

きゅうくつな場所に何時間もすわり続けていると、足首から下がむくむ原因となります。車で旅行するなら、2時間おきに車を止めて、脚を伸ばし、おやつを食べたりトイレにいったりしましょう。列車や飛行機の旅なら、血行が滞らないように足や足首を動かし、ときどき立ちあがって通路を歩きましょう。水やジュースをたくさん飲んで、脱水にならないようにしてください。トイレに何度もいくことになっても、水分補給は大切です。腰にあてるクッションやほてりを鎮める炭酸飲料など、いくつか癒しになるものがあると気がまぎれるかもしれません。

よくある心配ごと

Q. 妊娠5カ月になり、もうすぐ休暇でビーチにいきます。日光浴をしすぎると肌によくないのは知っていますが、暑い日差しが赤ちゃんによくないということはありますか？
A. 長時間の日光浴が胎児に与える影響については、専門家が調査しています。可能性としては、紫外線によって葉酸不足になることが考えられます。葉酸とはビタミンの一種で、赤ちゃんの神経系に二分脊椎につながるような異常が起こるのを防ぐ助けとなります。しかし、確実なことはわかっていません。日焼けしすぎない程度に日光浴を楽しんでかまいませんが、休暇前に日焼けサロンにいくのはやめましょう。

Q. 飛行機に乗るのが心配です。妊娠中は深部静脈血栓症（DVT）になりやすいときいたことがありますが、本当ですか？
A. DVTはかつてエコノミークラス症候群と呼ばれ、（たいていは脚の）静脈に血栓ができるもので、飛行機内ですわっているときのように、長時間動かずにいるのが原因となる場合があります（p.186参照）。妊娠中の女性は血液が固まりやすくなるため、リスク因子がわずかに増えますが、それでもDVTを発症する確率は非常に低いといえます。リスクを最小限にするために、血栓予防のサポートソックスをはきましょう。足の血行を促進し、十分に水分を保つように工夫されています。

休暇中の活動

妊娠中に控えるべき活動がいくつかあります。水上スキーや乗馬などは、転倒・転落した場合におなかの赤ちゃんによくありません。また、スキューバダイビングは血流に気泡が発生する危険性があるため特に危険です。遊園地で「ママもいっしょにジェットコースターに乗って」と、お子さんにねだられてもやめておいてください。

ふだんから運動をしているなら、水泳やウォーキングを控える必要はありませんが、やりすぎないようにしましょう。日差しの強い日に坂を歩いてのぼれば、体温が急上昇します。これは妊娠中にはよくありません。特に妊娠初期は、極端な暑さは胎児の発育に影響しかねません。また、お母

シートベルトはおなかに合わせて調節しましょう。

Q. 車のシートベルトやエアバッグは妊娠中に使っても大丈夫ですか？
A. 事故が起こったときに、シートベルトもエアバッグもけがの原因となる可能性より、けがを防いでくれる可能性のほうがはるかに高いです。走行中、シートベルトは必ずしめてください。ベルトがおなかにかからないように、上下に渡すようにすると楽です。膨らんだエアバッグにぶつかっても、お母さんにも赤ちゃんにも害はありませんが、衝撃をやわらげるために、座席をできるだけ後方に下げておきましょう。

さんが脱水状態になる恐れもあり、のちに早産のリスクを高める結果となるかもしれません。

あまり活発でない活動にも気をつけてください。ジャグジーやサウナは避けたほうがいいでしょう。熱によってお母さんがめまいを引き起こすと、赤ちゃんによくないことが起こる可能性があります。アロマッサージは魅力的でしょうが、使用するオイルのなかには、特に妊娠初期のころの赤ちゃんに有害なものがあるかもしれません。入念なボディケアを受けたいなら、マタニティメニューがあるスパをさがしましょう。

妊娠中は、肌が日差しに敏感になりますので、なにをするにあたっても、日光の浴びすぎを防止するよう心がけてください。

40週、もしくは280日という妊娠期間は、絶え間ない
変化のときです。女性の体が、おなかのなかで成長しつつある
新たな生命に応えるべく、変化し続けるからです。
この長い章では、多くの女性が妊娠中に経験する
身体的・感情的な変化をひと通りみていき、
みなさんが安心できるような説明とアドバイスとともに、
実際に役立つヒントを紹介します。
子宮のなかの赤ちゃんの発育の様子を、
超音波画像を紹介しながら、1日ごとに詳しく解説していきます。

マタニティ日めくり

ようこそ妊娠初期の世界へ

| 週 | 1 | 2 | 3 | 4 | 5 |

妊娠前のケア
妊娠前と妊娠初期に、葉酸サプリメントを毎日摂取すると、赤ちゃんを神経管欠損症のリスクから守る助けとなります。

アルコールを避ける
飲み物はアルコールでなくソフトドリンクにしたほうが、妊娠の確率が上がるでしょう。果物を入れて、さらに健康的に。

卵子の放出
排卵時には、卵巣のなかで大きくなった卵胞が破れ、成熟した卵子が放出されます。この卵子は卵管内でパートナーの精子と受精する準備ができています。

検査結果は陽性！
妊娠したとわかるころには、赤ちゃんは胎芽期に入っていて、脳、心臓などの器官が形成されはじめています。

初期の成長
はじめの数週間はとても大事で、赤ちゃんの生命維持に不可欠な器官ができはじめ、のちに脳や脊髄になる神経管ができてきます。

はじめはわずかな体の変化が自分にだけわかります。妊娠3カ月ごろには外見から妊娠がわかるようになるでしょう。

妊娠初期には赤ちゃんが急速に成長し、お母さんはさまざまな症状を自覚するでしょうが、外見からは妊娠していることがほとんどわかりません。妊娠初期の終盤には、ウエストが大きくなりはじめ**外見が変化して**くるでしょう。

受胎までの道
排卵と性交のタイミングを合わせると、もっとも妊娠しやすいといわれます。

まめ知識 一卵性双生児を妊娠する確率は1000回に3.5回です。

妊娠という、人生のなかでも驚きに満ちた期間がはじまります。
この期間に、女性の体は劇的な変化を経験するのです。

| 6 | 7 | 8 | 9 | 10 | 11 | 12 |

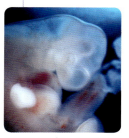

妊娠6週ごろ、胎芽に蕾のような突起がみえはじめます。これらが赤ちゃんの手足になるのです。

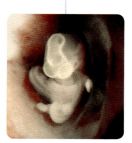

妊娠8週ごろには赤ちゃんの頭部が急速に成長し、ずいぶん頭でっかちになります。手足は長くなってきます。

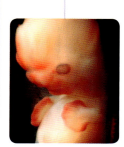

妊娠9週ごろ、赤ちゃんらしい形になり、目や鼻ができはじめます。

疲労感
疲労感は妊娠初期の典型的な症状です。これはホルモン値が上がるため、また、赤ちゃんの急速な成長によってお母さんの体が劇的に変化するためだと考えられています。

まめ知識 妊娠7週の赤ちゃんは頭頂からお尻までたった10mmしかありません。

妊娠日数の計算
妊娠8〜12週の間に、超音波検査をして赤ちゃんの胎齢を推定します。その結果、出産予定日が修正されるかもしれません。今後の検査予定はこの検査の結果に基づいて決められます。

すっきりフード＆ドリンク
妊娠初期、特に午前中は、胃のむかつきや嘔吐に悩まされることが多いでしょう。ジンジャービスケットやハーブティーが症状をやわらげてくれるかもしれません。

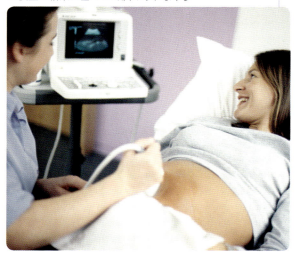

もうすぐお父さん、お母さん
もうすぐ親になるのだという実感がわいてくると、ふたりの関係が新たな局面に入ったことに気づき、ふたりの絆は強まるでしょう。

第1週（妊娠0週1日〜1週0日）

まだ受胎していませんが、妊娠期間280日のカウントダウンはここからはじまります。

体にとってはふだん通りの1週間です。月経がはじまるので、妊娠していないことはわかります。それでも、もし、この月経周期で受胎すれば、月経の1日目が妊娠の第1日と数えられます。ライフスタイルを見直し、"体内"でどのようなことが起こるのかを確実に理解しておくと、のちのちのためになります。知識を得ておけば、妊娠の確率を上げるのに役立つでしょう。

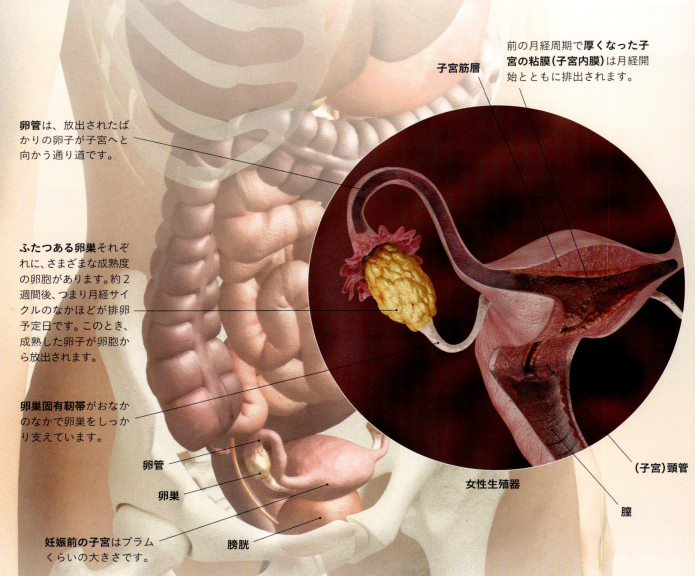

前の月経周期で**厚くなった子宮の粘膜(子宮内膜)**は月経開始とともに排出されます。

子宮筋層

卵管は、放出されたばかりの卵子が子宮へと向かう通り道です。

ふたつある卵巣それぞれに、さまざまな成熟度の卵胞があります。約2週間後、つまり月経サイクルのなかほどが排卵予定日です。このとき、成熟した卵子が卵胞から放出されます。

卵巣固有靭帯がおなかのなかで卵巣をしっかり支えています。

卵管

卵巣

妊娠前の子宮はプラムくらいの大きさです。

膀胱

女性生殖器

(子宮)頸管

膣

妊娠初期

月経周期の1日目（妊娠0週1日）です

あと279日……

体のなかをのぞいてみましょう

月経周期のはじめの2週間で子宮内膜が厚くなっていき、妊娠に備えます。
写真の黄色と青色の部分は細胞、ピンクの部分は分泌物です。
受胎に至らなければ内膜ははがれ落ち、月経がはじまります。

月経の初日です。この月経周期で妊娠を試みるなら、月経初日はとても重要な日なのできちんとメモしておきましょう。

この日を妊娠の第1日と数えますが、実際に受胎が起こるのはこれから2週間ほど先です。では、なぜこの日を"第1日"とするのでしょう？ 受胎すると最終月経の初日にさかのぼって妊娠日数を計算するからです。排卵日か受胎日を起点とするほうが理にかなっているでしょうが、受胎日はもとより、排卵日も正確にわからない場合が多いのです。しかし、最後の月経がはじまった日なら、わかっている確率はずっと高そうです。妊娠を望んでいたり、月経周期を記録していたりするなら、なおさらでしょう。

このように妊娠日を定めるのは不可解かもしれませんが、便利な方法として定着していますし、女性の体がこの日から妊娠に向けて態勢を整えはじめるのも事実です。これからおよそ280日後、または10ヵ月後に、あなたは赤ちゃんを腕に抱いているかもしれません。さあ、これからはじまる旅を楽しみましょう！

トピック——栄養

葉酸をとりましょう

葉酸サプリメントを利用していますか？ まだなら、妊娠第1日の今日から、**この重要なサプリをのみはじめてください**。妊娠を考えたらすぐに葉酸をとりはじめるのが理想的です。葉酸は妊娠後数週間という、初期の赤ちゃんの成長に不可欠だからです（p.16参照）。効果的とされる葉酸摂取量は、1日400μg（mcg）です。葉酸の豊富な食品をとり入れた食事もおすすめです。ベニバナインゲン（ハナマメ、ササゲ）、ホウレンソウ、ブロッコリーなど、緑色の野菜や、グリンピース、ヒヨコマメなどの豆類、葉酸が強化されたシリアル、マーマイト（ビールの酒粕）などの酵母エキスをたくさんとりましょう。

考えてみましょう

赤ちゃんを授かるということ

親になるのにちょうどいい時期というのはありませんが、次のようなことは心に留めておきましょう。

- 確かに経済状況や家の大きさなど、**実際的なことを考えるのは大事です。でも、忘れないで**。親になるということは、物質的になにをしてやれるかやれないかという問題ではないのです。

- あなたとパートナー、**ふたりにしかできない決断**です。家族や友人の意見に流されないで。

- **すぐに妊娠するかもしれませんし、何カ月もかかるかもしれません**。ゆったりかまえて、自分で期日を設けないようにしてください。

ご存じですか

積極的に赤ちゃんを授かろうとしているカップルのうち、最初の月経周期で妊娠に至るのは25%にすぎません。

60%のカップルが妊娠を成立させるまでに9カ月かかります。ですから、すぐに妊娠しなくても焦らず、あまり気にしすぎないようにしましょう。

第1週

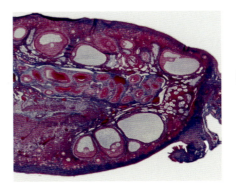

月経周期の2日目（妊娠0週2日）です

あと278日……

体のなかをのぞいてみましょう

左の卵巣断面の写真は色を調整してみやすくしてありますが、すでに卵胞が成長しているのがわかります。小さな白い部分は未成熟な卵胞で、さまざまな成長段階の卵子が入っています。卵胞が成熟すると、卵子が飛び出します。

月経周期でなにが起こっているのかを、順を追って理解しておくと、妊娠率アップにつながります。

　月経の2日目、つまり月経周期の2日目です。月経周期は月経の1日目から、次の月経がはじまる前日までの期間をいいます。平均すると1周期28日ですが、それより短かったり長かったりするのはよくあることです。

　2日目は月経がいちばん重いときかもしれません。子宮の内側をおおっている組織（子宮内膜）が血液とともにはがれ落ちるためです。月経中にはおよそ30mL（大さじ2杯）の血液を失います。内膜がはがれ落ちるときに子宮の血管が収縮するので、ひきつるような痛み（生理痛）を引き起こすことがあります。月経が終わるとすぐに、どちらかの卵巣で卵胞に包まれた卵子が成熟に向かいはじめ、準備を整え月経周期の半ばに放出されます。これが排卵です（p.49参照）。

　一方、子宮内膜はプロゲステロンとエストロゲンというホルモンの作用で再び厚みを増し、受精卵がやってくるのを待ちます。受精に至らなかった場合、ホルモン値は下がり、内膜がはがれ、新たな月経周期がはじまります。

> **ご存じですか**
>
> 同居している、または同じ職場で働く女性の間で月経が同時に起こることがあります。
>
> 　一部の科学者は、フェロモン（人の体内で生物学的反応を引き起こす化学物質）が、ある女性から別の女性へとただよっていくといいます。鼻にある受容体がフェロモンを認識すると、生物学的な反応が起こって、女性の体が自然と月経周期を調整するのです。

月経周期中の変化

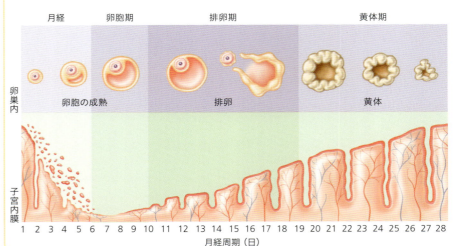

表の上段は、**卵子が一周期のうちに卵巣内でどのように成熟していくのか**を示しています。卵子は14日目くらいに卵胞から放たれます。表の下段は卵子の変化に対応する子宮内膜の変化を示しています。内膜は月経開始時にはがれ落ち、受精卵を受け入れるために再び厚くなります。

　空になった卵胞（黄体）はプロゲステロンというホルモンを分泌し、子宮内膜が月経周期の28日をかけて約6mmの厚さになり、受精卵を受け入れる準備を整えるのを助けます。

月経周期の3日目（妊娠0週3日）です

あと277日……

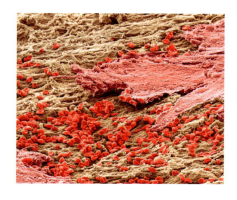

体のなかをのぞいてみましょう
左の写真では、子宮内膜という子宮の内側の壁（ピンクの部分）が月経中にはがれおちる様子がみられます。受精卵が着床しなければこのような現象が起こります。
赤い点は、破れた血管から流れ出した赤血球です。

妊娠を目指しているなら、月経周期に影響するライフスタイルや医学的要因を知っておくといいでしょう。

月経周期や出血量が不規則ではありませんか？ ストレスや、甲状腺機能の亢進などの疾患が、月経周期に影響することがあります。どちらの場合も、月経は期間が短く出血量が少ないか、不順になることが考えられます。月経が不規則だと、排卵日を予測するのが難しくなるでしょう。月経不順や無月経は、排卵が起こっていないことを意味するのかもしれません。排卵の兆候（p.43 参照）を気にかけているか、排卵日検査薬（p.43 参照）を使っていて、排卵が起こっていないのがわかっているなら、医師に相談してください。

月経に関する問題があっても簡単に自然妊娠する場合もありますが、月経期間が長い、周期が不規則、月経が重いなどの症状のなかには不妊と関係するものもあります。子宮筋腫（p.218 参照）など、不妊の要因となりうる疾患があると、月経が重くなることがあります。平均を上回る出血があると貧血を引き起こすこともあり、お母さんにとっても赤ちゃんにとっても理想的な妊娠のはじまりとはいえないので、鉄の摂取量を増やすことを考えるといいでしょう（p.154 参照）。

生理痛を引き起こす疾患が不妊の原因になることもあります。子宮内膜症は一般的な疾患ですが、生理痛やセックス中の不快感の原因となることがあります。これらの症状があれば、医師に検査をしてもらうか、専門医に紹介してもらいましょう。子宮内膜症とは、子宮内膜に似た細胞が、卵巣や卵管や骨盤壁などの子宮外の部位に発生した状態です。子宮内膜症をレーザー手術で処置すれば、妊娠率はぐっと高まります（**注：日本ではあまり普及していない**）。

ドクターへの質問

Q. 月経周期を記録したほうがいいですか？
A. はい。月経周期を観察することは妊娠を計画するうえで重要です。だいたいいつごろに排卵（p.49 参照）が起こりそうか予測できるおかげで、妊娠率を高められるからです。つまり、性交のタイミングをほどよいときに合わせられるのです。

月経周期の長さは常に一定とは限らないので、記録しておくと役立ちます。いちばん覚えておきたいのは、排卵から次の月経開始までは必ず約14日だということです。次の月経がはじまったら、排卵がいつだったのかおおよその見当がつくのです。

トピック——体外受精（IVF）

卵胞を刺激する

なかなか妊娠に至らない場合、**体外受精という選択肢**があります。体外受精ではまず卵巣がたくさんの卵胞をつくるように刺激し、体外で複数の卵子を受精させることができるようにします。月経周期の3日目くらいから、卵巣を刺激する薬を使います。自己注射（右写真参照）か、点鼻薬によって通常の周期を抑制してから、卵胞刺激ホルモンを注射します。それから、採卵がおこなわれます（p.57 参照）。

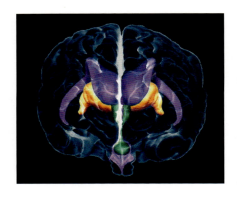

月経周期の4日目（妊娠0週4日）です

あと276日……

体のなかをのぞいてみましょう

左は人間の脳の3D画像を色づけしたもので、中央の緑の部分が視床下部です。
血液中のエストロゲンに反応して視床下部が放出する化学物質は、下垂体（画像下部の緑の部分）に作用し、排卵を誘発する複数のホルモンの放出を促します。

多くの女性が、さまざまなホルモンに支配されているかのように感じるものです。ホルモンがなぜ変動するのかを理解しておくといいでしょう。

ホルモンは排卵に向けて月経周期の1週目のいま、増加しはじめます。まず、脳の基底部にある下垂体が、卵胞刺激ホルモン（FSH）を分泌します。月経の間、FSH値は徐々に上がり、両方の卵巣にある卵胞を（毎月約15～20個）成長させます。卵胞は卵子を包んでいるだけでなく、エストロゲンを分泌します。

エストロゲンは体内を循環して下垂体に作用し、黄体形成ホルモン（LH）の分泌を促します。これが排卵を誘発するのです（p.49参照）。月経周期の1週目は、エストロゲン値は低く安定していますが、これから劇的に上がります。

月経中は低かったプロゲステロン値は、10日ほどすると上がりはじめ、周期の後半は高いまま保たれます。プロゲステロンの作用で子宮頸管は開き、子宮頸部の筋肉は緩みます。ホルモン値の変化は粘液にも影響します。エストロゲンの作用で子宮頸部の粘液の水分が増し、精子が子宮内に進入するのを助けるのに対し、排卵後はプロゲステロンの作用で粘液は減少して粘度が増し、精子の進入を妨げます。受精卵の着床に備え、子宮内膜を厚く整えるのはプロゲステロンの作用によるものです。

ご存じですか

男性にも月経前症候群（PMS）！

男性版のPMSともいえるIrritable Male Syndromeがあることは科学的に裏づけられています。男性の気分の上下、かんしゃく、性欲の減退は、男性ホルモンの一種テストステロンの値がストレスによって低下するのが原因だとわかっています。

雑学

子宝を願う儀式

民間伝承に根差した妊娠の秘訣はいろいろありますが、心から信じて楽しめば効果があらわれるかも！

- **月を利用する** "ルナセプション（Lunar＝「月の」＋conception＝「受胎」）"を唱導する人たちは、月経周期が月の満ち欠けと一致している――月経が新月にはじまり満月に排卵する――女性のほうが妊娠率は高いと考えます。これは、女性の周期が自然光に影響されるという理論に基づいています。

- **メイポールのまわりで踊る** 欧州の5月祭に飾られる柱、メイポールは、春の訪れと豊穣をたたえるものです。

月経周期中の変化

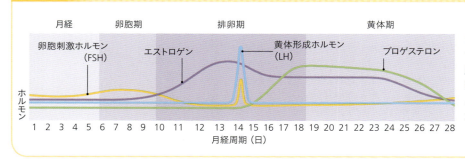

月経周期中に**4つのホルモンが作用**します。卵胞刺激ホルモン（FSH）は卵巣内での卵胞の発育を促します。発育中の卵胞から分泌されるエストロゲンは、排卵時にもっとも多くなります。黄体形成ホルモン（LH）は排卵を誘発します。プロゲステロンは子宮内膜を厚くします。

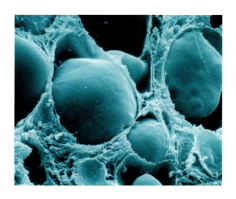

月経周期の5日目（妊娠0週5日）です

あと275日……

体のなかをのぞいてみましょう

左は卵巣の断面で、いくつか卵胞がみられます。卵胞と卵胞の間には結合組織がみられます。毎月15〜20個ほどの卵胞が発育しますが、通常はそのうちのひとつだけが完全に成熟して卵子をひとつ放出します。

赤ちゃんを授かりたいと思ったら、ライフスタイルを多少変えなければなりません。まずはアルコールを控えることからはじめましょう。

まだ月経中で排卵まで少し時間があっても、できる限りすこやかに過ごすようにし、妊娠の可能性を最大にしましょう。そのためには、アルコール摂取量を減らすのがひとつの方法です。

アルコールの飲みすぎは妊娠の確率を下げますし、妊娠したとしても、おなかの赤ちゃんの発育に影響することがあります。一定量を超える飲酒の害を示す証拠はたくさんありますが、たまにお酒を——週に1、2度、せいぜいグラスに2杯のワイン程度——飲む場合は受胎と妊娠にどのような影響があるかはよくわかっていません。しかし多くの女性は、用心するに越したことはないと考え、妊娠を目指している間や妊娠初期は完全に禁酒します。なかには、つわり（p.81参照）のせいで自然とお酒を飲めなくなるという人もいます。

アルコールは男性の生殖能力にもかかわります。精子の数と質にマイナスの影響をおよぼすうえ、大量にお酒を飲むと男性不妊の原因となることがあるからです。

それでも、アルコール飲料を飲むとリラックスできて、セックスしたい気分になる場合もあるので、妊娠の確率は上がるともいえるでしょう。ですから、たまにお気に入りのお酒を1杯飲むくらいは、後ろめたく思わないでください。

赤ちゃんを授かりたいと思っているなら、**ノンアルコール飲料を選びましょう**。アルコール摂取量が多いと、受胎の確率を下げかねません。

ご存じですか

違法薬物や危険ドラッグはおなかの赤ちゃんに有害。

妊娠する前に薬物の使用はやめなければなりません。常習的に薬物を使っている、使わずにいることが難しい、という場合には必ず医学的な支援を受けてください。医師に相談すると、サポートグループに紹介してもらえるでしょう。

考えてみましょう

検査を受ける

妊娠を試みる前に、次の検査について医師に相談しましょう。

- **風疹**：血液検査をして風疹の抗体があるかを調べます。妊娠初期に初めて風疹にかかると、赤ちゃんに異常が生じる危険性が増すとともに、流産のリスクも上がるといわれています。子どものころに風疹の予防接種を受けたなら、赤ちゃんを守るのに十分な抗体があるかもしれません。抗体が不十分であれば、はしか、おたふく風邪、風疹の三種混合ワクチン（MMR）を接種し、3カ月間は妊娠しないようすすめられるでしょう。

- **性感染症**：クラミジア、尖圭コンジローマ、性器ヘルペスなどに感染していないか検査しましょう。また、HIV検査を受けることも検討したほうがいいでしょう。HIV感染した女性も子どもを産むことはできますが、子どもに感染させるリスクを下げるための薬を処方される可能性があります。帝王切開による出産をすすめられることもあります。

第1週

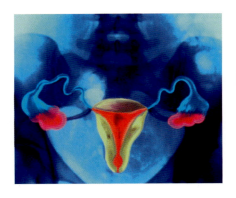

月経周期の6日目（妊娠0週6日）です

あと274日……

体のなかをのぞいてみましょう
中央にある緑色の部分は洋ナシを逆さにした形の子宮です。
その内側の赤い部分は子宮腔と呼ばれる子宮内の空間です。
子宮の両側にある青い部分は卵管で、その先端にあるピンクの部分は卵巣です。

じょうずな食生活は、赤ちゃんを授かり、おなかのなかではぐくむうえで非常に大切です。パートナーといっしょに好ましい習慣を身につけましょう。

トピック──栄養

ビタミンB

ビタミンBを含んだ食品（p.16参照）をとり、必要に応じて、妊婦向けのマルチビタミンのサプリを利用しましょう。
- **ビタミンB1**不足は、排卵障害や着床の不成功との関連が指摘されています。
- **ビタミンB2**不足は、不妊や流産との関連が指摘されています。
- **ビタミンB5**は、受胎と胎児の発育のために重要です。
- **ビタミンB6**は、性ホルモンの産生と作用に不可欠です。
- **ビタミンB12**と葉酸はともに（p.16参照）胎児の発育に欠かせません。

月経周期のうち排卵までの2週間に、日常的に食べているものを振り返りましょう。パートナーとふたりで食生活を少し変えるだけで（p.44参照）、妊娠の確率が上がることがあります。

この機会に自分の体重とBMI（体格指数、p.17参照）をチェックしてください。BMIが18.5未満だったり25を超えたりしていると、妊娠の可能性に悪影響をおよぼします。

太りすぎだと、余分な脂肪組織が代謝やホルモンに影響し、排卵はあるとしても不規則になるでしょう。不妊治療を受けるにしても、太りすぎていると排卵を誘発する薬がうまく効かない可能性があるため、成功率は低くなります。また、妊娠後も、太りすぎは合併症のリスクを高めるとともに、妊娠を満期まで続けられる可能性が低くなる場合があります。

妊娠を目指しているのに体重が少なすぎるのも健康的ではありません。妊娠すると女性の蓄えは減るので、多少体脂肪があるほうがお母さんと赤ちゃんのためになります。ひどく痩せている場合は排卵に影響し、月経不順や無月経の原因となり、妊娠しにくくなりかねません。

受胎時のBMIがわかると、妊娠中にどれくらい体重を増やすのが妥当か（p.99参照）の判断材料になるので、いまのうちにチェックしておきましょう。

健康な体をつくり、妊娠しやすく！

ふだんから運動していると、体はいちばんいい状態で機能を果たすことができ、妊娠の確率は上がるでしょう。体調管理をして健康的な生活を送っていれば、体内の毒素量もストレスも減り、結果的に妊娠しやすい状態になるでしょう。また、運動することによってエネルギーと血糖値が制御され、生殖過程の鍵となるホルモンのサイクルを体がコントロールしやすくなります。逆に、運動しすぎると排卵の進行に悪影響をおよぼし、妊娠しづらくなることがあります。

赤ちゃんを授かるうえで大事なこの時期には、ウォーキング、ジョギング、エアロビクスのような体重負荷運動を1回30分間、週5回、中程度でおこなうことをおすすめします。体の声に耳を傾けることが大切です。中程度とは、気持ちよくおこなえる程度の運動です。きつすぎず、かつ効果が感じられるくらいに体に負荷がかかるのがほどよいのです。

月経周期の7日目（妊娠1週0日）です

あと273日……

体のなかをのぞいてみましょう
オレンジ色の部分は、卵巣で発育中の卵子です。
まわりには卵子を包んでいる卵胞の細胞がみられます。
生まれるとき、女の子の赤ちゃんの卵巣にはすでに無数の卵胞があります。

赤ちゃんを授かろうとしているなら、自分の年齢を考慮する必要があります。女性が妊娠できる可能性は年齢とともに変化するのです。

およそ1週間後に排卵が起こる可能性が高いでしょう。思春期のはじめ、卵巣には卵胞に包まれた未成熟卵が約400個あり、それ以降に新たな卵子がつくられることはありません。実際には、女性は生まれたときにすでに生涯分の卵子をもっているのです。妊娠は思春期から閉経まで可能で、更年期の女性は最終月経から2年間は避妊を続けるようにいわれます。

一般的に、20〜24歳の女性がもっとも妊娠しやすいと考えられています。ほとんどの女性は50代はじめまで月経がありますが、30代、40代、50代と妊娠率は徐々に下がり、染色体異常の発生率と流産率は上がります。とはいえ、毎年、何千人もの赤ちゃんが30代後半、40代のお母さんから生まれています。

いつか子どもがほしいと思っているなら、妊娠率は35歳を過ぎると急激に下がることを心に留めておきましょう。年齢は卵子の質にも影響します。20代前半の女性なら、卵子の染色体異常が生じる確率は17％ですが、40代になるとその発生率は75％以上にまで上がります。染色体に問題があると、ダウン症候群（p.476参照）などの疾患をもった赤ちゃんが生まれる可能性が高くなります。もし自分が妊娠できるかどうか心配なら、血液検査をして卵巣予備機能を調べ、妊娠可能な時間がどれくらい残されているかを知ることができます。FSHと呼ばれる卵胞刺激ホルモン（p.38参

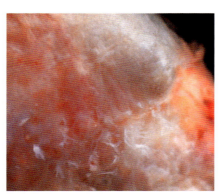

卵胞は卵巣壁の表面下にあり、排卵直前に突きだしてきます。卵胞が破れて卵子を放出する可能性が高いのは、月経周期の半ば、つまり28日周期の13日目か14日目くらいです。

照）やエストロゲンに基づいた検査もありますが、最近の検査では抗ミューラー管ホルモン（AMH）やインヒビンBなど、血液中にある別の卵巣機能マーカーを利用します。

しかし、排卵が起こりさえすれば赤ちゃんを授かれるわけではありません。卵子は卵管を通りぬけ、受精して着床し、妊娠が維持されなければなりません。また、お父さん側の因子も考慮しなければなりません（右上のコラム参照）。

男性にタイムリミットはないの？

男性はだいたい生涯を通じて精子をつくり続けることができるので、男性の生殖能力が大幅に落ちることはないと思うかもしれません。それを証明するかのように、高齢のお父さんはたくさんいます。

しかし、フランスで最近おこなわれた調査によると、35歳以上の男性はパートナーを妊娠させるのにずっと長い時間がかかっているといいます。そして、妊娠に至った場合、わずかに流産率が高いというのです。これは、高齢の男性の精子には損傷のあるDNAが含まれる率が高いためです。確かに年配のカップルでも赤ちゃんを授かりますが、男性も女性と同じように、生殖能力のピークを過ぎているのです。

ご存じですか

卵子に到達するまでの30〜40cmは精子にとって長く危険な旅です。

だからこそ、自然の摂理は精子については気前よく、1回の射精で無数の精子を放ちます。平均すると、1回の射精で2〜8mLの精液が産生され、1mLに4000万以上の精子が含まれます。

第2週（妊娠1週1日〜2週0日）

妊娠の"扉"が開こうとしています。この"扉"が開いている間こそ赤ちゃんを授かるチャンスです。

この週の終わりごろ、卵巣にある卵子のひとつが完全に成熟していることでしょう。
ホルモンの作用で卵子が卵胞から飛びだし、排卵が起こります。
その卵子が精子と出会うと、妊娠に至るかもしれません。
いまこそ、積極的にパートナーとセックスするときですから、思う存分楽しみましょう。
不妊の不安を抱えているなら脇にやり、ゆったりした気持ちで過ごしましょう。

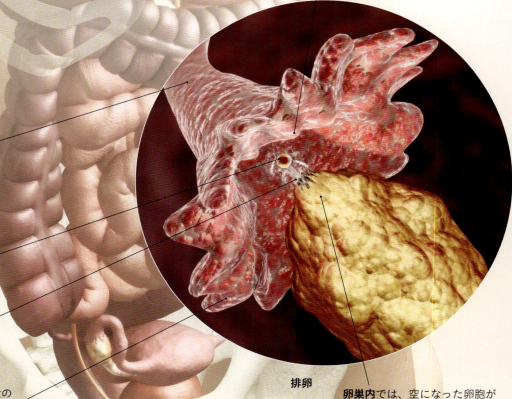

卵管采の表面をびっしりとおおう**線毛が生み出す流れ**にのって、卵子は卵管に移動します。

卵子が子宮への旅をはじめられるように、**卵管壁**が収縮と弛緩を繰り返して卵子を卵管内にとり込みます。

成熟卵が卵胞から放たれ、卵巣の表面から飛び出します。精子と出会い、受精するためには卵管に進入しなければなりません。

成熟卵とともに卵胞から**液体**が放出されます。

卵管の先端には、手のように指状の突起が並んだ**卵管采**があります。これが卵子に近づいてやさしく卵管にとり込みます。

排卵

卵巣内では、空になった卵胞がプロゲステロンというホルモンを分泌し、子宮の内膜が厚くなるよう促します。

妊娠初期

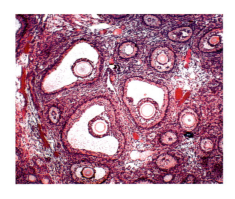

月経周期の8日目（妊娠1週1日）です

あと272日……

体のなかをのぞいてみましょう

左にみられる3つの白い部分は、発育中の卵胞です。それぞれのなかにある丸いものが卵子です。たいていは、これらの卵胞のうちひとつだけが排卵時（p.49参照）に完全に成熟しており、卵子を放出します。

月経周期第2週の終わりまでに排卵が起こるでしょう。もっとも妊娠しやすい時期を知らせる兆候とはどんなものでしょう？

月経周期の2週目にはいりました。おそらくこの週の終わりまでに排卵が起こるため、妊娠しやすくなるでしょう。女性の体内での精子の寿命は5日間で、卵子の寿命は排卵後12〜24時間ですから、卵子が受精する可能性のある期間は6日間ということになります。しかし、排卵日は月経周期の12〜16日目までと多少のずれがあるため、妊娠可能期間は9日間とされます。定期的に月経がある人なら排卵日はわかりやすいかもしれませんが、体にあらわれる兆候（右コラム参照）に気をつける、排卵検査薬を使うなど、ほかの方法も試すといいでしょう。とはいえ、妊娠するためには排卵時にこだわらずセックスするのがいちばんだということは心に留めておきましょう。排卵検査薬は有効ではありますが、費用がかかるうえ、セックスを楽しみよりも医療の延長にしてしまい逆効果を招くことがあります。この検査薬は、排卵を誘発するLH（黄体形成ホルモン）値の上昇を尿から検出するものです。

必ず検査薬の指示に従ってください。検査で陽性が出れば、12〜36時間後に排卵が起こるということです。この検査の精度は99％ですが、時には偽陽性や偽陰性を示すこともあります。検査して陰性だった場合は、翌日また検査しましょう。陽性が出れば、その月はもう検査をおこなう必要はありません。

排卵は起こっていますか？

▶ この週に気をつけること
- 排卵時の下腹部痛
- 基礎体温（朝、目覚めてすぐの体温）のわずかな上昇
- 頸管粘液（おりもの）——排卵直前に子宮頸管の産生する分泌物は水分が多く、透明で伸びやすくなり、生卵の卵白のようです。これが、妊娠可能期間にはいったことを示す状態です。

月経周期中の変化

表の上段のグラフから、**排卵直後に体温が急上昇**しているのがわかります。表の下段は頸管粘液（おりもの）の状態をあらわしています。排卵が近づくと粘液の産生がはじまります。おりものははじめのうち水分が少なく粘り気のある状態ですが、もっとも妊娠しやすい時期には水分が増えてよく伸びるようになります。

おりものを指で触ってみると、糸を引くように伸びることがあります。これは、じきに排卵が起こるしるしです。

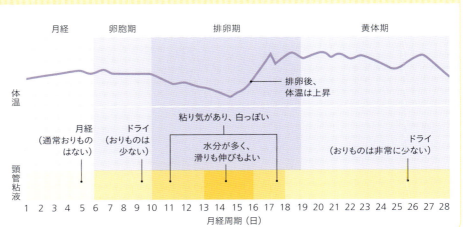

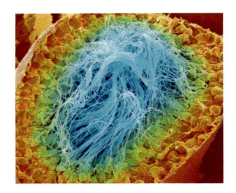

月経周期の9日目（妊娠1週2日）です

あと271日……

体のなかをのぞいてみましょう
男性の体内では常に精子が産生されています。これは精子細胞の写真です。
精子の頭部（緑の部分）には遺伝物質が含まれ、この頭部が卵子を受精させます。
精子の尾部（青い部分）は精子を前進させます。

排卵を待っている間、卵胞が卵子の放出に向けて成熟するだけでなく、卵巣では驚くべき変化が起こっています。

月経周期第2週の終わりごろに排卵が起こります。それが近づくと、いちばん成熟の進んだ卵胞が、卵巣表面に移動して、いつでも大切な積み荷をおろせるよう準備します。月経の最中に、左右の卵巣では15〜20の卵胞が育ちはじめていたのです。

両方の卵巣が卵胞を育てますが、ふつうはどちらか一方の卵巣のひとつの卵胞からのみ排卵されます。どちらの卵巣から排卵されるかは、順番が厳密に決まっているわけではないのでわかりません。卵胞は、発育するにつれて分泌された液体が内部にたまり、大きくふくらんできます。複数の卵子が放出される月もあり（p.49参照）、同じときにふたつの卵子が受精し、着床すれば二卵性双生児になります。

排卵までに、成熟卵胞は直径およそ2cmになりますが、卵子はどうにか肉眼でみえる程度の大きさです。

卵胞が成熟するためには脳の下垂体（p.38参照）から分泌されるFSH（卵胞刺激ホルモン）が必要ですが、初期の発育にはあまり関係ないようです。ただし、初期の卵胞がほかのホルモンや化学物質の影響を受けて発育している可能性はあります。

トピック——お父さん
お父さんの食生活も重要です

精子の成熟には数週間かかります。父親になりたいなら、遅くとも妊娠の3カ月前から健康的な食生活を送ってください。栄養補助食品はあっても、ほとんどのビタミンやミネラルは実際の食品のかたちでとるほうが効果的です。

- **抗酸化物質**：ビタミンA、C、E、セレン、亜鉛などの抗酸化物質が豊富な食事は、精子のDNA損傷を防ぐのに役立ちます。
- **セレン**：精子が卵子の外膜を突きぬける助けとなる可能性があります。ツナ、イースト、小麦胚芽、未精白の穀物、ゴマをとりましょう。
- **亜鉛**：精液に多く含まれます。魚、赤身の肉、貝類、七面鳥肉、鶏肉、卵、未精白の穀物、ライ麦、オート麦（カラスムギ）をとりましょう。
- **マンガン**：男性の生殖機能を助ける要素のひとつです。葉物の野菜（ブロッコリーを含む）、ニンジン、卵、未精白の穀物、ショウガをとりましょう。
- **必須脂肪酸**：精子の運動性を高める可能性があります。サバ、サケ、イワシなど脂肪分の多い魚、アマニ、キウイをとりましょう。

医師からのアドバイス

現在、なんらかの疾患がある場合は、妊娠を目指す前に医師に相談しましょう。糖尿病、喘息、高血圧、心臓病、甲状腺疾患、鎌状赤血球症、てんかんなどの疾患がある場合や、過去に深部静脈血栓症（DVT）を発症したことがある場合は（p.186参照）、妊娠に影響する可能性があります。

それぞれの状況によって影響は異なるので、専門家の助言を求め、ケアを受ける必要があります。自分の病歴が妊娠に影響するのではないかと少しでも不安に思うなら、妊娠を目指す前に医師に相談しましょう。

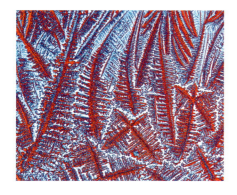

月経周期の10日目（妊娠1週3日）です

あと270日……

体のなかをのぞいてみましょう

排卵が近づくと、頸管粘液（おりもの）の分泌量が増えます。このころの頸管粘液はシダ状結晶を形成します（左の写真）。排卵が起こるころのおりものは透明で、滑りも伸びもよく、精子がおりもののなかを泳ぎやすい状態になります。

赤ちゃんが男の子でも女の子でもうれしいでしょうが、理論的には性別を左右できる可能性があるといいます。

赤ちゃんを授かれるかどうかは、この週にちょうどいいタイミングでセックスすることにかかっています。ただし、赤ちゃんの性別に希望があるなら、タイミングはさらに重要になるかもしれません。セックスのタイミングと赤ちゃんの性別には因果関係があるという専門家もいるのです（下のコラム参照）。

最近の調査によると、摂取カロリーが多い女性は男の子を妊娠する確率がわずかに高いようです（果物のなかでも形がペニスに似ているバナナは効果的です）。朝食を食べない、または摂取カロリーが少ない人は、女の子を妊娠しやすくなります。その理由のひとつは、カロリーを多く摂取すると膣からの分泌物に影響し、男の赤ちゃんになるY精子の活力を高めるためだと考えられています。

調査結果によると、朝食をぬかず、ふだん通り食事をとり続けることで**グルコース値を高く保っている女性**は、男の子を妊娠しやすいといいます。

ご存じですか

ひとり目とふたり目の子の性別が同じなら、次に妊娠する子も75％の確率で同じ性別になるでしょう。

授かる赤ちゃんの性別は予測がつかないものですが、同じ性別の子どもを続けて授かるということは、その男性が産生する精子のうち、女の赤ちゃんになるX精子、または男の赤ちゃんになるY精子、どちらかの質がよりすぐれているということなのかもしれません。

統計的には、性別の異なるふたりの子どものいるカップルは、3人目の妊娠を望む確率が低くなっています。

産み分け──男の子？　女の子？　（注：産み分け法は現在、医学的には有効性はないという見解が主流）

シェトルズ法は、ランドラム・シェトルズ博士が考案した産み分け法です。Y精子（男の子）はX精子（女の子）に比べて小さく、動きが速く、抵抗力がなく、膣内の酸性環境に弱いという事実に基づいています。

シェトルズ法のアドバイス──男の子を妊娠するために──
- セックスのタイミングをできるだけ排卵に近づけ、後ろから挿入するなど、深く挿入できる体位をとります。
- 膣内をY精子に有利なアルカリ性に近づけるために、女性が男性と同時にオルガスムに達するのが理想です。
- 男性がセックスの直前に濃いコーヒーを1〜2杯飲むと、Y精子が活発になります。

エリザベス・ウェラン博士が考案した**ウェラン法**では、排卵の4〜6日前にセックスすると男の子を、排卵に近いタイミングでセックスすると女の子を授かりやすいとされています。興味深いのは、ウェラン法はシェトルズ法のアドバイスとほぼ反対であるという点です。

では、どうしたらいいのでしょう？　医学的には、**セックスのタイミングは赤ちゃんの性別に関係がないという見解が主流**です。『The New England Journal of Medicine（ニューイングランド・ジャーナル・オブ・メディシン）』をはじめとする学術誌の報告もこれを裏づけています。例外があるとすれば、排卵の2日前にセックスをすると、わずかながらも女の子を妊娠しやすいというものです。

月経周期の11日目（妊娠1週4日）です

あと269日……

体のなかをのぞいてみましょう
卵管の内壁には粘膜でおおわれた膜があります。
この膜には管の表面を保護する細胞（茶色の部分）があります。
排卵後、線毛という細かい毛（青い部分）が卵子を管に沿って移動させます。

すぐに妊娠できなくても、あまりがっかりしないでください。妊娠に至るまでには時間がかかるものなのですから。

妊娠を目指しはじめてから、もうずいぶんになりますか？ 望めばすぐに妊娠するとは限らないという事実に向き合うのは容易ではありません。うまくいかなくて、どうしたらいいかわからなくなるかもしれませんね。これまでほかのことをうまくやり遂げてきた人は、なおさらでしょう。

子づくりに関しては、偶然という要素が大きな役割を果たします。妊娠可能性のピークにある若い女性でさえ、ひとつの月経周期で妊娠する確率は50％です。6カ月、さらに12カ月と妊娠を目指し続けるのは珍しいことではありません。16％のカップルが妊娠に至るまでに1年以上かかっています。ですから、自分の妊娠可能性や健康面全般で特別な理由がない限り、例えば12〜18カ月という長めの期間を見込んで妊娠計画を立てましょう。

主な例外は、女性の年齢が35歳以上の場合です。約6カ月試みても妊娠しなければ、医師に相談しましょう。おそらく、まずは、女性側の血液検査とパートナーの精液の分析がおこなわれます。しかし、35歳以上の女性も自然な方法で妊娠できる可能性はあるので、がっかりしないでください。39歳の女性が妊娠に至るまでには、平均15カ月かかっています。もしも最終的に医学の助けを借りることになれば、そこでも長い時間がかかるという問題が潜んでいます。

栄養士への質問

Q. 緑茶を飲むと妊娠の可能性が高まるとききました。本当ですか？

A. いまのところ、緑茶と妊娠に関する研究では、どちらとも結論が出されていません。大局的にみれば、妊娠の妨げになることなく健康効果は得られそうです。しかし、緑茶にはさまざまな健康効果があるものの、少量のカフェインとタンニンが含まれています。どちらも（少なくとも大量摂取すれば）不妊との関係や流産リスクを高めることが指摘されています。

避妊をやめる （注→p.480）

避妊に薬剤や器具を使っている場合でも、使用を中止すればすぐに妊娠が可能になるものもあります。

- **子宮内避妊器具（IUD）**：精子の寿命は3〜5日なので、IUDを除去する前の週にしたセックスで妊娠に至る可能性があります。
- **ピル**：使用中止後すぐに妊娠可能になります。ピルの使用をやめたあと、非常に妊娠しやすくなる人もいます。
- **インプラント**：除去すればすぐに妊娠可能になりますが、妊娠に時間がかかる場合もあるようです。月経が規則的になるまでに3〜9カ月かかることがあります。これはホルモンがまだ残っているためと考えられますが、妊娠は可能です。
- **注射法**：不規則な出血が何カ月か続く可能性があり、使用中止から数カ月は妊娠に至らないことがあります。しかし、インプラントと同じく、月経が規則的に戻るまでに妊娠する可能性はあります。
- **ミレーナ（IUS）**：除去する前の週にしたセックスで妊娠する可能性はありますが、この器具にはプロゲステロンが付加されているため、IUD除去の場合（左参照）に比べて妊娠可能性は低いでしょう。

ピルの使用をやめると、1カ月以内に妊娠する可能性があります。まだ妊娠を望まないなら、1〜2カ月はコンドームを使用しましょう。

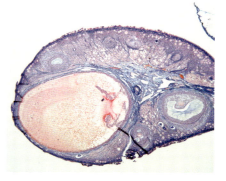

月経周期の12日目（妊娠1週5日）です
あと268日……

体のなかをのぞいてみましょう
この成熟した卵胞には、液体で満たされた卵胞腔と呼ばれる空間があります。
排卵直前のこの段階では、ひとつの卵胞がほかの卵胞よりもずっと大きくなっています。
この卵胞が、やがて破れて卵子を放出するのです。

月経周期のこのころには、ホルモン値が上がるにつれて性欲も高まるでしょう。体の仕組みはうまくできているものですね！

月経周期が28日なら、高まってきたエストロゲン値はこの日にピークに達します。卵胞から分泌されるエストロゲンの値が高まると、LHホルモン（黄体形成ホルモン、p.38参照）が放出されるようになり、その値は排卵の約24時間前に急上昇します。下垂体から分泌されるFSH（卵胞刺激ホルモン、p.38参照）の値は、週の終わりにかけて上がりはじめます。プロゲステロン値は低いままです。このホルモンは子宮内膜が厚みを増すべきときまで必要とされないのです。逆に、FSH値が高まると膣内は精子にとって厳しい環境となり、精子が子宮、そして卵管に到達して卵子を受精させるのは難しくなります。

女性も男性ホルモンの一種、テストステロンを産生しますが、それが排卵のころにピークに達します。このホルモンは性別を問わず性欲を司るため、排卵を目前に控えたこのころ、ふたりそろって子づくりムードになるでしょう。

ドクターへの質問

Q. 4週間前に流産しました。すぐに子づくりを再開しても大丈夫ですか？

A. 流産のあと、いつ子づくりを再開するのがいいか、確実な助言はできません。一般的には、1周期待つのがいいとされています。そうすれば、すぐに妊娠したとしても妊娠日数を特定しやすくなります。しかし、流産の原因として感染症が疑われる場合などは、担当医が別のアドバイスをするかもしれません。流産したために保留になっている習慣流産などの検査があるのなら、その検査をしてから子づくりを再開するといいでしょう。

流産後は、あなたもパートナーも、失った赤ちゃんを悼む時間が必要かもしれないので、あわてて子づくりを再開するのはおすすめできません。1度の流産を経験した女性のほとんどは赤ちゃんを産んでいますから、焦らないでください。

ご存じですか

ストレスが妊娠の妨げになることもあります。

ストレスの多い状況下で妊娠しにくくなるのは、もっともなことなのでしょう。その理由のひとつは、ストレスがあると月経周期の半ばに急増するホルモン（左ページ参照）に卵巣が反応しにくくなるからです。理由は解明されていないものの、ストレスと不妊治療の失敗にも関連がみられます。

流産はとてもつらいことで、ふたりの関係に影響することがあります。ふたりで気持ちを話し合い、悲しみを乗り越えるまで、次の妊娠を試みるのは待ちましょう。

月経周期の13日目（妊娠1週6日）です

あと267日……

体のなかをのぞいてみましょう

左は卵管内にある精子細胞の写真です。
精子は女性の体内で3〜5日間は生きて活発に動いていられるので、
排卵が数日後になっても妊娠は可能です。

いまがもっとも妊娠しやすい時期ですが、排卵はいつかと考えすぎず、ただセックスを楽しみましょう！

ご存じですか

オルガスムは受精の確率を高める？

一説によると、女性のオルガスムは画期的なメカニズムであり、子宮の収縮とともに精液を子宮頸管に招き入れる仕組みになっているのだといいます。女性がパートナーより1分以上先に絶頂に達した、またはそこまで至らなかった場合は、パートナーと同時またはそれ以降に絶頂に達した場合に比べると、体内にとどめておける精液の量は少ないというのです。

排卵のころ、セックスライフに刺激的な気分や自然さをとり戻しましょう。「こうするといい」「これはやめたほうがいい」とあれこれアドバイスされたことや、受精率を高めるという迷信にとらわれていると、セックスの楽しみを忘れてしまいがちです。妊娠することばかり考えていると、楽しみは二の次になってしまうかもしれません。セックスの体位や時間や場所をいろいろ試してみるのもいいでしょう。ふだんそれほど冒険をしないカップルなら、この機会にいろいろ試してみませんか？　24〜48時間ごとにセックスするようにしましょう。男性は規則的に射精していると、質のいい精子ができやすくなります。これまで、禁欲の利点が強調されすぎていました。実際に、7日間セックスを控えると精子の数は激増しますが、禁欲によって精子の運動性（泳ぐ能力）が低下することがわかっています。精子の質が五分五分といった場合はなおさらです。禁欲期間が長いほど、その影響は著しくなります。ですからセックスを楽しんで。それで妊娠するとしたら、思わぬご褒美ではありませんか！

セックスのあと15〜20分横になっていれば、受精の確率が高まるでしょう。脚を高くしていれば、重力をうまく利用できます。

セックスの体位

セックスのしかたによって受精率は異なるようです。後ろから挿入するなど、挿入が深くなる体位のほうが、精子は子宮頸管の近くに射精されるので、効果的でしょう。膣の分泌物に長時間さらされて弱ると、精子の寿命が短くなりかねません。男性が上位なら女性は腰の下にクッションをいれ、骨盤の位置を高くして精子が頸管に向かって動きやすいようにしましょう。女性が上位になると、精子が漏れ出してしまうかもしれません。潤滑剤は精子に悪影響をおよぼすので、使用を避けましょう（注：最近はセックスのあとの体位と受精率は関係ないとも考えられている）。

妊娠初期

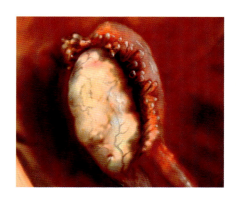

月経周期の14日目（妊娠2週0日）です
あと266日……

体のなかをのぞいてみましょう
この写真では卵管の先に卵巣があるのがみられます。月経周期のこのころ、卵巣の表面にある卵胞が卵子を放出します。この卵子は、卵管采によって卵管にとり込まれます。
くっきり写っている指のような突起が卵管采です。

まだ排卵が起こっていなければ、この日に起こる可能性が非常に高いでしょう。そして、卵子が精子と出会ったら、うまくいけば間もなく妊娠です。

　一般的に排卵は月経周期の14日目あたりに起こりますが、前後することもあります。排卵とは、ふたつある卵巣から卵子がひとつ放たれるときを指します（卵子がふたつ放出されることもあります：下のコラム参照）。発育卵胞から分泌されるエストロゲンに刺激され、LH（黄体形成ホルモン）の値が上がります（p.47参照）。LHサージといわれるこのホルモンの急増が、いま卵胞内で起こっているできごとの引き金となるのです。LHは、排卵と受精に向けて、卵胞のなかの卵子を完全に成熟させます。卵子はこの時点で染色体の数を46から23へと減らします（p.54参照）。このころには、卵胞は卵胞液で満たされています。排卵の直前になると、直径は約2cmかそれ以上になり、卵巣の表皮近くにひかえています。もしも卵胞をみられるとしたら、いまにも破れそうな水ぶくれのようにみえるでしょう。次に、卵胞は卵胞壁を消化する酵素を産生し、卵巣表面上に卵子を放出します。

　卵子は卵胞から放出されると間もなく、近いほうの卵管の先端をぐるりと囲む指状の突起に導かれて卵管内へ移動し、うまくいけばそこで受精します。

ご存じですか
二卵性双生児を妊娠したことがある女性は、二卵性双生児をもうひと組授かる確率が4倍になります。

　ふたつ以上の卵胞が完全に成熟し、排卵時に卵子がふたつ放出され、ふたつとも受精に至ると二卵性双生児になります。二卵性双生児をもうひと組妊娠する確率が上がるのは、二卵性双生児を（不妊治療薬を使わずに）妊娠した女性のほとんどが1周期に複数の卵子を排卵する傾向があるからです。二卵性双生児を2度妊娠する確率は3000分の1です。

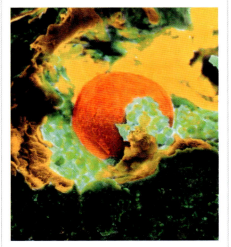

排卵の際、卵胞は破れ、卵子が卵巣の表皮を突きぬけます。ふたつの卵胞がこの段階まで成熟し、そろって卵子を放出することもあります。

トピック——ふたりの関係
妊娠というプレッシャー

　妊娠を目指していると、そのことで頭がいっぱいになってしまい、ふたりの関係がぎくしゃくするかもしれません。妊娠という目標があると、セックスについて医学的になりがちです。そうなると、女性も男性もお互いのことを性的対象ではなく、子づくりマシンの一部とみなしてしまうかもしれません。それではセックスの悦びは容易に失われてしまいます。

　男性が精子を提供しなければならないというプレッシャーを感じていれば、女性に苛立ちが伝わるのも理解できます。その苛立ちが男性の意欲、ひいては性的能力にまで影響するかもしれません。そうなると、負のスパイラルが生じ、当然のことながら妊娠の確率は下がり、ふたりの関係が悪くなる原因となるでしょう。

　互いに反発し合うのでなく、愛情深くとり組む努力をしましょう。休暇をとってみるのもいいでしょう。日常生活から離れてくつろいでいるときに赤ちゃんを授かるケースは少なくありません。そして、妊娠可能期間外の純粋に楽しめるセックスもお忘れなく。

第2週

受胎

妊娠は受胎からはじまります。受胎とは、ひとつ以上の卵子が卵巣から放たれ、卵管内で精子と出会って受精し、子宮内膜に着床するという一連の複雑な過程を指します。

卵子の放出

女性はだれもが、生涯分の卵胞をもって生まれてきます。卵胞のなかには未成熟な卵子があり、女性の生涯でそれらの一部が成熟して放出されます。毎月、脳の下垂体から卵胞刺激ホルモン（FSH）が分泌され、いくつかの卵胞に成熟を促します。すると、これらの卵胞はエストロゲンというホルモンを産生し、その分泌量が増えると受精卵の着床に備えて子宮の内膜が厚くなります。卵子の成熟とともにエストロゲンの値が上がると、脳の下垂体に指令が届き、黄体形成ホルモン（LH）が産生されます。毎月、LHが急増するLHサージといわれる現象が引き金となって、卵胞のひとつ（ときには複数）が成熟した卵子を放ちます。これが排卵です。

卵子は卵巣を離れると、すぐそばにある卵管にはいり、子宮に向かって移動しはじめます。卵管の長さはちょうど10cmほどで、その内壁をおおっている細かな線毛が文字通り"掃く"ようにして卵子を子宮のほうへ移動させます。それでも卵子の旅は5日ないしそれ以上かかるのです。この旅の途中で、卵子の受精が起こります。

精子の旅

セックスの間に男性はおびただしい数——1回の射精でおよそ2億5千万——の精子を女性の腟に放ちます。それぞれの精子には前進するための長い尾部があり、卵子の受精が起こる卵管まで泳ぐ機能が備わっています。腟から子宮を通って卵管まで

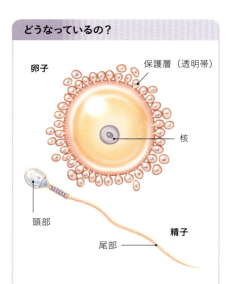

どうなっているの？

卵子／保護層（透明帯）／核／頭部／精子／尾部

直径0.1mmの成熟卵は、透明帯というたんぱく質の保護層に包まれています。精子は卵子よりはるかに小さく、頭部と尾部で構成されます。頭部には男性の遺伝物質と、卵子の透明帯を通過するために必要なたんぱく質分解酵素が含まれ、尾部は運動して精子を腟から子宮、卵管へと進ませます。

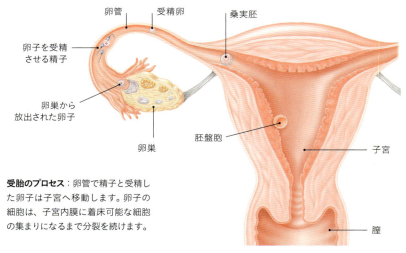

受胎のプロセス：卵管で精子と受精した卵子は子宮へ移動します。卵子の細胞は、子宮内膜に着床可能な細胞の集まりになるまで分裂を続けます。

受精：ひとつの精子が卵子にはいりこみます。卵子と精子は結合すると、受精卵というひとつの細胞になります。

受精卵：同質のふたつの細胞に分裂し、卵管を移動しながら分裂を繰り返します。

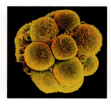

桑実胚：およそ16細胞の集合で、受精後3〜4日くらいで形成されます。

胚盤胞：100以下の細胞の塊です。卵子の保護層を破って外に出て、子宮内に着床する準備をします。

は、数時間でたどり着きます。しかし、精子は膣や子宮内で3～5日生きていられるので、受精が起こりうる期間は約6日ということになります（排卵後の卵子の寿命は12～24時間です）。

おびただしい数の精子がすべて卵管にたどり着くわけではありません。実際、ほとんどは女性の体外に出てしまったり、途中で迷子になったりして死んでしまいます。卵子の場所までたどり着ける精子はほんの300ほどで、もともと放たれた数のごく一部なのです。

受精の瞬間 多くの精子が卵子のまわりに集まり保護層を通過しようとしますが、受精卵の表面からはいりこんで卵子を受精させられるのはひとつだけです。ひとつの卵子を受精させられる精子がひとつだけになるように、受精が起こるとすぐに、卵子の保護層は厚くなり、競合するほかの精子の侵入を防ぎます。

子宮への着床

受精卵は子宮にたどり着くころまでに、単一細胞から胚盤胞と呼ばれる細胞の塊に成長します。この塊は、はじめはふんわりと子宮内膜に付着し、そこからはがれないようにしっかりと根づきます。着床して間もない段階で、この細胞の塊は単なる受精卵より進化しているものの、まだ胚芽ではなく"受胎産物"と呼ばれることがあります。この時点で性別は決まっていますが、まだまったく赤ちゃんの形にはなっていません。細胞は酵素を分泌して、子宮内膜を浸食しながら潜り込み、表面下におさまります。

受胎を補助する

受胎に予想以上に時間がかかるカップルもいます。妊娠を目指して2年以上たっている場合は、不妊検査を受けて男女とも十分な受胎能力があるかどうか確認するよう医師からすすめられるかもしれません。自然妊娠が難しいとなれば、受胎を補助するための不妊治療をはじめることになるでしょう。もっとも一般的な治療は体外受精（IVF）です。この方法では、多くの成熟卵が産生されるように排卵誘発剤を使い、卵子を採取して培養室でパートナーの精子と受精させます（これが"試験管ベビー"という言葉の由来です）。そして、子宮に受精卵を受け入れる準備をさせるためにホルモン投与をおこないます。精子の質に問題がある場合は、ひとつの精子を卵子に直接注入して子宮に移植する、顕微授精（ICSI）という方法がとられます。人工授精（AIH）では、状態のよい精子を選別して子宮腔に直接注入します。この方法は、精子の運動性がよくない場合や排卵に問題がある場合におこなわれます。

双生児

双胎妊娠の過程

少なくとも65件に1件は双胎妊娠です。どのように受胎したかによってうりふたつの双子になるか、それほど似ていない双子になるかが決まります。

ひとつの受精卵がふたつの独立した細胞に分裂すると、うりふたつの双子になります。その発生率は、それほど似ていない双子の2分の1です。うりふたつの双子の遺伝子は完全に一致しており性別も同じなので、とてもよく似ていますが、妊娠中の環境にはわずかな違いがあるので、ふたりがすべてにおいて必ずしも同じとは限らないかもしれません。ひとつの受精卵から生まれるので"一卵性"双生児として知られています。三つ子、四つ子、それ以上の多胎が一卵性ということもあり得ます。しかし、三つ子以上の多胎はさらに複雑な組み合わせから発生することもあります。例えば、受精卵がふたつあり、そのうちのひとつがふたつに分裂する、といったケースです。

それほどそっくりでない双子は、排卵時に卵子がふたつ放出されることで発生します。ふたりとも遺伝子は両親から受け継ぎますが、同じ組み合わせの遺伝子を共有してはいません。ほかの兄弟姉妹と同じ程度にしか似ておらず、性別も異なる場合があるため、"きょうだいのような"双子ともいわれます。また、ふたつの独立した受精卵から発生するため、"二卵性"双生児とも呼ばれます。そっくりでない三つ子は、排卵時に卵子が3つ放出されたときに発生します。そのようなケースは、不妊治療によって排卵が誘発されたときに起こる確率が高くなります（下記参照）。

ひとつの受精卵がふたつに分裂する

ふたつの卵子が受精する

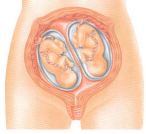

ひとつの受精卵が分裂して発生する一卵性双生児は、子宮内で胎盤を共有することがあります。ときには羊膜を共有することもあります。

ふたつの卵子が同時に受精すると、それぞれ独立した胎盤と羊膜をもった二卵性双生児になります。

第3週（妊娠2週1日〜3週0日）

この週に奇跡が起こり──赤ちゃんが宿ります。

排卵が起こり卵子と精子が出会うと、瞬く間に驚くべきことが起こります。受精からたった4日間で、ひとつの卵子が分裂して58細胞の塊になるのです。胚盤胞と呼ばれるこの塊は、この週の終わりまでに子宮に到達し、子宮の内膜に根づきます。妊娠がわかるまでにはあと2週間ほどかかりますが、特殊なホルモンが作用して妊娠の維持を助けます。

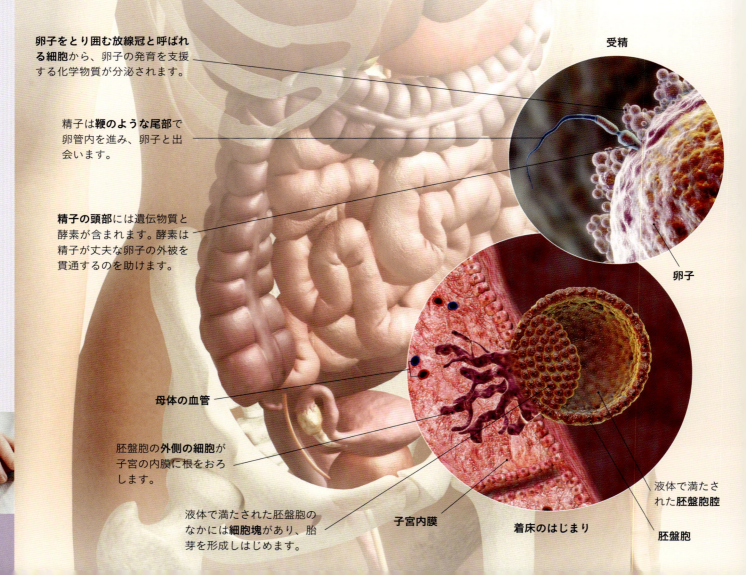

卵子をとり囲む放線冠と呼ばれる細胞から、卵子の発育を支援する化学物質が分泌されます。

精子は**鞭のような尾部**で卵管内を進み、卵子と出会います。

精子の頭部には遺伝物質と酵素が含まれます。酵素は精子が丈夫な卵子の外被を貫通するのを助けます。

母体の血管

胚盤胞の**外側の細胞**が子宮の内膜に根をおろします。

液体で満たされた胚盤胞のなかには**細胞塊**があり、胎芽を形成しはじめます。

受精

卵子

子宮内膜

着床のはじまり

液体で満たされた**胚盤胞腔**

胚盤胞

妊娠初期

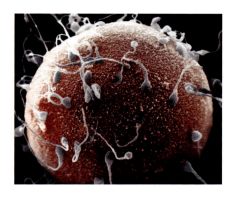

月経周期の15日目（妊娠2週1日）です

あと265日……

体のなかをのぞいてみましょう

卵子が精子に囲まれています。
卵子を受精させる精子はひとつだけですが、卵子の保護層を破って受精を成立させるためには、何百もの精子が必要だと考えられています。

卵子は放出されてから24時間しか生きられませんが、うまくいけばその間に精子と出会い受精できます。

このころにはおそらく排卵していて、卵子の旅がはじまっています。卵巣から放出された卵子は一方の卵管にとり込まれ、子宮に向かって移動します。そして、卵管のもっとも広い部分で止まり、受精を待ちます。

放たれたひとつひとつの精子にとって、受精が起こる場に到達できる可能性はほぼ100万分の1といっても過言ではありません。約300の精子が卵管に到達しますが、卵子を受精させるのはひとつだけです。ひとつの精子が卵子に入り込むとすぐに、ほかの精子の卵表層通過を不可能にする反応が起こります。精子も卵子も染色体を23本、つまり必要な全遺伝物質の半分ずつをもっています。卵子がもっているのは必ずX染色体ですが、精子にはX染色体をもつものとY染色体をもつもの、2種類があるので、胎芽の性別が決まります。精子と卵子の染色体は合体して"受精卵"となり、受精が完了します。

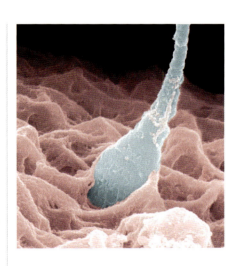

数百の精子が無事に旅を終え、卵管で卵子と出会います。しかし実際に卵子を受精させる精子はひとつだけです。

トピック——男性
健康なのに生殖能力が……？

父親になりたいと思ったら、さまざまな理由で健康的であり続けることが大切です。パートナーが妊娠に向けて準備をしているならなおさらです。しかし、赤ちゃんを望んでいる男性がごろごろしてばかりいるのは望ましくないものの、ジムで力尽きるまで運動するのもあまりいいとはいえないようです。

ある研究では、若く健康な男性に激しい運動を週4回、2週間続けてもらいました。その後、彼らの精液を検査したところ、精子の数は少なく、受精に必要なホルモンの値が低かったといいます。このようなホルモンの変化は一時的なもので、活動レベルを以前と同じ程度に戻せば数日の間にほぼ正常に回復します。

ただし年配の人や、精子の数が乏しいうえにホルモン値が低い人や、そのどちらかが当てはまる人の場合は回復に時間がかかることがあるのも確かです。ですから、運動して健康を維持しつつ、やりすぎには注意しましょう。

ご存じですか

精子の産生を司るホルモンは60～90分ごとに分泌されています。そのため男性は常に精子細胞を産生しているのです。

理論的には男性が常に生殖能力があるということになりますが、精子が完全に成熟するまでには72日かかります。ですから、その間に不健康な生活をしていると、精子の質に影響するでしょう。だからこそ、赤ちゃんを望んでいる男性は、質のよい精子を産生するために3カ月前からライフスタイルを改善しなければなりません。

第3週

遺伝子と遺伝

両親が子どもたちに伝える遺伝子は、少なくとも部分的に子どもたちの身体的・精神的特徴を決定します。場合によっては異常のある遺伝子が伝えられ、遺伝による病気や障害につながることもあります。

遺伝子はこうして伝えられる

親から子、子から孫へ

親から子、子から孫へと世代を追うごとに遺伝子のシャッフルが起こります。赤ちゃんの遺伝子の半分は父親から、もう半分は母親から伝えられます。赤ちゃんの両親はというと、それぞれ自分の両親から遺伝子を半分ずつ受け継いでいます。そうすると、ひとりの人は祖父母から4分の1ずつ遺伝子を受け継ぐことになります。ではそれは、どのようにして起こるのでしょう？　ひとつひとつの卵子と精子は染色体をほかの細胞のように46本ではなく、ちょうど半分の23本ずつもっています。卵子と精子が出会って受精すると、染色体は対になり、再び完全な46本となって、新たなひとりの人の青写真となる遺伝子を形成します。23対ある染色体のうち1対が性染色体ですので、赤ちゃんの性別は受精のときに決まります。卵子はどれもX染色体を、精子はXまたはYどちらかの染色体をもっています。X染色体どうしが対になれば赤ちゃんは女の子に、XとYが対になれば男の子になります（右記参照）。

遺伝とは、連続する世代に特徴や個性が受け継がれることを意味します。

遺伝子ってなに？

遺伝子は体内のすべての細胞がもっている細胞核のなかにある染色体という棒状の構造の上にあります。各遺伝子は染色体上の決まった位置を占めています。遺伝子はたんぱく質を生成するよう指示を出し、たんぱく質は体内における各細胞の構造と機能を決定するので、人が受け継ぐすべての特徴は遺伝子によって決まるということになります。

"ヒトゲノム"として知られている人間の全遺伝情報は約2万～2万5000の遺伝子で構成され、それが23対の染色体に収められています。

遺伝の仕組み

受精したとき、胚は母親の卵子から23本の染色体を、父親の精子から23本の染色体を受け継ぎます。これらが対になり、染色体総数は合計46本になります。そのうち1～22番目の対は大きさも形もほぼ同じか同一ですが、23番目のペアはそうとは限らず、XかY、いずれかの性染色体で構成されています。卵子も精子もひとつひとつ遺伝子の組み合わせは異なります。これは、細胞分裂によって卵細胞や精子細胞がつくられる際、対をなす染色体が単純に1本ずつに分かれるのではなく、互いの一部をランダムに交換しあうためです。つまり、一卵性双生児（p.51参照）を例外として、人はひとりひとり独自の特徴をもっているのです。

性別の決定　親から受け継がれた23対の染色体のうち、1対が性別を決定します。この1対が2本のX染色体で構成される場合、赤ちゃんは女の子に、X染色体とY染色体のペアで構成される場合は男の子になります。卵子は必ずX染色体をひとつもっており、精子はXかYかどちらかの染色体を

もっています。そのため、赤ちゃんの性別は必ず父親側によって決定されます。X染色体をもっている精子が卵子を受精させると、その結果生じた胚は女の子になります。Y染色体をもった精子が卵子を受精させて生じた胚は男の子になります。男の子の染色体はX、Yの両方が働きますが、女の子の場合ふたつのX染色体のうち一方が胚発生の早い段階で不活性化され、二重に指示が出されるのを防ぎます。母親由来か父親由来か、どちらのX染色体が不活性化されるかは無作為に決まります。

遺伝子の型 ひとつの細胞内の遺伝子には母親由来と父親由来の2種類があります。これらの遺伝子はたいてい同じですが、なかには対立遺伝子という、少し異なる遺伝子が対になる場合があります。ひとつの遺伝子につき、ふた通りから数百通りにおよぶ対立遺伝子があるものもありますが、ひとりの人が有する遺伝子はふたつ（1対）だけです。対立遺伝子に複数の型があることで、目の色や耳の形など、個人の特徴があらわれます。対立遺伝子に優性と劣性がある場合は"優勢"なほう（優性遺伝子）が発現します（右のコラム参照）。

なぜ遺伝による病気や障害が起こるのか

遺伝子は通常、健康な状態で存在しますが、欠陥のある遺伝子が含まれることがあります。遺伝による病気や障害は、異常のある遺伝子が受け継がれた場合や、遺伝子が変化したり突然変異を起こしたりした場合に発生します。優性劣性の遺伝パターンによって発現したりしなかったりする場合もあります（右記参照）。また、病気や障害がX染色体から受け継がれる場合もあります。このような伴性異常はたいてい劣性遺伝なので、女の子は欠陥のある遺伝子をもっていても病気や障害が発現しないことがあります。それはもう1本の正常なX染色体のほうが優位に働くためです。男の子が欠陥のあるX染色体を受け継ぐと、その形質が発現し、女の子なら母親と同じように健康保因者となるのです。伴性遺伝の影響を受けた男性は、女の赤ちゃんに欠陥遺伝子を伝える可能性があります。

遺伝のパターン

優性遺伝子と劣性遺伝子

遺伝子は対になっています。 対をなす遺伝子は少し異なる場合があり、一方が優性で、劣性の遺伝子の発現を抑えることがあります。劣性遺伝子は、対になる遺伝子が両方とも劣性の場合にのみ発現します。瞳の色を例にみてみましょう。実際には瞳の色を決める遺伝子はここであげるもの以外にもたくさんあります。

瞳の色
 青い瞳（劣性遺伝子）
 茶色い瞳（優性遺伝子）

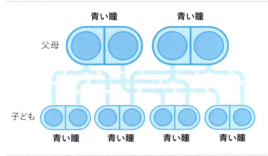

両親の遺伝子がともに劣性のペアの場合
両親ともに青い瞳の場合は、ふたりとも瞳の色が青くなる劣性遺伝子のペアをもっています。劣性遺伝子を抑える優性遺伝子がないため、子どもの瞳の色はすべて青になります。

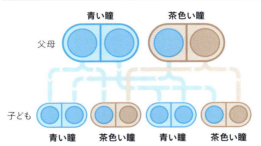

両親の一方が劣性遺伝子のペア、もう一方が優性劣性両方の遺伝子をもつ場合
どの子どもも瞳の色が青になる劣性遺伝子をひとつは受け継ぎます。瞳の色が青になるか茶色になるかは対になる遺伝子が優性か劣性かによって決まり、その確率はともに2分の1です。

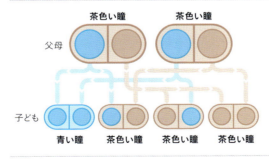

両親がともに優性劣性両方の遺伝子をもつ場合
この場合、子どもは4分の1の確率で劣性遺伝子をふたつ受け継ぎ、青い瞳になります。そして、4分の3の確率で瞳の色が茶色になる優性遺伝子を受け継ぎます。茶色い瞳の子どもは優性遺伝子を1対か、優性と劣性をひとつずつもっています。

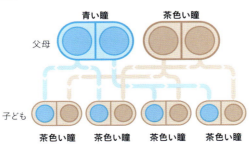

両親の一方が優性遺伝子のペアを、もう一方が劣性遺伝子のペアをもつ場合
子どもは全員、茶色い瞳になります。どの子どもも一方の親から劣性遺伝子を、もう一方の親から優性遺伝子を受け継ぐからです。優性遺伝子は劣性遺伝子の発現を抑えます。

遺伝子と遺伝

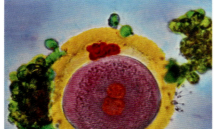

月経周期の16日目（妊娠2週2日）です

あと264日……

体のなかをのぞいてみましょう

左は受精して24時間後のヒトの卵細胞を紫に染めたものです。
卵子を包む厚い層（黄色）はもう外からの侵入を許しません。ふたつある赤い部分は、これから融合して核になる部分（前核）で、母親と父親からの遺伝物質を含んでいます。

卵子が受精すると自然にホルモンの変化が起こり、通常の月経周期が止まります。

卵子が受精して間もなく、発育中の胚は、脳の下垂体に受精が成立したことを伝え、月経を停止するよう指示します。胚はヒト絨毛性ゴナドトロピン（hCG）という新しいホルモンを産生することで下垂体に働きかけるのです。このホルモンは通常の月経周期を無効にし、妊娠に不可欠なプロゲステロンの値を高く保ちます。プロゲステロン（p.38参照）は子宮のなかで胚が生き続けるために、ひいてはおなかの赤ちゃんのすこやかな発育のために、なくてはならないホルモンです。

のちに、妊娠第4〜5週ごろになると、胎芽（胚）は生命維持に必要なホルモンをすべて自分でつくるようになります。もちろん、胎芽は母親に栄養をもらい保護してもらいますが、少なくともホルモンと遺伝子に関しては、妊娠の最初期でさえ自立したひとりの人間のようにふるまいます。

ドクターへの質問

Q. 何度も排卵検査をしていますが、すべて陰性です。今月はまだ排卵していないということですか？

A. 排卵が起こっているのに、陽性反応が出なかったのかもしれません。偶然LHサージを逃してしまった可能性があります。いつも同じ時間に検査をしなかったり、水をたくさん飲んだりすると、陽性反応が出ないことがあります。

排卵検査の精度は100％ではなく、誤陰性を示す場合があることも覚えておきましょう。痛みやおりものの変化（p.43参照）など、排卵の兆候がほかにあったなら、やはり排卵が起こったと考えられます。しかし、2カ月、3カ月と陰性が続いていれば、規則的に排卵していないのかもしれないので、医師に相談するといいでしょう。

すこやかな受胎

妊娠を目指している女性は、全般的に健康に気をつけるようになるでしょう。通常、風邪やインフルエンザなどの一般的な感染症は、妊娠できるかどうかに影響することはなく、妊娠している場合も赤ちゃんに害をおよぼすこともありません。しかし、なかにはより重大な影響をおよぼす感染症やウイルスもあります。

- **帯状疱疹／水ぼうそう** 同じウイルスが原因で起こります。感染したことがないなら、受胎の時期に感染しないよう気をつけましょう。
- **食中毒** 原因がリステリア菌などの場合、悪影響をおよぼすことがあります（p.17参照）。
- **トキソプラズマ症** 猫の糞を処理することで感染することがあります（p.101参照）。

ご存じですか

女性のテストステロン値が高すぎると妊娠しやすさ（妊孕性）に影響します。

女性は、副腎と卵巣から少量のテストステロンが分泌されています。その値が低ければ妊娠しやすさを補助しますが、高すぎると月経周期に影響し、不妊につながりかねません。

妊娠初期

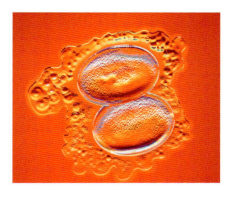

月経周期の17日目（妊娠2週3日）です

あと263日……

体のなかをのぞいてみましょう

受精卵の精子核と卵子核がそれぞれの遺伝物質を出しあって、46本の染色体——父親由来の23本と母親由来の23本——をもった細胞ができあがると、細胞分裂がはじまります。左の写真では、受精卵が最初の卵割を終え、2細胞期になっています。

活発に細胞分裂を繰り返しながら、受精卵は着床に向けて旅をはじめます。

精子と卵子が融合し、染色体が対になってから24時間以上がたちました。受精卵はおよそ30時間かけて最初の細胞分裂を終えます。直径わずか0.1mmの受精卵は、16細胞になるまで分裂を繰り返し、小さな塊になります。

細胞分裂といっても、細胞塊の大きさはもとの受精卵とほとんど変わりません。16細胞の塊は（桑の実に似ていることから）"桑実胚"と呼ばれ、受精後3～4日すると子宮に向かって移動しはじめます。桑実胚の各細胞には分化全能性があり、あらゆる種類の細胞に分化することができます。これ以降の細胞はこの分化全能性を失い、機能が特化されはじめます。

トピック —— IVF（体外受精）

卵子から胚へ

IVF（p.37参照）の第一段階のあと、**採卵（右写真）の予定を立てます。**刺激されたすべての卵胞が卵子を内包しているわけではありません。採卵から2日後、子宮内膜が厚くなるようにプロゲステロン（黄体ホルモン）を補充します。卵子を受精させてから2～5日後、もっとも状態のよい胚を選んで移植します。

40歳未満の女性には1～2個の胚を移植し、40歳以上なら最大3個の胚を移植することがあります（**注：日本では多胎妊娠予防のため、胚移植数は原則1個**）。妊娠の成立を目指しつつ、多胎妊娠のリスクを制限するのです。移植しなかった胚は、これからの治療周期のために凍結しておくことができます。最近の調査は凍結胚のほうが妊娠成功率は高まることを示していますが、これは凍結用に選ばれるのが非常に状態のよい胚だけで、しかも凍結と解凍のプロセスを生き残ったものだけが移植されるためかもしれません。

IVFの結果には女性の年齢が大きく影響しますが、治療周期あたりの成功率は平均20％です。

ドクターへの質問

Q. 排卵検査をおこなっています。それで排卵を確認しましたが、妊娠を確実にするためにはパートナーとのセックスを続けたほうがいいですか？

A. 受胎したかどうかは、はっきりわからないため、性交を続けるようアドバイスするのが一般的です。基礎体温やおりものの変化、または排卵検査薬（p.43参照）でチェックしていても、いつ排卵が起こったかは正確にはわかりません。排卵の瞬間を正確に知ることはできないのです。

妊娠の"扉"はあと何日か開いているので、もっとも妊娠しやすい時期は過ぎたと思っても、少なくとも2、3日は性交するといいでしょう。

さらに、セックスほど"愛してる"を力強く伝えられる方法はありませんから、妊娠が目的でなくても寄り添って過ごすのは、ふたりにとってよいことです。

また通常は、禁欲しても期待通りに精子をためておくことも、精子の数と質を高めることもできません。それどころか、逆効果になる可能性があります（p.48参照）。

第3週

月経周期の18日目（妊娠2週4日）です

あと262日……

体のなかをのぞいてみましょう

左は受精卵から桑実胚に変化した16細胞の段階にある胚です。細胞が集まってできる中空の球、胚盤胞へと分裂を進めている最中で、その後、子宮内膜に着床します。

子宮のなかでは刻々と重要な変化が起こっており、受精卵はわずか72時間以内に着床するでしょう。

　受精から約4日で桑実胚のなかに液体がたまりはじめます（p.57参照）。やがて、のちに胚の本体になる細胞の塊（内部細胞塊）と、それをとり囲む細胞ひとつ分の厚みの細胞層が形成されます。この外側の層は胎盤（p.76参照）になります。のちに内部細胞塊は胚の本体となり、外層は胎盤（p.76参照）になります。この段階の胚を胚盤胞といい、約58細胞で構成されています。

　胚盤胞は、着床するまで子宮腔のなかに数日間とどまります。桑実胚は透明帯という丈夫な外被に包まれて旅をしてきましたが、胚盤胞は着床の準備に入るとこの外被を溶かします。

先輩ママへの質問

Q. なぜみんな、わたしが妊娠したかどうかをしきりに知りたがるのでしょう？

A. 妊娠を目指していると話したとたんに、どうなっているのかとみんなが異様に関心を示しました。妊娠が成立したかどうか結果を待っている週は特に、気が重くなりました。そのような状況にうまく対処するには、「進展があれば知らせます」と答えておくといいでしょう。なかなか妊娠に至らない場合には「ちょっと時間がかかりそう」と伝えれば、そっとしておいてもらえるはずです。

トピック——お母さんの健康

妊娠への別のアプローチを考える

　なかなか妊娠しない、または妊娠する確率を高めたいという場合は、補完療法を受けることを検討しましょう。これらの療法を受ける際に、妊娠しているかもしれないということを必ず伝えてください。

■リフレクソロジー　足のツボを刺激することで、体の特定の部位へのエネルギーの流れを改善します。リフレクソロジーが受胎に役立ったとする事例はたくさん報告されていますが、いまのところ科学的な裏づけはありません。しかしながら、妊娠に時間がかかっているカップルの場合、その原因となりうるストレスをやわらげる助けとなるかもしれません。

■鍼治療（右写真参照）　不妊などの問題は体内のエネルギー（気）の流れが滞っているために起こるという考え方に基づく療法です。生殖器官につながるツボにごく細い鍼を刺すことで、気の流れを改善します。2008年、不妊治療を受けている女性1300人以上を対象とした7つの研究結果から、胚移植のころに鍼治療をすると、妊娠率が上がるという結論が出されました。

　不妊治療を受けていないカップルの

場合、鍼治療が妊娠率を高めるかどうかはわかりませんが、精子の状態を改善し、受胎の妨げとなりうるストレスを減らすことで、男性の生殖能力を高めると考えられています。

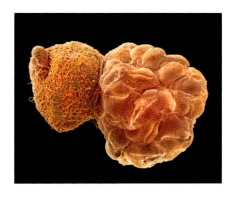

月経周期の19日目（妊娠2週5日）です

あと261日……

体のなかをのぞいてみましょう

左は受精後5日目の胚で、胚盤胞の段階にあります。
受精前から卵子を包んでいた殻（透明帯）から孵化している様子がみられます。
この段階になると胚盤胞は子宮に移動し、着床に備えます。

妊娠したかどうか、結果を待っている間に考えてみませんか？
もしも着床を待っている受精卵がふたつあったらどうでしょう！

受胎に成功、双子妊娠かもしれない？

双子には一卵性と二卵性があり、それぞれに受胎のしかたが異なります（p.51参照）。

ふたつの卵子が別々の精子によって受精に至ると二卵性双生児になります。また、IVF（体外受精、p.37参照）でふたつの胚を子宮に移植した結果、二卵性双生児を妊娠することもあります。

ひとつの卵子がひとつの精子と受精したあとでふたつの胚に分離すると、一卵性双生児になります。この分離は受精後12日目までならどの段階でも起こる可能性があり、分離のタイミングによって胎盤や羊膜がどのように形成されるかが決まります。受精卵（p.57参照）が受精後3日以内に分離すれば、ふたつの胚は胎盤と羊膜を別々に形成します。受精後4〜7日の胚盤胞の段階（右記参照）で分離が起これば、ふたりの胎児は胎盤を共有しますが、羊膜は別々になります。分割が受精後8〜12日目に起こると、胎盤も羊膜も共有されます。

ふたつの独立した受精卵による二卵性双生児の妊娠に、家族歴は大いに関係があります。よく1世代おきに双子が生まれるといわれますが、そういうわけではありません。事実、双子を妊娠した近親者がいるなら、やはり双子を妊娠する確率は平均以上になりますが、親類に双胎妊娠を経験した人が多いからといって、必ず双子を妊娠するとは限りません。

家族歴との関係が大きいのは二卵性双生児の場合で、母方が双子家系である場合です。二卵性双生児を妊娠するのは、女性がひとつの月経周期中にふたつの卵子を排卵した場合に限られますが、これは遺伝による可能性があるため、家族歴が関係するのはうなずけます。それでも、なぜかはよくわかりませんが、父方に双子が多いことも重要な要素になりえます。ある血筋の男性がもっている遺伝子が、女の子どもに排卵時に複数の卵子を放出させる可能性はあるのです。

子宮内膜は、受精が起こると胚をはぐくむ分泌物を産生します。着床する胚がいくつになっても、子宮内膜は同じように準備を整えます。

双子だったかも？

双胎妊娠は、思ったより多いのかもしれません。気づかないうちに、双子の一方を流産していることがあるのです。ときには、流産の症状がありながらも妊娠が出産予定日まで続き、まったく正常な単胎の赤ちゃんが生まれたかに思われることがあります。

このようなケースの発生頻度や理由は明確になっていません。双子出産は65〜70件に1件ほどありますが、妊娠最初期の超音波検査によると、受胎時の双子率はもっと高いらしいのです。全出産の15％は双胎妊娠としてはじまっていると考える専門家もいます。これは単に、欠陥に対処するために自然が選んだ方法なのかもしれません。

ご存じですか

一卵性双生児を妊娠する確率はおよそ1000件に3.5件です。

妊娠率を高める治療をすると、双子を妊娠する確率が38分の1にまで上がるという推定もあります。

第3週

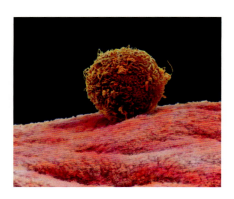

月経周期の20日目（妊娠2週6日）です

あと260日……

体のなかをのぞいてみましょう
胚盤胞は子宮内膜に潜り込む準備をします。
通常は受精から約7日たったころですが、
胚盤胞が完全に着床すれば、妊娠が成立することになります。

女性の生殖器官で複雑な現象が起こるおかげで、女性の体は妊娠を維持することができます。

受精に成功した場合、いずれは胎児になる胚盤胞という細胞の塊が子宮内膜に潜り込む準備をし、胎盤が形成されはじめているでしょう。

ただし、その前にもうひとつ重要な変化が起こっています。排卵後、空になった卵胞は黄体と呼ばれるものへと変化するのです。液体で満たされたこの小さな袋は、新たな血管を増やし、次第に血管網を構築して、プロゲステロンというホルモンを産生しはじめます。プロゲステロンは、受精卵の生存を維持しやすい環境をつくるために頸管粘液の産生を促し、間もなく胚盤胞が潜り込む（次ページ参照）ことになる子宮内膜を厚くするために必要になります。

黄体は少量のエストロゲンも産生します。妊娠8〜12週ごろまでには胎盤が十分なプロゲステロンを産生できるようになりますが、黄体は妊娠6カ月くらいまではホルモンの産生にささやかながら役割を果たし続け、その後はたいてい消失します。

妊娠という奇跡

赤ちゃんを授かるには、**多くの現象が正確に起こらなければなりません**。それを考えると、多くの女性が妊娠していることが信じられなくなります。生命の奇跡とはよくいったものですね！

妊娠が成立するには以下のことが必要です。

- 卵子の発育に必要な**ホルモンバランスが整っている**。
- **排卵が起こる**：卵子が放たれなければ、受精が起こる可能性はゼロです。
- **ちょうどよいころにセックスする**：正常な頸管粘液のなかでの精子の寿命はおよそ3日間ですが、排卵のタイミングがずれれば、卵子と精子は出会えないでしょう。妊娠可能期間が毎月2〜3日しかないということもあるのです。
- 頸管粘液のなかを泳ぎきって卵子に到達できる**良質で健康な精子を、パートナーがたくさん産生する**。
- 受精後、卵子は**胚盤胞に育ち子宮内膜にしっかり着床する**。
- 妊娠を維持するために、**黄体が適量のプロゲステロンを産生する**。

（補足）健康なカップルがベストなタイミングでセックスしても、その周期で妊娠する確率は約20％といわれています。セックスの頻度と妊娠率は相関し、週1回では15％ですが、1日おきで33％、毎日だと37％というデータもあります。

ドクターへの質問

Q. 妊娠している可能性がある場合治療薬の使用を中止したほうがいいですか？

A. 多くの薬は使用しても安全ですが、そうでないものもあります。また、妊娠中の影響がはっきりわかっていないものもあります。市販の睡眠薬や、多くのアレルギー用の抗ヒスタミン薬と鎮痛剤が、それに該当します（p.23参照）。

妊娠中に使用しないほうがいいとされている市販薬を誤って服用しても、1回くらいで悪影響が出ることはないでしょう。しかし、気になるなら医師に相談しましょう。

妊娠中も薬を続けなければならない人は、使用し続けて安全かどうか確認してください。薬剤師はあらゆる薬についてよく知っていますが、処方薬についてはかかりつけの医師に相談するのがいちばんです。

妊娠3週0日です

あと259日……

体のなかをのぞいてみましょう

胚盤胞は子宮内膜にしっかり着床しています。
この状態になると、胎盤（成長中の胎芽に酸素と栄養を供給する一時的な器官）が
形成されます。

卵子の受精から1週間たち、子宮内に着床します。
受精卵はそこで胎芽へと発育します。

受精後7日ほどで、胚盤胞は子宮内膜に着床します。 この段階では外側の細胞層はむき出しになっており、子宮内膜に付着することができます。内膜の受け入れ体勢も整い、着床を助けるために"ねばり"が増しています。胚盤胞は細胞を浸食し、子宮内膜の表面下に潜り込んでいきます。

はじめは1層だった外側の細胞層は、このころには2層になっています。2層のうち外側の細胞層は子宮内膜を浸食することで空間をつくり、数種のホルモンを分泌します。これらのホルモンは母体に妊娠を知らせ、通常の月経のように内膜を排出してしまうのではなく、妊娠をサポートするよう子宮に働きかけます。

2層のうち内側の層は、胎盤と、胎芽を包む羊膜になります。胚盤胞のなかにはこれから胎芽を形成する内部細胞塊があります。

（補足） 受精卵が、受精後1週間の時点で胚盤胞となり、子宮内膜に着床すると、妊娠の成立となります。

ストレッチしてリラックス

生活にエクササイズをとり入れると、妊娠検査をするまでの時間をリラックスして過ごせるかもしれません。ここで紹介するエクササイズをいまから習慣づけておくと、妊娠にともない体力が必要になっても対処しやすくなるでしょう。筋肉を傷めないように、エクササイズの前後にはストレッチをしましょう。

背筋を伸ばすには、まず両手両ひざをつき、足のほうにお尻を下ろしながら、前方の床の上に腕を伸ばします。首と背中は一直線になるように保ちながら額を床に近づけ、腕をしっかり伸ばします。ゆっくり息を吸い、吐きながら背中と腕を緩めます。そのまま呼吸を10回繰り返します。

脚のストレッチをするには、まず左脚を前方に伸ばして床にすわります。左手で左足のつま先をもち、そのまま何秒かキープします。つま先に手が届かなくても大丈夫です。息を吸い、吐きながら脚の背面を伸ばします。右脚も同様にします。

第3週

第4週（妊娠3週1日〜4週0日）

不安と希望のいり混じった気持ちで、辛抱強く待つ週になるでしょう。

いずれは胎児となる胎芽（胚）は、この時点でしっかりと子宮内膜の内側に潜り込み、発育しはじめます。市販の妊娠検査薬は利用可能ですが、この段階ではまだ確実な結果は期待できないため、がっかりしたり不安になったりするかもしれません。招かれざる月経の到来で希望を打ち砕かれるのではと思うと、イライラするかもしれません。パートナーと話し、その気持ちを共有しましょう。彼もまた、不安なのかもしれません。

子宮内膜から妊娠をサポートするホルモンが分泌されます。

羊膜に包まれた場所、**羊膜腔**はこの部分からできてきます。のちに羊水で満たされた羊膜の袋、羊膜嚢となり、胎児を保護します。

たったふたつの細胞層で構成される**内部細胞塊**は、これから非常に急速に分裂し、胎児の体のもととなるものを形成します。

胎盤はここから形成されます。間もなく、細胞が子宮内膜に入り込んでいきます。

着床後の胚（胎芽）

絨毛膜腔

卵黄嚢が形成されます。胎盤が機能しはじめるまで胚芽に栄養供給し、肝機能が整うまで血液細胞をつくります。

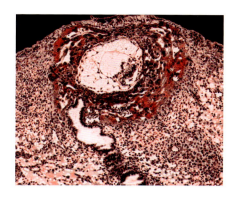

妊娠3週1日です

あと258日……

今日の赤ちゃん

左の写真は、子宮に着床した細胞塊の断面で、妊娠して間もないこのころのものです。中央と、内部は液体で満たされており、黒っぽい筋状の細胞群で仕切られた白い部屋がふたつみえます。いまはまだ0.5mmに満たないその色の濃い細胞群は、これから胎芽を形成します。

妊娠ホルモンの産生がはじまりますが、正確に検出できるほどではないため、妊娠検査はもう少し待ったほうがいいでしょう。

月経周期の4週目にはいると、妊娠検査をやってみたくてしかたがなくなるかもしれません。多くの女性が市販の妊娠検査薬（p.71参照）を使用します。尿のhCG値を測ることでできる、簡単な検査です。hCG（ヒト絨毛性ゴナドトロピン）とは、胚盤胞が子宮内膜に着床（p.61参照）するとすぐに産生されるホルモンです。

また、月経開始予定日の6日前に妊娠を検知するという、市販の妊娠検査薬もあります。しかしこの検査は、おこなうのが早すぎると、妊娠していてもhCG値（上記参照）が上がりきらず陽性を示さないかもしれません。

助産師への質問

Q. 妊娠検査をするのが不安です。妊娠していなかったら、パートナーをがっかりさせてしまうからです。こんなふうに感じていると、妊娠成功率に影響するでしょうか？

A. 妊娠しなければとプレッシャーを感じるとストレスがたまります。そうすると月経周期を司る脳の視床下部（p.38参照）に影響するかもしれません。ですから、パートナーがあまりに子づくりに熱心になりすぎると、実際に逆効果を招くことになるかもしれません。

パートナーにあなたの気持ちを素直に伝えましょう。あなたも彼と同じように赤ちゃんを待ち望んでいるけれど、プレッシャーを感じていると話し、その不安が妊娠の成立に影響するのではないかと心配していると伝えましょう。逆に、あなたが赤ちゃんを迎えることに少しでも不安を感じているなら、いまこそ話し合うときです。妊娠は人生を変えるできごとで、あなたとパートナーどちらにも少しの迷いもあってはなりません。そして、妊娠自体がストレスになりうるのだということを理解しておいてください。

ふたりで楽しんでください。そして、妊娠というプレッシャーのせいで、セックスの楽しみと自発性が損なわれないようにしましょう（p.49参照）。

マタニティ日記をつける

赤ちゃんを授かろうとするのは心躍る体験です。それなら、**その体験を書き留めておきませんか？** 妊娠検査をするまでの時間をやり過ごすにはいい方法です。生理の日や排卵の兆候をメモするだけではなく、気持ちの変化も記録しましょう。

妊娠がわかったあともその日記を使い続け、自分の気持ちを記録しておきます。例えば、妊娠検査薬の陽性マークをみたときにどんな気持ちだったか、パートナーにどんなふうに妊娠を知らせたのか、そしてそのときの彼の反応はどうだったか、初めての胎動はどんな感じだったか、妊娠中のすばらしいこともありがたくないことも、すべて書き留めておくのです。パートナーの気にくわない点や、個性的な義理の母親について書いてストレス解消するのも、意外と気分が晴れるかもしれませんよ！

日記をつけることで自分の妊娠記録を残せるだけでなく、次回以降の妊娠に役立つかもしれません。例えば日記を読み返して、胃のむかつきや嘔吐が一時的なものだということを思い出し、安心できるということがあるかもしれません。

第4週

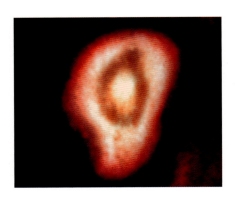

妊娠3週2日です

あと257日……

今日の赤ちゃん
コンピューターで処理した左の画像では、胚盤胞全体が子宮内膜に埋もれている状態がみられます。これから胎芽として育っていく細胞群は12時の方向にある色の濃い部分です。

もう妊娠しているかもしれないのですから、健康的なライフスタイルをとり入れ、健康増進に努めるのは賢明です。

雑学
妊娠をめぐる文化
文化によっては独自の儀式やしきたりがあります。

- **ヒンドゥー教徒の男性は**、赤ちゃんのすこやかな発育を願い、妊婦の頭髪を分けて上に持ち上げる行為を前から後ろに向かって3度おこないます。

- **国によっては**、胎児を守ることに非常に力をいれる場合があります。タイでは、妊婦のおなかに絵を描いて魔よけをします。また、出産前に贈り物をすると縁起が悪いとされています。

ご存じですか
たばこの煙には妊娠しやすさに悪影響をおよぼす化学物質が少なくとも30種類含まれます。

喫煙は細胞の新生を阻害するため、妊娠の最初期には特に大きな打撃となるでしょう。喫煙は女性の妊娠しやすさに影響するだけでなく、精子にも悪影響をおよぼし、男性のテストステロン値を下げる可能性があります。

あと1週間ほどして妊娠の成立が確認できたら、これまで以上に健康情報が押し寄せてくるでしょう。食生活のバランスはとれていますか？ 摂取する塩分、糖分、ファストフードの量を減らせていますか？ 果物や野菜は十分とっていますか？ 特に緑の葉物野菜には葉酸が豊富に含まれています。十分な運動を安全にしていますか？

軽度の運動をしましょう。ウォーキングや水泳は、妊娠前にも、妊娠中にも、出産後にも、理想的です。

いまはまだ、妊娠しているかどうかわからなくても、どのようなことをすべきかを知り、食生活とライフスタイルを根本的に変えてみるといいでしょう。14～29ページには最新の情報を紹介していますので、読み返してみましょう。また、妊娠の兆候を知っておくと、なにが正常なのかわかります。

持病や服用中の薬があるなら、医師に相談しましょう。

トピック――お母さんの健康
ライフスタイルを変える
現在たばこを吸っているなら、健康のことを考えてやめてください（パートナーもやめるべきです）。妊娠した場合、禁煙によって流産、死産、早産、出生時の低体重、乳幼児突然死が起こるリスクを減らせます。

禁煙と同時に、アルコール摂取量を減らすべきです。禁酒できれば理想的です。現在英国保健省は、妊娠を目指している間も妊娠中も、完全にアルコールを断つよう推奨しています。これは安全な摂取量がはっきりわからないためです。

妊娠3週3日です

あと256日……

今日の赤ちゃん
胚が子宮内に着床し、内膜の内部へと潜り込んだ地点には、写真のように血餅でおおわれています。
血餅は出血を止め、胎芽（胚）を保護します。

忙しくしていれば、妊娠したかどうか絶えず気にせずにすみます。前向きに考えるようにしましょう。

ドクターへの質問

Q. 半年前から妊娠を目指していますが、早期妊娠テストをして今回も妊娠していないことがわかりました。月経不順のせいでしょうか？

A. 月によって月経周期が7日以上変動する場合は月経不順と考えられます。周期が安定しないと妊娠を目指すときに厄介ですね。妊娠可能な期間はほんの数日ですが、排卵の兆候（p.43参照）を知っていれば、それが近づいているのがわかりやすくなるかもしれません。

不妊のおよそ3〜4割を占めるのが、排卵不順や月経不順です。女性の妊娠可能性には、年齢、頸管粘液に精子の生存に適した水分量があるか、卵管の通りがいいかなど、さまざまな要素が影響しますが、定期的に排卵が起こっていることがもっとも重要です。なかには、不規則な月経はあっても排卵は起こっていない無排卵という症状があります。毎月きちんと排卵がないということは、妊娠できる機会が少ないということです。薬を使用して卵子の産生を刺激し、排卵を促進する方法もあります。

（補足） 排卵日4日前から妊娠の可能性が高くなっていきますが、最も妊娠しやすいタイミングは排卵日の2日前から前日です。排卵日当日にはすでに妊娠率は低下しています。

妊娠を目指しているときは、月経の開始を——もっといいのは開始しないことを——待つのが大きなストレスになるでしょう。月経周期が不規則なら、月経がいつはじまるのか見当がつかないでしょうから、月経が遅れているのか妊娠しているのかわからないかもしれません。確信がもてないために不安になりやすく、トイレにいくたびに月経がはじまっているんじゃないかとこわくなるでしょう。

自分たちに不妊の問題があるとわかっているかどうかにかかわらず、待つのはつらいかもしれません。月経がはじまれば、がっかりするでしょう。月経周期がはじまり、排卵を待ち、妊娠していることを願い、そして妊娠していないことがわかるというのが何カ月も続くと、疲弊してしまうかもしれません。

妊娠を目指して1年以上になる場合は、医師に相談して検査を受けましょう。35歳以上の人、卵管閉塞など不妊の原因となる要素が思い当たる人は、半年経過した時点で検査を受けてください。信頼できる友人に悩みを打ち明け、ひとりで抱え込まないようにしましょう。ただし、そのことばかり考えすぎて、交友関係を損なわないよう気をつけてください。

妊娠を目指しはじめたばかりなら、毎月、妊娠に至る確率は4分の1から5分の1だということを忘れないでください。妊娠を試みて最初の月に願いがかなうことはむしろ稀なのです！

女性が35歳以上で、妊娠を試みて半年が経過しているなら、不妊検査について医師に相談しましょう。精子の検査もしますので、パートナーとふたりそろって出かけてください。女性には血液検査がおこなわれます。

ご存じですか

英国における妊娠の3分の1は偶然。

イギリスの医学雑誌「BMJ」に発表された論文によると、調査対象となった女性の31％が計画外妊娠だったといいます。これには、妊娠したけれど継続しないという決断をした女性は含まれませんので、予定外の妊娠の割合はさらに高いということになります。

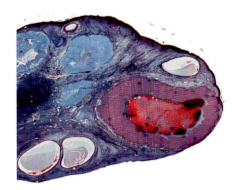

妊娠3週4日です

あと255日……

今日の赤ちゃん

胎芽となる受精卵が子宮内膜に根づくためには、プロゲステロンの助けが必要です。このホルモンは排卵後、空になった卵胞、つまり黄体（この卵巣の断面写真のピンクの部分）から分泌されます。プロゲステロンの作用で子宮内膜は厚くなります。

いつもと違うように感じますか？　妊娠の兆候を見つけようと、体のどこかに痛みを感じるたびに分析している自分に気づくでしょう。

トピック——栄養

ダイエットは禁止

妊娠する前にダイエットをしていた人は、妊娠後もそのまま続けたくなるかもしれません。でも、やめてください。太りすぎでないのにダイエットをすると、赤ちゃんが栄養不良になり、早産児になったり出生体重が低くなったりします。ただし、健康的でバランスのとれた食事をしてください（p.14〜17参照）。妊娠中にジャンクフードは禁物です。赤ちゃんが肥満の問題を抱えるリスクが高まりかねません。

BMI（p.17参照）が高い人には、医師から減量の許可が出るかもしれません。調査によると、肥満の女性が妊娠中にやせた、または体重を増やさず維持した場合、赤ちゃんは標準的な体重で生まれてくるといいます。そして、将来的にもその子どもは糖尿病や肥満になりにくいそうです。

過剰な体重は妊娠前に減らしておくのが理想です。なぜなら、肥満は糖尿病や高血圧につながりがちで、帝王切開が必要になる可能性が高まるからです。

（補足） 肥満妊婦でも一律に厳しい食事制限をするのでなく、適切な食事で栄養をとって、必要であればインスリンで血糖をコントロールするほうがいい場合もあります。

妊娠が成立したばかりですから、まだ自覚症状はないでしょう。軽度の出血くらいはあるかもしれません（次ページ参照）。なかには、乳房の変化に気づいたわけでも、気分が悪くなりはじめたわけでもないのに、妊娠したような"気がする"という女性もいますし、ただ"わかる"という女性もいます。非常に敏感になっていて、妊娠検査をおこなえる段階以前でさえ、体が変化していることに気づく人もいるかもしれません。残念なことに、ときには人間の心はいたずらをすることがあります——妊娠を切望しているために、いつもと違うみたいだと思いこんでしまうことがあるのです。なにも変化を感じなくても心配にはおよびません。それもまったく正常です。

どちらにしても、妊娠したかどうかを確実に知る唯一の方法は、妊娠検査をすることです（p.71参照）。妊娠を確認するために受診する必要はありません。妊娠の確認に医師が使うのは、市販の検査薬と同じものです。自分で検査をして陽性だったなら、妊娠していますよ！

栄養士への質問

Q. 妊娠しているかもしれないのですが、コーヒーは飲まないほうがいいですか？

A. 英国食品基準局は、妊娠中の女性は1日に200 mg以上のカフェイン（インスタントコーヒー、紅茶ならマグカップ2杯、フィルターでいれたコーヒーならマグカップ1杯）を摂取しないよう推奨しています。研究から、カフェインを大量摂取すると流産のリスクが高まるということがわかっているので、妊娠中は体がカフェインを求めてもコーヒーを飲まないのはよいことです。

ある研究によると、1日2杯以上のコーヒー（または同量のカフェインを含むもの）を摂取する女性は、カフェインをとるのをやめた女性に比べて流産する確率が2倍になるといいます。カフェイン抜きのデカフェ製品に切り替える前に、デカ

フェ飲料はコレステロール値を上げる可能性があることを覚えておきましょう。幸い、多くの女性は妊娠初期にコーヒーが好きでなくなるようです。

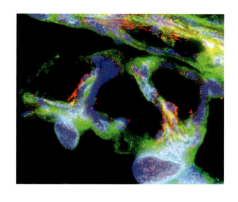

妊娠3週5日です

あと254日……

今日の赤ちゃん

左の写真では、赤ちゃんの生命維持装置である胎盤の発生段階がみられます。個々の細胞の核が連なって青くみえています。これらは、胎盤絨毛になる細胞網のつながりです。絨毛と呼ばれる微細な突起のなかには、のちに血管が形成されます。

受精卵が子宮に完全に潜り込むと、軽い出血を引き起こすことがあります。

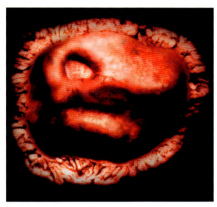

コンピューターで処理した上の画像では、子宮内にある細胞の球——胚盤胞——がみられます。球のいちばん外側には、いずれ胎盤になる細胞が輪のようにつながっているのがはっきりわかります。

ご存じですか

受精しても50％は着床まで至っていないのではないかと考えられています。

最大で妊娠の3分の1が妊娠5週までに流産となり、およそ4分の1は妊娠5～7週の間に流産してしまいます（p.94参照）。ありがたいことに、流産のリスクは妊娠が進むにつれて低くなり、妊娠12週を過ぎると劇的に下がります。

胚盤胞という細胞の球はこれから胎芽を形成しますが、このころには完全に子宮内膜に潜り込み、胚盤胞をおおうように内膜の組織が再生しています。

残念ながら、受胎の複雑な過程のなかで胚盤胞になれる受精卵はおよそ50％しかなく、さらにその約半分だけがうまく子宮内膜に着床するところまでたどり着けます。

胚盤胞が子宮内膜に潜り込むとき、軽い着床出血が起こるかもしれません。この出血は、通常なら月経がはじまるころに起こるので、妊娠日数を割り出すときによく混乱を招きます。

出血の色はさまざまです。ほとんどの場合ピンクがかっていますが、鮮やかな赤（鮮血）の場合も、茶色がかった古い血液のこともあります。大量の出血でなければ、色を気にする必要はありません。出血が多少続いても、不快感がなければおそらく異常ありませんが、念のため受診しましょう。

女性の25％ほどが妊娠初期に出血を経験しますが、ほとんどの妊娠は臨月まで維持できます。しかし、流産による出血の場合もあるので、出血があった場合は必ず、医師か助産師に報告しましょう。

ふたりまとめて育てる

多くのカップルがふたり目の子どもをつくることについて時間をかけて真剣に考えます。何歳離れているのが理想的だということはありませんが、次のことを考慮しましょう。

▶ **年齢差が小さいといいこと**
- "赤ちゃんモード"のうちにふたり目が生まれるので、日々のお世話や赤ちゃんのケアのすべてに慣れているでしょう。哺乳瓶からベビーカーやベビーベッドまで、必要なものはそろっています。
- **大きい子のほうが両親に自分だけをみていてもらいたいという気持ちが強い**ものです。2歳の子どもは4歳の子どもよりも、生まれた弟や妹をうまく受け入れられるでしょう。
- **けんかばかりする**でしょうが、子どもたちの年齢が近いほうが子どもどうしでうまく遊んでくれます。

▶ **年齢差が小さいとよくないこと**
- 妊娠中に1歳や2歳の子どもの世話をするのは大変。
- 2度の妊娠が近いと、**母体に負担がかかることがある**。
- ひとり目の子どもが歩きはじめる前にふたり目ができると、抱っこすることが多くなり、**腰を痛める可能性が増す**。
- **ひとり目の子どものことを理解する時間を十分とれないまま**、ふたり目の子どもが生まれてくる。

第4週

妊娠3週6日です

あと253日……

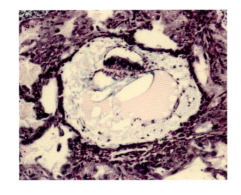

今日の赤ちゃん

左は着床した胚盤胞の顕微鏡写真です。上部にある半円の白い部分は羊膜腔で、そのすぐ下にこれから赤ちゃんになる細胞群（12時の位置にある濃い色の楕円）があります。下部のピンクの部分は卵黄嚢です。

子宮のなかでは複雑な変化が起こり、赤ちゃんのために安全で健康的な環境がつくられています。

　子宮にしっかりと根を下ろした細胞の球は、これから胎芽として生きていくための下地をすでにつくりはじめています。2層になった胚細胞は円盤状に広がり、液体で満たされたこの細胞の球の内部をふたつの部屋に分けています。ふたつのうち小さいほうは羊膜腔になります。これから胎盤になる部分に近いほうの部屋は、初期の胎芽の栄養源となる卵黄嚢になります。臍帯はいずれ小さいほうの部屋付近に形成されます。内部の胚細胞の増殖は、急速に増殖する外側の細胞層に比べるとゆるやかです。

　発生したばかりの臍帯は単純な茎のようなもので、血管はまだなく、胎芽を将来の胎盤（p.76参照）につなぎとめているだけです。これがのちに、赤ちゃんの命綱となるのです。

ご存じですか

増加する新生児の体重。

　これは主に食生活と生活水準が改善されたためです。しかし、母親の肥満もひとつの要因です。母親が太りすぎていると、糖尿病のリスクが上がり（p.473参照）、赤ちゃんの体重が増える原因になることがあります。

栄養士への質問

Q. うれしいことに、妊娠していると思われます。でも、いまからすでに、どれだけ体重が増えるのだろうと心配で、二度とスリムな体に戻れないのではとこわくなります！

A. 近年では、売店を通りかかれば必ずといっていいほど、新聞や雑誌に出産を終えた人気セレブが写っているのが目につきます。彼女たちは産後間もなく妊娠前の体型に戻るどころか、妊娠前より痩せています。しかし、出産後に劇的に体重が減るのはお母さんにも赤ちゃんにもよくないので、ヘルスケアの専門家は懸念しています。

　BMI（体格指数、p.17参照）が標準範囲内の人であれば、妊娠中の平均的な体重増加は7〜12kgです。そのほとんどを占めるのが赤ちゃんと、赤ちゃんを養う仕組みであり、妊娠によって増加する体液や脂肪、子宮が大きくなる分も含まれます（p.99参照）。増加した体重のほとんどは、赤ちゃんが生まれればすぐに減ります。また、出産後に減らない体重の一部は、1日に最大500kcalを消費する母乳育児に役立ってくれます。

　妊娠中の体重管理についてもっとも賢明なとり組み方は、健康的な食生活を送り、軽度の運動をして、極端に体重が増えないよう心がけることです。1日2100〜2500kcal摂取することを目指し、妊娠後期にはあと200kcal（バナナ1本とコップ1杯の牛乳に相当）増やしましょう。

これから体重が増えていきますが、増えすぎるとは限りません。体重を気にしすぎないようにしましょう。

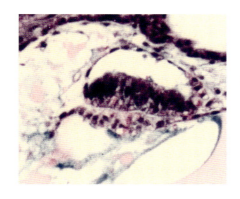

妊娠4週0日です

あと252日……

今日の赤ちゃん

大きく拡大されたこの写真では、胎芽が2層の細胞群で構成されているのがわかります。上部の色の濃い層は長方形に近い形をしており、羊膜腔と隣り合っています。下方の細胞層は卵黄嚢の側にあります。

怒りっぽく、疲れやすいですか？　乳房が痛みますか？
それなら、妊娠しているかもしれません！

体の仕組みとは奇妙なものです。いつものように月経前緊張（PMT）の症状があると気分が沈みがちになり、きっと妊娠しなかったのだと思うかもしれません。しかし実際には、月経前症候群（PMS）や月経前緊張（PMT）の症状と妊娠初期の症状には多くの類似点があります。PMTを引き起こすホルモンは妊娠すると増加するので、同じ症状を引き起こすことがあるためです。それに、妊娠を願いながら月経がはじまるだろうかと不安に思う気持ちから、PMTでなくても怒りっぽく感情的になる可能性もあります。

さまざまなホルモンの嵐と感情の乱れの真っただなかでは、心穏やかでいるのは難しいかもしれません。自分の感情や不安をパートナーに話しましょう。さまざまなことをストレスに感じると伝えるだけで、いまの張りつめたときをやり過ごしやすくなるかもしれません。あるいは、気持ちをわかってくれそうな女性の親戚や友人に打ち明けてみるのもいいでしょう。

じれったいでしょうが、いまはまだ待つときです。妊娠検査をするときまで待つしかないのです。最終月経から4週間、28日目の今日、月経開始予定にもかかわらずまだはじまっていなければ、今日か明日、妊娠検査をおこなえます。うれしい結果が出ますように！

トピック——からだのこと

引き締め開始！

骨盤底のエクササイズは、早いうちにはじめるに越したことはありません。妊娠すると、やっておいてよかったと思うはずです。骨盤底とは骨盤の間をつなぐ筋肉の集合で、幅の広いハンモック状になっています。左右の脚のつけ根にまたがり、前後は恥骨と脊椎をつないでいます。骨盤底は膀胱、子宮、腸を定位置におさめ、肛門、尿道、膣を閉じておく筋肉を制御します。

▶**骨盤底を強化するために次の簡単なエクササイズをしてみましょう**
- 1. 骨盤底の位置を確認する：椅子にすわって目を閉じて――筋肉のハンモックが子宮と膀胱を下から支えているところを想像してみましょう。
- 2. 骨盤底筋を内側に引き込み、引き上げるようにして締め、5つ数えてから緩める。この運動を少なくとも1日10回繰り返します。
- **確認：**骨盤底筋がわからなければ、おしっこを途中で止めるまねをしてみてください。そのときに収縮していると感じるのが骨盤底筋です。

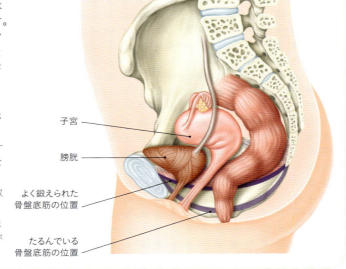

子宮
膀胱
よく鍛えられた
骨盤底筋の位置
たるんでいる
骨盤底筋の位置

第5週（妊娠4週1日〜5週0日）

月経がなく検査結果が陽性。それなら妊娠です！

妊娠したことを確認すると、複雑な感情を経験するのは自然なことです。
胸躍るような興奮、信じられない気持ち、喜び、そして不安。
あなたとパートナーにとって、すべてが永遠に変わろうとしているのです。
時間をかけて、この大ニュースをしっかり受けとめましょう。
まだ妊娠しているようには感じないかもしれませんが、
子宮という外からはみえない世界では、重大な変化が起こっています。

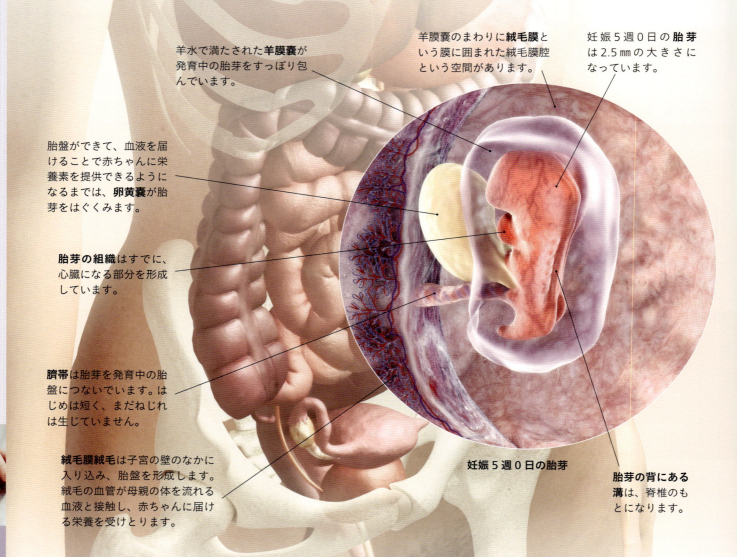

羊水で満たされた**羊膜嚢**が発育中の胎芽をすっぽり包んでいます。

羊膜嚢のまわりに**絨毛膜**という膜に囲まれた絨毛膜腔という空間があります。

妊娠5週0日の**胎芽**は2.5mmの大きさになっています。

胎盤ができて、血液を届けることで赤ちゃんに栄養素を提供できるようになるまでは、**卵黄嚢**が胎芽をはぐくみます。

胎芽の組織はすでに、心臓になる部分を形成しています。

臍帯は胎芽を発育中の胎盤につないでいます。はじめは短く、まだねじれは生じていません。

絨毛膜絨毛は子宮の壁のなかに入り込み、胎盤を形成します。絨毛の血管が母親の体を流れる血液と接触し、赤ちゃんに届ける栄養を受けとります。

妊娠5週0日の胎芽

胎芽の背にある溝は、脊椎のもとになります。

妊娠初期

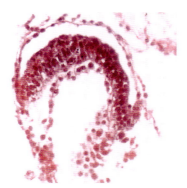

妊娠4週1日です

あと251日……

今日の赤ちゃん
写真は、赤ちゃんになる細胞群を顕微鏡で拡大してみたところです（色の濃い湾曲した部分）。これらの細胞は分裂と増殖を繰り返し、発育の段階ごとにどんどん機能が特化されていきます。

待っているだけの期間は終わりです。月経がはじまっていなければ市販の検査薬を使い、妊娠しているかどうか確認しましょう。

月経がまだきていないなら、この日に妊娠検査をしてみるといいでしょう（通常28日以内の周期の人、つまり現時点で月経が遅れているという前提です）。

妊娠検査薬は薬局などでも購入できます。検査薬には、尿にhCG（ヒト絨毛性ゴナドトロピン）というホルモンがある場合、それに反応する化学物質が含まれています。このホルモンは着床した胚によって産生されるもので、妊娠していれば尿から検出されます。月経開始予定の日にはhCG値が50mIU/mL以上になっているでしょう。hCG値がそこまで上がっていれば、市販の妊娠検査薬のほとんどが97〜99％の精度で検出することができます。そのため、月経がはじまる予定のその日に検査が可能なのです。検査薬のなかには、さらに早い段階で利用可能なものもあります（p.63参照）。

検査薬は、尿に含まれるhCGホルモンの値がある程度のレベルに達して初めて陽性反応を示します。つまり、検査のタイミングが早すぎると、妊娠していても陰性反応がでることがあるのです。ですから、検査結果が陰性でも月経がはじまらないなら、2〜3日後にもう一度、検査してみましょう。もし妊娠が成立していればhCG値は上昇し、陽性結果が出るでしょう。

もしも結果が陽性だったのに月経がはじまった場合は、非常に早い段階で流産してしまった可能性があります。

赤ちゃんができたかどうかは数分のうちにわかりますが、待っているのは人生を大きく変える結果なので、検査結果があらわれるまでの時間がとても長く感じられるかもしれません。

市販の妊娠検査薬の使い方

必ず説明書を読んでください。ただし、次のような手順が一般的です。

- スティックに尿をかけ、一定時間おきます。
- "終了"窓にしるしがあらわれた時点で"判定"窓にラインや"＋"マークがあらわれていれば、妊娠しています。"終了"窓になにもあらわれなければ検査は失敗です。
- 朝起きてすぐの、いちばん濃い尿で検査するのをおすすめします。そうすると、hCG値を検出しやすいからです。
- 検査結果をあらわす記号は次第に薄れていくので、指示されている以上の時間をおかずに確認しましょう。結果がはっきりしなければ、翌朝また検査してみましょう。

第5週

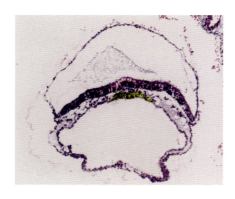

妊娠4週2日です

あと250日……

今日の赤ちゃん
これまでの発育過程で胎芽は2層の細胞群で構成されていました。
この段階では、2層の間に3つ目の層が形成されます。
左の写真では、中央の"ふくらみ"がそれにあたります。

受精後3週目になると、脳や中枢神経系のもととなるものが形成されます。

妊娠したことについて気持ちを整理するのに精いっぱいかもしれませんが、その間にも体内では驚くべき変化が起こっています。あなたの赤ちゃんになる細胞群はいま、平らな円盤状ですが、組織や器官をつくるうえできわめて重要な発生段階にあります。細胞群のまん中（正中線上）に小さな溝ができはじめます。溝の先端はすこし幅のある、丸みをおびた"結節"になります。結節と溝の外縁は少し盛り上がっています。溝の両側から細胞が内側に巻き込まれ、もともとあったふたつの細胞層の間に別の層をつくります。こうして3つの細胞層——円盤の外側の2層とその間にはさまれた層——ができます。結節と溝は円盤の端から端までは達しません。

頭部側では別の溝が形成されます。神経溝とよばれるその溝は、いずれ脳と脊髄（中枢神経系）を形成します。4日もすれば円盤の長さは増し、赤ちゃんの頭になるほうの端は幅が広くなります。6日たつと、神経溝の両脇にひだができ、それらがのちに融合して神経管を形成します。

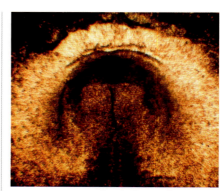

妊娠初期の胎芽の神経管の写真です。脳と脊髄は神経管から発達します。神経管が完全に閉鎖しないと、先天異常につながる恐れがあります。もっとも一般的なのは、二分脊椎です。

ドクターへの質問

Q. なかなか妊娠できなかったのですが、最近、多嚢胞性卵巣症候群と診断されました。どんな疾患ですか？

A. 多嚢胞性卵巣症候群とは、卵巣が通常より大きくなり、完全に成熟することのない卵胞を多数育ててしまう状態のことです。結果的に卵子がひとつも放出されないので受精には至らず、月経は非常に不規則になります。

このような症状は不妊の原因として一般的です。治療は卵巣を刺激することを目的としますが、体毛の増加などの症状も軽減されます。多嚢胞性卵巣症候群は遺伝によるもののようですが、インスリン代謝との関連も指摘されており、食生活や運動など生活習慣が関与していることも考えられます。

トピック——ふたりの関係

「パパになるのよ！」

あなた方が待ち望んでいた陽性結果ですが、パートナーにはどのように伝えますか？　陽性結果を示す妊娠検査薬を封筒にいれて渡してもいいですし、「"とっておきのプレゼント"があるんだけど、そうね、9カ月くらい待ってもらわなくちゃ」と説明してもいいでしょう。彼はすぐになんのことかわかるはずですよ！ふたりきりで、あなたも彼もリラックスしているときに伝えるのがおすすめです。そうすれば、特別なひと時となるでしょう。彼にも当事者意識をもってもらえるよう、もう一度いっしょに検査をしてみてもいいかもしれません。

うれしくてしかたがないから、またはパートナーには夜まで会えないからといって、自分の母親や親しい友人に先に知らせようなどと考えないでください。彼がパパになることを他人が先に知っていたら、パートナーが気分を害しても無理はありません。

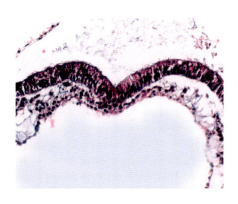

妊娠4週3日です

あと249日……

今日の赤ちゃん

胎芽がふたつの細胞層から3つの細胞層になるとき、胎芽の背面に溝ができます。この溝（左の写真では中央の色の濃い部分）は胎芽の神経管——脳と脊髄になるもの——を形成します。

ハッピー？ ワクワクする？ でも、少し不安ですか？
親になると知ること以上に大きく人生を変えるできごとはありません。

妊娠するなんて意外？

稀ではありますが、避妊していたのに妊娠してしまったという人もいるでしょう。避妊薬が赤ちゃんに悪影響をおよぼすとは考えにくいですが、避妊法によって対処法も異なります（注：以下のうち、避妊パッチ、インプラント、注射法は、日本では現在認可されていない）。

- **経口避妊薬（ピル）**：使用を中止する
- **避妊パッチ**：使用を中止する
- **インプラント**：医師に依頼して除去する
- **子宮内避妊用具（IUD、IUS）**：異所性妊娠（p.93参照）のリスクがわずかにあるため、これらを使用中に妊娠した場合はすぐに受診してください。超音波検査で妊娠の位置が正常だと確認できても、IUDやIUSは除去しなければなりません。そのままにしておくと、流産のリスクが大きくなります。
- **注射法（プロベラ注射液）**：使用中に妊娠した場合は受診してください。調査によると胎児への影響はありませんが、妊娠がわかってからは使用を中止してください。
- **事後経口避妊薬（モーニングアフターピル）**：着床後は、この避妊薬の効果はないので、赤ちゃんへの影響はありません。ただし、心配なら受診しましょう。

受胎から数日のうちに、さまざまな感情をいだいたことでしょう。妊娠を計画していたとしても、母親になるという現実に直面したいま、はじめの高揚感が不安に変わってしまうのはごく自然なことです。また、検査結果が間違っているかもしれないから、実際に妊娠の初期症状が感じられるまでは信じられないということもあるかもしれません。

パートナーはあなたと違った反応をするかもしれません。彼が喜んでいないようにみえても、赤ちゃんができたことがうれしくないからだとは思わないでください。大きなできごとに接し、だれもが同じようにふるまうとは限りませんし、父親になるのだと実感するのに少し時間がかかることもあるでしょう。内向的になるのは、彼なりに考える時間をもとうとしているからかもしれません。逆に、妊娠のニュースをきいて、彼のほうが大喜びするというケースもあるでしょう！

しばらくの間、妊娠したことを周囲にだまっておこうとすると、よけいに自分の気持ちをうまく処理しづらく感じるかもしれません。ほとんどのカップルは、流産するリスクが低くなるのを待って、つまり妊娠12週の超音波検査が終わってから、周囲の人に妊娠を知らせます。しかし、親しい身内や友人だけにはそれ以前に打ち明け、自分の気持ちをきいてもらえる機会をつくるのもひとつでしょう。

赤ちゃんができたことがわかるのは特別な瞬間です。その結果、あなたとパートナーの関係も親密さを増すでしょう。

ご存じですか

妊娠中の女性の多くが、夢を通じておなかの赤ちゃんときずなをもとうとします。

赤ちゃんとの強い結びつきを感じられず、自分が妊娠しているとは信じられないかもしれません。妊娠中には泳いでいる夢をよくみるようです。これは、じきにおなかのなかの水（羊水）につかるようになる赤ちゃんとのつながりを求める気持ちのあらわれだと考えられています。

第5週

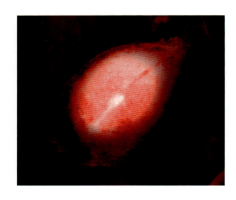

妊娠4週4日です

あと248日……

今日の赤ちゃん

左は上からみた胎芽の写真です。
うっすらとした溝（原始溝）と中央の小さなくぼみ（原始結節）が、いずれも白くみえています。
これらの変化は、脊柱の基底部となる部分にはじまり頭部に向かって進みます。

赤ちゃんがいつ生まれるのか、知りたくてしかたがないことでしょう。下の表から出産予定日がわかります。

　数週間後に超音波検査で確認するまでは、出産予定日は最終月経の初日から280日として算出します（下の表を参照）。超音波検査で出産予定日を確認するとき（p.138参照）は、赤ちゃんの大きさを測り妊娠日数を計算します。こうして得た出産予定日は精度が高いと考えられているので、正式な出産予定日とされます。

　出産予定日がわかったとしても、あまりそれにこだわらないようにしましょう。ほとんどの赤ちゃんが出産予定日をはさんで2週間以内に生まれますが、妊娠37週から42週未満で生まれれば正期産児とみなされます。出産予定日はあくまでも妊娠40週0日になる日で、実際に赤ちゃんが生まれてくる予定の日ではありません。

赤ちゃんはいつ生まれるの？

　出産予定日（EDD）を算出するには、最終月経がいつはじまったかを知る必要があります（p.35参照）。下の表で最終月経の開始日をみつけると、出産予定日がわかります。例えば、最後の月経が1月13日にはじまったなら、出産予定日は10月20日です。

1月	1	2	3	4	5	6	7	8	9	10	11	12	13	14	15	16	17	18	19	20	21	22	23	24	25	26	27	28	29	30	31
10/11月	8	9	10	11	12	13	14	15	16	17	18	19	20	21	22	23	24	25	26	27	28	29	30	31	1	2	3	4	5	6	7
2月	1	2	3	4	5	6	7	8	9	10	11	12	13	14	15	16	17	18	19	20	21	22	23	24	25	26	27	28			
11/12月	8	9	10	11	12	13	14	15	16	17	18	19	20	21	22	23	24	25	26	27	28	29	30	1	2	3	4	5			
3月	1	2	3	4	5	6	7	8	9	10	11	12	13	14	15	16	17	18	19	20	21	22	23	24	25	26	27	28	29	30	31
12/1月	6	7	8	9	10	11	12	13	14	15	16	17	18	19	20	21	22	23	24	25	26	27	28	29	30	31	1	2	3	4	5
4月	1	2	3	4	5	6	7	8	9	10	11	12	13	14	15	16	17	18	19	20	21	22	23	24	25	26	27	28	29	30	
1/2月	6	7	8	9	10	11	12	13	14	15	16	17	18	19	20	21	22	23	24	25	26	27	28	29	30	31	1	2	3	4	
5月	1	2	3	4	5	6	7	8	9	10	11	12	13	14	15	16	17	18	19	20	21	22	23	24	25	26	27	28	29	30	31
2/3月	5	6	7	8	9	10	11	12	13	14	15	16	17	18	19	20	21	22	23	24	25	26	27	28	1	2	3	4	5	6	7
6月	1	2	3	4	5	6	7	8	9	10	11	12	13	14	15	16	17	18	19	20	21	22	23	24	25	26	27	28	29	30	
3/4月	8	9	10	11	12	13	14	15	16	17	18	19	20	21	22	23	24	25	26	27	28	29	30	31	1	2	3	4	5	6	
7月	1	2	3	4	5	6	7	8	9	10	11	12	13	14	15	16	17	18	19	20	21	22	23	24	25	26	27	28	29	30	31
4/5月	7	8	9	10	11	12	13	14	15	16	17	18	19	20	21	22	23	24	25	26	27	28	29	30	1	2	3	4	5	6	7
8月	1	2	3	4	5	6	7	8	9	10	11	12	13	14	15	16	17	18	19	20	21	22	23	24	25	26	27	28	29	30	31
5/6月	8	9	10	11	12	13	14	15	16	17	18	19	20	21	22	23	24	25	26	27	28	29	30	31	1	2	3	4	5	6	7
9月	1	2	3	4	5	6	7	8	9	10	11	12	13	14	15	16	17	18	19	20	21	22	23	24	25	26	27	28	29	30	
6/7月	8	9	10	11	12	13	14	15	16	17	18	19	20	21	22	23	24	25	26	27	28	29	30	1	2	3	4	5	6	7	
10月	1	2	3	4	5	6	7	8	9	10	11	12	13	14	15	16	17	18	19	20	21	22	23	24	25	26	27	28	29	30	31
7/8月	8	9	10	11	12	13	14	15	16	17	18	19	20	21	22	23	24	25	26	27	28	29	30	31	1	2	3	4	5	6	7
11月	1	2	3	4	5	6	7	8	9	10	11	12	13	14	15	16	17	18	19	20	21	22	23	24	25	26	27	28	29	30	
8/9月	8	9	10	11	12	13	14	15	16	17	18	19	20	21	22	23	24	25	26	27	28	29	30	31	1	2	3	4	5	6	
12月	1	2	3	4	5	6	7	8	9	10	11	12	13	14	15	16	17	18	19	20	21	22	23	24	25	26	27	28	29	30	31
9/10月	7	8	9	10	11	12	13	14	15	16	17	18	19	20	21	22	23	24	25	26	27	28	29	30	1	2	3	4	5	6	7

妊娠初期

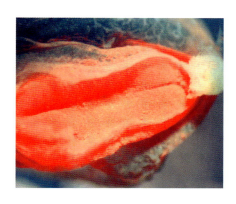

妊娠4週5日です
あと247日……

今日の赤ちゃん

胎芽はまだ長さ3mm以下ですが、深く細い溝が全長にわたり走っています。この溝はじきにさらに深まり、縁が丸まっておおいかぶさってきて、胎芽の長さに沿って走る管になります。

知っておかなければいけないことがたくさんありますが、このときを楽しみ、妊娠は自然なプロセスだということを心に留めておきましょう。

ドクターへの質問

Q. わたしは40歳ですが、とても健康です。それでもハイリスク妊娠とみなされるのでしょうか？

A. はい。35歳以上の女性は健康状態にかかわらずハイリスクとみなされます。不満に思うかもしれませんが、統計上の理由から注意深く経過をみることになっています。35歳以上の女性は妊娠中に高血圧、流産、妊娠糖尿病のような合併症を起こしやすく、また、赤ちゃんにダウン症候群のような遺伝による障害や疾患があるリスクが高いためです。

医師や助産師は単に、あなたの妊娠が問題なく進むよう、そしてあなたも赤ちゃんもすこやかにいられるよう見守りたいだけなのです。慎重に定期健診をおこない、なんらかの問題があった場合に早期に発見し、早期に対処することができるかもしれません。

ですから気分を害さないでください。あなたの健康状態が良好なのはすばらしいことです。引き続き健康に気をつけて日ごろから運動していれば、問題が起こるリスクを減らせるでしょう。

（補足）卵子のもととなる原子卵胞はすべて胎児のときからのもので、ともに年をかさねてきました。卵子の老化といって35歳を過ぎると異常をもつ卵子も増えていくことがわかっています。

妊娠しているとわかったとたんに、多くの女性は自分のライフスタイルをあらゆる面で心配し、おなかの赤ちゃんの健康を気づかいます。視野を広くもってみてください。昔から妊娠は自然なことだと考えられていて、妊娠したからといってライフスタイルを変える女性はほとんどいなかったのです。ですから昔の女性たちは、妊娠しても健康的でないものを食べ続け、アルコールを飲み、たばこを吸っていたでしょう。

さらに、妊娠検査の精度や感度はずっと低かったので、多くの妊娠がだれにも気づかれることなく初期の流産に終わっていました。そんなわけで、今日、妊娠の合併症や流産のリスク要因として知られている問題は、分析も、対処も、心配もされていませんでした。

今日、多くの研究がなされ、排卵、受胎、妊娠の経過を詳細に観察することができるおかげで、女性が自分の体内でなにが起こっているか、また起こりうる危険についてもよく把握できるようになっています。これはありがたいことであり、ありがたくないことでもあります。赤ちゃんに悪影響をおよぼすとわかっていることを避けるのは大切ですが、ゆったりした気持ちで妊娠を楽しむのも同じくらい大切なのです。ストレスはあなたにも、赤ちゃんにもよくないのですから。

年齢が高めの人は、妊婦健診の回数が多くなるでしょう。血圧が高いのは妊娠高血圧症候群（p.474参照）の兆候かもしれません。40歳以上の初産婦の場合、妊娠高血圧症候群はさらに重大なリスクとなります。

ご存じですか

かつて、黒ビールには鉄が豊富に含まれるので、妊娠中の女性が飲むとよいとされていました。

残念ながら、これは迷信です。黒ビールの鉄含有量はごく少量なのです。ですから、黒ビールほど魅力的でなくても、緑の葉物野菜にしておいてください！

第5週

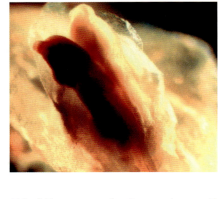

妊娠4週6日です

あと246日……

今日の赤ちゃん
左は胎芽の上部の写真です。胎芽の背面の溝がまだ大きく開いているのがみられますが、これから数日かけて徐々に閉じていきます。
この溝は中央から閉じはじめ、赤ちゃんの頭側の端と尻側の端が最後に閉鎖します。

胎盤──赤ちゃんの生命を維持する仕組み──が形成されつつあります。

妊娠検査の結果以外に妊娠を知らせる兆候がなくても、体内では驚くべき変化がたくさん起こっています。このころには胎盤（p.127参照）を形成する基本的な構造が整います。子宮内膜に入り込むとき胚の外周にあった細胞層はいま、絨毛膜と呼ばれる突起状の胎盤組織におおわれており、その表面はいくつもある母体血の小さなプールにじかに接しています。また、胎盤組織の内側では別の細胞層が樹のような突起を形成しており、これを"絨毛"といいます。絨毛の幹の部分は胚（胎芽）を母体の組織につなぎとめています。幹からはさらに小さな枝（自由絨毛）が伸び、それがさらに枝分かれして、最終的にはシダの葉のような形状になります。絨毛は、いまはまだ未成熟なので胎芽への血液供給は確立されていません。胎盤が成熟し、発育中の赤ちゃんに必要な酸素や栄養をすべて供給できるようになるまでには、あと数週間かかります。

先輩ママへの質問
Q. 心から赤ちゃんがほしいと思っていたのに、いざ妊娠検査で陽性がでた途端に本当にほしいのかわからなくなってしまいました。これはよくあることなのでしょうか？
A. はじめはわたしもまったく同じように感じたけれど、友だちとおしゃべりしてみて、特に最初は複雑な気持ちになる人も少なくないとわかりました。わたしの場合、赤ちゃんがほしいと思った理由だけを考えるようにするとうまく乗り越えられました。その理由を書き出し、なにが心配なのかを考えました。多少自由がきかなくなると思うと不安なのか？ 経済的な不安なのか？ いい親になれるか不安なのか？ この方法のおかげで気持ちを整理し、本当に赤ちゃんがほしいのだと感じられるようになりました。

妊娠中に疑問に思ったことはなんでも、母親など親しい身内の女性か友人に話してみましょう。彼女たちもときには似たような疑問をもっていたけれど、妊娠期間を、そして母親であることを楽しむようになったことがわかるでしょう。

考えてみましょう

妊娠がわかったら早めに受診するようにしましょう。医師は正常妊娠かそうでないかを超音波検査をみて診断します。まだ早期で胎嚢、あるいは胎芽がみえてない場合は、1～2週間後の再診をすすめるでしょう。胎芽がしっかりみえていれば、妊娠8～10週あたりで、出産予定日を決定します。

- **市販の妊娠検査薬**（p.71参照）は精度が高いので、血液検査をして妊娠を再確認することはほとんどありません。自分で検査をしていないなら、医師に診断してもらえます。
- **尿検査**をして、尿路感染症など、すこやかな妊娠の妨げになるものがないかチェックすることがあります。
- **過去の妊娠と出産の回数や簡単な病歴、家族歴**をきかれます。
- **体重と血圧**の計測をするでしょう。
- **妊婦健診**について、**栄養面と生活面で気をつけること**の説明を受けます。
- **超音波検査**：初期は膣の中にプローブという器具を挿入して超音波検査をします。妊娠4～5週くらいで胎嚢が、妊娠6週から胎芽がみえ、順調であれば心拍が確認できるようになります。

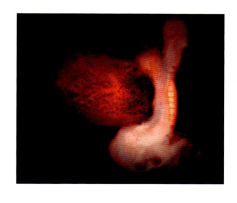

妊娠5週0日です

あと245日……

今日の赤ちゃん
写真の下方にみえるふくらみは、いずれ赤ちゃんの頭部になります。これから赤ちゃんの脊椎を形成していく体節とよばれる分節（胎芽の片側に沿って並んでいる明るく丸い部分）ができはじめています。

発育のこの重要な段階では、赤ちゃんの脊椎の基本構造が築かれています。

　この週の終わりまでに、胎芽を形成する個々の要素ができはじめます。

　赤ちゃんの頭になるほうから、"体節"とよばれる節が形成されます。1日にほぼ3対ずつ体節があらわれ、のちにそれぞれが赤ちゃんの脊椎骨となるとともに体の各部の筋肉になります。最終的に頭部に4対、頸部に8対、胸部に12対、腰部に5対、骨盤領域に5対の体節が形成されます。

　赤ちゃんの骨盤より下の部分にさらに体節が発生しますが、ほとんどは消失します。ヒト以外の哺乳類ではこれらが尾になります。

（補足）超音波検査ではまだ妊娠5週の胎芽はみえません。

トピック——からだのこと

代謝

　日ごろから運動をしていると基礎代謝が上がります。基礎代謝とは体のカロリー燃焼率のことです。妊娠中はすでに代謝が少し上がっています。運動すると、体は余分なエネルギーと脂肪蓄積を燃焼させる一方、赤ちゃんの成長を促進するのに十分なエネルギーは常に残すようになります。

　また、運動は血糖（p.92 参照）やエネルギー量の調整にも役立ちます。

栄養士への質問

Q. わたしは痩せすぎていますが、妊娠に影響しますか？
A. 栄養不足になるリスクが高く、そうなると赤ちゃんの健康に影響しかねません。また、早産になったり、生まれてくる赤ちゃんが標準より小さく、健康面で問題を起こしやすくなったりする可能性も高まります。食に関する問題はなんでも助産師に相談しましょう。

　体重を増やすために、食事の量を増やし、たんぱく質、良質の脂肪、未精白の炭水化物（p.92 参照）を豊富に含む健康的な食品を選びましょう。アボカド、脂肪分の高い乳製品など、栄養たっぷりでカロリーの高い食品を選び、葉物野菜をたくさん食べて重要なビタミンやミネラル（p.15 〜 16 参照）を摂取するようにしましょう。間食にはナッツ、果物、種子類などヘルシーな食品をとり、朝食をぬかないでください。必要に応じて、医師から栄養士を紹介されるでしょう。

ウォーキングやジョギングなど、**軽度の有酸素運動**を妊娠中の習慣にすると、過剰な脂肪を燃焼させます。赤ちゃんの発育に影響することはありません。

赤ちゃんの実際の大きさ

妊娠5週0日の胎芽の大きさは2.5㎜です。

5週

第5週

第6週（妊娠5週1日〜6週0日）

この週にはいると妊娠の最初の兆候があらわれるでしょう——あらわれなくても心配はいりません。

すべての女性が、こんなに早期から妊娠していると感じはじめるわけではありません。
なかには吐き気がしたり、乳房が痛んだりする人もいるでしょうが、
まったく変化を感じない人もいます。
もちろん、妊娠が進行しているという"証"を求めるのは自然なことです。
たとえそれがつわりであったとしても。
しかし、症状がないからといって異常があるということではありません。
本当に妊娠は進んでいて、赤ちゃんは重要な発育段階を通過しているのです。

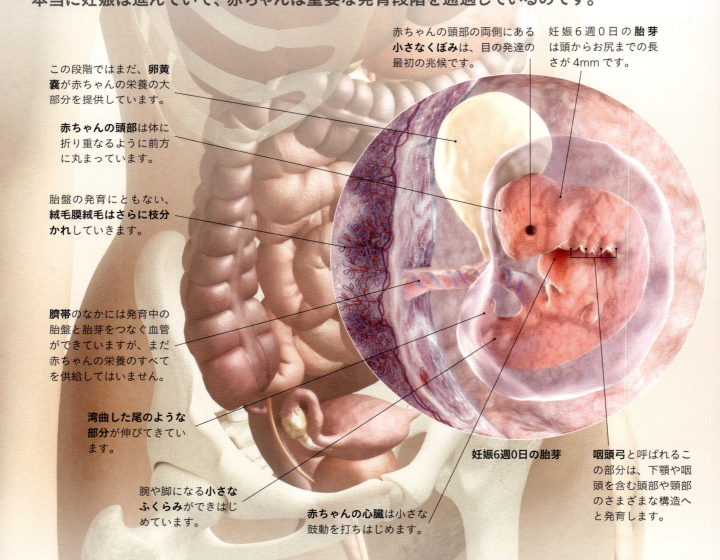

- この段階ではまだ、**卵黄嚢**が赤ちゃんの栄養の大部分を提供しています。
- **赤ちゃんの頭部**は体に折り重なるように前方に丸まっています。
- 胎盤の発育にともない、**絨毛膜絨毛はさらに枝分かれ**していきます。
- **臍帯**のなかには発育中の胎盤と胎芽をつなぐ血管ができていますが、まだ赤ちゃんの栄養のすべてを供給してはいません。
- **湾曲した尾のような部分**が伸びてきています。
- 腕や脚になる**小さなふくらみ**ができはじめています。
- **赤ちゃんの心臓**は小さな鼓動を打ちはじめます。
- 赤ちゃんの頭部の両側にある**小さなくぼみ**は、目の発達の最初の兆候です。
- 妊娠6週0日の**胎芽**は頭からお尻までの長さが4mmです。
- 妊娠6週0日の胎芽
- **咽頭弓**と呼ばれるこの部分は、下顎や咽頭を含む頭部や頸部のさまざまな構造へと発育します。

妊娠初期

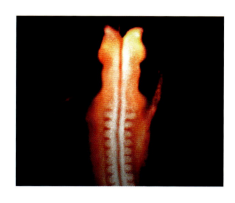

妊娠5週1日です

あと244日……

今日の赤ちゃん

胎芽の体節——赤ちゃんの筋骨格系の基本構造——は14対になりました。
左の写真には、はじめの9対までが写っています。
写真の上部では、神経管の頭部側の端が完全に閉鎖しようとしている様子がみられます。

この週にはいっても自覚症状がないと、妊娠しているという確かな証拠をなんとしてでもみつけたくなるでしょう。

あなたが妊娠していることを知っているのは、あなたとパートナーだけでしょうし、あなた自身、まだ本当かしらと疑っているかもしれません。この段階ではまったく自覚症状がないかもしれませんが、おなかのなかでは胎芽が急速に変化し、成長しています。

妊娠の兆候がないのはよくあることなので心配いりません。大多数の妊娠はなんの問題もなく進むということを忘れないでください。妊娠が順調に進んでいても、妊娠が引き起こす症状をいろいろ経験することもあれば、なにも経験しないこともあるのです。気分がいいなら気にしないで。それどころか、ラッキーだと思ってください！

栄養士への質問

Q. 妊娠して以来、あまり食欲がわきません。大丈夫でしょうか？
A. 食欲がなくなるのはよくあることです。つわり（p.81参照）があるならなおさらでしょう。好きだったはずの食べ物がとても苦手になるかもしれません。あまり食べられないなら、栄養価の高いものを食べることが大切です。栄養が豊富な緑の濃い葉物野菜や豆類、必須脂肪酸を含む魚（p.96参照）を選びましょう。

ご存じですか

体に必要なビタミンDの90％までは、十分に日光を浴びることで得ることができます。

ビタミンDは、赤ちゃんの骨格形成に不可欠なカルシウムの吸収を助けます。毎日15分、素肌に日光を浴びながら戸外を歩けば十分なビタミンDを得られます。また、脂肪分の多い魚、卵、ビタミンDが強化されたシリアル、パンを食べたり、サプリメント（p.16参照）を利用したりすると、ビタミンDの摂取量を増やせます。

初期の超音波検査

妊娠の早い段階で超音波検査を受ける人もいますが、英国では**ほとんどの場合は妊娠12週くらいにおこないます**（p.137参照）（**注**：日本では初診から全員に超音波検査を実施する）。早い時期の超音波検査はたいてい経腟法で、棒状の超音波発信装置（プローブ）を腟内に挿入しておこないます。この検査は次のような理由でおこなわれます。

- **家族に多胎出産経験者がいる場合**（または人工授精、その他の不妊治療を受けて妊娠した場合）、胎芽の数を確認するため。
- **流産経験がある、または腹痛や（少量でも）出血がある場合**、胎芽の心拍を確認するため。
- **腟からの出血の原因を特定するため**。赤ちゃんに問題はなく、子宮筋腫などの理由で出血が起こっている可能性もあります。その場合は医師が対処します。

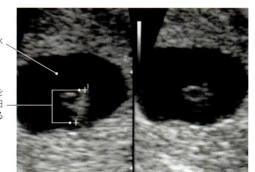

初期の経腟超音波検査ではあまり細部までは映りません。医師は胎芽の大きさを測るのに適した方向や位置（左）をさがして計測します。

羊水

胎芽の大きさを計測して妊娠日数を推定できる

第6週

妊娠5週2日です

あと243日……

今日の赤ちゃん

この写真の中央には、分化したばかりの赤ちゃんの心臓（濃い灰色）がみられます。この段階ではきわめて未発達な構造です。右側には赤ちゃんの頭部がみられます。胎芽はほぼ完全に透きとおっています。

外見から妊娠しているとわかるようになるまでにはまだしばらく時間がかかりますが、体内では多くの変化が起こっています。

この早い段階では、赤ちゃんに必要なものはすべて卵黄嚢から供給されます。卵黄嚢は、卵黄管という管で胎芽につながっています。この胎芽に不可欠な風船のような構造のおかげで胎芽の位置がわかります。卵黄嚢は顕微鏡を使えばみえる大きさで、早ければこの時期に直径3～4mmの球のようにみえます。はじめ、卵黄嚢の大きさは、いずれ赤ちゃんになる円盤状の胚細胞群と同じくらいです。

卵黄嚢には肝臓に似た働きをする細胞群があります。数種類の妊娠ホルモンを放出し、胎芽にとって初めての赤血球を産生します。妊娠9週を過ぎ、肝臓がこれらの機能を引き継ぐと、卵黄嚢は徐々に小さくなっていき、妊娠11週ごろには胎盤がその役割を引き継ぎます。

血液が胎盤へ循環するようになるのはずっと先の妊娠11週ですが、これから7日あまりで、初期の循環系が発生します。そして、この週の終わりまでには、非常に性能の高い超音波装置を使えば胎芽の心拍を確認することができるようになります。この時点の心臓は単純な筒状です。

ご存じですか

妊娠12週までは1日400μg（mcg）の葉酸サプリメントをとり続けてください。

緑の野菜や豆類を含むバランスのとれた食事をとったうえで、葉酸サプリメントを追加してください。葉酸は多くの強化シリアルにも、オレンジ、パパイヤ、バナナなどの果物にも含まれます。

1度にたくさん食べられないなら、少しずついろいろなものを組み合わせ、3度の食事だけでなく間食も利用してうまく栄養をとりましょう。

栄養士への質問

Q. ふたり分食べたほうがいいですか？
A. 残念ながら、妊娠したからといってなんでも食べていいわけでも、好きなものを好きなだけ食べていいわけでもありません。"ふたり分食べる"は誤った考え方です。そんなことをしたらカロリーのとりすぎになり、体重が増えすぎてしまうでしょう。いちばんいいのは、常識に従うことです。研究結果から、妊娠中の女性が食欲に従って食べていれば、自然と適量を食べ、健康的に体重が増えることがわかっています。

妊娠中に必要なカロリーは、妊娠前の体重や運動量によるので、大きな個人差があります。一般的に、妊娠中は必要とされるエネルギーが1日あたりおよそ300～500kcal増えます。妊娠初期の必要カロリー量は少な目で、300kcal寄りになるでしょう。

妊娠初期には80％もの女性が吐き気を催したり嘔吐したりするので、十分なカロリーを摂取するのが難しいことがあります。妊娠中の女性の多くと同じように、あなたも胃がからっぽのときにもっとも気分が悪くなるでしょう。そこで効果的なのが間食です。たっぷりの食事を3回とるよりも少量を5回とるほうが胃のむかつきは落ち着き、しかも必要なカロリーを得られます。

妊娠初期

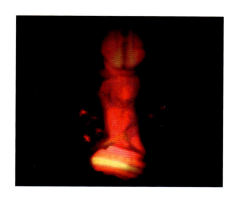

妊娠5週3日です

あと242日……

今日の赤ちゃん

胎芽を正面から写した写真です。
頭を前方に垂れているので、頭部の中枢神経系がみられます。
頭部にある管のような構造は、発生途上の脊髄です。胎芽の尾部は上向きに丸まっています。

つわりは、妊娠の症状としてもっとも一般的でありながら、もっとも歓迎されないもののひとつです。

トピック——お母さんの健康
吐き気をやわらげる

残念ながら、つわりの特効薬というものはありませんが、次のような自然療法を試してみるのもいいでしょう。

- **少量をこまめに食べる**：血糖値が低くなると吐き気を悪化させることがあるので、たとえ気分が悪くても、ちょこちょことなにかつまんでおいたほうがいいでしょう。
- 朝、ベッドから出る前に、**あっさりしたビスケットかクラッカー**を食べてみましょう。
- **シリアルやトーストなど、あっさりしたもの**を選び、脂肪分や油分の多い食品は避けましょう。
- **ショウガ**（右記参照）**やペパーミント入りの食べ物や飲み物**を試してみましょう。
- **嘔吐の症状があるなら水分を多くとり**、脱水を起こさないようにしましょう。水を冷蔵しておいて、1日中少しずつ飲みましょう。尿の色がとても濃くなるなど、脱水の症状があらわれたときは受診してください。

吐き気や嘔吐がひどくて耐えがたいときは、医師に相談すると、薬を処方してもらえる場合もあります。

気分が悪い、嘔吐するというのは妊娠初期によくある症状です。なぜつわりが起こるのかについては、さまざまな説があります。そのひとつは、妊娠初期にhCG（ヒト絨毛性ゴナドトロピン）ホルモンの値が上昇するためというものです。

妊娠したことを同僚に秘密にしておくのは、妊娠初期には容易ではありません。あなたがトイレに駆け込んで吐いてばかりいると、周囲の人たちは「もしかしたら」と勘ぐるでしょう。そして、あなたがいつもより気分が悪そうだとか、疲れているようだと気づく人もいるかもしれません。そんなときは妊娠したことを同僚のひとりかふたり、または上司にだけは話し、しばらくは内密にしたいと伝えると、対処しやすいでしょう。

嘔吐がおさえられないほどひどく、回数が多すぎるのではないかと不安になる場合は医師に相談してください。つわりがひどすぎて脱水が進行すると、医学的治療（p.111参照）が必要になります。

ショウガには吐き気をやわらげる特性があります。ベッド脇のテーブルにジンジャービスケットをのせた皿をおいておき、朝、ベッドから出る前につまみましょう。

ご存じですか

研究により、ショウガには妊娠による胃のむかつきをやわらげる効果があることがわかっています。

毎日の食事にショウガをとり入れて4日後に嘔吐感が改善されたという研究があります。ですから、すぐに効果があらわれなくてもあきらめないでください。ショウガの砂糖漬けやビスケット、ジンジャーティーを試してみましょう。料理にもショウガをとり入れてみてください。一般的にジンジャーエールにはショウガそのものは含まれないので、胃のむかつきに効果はありません。

第6週

フォーカス

変わりゆく世界

家族というのは変わりゆく社会集団であり、過去20年間にいくつか大きな変化がありました。しかし時代は変わっても、親の役割は変わりません。
子どもを常に保護し、愛し、心から支えることです。

数字が物語るもの

変わりゆく家族生活

下の統計から今日の家族生活の実態がうかがえます。

- 英国では5歳未満の子どもがいる母親の55％が仕事をもっています（1975年にはおよそ25％）。米国では6歳未満の子どもをもつ母親の64％が仕事をもっています。

- 母親が働いている5歳未満の子どもの25％は父親がフルタイムで育児をしており、共働き家庭の30％が育児を分担しています。

- 専業主婦として家で子どもと過ごす母親は10人にひとりだけです。

- 今日、約25％の子どもがひとり親家庭に暮らし、その9％は父子家庭です。

- 英国では、生まれる赤ちゃんの3分の1が人種的マイノリティの家庭に属する地方があります。ニュージーランドやオーストラリアでも、この割合はほぼ同じです。米国では、5歳未満の子どもの半数が人種的マイノリティの家庭出身です。

- 英国では41％以上、米国では37％の赤ちゃんが未婚女性のもとに生まれています。欧米に共通するこの傾向の比率は、着実に上がっています。

- 100人にひとりの赤ちゃんが、同性の両親のもとで育てられます。

- 英国の13歳未満の子ども約10万人は、祖父母のどちらかしか世話をしてくれる人がいません。

今日の家庭

家族生活のかたちが多様化し、多くの研究が現代の幼児期の問題を報告していますが、子どもたちは多様な文化、生活様式、働き方になじみがあり、それを受け入れています。

母親の高齢化　英国では過去10年のうちに35歳以上で初めて母親になる人の数が2倍になり、40歳以上の女性の妊娠率はほかのどの年齢層よりも急激に上がっています。歳を重ねた女性は、落ち着いていて、経済的にも安定しており、しっかりしているのが利点です。

ひとり親家庭　英国では1971年には1％だったシングルマザーの割合が2004年には11％に上がりました。ひとり親家庭の子どもたちが不利な状況におかれる可能性があるのは確かですが、その大部分は経済的苦境が原因であり、社会経済的資源が十分であればうまくいくと考えられています。

混合家族　さまざまな家族のタイプのなかでもっとも急速に増えているのが、子どもをもつ親どうしが新たな家庭をつくる、混合家族です。3人にひとりの子どもが生涯のうちに混合家族の状態を経験するだろうといわれています。きょうだいの年齢がものすごく離れていたり、同じ年齢だったりすることがあるでしょう。

現代の父親たち

今日の父親たちは前世代までの父親たちよりも家庭にかかわるようになっています。およそ96％が出産に立ち会い（1965年には5％）、70％以上が赤ちゃんの誕生後に休みをとっています。1970年代には、5歳未満の子どもをもつ父親が子どもに関する活動をする時間は1日に15分以下でしたが、1990年代までに1日2時間以上になっていました。調査によると、父親といっしょにそれなりの時間を過ごした子どもたちは、勉強や仕事で成功するといいます。

保育

ほとんどの家庭で保育が必要とされています。研究により、家庭以外での良質の保育は社会性、知性、言語によい影響をおよぼすことがわかっています。英国では祖父母による保育が60％を占めています。祖父母との関係がよいと、子どもは安定し、家族を大切にするようになり、認知発達が伸びると考えられています。

多文化

現代の多文化社会は教育経験や友人関係に影響します。また、子どもが幼少期のどこかの時点で異文化出身の人に世話をしてもらう可能性も高くなります。

性差

男子 vs 女子

歴史的に女子100人あたりに男子が106人生まれますが、この現象は、男性のほうが争いで命を落としやすいということを補う自然の仕組みだと信じられてきました。しかし、割合は女子が男子を上回るように変わってきつつあります。原因のひとつにストレスの増加があるかもしれません（女性にストレスがかかっていると、男の子よりも女の子が生まれやすいのです）。しかし、いまではもっとも有力な原因は、性差をあいまいにする化学物質だと考えられています。わたしたちをとり巻く環境にはそのような物質がたくさんあり、例として、合成エストロゲン、PCB（ポリ塩化ビフェニル）、農薬などが挙げられます。

妊娠初期

妊娠5週4日です
あと241日……

今日の赤ちゃん
左の写真からはこの段階の胎芽がいかに丸まっているかがわかります。
胎芽の頭部は左側にあります。
背面には22対の体節（筋骨格系の基本構造）が並んでいます。

この時期は、いずれ脳と脊髄となる神経管が形成されるため、発育中の赤ちゃんにとって非常に重要です。

この週の赤ちゃんは急速に成長し、これから5週間でぐっと赤ちゃんらしくみえるようになります。胎芽は3種類の細胞で形成されており、それぞれが異なる機能を担っています。ひとつ目の細胞群は皮膚と神経系を、ふたつ目は血管、筋肉、骨格を、3つ目は消化器系を形成していきます。

この段階では、脊椎と神経系を形成する細胞群が働いています。平らな円盤だった胎芽が形を変え、くるりと丸まりはじめます。背面の溝の両脇にすでに部分的にできていた縁が接触しはじめ、閉じて融合し、管を形成します。これがのちに脳と脊髄になります。最後に閉じるのが溝の両端で、まず頭側が閉じ、その2日後に尾側が閉じます。

妊娠初期に十分に葉酸（p.35参照）を摂取するよう気をつけることは、この神経管がすき間を残さず完全に閉じるようにするために非常に重要です。

考えてみましょう
話す？　話さない？
赤ちゃんができてうれしいでしょう。周囲の人たちにはいつ話す？

- **赤ちゃんを授かったカップルのほとんど**は、流産リスクが下がる妊娠12週を過ぎるまで待ってから、うれしい知らせを公開します。しかし、家族や親しい友人を信頼して打ち明けたいという人もいるでしょう。万が一流産してもきちんと報告できる相手になら、妊娠したことを話しても構わないでしょう。

- **法的には、いまの段階で雇用主に知らせる必要はありません。**英国では出産予定週の初日から15週間前までに雇用主に知らせればよい（p.255参照）（注：日本では特に決まりはない）のですが、それ以前に妊婦健診で休暇をとるつもりなら、理由を説明しなければならないでしょう。

- 重い物を持ち上げる、化学物質を扱うなど、**健康を害する恐れや安全上のリスクがある仕事をしているなら、**あなたの業務を変えてもらえるよう早めに雇用主に話さなければいけません。また、職場であなたのおなかが大きくなってきたという噂が広まる前に、上司に話すのが賢明です。

だれかに話すとしても、妊娠初期には大勢に話さないようにすると、あなたもパートナーも妊娠という事実について時間をかけて気持ちの整理ができるでしょう。

トピック──お父さん
合意のうえで
男性のなかには、パートナーの妊娠を知ってすぐに世界中に知らせたくなった人もいるかもしれません。興奮からにしても不安な気持ちからにしても、やはり信頼する人たちに打ち明けたいでしょう。多くの人に話す前によく考え（左のコラム参照）、パートナーに相談せずにほかの人に話すのはやめましょう。もちろん、パートナーが吐き気や嘔吐などの妊娠の特徴を隠しきれないこともあります。

ふたりがそろそろ知らせようと合意したうえで、ほかの人たちに話すのがいちばん大切なことです。

第6週

妊娠5週5日です

あと240日……

今日の赤ちゃん

胎芽の右側を写した写真の背景には絨毛膜絨毛の突起がみえています。
また、胎芽が丸まっている様子がよくわかります。
よくみると、初期の胎盤に臍帯でつながっているのがわかります。

気分がよいと思ったとたんに気がめいってきますか？
安心してください。それは妊娠ホルモンの作用によるものです。

　まだ実感はないかもしれませんが、妊娠中はとても感情的になったり理不尽になったりする場合があり、感情の起伏が激しくなることがあります。以前は気にならなかったことで涙する日もあるでしょう。これは、ただでさえ人生における大きな変化を経験しているのに、ホルモンの乱高下まで重なるためです。

　感情の起伏が激しいのは、妊娠中の女性自身にとってもパートナーにとっても大変かもしれません。お互いにコミュニケーションをとり続けるよう心がけ、どんなに理不尽でも自分の気持ちを説明しましょう。

もっと野菜を！

　食べたくなるような工夫をし、必要な栄養をとりましょう。
- **生野菜にディップ**をつけてみましょう。
- 朝食のスムージーをつくるときに**何種類か野菜を足しましょう**（p.135参照）。キュウリ、セロリ、ピーマン（またはパプリカ）、ニンジンは風味が控えめですが、おいしく栄養満点です。
- ズッキーニ、ニンジンを**すりおろして**スープ、パスタソース、シチューにいれたり、カボチャ、冷凍のグリンピース、ブロッコリー、アスパラガス、インゲンマメなどをひとつかみリゾットにいれたりしましょう。
- **チーズソースに野菜**を加えましょう。ソースのなかで調理することで、通常ならゆで汁に出てしまう栄養をすべて吸収できるでしょう。
- 歯ごたえのよい、色とりどりの野菜をのせて、**オリジナルピザをつくりましょう**。
- 出来合いのものを利用するときは、**ベジタリアンメニュー**を選びましょう。

トピック——お母さんの健康

疲労感を打ち負かす

　疲労感は妊娠中によくある悩みです。妊娠初期には妊娠による変化に体が適応しようとするので、急に力が出なくなったと感じるかもしれません。この疲労感は妊娠初期を通じて続きますが、13週以降は元気が出てくるでしょう。休むときはしっかり休み、動けるときは活動的に過ごしましょう。

　疲労感のもうひとつの原因は貧血です。初期の検査でヘモグロビンの値をチェックする機会があります。値が低ければ鉄剤を処方されるか、食事かサプリメントで鉄分をとるように指導されるでしょう。貧血にならないように、鉄を多く含んだ緑の濃い野菜、葉物野菜、赤身の肉、全粒シリアル、豆類などの食品や、プルーンジュースをとるようにしてください。ビタミンCは鉄の吸収を助けるので、食事といっしょに搾りたてのオレンジジュースを飲んでみましょう。カフェインは鉄の吸収を妨げるので摂取を制限しましょう（p.66参照）。

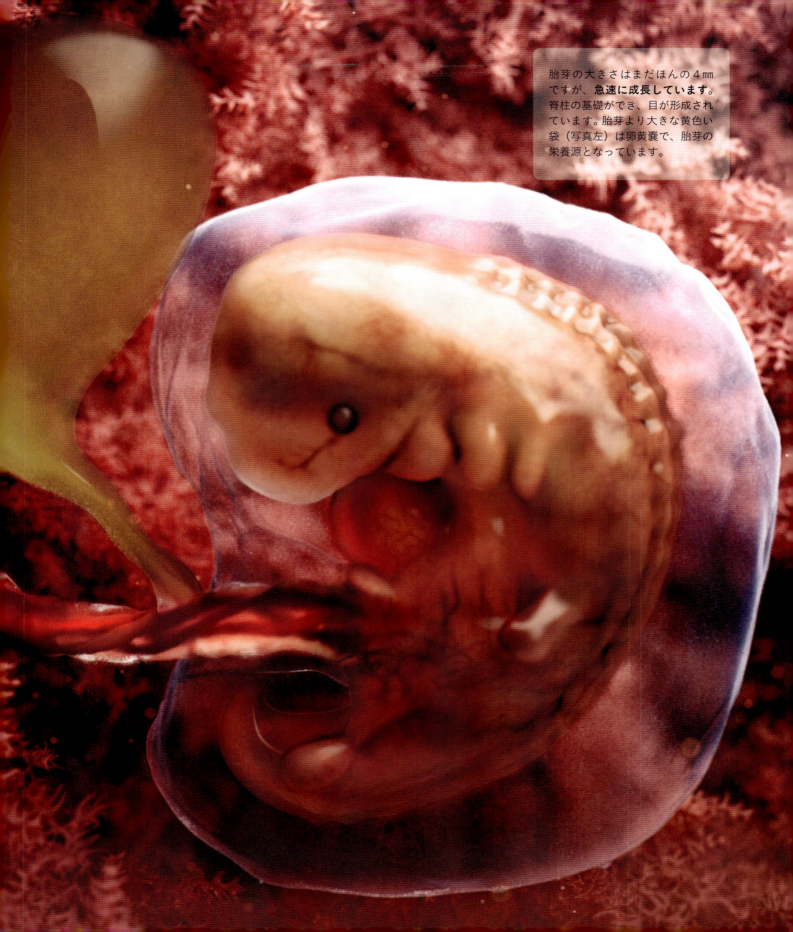

胎芽の大きさはまだほんの4mmですが、**急速に成長しています**。脊柱の基礎ができ、目が形成されています。胎芽より大きな黄色い袋（写真左）は卵黄嚢で、胎芽の栄養源となっています。

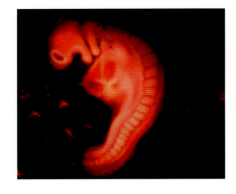

妊娠5週6日です

あと239日……

今日の赤ちゃん

通常、上半身が下半身より先に発育します。
左の写真では、心臓と肝臓を包むふくらみと、上肢を形成しはじめた小さな突起がみられます。
しかし、下肢はまだあらわれる様子がありません。

自分で最初に気づく体型の変化は、まだ妊娠のごく初期なのに乳房が目立って大きくなることでしょう。

体の部位で最初に形が変化するのは、おそらく胸でしょう。乳房のサイズがみるみる変わって、外見からも大きくなったのがわかり、重く感じられるでしょう。また、触れるととても痛むことがあります。

乳頭も変化します。乳輪（乳頭のまわりの色の濃い部分）の色が濃くなったり、乳頭がヒリヒリしたりすることがあります。乳房が大きくなると、青い血管が浮いてくるのに気づくかもしれません。乳房のこうした変化はすべて、エストロゲンというホルモンの作用によるものです。

ご存じですか

妊娠中は乳房がそれぞれ平均5cm大きくなり、1.4kg増加します。

だからこそ、妊娠初期であっても体に合ったブラジャーをつけることが大切です。

清掃用品のラベルはよく読んで体に害がないことを確認し、必ずゴム手袋をはめましょう。妊娠は、パートナーにおふろ掃除をしてもらういい機会かもしれませんよ！

助産師への質問

Q. 乳房の痛みをやわらげるにはどうしたらいいでしょう？
A. サポートブラをつけると、妊娠につきものの乳房の重みも痛みもやわらぐかもしれません。とりわけ夜間に痛みを感じるなら、眠っている間にブラをつけるようにすると楽になるという人もいます。うつぶせになると痛みを感じる場合は、別の姿勢で眠りましょう。アロエベラやカモミールの成分が含まれるクリームを塗ると効果があるかもしれません。

トピック——安全

有害物質を避ける

妊娠がわかると、赤ちゃんの安全を考えるのは自然なことです。それなら……。

掃除中は気をつけて。 妊娠中の漂白剤や消臭スプレーの使用と、赤ちゃんの喘息発症との関連性を示唆する研究結果があります。また、専門家によると、市販のオーブンクリーナーには胎児に悪影響をおよぼす有毒化学物質が含まれるといいます。

- 有害な成分を含む製品は使わない。
- 換気をよくする。
- 発生するガスを吸ったり浴びたりしない。
- 手袋をはめる。
- 掃除には重曹、ホワイトビネガー、レモン汁、精油などで作った溶液を使う。

猫のトイレ掃除はだれかにしてもらいましょう（それが無理なら、ゴム手袋をはめて作業し、終わったら手を洗いましょう）。猫の糞にはトキソプラズマ症（p.17、101参照）を引き起こす寄生虫が含まれることがあります。この感染症は、赤ちゃんに害をおよぼす可能性があります。

妊娠6週0日です

あと238日……

今日の赤ちゃん
胎芽が卵黄嚢に乗っかるような状態で写っている左の写真では、胎芽の背面がみえています。形成されはじめた脳の上にあった神経管の開口部はもう閉じており（写真左側）、2日後には尾端側の開口部も閉鎖します（写真外）。

週の終わりにあたるこのころには、赤ちゃんの主要な臓器のひとつ、心臓が急速に発育し、血液を循環させます。

胎芽はまだとても小さいものの、急速に複雑な発育を遂げています。

超音波検査をすると、心臓の拍動が以前よりよくわかるようになっています。心臓は単純でのっぺりとした筒（心筒）から、筋肉が発達するにつれてループになり、折りたたまれて、4つの部屋に分かれます。左上の部屋（左心房）は肺からきた血液をとり入れます。ここから血液は一方向弁（僧帽弁）を通過し、左の主要ポンプ室（左心室）へ流れ込みます。左心室は血液を心臓から全身へと主要な動脈（大動脈）を通して送り出します。心臓の右側では、上の部屋（右心房）が体から戻ってくる血液を集め、一方向弁（三尖弁）を通して右側の主要ポンプ室（右心室）へと送り込みます。右心室は血液を肺に送り込み、血液は循環し続けます。

この発生段階での血液循環はきわめて簡易なもので、心筒は血液を赤ちゃんの全身に循環させるだけです。赤ちゃんの血液循環はまだ胎盤を介さずにおこなわれています（p.127参照）。

（補足） 経腟超音波検査では妊娠6週に胎芽を確認できるようになります。

流産

流産はいつ起こってもとてもつらいものです。悲しみ、ショック、さらに挫折感すら味わってもおかしくありませんし、怒りや不公平感も抱くかもしれません。友人や家族がみな、なんの問題もなく妊娠生活を送っているように感じられるなら、なおさらでしょう。あなたを支えようとして「結果的によかったのかもしれない」「どうしようもなかったんだよ」などという人がいるかもしれませんが、傷ついている人には慰めにならないでしょう。

流産を経験したら、悲しむ時間をもつことがとても大切です。話をする気分になれなくても、友人や家族に支えてもらってください。自分がどんな気持ちなのか探ることは、心の傷が癒える過程で大切な要素なのです。パートナーもあなたと同じくらい苦しんでいるでしょうが、悲しみの表現は異なるかもしれませんし、流産による痛手を負っていないようにみえるかもしれませんが、彼もまたサポートを必要としています。流産してもがっかりしないでください。実に多くの女性が一度ならず流産を経験し、それでもすこやかな妊娠を経て赤ちゃんを産んでいます。そして、妊娠を知る前になにをしたとしても、流産はあなたのせいではないということを忘れないでください。焦らず心を癒し、自分と向き合って、流産という事実を受け入れましょう。

初期の発生段階であっても、形成されつつある心臓がみられます（赤の濃い部分）。そのすぐ下にある薄めの赤い部分は肝臓です。肝臓の下には臍帯があります。

赤ちゃんの実際の大きさ

妊娠6週0日の胎芽は、頭からお尻までの長さが4mmです。

5週　　　6週

第7週（妊娠6週1日〜7週0日）

出産まですこやかな妊娠生活を過ごすために、自分で運動の基準を決めておきましょう。

いまのうちに体を鍛えておくと、妊娠が進んだときに大いにためになるでしょう。
積極的に動くことが大切ですので、毎日運動する習慣を身につけ、
筋肉を鍛え、体のだるさを改善しましょう。
ただし、体の声に耳を傾け、疲れ果てるほど運動しないようにしてください。
この週には肺や腸など、赤ちゃんの重要な臓器が形成されはじめます。
脳は急速に成長するので、赤ちゃんの頭部は体に比べて大きすぎるほどになります。

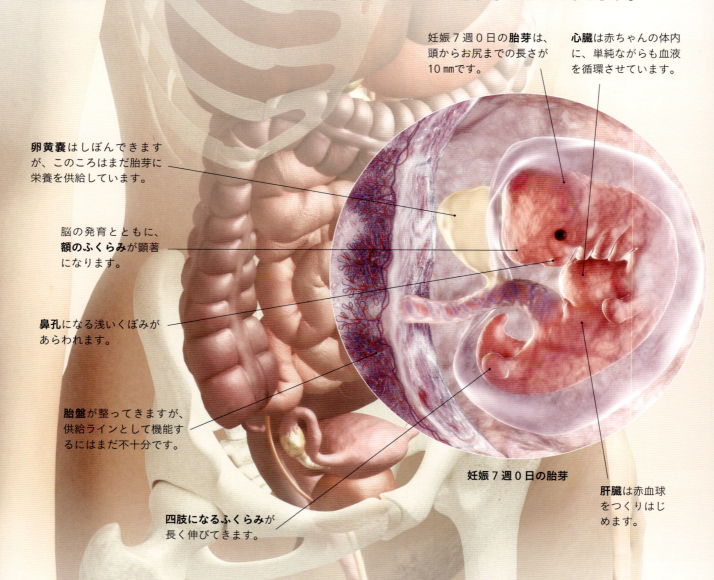

妊娠7週0日の**胎芽**は、頭からお尻までの長さが10mmです。

心臓は赤ちゃんの体内に、単純ながらも血液を循環させています。

卵黄嚢はしぼんできますが、このころはまだ胎芽に栄養を供給しています。

脳の発育とともに、**額のふくらみ**が顕著になります。

鼻孔になる浅いくぼみがあらわれます。

胎盤が整ってきますが、供給ラインとして機能するにはまだ不十分です。

妊娠7週0日の胎芽

肝臓は赤血球をつくりはじめます。

四肢になるふくらみが長く伸びてきます。

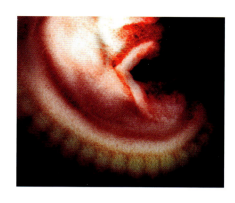

妊娠6週1日です

あと237日……

今日の赤ちゃん

胎芽を側面から写したこの写真では、発達しはじめた脊髄がカーブを描いているのがよくわかります。背面にある薄黄色の突起のような構造は体節——赤ちゃんの発育しつつある筋骨格系——です。

おなかのふくらみを確認しようと鏡の前で過ごす時間が増えたかもしれませんが、外見から妊娠がわかるようになるのはまだ数週間先です。

妊娠したばかりの女性はたいてい、おなかがふくらんでくるのを注意してみているものです。あなたもそのひとりかもしれませんが、おなかがふくらんでくるにはまだ少し早いようです。平均すると、妊娠4カ月目はもっとも成長が著しく、おなかのふくらみもはっきりわかるようになります。

今回が初めての妊娠でない人は、おなかがふくらんでくるのが早いかもしれません。腹筋が柔軟になっているので、早ければ8〜10週ごろからふくらみはじめるでしょう。逆に腹筋が硬い人は、外からみてわかるようになるのが遅いでしょう。双子や三つ子を妊娠している人は、さらに早くからおなかがふくらみはじめる可能性があります。

ドクターへの質問

Q. 妊娠中のセックスは赤ちゃんによくないでしょうか？

A. 流産経験がある、原因不明の出血があるなど、なんらかの問題があるために医師からセックスを控えるようにいわれているのでなければ、妊娠のどの段階においても問題ありません。パートナーと親密に過ごすのはふたりの関係にとってプラスになります。

赤ちゃんは子宮内にある羊膜腔の羊水のなかにいるので衝撃をあまり受けず、子宮頸管の粘液栓によっても守られています。深く挿入しても影響はありません。

腹部のエクササイズ

妊娠初期に、仰向けになって腹部のエクササイズをするのは安全です。妊娠初期の終わりごろ、もしくは、おなかがふくらんできたら（左記参照）仰向けでの腹部のエクササイズはやめましょう（その段階で代わりにできる運動は p.250 参照）。

腹部のエクササイズをするとき、正しく呼吸をすることが大切です。まず息を吸い、動きに合わせて息を吐くと覚えてください。

深層筋を鍛えるのが腹部のエクササイズの目的です。体の深層を横向きに走っている腹横筋は、赤ちゃんの発育にともない体の軸の安定と強度を保つうえで重要です。体の縦方向に走っている腹直筋は、妊娠中に伸びて弱まる筋肉なので、姿勢を補助し背骨をサポートするためには、腹横筋を強化することが大切です。

腹横筋を鍛えはじめるのは早いほうがよいのです。妊娠初期にこの筋肉を鍛えるためにできるエクササイズをひとつ紹介します（下記参照）。

仰向けに寝る。 ひざを曲げて足の裏は床につけ、手を体の両側に置く。息を吸って、ゆっくりと息を吐きながら腰を床に押しつける。この姿勢を3〜5秒保ち、動きを繰り返す。

- ひざを曲げる
- 足の裏は床につける
- 腹筋が引き締まるのを感じる

第7週

筋肉を強化し整えるエクササイズ

筋肉を強化するエクササイズをすることで、妊娠によってふだん以上に筋力が必要になっても対処しやすくなると同時に、陣痛・分娩をうまく乗りきる力がつくでしょう。

ここで紹介するエクササイズはときに"機能改善エクササイズ"といわれます。これらの運動は、歩く、運ぶ、持ち上げる、すわる、立つなど、日常生活の身体機能に使う筋肉を強化するからです。ここで紹介するエクササイズは、ウォーキング、水泳、その他の有酸素運動と並行してとり入れることが可能で、1週間に3〜4回おこなえます。

ウォームアップ：腕を前後に振り、その場で足踏みをします。これを3〜5分続け、筋肉を温めます。

サイドランジ（左写真）：サイドランジ（と右写真のフォワードランジ）は、腹筋と大腿筋を強化します。両手を腰に当て、足を腰幅に開きます。片足を一歩外に踏み出し、ひざを曲げます。もう一方の脚はまっすぐにします。おなかを引き締めて体をまっすぐに保ちながら、足を閉じて直立の姿勢に戻します。これを左右10回ずつおこないます。**フォワードランジ（右写真）**：両手を腰に当て、足を腰幅に開きます。片足を一歩前にふみ出します。このとき逆足を曲げ、かかとを浮かせながら、ひざを床のほうに下ろしていきます。もとの姿勢に戻ります。これを左右10回ずつおこないます。

バイセプスカール：バイセプス、つまり上腕二頭筋は物を運んだり持ち上げたりするために重要な筋肉です。ふだんから運動をしている人は、この動きに1〜2kgのダンベルを加えてもいいでしょう。足を腰幅に開き、ひざを少し曲げ、背すじをまっすぐにし、腕は体の両脇に下ろします。息を吸い、吐きながら片方のひじを曲げて手を肩の高さまで持ち上げます。腕を交互に動かし、左右20回ずつ（合計40回）おこないます。これが楽にできるなら、合計60回おこなってみましょう。

ブリッジ：このエクササイズは臀部、ハムストリングス（腿の裏側にある筋肉の総称）、内腿を働かせ、大きくなりつつあるおなかを下半身で支えられるよう鍛えます。仰向けに寝て、ひざを曲げます。このとき、足の裏は床につけたままにし、両ひざを軽く開きます。腰を上げます（これは妊娠初期に安全にできるエクササイズで、背中への負担をやわらげます）。手は体の両脇に伸ばしておきます。臀部を引き締めながらゆっくりとひざを閉じます。ひざの開閉を10回繰り返します。ゆっくり腰を下ろし、横向きになって終了します。

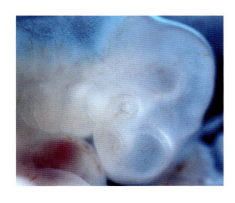

妊娠6週2日です

あと236日……

今日の赤ちゃん
顔面で最初に認識できるようになるのは目です。
左の写真では、中央にある大きな円のなかの小さな円にあたります。
それよりずっと大きなグレーの部分は脳になる部屋で、液体で満たされています。

妊娠に気づく前のライフスタイルについて思い悩まないようにし、いまから改善しはじめましょう。

妊娠したことがわかったばかりですか？

女性が全員、妊娠したらすぐに気づくわけではありません。妊娠を計画していたわけでないなら、なおさらでしょう。妊娠を知ったばかりなら、それ以前に飲んだお酒のことや服用した薬のことなどが心配になるのは無理もありません。赤ちゃんに害を与えたのではないかと心配になるかもしれません。妊娠を機に、自分のライフスタイルを見直し、健康を増進しましょう。

妊娠日数は受胎前から数えはじめるので（p.35参照）、赤ちゃんの胎齢はまだほんの4週間強です。葉酸（p.35参照）をとっていない人は、今日からサプリメントを利用しはじめてください。

独身で妊娠した場合は、ひとりで抱え込まず、親しい人たちに喜びや不安を話しましょう。

考えてみましょう

妊婦健診

英国でどんな妊婦健診を選択できるかは102ページで説明しますが、地域ごとに異なります。どんなケアを受けるにしても、超音波検査、診察、検査は病院でおこなわれることが多いでしょう。ほかには下記のような選択肢があります。

- シェアド・ケア
- 助産師によるケア
- 医師主導のケア

シングルマザー

妊娠して、しかもひとりでやっていくというのは大変なことかもしれません。もしそれがあなたの望んだことでなければ、なおさらです。次のようなことを心に留めておきましょう。

- **自分をいたわる**：健康的な食生活を計画し、運動を習慣づけるようにしましょう。できるだけ体を休め、ゆっくり睡眠をとってください。友人に励ましてもらったり、インターネットを通じて地域にいるほかのシングルマザーに支えてもらったりしましょう。そうしておけば、出産後にはあなたを支える人たちのネットワークができていることでしょう。
- **家族や友人に助けを求める**：親しい人たちは、きっとあなたの妊娠に喜んでかかわってくれますし、妊婦健診や出産準備クラスにも同行してくれるはずです。だれかひとりに、出産に立ち会ってもらうことを考えてもいいでしょう。
- **父親との交渉**：必要に応じて、おなかの子の父親からの支援や父親が子どもと会う権利について話し合い、合意できなければ法的な助言を求めましょう。友好的なとり決めができれば、あなたと赤ちゃんのためになります。また、話し合うのが早ければ、出産後は楽になるでしょう。
- **出産後のサポート体制を計画する**：祖父母が孫の人生に積極的にかかわると、孫はより豊かな人生を送るという調査結果が出ています。近くに家族がいなければ、出産後数週間、家族以外にあなたを助けてくれる人たちをみつけることを考えましょう。
- **早めに考える**：仕事について出産後にどのような選択肢があるかを早めに考えはじめましょう。いまの段階で決めるべきことはありませんが、将来的な選択肢をいくつか知っておくと役に立ちます。

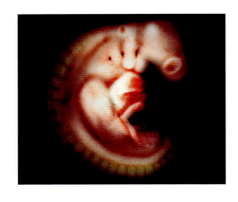

妊娠6週3日です
あと235日……

今日の赤ちゃん
形成されつつある顔の両側に浅いくぼみができ、のちに目になります。
この写真には初期の目（中心が黒っぽくみえる円形の部分）と、
筋骨格系のもとになる体節（薄い黄色の部分）がカーブを描いている様子が写っています。

トイレが近くなるのは、残念ながら、妊娠によるありがたくない副作用です。

ドクターへの質問
Q. 妊娠したら、口のなかに唾液がたまるようになりました。なぜですか？
A. 唾液過多症といい、複数のホルモンが増加しているために唾液が多くなるのです。唾液を口のなかにためようとせず、よだれが垂れそうになったらティッシュでふくか、小さなカップに出してください。枕にはタオルをかけましょう。くし形に切ったレモンや氷をなめるとよいこともあります。唾液過多症は妊娠が進むとおさまります。

トイレで過ごす時間が長くなりましたか？　胃のむかつきや嘔吐（p.81参照）などの症状に対処しなければならないだけでなく、大多数の女性は妊娠前より排尿の回数が多くなります。つまり、トイレからあまり遠くに離れたくなくなるでしょう。

膀胱がすぐにいっぱいになるように感じられるため、昼も夜も、さっきいったばかりなのにまたトイレにいきたくなるかもしれません。これは、腎臓を通る血流が増え、尿がたくさんつくられるようになったため

です。子宮が大きくなるにつれ膀胱を圧迫するようになるので、膀胱はそれまでほど膨張できなくなります。そのため、妊娠中はふだんより短時間で膀胱がいっぱいになるようで不快に感じるのです。この症状は妊娠期間中を通して続くかもしれませんが、特に初期と後期に顕著でしょう。

ただし尿の量が気になる、排尿時に痛みや刺激を感じるなどの場合は、尿路感染症かもしれないので、すぐに医師の診察を受けてください。

トピック――栄養

炭水化物をたくさんとる

バランスのよい食事には炭水化物が必要です。ただし、適切な炭水化物をとり入れましょう。白いパン、白米など、精白済みの炭水化物は分解されるのがとても速く、血液中に大量のグルコース（ブドウ糖）を放出します。それが素早く消費され、グルコース値は急激に下がります。このグルコース値の変動は糖尿病、肥満、心疾患とかかわりがあり、最近のデータからは成人にとっても胎児にとっても望ましい環境ではないことが示されています。

全粒粉を使用したパン、玄米など未精白の炭水化物は、ゆっくり分解され、グルコースを安定的に放出し、満腹感を持続させます。そのため、急激に消化される食事をとったあとにくる空腹感を防ぎ、体重をコントロールしやすくなるでしょう。赤ちゃんは常に母親の血流からグルコースをとり込んでいるため、グルコース値が安定しているとお母さんにも赤ちゃんにも継続的に燃料を十分確保できます。最近の調査結果から、未精白の炭水化物を基本とした食事をとるお母さんの産んだ赤ちゃんは、健康的な出生体重でありながら、除脂肪体重が多く体脂肪が少ないことがわかっています。そうすると、その子は出生後の人生でも体重が過剰になりにくくなります。

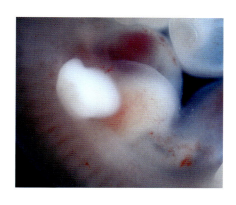

妊娠6週4日です

あと234日……

今日の赤ちゃん

左の写真では、これから赤ちゃんの右腕になる初期の肢芽がみられます（白い部分）。
上肢の肢芽は下肢より先にあらわれます。
この早い段階では、手と指はまだ形成されていません。

赤ちゃんの肺が完全に成熟するのは妊娠後期になってからですが、その基礎はいまこの段階でつくられています。

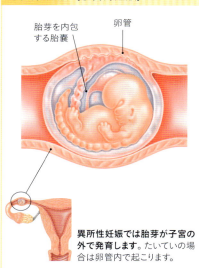

異所性妊娠（子宮外妊娠）

異所性妊娠では胎芽が子宮の外で発育します。たいていの場合は卵管内で起こります。

異所性妊娠は腹部の左右どちらかの痛みと、不正性器出血を引き起こします。肩の先端に痛みを感じる場合もあり、その原因は内出血と考えられています。異所性妊娠によって卵管が破れ、激痛を引き起こすことがあります。そうすると、救急医療の対応が不可欠です。

異所性妊娠が疑われる場合は、超音波検査をおこなうでしょう。子宮の外での妊娠が自然に治癒することもありますが、そうでなければ薬物治療か手術が必要になります。

この週になると、赤ちゃんの肺が発生しはじめます。 はじめに、肺芽という小さなふくらみが、（のちに気管と食道に分離する）前腸にできはじめます。この肺芽は気管を形成し、それがふたつの大きな枝に分かれて気管支となり、その先端に赤ちゃんの左右の肺が形成されます。ふたつの気管支はさらに小さな管へと枝分かれし続け、その過程が何度も繰り返されます。

赤ちゃんの消化管も口から下へ向かってできはじめます。この週のはじめには、赤ちゃんの将来の消化器系は胎芽の全長にわたるシンプルな管で、両端が閉じています。管はまだ閉じたままですが、食道はこのころに気管から分離しはじめ、胃に結合します。赤ちゃんの胃になるふくらみは体のなかほどに形成されますが、90度回転するため位置は左寄りになります。

十二指腸（腸のいちばん上の、胃に直結した部分）から突起が隆起し、将来的には膵臓や、胆嚢につながる胆管になります。

あと2〜3週もすれば、赤ちゃんの主要な臓器と体組織がすべてそろうでしょう。

（補足） 妊娠4週から7週までは胎児の体や臓器の原型ができる時期で、器官形成期とよばれます。赤ちゃんに奇形を起こすかどうかの大切な時期でもあるので、自己判断で薬を服用することは控えてください。

胎芽は、羊水で満たされた羊膜嚢に大事に包まれています。写真の左下には卵黄嚢がみえます。この時点では、卵黄嚢と胎芽をつなぐ管はとても細く、糸のようになっています。これは、卵黄嚢の機能が徐々に胎盤に移行しているためです。

ご存じですか

音楽セラピーはストレスの軽減にとても効果的です。

研究によると、妊娠中の女性が人間の心音を模倣した音楽をきくと、同じセラピーを受けなかった女性に比べてストレスレベルが下がったといいます。

第7週

流産

流産は赤ちゃんが子宮外で生きていけるまで成熟するのを待たずに、妊娠が自然に中断する現象を指します。流産は珍しいことではなく、妊娠の15〜20%で発生するといわれ、その大部分は妊娠12週未満で起こります。妊娠初期を過ぎた死産は約1%の妊娠に起こります。

診断

流産の種類

超音波検査や内診の結果によって、流産はいくつかに分類されます。

- **切迫流産**：妊娠初期、出血はあるものの子宮頸管が閉じている段階を指します。この場合、出血は数日で止まりますし、妊娠を継続できる可能性は十分あります。

- **進行流産**：出血があり、子宮頸管が開いた状態にあるため、赤ちゃんは失われてしまいます。妊娠8週未満なら、痛みをともなう重い月経に似ています。妊娠8週を過ぎると、出血がかなりひどくなることがあります。

- **不全流産**：出血があり、子宮頸管が開いているときに起こりますが、子宮の内容物が完全に子宮外に排出されずに一部残っている状態を指します。

- **完全流産**：出血があり、子宮頸管が開いているとき起こり、子宮の内容物がすべて子宮外へ出てしまった状態を指します。

- **稽留流産**：流産の兆候がないにもかかわらず、赤ちゃんの発育が止まり死亡してしまいます。流産は妊娠12週くらいの妊婦健診で超音波検査をおこなうまでわかりません。稽留流産は珍しいことではありません。

流産が起こる理由

初期の流産は通常、赤ちゃんの染色体異常や構造的な異常などの問題が原因で起こります。子宮筋腫（非がん性の良性腫瘍）、感染症、免疫系の疾患が原因となることもあります。流産の発生率は、高齢の女性、喫煙者、多胎妊娠の場合に高くなります。

もし流産したとしても、エクササイズ、セックス、旅行など、自分の行動が原因ではないということを知っておいてください。また、安静にしていれば切迫流産が進行流産（左のコラム参照）へと進むのを避けられるという確証はありません。

処置

妊娠初期に出血が起こったら、医師か助産師に連絡し、超音波検査をして赤ちゃんの様子をチェックするよう手配してもらいましょう。ほとんどの病院に妊娠初期外来があり、すぐに対応してもらえます。超音波検査で赤ちゃんの心臓がすこやかに鼓動を打っているのがみられれば、流産の可能性は低くなります。心拍が確認できない、または発育中の赤ちゃんが確認できないという場合、医師は完全流産か不全流産（左のコラム参照）のどちらかが起こっていないかを見極めるでしょう。完全流産なら処置は必要ありません。流産が不完全な状態なら、子宮内容物を除去する処置がおこなわれます。

連続して3回以上の流産を経験することを"習慣流産"といいます。その場合、医師は、流産の原因を知るための検査について説明するでしょう（注：日本では2回流産を繰り返した"反復流産"でも検査をすることがある）。原因を特定できることはあまりありませんが、血栓症の原因にもなる抗リン脂質抗体、その他珍しい血液凝固系の異常と流産との関連が指摘されています。

流産後

月経は流産後6〜12週ほどではじまるでしょう。出血が止まれば、医学的には次の妊娠を目指すのを控えるべき理由はありません。しかし一般的には、少なくとも3カ月は待ち、気持ちの上でも身体的にももう一度妊娠する準備ができてから試みるようアドバイスされます。また、パートナーも、そろそろまた妊娠を目指してもいいころだと感じていなければなりません。親しい友人や家族、またはカウンセラーに話すと、赤ちゃんの死を受け入れる助けになるかもしれません。

死産

妊娠初期を過ぎてからの妊娠損失（プレグナンシーロス）

妊娠初期を過ぎてからの妊娠損失は、早期流産よりもずっと珍しいことです。妊娠12週を過ぎてからの妊娠損失を死産といいます。後期の妊娠損失には、感染症、子宮または赤ちゃんの異常、子宮頸管が弱いなど、いくつかの原因があります。後期に死産をすると、医師は考えられる原因を説明し、原因が特定できる場合には、その後の妊娠中にとれる対策の有無も説明するでしょう。

妊娠6週5日です

あと233日……

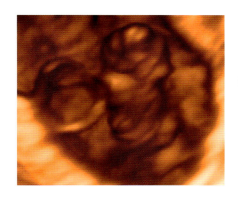

今日の赤ちゃん

左は、子宮壁につながった胎芽と卵黄嚢の映った3D超音波検査画像です。
卵黄嚢は、胎盤が完全に機能できるようになるまで胎芽に栄養を供給し、
肝臓が役割を肩代わりできるようになるまで血液細胞を産生します。

このころには、発作的に眠くなるという経験をしているかもしれません。それはすべて、体と脳が妊娠に適応しようとしているためです。

雑学

禁酒する

赤ちゃんの健康をいちばんに考え、妊娠を知らせるまでの間も、周囲に気づかれない方法で飲酒を避ける必要があるでしょう。

- **1杯目はあなたがみんなのドリンクを買い**、自分用には氷とレモンやライムをいれた炭酸水を注文します。2杯目は、ちょっと休憩といって、また炭酸水を注文しましょう。

- 「デトックス中」「二日酔い」など理由をつけて、ジュースかヴァージン・マリー（アルコール抜きのブラッディ・マリー）を注文しましょう。

- 口をつけていない自分のグラスを**空になったグラスとこっそり換えましょう**。

ご存じですか

運動を日課にするとぐっすり眠れるでしょう。

不安や身体的な不快感のせいで妊娠中に不眠症になることはよくあります。運動するとストレスが軽減されるとともに、疲れるため、夜はよく眠れる可能性が高まります。

めまいがするとき、特に横になった姿勢から起き上がるときは、くれぐれも気をつけてください。一時的なめまいはよくあることです。妊娠が進んでおなかが大きくなれば、心臓は重力に抗して血液を脳に送るために以前より懸命に働かなければならないのでなおさらです。

ゆっくり段階的に立ちあがるようにしましょう。横になった姿勢からすわり、それから立ち上がるのです。長いこと立ちっぱなしでいても、めまいが起こることがあります。これは血液が脚に滞ってしまうためです。足を動かして、血液が心臓に送り返されるよう促しましょう。

また、血糖値が低くなったためにめまいを感じることもあります。低血糖症のほかの症状には、汗ばむ、震える、おなかがすくなどがあります。気分が悪いときは少量をこまめに食べ、血糖値を安定させましょう。

たびたびめまいを感じる場合は、医師に相談すると、基本的な健康チェックをしてもらえるでしょう。

積極的に動く

運動する気になどとてもなれないかもしれませんが、**妊娠によるもろもろの症状を予防、軽減するうえで、運動は大きな役割を果たすことがあります**。公園をジョギングしたり、お店まで歩いたりするより、ソファで気持ちよく昼寝をするほうがずっと魅力的でしょうが、運動をするとすっきりするうえ、その効果は持続します。エクササイズというより"積極的に動く"と考えてください。

もしも身体的な活動を終えたときに疲労感が増しているようなら、運動の強度を落とし、時間を短くしましょう。常に体の声に耳を傾けて。あなたが健康的になり、妊娠が進めば、いま感じている疲労感はたいてい妊娠12〜14週までに消えるはずです。

第7週

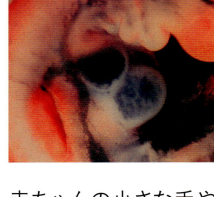

妊娠6週6日です

あと232日……

今日の赤ちゃん
赤ちゃんの発育のこの段階では、
心臓は筒のような構造になっています（左写真中央）。
それでも、心臓はすでに赤ちゃんの体内にとても単純な血液循環をつくりだしています。

赤ちゃんの小さな手や足となるものは、この週に発育しはじめます。

　いまはまだ胎芽の赤ちゃんが人間の胎児らしくみえるようになるには、まだ数週間かかります。しかし、この週の終わりには、4つの小さな肢芽がみられるようになります。それぞれ先端の少し平たくなった部分には、これから2週間のうちに手と足が形成されるでしょう。

　筋肉が発達するのは妊娠がもっと進んでからですが、それを除けば赤ちゃんの上肢の発育は下肢の発育よりも早く進みます。

　目は、顔面に形成されるものとして最初に認識できるようになります。この段階では、表面にふたつくぼみがあるだけですが、やがてはじめにできたそれらのくぼみの内側にもうひとつくぼみが発生します。内側のくぼみは水晶体、外側は眼球になります。ふたつの目の間隔は広く、耳と鼻ができるのはこれからです。

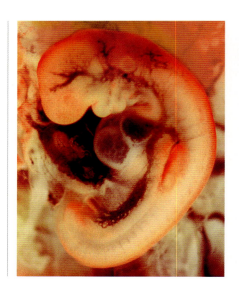

赤ちゃんの発育のこの段階では、循環系は非常に未発達です。上方の色の濃いふくらみは心臓で、その下に肝臓があります。肝臓では血液細胞の産生がはじまっています。

ドクターへの質問

Q. 運動すると流産のリスクは高まりますか？
A. あなたが健康で、医師から特に問題ないといわれているなら、運動によって流産のリスクが高まると示す証拠はありません。実際、習慣的にゆるやかな運動をすることのメリットのほうが、あなたと赤ちゃんが負うリスクよりはるかに大きいのです。

　妊娠のこの段階でもっとも重要なのは、妊娠前と同じレベルで運動することです。新たに体に負担のかかる運動や激しい活動をはじめようとしたり、新しいスポーツに挑戦したりはしないでください。運動については、18ページのガイドラインに従ってください。

トピック——栄養

魚について

　魚は赤ちゃんの発育に必要な栄養素の宝庫（p.169参照）なので、週に2食は魚を食べ、そのうち1食は脂肪の豊富な魚をとるようにしましょう。

　ただし、魚の種類によっては水銀濃度の高いものがあり、赤ちゃんの神経系に悪影響をおよぼす恐れがあるので、気をつける必要があります。

- **食物連鎖の頂点にくる魚は水銀値が高いので食べ過ぎないでください。** サメ、マカジキ、メカジキなどが該当します。マグロのステーキ（調理後140g／生170g）なら週に2回まで、ツナ缶なら週に中サイズの缶（水分を切って140g）を4つまでに制限しましょう。
- **脂肪分の多い魚は週に2食分までとしましょう。** 脂肪分の多い魚とは、マグロの切り身（ツナ缶は該当せず）、サバ、サーモン、イワシ、マスなどです。

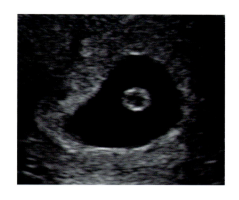

妊娠7週0日です

あと231日……

今日の赤ちゃん
この初期の経腟超音波による写真には、妊娠を示す最初の兆候がいくつか見られます。中央の黒い部分は液体で満たされた空間で、そのなかで（まだみえませんが）赤ちゃんが発育しています。この空間のなかにある小さな丸い部分が卵黄嚢です。

赤ちゃんの体は発育し続けるので、超音波検査装置を使うとまもなくかすかな動きがみえるようになるでしょう。

お母さんが妊娠初期のいろいろな症状に耐えているとき、小さな胎芽は子宮のなかでぎゅっと丸まっています。脊椎の下端には、ほかの哺乳類なら発育し続けて尾になる短い部分があります。この部分はじきに消失し、赤ちゃんはもっと人間らしい外見になります。

肢芽の先端は櫂のように平らになっていますが、これからの1週間で短い突起ができはじめるでしょう。これらが赤ちゃんの手や足の指になるのです。はじめはこれらの指はくっついています。そして、体のほかの部位の骨と同様に、軟骨というやわらかい骨組みを中心に形成されます。軟骨は徐々にかたまって骨になります。上肢芽が長くなるにつれ、赤ちゃんのひじの形成がはじまります。

赤ちゃんの目は発育を続けますが、完成するのは妊娠20週あたりです。このころ、鼻孔が浅い鼻窩としてあらわれます。

助産師への質問

Q. どうしましょう！ 2度目の妊娠がわかりましたが、長男はまだ生後12カ月です。どうしたらうまくやれるでしょう？

A. 妊娠中はとても疲れるものです。特に初期の、体が新たに突きつけられる要求に応えようとしている時期にはくたくたになってしまいます。そのころにお相手をしてあげなければならない小さな子どもがいるのは、さらにきついでしょう。

お子さんと静かに楽しめることをみつけ、活発な遊びはほかの人に任せましょう。お子さんが昼寝をするときはあなたも眠る、お子さんがDVDをみるときはソファでゆっくりするなどして、自分を大切にしてください。横になって休むことを後ろめたく思わなくてもいいのです。いまは少しペースを落とすことが大切です。忘れないでください。いま、あなたのいちばん大事な仕事はおなかの赤ちゃんを"はぐくむ"ことなのです。

雑学

親しい友人

まだ妊娠がわかったばかりだからといって、周囲にだまっているのは簡単なことではありません。周囲の人に話すかどうかは個人の自由ですが、しばらくは公にしないというのにはそれなりの理由があります（p.83参照）。

ただし、（パートナー以外の）だれかと話す必要が生じるかもしれません。それなら、友人に打ち明けましょう。妊娠によるさまざまな症状から出産への恐れや赤ちゃんの名前まで、どんな相談にものってくれる相手を選びましょう。やたらとなにか食べたくなるとか、朝の4時にトイレに起きなければならないといった話に、興味をもって耳を傾け……そして、アイスクリームとピクルスを出してきてくれて、何時間でも相談にのってくれる人が理想的な候補者です。

赤ちゃんの実際の大きさ

妊娠7週0日の胎芽は、頭からお尻までの長さが10mmです。

5週　　6週　　7週

第8週（妊娠7週1日〜8週0日）

ホルモンと感情に支配され、気分が乱高下することがあるでしょう。

外見からは妊娠しているとわからなくても、
あなたはおそらくいつもと違うと感じはじめているでしょう。
気分が下がり気味で、ときにはイライラすることもあるかもしれません。
体内で変化するホルモン値が主な原因です。
どんなに赤ちゃんを待ち望んでいても、妊娠について複雑な心境になるかもしれません。
もしも休暇を取って旅に出たい気分なら、短い移動で、気候のよい場所を選び、
くれぐれも気をつけてください。

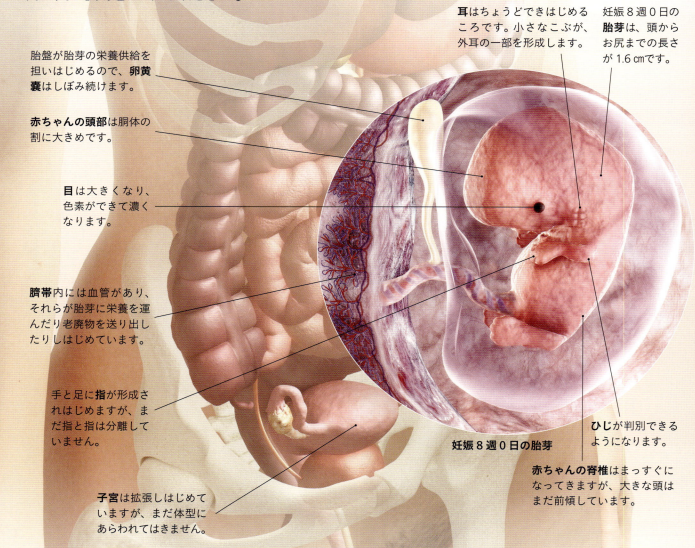

胎盤が胎芽の栄養供給を担いはじめるので、**卵黄嚢**はしぼみ続けます。

赤ちゃんの頭部は胴体の割に大きめです。

目は大きくなり、色素ができて濃くなります。

臍帯内には血管があり、それらが胎芽に栄養を運んだり老廃物を送り出したりしはじめています。

手と足に**指**が形成されはじめますが、まだ指と指は分離していません。

子宮は拡張しはじめていますが、まだ体型にあらわれてきません。

耳はちょうどできはじめるころです。小さなこぶが、外耳の一部を形成します。

妊娠8週0日の**胎芽**は、頭からお尻までの長さが1.6cmです。

妊娠8週0日の胎芽

ひじが判別できるようになります。

赤ちゃんの**脊椎**はまっすぐになってきますが、大きな頭はまだ前傾しています。

妊娠初期

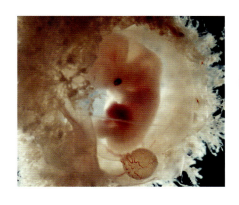

妊娠7週1日です

あと230日……

今日の赤ちゃん
これから初期の胎盤を形成していく突起が、写真の右側にはっきりとみられます。
胎芽とは別に下の方にあるのが卵黄嚢です。
その役割は胎盤にとって代わられるため、卵黄嚢はかなり小さくなってきています。

体型が変わりはじめるにつれて、体重が増えすぎるのではないかという不安が生じるかもしれません。

妊娠中、体重は増えるものです。食べ過ぎもよくありませんが、偏食や食事制限もするべきときではありません。良識的な食生活を送り、軽い運動をしていれば、妊娠中の体重は健康的に増加していくはずです。

どれくらい体重を増やすのが適当かは妊娠前の体重によって異なります。妊娠したときに痩せていた人は太っていた人よりも多めに体重を増やすべきです。妊娠前の自分が痩せていたか太っていたかは、そのころのBMI（p.17参照）を算出することで評価できます。BMIとは身長との関係からみた体重の指数です。これは、自分が妊娠中におよそどれくらい体重を増やせばいいのかを知るために有効です。

英国基準では、BMIが標準の範囲にはいっていれば、妊娠中の推奨体重増加は11～14.5 kgです。BMIが低体重に分類される人は12.5～18 kg増やしましょう。肥満1度に該当する人の妊娠中の推奨体重増加は7～11 kgです。肥満2度以上の分類にはいる人は、およそ7 kgの体重増加が推奨されています。双子を妊娠している場合は、約16～20 kg体重を増やすつもりで過ごしましょう（注→p.480）。

大まかな指針として理想的な体重増加は、妊娠初期は2.2 kgまで、中期は5.5～9 kgまで、後期は3.5～5 kgまでと考えるとよいでしょう。増加する体重のすべてが脂肪ではないということを覚えておいてください（下のコラム参照）。

妊娠中に体重はどれだけ増える？

妊娠中の40週の間、妊娠初期にはほとんど体重が増えず、その後は週に0.75～1 kgくらい安定的に体重が増えていくでしょう。出産予定日前の数週間に体重の増加率が上がるのはよくあることです。ここで示す数値はすべて平均であり、実際に増える体重は多くの個人的要因に左右されること、増加した体重がどこにつくかは個人差があることを忘れないでください。体重増加や食事に関して心配なことがあれば、必ず助産師か医師に相談してください。

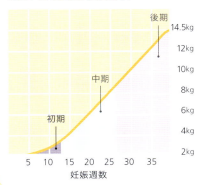

妊娠中の体重増加（英国基準）

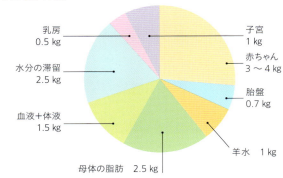

体重増加の内訳

妊娠中に増加する体重には、赤ちゃん、赤ちゃんをはぐくむための仕組み、大きくなった乳房、必要な脂肪貯蓄、増加した体液と血液が含まれます。

第8週

妊娠7週2日です

あと229日……

今日の赤ちゃん

まだヒトの赤ちゃんと見分けることはできないものの、この写真にみられるように、下唇と顎が形成されています。上唇はまだ完成していませんし、口の幅が非常に広くみえます。外耳は低い位置の、顎のラインのあたりで発育しており、ふたつの目は離れています。

赤ちゃんの脳はまだとても簡単なつくりですが、いくつか驚くべき変化を遂げています。

いまは赤ちゃんの発育には実に重要な段階です。このころ、赤ちゃんの脳は中空構造で脊髄につながっていますが、これから折り重なり、5つの特徴的な部分を形成します。

いちばん下の部分にあたる菱脳は、最初に急速に成長し、橋、延髄、小脳という部位になります。これらの部位は脳のもっとも原始的な部分で、呼吸する、バランスを保つなど、わたしたちが意識せずにおこなっている多くの基本的な運動を司ります。

この部分の上にあるのが中脳で、菱脳、末梢神経、脊髄から前脳へ信号を伝達します。前脳は、感情と知覚にかかわる視床と、左右の大脳半球で構成されます。大脳半球の表面はこの段階ではどちらもなめらかです。どちらの大脳半球にも液体で満たされた部屋があり、そのなかで脳脊髄液が産生されます。

妊娠11〜14週の超音波検査（p.139参照）では、脳の発育をチェックし、赤ちゃんの初期の脳発達が正常に進んでいるかを確認するでしょう。

ご存じですか

魚=脳の栄養。

調査によると、妊娠中に魚をたくさん食べた女性の赤ちゃんは、生後6カ月の時点でおこなった精神発達検査においてほかの赤ちゃんより高い得点を出したといいます。ただし、水銀含有量の低い種類を選んで食べてください（p.96参照）。

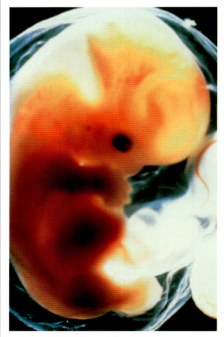

これから目を形成するふたつの点が、はっきりみえるようになっています。側頭部には、脳の前方と後方の間に深い裂け目がみえますが、この段階での正常な状態です。

ドクターへの質問

Q. 妊娠8週で、出血がありましたが、大丈夫でしょうか？

A. 妊娠初期の出血は一般的です。出血が軽く、腹部が引きつったり痛んだりしなければ、おそらく問題はないでしょう。ただし、妊娠のどの段階であっても、出血したら必ず医師か助産師に相談し、問題がないことを確認しましょう。

妊娠初期の出血の原因のひとつに、外反した子宮膣部びらんが炎症を起こすことがあります。これはホルモンの変化によって起こるもので、赤ちゃんに影響はありません。性交によって子宮膣部びらんから出血することもあります。

妊娠後期の出血はより深刻な場合があります。胎盤の一部または全部が子宮壁からはがれてしまう胎盤早期剥離、または胎盤の位置が低いこと（p.212参照）による出血かもしれないからです。妊娠後期の血液交じりのおりものは"おしるし"かもしれません（p.391、411参照）。

（補足）妊娠初期は子宮の血液量が増えるので、出血することも多くあります。ただし、胎児心拍が確認できていればおさまることがほとんどで、赤ちゃんへの影響もまずありません。

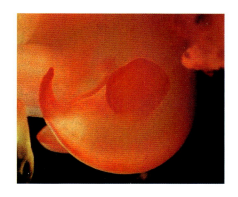

妊娠7週3日です

あと228日……

今日の赤ちゃん
この段階で、写真左側で上向きにカールしている胎芽の"尾"は、消失しはじめています。筋骨格系のこの部分の体節は、4つの骨が癒合して尾骨を形成します。これが脊椎の下端にあたります。

赤ちゃんができたことがうれしくてワクワクしているかもしれませんが、ときに複雑な気持ちになるのは自然なことです。

この時期、情緒が不安定になることがあるでしょう。笑っていたと思ったら、イライラして大声を出したり、泣いてしまったり。うれしいはずの時期になぜこんなにピリピリして泣いてばかりいるのだろうと、自分でも戸惑っているかもしれません。安心してください。これはよくあることで、妊娠の一過程です。

そのような気分の上がり下がりは主に妊娠ホルモンが原因で、あなたにはコントロールできないことなので、自分をあまり責めないでください。これらのホルモンは、急に気分が上下する、泣く、イライラするといった月経前緊張（PMT）の症状を引き起こすのと同じホルモンです。経験のある人もいるでしょう。

気分が落ち込んだときは自分をいたわり、ひとりで過ごす時間をとったり、だれかに気持ちを話したり、気持ちを落ち着かせるのにいちばん効果的なことをしてください。

ご存じですか
妊娠中の女性の70％もが、うつの症状を経験することがあります。

気分の上がり下がりがほぼない女性もいれば、特に妊娠初期に数週間にわたってその症状に苦しむ女性もいます。

トピック──安全

自分を守る
トキソプラズマ症は寄生虫が原因で起こる疾患で、発育中の赤ちゃんに悪影響をおよぼす可能性があります。症状は、首のリンパ節がはれて発熱する腺熱に似ています。

猫の糞が感染源になることがありますが、生焼けの肉が原因で感染することもあります。ですから、猫のトイレ掃除は避け、キッチンの衛生にも注意してください。牛肉、豚肉、羊肉は十分に加熱しましょう。食事の準備をするときに、キッチンでの二次汚染が起こらないようにしてください。生肉を扱ったあとは、まな板や調理器具を熱湯と洗剤で清潔にしましょう。

気分が落ち込む日は、**いずれその後ろ向きの気持ちは去るのだということ**を思い出してください。気分の上がり下がりはよくある妊娠の一過程なのです。

助産師への質問

Q. 妻の気分の上がり下がりが激しくて困っています。これで問題ないのでしょうか？

A. はい。あなたの奥さんは感情的になるでしょうが、あなたにはなるべく彼女を支え、辛抱強く、理解を示すことしかできないのです。

妊娠初期には、変わりゆくホルモン値のせいで彼女は気分にむらがあり、思わぬ感情的な反応がかえってくるかもしれません。ときには、これまでまったく問題にならなかったこと──例えばある曲をきいただけで──泣きだしてしまうかもしれませんし、ささいなことであなたに怒ることもあるでしょう。情緒が不安定になっており、彼女もおそらくあなたと同様に、自分の行動にストレスを感じ、戸惑っているのです。この時期が過ぎるまで、じっとがまんして、ぐっと口をつぐみ、彼女をぎゅっと抱きしめてあげてください。

第8週

英国の妊婦健診

妊娠期間を通して、助産師か家庭医か産科医に妊娠の経過をみてもらうことになるでしょう。または、三者の組み合わせでケアをおこなう場合もあるでしょう。妊婦健診の目的は、お母さんと赤ちゃんの様子を観察し、問題があれば特定し、うまく対処できるようにすることです。

妊娠中のケア

妊娠初期には、これから先の妊娠中、分娩、出産後の経過をだれにみてもらいたいかを考える必要があります。また、どこで出産したいかによって、出産前にどこでケアを受けるかは変わるので、出産場所も考えなければなりません。これから主な選択肢を紹介しますが、地域によって状況は異なるでしょう。妊娠8〜10週で最初の妊婦健診を受けるとき（p.122〜123参照）、住んでいる地域で受けられるケアについての情報を得られます。初めての妊婦健診での検査からリスク評価もできるので、その後どんなケアを受けるのがいちばんかを決める助けとなります。

選択肢

しっかり理解して選ぶ

どんなケアを受けるかを選ぶのは妊娠・出産における最重要事項のひとつです。必ず、最新の、根拠のある情報を得て、十分な説明を受けたうえで決定をするようにしてください。障害、文化・宗教上の信念など特別なニーズがある場合は、それらを妊娠中のケアでも考慮する必要があります。

選択肢については助産師や医師に相談できますし、遠慮せずに自分の希望を伝え、考えが変わったときはためらわずにそう話しましょう。助産師や医師の意見と異なっても、本人の希望は考慮してもらえます。

妊婦健診いろいろ

通常、妊婦健診の大部分は助産師がおこないます。初めての妊婦健診で、地域で受けられるケアについて教えてもらえるでしょう。

助産師による従来の妊婦健診 初めての妊婦健診を担当した助産師が妊婦健診と出産後のケアのほとんどをおこないます。自宅出産でなければ、助産師は分娩には立ち会わない可能性があります。

シェアド・ケア 家庭医と助産師、または助産師のチームとの間で妊娠中のケアを共同管理し、妊婦健診は両者が交代でおこないます。なかには病院勤務の産科医を受診しつつ、家庭医と助産師の妊婦健診を併用する人もいます。

助産師チームによるケア ひとりかふたりの助産師または少人数の助産師チームが、妊娠中から分娩、出産後のケアを利用者の自宅、家庭医の診療所、病院、院内助産ユニットのいずれかでおこないます。妊娠中にチームの助産師全員に会うことになるでしょう。

独立助産師によるケア 英国国民保健サービス（NHS）に加盟せずに活動する助産師は、妊婦健診から分娩、出産後のケアまでをパッケージでおこない、利用者が費用を負担します。ケアを受ける場所は通常、利用者の自宅です。妊娠中または分娩時に問題が起これば、産科医にみてもらう必要が生じるかもしれませんし、その後のケアを病院で受けることになる可能性もあります。ケアを病院に移行した場合、独立助産師が病院に同行することはできるものの、直接ケアにあたることはできなくなり、妊婦をサポートする役割にまわることになります。独立助産師を選ぶときは次のようなことを知っておくとよいでしょう：助産師に分娩中に起こりうる問題に対処できるだけの経験があるか、費用に含まれるケアの範囲、単独で活動しているのか、分娩ではどんなことを保証してくれるのか、問題が起こったときにだれが支援してくれるのか。

病院主導のケア ハイリスク妊娠の場合、妊婦健診のほとんどは病院で産科医によっておこなわれるでしょう。次のようなものがハイリスク妊娠の例です：持病がある、妊娠中になんらかの疾患を発症した、双子以上の多胎妊娠である。

どこで出産するか

重要な決断なのですぐに決める必要はありませんが、助産師か医師が初回の妊婦健診のときにどのような選択肢があるかを説明するでしょう。与えられた選択肢のリスクと利点を知っておくのが賢明です。もし妊娠前から抱えている問題や、妊娠してから生じた問題があるなら、それらを考慮して決めなければなりません。

自宅 慣れ親しんだ環境での出産を望む女性に向いています。自宅を出産場所に選ぶなら、分娩に立ち会うのは妊婦健診を担当する助産師になる可能性が高いでしょう。自宅出産では、分娩時に医療介入がおこなわれることはあまりありません。出産場所を自宅に変更することは妊娠中のどの段階でも可能です。しかし、この選択肢は妊娠が問題なく進行していて、持病のない人にしかおすすめできません。また、分娩中に

問題が起こった場合に、病院への搬送にかかる時間を考慮する必要があります。

院内助産ユニット 院内助産ユニットでは家庭的な環境が用意されています。産科医の干渉を受けることなく助産師が運営し、水中出産用のプールなどの設備があります。これは、分娩にかかる時間をあまり厳しく管理しないようにするためです。自宅出産と同じように、医療介入はあまりおこなわれません。必要ならすぐに病院に搬送できるように、院内助産ユニットが産科病棟のとなり、または産科病棟内にある場合もあります。ただし、少しでもリスクを抱えた人にはおすすめできません。

病院 医師がそばにいて医療機器がそろっている病院での出産を望む女性もいます。また、なかには、持病があったり分娩中に問題が生じたりして、専門家によるケアや産科医の意見が必要になる人もいます。その場合は産科医と助産師が緊密に連携します。例えば糖尿病や心疾患のある女性の場合は、産科以外の分野の専門家もかかわることがあります。

妊娠・出産の専門家たち
それぞれの役割

妊娠、分娩、そして出産後のケアにはさまざまな専門家たちがかかわることになります。

助産師：女性の妊娠中、分娩、出産後のケアの大部分をおこないます。リスクの低い妊娠に関して、母子のケアをするための特別な教育とトレーニングを受けています。また、問題が発生しそうなときを見極め、その後は産科医が率いる産科チームの一員として役割を果たすよう訓練されています。なかには助産術以外のトレーニングを受け、超音波検査、リフレクソロジー、アロマテラピーなどのサービスを提供する助産師もいます。助産師はたいてい数名のアシスタントと仕事をしており、採血、一般的な検査や計測、母乳育児の支援、管理業務をまかせています。

家庭医：助産師と交代で妊婦健診をすることがあります。

産科医：持病があったり、妊娠中に問題が発生したりしたハイリスク妊娠について、高度な技術をもって対処します。産科のチームは、複数の産科専門医と、専門分野の異なる医師たちで構成されます。

小児科医：乳幼児の健康を専門とする医師です。病院で生まれた新生児は退院前に必ず小児科医か乳幼児専門の助産師の健診を受けます。

新生児科医：健康上の問題を抱えた新生児のケアを専門とします。

（補足）日本での医療者の役割：日本では、ほとんどの健診を病院かクリニックの産科医がおこなっています。妊娠中に問題が発生した場合は、総合病院、NICU（新生児集中治療室）があり、新生児科医が勤務する施設などへ紹介されるでしょう。

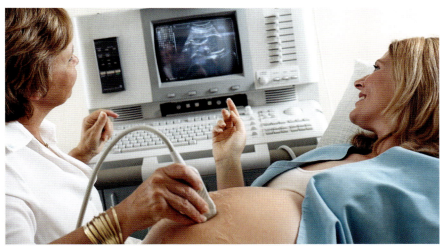

上：通常の超音波検査は病院でおこなわれます。ハイリスク妊娠の場合、ほとんどの妊婦健診を病院で受けることになります。**左下：助産師**は妊婦の自宅や家庭医の診療所で妊婦健診をおこないます。**右下：家庭医**はマタニティクリニックも開設しており、妊婦健診を助産師とともにおこなうことがあります。

英国の妊婦健診

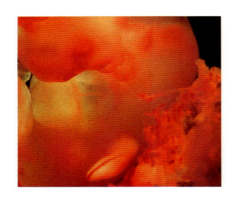

妊娠7週4日です

あと227日……

今日の赤ちゃん
これから脚や腕を形成していく上肢と下肢の肢芽が、このころにははっきりみえるようになっています。赤ちゃんの頭部はまだ胸にかぶさるように前傾していますが、よくみると頭部のつけ根に耳になるふくらみがあるのがわかります。

赤ちゃんの顔の形成がはじまり、これから数週間でさらにはっきりしてきます。

ご存じですか
ある研究では、妊娠中にリンゴを食べると、生まれてくる子どもが喘息を発症するリスクが下がる可能性が指摘されています。

地中海料理をとり入れても同じ効果が期待できるかもしれません。魚、オリーブオイル、果物、野菜をたっぷりとった母親の赤ちゃんは、呼吸時に雑音が混じる率が30％低く、皮膚のアレルギーを起こす率は50％低いことが、調査からわかっています。

赤ちゃんの耳ができてきます！ 顎のラインあたりの低い位置に、左右それぞれに6つの小さなふくらみができはじめ、それらが癒合し、赤ちゃん独自の個性的な耳の形になります。顔と顎が形成され、赤ちゃんの首が長くなるにつれて、顔が胸から離れていって耳も上方に移動します。そして妊娠12〜13週ごろまでには、赤ちゃんの目と同じ高さに落ち着くでしょう。

唇と鼻の形成もそろそろはじまります。赤ちゃんの顔の両側から組織が盛り上がって畝のようになり、鼻の下に伸びた正中線上の小さな組織（上唇の溝の部分）へとつながって、上唇が形成されます。

このころになると、赤ちゃんの小腸と大腸が長くなります。まだしっかり丸まっている胎芽のなかには空間的な余裕がないので、腸は腹壁の表面からこぶのように飛び出します。このこぶは羊膜でおおわれており、そこに臍帯が付着します。腸は羊膜のなかで妊娠11〜12週まで成長し続け、再び腹腔内に戻ります。その結果、臍帯は表面に付着しているだけの状態になります。

トピック——安全性

調理は慎重に

妊娠中はいくつもの理由から、**食品衛生に気をつけることが特に重要**です。まず、妊娠中は免疫系に余計なストレスがかかるため、食中毒にかかりやすくなります。また、食品が媒介する病気が赤ちゃんの健康に悪影響をおよぼす可能性があります。ですから、用心するだけの価値はあるのです。次のことを守りましょう。

- **日ごろから石鹸とお湯で手を念入りに洗いましょう。** 湿った皮膚のほうが菌を繁殖させやすいので、食品を触る前に手が完全に乾いているのを確認してください。
- **食品は使う直前まで冷蔵庫にいれておき、食卓に出す前にしっかり火を通しましょう。**
- 生温かい状態だと菌が繁殖しやすいので、**食事は熱いうちに食べましょう。**
- **食べ物を残したらすぐに冷蔵庫にいれます。** それを食べるときにはよく再加熱してください。再加熱したものは食べ切りましょう。
- 手も、調理器具も、調理台も**しっかり清潔にしましょう。**
- **冷蔵庫と冷凍庫を適切な温度に保ちましょう。**

準備の時間をきちんととり、果物や野菜は念のためすべて洗いましょう。生の食品が調理済みの食品に触れないようにしてください。

妊娠7週5日です

あと226日……

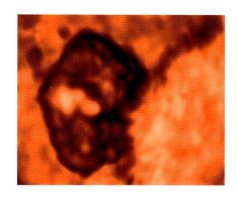

今日の赤ちゃん

左の超音波検査の写真は赤ちゃんを横から写したもので、頭部（上端）は体のほかの部分に比べて大きくみえます。
黒っぽくみえている体の中央にある色の薄い細長い部分は、上肢芽です。

妊娠していても毎日の生活は続いていきます。
しかし、疲れすぎるようなら、必ず適切な助けを求めるようにしてください。

ドクターへの質問

Q. 以前から申し込んでいた熱帯地域への旅行にでかけます。妊娠してからでも予防接種は受けられますか？
A. 原則として、必要に迫られていないなら、病気になるリスクの高い地域への旅行は避けるのが賢明です。旅行先で十分な医療を受けられないかもしれませんし、食事や水の衛生状態がよくないかもしれません。そうなれば、重大な危険につながるでしょう。

行き先を変更することも、旅行を延期することもできないなら、次のことを覚えておいてください。

- あなたがどうしても旅行しなければならないなら、医師は病気にかかることで生じるリスクよりも予防接種によるリスクのほうが小さいと考えるかもしれませんが、**経口ワクチンは妊娠中には禁物です**。経口ワクチンには、黄熱病、腸チフス、ポリオなどを予防するものがあります。
- **注射であれば安全な予防接種もあります**（ポリオ、腸チフス）。マラリアの予防に使われるメフロキン錠は妊娠16週以降なら安全だと考えられています。
- **破傷風の予防接種は受けても安全です**。自分に抗体があるかどうか確認しましょう。

ときには仕事が負担に感じられることがあるでしょう。疲労感などの症状があり、同僚にまだ妊娠したことを知らせていなければ、ストレスの多いつらい日があるかもしれません。妊娠したことを一部の同僚か上司に話したなら多少楽になるかもしれませんが、妊娠前と変わらず効率的に仕事ができることを証明しなければならないと感じるかもしれません。

通勤が負担になることがあるので、可能ならフレックスタイム制を利用するなどして混雑を避けて通勤する方法を考えましょう。母親の気分が晴れないからといって、それが赤ちゃんに影響をおよぼす可能性は低いので安心してください。とはいえ、自分を十分いたわりましょう。

仕事量が多くて処理に苦労しているなら、上司に話す（みんなに話せるときがくるまで黙っていてほしければ、そう頼めばいいのです）か、人事部の人に話して、少し余裕をもたせてもらえるよう依頼することを考えましょう。親しい同僚がいれば、妊娠初期のこのころはその友人たちを頼ってサポートしてもらいましょう。

巣づくりをはじめている？

新たに家族が加わると思うと、家のあちこちのDIY作業を済ませてしまいたくなるものです。もっと妊娠が進んでから巣づくりに熱中する女性が多いのですが、早くからとりかかりたくてしかたがないなら、少し気をつけておこないましょう。

まず、お母さんにも赤ちゃんにも危険なことはしないようにしましょう。高いはしごに登るのはやめ、血液の循環が悪くなることがあるので、長いことかがんだりしゃがんだりするのはやめましょう。油性の塗料、ウレタン塗料（床の仕上げに使用される）、スプレー塗料、揮発油、その他のペンキ除去剤に接触しないようにし、しっくいの粉塵を吸い込まないようにしましょう。

第8週

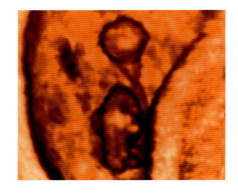

妊娠7週6日です

あと225日……

今日の赤ちゃん
卵黄嚢が細い管でつながれて羊膜の外を風船のように漂っているのがみられます。
胎芽が卵黄嚢から栄養をもらってきたため、卵黄嚢は徐々に小さくなり、重要性も低くなってきました。その間に、胎盤（写真右側）が完成してきています。

休暇の計画を立てるなら、
長時間の移動がおっくうになるかもしれないことを考慮しましょう。

楽に呼吸する

エクササイズをすると息切れを解消しやすくなり、心臓と肺（心臓血管系）の効率を上げ、いまの時期もさらに妊娠が進んでからも体にかかる負荷にうまく対処しやすくなります。

心血管運動をするには少なくとも20～30分間、心拍数を上げること必要があります。ただし、妊娠中はマラソンのトレーニングをはじめるときではないので、中程度の運動にとどめましょう。運動のレベルが適切かを判断する方法のひとつは、運動しながら話してみることです（p.161参照）。それができなければ、運動の強度を下げてください。

インターバルトレーニングを試してみましょう。このトレーニング法では、5分間ずつ交互に心血管運動と上半身の運動（p.196参照）をおこないます。

深い呼吸をすると酸素が体内の主要臓器まで届き、心臓血管系の機能が効率的になります。妊娠中は、呼吸が短く、浅くなるのを避け、意識的に肋骨を広げて肺を空気で満たすことが大切です。

（補足）運動と流産は直接の関連がありません。運動によって体調がよくなることも多いです。妊娠初期であっても体調に合わせて体を動かすことは問題ありません。

妊娠がわかる前に旅行の申し込みをしてしまった人もいるでしょうし、ただどこかにいきたい気分の人もいるでしょう。しかし、疲れていて、気分が悪く嘔吐があるときにはあまり遠くまで出かける気にならないかもしれません。

旅行することのメリットのひとつに、パートナーと質の高い時間を過ごし、ふたりが親になることをしっかり受け入れられることがあります。どこにいくにしても、必ず旅行保険会社にはあなたが妊娠していることを知らせ、旅先の医療施設を調べておきましょう。この時点で妊娠中に気をつけるべきことがあれば、メモを携行してください。航空会社によってガイドラインは異なりますが、妊娠34週を過ぎている女性の搭乗を受けつけない傾向があります（p.28参照）。

飛行機の旅ならくつろいで、この機会に眠りましょう。ただし、ときどき立ちあがって足を伸ばすようにしてください。妊娠中は特に、血行を良くしておくことが大切です。

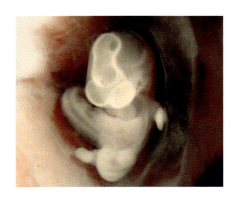

妊娠8週0日です
あと224日……

今日の赤ちゃん

この段階の赤ちゃんは不釣り合いなほど大きな頭をしています。
この写真の中央には脳の基本構造がみられます。
前脳はふたつに分かれ、二等分されたこれらが赤ちゃんの左右の大脳半球になります。

きっと赤ちゃんが男の子だろうか、女の子だろうかと気になっているでしょうが、まだ性別を示す身体的な特徴はあらわれていません。

赤ちゃんの性別は受胎の瞬間に決まっていますが、いまはまだ胎芽の性別を見分けられません。

この発育段階では超音波検査装置でみられる外性器はまったく同じです（ほぼ存在しません）。女の子は、体内で子宮も卵管も形成されていません。女の子の卵巣と男の子の精巣はいまやっと組織が隆起しはじめたところで、どちらの生殖器官もそれらしい特徴を備えてはいません。

信じられないことに、赤ちゃんの心臓はすでに4つの部屋に形成されており、毎分160回拍動しています。心臓からの流出路である1本の管は、2本の主要な血管に分かれます。そのうちの大動脈は酸素を含んだ赤ちゃんの血液を運び、肺動脈幹は赤ちゃんの血液を肺に運びます。心臓のなかにある弁が血液の逆流を防ぎ、主要な血管はすべて完成しています。

赤ちゃんの目は開いているようにみえますが、これはまぶたがあらわれはじめたばかりで、まだ癒合していないためです。実際には、妊娠26週までは目は本当の意味では開きません。色素が網膜内に蓄積されはじめます。発育中の水晶体は視覚神経にとおっている1本の血管から酸素や栄養を受けとっていますが、この血管はのちに退縮します。

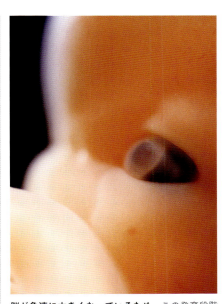

脳が急速に大きくなっているため、この発育段階では赤ちゃんの頭部は非常に大きく、額が張り出しているような印象を与えます。赤ちゃんの頭部は前傾し、顎を胸につけるようなかっこうになっています。

ドクターへの質問

Q. 妊娠8週で、耳とのどの感染症にかかりました。抗生物質をのんでも大丈夫ですか？

A. 妊娠中に服用できる種類はいくつかあるので、医師から抗生物質を処方されるかもしれません。たいていは、ペニシリン系の抗生物質です。ペニシリンにアレルギー反応を起こすなら、安全に利用できる別の抗生物質を処方してもらえるでしょう。

あなた用に処方されたもの以外の抗生物質は絶対にのまないでください。次にあげる抗生物質は妊娠中に利用できません。

- **テトラサイクリン系**：妊娠中に服用すると胎児の骨に悪影響をおよぼすことがあり、赤ちゃんの歯のエナメル質を変色させる原因になるかもしれません。
- **ストレプトマイシン**：発育中の赤ちゃんの耳に悪影響をおよぼし、聴力損失につながることがあります。
- **サルファ薬**：赤ちゃんに黄疸が発生する原因となることがあります。

赤ちゃんの実際の大きさ

妊娠8週0日の胎芽は、頭からお尻までの長さが1.6cmです。

6週　　7週　　8週

第9週（妊娠8週1日〜9週0日）

赤ちゃんの手と足ができ、骨の形成がはじまっています。

この週になると、赤ちゃんはかすかに動きはじめます。まだお母さんに感じられるほどの動きではありませんが、赤ちゃんが動いていると思うとワクワクしてくるでしょう。
一方、つわりに苦しんでいる人もいるかもしれません。
しかしたいていは、このころからつわりは軽くなってくるものです。
つわりをやわらげるために自分でできることはいろいろありますが、あまりにもつらいようなら医師か助産師に相談しましょう。

卵黄嚢はさらに小さくしぼみ、じきに役目を終えます。

赤ちゃんの**頭部**はまだ、突き出したおなかにかぶさるように前傾しています。

絨毛膜絨毛は、胎盤が成熟するにつれてさらに枝分かれし続け、赤ちゃんの要求をすべて満たせるようになります。

5本の指がはっきりわかるようになっていますが、まだ完全に分離してはいません。

赤ちゃんの**消化器系**の重要な臓器はどれも形成されはじめますが、まだ消化の機能は果たせません。

子宮は赤ちゃんをおさめておくために大きくなり、だんだん起きあがってきます。

これまで赤ちゃんの頭部の側面についていた**目**が、前面に移動してきています。

足の指は手の指ほど形成が進んでおらず、まだ小さなふくらみがあるだけです。

妊娠9週0日の**胎芽**は、頭頂からお尻までの長さが2.3cmです。

外耳の形成がはじまっています。

妊娠9週0日の胎芽

このころには**ひじ**を動かせるようになります。

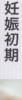

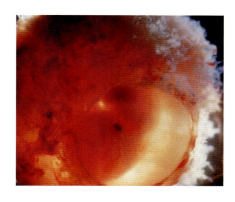

妊娠8週1日です
あと223日……

今日の赤ちゃん
羊膜のなかに赤ちゃんがみえます。羊膜の表面にあるシダ状の白い部分は、絨毛と呼ばれ、胎盤を形成します。絨毛は、この段階では羊膜のほぼ全面をおおっています。妊娠のこの時点では、胎盤が赤ちゃんよりずっと大きいのです。

妊娠中の女性がすべて、特定のものを食べたくてしかたがなくなるわけではありません。しかし、食べ物の好みが変化する女性が多いのは確かです。

妊娠すると、女性の体は本能的になにを食べるべきかわかるようです。 専門家の間でも詳しいことは解明されていませんが、女性の体にはもともと自分を守るメカニズムが備わっているようなのです。赤ちゃんの発育によくない食べ物があると、体はそれらを拒否します。逆に、体に不足している栄養素があれば、それらの栄養素を含む食べ物が無性にほしくなります。

突然、これまでずっと大好きだった食べ物や飲み物のことを考えるのも嫌になったり、以前は嫌いだったものが食べたくてしかたがなくなったり、風変わりな組み合わせで食べたくなったりするでしょう。食べ物の好みの変化はたいていつわりと関係しています。脂っこいものを避けるようになるのはよくあることです。においをかいだだけで気分が悪くなることもあるからです。コーヒー、紅茶、たばこ、アルコールの味やにおいが嫌いになることもあるでしょう。

ピクルスのように味の濃いものを求めるようになるのは一般的ですが、これは妊娠中に味蕾が変化するためです。"異食症"といって、土などの奇妙なものを食べたくなる、体によくない偏食もあります（p.121 参照）。

健康的な食生活を心がけてください。避けたほうがいい食べ物もいくつかありますが（p.17 参照）、それだけ気をつければ、好きな組み合わせでかまいません。サンドイッチ屋さんで「おかしな組み合わせだな」と不思議そうにされても、気にすることはありません！

栄養士への質問

Q. 食事に塩を加えるのはやめたほうがいいですか？

A. 塩分摂取量を制限することはありませんが、1日あたりの推奨摂取量の上限、6gを超えないようにしましょう。

妊娠中は、血液と体液の量が50％増えるため、そのぶん水分と塩分が必要になります。食事から摂取する塩分の大部分は、料理に使う塩や卓上でかける塩ではなく、加工食品に含まれています。塩分摂取量を管理するには、食品を自分で調理し、自分に合った塩加減にするのがおすすめです。

トピック——お父さん

偏った食欲を満たしてあげて

母親になる女性の役割が、9カ月の間おなかのなかで赤ちゃんをはぐくむことだとすれば、**彼女が必要とするものをそろえてあげるのは、もちろん、父親になろうとしているあなたの役割です。** パートナーが「どうしても○○が食べたい」といいだすのは、たいてい近所の店が閉まった直後だったり、夜、あなたがたがくつろいでいるときだったりします。つわりの時期に、女性はキュウリのピクルスや、大量のアイスクリームを欲するものだときいていたかもしれませんが、そうとは限りませんよ。おそらく、閉店間際にゆで卵の酢漬けを買いに走ったり、バーベキュー風味のオーガニックポテトチップスや、ビーツ、チョコドーナツを扱っている24時間営業のスーパーまで、はるばる歩いて買いにいったりすることになりますから覚悟しておきましょう。

ときには食事や間食を準備してあげましょう。あなたの愛がこもったヘルシーな食事を出されれば、たとえ不健康な食べ物をどうしても食べたかったとしても、彼女はきっとがまんできますよ。

アイスクリームが無性に食べたくなったら、大量に食べるのではなく、ひとさじにしてみましょう。果物といっしょに食べると健康的です。

妊娠8週2日です

あと222日……

今日の赤ちゃん

赤ちゃんの手（左の写真）と足が徐々にできてきます。形成の初期段階では、手も足も骨ではなく軟骨でできています。写真の右側は、手板と呼ばれる平たい部分です。これから指を形成する放射状の構造が、まだくっついたまま分離していない様子がみられます。

だれに似た赤ちゃんが生まれてくるでしょう？
この週には、赤ちゃんの顔の特徴があらわれてきます。

この週に超音波検診を受けるなら、赤ちゃんの顔の特徴をいくつかみることができるでしょう。

赤ちゃんの上下のまぶたはまだ癒合していて、妊娠26週くらいまでは閉じたままです。唇はすでにできあがっています。唇とその周辺の皮膚は、顔のなかでもっとも神経が集中している部分です。口のなか（口腔）の下側（口腔底）から筋肉が隆起して舌になりますが、味蕾が形成されはじめるのはもう2週間先です。口腔の天井部分にあたる硬口蓋は、左右の"口蓋突起"から形成されます。口蓋突起ははじめ、舌の下側の両側からできてきます。それから上にもち上がって水平になり、互いに接触するとともに舌が下方に移動します。口蓋突起が癒合すると、鼻腔内を仕切る鼻中隔と呼ばれる壁が下方に伸びてきて口蓋突起と癒合します。

赤ちゃんの歯になる歯胚ができています。これは顎がうまく発育するうえで重要なことです。ふたつに枝分かれした歯胚の一方の枝が乳歯を形成し、もう一方がのちに永久歯を形成します。乳歯の発育はゆっくりで、硬いエナメル質でおおわれるのは妊娠6カ月ごろになってからです。

赤ちゃんはまだ頭を胸にのせるようにしてしっかりと丸まっています。これから2週間かけて、顎と頸部の発育が進むにつれ、徐々に頭部が持ち上がってきます。

ふだんから幼児と接する機会が多い人は特に、小児感染症に対する免疫があるかどうか調べておくことが重要です。

小児感染症

一般的な感染症に免疫があれば、おなかの赤ちゃんを守れます。子どものころに水痘や伝染性紅斑（りんご病）などにかかったことがあれば、すでに免疫が備わっているかもしれません。流行性耳下腺炎（おたふくかぜ）と麻疹（はしか）の予防接種はほぼ確実に受けているでしょうから、おなかの赤ちゃんがそれらに感染する心配はありません。

自分がなにに対して免疫があるのか、またどんな病気にかかったことがあるか確信がもてない場合、または、なんらかの感染症にかかっている人と接触したと思われる場合は、すぐに医師か助産師に相談してください（p.22参照）。念のため、検査をしてくれるでしょう。

ドクターへの質問

Q. ドライクリーニング店で働いています。そこで使用する化学物質は赤ちゃんによくないでしょうか？

A. ドライクリーニング機を操作する仕事をしている女性は流産リスクが高いという調査結果があるため、ドライクリーニングに使用する化学物質について懸念されるようになりました。ドライクリーニング機で使用する（炭素を含有する）有機溶剤のなかには、触れたり吸い込んだりすると胎盤を通過するものがあり、流産や先天異常のリスクを高めると考えられているものもあります。

雇用主に相談して、あなたが妊娠している間、有機溶剤やその他の化学物質と接触しないようにするために、担当業務を変えてもらいましょう。

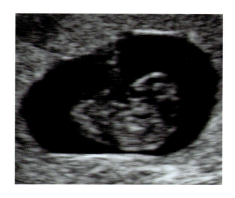

妊娠8週3日です

あと221日……

今日の赤ちゃん

数日のうちに、赤ちゃんの目は、顔の両側にあるかすかなふくらみから、はっきりとしたくぼみへと変化しました。この段階で、顔は急速に形成されつつあり、超音波検査をすれば赤ちゃんの心拍がみられるでしょう。

吐き気や嘔吐を引き起こすホルモンの値が下がるまでにまだ数週間かかりますが、つわりの症状はやがておさまっていくでしょう。

いったいいつになったら、朝、気持ちよく目覚められるのだろうと思っているかもしれませんね。吐き気の原因のひとつであろうhCG（ヒト絨毛性ゴナドトロピン）の値は3週間もすれば下がり、そうするとほとんどの女性は気分がよくなりはじめます。なかには、その時期を過ぎても、つわりの症状が続く人もいます。

つわりの症状がはじまったばかりの人も、もっと早くにはじまってどんどんひどくなっている人も、妊娠12週ごろまでには最悪の時期は過ぎているはずです。毎日のように吐き気に襲われると、本当に参ってしまいかねません。疲労感をともなっていればなおさらですが、つわりは一時的なものだということを忘れないでください。通常は、つわりがあっても、なんらか食べ物や飲み物をおなかにおさめておけるものです。しかし稀に、妊娠中の女性の約1％は、激しい嘔吐に頻繁に襲われ、それが数週間にもわたって続くことがあります。このように、つわりの症状がひどい場合は妊娠悪阻と呼ばれ、脱水を引き起こすことがあります。脱水を改善するために、病院で点滴をしたり、制吐薬を使ったりしなければならないかもしれません。

嘔吐してばかりいて心配だ、または水分や食べ物をおなかにおさめておくのに苦労しているという場合は、医師に相談してみましょう。

トピック──お母さんの健康

動いて気分よく

とても気分が悪いですか？　それなら、呼吸と姿勢を意識しながら、戸外をウォーキングしてみましょう。水をちょこちょこ飲むと気分がよくなってきて、長く体を動かしていられるかもしれません。ふだんから運動しているなら、エクササイズの間は吐き気が治まっているのに、終えるとまた気分が悪くなると感じている人もいるでしょう。

極度に気分が悪くなったり、嘔吐したりするのは、無理な運動をしているからかもしれません。体を動かす前後、運動の最中には、必ず水を飲むようにしてください。

指圧バンド

指圧バンドというものを手首につけるだけで、つわりの症状が軽くなるかもしれません。これは妊娠による吐き気を改善する効果があることがわかっています。制吐薬と違って副作用はなく、使い方も簡単です。

伸縮性のあるバンドを両手首にひとつずつつけ、内関（"P6"とも呼ばれる）というツボを刺激することで作用します。洗濯することもでき、何度でも使えます。

ご存じですか

妊娠した女性の約70〜80％が吐き気や嘔吐に悩まされます。

もしあなたがつわりを経験しない20〜30％の女性のひとりなら、喜んでください。つわりはとても一般的な症状なので、なぜ気分が悪くならないのだろうと不安になるかもしれません。でも心配しないで「わたしってラッキー！」と思いましょう。

赤ちゃんの命を支える仕組み

胎盤は、お母さんと赤ちゃんの血液循環を関連づけ、
赤ちゃんが自分ではまかなえないすべての機能を果たします。
胎盤はお母さんの子宮内膜に根を張り、臍帯で赤ちゃんとつながっています。

胎盤ではどのように物質交換がおこなわれているの？

胎盤をのぞいてみましょう

胎盤には絨毛膜絨毛と呼ばれる微細な突起でできた巨大なネットワークがあります。絨毛は絨毛膜という薄い膜から樹枝状に広がっており、そのなかには赤ちゃんの血管が走っています。そのような突起が絨毛間腔と呼ばれる母体血のプールのなかにひたっているのです。ひとつひとつの絨毛はわずか細胞ひとつかふたつ分の厚みしかなく、お母さんと赤ちゃんの血液の間でガスや栄養の受け渡しを可能にする一方、双方の血流が直接触れ合わないようにしています。絨毛には通過できる物質を制限する仕組みがあり、これによって酸素とグルコース（赤ちゃんの主なエネルギー源）などの栄養がお母さんの血液から赤ちゃんの血液に渡され、赤ちゃんから出る老廃物はお母さんの血流に引きとられます。また、絨毛膜は保護膜としての役割も果たし、多くの有害物質や感染症から赤ちゃんを守っています。

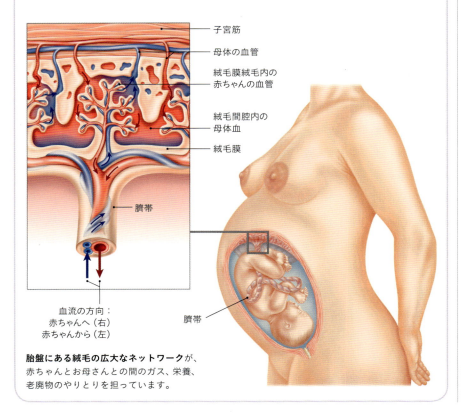

胎盤にある絨毛の広大なネットワークが、赤ちゃんとお母さんとの間のガス、栄養、老廃物のやりとりを担っています。

図のラベル：子宮筋／母体の血管／絨毛膜絨毛内の赤ちゃんの血管／絨毛間腔内の母体血／絨毛膜／臍帯／血流の方向：赤ちゃんへ（右）赤ちゃんから（左）／臍帯

胎盤ができるまで

受精卵が子宮内膜に着床すると間もなく、胚の細胞から胎盤の形成がはじまります。胎盤は最初のころ急速に成長するので、妊娠初期のはじめには赤ちゃんより大きくなります。しかし、赤ちゃんの成長は妊娠16週までに追いつき、最終的に、赤ちゃんは胎盤（350〜700g）のほぼ6倍の重さになります。胎盤は、妊娠初期の終わりに構造ができあがると、その後の妊娠期間を通じて多くの重要な役割を果たします（左記参照）。

妊娠中期以降の成長

胎盤は妊娠中期までは成長し続けます。それ以降の成長はゆるやかになりますが、胎盤の効率は増します。これは、物質交換の場である絨毛（左記参照）がさらに細かい枝を増やし、その表面積が4倍近くに増えるためです。また、細胞の層も薄くなるので、より効率的な物質交換が可能になります。

胎盤を流れる血液の量は膨大で、その要求に応えるべくお母さんの体内の血流ではさまざまな変化が起こります。出産予定日までに、胎盤への血液供給は10倍になるので、母体の血液循環の5分の1が胎盤にまわることになります。これは毎分最大500mlの血液が胎盤に供給されることを意味します。

胎盤の老化

妊娠が満期に近づくと、妊娠40週を過ぎてからは特に、胎盤は老化します。しかし、少なくとも胎盤の機能が60〜80%失われなければ、臍帯の血流に問題が生じることはありません。

胎盤の役割

胎盤は多くの重要な役割を果たし、お母さんが妊娠を維持するのを助け、赤ちゃんが成長できるようにします。

物質交換

胎盤は、赤ちゃんの肺、腎臓、消化器系として働き、物質を赤ちゃんに届けたり、赤ちゃんから引きとったりします。

酸素を得るために、赤ちゃんの血液細胞はお母さんのヘモグロビン（酸素を運ぶ血液中の物質）から酸素分子をとり込みます。赤ちゃんのヘモグロビンは、酸素と結びつきやすい構造になっています。同じ体重で比較すると、赤ちゃんには成人の2倍の酸素が必要なので、酸素の受け渡しに効率が求められます。胎盤を流れる豊富な血液、絨毛の広大な表面積、赤ちゃんのヘモグロビンの特性、それらすべてのおかげで、お母さんから赤ちゃんへの効率的な酸素の受け渡しが確実になされるのです。

お母さんのヘモグロビンは、酸素を手放すと、二酸化炭素分子と結合します。そしてお母さんの肺が自身の産生する分だけでなく、赤ちゃんの産生した二酸化炭素を含んだ空気を体外へ送り出し、新鮮な空気を吸うことでまた新たな循環がはじまります。

赤ちゃんをはぐくみ発育させるためには、ほかにも、たんぱく質を構成するアミノ酸、カルシウムや鉄などのミネラルが必要で、これらの物質はすべて胎盤を通してお母さんの血液循環から赤ちゃんへと届けられます。

赤ちゃんを守る

胎盤は、感染症や有害物質から赤ちゃんを守ります。赤ちゃんはまだ、外界から侵入して健康をおびやかすものに遭遇したことがないので、ウイルスや菌などの脅威を特定する免疫グロブリンという防御抗体を自分ではつくりだしません。そのため、お母さんの血液循環から胎盤を通して赤ちゃんの血液循環にはいってくる免疫グロブリンに依存しています。つまり、お母さんは子宮のなかの赤ちゃんを水痘などの病気から守ってあげることができるのです。赤ちゃんの出生後、時間がたつと、お母さんからもらった免疫グロブリンがなくなるので、乳幼児は水痘にかかりやすくなります。

ホルモンの産生

胎盤は、赤ちゃんの健康維持に不可欠で、妊娠中、お母さんの体にさまざまな変化を引き起こす、エストロゲンやプロゲステロンなどのホルモンを産生します。

熱の発散

赤ちゃんは新陳代謝率が高いので、代謝熱が発生します。胎盤の広大な表面と豊富な血流は、その熱を放出させ、赤ちゃんの体温を調節します。

構造と機能

臍帯

赤ちゃんを胎盤につないでいる臍帯には、3本の血管が走っています。 赤ちゃんから胎盤へと血液を運ぶ臍動脈が2本と、赤ちゃんへと血液を運ぶ臍静脈が1本です。臍動脈を流れる血液には二酸化炭素など、赤ちゃんの代謝によって生じた老廃物が含まれています。二酸化炭素は胎盤を介してお母さんの血流へと渡され、それから肺へ運ばれて体の外に排出されます。酸素は、お母さんの血液中の赤血球から胎盤を介して臍静脈へと運ばれ、赤ちゃんに届きます。臍静脈は、酸素だけでなく栄養も、胎盤から赤ちゃんに届けます。

臍帯の血管はワルトン膠質と呼ばれる組織に包まれ保護されており、臍帯は電話のコードのようにぐるぐるねじれているので、赤ちゃんは自由に動き回ることができます。臍帯がどのようにねじれるかは、たいてい妊娠9週までに決まり、反時計回りにねじれることがほとんどです。しかし、もっと妊娠が進んでから臍帯がねじれることもあり、妊娠20週までねじれが生じないこともあります。赤ちゃんの動きは臍帯のねじれに影響するようです。

臍帯はたいてい胎盤の中央についていますが、縁のほうにつくこともあります。ごく稀に、臍帯が卵膜に付着して、胎盤に入る直前に、3本の血管が分離することがあります。臍帯は通常、直径1〜2cm、長さ60cmです。これは、問題のない分娩進行に必要な臍帯の長さの2倍にあたります。

分娩後、臍帯の血管は自然に閉鎖します。筋肉でできた血管壁がより厚いため、臍動脈が臍静脈より先に閉じます。そうすると、赤ちゃんの血液は胎盤に送りだされなくなります。臍静脈は少し遅れて閉鎖します（出生後˜5秒で収縮がはじまり、3、4分で完了）。この遅れがあるために、赤ちゃんの誕生後の数分間に、血液が胎盤から赤ちゃんへと戻っていくことができます。だからこそ、多くの産科関係者は臍帯をコッヘルという器具ではさむまで少し時間をおいたほうが、赤ちゃんのためになると感じるのです。臍帯には神経がないので、分娩後に切断する際、赤ちゃんは痛みを感じません。

臍帯の血管を写した写真

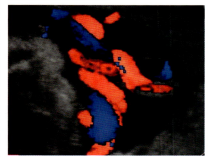

これは血流のある部分に色づけして表示する、超音波カラードプラ法で撮影されたものです。1本の静脈（青）と2本の動脈（赤）に血液が流れています。

ご存じですか

有害物質のなかには胎盤を通過できるものもあります。

だからこそ、妊娠中に薬を使用する場合は事前に医師に相談し、あなたの赤ちゃんを守る必要があるのです。

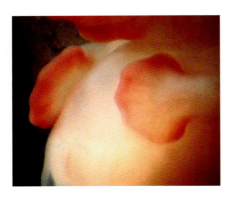

妊娠8週4日です

あと220日……

今日の赤ちゃん
左の写真には上肢の肢芽が写っており、
やがて手を形成する部分が平たく広がっているのがみえます。
5本の指がはっきりわかるようになり、このころからひじの動きがみられるようになるでしょう。

赤ちゃんの骨の形成がはじまります。
骨の成長は、これから思春期の終わりまで続きます。

トピック──栄養

ごきげんフード

妊娠の影響で気分が下がっているときは、気分を上げる食事を試してみましょう。ハッピーで心にゆとりのある人は、セロトニン値が高い傾向があります。セロトニンとはたんぱく質の豊富な食べ物を摂取すると産生される脳内化学物質です。肉（特に七面鳥）、魚（p.96参照）、豆類、十分加熱した卵（p.17参照）を食べましょう。

バナナやアボカドなど、ビタミンBの豊富な食べ物を摂取するのも、セロトニン値を高める効果があります。

成長中の赤ちゃんがおなかのなかで動くのがわかるようになるのは、まだ2〜3カ月先ですが、ひじの形成がはじまっているので、小さな動きがいくらかできるようになっています。手首が動くようになるのはまだ先です。

赤ちゃんは、日ごとに人間らしくみえるようになっています。椎骨や肋骨が形成され、指がだんだん伸びてきます。体は数週間前ほど丸くなっていません。

骨格は徐々に石灰化し、硬くなります。頭蓋骨を除くほとんどの骨には、やわらかい軟骨の中心部があります。この軟骨はのちに吸収され、硬骨に置換されていきます。こうして骨が硬くなっていく過程を骨化といい、これから5週間ほどの間に一次骨化中心と呼ばれる部分からはじまります。これらの一次骨化中心では、特殊な細胞群がまずは海綿状の組織をつくり、カルシウム塩が沈着するにつれて石灰化して硬くなります。硬骨には血球をつくる赤色骨髄がつまっており、数週間後には赤ちゃんの赤血球の大部分をつくるようになります。

妊娠中期になると、ひとつひとつの骨の両端に二次骨化中心が形成されます。

骨化の進む一次骨化中心と二次骨化中心にはさまれた部分は、骨端軟骨（成長板、骨端板）と呼ばれます。この板状の部分は赤ちゃんの骨の成長に重要な役割を果たします。

もっとチーズを！

食べてはいけないものばかりでいやになりますか？ **チーズを食べると赤ちゃんによくないというのは、よくある迷信です。**害をもたらす可能性があるとすれば、ブルーチーズや、白カビで熟成させるタイプのブリー、シェーブル、カマンベールなどです。これらはリステリア菌（赤ちゃんに影響することがある細菌、p.17参照）に感染するリスクを高めます。

これらを除けば、チーズが害になることはなく、優良なカルシウム源であると考えられます。ですから、避けるべきチーズはありますが、以下のチーズはすべて安全です。

- ハードチーズ（チェダー、パルメザンなど）
- フェタチーズ
- リコッタチーズ
- マスカルポーネチーズ
- クリームチーズ
- モツァレラチーズ
- カッテージチーズ
- プロセスチーズ

妊娠初期

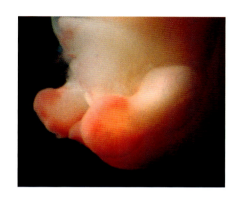

妊娠8週5日です

あと219日……

今日の赤ちゃん

赤ちゃんの下肢の発育は上肢に比べて少し遅れます。
この段階では、5本の足の指は区別できませんし、
脚はまだひざの関節で曲がっていません。

妊娠のことが気になるのは無理もありません。
そのことを、パートナーにうまく伝えるすべをみつけましょう。

パートナーとのきずなを求めたいのに、ふたりの関係は変わりつつあり、問題だらけだと感じているかもしれませんね。多くの男性が、パートナーが妊娠したら神経質になったとか、なにかにつけて反応が変わってしまい、どう対応すればよいかわからなくなるといいます。

ふたりの関係はいや応なく変わります。ふたりで妊娠期間をうまく切り抜けるのは容易なことではありません。しかし、コミュニケーションをとってさえいれば、お互いをサポートし合えるはずです。いま心をひとつにしておけば、子育ての最初の年にうまく連携できるでしょう。

妊娠初期のころ、パートナーに赤ちゃんができたという事実を、男性にはうまく理解しづらいのかもしれません。あなたの体型の変化はそれほどはっきりあらわれていないうえに、彼はまだ超音波検診で赤ちゃんの姿をみたことがないのですから。逆に、女性は多くの身体的・感情的な変化を経験するので、妊娠を肌に感じられます。

男性は女性よりも、親になることを自覚するのに時間がかかるのでしょう。彼は、赤ちゃんができたことで生じるライフスタイルの変化や、経済的なことなど現実的な問題を懸念するかもしれません。ふたりが率直に話し合えれば、どちらにとっても不安をやわらげる助けとなるでしょう。あなたの体には多くの変化が起こっていますが、パートナーにも感情があり、妊娠は彼にとっても人生を大きく変える変化だということを忘れないでください。もしも家族や親しい友人に妊娠したことを告げたなら、みんなの意識はあなたに集中するでしょう。そうすると、パートナーは取り残されたように感じることがあり、妊娠が進み、赤ちゃんが生まれると、その気持ちには拍車がかかっていくものです。

彼の心配ごとにも目を向けるようにし、彼がもっと妊娠にかかわりたいと思っているなら、その方法を考えましょう。ふたりをサポートしてくれる友人たちがいるなら、先輩パパと話してみるようすすめてあげてください。

お互いを支え合いましょう。 あなたがたは、親になることについてそれぞれに違った感情をもつでしょう。ふたりの関係を見失わないようにし、お互いの求めるものを理解し合ってください。

先輩ママへの質問

Q. 赤ちゃんが生まれると、いま住んでいるアパートでは狭すぎると思います。妊娠中に引っ越しても大丈夫でしょうか？

A. 妊娠中にそういったプレッシャーに向き合うのはおすすめできません。わたしたちも引っ越しを考えていましたが、その計画が実現しなくてほっとしました。実際、かなりのストレスになっていたのです。結局、子どもが1歳になるまでそのアパートに住み続けましたが、問題ありませんでした。赤ちゃんに必要なものは非常に限られていて、授乳や食事の世話のほかには、愛し、おむつを替え、刺激してあげるくらいのことで、思ったほどベビー用品は必要ないのです。ベビーベッドとバギー、服をしまう引出しがひとつあり、ちょっとしたおもちゃを置いておければ、狭くても当面は問題ないでしょう。

第9週

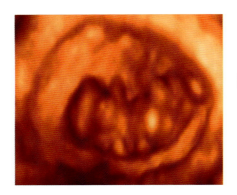

妊娠8週6日です

あと218日······

今日の赤ちゃん

左の3D超音波写真には、仰向けになった赤ちゃんが、
次ページの写真とまったく同じ姿勢で写っています。
この時期は、超音波検診でようやく肢芽が確認できるようになります。

英国では予約した妊婦健診の日が近づいてくるころです。あなたの担当になる助産師のひとりにも会えるでしょう。

英国ではこれから約2週間の間に、助産師による正式な妊婦健診を受けることになるでしょう（p.122～123参照）。まだ日にちが決まっていなければ、すぐに家庭医に連絡して手配してもらいます。

（補足）日本では、助産所と自宅での出産は、あわせて約1％です。初めての診察は病院か診療所（クリニック）で、産婦人科医が担当することが一般的です。病院・診療所ではその後もほとんどの健診を産婦人科医が担当し、助産師とは健診後に話をすることが多いでしょう。ただし、助産師外来を設ける施設も増えてきています。

風邪を撃退する

風邪薬にはさまざまな成分が含まれ、抗ヒスタミン薬など、妊娠中には避けるのが賢明なものも使用されています。服用する前に、ラベルを必ず確認し、医師か薬剤師に相談しましょう。

風邪薬にたよる前に、スチームを吸入するなどの自然療法を試す、最小有効量のアセトアミノフェン（カロナール）をできるだけ短期間服用するなどしてみましょう。

自宅出産：それぞれの立場から

Q. 今回が初めての妊娠です。自宅出産は可能でしょうか？ （注→p.480）

助産師：あなたが健康で、なんの問題もなく妊娠が進んでいれば、自宅での出産はひとつの選択肢になるでしょう。自宅出産を選ぶ女性は多く、医療介入はあまりおこなわれません。必要のない医療介入をしたことが原因で、問題を引き起こすこともあるのです。また、陣痛の進行は、病院への移動によって妨げられないほうが速く、安定しているようです。

産科医：一般的には自宅で出産すること

自宅出産があなたに適しているか、
**医師や助産師の意見を
ききましょう。**

に問題はありませんが、医師や助産師の意見をきくといいでしょう。リスクをおかすのは避けるべきです。家族に陣痛に時間がかかったり問題が起こったりした経験のある人がいる、赤ちゃんが骨盤位または極端に小さい、臍帯や胎盤の位置に問題がある、母親がかなり太っているまたは健康状態が良好でない、糖尿病などの疾患がある、といった場合には、慎重になるに越したことはありません。病院で出産すれば、必要に応じて医療介入を早期にすみやかにすることができます。だれにでも自宅で出産する権利はありますが、専門家の意見に耳を傾けるのは賢明なことです。いちばん大事なのは、すこやかな赤ちゃんを産むことなのですから。

先輩ママ：ひとり目の子どもは自宅で出産しましたが、すばらしい体験でした。なにか問題が起こったらどうしようと不安でしたが、助産師さんがしっかり見守っているし、問題があれば病院につれていくから大丈夫といってくれて、安心できました。そして助産師さんは、もしもわたしが陣痛の進行に不安を感じるなら、病院での出産に切り替える（硬膜外麻酔を使用する！）こともできると説明してくれました。

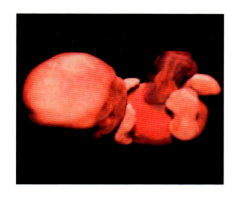

妊娠9週0日です

あと217日……

今日の赤ちゃん

左の写真には赤ちゃんの手がはっきりと写っていますが、この段階ではまだ指はくっついています。
5本の指はあと1週間ほどで完全に分離します。
また、もうじき手首を動かせるようにもなるでしょう。

第9週の終わりまでに赤ちゃんの消化器系は急速に形成されていきますが、正常に機能するようになるにはもう少し時間がかかります。

　赤ちゃんは、子宮のなかで急速に成長しています。赤ちゃんの消化管を形成しているのは1本のシンプルな管ですが、その上端で起こる変化のほとんどは終わっています。今度は、この管の下部が広がってふたつに分かれ、背側は直腸に、腹側は膀胱と尿道になります。

　赤ちゃんの口は羊水のなかで開いていますが、まだ口咽頭膜と呼ばれる膜でふさがれています。この膜は1～2週間で消失します。下部消化管はこの段階では成熟しきっておらず、管内で内容物を押し進めることはできません。

　腸管の残りの部分は、まだ伸び続けています。小腸のはじまりの部分ともみなされる十二指腸は、この時点ではふさがっています。膵臓と肝臓が小腸上部から芽を出して発生し、肝臓の芽から胆嚢も形成されましたが、いずれもまだ消化機能は果たせません。

コンピューターのスクリーンを長時間みていると、頭痛を引き起こすことがあります。これは妊娠の典型的な副作用ですが、症状がさらに悪化することもあります。定期的に目を休め、十分な水分補給をしてください。脱水は頭痛を悪化させます。

ドクターへの質問

Q. 妊娠してからというもの、ひどい頭痛に悩まされています。コンピューターを使う仕事が原因でしょうか？

A. 妊娠中は、よく緊張性の頭痛や偏頭痛が起こるものです。おそらく、原因はホルモンの変動です。また、コンピューターを長時間使用したために激しい頭痛に襲われることも珍しくありません。これは目に負担がかかること、じっとしているために体が凝り固まってしまうことが原因かもしれません。

　妊娠中は、ふだんより頻繁に画面から視線をそらし、目を休めるようにしてください。いずれにせよ、トイレ休憩はふだんより頻繁になるはずです。それでも頭痛が改善しなければ、少しの間、コンピューターを使わない仕事をできないか相談してみましょう。頭痛がもっともひどいのは、たいてい妊娠初期です。

赤ちゃんの実際の大きさ

妊娠9週0日の胎芽は、頭からお尻までの長さが2.3cmです。

  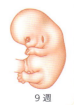

7週　　8週　　9週

第10週（妊娠9週1日〜10週0日）

赤ちゃんの主要な器官はそろいましたが、まだ機能はしていません。

この週は、赤ちゃんが"胎芽"と呼ばれる最後の週です（注→p.480）。来週からは"胎児"と呼ばれるようになります。赤ちゃんの主要な器官はそろいましたが、完全に役割を果たしているとはいえません。それぞれの器官が機能するようになるのはまだまだ先のことで、赤ちゃんの体の仕組みは残りの妊娠期間をかけて、そして出生後も発育し続けます。あなたの体の変化でいちばんわかりやすいのは、乳房の変化でしょう。このころには、カップのサイズがひとつかそれ以上、大きくなっているかもしれません。

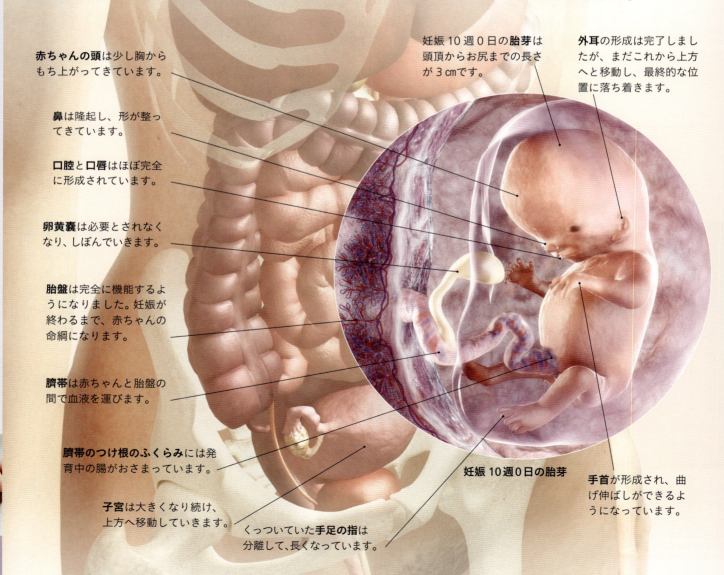

- **赤ちゃんの頭**は少し胸からもち上がってきています。
- **鼻**は隆起し、形が整ってきています。
- **口腔**と**口唇**はほぼ完全に形成されています。
- **卵黄嚢**は必要とされなくなり、しぼんでいきます。
- **胎盤**は完全に機能するようになりました。妊娠が終わるまで、赤ちゃんの命綱になります。
- **臍帯**は赤ちゃんと胎盤の間で血液を運びます。
- **臍帯のつけ根のふくらみ**には発育中の腸がおさまっています。
- **子宮**は大きくなり続け、上方へ移動していきます。
- 妊娠10週0日の胎芽は頭頂からお尻までの長さが3cmです。
- **外耳**の形成は完了しましたが、まだこれから上方へと移動し、最終的な位置に落ち着きます。
- 妊娠10週0日の胎芽
- **手首**が形成され、曲げ伸ばしができるようになっています。
- くっついていた**手足の指**は分離して、長くなっています。

妊娠初期

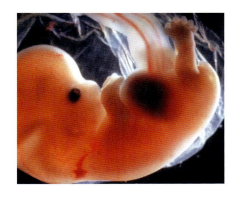

妊娠9週1日です

あと216日……

今日の赤ちゃん

未成熟ではありますが、赤ちゃんの基本的な器官はほぼそろいました。
腕には手首とひじができ、手にも足にも小さな指ができて四肢が完成しました。
目の網膜や鼻もみられます。大きな黒い塊は成長した肝臓です。

赤ちゃんがすこやかに育っているかどうか、とても心配でしょう。お母さんの気分が悪くても、赤ちゃんに栄養は届いているので安心してください。

あなたはこの時期、健康にとても気をつけているでしょう。しかし、たとえこの妊娠初期に体調がよくなくても、赤ちゃんは必要なものをお母さんから受け取っているので安心してください。お母さんの体内には、さまざまなミネラルや鉄などの物質が蓄えられていますし、食べるものからも栄養を吸収しています。しかし、食事からとるビタミンやミネラルの量が心配なら、自分の健康のために妊婦用のビタミンサプリメントを利用しましょう。それでも、葉酸サプリメントをとり、葉酸の豊富な食べ物（p.35参照）をとることもお忘れなく。

妊娠初期に体重が増加しなくても、心配することはありませんし、少しくらい体重が減ってしまっても大丈夫です。増加するべき体重の大部分は、妊娠中期と後期（p.99参照）に増えるのです。ただし、嘔吐してばかりいて食べ物をおなかにおさめておけない場合は（p.111参照）、遠慮なく医師に相談しましょう。

トピック──からだのこと

乳房の変化

乳房の変化が目立つでしょう。これは、血流が増えることと、妊娠ホルモンの値が上がることから起こる変化で、特に妊娠初期の12週には顕著です。

妊娠したとわかる前に、血流が増えたことから乳房（特に乳頭周辺）がヒリヒリするような感覚を覚えたかもしれません。

- 早ければ妊娠6〜8週ごろ、乳房は大きくなって痛みが増し、表面に糸のように細い静脈が浮かび上がってくるかもしれません。
- 妊娠8〜12週ごろ、乳頭の色が濃くなり、立ってくることがあります。
- 妊娠16週ごろから、初乳がしみだしてくることがあるでしょう。

雑学

彼も"妊娠中"

男性は女性が経験していることを本当に理解できるでしょうか？ 最近、英国でなされた研究によると、妊婦体験ジャケットなどなくても女性の気持ちをわかってくれる男性がいるといいます。"擬娩"といって、つわりから腰痛、気分の浮き沈み、特定の食べ物に対する強い欲求まで、父親になろうとしている男性が妊娠にともなうさまざまな症状を経験します。ところがおもしろいことに、男性にこれらの症状がみられると気づくのはパートナーである女性のほうなのです。

擬娩は、男性が非常に真剣に妊娠に関わっているために起こると考えられていますが、（パートナーが注目の的になっていることへの）嫉妬だという説や、パートナーがつわりなどに苦しんでいるのは自分のせいだという気持ちから、同じ症状を経験するという説もあります。

妊娠9週2日です

あと215日……

今日の赤ちゃん

赤ちゃんは、手首を曲げ伸ばしするようになります。
はじめのころは特に、四肢の関節すべてが少し曲がっているのが自然な姿勢です。
赤ちゃんの頭はさらに少し胸からもち上がるので、首の部分がはっきりわかるようになります。

横隔膜と呼ばれる筋肉性の膜の形成がはじまります。この横隔膜のおかげで、赤ちゃんは呼吸が──しゃっくりも──できるようになるのです。

赤ちゃんの胸のなかには肺が形成されますが、いまのところ胸部と腹部を区切るものはなにもありません。胃、肝臓、腸は、のちに赤ちゃんの腹腔となる空間におさまりますが、それらと肺を隔てるものがないのです。

人間の胸部と腹部は、横隔膜と呼ばれる筋肉性の膜で隔てられています。わたしたちが息を吸うと横隔膜は下がり、肋骨が外側へと広がります。このプロセスのおかげで空気が肺に入り込めるのです。

赤ちゃんの横隔膜は、体の前面と背側から伸びてくる組織のひだ4つが癒合することで形成されます。だいたいこの週あたりにひだができ、徐々に内側に向かって伸びていき、週が終わるころには4つのひだが

くっついて胸部と腹部の空間を分離します。横隔膜の中央にはいくつか開口部があり、胃へとつながる食道、大動脈(人体で最大の動脈)、下大静脈(下半身から血液を心臓へと戻す最大の静脈)が通っています。妊娠が進むと、筋繊維が少しずつ横隔膜を強化するので、いずれ赤ちゃんは呼吸運動ができるようになります。

NT(後頸部浮腫)スキャンは、超音波で赤ちゃんがダウン症候群である可能性を推定する検査です(p.143参照)。赤ちゃんの首の後ろには、皮下に液体がたまった部分があります。この検査ではその部分の厚みを計測し、液体の量を推定します。液体が多すぎるのはダウン症候群の確率が高いことを示します。NTスキャンは、ダウン症候群の可能性を判定する方法として、もっとも精度の高い検査です。

トピック──双子

多胎妊娠の場合の検査

血液検査により、赤ちゃんがダウン症候群である確率がわかりますが、**多胎妊娠の場合、その結果は誤解を招く恐れがあります**。というのは、血液中のAFP(アルファフェトプロテイン)などの成分の濃度を測定するこの検査では、赤ちゃんがふたり以上いるとずっと高い値が出るからです。そのためもっとも信頼できるのは、妊娠11〜14週に超音波で赤ちゃんの首の後ろのむくみ(NT)を測定する検査です(右記およびp.143参照)。

考えてみましょう

スクリーニング検査と確定診断検査

これから数週間で受けることができる、スクリーニング検査(p.142〜143参照)と確定診断検査(p.152〜153参照)について知っておきましょう。医師か助産師が、それぞれの検査を受けるメリットとデメリットを説明してくれるでしょう。いくつかの異常は妊娠20週の超音波検査で発見できる可能性があります。

- **スクリーニング検査**と呼ばれるものは、特定の疾患についての"危険因子"を特定するものであり、赤ちゃんが実際にその疾患をもっているかは確認できません。例えば、ダウン症候群のスクリーニング検査で、「1/200」の危険因子があるという結果が出たとします。これは、赤ちゃんがダウン症である可能性が200分の1あることを意味しますが、実際に赤ちゃんがダウン症だという意味ではありません。

- **確定診断検査**:スクリーニング検査で赤ちゃんに染色体異常がある可能性が高いという結果が出た場合、羊水穿刺や絨毛生検などの確定診断検査を受けることができます。これらの検査では、問題の有無について確実な結果が出ます。

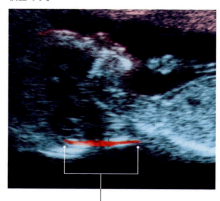

赤い部分が赤ちゃんの後頸部の皮下にたまった液体です。

妊娠初期

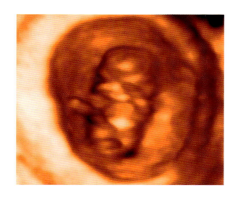

妊娠9週3日です

あと214日……

今日の赤ちゃん

左の写真では、赤ちゃんの肩、ひじ、手首は曲がっており、両方の手が顔の前にあります。お母さんが感じられるようになるのはまだまだ先ですが、この段階になると超音波検査で赤ちゃんの動きがよくわかるようになるでしょう。

まだマタニティウェアを買うほどではなくても、ブラジャーは必要に応じて大きいものに買い替えましょう。

ふだんからつけているブラジャーが少しきつくなってきたら、新しいものを試着してみましょう。専門のフィッターにサイズを測ってもらったことがない人は、是非この機会にお願いしましょう。妊娠中に、機能的できちんと胸を支えてくれるブラをつけることは、腰痛や、胸が垂れるのを防ぐうえで不可欠です。

新しいブラが必要になったと感じたら、必ず正確に測ってもらい、自分に合ったサイズを選ぶようにしましょう。この時期は乳房が大きくなるのがとても速く感じられるかもしれませんが、妊娠中期にはいるまでには乳房の成長は落ち着いているはずです。妊娠中期にさらにサイズアップすることはあまりなく、妊娠後期から産後にかけて再び乳房が大きくなります。

妊娠中にワイヤー入りのブラをつけるのはおすすめできません。成長中の乳房の組織に食い込んで傷めてしまう可能性があるうえ、母乳の産生にも問題を起こしかねません。また、ワイヤーが肌に食い込むのは不快なものです。スポーツブラのようにノンワイヤーで、広幅のしっかりしたストラップがついているものが、妊娠中には適しています。

ホックが前についていて、出産後は授乳ブラとしても使えるタイプの**マタニティブラ**をさがしましょう。とてもかわいいフェミニンなデザインのものもあります。

ご存じですか

異食症といって、食べられないものを食べたくてしかたがなくなる症状があります。英語では"パイカ（ピカ）"といいますが、これはカササギを意味するラテン語からきており、カササギという鳥が無差別にものを口に入れることに由来します。

歯磨き粉をなめる程度ならたいした害はありませんが、チョークや糊や石鹸など有毒なものもあります。異食症は、食生活に改善すべき点があることを知らせているのかもしれないので、医師や助産師に相談しましょう。鉄やビタミンのサプリメントをとるといいかもしれません。

トピック——栄養

完全菜食主義（ビーガン）の人へ

ビーガンの人は妊娠中に、大多数の女性よりも少しがんばって適切な栄養をとろうとしなければならないでしょう。十分なビタミンB12を摂取する必要がありますが、この栄養素を含む植物性食品はほぼないため、次にあげるようなビタミンB12が強化された食品から摂取する必要があります。

- 酵母エキス
- ベジストック
- ベジバーガー
- 大豆ミート

また、亜鉛も必要です。妊娠中の重要な栄養素で、成長と活力のもととなり、免疫系をサポートします。亜鉛は次にあげる食品に含まれています。

- 豆類
- ナッツ
- 種子類（カボチャの種には特に豊富）

これらはビーガンの人たちがふだんからよく食べる食品なので、食べ慣れているものが多いかもしれませんね。

NHSの病院での妊婦健診

NHS（英国国民保健サービス）の病院で受ける最初の妊婦健診は、一般的に妊娠8～10週の間におこなわれます。このときに、妊娠中の記録となるマタニティファイルをつくってもらい、気がかりなことや問題があれば助産師に相談することができます。

病院で受ける初めての妊婦健診では、あなたのケアを担当してくれる助産師のひとりと会うことになります。助産師は、あなたの病歴と現在の健康状態、家族の病歴について質問します。また、血液検査と尿検査もおこなわれるでしょう。最終月経の開始日をもとに、出産予定日を算出します（p.35参照）。

病歴

助産師は病歴を詳しくききとり、なにか健康上の問題がないかをチェックします。それらの情報は、あなたの妊娠にともなうリスクを判断するうえで参考になります。問題があれば、それが妊娠にどのような影響をおよぼす可能性があるかを説明してくれるでしょう。健診を受ける時点であなたに治療中の病気がある場合は、妊娠による影響と治療方法を変える必要があるかどうかを説明するでしょう。服用中の薬があれば、助産師に伝えてください。一部の高血圧の治療薬のように、なかには薬を変更しなければならないものもあります（p.20～21参照）。

性感染症、過去の薬物使用や中絶など、あなたにとってはばつが悪くても、重要な質問もあるでしょう。助産師があなたに起こりうる問題を特定し、それを防げるように、事実をきちんと打ち明けることが重要です。パートナーの知らないあなたの過去があり、彼の前で話したくない場合は、彼のいないときに助産師に話せるよう手配し、その情報をマタニティファイルには記載しないでほしいと依頼しましょう。

家族歴

助産師は、あなたとパートナーの家族についても健康上の問題がないかたずねるでしょう。一部の疾患には遺伝性のものがあり、あなたの赤ちゃんがその影響を受けていないかどうか検査でわかる場合もあります。

身長と体重

BMI（体格指数）を算出するために、基準となる身長と体重を測定するでしょう（p.17参照）。BMIが低すぎても高すぎても、問題を引き起こすリスクは上がります。助産師か医師が、あなたの体重増加をていねいにみていくことになるかもしれません。

血圧

初めての妊婦健診では血圧を測定し、それが今後の基準となります。通常、血圧は妊娠したばかりのころには下がり、妊娠26週ごろに高くなり、その後32週までに妊娠前の値に戻ります。ですから、もともとの血圧が正常から高血圧の範囲に該当するなら、妊娠後期には正常値を上回る可能性が高く、治療が必要になるかもしれません。

所定の血液検査

妊婦健診での血液検査は、いくつかの疾患についてのスクリーニング検査、血液型の判定、特定の感染症に対する抗体の有無を確認するためにおこなわれます。

全血球計算 貧血の検査です。貧血は、鉄、葉酸、ビタミンB12の値が低いのが原因で起こることがあります。貧血だとわかると、鉄を豊富に含む食品（p.16参照）をとるように（注→p.480）いわれるでしょう。鉄サプリメントが必要になることもあります。

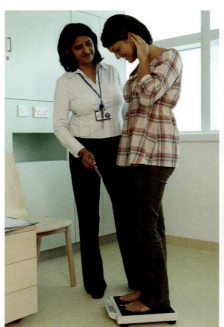

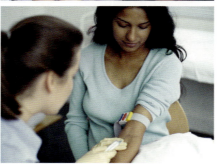

左：初回の健診で、基準となる**体重**を測ります。右上：**血圧測定**は健診のたびにおこなわれ、なんらかの変化があればさらに詳しく調べます。右下：**採血**をして、血液型を判定するとともに、さまざまな疾患の検査をします。

血液型判定 あなたの血液がA、B、O、ABのどの型に属するか、またRh＋かRh－かを判定します（p.127参照）。お母さんの血液型がRh－で赤ちゃんの血液型がRh＋の場合、お母さんに赤ちゃんの血液に対する抗体ができてしまうことがあり、赤ちゃんが貧血を起こす原因となります。お母さんの免疫系は、通常、分娩前に赤ちゃんの血液と接触しないので、Rhが適合していなくても初めての妊娠ならたいてい問題にはなりません。2度目以降の妊娠で問題が起こるのを防ぐために、Rh－の女性には妊娠28週と、場合によっては34週にも抗D人免疫グロブリンを投与し、抗体ができるのを防ぎます。また、羊水穿刺（p.153参照）などの医療行為をおこなったあとや、不正出血があった場合にも抗D人免疫グロブリンを投与します。

風疹 風疹に対して免疫があるかを調べます。妊娠中に風疹に感染すると、赤ちゃんに深刻な影響を与える恐れがあります。お母さんに風疹の免疫がない場合、妊娠中には予防接種を受けられませんが、通常は出産後に予防接種を受け、次の妊娠に備えます。

B型肝炎 活動性のB型肝炎に感染している人を特定します。これはウイルス性の肝臓疾患で、妊娠中および分娩時に赤ちゃんに感染する恐れがあります。

梅毒 梅毒に感染したことがあるかどうかを調べます。活動性梅毒は胎盤を通過し、赤ちゃんに深刻な問題を引き起こすことがあります。

HIV 妊婦健診では、ヒト免疫不全ウイルス（HIV）の検査を受けることができます。HIVに感染している場合、抗ウイルス剤を服用し、授乳をしないことで、赤ちゃんが感染するリスクを下げることができます。

鎌状赤血球症、サラセミア どちらも、赤血球が酸素を運ぶ能力に影響を与える遺伝子疾患で、アフリカ系、ヒスパニック系、地中海系に多くみられます。もしあなたがこれらの遺伝子疾患のキャリアだとわかったら、パートナーも検査を受ける必要があります。その結果、彼もキャリアだとすると、あなたがたの赤ちゃんもこれらの疾患を受け継ぐことがあります。両親ともにキャリアだとわかったら、カウンセリングや、出生前診断を受けることができます。

所定の尿検査

尿たんぱくの値を調べることで、感染症や、稀に腎臓疾患がみつかることがあります。尿たんぱくの値が高いと、尿の検体を培養して細菌の有無を調べます。およそ15％の女性は細菌はもっていても尿路感染症の症状はあらわれません。なんらかの細菌がみつかれば、腎感染を防ぐために抗生物質が必要になるでしょう。妊娠中は特に腎感染しやすく、問題を引き起こしかねません。検査で感染症がみつからなければ、別の検査をして腎機能をチェックします。妊娠後期になって尿たんぱくの値が高くなるのは、妊娠高血圧症候群の兆候です（p.474参照）。

検査結果

特に問題がなければ、血液検査の結果は次の健診のときに受け取れます。なにか気にかかることがあれば、医師か助産師が次回健診を待たずにあなたに連絡し、結果について説明するでしょう。

その他の検査

追加のスクリーニング検査

クリニックや妊娠の状況によって、追加の検査がおこなわれることがあります。

- **膣分泌物（おりもの）培養検査**：クラミジアも淋病も症状がおもてにあらわれないことがあるので、感染の可能性があるなら検査を受けておくとよいでしょう。どちらも、赤ちゃんに受け継がれると、問題を引き起こすことがあります。
- **C型肝炎**：病歴からリスクが高いと判断されれば、検査をすすめられるでしょう。
- **水痘（水ぼうそう）**：水痘にかかったことがあるか確信がもてない場合は、検査をして免疫の有無を確かめることができます。免疫がなく、妊娠中に感染してしまった場合は、治療をして重症化するのを防ぎます。
- **トキソプラズマ症**：この検査は、トキソプラズマ症に感染したことがあるかどうかを調べます（p.17、p.101参照）。過去に感染していれば、妊娠中に感染して赤ちゃんに害をおよぼす恐れはありません。

今後の妊婦健診

これからどうなるの？

あなたの妊娠がハイリスクでない場合、**初めての妊娠なら約10回、2度目以降の妊娠なら約7回の妊婦健診を受けることになるでしょう**。家庭医の受診と病院での正式な妊婦健診を終えたら、次の健診は妊娠16週ごろです。

妊婦健診では毎回、助産師か医師があなたと赤ちゃんの健康状態を評価します。そのために、血圧測定や尿たんぱくのチェックなどがおこなわれます。尿たんぱくの値から、治療の必要な感染症の有無がわかり、妊娠がもっと進んでからは妊娠高血圧症候群（p.474参照）の兆候を知ることができます。体重増加が多すぎる、または少なすぎるなど、具体的な心配がなければ、体重測定は毎回はおこなわれません。

妊娠16週くらいから、助産師が超音波心音計というコンパクトな器具を使って赤ちゃんの心音をきくことをはじめるでしょう。そして、妊娠25週くらいから、赤ちゃんの成長具合をみるために、腹囲と子宮底長の計測がはじまるでしょう（p.284参照）。

（補足）日本では、妊娠12週ごろまでは2週ごと、妊娠13〜23週は4週ごと、妊娠24〜35週は2週ごと、妊娠36週以降は毎週健診となります。日本での健診は海外より多く分娩まで14〜18回くらいあります。

妊娠9週4日です
あと213日……

今日の赤ちゃん

この段階になると、赤ちゃんの顔立ちはさらにはっきりしてきます。
非常に薄い上下のまぶたは完全にくっついており、形成中の眼球をおおっています。
まぶたは妊娠26週くらいまでは閉じたままです。

ちょうど妊娠していることに慣れてきたころ、おなかの赤ちゃんがひとりではないことがわかるかもしれません。

ひょっとしたら双子かもしれない、と感じることがありますか？　妊娠して間もないころでさえ、妊娠しているのを"ものすごく感じる"というだけで、おなかの赤ちゃんが双子かそれ以上ではないかと推測する女性もいます。多胎妊娠のあらわれとして、乳房がひどく敏感になる、吐き気や嘔吐がひどい、極度の疲労感があるなどがあげられます。多胎妊娠すると、通常より子宮が大きくなることがあります。医師や助産師があなたのおなかの上から触れると、この週から子宮底が恥骨より上に感じられるかもしれません。赤ちゃんがひとりなら、子宮底に触れられるようになるのは妊娠12週以降です。

双子かもしれないと感じている人もいない人も、多胎かどうかは最初の超音波検査（p.138参照）ではっきりします。

トピック——双子

衝撃的なニュース

あなたがふたりかそれ以上の赤ちゃんを妊娠しているというニュースは、必ずしも気の利いたかたちで伝えられるわけではありません。例えば、医師がモニターをみて、「確認しなければならないことがあります」ということがあるかもしれません。そんなふうにいわれたら、きっと心配になってしまうでしょうが、あなたの人生を大きく変える知らせですから、医師は慎重になっているだけなのです。また、双子の大きさを測り、大きな問題がないか確認しているのかもしれません。しかし、それが終わればきっと、心からおめでとうといってくれますよ。

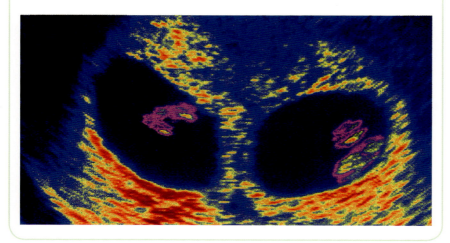

先輩ママに質問

Q. 双子を妊娠しているとわかり、わたしもパートナーもとても喜んでいます。でも、うまく育てられるでしょうか？

A. わたしも妊娠中は同じ気持ちで、「母乳は足りるかしら？　どれだけおむつがいるのかしら？」などと考えたものです。双子を妊娠しているという事実に慣れてくると、ほどなくそんなことばかり考えるようになるでしょう。

あなたがしっかり受け止める時間をもてるように、双子妊娠というニュースをしばらくの間はパートナーとふたりの間にとどめておくといいかもしれません。家族や友人はさまざまな反応をするでしょう。純粋に喜んでくれる（感激したおじいちゃんやおばあちゃんに多い）こともあれば、（友人や見知らぬ人から）うらやましがられたり、あなたを少々不安にさせるような反応をされたりすることもあるでしょう。

双子を出産予定の人や、双子を育てている人たちと話すのは参考になりました。あなたの地域の双子支援グループに連絡したり、オンラインで双子の親のチャットルームを探したりしてみましょう。

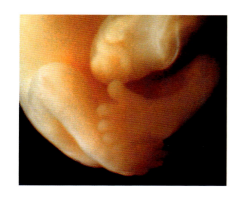

妊娠9週5日です

あと212日……

今日の赤ちゃん

左の写真のように、赤ちゃんは股関節とひざで脚を折り曲げており、2本を交差させていることもあります。足の指は、はっきり区別できるでしょう。腿と脛の骨がさらに成長するにつれ、足先と脚全体の長さのバランスがとれてきます。

妊娠中に起こる困ったことのひとつに尿路感染症のリスクが高まることがあるので、その兆候を覚えておきましょう。

妊娠中は尿路感染症の兆候がないか気をつけておきましょう。それほど深刻な問題ではなく、簡単に治療できますが、そのような問題はないに越したことはありません。

尿路感染症にかかるとトイレが近くなりますが、これは妊娠初期の症状でもあるためわかりにくいのです。しかし、排尿時にヒリヒリしたり不快感をともなったりする、下腹部痛がある、さらには尿に血液が混じるといった症状があれば、尿路感染症が疑われます。尿路感染症は妊娠しているかどうかにかかわらず、女性に多い感染症です。それは、女性の場合、尿道（膀胱から体外へ尿を送り出す管）が肛門に近く、細菌が移って感染を起こしやすいためです。

妊娠中は、プロゲステロンというホルモンの値が高く、泌尿器系の管を緩めるため、細菌がさらに入りやすく、膀胱の感染を引き起こし、ときには腎臓にまで影響することがあります。そのため、尿路感染症の症状があれば医師に尿検査をしてもらうことが重要です。一般的に、尿路感染症は妊娠中でも簡単に治療できます。問題がみつかれば、服用しても安全な抗生物質を処方されるでしょう（p.23参照）。感染症は必ず治療してください。そのまま放置すると、腎臓を悪くする恐れがあります。

健康を維持する

妊娠前に運動する習慣があった人は、なんらかの運動を続けてください。妊娠したからといってすべてやめてしまうと、健康的な体がびっくりしてしまいます。

やってはいけない運動もありますが（p.18参照）、医師の許可があれば次のことに気をつけながら安全で効果的に運動を続けて、あなたと赤ちゃんを危険にさらすことなく運動プログラムのメリットをしっかり受けましょう。

- **ランニング、サイクリング、水泳などの運動は続けてください。**不快感や不安があればやめましょう。
- 自分の体によく耳を傾け、**ペースを落としたり休憩したりするべきサイン**を見過ごさないようにしましょう。
- 運動の間に**十分な休憩**をとり、どんな運動でも、その前後と途中で**水を飲みましょう。**
- **適度なレベルの運動をしましょう。**「会話チェック」（p.161参照）を有効に使ってください。
- （人やものにぶつかる運動や、転倒する危険性をともなう運動は避け）衝撃が少なく、**リスクの低い運動**を選びましょう。
- **運動に適した服装**でおこないましょう。木綿は体の熱を発散させてくれます。大きくなりつつある乳房には、サポート機能のすぐれたスポーツブラが欠かせません。ランニングをするならなおさらです。

サイクリングが趣味なら、妊娠初期のうちに楽しんでおきましょう。妊娠が進んでおなかが大きくなると、重心が変わり、サイクリングは危険になるでしょう。

妊娠9週6日です

あと211日……

今日の赤ちゃん
臍帯は、赤ちゃんのおなかに入り込むあたりでは太くなっています。この発育段階では、おなかのなかで形成されつつある腸を収容するために、この太い部分が必要です。
頭蓋骨は、まだ完全には形成されていません。

赤ちゃんの器官系の基本的な形がそろい、重要な発育段階がひとつ終わります。

胎芽と呼ばれる時期は明日で終わり、胎児と呼ばれる時期がはじまります。 胎芽の発育の特徴は、3つの細胞の層（三胚葉）それぞれが、異なる種類の組織や器官になり、平らな円盤状の細胞群から人間の形へと成長していくことでした。多くの変化が同時に起こりましたが、はじめに心臓、循環系、神経系が形成され、次に消化管、四肢、顔が形成されました。次の週（第11週）には、赤ちゃんの腎臓や生殖系がもっとも急速に発育します。赤ちゃんのすべての器官が完全に成熟するにはまだ時間がかかりますが、脳、肺、腎臓など、多くの器官はお母さんのおなかにいる期間だけでなく、出生後も成熟し続けます。

次の週にはまた、赤ちゃんの顔立ちもさらにはっきりしてきます。耳の形はできあがりますが、まだ最終的に落ち着くべき位置までは移動していません。

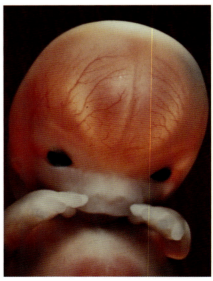

目 ははじめ、顔の横側にありましたが、中央寄りになってきます。鼻がはっきりみえるようになり、頭は丸みを帯びてきます。

トピック──栄養

菜食主義いろいろ

妊娠中も安全で健康的に菜食主義の食生活を送ることは可能です。 肉類と魚介類は食べないけれど乳製品と卵は食べる乳卵菜食主義者(ラクト・オボ・ベジタリアン)は、だいたい問題なく十分な栄養をとれますが、いろいろな種類の未精白の穀物、豆類、果物、野菜を食事にたくさんとり入れるよう心がけましょう。そうすることで、アミノ酸、ビタミン類、ミネラル類をバランスよく摂取することができます。

植物由来の食品は動物由来の食品に比べてたんぱく質が少なくなりがちなので、ベジタリアンはたんぱく質をしっかりとるようにする必要があります。妊娠中は1日当たり60gのたんぱく質が必要です。

ということは、ベジタリアンは通常、3食の食事すべてにたんぱく源をとり入れ、それに加えてたんぱく質を含む軽食をとる必要があります。

また、ベジタリアンは生体が必要とする23種類のアミノ酸すべてを摂取するよう気をつけなければなりません。植物由来のたんぱく質は通常、ひとつの食品に23種すべてが含まれることはありません。しかし、さまざまな種類のたんぱく質を数回の食事でとることで、たいていはまかなえます。毎回の食事に23種すべてが含まれていなくても、体が数回の食事から得たアミノ酸を蓄えておけます。完全菜食主義(ビーガン)の人は、p.121を参照してください。

ご存じですか

近い将来、染色体異常を特定する非侵襲性検査（注→p.480）が可能になるかもしれません。

妊娠中の女性の血液検体のみから検査ができるようになり、現在のように子宮に針を刺す必要はなくなる可能性があります。

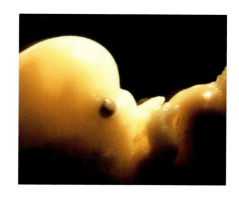

妊娠10週0日です
あと210日……

今日の赤ちゃん
頭蓋の前面の骨が赤ちゃんの前頭部をおおうように形成されはじめ、軟骨が硬くなって骨になります。いまの段階ではまだ額は非常に突出しており、頭頂はとてもやわらかく、赤ちゃんの脳が急速に成長するのに対応できます。

胎盤は完全に形成され、赤ちゃんに必要なすべてのものを供給できるくらい成熟しています。ただし、胎盤はこれからも成長し続けます。

トピック——栄養

メロンでリフレッシュ

妊娠期間を通して脱水状態にならないようにすることが重要です。水分の多い果物を食べるのはいい方法です。果物に含まれる水分は体に吸収されやすいのです。果物には天然の糖が含まれており、血液中に水を呼び込む作用があります。スイカや、網メロン、ハネデューメロンなどのメロン類は、もともと水分が豊富です。それに加え、メロンは甘く、酸味が少ないので、妊娠中でも食べやすいのです。

メロン類は水分補給を助けるだけでなく、葉酸その他のビタミンや栄養の供給源でもあります。メロン類を食べるときは、カッテージチーズかヨーグルトと組み合わせましょう。そこにグラノーラを散らすと軽い食事になります。メロンを栄養満点のスムージーの材料に加えてもいいでしょう。

この時期は、赤ちゃんの成長の節目となります。赤ちゃんに栄養を供給するという役割を胎盤が卵黄嚢から引き継ぐのです。これまでの胎盤は、赤ちゃんと同様に成長し、血液循環をつくりだし、高まり続ける赤ちゃんの要求に応えようとしてきました。

受精から1週間後、形成がはじまったばかりの胎盤は、明確に区別できる内側と外側の2層をなし、手指のような突起で徐々に子宮内膜に入り込んでいきました。この

ドクターへの質問

Q. "Rh−"とはどういう意味ですか？
A. Rh式は、赤血球中のRh因子の有無によって分類する血液型の判定方法で、特にD抗原と呼ばれる因子をもっているかどうかで、陽性（Rh＋）か陰性（Rh−）かが決まります。問題となるのは、Rh＋を父親から受け継いだ赤ちゃんをRh−の女性が妊娠した場合です。分娩時にお母さんの血液が赤ちゃんの血液に触れると、お母さんの体内でD抗原に対する抗体がつくられることがあります。

その場合、次回以降の妊娠でまたRh−の赤ちゃんを妊娠すると、その抗体が赤ちゃんの細胞を攻撃する可能性があります。そうなると赤ちゃんは、誕生してから重度の貧血や心不全を起こしかねません。そのような事態を防ぐために、お母さんに抗D人免疫グロブリンを注射します。

着床段階で、微量の出血に気づいた人もいるでしょう（p.67参照）。突起はどんどん増えて子宮内膜のなかで広がります。子宮内膜自体も変化を遂げて、絨毛と呼ばれるこの突起ひとつひとつが母体血の小さなプールにじかに接することができるようになり、酸素や栄養の受け渡しが可能になります。

これまでは子宮内膜の組織が"栓"をしていたため、そのプールに流れ込む母体血の量は限られていましたが、妊娠のこの段階になると、それらの"栓"に消失しはじめます。これは、胎盤が十分に発育し、繊細な絨毛ひとつひとつが流れ込んでくる母体血の圧力に負けないようになったことを意味します。絨毛は妊娠30週ごろまで枝分かれし続けます。

赤ちゃんの実際の大きさ

妊娠10週0日の胎芽は、頭からお尻までの長さが3cmです。

9週

10週

第11週（妊娠10週1日〜11週0日）

これから数カ月の間あなたをサポートしてくれる医療を決めておきましょう。

赤ちゃんはいまではすっかり人間らしくなり、感覚器官の発育など、
多くの高度な変化が起こっています。新たな発育段階に入ったことを示すべく、
赤ちゃんはこの週から"胎児"と呼ばれます。
これまで妊娠の実感があまりなかった人にも、間もなく実感がわいてくるでしょう。
そろそろ初めての妊婦健診など現実的なことに向き合うときです。
超音波検査や血液検査が、妊娠生活の習慣の一部になるでしょう。

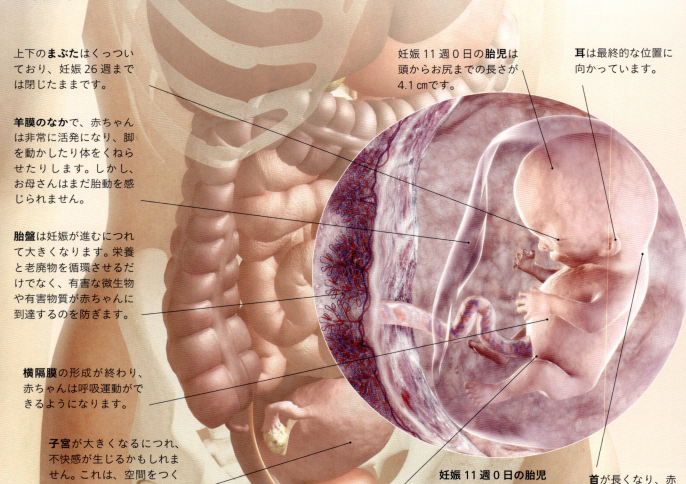

上下の**まぶた**はくっついており、妊娠26週までは閉じたままです。

羊膜のなかで、赤ちゃんは非常に活発になり、脚を動かしたり体をくねらせたりします。しかし、お母さんはまだ胎動を感じられません。

胎盤は妊娠が進むにつれて大きくなります。栄養と老廃物を循環させるだけでなく、有害な微生物や有害物質が赤ちゃんに到達するのを防ぎます。

横隔膜の形成が終わり、赤ちゃんは呼吸運動ができるようになります。

子宮が大きくなるにつれ、不快感が生じるかもしれません。これは、空間をつくるために靭帯や筋肉が引き伸ばされるためです。

卵巣または精巣の形成がはじまります。

妊娠11週0日の**胎児**は頭からお尻までの長さが4.1cmです。

耳は最終的な位置に向かっています。

妊娠11週0日の胎児

首が長くなり、赤ちゃんは頭を上下左右に動かすことができるようになります。

妊娠初期

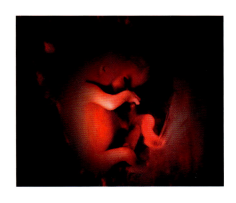

妊娠10週1日です

あと209日……

今日の赤ちゃん
左の写真は、胎児を横から写したもので、右耳と右目がみえています。
右手と右足は胎児独特の格好に曲げられています。
右側に赤くみえる管状の構造は臍帯です。

妊婦健診は、あなたが助産師といちばんしっかり話せる機会です。初回のこのときに、助産師はあなたのマタニティファイルの記入をはじめるでしょう。

英国ではこのころに、NHS（英国国民保健サービス）の病院で正式な妊婦健診を受けることになります（p.122〜123参照）。この妊婦健診で、あなたの担当になる助産師のひとりと会えるでしょう。この妊婦健診を受ける正確なタイミングは、通常の妊婦健診をどこでうけるかによります。通常の妊婦健診を独立助産師（p.102参照）に依頼するのでなければ、あなたの担当になるのは助産師と医師数名ずつで、そのチームが妊娠期間を通してあなたの経過をみることになるでしょう。

初回の妊婦健診の目的は、助産師があなたの病歴を知り、あなたに情報を提供して食事や運動のアドバイスをし、あなたのケアを計画することです。また、あなたにとっては、ききたいことがあればたずね、今後の妊婦健診、血液検査、超音波検査、出産準備クラスなどのスケジュールについて相談できる機会でもあります。さまざまな情報が掲載された小冊子やリーフレットを受けとり、知っておくべき連絡先を教えてもらえるでしょう。助産師があなたとあなたの家族、パートナーと彼の家族の病歴と、あなたのこれまでの妊娠歴、そして今回の妊娠がいまのところどんな状況かをたずねます。

あなたの回答をもとに、助産師はあなたの妊娠に影響する可能性のある因子——例えば、家族に妊娠高血圧症候群（p.474参照）を経験した人がいる、といった因子——を特定します。尿検査など、健康状態のチェックもおこなわれるでしょう。これは、これからの妊婦健診でも同じです。

ご存じですか
助産師を意味する英語の"Midwife"は"女性とともにある"を意味する古英語の"mit wif"（with woman）に由来します。

女性が自力で出産する能力を尊重し、介入はどうしても必要なときだけにするのが助産師の役割です。

妊婦健診では、血圧の測定など毎回おこなわれるチェックがあります。妊娠期間を通してあなたの健康を管理するのは助産師の仕事です。

助産師への質問
Q. どの検査を受けるか、どうやって決めたらいいでしょう？
A. 助産師からさまざまな検査についていろいろ教えてもらえるでしょうが、どれを受けるかを決めるのはあなたです。検査は大きく2種類に分けられます。スクリーニング検査（p.142〜143参照）と確定診断検査（p.152〜153参照）です。スクリーニング検査の目的は、問題が起こる可能性をみつけることです。その結果に基づいて、さらに詳しく調べる確定診断検査をすすめられることがあります。

多くの女性がスクリーニング検査を受けるという選択をしますが、どこまで突き詰める覚悟があるか考えてみるといいでしょう。たとえば、もしもスクリーニング検査でリスクが高いとわかったら、確定診断検査を受けますか？ その結果が陽性だったとしても、妊娠を継続すると思いますか？

これは難しい問題ですが、大切なことです。あなたとパートナーが、たとえなにがあろうと赤ちゃんをあきらめないのだとわかっているなら、検査は受けないという決断をするかもしれませんし、あるいは検査を受け、なんらかの問題を抱えている可能性のある赤ちゃんを迎えるために、心の準備をしたいと考えるかもしれません。

第11週

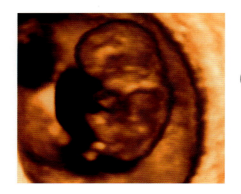

妊娠10週2日です

あと208日……

今日の赤ちゃん

赤ちゃんの頭部は、まだ体の半分近くあります。
四肢はまだ比較的短いのに、手や足がとても大きくみえるかもしれません。
胴と四肢は単純な動きをしはじめますが、お母さんに感じられるようになるのはまだまだ先です。

男の子？　女の子？
赤ちゃんの生殖器の形成につながる、重要な変化が起こっています。

　数種のホルモンが赤ちゃんの成長に影響を与え、卵巣や精巣の形成がはじまります。 精巣は徐々に下降してきますが、構造的な発育はその子が思春期になるまで完了しません。卵巣は卵子を産生するようになります（p.226参照）が、卵子は発育の初期段階でいったん停止します。

　微細な生殖結節から外性器が形成されますが、この時点では外見上、男女の区別はつきません。このころの陰茎の長さは2.5mmしかないので、性別が区別できないのは無理もありません。

　赤ちゃんの膀胱と直腸は、完全に分かれました。腎臓が完全に発育するまでにはもう少し時間がかかります。膀胱の左右から尿管芽と呼ばれる芽が出て、これから腎臓をつくる組織に向かって伸びていきます。ふたつの尿管芽は、腎臓から膀胱に尿を運ぶ尿管を形成します。尿管芽は骨盤内で腎臓の組織としっかり結合しなければなりません。尿管芽が上方へ伸びるにつれ、骨盤内で発育している初期の腎臓は上方へ移動し、腹腔におさまります。

> **ドクターへの質問**
>
> **Q. わたしは花粉症をもっているのですが、抗ヒスタミン薬を服用してもいいでしょうか？**
> **A.** 抗ヒスタミン薬の妊娠への影響（注→p.480）ははっきりわかっていませんので、念のため服用しないのがいちばんです。しかし、症状がひどい場合は、医師の診察を受けてください。処方薬のなかには、妊娠中に使用できる抗ヒスタミン薬が1種類あります。

トピック──双子

胎盤をシェア？

　二卵性双生児には、それぞれの羊膜と胎盤があります。 一卵性双生児（ひとつの受精卵から生じた双子）の場合は、胎盤やときには羊膜も共有していることがあります。羊膜の外側にある絨毛膜という膜がひとつでふたりの赤ちゃんを包んでいることもあり、このようなケースを1絨毛膜性双胎妊娠といい、より注意深く経過をみていく必要があります。胎盤、羊膜、絨毛膜の数と位置は、超音波検査で確認できます。

　双生児が胎盤を共有する場合、血液循環の仕組みもつながっていることがあります。その結果、ふたりのうち一方に血液がたくさん届きすぎ、心臓に問題を引き起こすことがあります。もう一方は、受け取る血液が少なすぎ、望ましいペースで発育できないでしょう。これは双胎間輸血症候群（TTTS）と呼ばれ、1絨毛膜性双胎妊娠の10〜15％に起こります。血液供給の不均衡は、血液供給が多いほうの胎児の羊膜腔から羊水を除去する、またはレーザーを使って胎盤の血管をいくつかふさぐことによって、修正することができます。出産時期を早めなければならないことがあります。

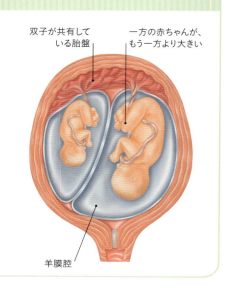

双子が共有している胎盤

一方の赤ちゃんが、もう一方より大きい

羊膜腔

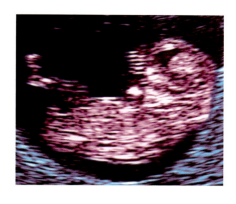

妊娠10週3日です

あと207日……

今日の赤ちゃん

この超音波カラー写真では、頭を右にして仰向けになっている赤ちゃんがみられます。これは、正確な妊娠日数を算出するために頭頂からお尻までの長さを計測するには都合のよい姿勢です。単純に直線で測れるからです。

大きくなってくる子宮に体が適応しようとしはじめると、骨盤まわりに不快感が生じることがあるかもしれません。

栄養士への質問

Q. わたしは乳製品アレルギーです。わたしの赤ちゃんが乳製品から得られる栄養を摂取できるようにするには、どのようなことに気をつけたらいいでしょう？

A. 乳製品には、たんぱく質、（赤ちゃんの歯や骨の発育に必要な）カルシウムが豊富で、ビタミンB群と、少量の鉄が含まれています。成分無調整乳には、ビタミンA、D、Eが含まれています。これらの栄養素を含む、下記の食品をとりましょう。

- **カルシウム**：ブロッコリーやケールをはじめとする緑の葉物野菜、サケ（缶詰も可）やシラスやイワシなど、骨まで食べられる魚（魚選びの注意点はp.96参照）、カルシウムが強化された豆乳。
- **ビタミンA**：色の鮮やかな野菜、肉、卵、レバー。栄養士はたいてい、妊娠中にレバーを食べないほうがいいといいますが、食事からビタミンAをあまり摂取できない場合は、少しくらい食べても害はないでしょう。
- **ビタミンD**：卵。ビタミンDは多くの魚にも含まれています（魚選びの注意点はp.96参照）。
- **ビタミンE**：大豆油、植物油、緑の葉物野菜、卵。

これらの重要な栄養素をほかの供給源からたくさんとり入れていれば、赤ちゃんの健康が大きく損なわれることはないでしょう。

妊娠中にたびたび骨盤まわりにいやな痛みを感じたとしても、心配することはありません。そのような痛みはどんどん大きくなる子宮に合わせようと、骨盤の靭帯や筋肉が引き伸ばされるために起こります。多少の不快感はあるでしょうが、耐えられないほどではないはずです。

月経痛に似た差し込み痛があり、少しでも出血をともなう場合や、強い痛みが常に続いているような場合は、家庭医の診察を受けるか、病院でチェックしてもらわなければなりません。流産（p.94参照）や異所性妊娠（p.93参照）の可能性がないかをチェックしてもらえるでしょう。

トピック——安全

旅を楽しむ

休暇で旅行に出るにしても、出張にしても、準備が大切です（p.28〜29参照）。

- **旅行できる健康状態かどうか**、助産師か医師に相談しましょう。
- **予防接種を受ける必要があるかどうか**確認し、医師と相談しましょう（p.105参照）。可能なら、妊娠中は病気にかかるリスクの高い地域に出かけるのを避けることをおすすめします。
- **旅行保険**（注→p.480）に加入しましょう。妊娠中でも適用されることを確認してください。
- **自分のマタニティファイル**を常にもち歩き、すぐに医療機関にかかれる範囲内で行動しましょう。
- **乗り物で移動するとき**は、長い間すわったままにならないようにし、水分補給をしっかりしてください。深部静脈血栓症（DVT、p.29、186参照）のリスクを減らすためにサポートソックスをはきましょう。
- **暑い地域**にでかけるなら、しっかり日焼け対策をしましょう。
- **食べるもの**に注意して、水道水は飲まないようにしましょう。

妊娠10週4日です

あと206日……

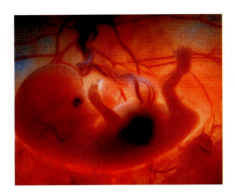

今日の赤ちゃん

写真の左側にみられるように、妊娠が進むにつれ、臍帯のねじれは徐々に増していきます。臍帯がねじれるのは、赤ちゃんがさかんに動くためだと考えられています。

四肢の発育が進んで赤ちゃんは体をよく動かせるようになり、超音波検査で手や指がはっきりみえるようになります。

赤ちゃんの首が長くなり、頭が体から離れてくるので、これまでよりも人間らしい形になってきます。頭は依然として、全身の半分ほどを占めています。赤ちゃんの大きさは、頭頂とお尻の間の距離を超音波装置で計測することでわかります。こうして得た値を頭殿長（CRL）といいます。赤ちゃんの頭の大きさも計測できます。これは児頭大横径（BPD）と呼ばれ、赤ちゃんの頭を真上からみて左右の頭頂骨の端から端までの距離を測った数値です。

このころには、首がさらに成長し、手足の関節すべてが形成されているので、赤ちゃんはいろいろな動きができるようになります。横隔膜の形成が終わり、呼吸運動もできるようになります。消化管では、ふさがっていた十二指腸が完全に開通し、小腸が回転をはじめてまた腹腔におさまる準備をします。

赤ちゃんの口のなかでは、硬口蓋の形成が終わりました。舌が比較的大きいので、口よりも鼻孔からのほうが、呼吸のたびに羊水をとり込みやすい状態です。

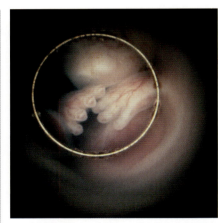

この**内視鏡画像**は、ごく細い、光を発する内視鏡を子宮内に通すことによって得られたものです。胎児が顔を両手でおおっている様子がわかります。

考えてみましょう
NT（後頸部浮腫）スキャン

妊娠11〜14週あたりで、NTスキャン（p.143参照）をおこなうことがあります。この検査は、赤ちゃんの首の後ろの皮下にある、液体のたまった部分の厚みを計測することによって、ダウン症候群のリスクを評価します。

- **NTスキャンの精度は80％**といわれています。妊娠関連血漿たんぱく質A（PAPP-A、p.142参照）の値を調べる血液検査と組み合わせた場合、精度は85％になります。また、鼻骨を測ることで精度は95％まで上がりますが、この検査はあまり普及していません。
- リスクが高いという結果が出た場合、**さらに詳しい検査**（p.152〜153参照）を受けることもできます。

トピック——双子
トラブルもダブル

おなかのなかでふたりかそれ以上の赤ちゃんをはぐくんでいると、あなたの体にそれなりの影響があるでしょう。しかし、いい面もあります。**なんらかの症状が重いということは、たいていの場合、赤ちゃんが元気だということなのです。**

- **はじめの3カ月間**、あなたの心臓は人一倍働いて、増加した血液を体内に送り出さなければなりません。そのため、疲労感が強くなるかもしれません。
- **妊娠ホルモンの値が高くなる**ため、吐き気や嘔吐が重症化することがあります。

あまりにもつらい場合は、医師に相談しましょう。ただし、妊娠初期のつらさは深刻なものではないということを覚えておきましょう。もしかしたら双子なんじゃないかと感じた人は、早めに医師にみてもらい、妊婦健診や超音波検査を多めに受けることになるかもしれません。多胎妊娠の場合は産科医に紹介されるでしょう。複数のマタニティクリニックに通うことになる人もいます。

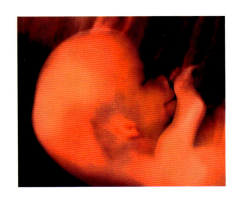

妊娠10週5日です

あと205日……

今日の赤ちゃん

外耳は最終的な位置に移動するにつれて、これまでよりはっきりみえるようになりました。
目も落ち着くべき位置にぐっと近づき、首はさらに長くなります。
赤ちゃんはよく手で口を触ります。これが重要な皮膚感覚の刺激になるのです。

妊娠中に歯と歯肉の健康を保つのは大切なことです。 しっかり歯磨きして、定期的に歯科検診を受けましょう。

歯と歯肉の手入れをしっかりしましょう。 プロゲステロンというホルモンの作用で歯肉の組織がやわらかくなるため、歯磨きをすると出血し、細菌感染を引き起こすことがあります。あいにく、歯周病と早産の間には関連があるのです。歯周病を引き起こす細菌はお母さんの血流に毒素を放出し、それが胎盤に届いて、赤ちゃんの発育に影響することがあります。また炎症が起こると、子宮頸管を拡張させて子宮の収縮を引き起こす炎症性化学物質が産生される恐れがあります。

英国では妊娠期間中から赤ちゃんの1歳の誕生日までは、NHS（英国国民保健サービス）により無料で歯科治療（注→p.480）を受けられます。妊娠中に局所麻酔を注射しても安全です。歯肉炎の治療のために抗生物質を使う必要がある場合は、妊娠していることを歯科医師にもう1度伝え、妊娠中でも安全に服用できる薬を処方してもらいましょう。

口のなかのX線写真をとる必要があれば、歯科医師がお母さんのおなかに鉛入りのエプロンをかけて赤ちゃんを守ってくれるでしょう。

忘れずに歯磨きするようにしましょう。 ふだんより回数を多くするくらいのつもりで。それから、デンタルフロスを使い、歯と歯の間も清潔にしましょう。そうしておけば、歯肉炎を起こすリスクは減ります。

ドクターへの質問

Q. 妊娠したらおりものが多くなったのですが、なぜですか？

A. 妊娠すると、膣の筋肉層が厚くなり、エストロゲンという妊娠ホルモンの増加に応えて膣をおおっている細胞が増殖します。これらの変化によって、膣は出産に向けた準備を整えるのです。その副作用として、おりものの増加があります。細胞が増えるということは、白帯下（はくたいげ）という膣からの分泌物が増加するということなのです。

膣のあたりに痛みやかゆみを感じる、おりものの色がクリーム色や白以外である、においがあるといった場合、医師がおりものを採取して、細菌感染を起こしていないかどうか調べるでしょう。

膣カンジダ症（注→p.480）のように、おりものに異常が生じる感染症もあります。これらは妊娠中によくある感染症で、簡単に治療できます。市販のクリームや膣座薬は、膣カンジダ症にとても効果的です。妊娠中に使用しても害はなく、膣座薬を挿入すれば、たいてい問題は解決します。膣カンジダ症の経口薬は使用しないでください。

ご存じですか

米国でおこなわれたある研究によると、子どもをひとり産んだ母親は歯を平均2〜3本なくしており、子どもを4人以上産んだ母親は歯を平均4〜8本なくしていたといいます。

ですから「子どもをひとり産むたびに歯が1本抜ける」という迷信も、いくぶん事実に基づいているのかもしれません。妊娠中に起こるホルモンの変化により、歯周病が起こりやすくなるのは確かです（上記参照）。

第11週

妊娠10週6日です

あと204日……

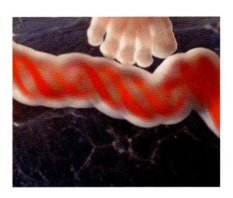

今日の赤ちゃん
左は、臍帯のアップ写真です。
らせん状の2本の動脈は、酸素を赤ちゃんに届けたあとの血液を胎盤へと運んでいます。
臍帯には、酸素を豊富に含んだ血液を胎盤から発育中の赤ちゃんへ運ぶ静脈も1本あります。

セックスのことなど考えもしなくなりましたか？　それとも性欲が増したと感じますか？　妊娠中の性欲は、人それぞれのようです。

これから赤ちゃんを迎えるふたりは、夫婦として気持ちが寄り添うようになるでしょう。しかし、肉体的な結びつきが強まるとは限りません。妊娠中に性欲が増す女性もいますが、大多数の女性は初期の数週間に性欲の減退を感じるようで、パートナーを非常に驚かせます。

妊娠初期には多くの女性が疲労感や嘔吐感に悩まされるので、セックスなどする気にはならないのです。もしあなたもそう感じているなら、パートナーにその気持ちを説明し、拒絶されたと感じさせないようにしましょう。別のかたちで肉体的な結びつきを感じられる方法をみつけるのがおすすめです。もしかしたら、挿入しないまでも前戯のなかにはふたりがまだ楽しめるものがあるかもしれません。それが無理なら少なくとも、お互いに愛情深く接するようにしてみてください。

セックスに不安を感じているのは男性のほう、ということもあるかもしれません。多くの男性が、挿入することで赤ちゃんに害がおよぶのではないかと心配しますが、そんなことはありません。

医師からセックスを控えるようにいわれている場合は別として、あなたが望むなら妊娠中にセックスしても安全なのです。

栄養士への質問

Q. ハーブティーを飲んでも大丈夫でしょうか？
A. ハーブティーにカフェインは含まれませんが、フルーツ、ジンジャー、シナモン、カモミールなど、安全だとわかっているものだけを選びましょう。ラズベリーリーフや、あまり一般的でないバーベナなどは避けてください。これらはたくさん飲むと子宮を刺激するので、妊娠の終盤や陣痛開始後に飲むのがいちばんです。妊娠中の安全性が確認されていないハーブが含まれるお茶もあります。パッケージに"カフェインレス"の記載がない限り、紅茶や緑茶にはカフェインが含まれます。

トピック――からだのこと

くも状静脈に対処する

くも状静脈とは、**皮下のごく浅いところで形成される、小さな赤いくもの巣のような血管網**です。妊娠中にエストロゲンというホルモンの値が高くなるのが原因であらわれます。顔、上胸部、首、腕、脚にあらわれるのが一般的です。出産後間もなく消失することが多く、問題にはなりません。また、通常はメイクでかくせます。くも状静脈があらわれるのを防ぐには、次のようなことが有効です。

- **ビタミンCの摂取量を増やし**、静脈や毛細血管の強化を助ける。
- 脚を組むと症状を悪化させることになるので、**組まないようにする**。
- **運動を習慣づけ**、血行をよくする。
- **長時間立ちっぱなしやすわりっぱなしになるのを避け**、すわるときは足を高くする。
- **香辛料を使った食べ物を避ける**（くも状静脈を減らせるという報告もあります）。

突然、あちこちの静脈が破れて内出血を起こした場合は、医師か助産師に相談するといいでしょう。

妊娠11週0日です
あと203日……

今日の赤ちゃん

赤ちゃんは手を頻繁に顔のあたりにもっていきます。
赤ちゃんの首が長くなったので、頭を上下左右に動かすことができるようになります。
左の超音波写真では、赤ちゃんの耳と目がはっきりみえています。

赤ちゃんがものをみたり、きいたり、味わったりする器官が急速に発育します。また、よく動き回るようになります。

栄養たっぷりのスムージー

スムージーを飲めば、簡単に水分補給ができて、同時に栄養もとれます。スムージーの基本材料は、生または冷凍のフルーツ、アイスクリームかヨーグルト、ミキサーを回しやすくすくするためのジュースです。以下は組み合わせの例です。

- **イチゴ&バナナ**：冷凍のイチゴ、バナナ、無脂肪のバニラヨーグルト、オレンジジュース
- **ラズベリー&オレンジ**：冷凍のラズベリー、オレンジシャーベット、無脂肪のバニラヨーグルト、オレンジジュース
- **ブルーベリー&バナナ**：冷凍のブルーベリー、バナナ、無脂肪のバニラヨーグルト、オレンジジュース

赤ちゃんは子宮のなかで（そして誕生してからも）、かなりの部分を感覚に頼っており、その重要な発達がいままさに起こっています。

耳は最終的な目的地に向かって移動し続けますが、この段階では赤ちゃんの耳はまだきこえません。きこえるようになるには、中耳と内耳の構造ができあがり、内耳が脳と神経でつながらなければなりません。しかし、聴覚は最初に発達する感覚のひとつで、子宮内で赤ちゃんに届く音波に反応があるかどうかによって、感覚の有無がわかります。味覚がいつ整うかを判断するのは難しいものの、舌には味蕾が形成されはじめています。

赤ちゃんの目には水晶体があり、網膜ができかかっていますが、たとえまぶたが開いたとしても、光信号をとらえることはできません。水晶体内にあった空間は閉鎖され水晶体の原型ができましたが、視神経はまだ網膜からの信号に反応していません。

いろいろな体の動きがみられるようになり、赤ちゃんはとても活発に動いているものの、まだ体が小さすぎるのでお母さんはその動きを感じられません。しかし、もう2カ月もすれば、赤ちゃんの動きがよくわかるようになるでしょう（p.213 参照）。

ドクターへの質問

Q. 運動した後に出血がありました。大丈夫でしょうか？

A. 運動中に膣から出血した場合は、痛みがあってもなくてもすぐに運動をやめ、医師に相談してください。通常、原因はほかにありますが、運動を続ける前にチェックしてもらうべきです。

妊娠初期の出血には運動とはまったく関係ないさまざまな原因が考えられますが、まずはなにも問題がないことを確認することが大切です。医師から大丈夫だといわれたら、運動を再開できます。

赤ちゃんの実際の大きさ

妊娠11週0日の胎児は、頭からお尻までの長さが4.1cmです。

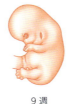
9週

11週

第11週

第12週（妊娠11週1日〜12週0日）

妊娠初期が終わり、ひとつの重要な節目を迎えます。

あくびをしたり、手足を動かしたり——赤ちゃんは活発に動いており、あなたは実際にそれをみることができます。ほとんどの女性はこの週に初めての超音波検査を受けます。これは妊娠初期の一大イベントです。
これまで、妊娠していることを大切な秘密にしてきた人も、
超音波検査がすめばきっと、胸を張って周囲の人たちに知らせることができるでしょう。
おなかのなかで実際に起こっていることをとらえた写真を手にすれば、なおさらです。

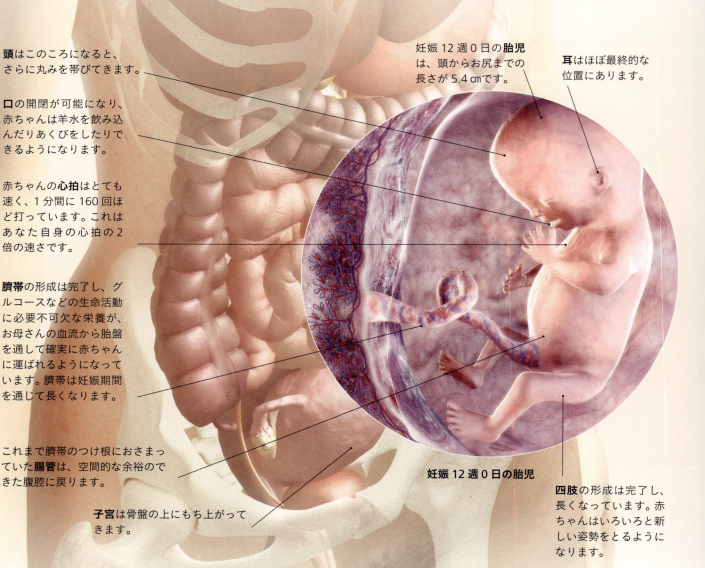

頭はこのころになると、さらに丸みを帯びてきます。

口の開閉が可能になり、赤ちゃんは羊水を飲み込んだりあくびをしたりできるようになります。

赤ちゃんの**心拍**はとても速く、1分間に160回ほど打っています。これはあなた自身の心拍の2倍の速さです。

臍帯の形成は完了し、グルコースなどの生命活動に必要不可欠な栄養が、お母さんの血流から胎盤を通して確実に赤ちゃんに運ばれるようになっています。臍帯は妊娠期間を通じて長くなります。

これまで臍帯のつけ根におさまっていた**腸管**は、空間的な余裕のできた腹腔に戻ります。

子宮は骨盤の上にもち上がってきます。

妊娠12週0日の**胎児**は、頭からお尻までの長さが5.4cmです。

耳はほぼ最終的な位置にあります。

妊娠12週0日の胎児

四肢の形成は完了し、長くなっています。赤ちゃんはいろいろと新しい姿勢をとるようになります。

妊娠初期

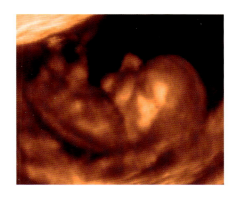

妊娠11週1日です

あと202日······

今日の赤ちゃん

左の超音波写真では、赤ちゃんは仰向けに寝転がっているようにみえます。
実際には、羊膜のなかは液体で満たされているので、
赤ちゃんはほとんど重力のない環境に漂っていて、子宮内でどんな姿勢も簡単にとれます。

この妊娠初期の最後の週に、おそらく初めての超音波検査を受け、初めて赤ちゃんをみることになるでしょう。

あなたとパートナーが、このエキサイティングな体験をするときがきました。このころ、妊娠日数を予測する超音波検査を受け、赤ちゃんをみることになります。そのおかげで、赤ちゃんをぐっと近くに感じられるようになるかもしれません。多くの男性にとっては、超音波画像で赤ちゃんをみて初めて、妊娠が現実のこととなるようです。

この超音波検査では、赤ちゃんの頭殿長を計測し（p.139参照）、その数値から在胎日数を算出します。妊娠20週ごろまでは、すべての赤ちゃんがほぼ同じペースで成長します。両親の身長にかかわらず、赤ちゃんはそのころまで、同じ発育段階にあるほかの赤ちゃんと同じ大きさなのです。

最終月経の初日をもとに算出する出産予定日（p.74参照）は、必ずしも正確ではありません。月経周期が長い人、月経不順の人ならなおさらです。超音波検査をもとに算出する出産予定日は精度が高いものの、実際に出産予定日に生まれてくる赤ちゃんはほとんどいません。

超音波でみた赤ちゃんの写真を購入できることもあります。写真を入手すれば、きっと飽きずに何度も繰り返しみてしまいますよ！ 周囲の人に妊娠したことを知らせるのに、写真をみせるのはとてもいい方法です。

> **トピック──お父さん**
>
> ## 実感がわいてくる！
>
> これから父親になるあなたにとって、初めての超音波検査を受けにいくのはとてもワクワクすることでしょう。しかし、不安でもあるかもしれません。あなたもパートナーも、赤ちゃんは大丈夫だろうかと考え、どうか「順調ですよ」といわれますようにと願うのは当然のことです。
>
> 最初の超音波検査は、赤ちゃんの心拍を確認し、大きさを測ったりするためにおこなわれるので、非常に技術的に感じられるかもしれませんが、とても感動的でもあります。実際、初めての超音波検査は、あなたがたに初めてこの新たな生命をみせてくれます。彼女がまだ胎動を感じられないというのに、赤ちゃんが足をばたつかせたり、手をさかんに動かしたりするのをみられるのです。
>
> おそらく男性のあなたにとって超音波検査のいちばんの衝撃は、自分の赤ちゃんが実際に存在するのだという物理的証拠を初めて突きつけられるという事実です。パートナーはおなかのなかで赤ちゃんをはぐくんできたので、妊娠という現実にずっと慣れているでしょう。しかし超音波検査は妊娠をあなたにとってぐっと現実的なものにするでしょうし、あなたは自分が心動かされていることに驚くかもしれません。

第12週

超音波検査による妊娠日数の算出

妊娠 11 〜 14 週におこなう超音波検査では、5 〜 7 日以内の誤差で妊娠日数を特定できます。こうしてより正確な妊娠日数がわかれば、出産予定日（注→ p.480）を予測したり、今後の検査をいつおこなうのが適切かを判断したりする助けになります。

超音波検査に基づく在胎日数

超音波検査をすることで、赤ちゃんの在胎日数を正確に知ることができます。これは、最終月経がいつはじまったかよくわからない場合、月経不順の場合、ピルなどによる避妊をやめてすぐに妊娠した場合などに、特に役立ちます。妊娠のこの段階では、赤ちゃんの頭頂からお尻までの長さ（頭殿長）を計測することができます。在胎日数を正確に知ることは、出産予定日の算出や、スクリーニング検査や確定診断検査をおこなう時期を決めるうえではもちろん、胎児発育不全（p.284 参照）などの診断を誤らないようにするためにも重要なのです。最終月経から算出した出産予定日とこの検査で得た頭殿長に基づいた出産予定日に 5 〜 7 日以上の開きがあれば、後者が正式な出産予定日となるでしょう。

出血や痛みがある場合は、流産や異所性妊娠（p.93 参照）の可能性を排除するために、妊娠 11 週未満でも超音波検査をおこなうことがあります。

検査方法

超音波検査では、おなかに当てたプローブと呼ばれる手のひらサイズの機器から高周波の音波が発せられます。超音波は硬い組織に当たるとはね返り、その信号が画像に変換されてコンピューターのスクリーン上に映し出され、超音波検査士がその画像を読みとります。

検査の前に、水をたくさん飲むよう指示されるかもしれません。これは、膀胱を満たして子宮の位置を上げることで、明確な画像が得られるためです。皮膚との接触面を最大化するために妊婦のおなかにジェルを塗ってから、医師がプローブを下腹部に当て、ゆっくりと動かします。

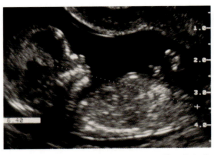

妊娠 12 週までに、胎児は人間らしい姿になります。写真の横顔には、額、眼窩と呼ばれる眼のくぼみ、小さな鼻がすべてみられます。

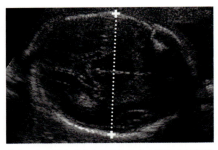

赤ちゃんの頭を真上からみたときの横幅（大横径）を計測すると、赤ちゃんの発育具合を評価し、妊娠日数を算出するのに役立ちます。

超音波検査でわかること

超音波検査でなにがみえるの?

妊娠日数や出産予定日を確認できるだけでなく、ほかにも有益な情報が得られるかもしれません。

- **単胎妊娠なのか多胎妊娠**（双子、三つ子、またはそれ以上）**なのか**がわかります。

- 稀ではありますが、重複子宮などの**子宮異常**があればわかります。また、子宮筋腫も発見できます。

- 排卵したほうの卵巣に、**卵巣嚢胞**がみつかることがあります。これはよくあることで、妊娠初期の間は嚢胞が残る可能性があります。

- **胎児異常**もみつかることがありますが、たいてい臓器がはっきりみえるようになる妊娠 20 週の超音波検査（p.214 参照）で診断されます。

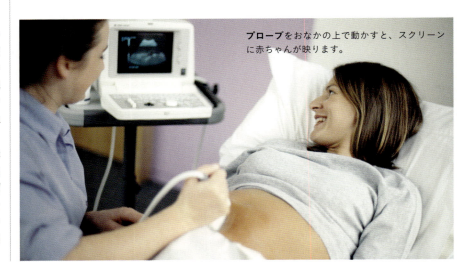

プローブをおなかの上で動かすと、スクリーンに赤ちゃんが映ります。

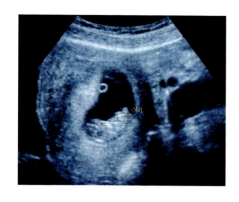

妊娠11週2日です

あと201日……

今日の赤ちゃん

この写真の12時の位置にみえるのは卵黄嚢で、左側の子宮内膜が厚くなっているようにみえるのが胎盤です。赤ちゃんは子宮の下のほうに、仰向けになっています。

これまでになんらかの不安があった人も、超音波検査で赤ちゃんの発育を徹底的にチェックしてもらえます。

超音波検査で妊娠日数の算出の基準となるのは、赤ちゃんの頭頂からお尻までの長さです。これは、赤ちゃんが——これから先も——脚を折り曲げて丸まっているためです。この数値を頭殿長（CRL）といいます。

赤ちゃんは背中を丸めたり首を伸ばしたりできるようになっているので、頭殿長は赤ちゃんが特定の姿勢をとっているときに測る必要があります。そのため、計測に少々時間がかかることがあります。この測定値を使って出産予定日を算出しますが、これは月経周期をもとに算出した出産予定日（p.74参照）と異なるかもしれません。

このころにおこなう初めての超音波検査では、四肢、両手と両足、脊椎、脳の成長の一部、液体で満たされたおなか、そして膀胱をすべて確認できるはずです。これから赤ちゃんの腎臓では、ごく薄い尿が少量つくられ、膀胱にたまるようになってきます。

ご存じですか

超音波検査で算出した出産予定日は予測でしかなく、その日に出産する確率は約5％にすぎません。

ですから、出産予定日は覚えておいても、赤ちゃんがそれを守ってくれるとは思わないでください！

助産師への質問

Q. 妊娠による症状がずいぶんあって、まるで自分の体が自分のものでないみたいです。どうしたらリラックスして妊娠生活を楽しめるでしょう？

A. すべての女性が妊娠にうまく適応できるとは限らず、妊娠による症状に対処したり体重管理の問題を心配したりで、まいってしまう人もいます。そのような気持ちとうまくつき合うには、さまざまな変化を受け入れ、運動したり、体のなかで起こっていることをみつめたりすることで、自分の体とかかわり続けるのがいちばんです。わたしたちは多くの時間を、体の外で起こっているいろいろなことに耳を傾けて過ごし、自分の内側に注目することはほとんどありません。

1日に少しだけ、深呼吸してリラックスする時間をとりましょう。そして、マタニティヨガや瞑想を学ぶことを考えましょう（右記参照）。

あなたの体に起こっている劇的な変化は、妊娠期間を通して気分の上がり下がりや、感情に写しだされるのかもしれません。親になると思うとワクワクしてうれしくてしかたがないという日もあれば、圧倒されて不安になる日もあるでしょう。

ひょっとしたら、9カ月間という妊娠期間は、親になるということになじむために自然が与えてくれたもので、自分の感情とうまくつき合い、出産に備えるための時間なのかもしれません。ですから、気持ちをゆったりもってください。ただし、不安でたまらないなら、医師か助産師に相談しましょう。

このシンプルなヨガのポーズは体と心を完全にリラックスさせてくれます。マタニティヨガのクラスへの参加を検討してみてください。テクニックを学べるだけでなく、ほかの妊婦さんと知り合う機会にもなります。

第12週

妊娠11週3日です
あと200日……

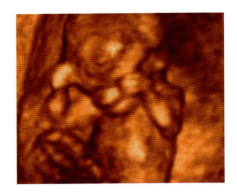

今日の赤ちゃん
赤ちゃんの四肢はさらに発育が進んでしっかりしてくるので、
羊水のなかを漂いながら、さまざまな動きができるようになります。
初めはくっついていた唇や指もいまでは完全に分離しており、感覚を刺激します。

ティーンエイジャーのころのように、顔に吹き出物ができてきましたか？
でも、心配いりません。それもまたホルモンのせいで、そのうちおさまります。

妊娠中は肌の変化が起こりやすくなります。プロゲステロンというホルモンの値が高くなるせいで、吹き出物やにきびができることがあります。また、やはり妊娠ホルモンの影響で、乾燥肌になることもあります。おなかが大きくなって皮膚が引き伸ばされるにつれ、腹部の乾燥はひどくなるかもしれません。

そばかすやほくろの色が濃くなることがあります。また、胸や脚に小さな赤い線が走っているのがみつかるかもしれません。これはくも状静脈（p.134参照）と呼ばれるもので、皮膚への血流が増えると、血管が拡張して目立つようになるためにあらわれます。

エストロゲンというホルモンの値が高くなり、妊娠前よりずっと肌の調子がよくなったという人もいます。"妊娠による輝き"といわれるのは、妊娠中は血流が増えるため、顔色が健康的なばら色になるからです。

顔だけでなく体のどこかしらの肌が乾燥してかさつくことがあります。**保湿効果の高いモイスチャライザーを使うといいでしょう。**

助産師への質問
Q. 超音波検査を受けて以来、パートナーが過保護になりました。そんなものでしょうか？
A. 彼はいま、自分の責任に気づき、赤ちゃんへの愛情を実感しており、あなたの世話を焼くことでその気持ちをあらわしているのです。もしもあなたが、それにしてもちょっといきすぎていると感じるなら、なにか別の方法で彼が妊娠や赤ちゃんを迎える準備にかかわっていると感じられないかどうか、話し合ってみましょう。積極的にかかわろうとする気持ちを受けとめ、熱意を大切にしてあげてください。ふたりのきずなを強め、ともに親になる心構えをもつためのいい機会です。

考えてみましょう
雇用主に伝える
雇用主があなたの妊娠を知ったときから、あなたを守る雇用法が適用されます。ですから、雇用主にはできるだけ早く伝えるといいでしょう。赤ちゃんを迎える予定のカップルの多くは、流産のリスクが低くなる妊娠12週まで待って、雇用主に伝えます（注→p.480）。

- **出産予定日を含めた書面**で、雇用主に伝えるのがおすすめです。
- **雇用主はあなたの職場環境のリスクを評価しなければなりません。**なんらかのリスクがあれば排除するか、それが不可能なら、あなたのために代替となる対策を講じなければなりません。
- **産前産後の休業**（注→p.480）をいつからとるか、未消化の有給休暇をいつとるか、その他の権利について話し合えます。赤ちゃんが早く生まれた場合、健康上の問題が生じて産前産後休業を予定より早くとることになった場合には、急な通知であっても変更することができます。
- **雇用主には守秘義務があります。**あなたが妊娠を一定の期日まで公表したくないなら、そのことを伝えましょう。

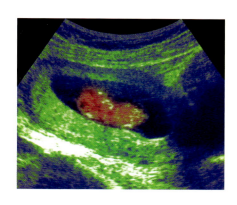

妊娠11週4日です
あと199日……

今日の赤ちゃん

左の超音波カラー画像では、子宮のなかの胎児がみえています。
この発育段階では、胎児の頭殿長は約5.4 cm、体重は約14 gです。

この週になるころには、助産師が手持ち式の胎児心拍計を使い、赤ちゃんの心音をきくことができるでしょう。

このころ赤ちゃんの心拍数は、1分間におよそ120〜160回で、少なくともおとなの2倍です。心臓と心臓内部の刺激伝導系の構造はできあがっていますが、外側の神経分布はこの段階ではきわめて未熟です。心臓に分布する神経は心拍のリズムに影響をおよぼし、妊娠の進行とともに心拍をだんだんゆるやかにしていきます。

赤ちゃんの心臓はとても小さく、必要とされる血液量を循環させるために、1回の拍動で送り出す血液の量を増やすことはできません。その代わりに、1分間に拍動する回数を増やしているのです。

これまで腹腔には、消化管をおさめておくだけの空間的な余裕がありませんでした。赤ちゃんの体から一部が臍帯内に出ていた消化管は、大きくなった腹腔内にこのころ戻ります。体外に脱出していた腸管は回転しはじめ、最後の回転を腹腔内で終えます。体内に戻った腸管の位置は固定され、管の太さが増して腸管ループが空洞になります。

喫煙に関する事実

禁煙まで至らず、喫煙量を減らしただけの人の必読コラムです！

多くの喫煙者は、喫煙量を減らしているとき、より深く吸い込んでおり、有害物質の吸入量は増えています。喫煙は赤ちゃんに次のような影響を与えます。

- あなたが吸い込む一酸化炭素、ニコチン、その他の有害物資は、肺から血液中に入って胎盤を通過します。
- 赤ちゃんにニコチンが届くと、赤ちゃんはいっしょうけんめい酸素を求めるので、心拍が上がります。これは**赤ちゃんの成長率に影響します**。
- 喫煙は流産、早産、低出生体重のリスクを高め、たばこに含まれる化学物質にさらされることで、赤ちゃんは出生後に喘息、胸部の感染症などの疾患にかかる可能性が高まります。そうなると、**予定通り退院できなくなります**。
- 乳幼児突然死のリスクも高まります。父親の喫煙も影響するので、パートナーも禁煙するべきです。
- 喫煙者と暮らしていると、たばこの先から出る副流煙と喫煙者が吐き出す呼出煙から大量の発がん性のある有害化学物質を吸い込むことになります。
- **母親の受動喫煙**は赤ちゃんの健康を害し、流産や早産のリスクを高めることは、多くの研究によって確認されています。

トピック──双子

ふたり分の栄養？

双子を妊娠しているなら、**いまの時点で体重が5 kgほど増えているでしょう**。初期に体重が増えるのは、通常、双胎妊娠ならなおさら、好ましいことです。この時期は、赤ちゃんの臓器の形成と発育にとって重要なときだからです。大まかな指標として、英国において推奨される体重増加（注→p.480）は次の通りです。

- **双子の場合**：最終的に16〜20 kgの増加。第24週までに11 kg、その後は出産まで徐々に増加するのが望ましい。
- **三つ子の場合**：最終的に23〜27 kgの増加。第24週までに16 kg、その後は徐々に増加するのが望ましい。
- **四つ子の場合**：最終的に31〜36 kgの増加。第24週までにほぼ体重増加が終わるのが理想的。

フォーカス

スクリーニング検査

妊娠初期に選択できる一般的なスクリーニング検査は、あなたがたの赤ちゃんに
ダウン症候群などの染色体異常がある確率を評価します。リスクが高ければ、
明確な結果を得るために確定診断検査（p.152〜153参照）を受けることもできます。

スクリーニング検査について助産師が前もって説明するので、どんな検査でも十分な情報を得たうえで受けるかどうかを決めることができます。

なんのための検査？

スクリーニング検査はダウン症候群だけでなく、13トリソミー（注→p.480）、18トリソミーなどの染色体異常のリスクも評価します。これらの染色体異常のある赤ちゃんは、ダウン症候群の赤ちゃんより知的および身体的障害が重く、1年以上生きられることはあまりありません。どちらも稀で、13トリソミーの赤ちゃんはおよそ1万人にひとり、18トリソミーの赤ちゃんは6000人にひとり生まれており、ダウン症候群の赤ちゃんは800人にひとり生まれています。

コンバインド検査 （注→p.480）

ダウン症候群のリスクを評価するスクリーニング検査には、妊娠11〜14週の間におこなわれる"コンバインド検査"が推奨されます。精度が高く、すぐに結果が出るのが望ましい点です。お母さんの血液検査と赤ちゃんの超音波検査を組み合わせます。超音波検査では、後頸部浮腫（NT、次ページコラム参照）と呼ばれる赤ちゃんの首の後ろの皮下の厚みを計測します。血液検査では、妊娠関連血漿たんぱく質A（PAPP-A）と、妊娠ホルモンのひとつであるヒト絨毛性ゴナドトロピン（hCG）というふたつの化学物質の値を調べます。血液検査の結果とお母さんの年齢、NT測定値を組み合わせ、計算式を用いて赤ちゃんのダウン症候群リスクを算出します。

事前に血液検査をしてあった場合、たいてい超音波検査を受けてすぐに結果が出ます。採血と超音波検査を同じタイミングでおこなった場合、結果は数日後に出ます。コンバインド検査によるダウン症候群リスクの判定は、お母さんの年齢のみに基づいて出されるリスクより高いことも、低いことも、まったく変わらないこともあり得ます。

母体血胎児染色体検査 （注→p.480）

DNAはわたしたちが両親から受け継ぐ遺伝物質で、瞳の色などその人の特徴だけでなくあらゆる遺伝性疾患も決定します。現在、母体血胎児染色体検査（セルフリーDNA検査）と呼ばれる非侵襲性の血液検査が広まりつつあります。この検査では、お母さんの血液中に浮遊する赤ちゃんや胎盤のDNA断片（セルフリーDNA）を検出することができます。

お母さんの血液中に胎児のDNAが検出されるのは妊娠満10週以降です。この検査の精度は、ダウン症候群で99％、18トリソミーで98％、13トリソミーで80％といわれ、ほかのスクリーニング検査と組み合わせることでさらに精度が高くなります。

トリプルマーカー検査とクアトロテスト

NT（後頸部浮腫）スキャンをおこなわない病院では、代わりにトリプルマーカー検

検査を理解する

スクリーニング検査の精度

かつてはダウン症候群のリスク評価はお母さんの年齢のみに基づいていましたが、いまでは複数のスクリーニング検査が可能になったことから、検出率が非常に高くなりました。スクリーニング検査の目的は、ダウン症候群を高精度、かつ低い"偽陽性"率で検出することです。偽陽性とは、スクリーニング検査でダウン症候群のリスクが高いとされたものの、その後の確定診断検査でまったく問題がないとされることで、結果としてお母さんに不要な検査を受けさせたことになるのです。

検査の種類	検査時期（妊娠週数）	検出率	偽陽性率
コンバインド検査	11–14	85%	5%
母体血胎児染色体検査	満10週以降	99%	0.2%
クアトロテスト	15–22	76%	5%
トリプルマーカー検査	16–18	69%	5%

妊娠初期

査またはクアトロテストと呼ばれる血液検査をおこないます。これらの検査は妊娠中期におこなわれ、血液検査のみからダウン症候群のリスクを評価します。トリプルマーカー検査は妊娠15～22週におこなわれ、ヒト絨毛ゴナドトロピン（hCG）、アルファフェトプロテイン（AFP）、エストリオールの値を測ります。クアトロテストは妊娠15～22週におこなわれ、上記3種類のホルモンに加え、インヒビンAの値を測ります。

結果が陽性だったら

結果が陽性だからといって、赤ちゃんがダウン症候群だという意味ではないことを忘れないでください。例えば、リスクが100分の1なら"陽性"と判定されます。しかし、赤ちゃんがダウン症候群である確率は低く、100回のうち99回は健常な赤ちゃんが生まれるのです。医師や助産師や遺伝子カウンセラーと話すと、実際のリスクについての理解を深め、確実な結果を得るために羊水穿刺（p.152～153参照）のような確定診断検査を受けるかどうかを決める助けになるでしょう。確定診断検査は流産の危険性をともなうため、検査に踏み切る前にリスクを比較評価する必要があります。

ある調査によると、赤ちゃんがダウン症候群だと事前にわかっても、女性はその診断を受け入れて妊娠を継続し、出産する傾向があるといいます。ですから、確定診断検査が単に妊娠を継続するかどうかを決断するためのものであるとは考えないでください。

13トリソミーや18トリソミーなど、さらに深刻な染色体異常で陽性と判定された場合、今後どうするかを決める助けとなるように、医師からこれらの染色体疾患をもった赤ちゃんの生後の見通し（多くの場合、幼少期に亡くなり、生後間もなく亡くなるケースもあります）について説明があるでしょう。これらの染色体異常は初めての超音波検査（p.138参照）でみつかった異常と関連している場合があります。そのときに異常が指摘されたうえでスクリーニング検査の結果が陽性だったということは、診断が下ったようなものかもしれません。

検査の方法

NT（後頸部浮腫）スキャン

NT（後頸部浮腫）スキャンという超音波検査は妊娠11週から14週までの間におこなわれ、**ダウン症候群のリスクを評価する判断材料のひとつとなります。**この検査では、医師が赤ちゃんの首の後ろの皮下にある液体のたまった部分（後頸部浮腫）の厚みを測ります。この値が大きいということは、たまっている液体の量が多いということで、ダウン症候群のリスクが高いことを意味します。この測定値と血液検査の結果、そしてお母さんの年齢に基づく平均リスクを考慮して、それぞれの赤ちゃんのリスクを算出します。リスクが250分の1以上の場合、カウンセリングがおこなわれ、羊水穿刺や絨毛採取といった確定診断検査を受けて確実な結果を得るという選択肢が提示されます（p.152参照）。

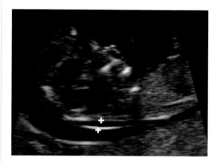

この超音波画像では首の後ろの皮下にある液体部分が薄く、**ダウン症候群の赤ちゃんが生まれてくるリスクが低いことを意味します。**

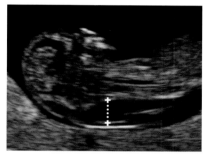

この写真にみられるように後頸部浮腫の厚みがあると、**赤ちゃんがダウン症候群であるリスクは高まり、確定診断検査を検討することになります。**

それでも、多くの女性が中絶するか否かを決める前に、確定診断テストを受ける傾向があります。

さらなるスクリーニング検査

もうひとつの選択肢として、妊娠17～22週の間に専門的な超音波検査をおこない、ダウン症候群のマーカーの有無を確認することもできます。この超音波検査で兆候がまったくみられなければ、赤ちゃんがダウン症候群であるというリスクは下がります。しかし、妊娠中期におこなう超音波検査は、ほかのスクリーニング検査ほど正確にダウン症候群を診断できません。ですから、羊水穿刺のような確定診断検査への抵抗感がどうしても強く、はっきりした診断は必要ないと感じる場合のみ、この検査を検討しましょう。

チェックリスト

確定診断検査を受けるべき?

遺伝子検査や確定診断検査（p.152～153参照）を受けるかどうかを決めるのは、あなたがた自身です。考えを決めるうえで、次のような点を考慮するといいでしょう。

- 確信がもてないことへの**不安度**と、それが妊娠の**喜びに与える影響**。

- 赤ちゃんを**失うことへの恐れ**。

- 赤ちゃんに**ダウン症候群または18トリソミー**などの疾患がみつかった場合の対応。

妊娠11週5日です

あと198日……

今日の赤ちゃん
この段階では、目は顔のなかで大きく目立っています。
位置はいまなお最終的な位置に落ち着いてはいません。
目はまだ光に反応せず、眼球をおおうまぶたにしっかり守られています。

この週に初めての超音波検査を終え、流産のリスクも軽減したとわかれば、そろそろリラックスしていいということです。

このころには、晴れやかな気分で過ごせるようになるでしょう。妊娠第1日から心配してきた人はなおさらです。流産のリスクは妊娠の進行とともに下がり、第12週の終わりには、わずか1％になります。

妊娠中期に入ると、気分がよくなってくるはずです（次ページ参照）。それに加えて、もっともリスクの高い時期は過ぎたのだとわかれば、ゆったりとした気分になれるかもしれません。妊娠を秘密にしてきた人は、やっと周囲の人たちに話せるでしょう。

トピック――安全

超音波の安全性

超音波は妊婦健診で長年使われており、安全だと考えられています。出生前に超音波検査を受けた子どもに、発話、聴力、視力、学業成績において差異が生じることはなく、発がん率が高くなるわけでもありません。しかし、超音波検査はむやみやたらとおこなうものではありません（注→p.480）。

ご存じですか

医療用超音波機器は1960年代前半から使われています。

しかし、高周波音響探測技術のもとになる発見がなされたのは1880年パリでのことでした。超音波検査機器はこの技術に基づいています。超音波は、20世紀初頭に治療の道具として使われるようになり、診断用機器としての研究がはじまったのは、1940年代になってからのことです。

栄養士への質問

Q. わたしは甘いものが大好きです。妊娠中に甘いものを食べていても大丈夫ですか？

A. ビスケットやチョコレートをたまのおやつに食べるのは支障ありませんが、加工食品にはたいてい思った以上に脂肪や砂糖が含まれる一方、ほとんど栄養はありません。ですからその代わりに、生の果物など、甘くてもヘルシーな間食をみつけるのがいちばんです。

必ず食品のラベルをみて、できるだけ脂肪や砂糖の少ないものを選びましょう。あなたはきっと自分の子どもの離乳や食事には気をつかうでしょう。それと同じように、妊娠中は自分の食生活にも気を配らなければなりません。

甘いものを食べすぎないようにするには、きちんと食事をとるのがいちばんです。そうすれば、血糖値は安定しやすくなり、それほど甘いものを食べたくならないでしょう。3時間以上なにも食べずにいるのは避け、おなかがすいたら食事の合間にヘルシーな軽食をとりましょう。チキンサンド、低脂肪ヨーグルト、麦芽パン、果物がおすすめです。果物は、生や缶詰のほか、レーズンやドライアプリコットなど干したものもとり入れましょう。

1日に約2Lの水を飲みましょう。おなかがすいたと感じたら、実は脱水状態になっていたというのはよくあることです。水をコップに1、2杯飲めば、ビスケットの缶に手を伸ばさずにすむかもしれません。

甘いものを食べたくてしかたがないときは、さっぱりとした果物を食べるといいでしょう。フルーツサラダは、チョコバーよりも、食べたあとの気分がいいかもしれませんよ。

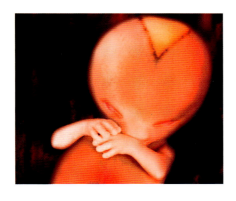

妊娠11週6日です

あと197日……

今日の赤ちゃん

頭蓋の前面の骨は大きくなって頭をおおい、内側の傷つきやすい脳の構造を保護するようになりました。頭蓋を構成する数個の骨の間(中央)は癒合しておらず、妊娠中から乳幼児期にかけてやわらかい状態が続きます。

階段を上まで登ると息切れがするようになりましたか？
これは妊娠の、ごく普通の副作用です。

妊娠初期が終わるころには、少し息切れがするように感じはじめるものです。これは、赤ちゃんをはぐくむために起こっているさまざまな変化のせいで、お母さんの心臓と肺がこれまで以上にいっしょうけんめい働いて、体に酸素を送り出さなければならないからです。

妊娠中は、必要とされる酸素の量がふだんより約20%増えます。そのいくらかは胎盤(p.127参照)と赤ちゃんに、残りはお母さんの各器官に送られます。増加した酸素需要を満たすために、お母さんの呼吸は速く、深くなり、過換気症候群のような状態になるため息切れします。これは運動すると顕著にあらわれます。

妊娠が進むと、この息切れや呼吸が浅いという感覚は続いたり、ひどくなったりするかもしれません。赤ちゃんが成長するにつれて子宮が大きくなって上方へ移動するので、腹腔内の臓器は配置換えをして子宮のための場所をあけます。これらの臓器と子宮が横隔膜を押し上げるような状態になるので、深く呼吸をしづらくなってきます。そうなると、酸素を十分得るために、呼吸を速めることになるわけです。プロゲステロンというホルモンが呼吸の速さに影響することもあります。

息切れが心配なら、遠慮せずに助産師か医師に相談しましょう。

トピック──お母さんの健康

気分がよくなった？

この週の終わりごろには、妊娠初期の症状の多くはなくなっていることでしょう。

- 嘔吐感が減りはじめ、朝になると気分よく目覚められるのでとてもほっとしているころでしょう。胃のむかつきや嘔吐に悩まされていた人なら、赤ちゃんに十分な栄養が届いているだろうかと不安だったかもしれません。しかしこのころには食欲が戻ってくるので、そのような心配をする必要はなくなります。つわりが少し長引くこともあるので、まだ気分がよくならなくても心配いりません(p.159参照)。
- トイレにいく回数が減るでしょう。トイレにいる時間がとても長かった人にはいいニュースですね。これは、子宮が腹腔の上方へ移動し、膀胱への圧迫が軽減されるためです。
- これまで疲労感があった人も、たいてい楽になっているでしょう。リラックスして妊娠生活を送れるようになり、ぐっすり眠れるようになるでしょう。

妊娠初期の終わりに近づくと、**妊娠前の活力がいくらか戻ってくるでしょう。**

助産師への質問

Q. ブラジャーのサイズがAカップからDカップになりました。このままサイズアップし続けるのでしょうか？

A. 出産経験のある女性の大多数が、乳房は大きくなり続けるといいますが、あなたほどのペースで成長することはないでしょう！ エストロゲンの作用で脂肪は乳房に蓄えられますし、出産後に母乳がつくられるようになると胸はさらに大きくなりますが、母乳育児が終われば小さくなります。

第12週

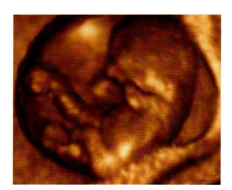

妊娠12週0日です
あと196日……

今日の赤ちゃん
左の写真では赤ちゃんの脚は交差し、腕は伸ばされています。
この段階では太くて短い臍帯も、赤ちゃんの成長とともに長くなり、
多くのねじれが生じてずっと細くなります。

妊娠初期は今日で終わりです。これまでの間に、赤ちゃんは細胞の塊から活発に動く胎児へと発育したのです。

助産師との関係

たいていの女性が助産師とよい関係を築きます。助産師はすばらしい情報源であるとともに、不安をやわらげて安心感を与えてくれる存在です。

助産師にはできるだけ正直になることが大切です。ほかの多くの女性と同じように、あなたも心配ごとを打ち明けたり、不健康な習慣があると認めたりするのは気が進まないかもしれません。恥ずかしい、叱られるのではないかと心配になるでしょうから。助産師は、たいていのことは相談を受けた経験があるはずなので、あなたの助けになり、助言してくれますよ。きっと、経験からくる確かなアドバイスをしてくれるでしょう。

赤ちゃんは驚きに満ちていて、すでにいろいろなことができます。口を開けてあくびをしたり、飲み込む動作をしたり。飲み込む（嚥下）運動は、しゃぶる（吸引）運動よりも先に発達します。赤ちゃんはそろそろ羊水を飲み込みはじめますが、もっと複雑な吸引運動は妊娠18〜20週にならないとみられません。羊水を飲み込むことは消化管の発育を助けます。赤ちゃんが飲んだ羊水は、肺ではなく胃に入ります。声帯が閉じて羊水が肺に入り込むのを防ぐとともに、肺を満たしている肺胞液という液体の圧力が羊水圧よりも高いため、羊水は侵入できません。羊水はのちに赤ちゃんの腎臓が機能しはじめると、尿として排出されるようになります。

胃に入った羊水は、小腸へと移動します。腸壁の筋肉層は形成されつつあるものの、まだ系統的に収縮して消化管内で羊水を移動させることはできません。消化管構造の形成が最終的に完了するのは妊娠20週になってからです。多くの消化酵素が腸管内に放出されはじめますが、いまのところ栄養を吸収するためというより腸の発育を促進するために作用しています。

赤ちゃんは、お母さんからの安定的なグルコース（ブドウ糖）供給に依存しており、それをグリコーゲンとして肝臓に蓄えます。これは妊娠期間を通じておこなわれ、出生時の赤ちゃんには成人と比べると、体の大きさの割にかなり大きなグリコーゲン貯蔵があります。お母さんのグルコース値は、膵臓から分泌されるインスリンによって適正に保たれています。しかし、胎盤はお母さんの血流からとり入れて赤ちゃんに渡すグルコースの量を、ほとんどコントロールできません。そのため、例えば糖尿病が適切に管理されていないためにお母さんのグルコース値が高くなりすぎていると、赤ちゃんのグルコース値も高くなります。赤ちゃんはグルコース値を正常に保つためにインスリンを分泌しますが、これは脂肪を蓄え、体重を増加させることにつながります。

赤ちゃんの実際の大きさ

妊娠12週0日の胎児は、頭からお尻までの長さが5.4cmです。

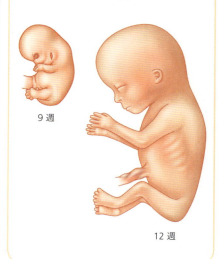

9週

12週

妊娠初期

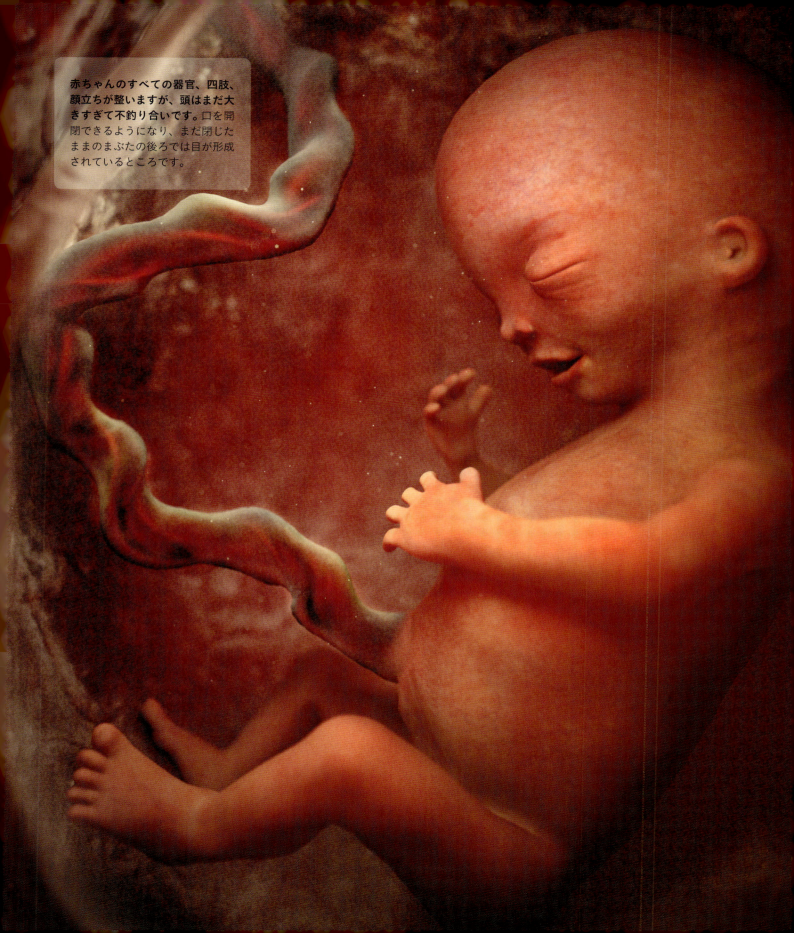

赤ちゃんのすべての器官、四肢、顔立ちが整いますが、頭はまだ大きすぎて不釣り合いです。口を開閉できるようになり、まだ閉じたままのまぶたの後ろでは目が形成されているところです。

妊娠中期へ
ようこそ

| 週 | 13 | 14 | 15 | 16 | 17 | 18 |

妊娠を知らせる 妊娠初期を無事に過ごしたいま、赤ちゃんができたことを周囲の人たちに伝えたくなるでしょう。

おなかのふくらみ おなかが大きくなってウエストのくびれがなくなるにつれて、妊娠を感じるだけでなく、妊婦らしくみえるようになってきます。

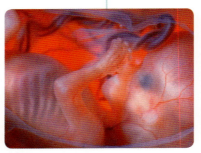

妊娠16週ごろ 赤ちゃんは明らかに人間らしくなりました。体と四肢はかなり成長し、半透明の層になっている皮膚の下に血管が透けてみえます。

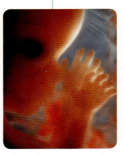

妊娠17週までに 腕と手が十分に成長します。手指を自由に動かして、にぎる動作ができるようになります。

妊娠3カ月には、気づくかどうかだったおなかのふくらみは、5カ月には目立つようになります。

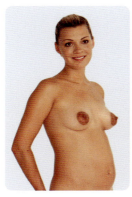 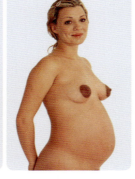

妊娠中期 おなかのふくらみがわかるようになり、妊娠初期の疲労感とむかつきが消えていくにつれて、新たにエネルギーがわいてくるように感じるでしょう。

すてきな妊婦さん 妊娠中期の終盤には赤ちゃんの着実な成長にともない、あなたはとても妊婦さんらしくみえるようになります。

休暇をとる 妊娠中期はすべてから離れるには理想的な時期です。ホルモンは落ち着き、エネルギーはアップし、分娩はまだまだ先だからです。

まめ知識 お母さんが歩いているときなど、リズミカルな動きがあると、おなかのなかにいても赤ちゃんは眠ってしまいます。

これから体が急速に変化し、
赤ちゃんの動きを感じられるようになると、
妊娠の"実感"がわいてきます。

| 19 | 20 | 21 | 22 | 23 | 24 | 25 |

妊娠20週の超音波検査 赤ちゃんの主要な臓器がはっきりみえるようになるので、詳細にみて問題なく発育しているか確認します。

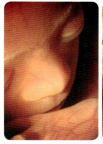
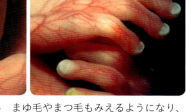

妊娠23週ごろ まゆ毛やまつ毛もみえるようになり、顔の特徴がはっきりしてきます。手の指には爪が生えはじめます。

まめ知識 妊娠21週の赤ちゃんは、身長が約27cmです。

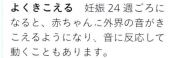

よくきこえる 妊娠24週ごろになると、赤ちゃんに外界の音がきこえるようになり、音に反応して動くこともあります。

マタニティエクササイズ 妊娠中に求められる条件を満たすように考えられていますし、クラスに参加すると、ほかの妊婦さんと知り合えるいい機会になります。

胎動を感じる 赤ちゃんの動きが増えて力強くなると、パートナーも妊娠体験を共有できるようになります。

栄養をとる 野菜をたくさんとり入れ、いろいろな食品をとると、あなたと赤ちゃんの健康のためになります。

活発な赤ちゃん 羊水のクッションに包まれて、赤ちゃんは子宮のなかで自由に動き回ります。どこかにぶつかって痛い思いをしたり傷ついたりする心配はありません。

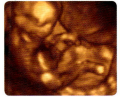
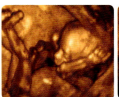
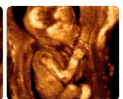

第13週（妊娠12週1日〜13週0日）

妊娠中期になると、体が妊娠になじんできます。

妊娠初期の不快感は、たいていこのころからなくなってきます。
気分が悪くなるのは妊娠ホルモンが増加するためと考えられていますが、
それらが減少し、疲労感はなくなりはじめます。
その一方で、赤ちゃんは羊膜のなかで平穏に漂っています。
赤ちゃんの成長に合わせて羊膜腔も大きくなり、
赤ちゃんが体を動かしたり伸びをしたりするのに十分な広さを確保します。
このころは、脳が急速に発育します。

腕と脚は急速に長くなり、筋肉制御が発達してきます。

目はさらに顔の前面に移動しますが、まだかたく閉じています。

妊娠13週0日の**平均頭殿長**は6.5cm、**平均体重**は23gです。

足首の関節は形成が終わり、脚の指は分離しています。

羊膜腔には、自由に動き回れるだけの広さがあり、赤ちゃんはとてもよく動きます。赤ちゃんが手足を動かしたり体をくねらせたりしても、羊水がクッションとなり、お母さんに衝撃は伝わりません。

赤ちゃんの体には皮下脂肪はなく、繊細な皮膚の下に骨が浮き出てみえます。

妊娠中期

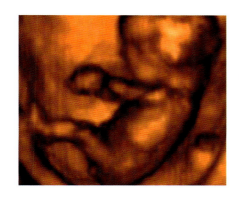

妊娠12週1日です

あと195日……

今日の赤ちゃん

左の3D超音波画像から、赤ちゃんの腕や脚が完全に形成され、これまでよりずっと体幹と釣り合いがとれているのがよくわかります。いまではすべての関節が形成され、赤ちゃんはさまざまな動きができるようになっています。

大切な人たちにうれしい知らせを伝えるにはいい時期です。「ひょっとして……」と推測させる前に伝えましょう。

妊娠中期になり、初めての超音波検査も受けたのですから（p.138参照）、多くの人に妊娠したことを伝えるといいかもしれません。妊娠12週を過ぎたいま、流産のリスクはわずか1%だとわかっているので、恐れることなく知らせられるでしょう。それに、まだおなかがふくらんできていない人も、そろそろ大きくなりはじめるので、妊娠を隠しておくのは難しくなります。

あなたがたふたりがこれまでの3カ月間、妊娠を秘密にしてきたなら、その知らせは大ニュースになるでしょうし、人に話すことが有意義な体験になることもあります。ただし、さまざまな人からアドバイスや妊娠出産体験をきかされることになるので、覚悟してください！

ときには妊娠したことを伝えにくい場合もあります。人の気持ちへの配慮を忘れないようにしましょう。例えば、あなたがたと同じように妊娠を望んでいてもまだ望みがかなわない友人がいるとしたら、あなたがたの幸せを素直に喜べないかもしれません。そのような友人には、あなたがたから直接伝え、彼らが人づてに知ることのないよう配慮したほうがいいでしょう。好意的な反応を得られなかったり、あなたの妊娠をあまり話題にしたがらなかったりしても、彼らが受け入れられるようになるまで、待ってあげてください。彼らがあなたがたの妊娠を喜ぶ一方で、自分たちは妊娠できずにつらい思いをしているかもしれないことを覚えておきましょう。

考えてみましょう

妊娠中期に受ける検査

ダウン症候群のリスク評価（p.142～143参照）のため、妊娠中期に血液検査を受けることができます。

- **トリプルマーカー検査**は妊娠15～22週におこなわれ、ヒト絨毛性ゴナドトロピン（hCG）、アルファフェトプロテイン（AFP）、エストリオールという3種のホルモンの値を測ります。
- **クアトロテスト**は妊娠15～22週におこなわれ、上記の3種類のホルモンに加え、インヒビンAの値を測ります。

トピック——からだのこと

手持ちの服で工夫する

この時期になると服がきつくなってくるかもしれませんが、**だぶだぶのマタニティ服を着るにはまだ早いでしょう。**そんなときは工夫して！ ウエストのボタンとボタン穴の間をゴムでとめる（右写真）、または伸縮性のある素材を縫いつけるだけでいいのです。パートナーはきっとあなたより大柄でしょうから、彼の服を拝借して——シャツ類やセーターはウエストの低い位置でベルトをしてギャザーを寄せればOK！

自分の手持ちの服もチェックしてみてください。ハイウエストのワンピースなら妊娠がかなり進んでも着られますし、ぴったりしたTシャツのうえにはふんわりとしたチュニックを重ねられます。ローウエストのパンツはおなかのふくらみの下でうまくはけるでしょうから、大きめのシャツと組み合わせて。買うべきものがあるとしたら、ストレッチがきいてウエストの調節ができるマタニティ用のパンツでしょう。

第13週

確定診断検査

スクリーニング検査を受けた結果、ダウン症候群か、なんらかの遺伝的異常の陽性だった場合、確定診断検査を受けることができます。それを受ければ赤ちゃんに異常があるか否かははっきりわかります。

確定診断検査とは？

確定診断検査では、胎盤、羊水、胎児血のいずれかを採取します。採取した検体は検査機関に送られ、染色体異常または遺伝的異常の有無が調べられます。もっとも一般的な確定診断検査は羊水穿刺と絨毛採取（CVS）です。どちらの検査も小さいながらも流産のリスクをともなうので（次ページ参照）、メリットとデメリットをよく考えてから受けるべきです。

絨毛採取（CVS）

絨毛とは胎盤組織の断片です。胎盤は受精卵に由来するので、胎盤をつくっている細胞の染色体は、赤ちゃんの染色体と同じとみなされます。CVSでは、胎盤から少量の組織を採取して専門機関で検査をし、赤ちゃんにダウン症候群や13トリソミー、18トリソミーといった染色体異常があるかどうかを明らかにします。CVSがおこなわれるのは妊娠9〜11週までで、通常7〜10日で結果が出ます。赤ちゃんの性別を知りたい場合は、この検査で確実に特定することもできます。性別を知りたくなければ、検査を受ける前にはっきり希望を伝えましょう。2〜3％の確率で、胎盤の位置によってCVSを実施できないことがあります。その場合、妊娠16週で羊水穿刺を受けることになるでしょう。

羊水穿刺

確定診断検査のなかでももっとも一般的なもので、妊娠15〜20週あたりでおこなわれます。赤ちゃんを囲んでいる羊水の成分は主に赤ちゃんの尿ですが、皮膚と尿管の細胞が含まれています。羊水穿刺では羊水から多数の細胞を採取します。集めた細胞は検査機関に送られ、赤ちゃんの染色体を調べてダウン症候群などの染色体異常の有無を特定するのに十分な数の細胞が得られるまで培養されます。また、羊水検査によってアルファフェトプロテイン（AFP）という物質の値を確認できます。この値が高いと、赤ちゃんが二分脊椎などの問題を抱えている可能性があります。ときには、羊水検査によって細菌感染やウイルス感染がわかることもあります。これらは早産の因子となると考えられています（p.431参照）。

痛みはあるの？

おなかに注射針を刺す、子宮頸管にカテーテルを通すなどといわれると心配になってくるかもしれません。しかし、ほとんどの女性がこれらの採取法をそれほど苦痛に感じません。経腹的採取法は通常、針を刺すときに採血するときくらいの痛みがある程度です。医師によっては少量の局所麻酔を使用して腹部を麻痺させてから経腹

検査の方法

絨毛採取

絨毛採取にはふたつの方法があります。 経腹的採取法では細い注射針をおなかの上から刺して絨毛組織を採取します。経腟的採取法ではカテーテルという細い管を子宮頸管に挿入します。どちらの方法を使うかは、胎盤の位置や医師の受けたトレーニングと経験によって決まります。採取の間、医師が胎盤の位置を確認するために、超音波診断装置も使います。

CVSは多胎妊娠でもおこなえます。その場合、経腹的採取法と経腟的採取法を併用して採取することもあります。

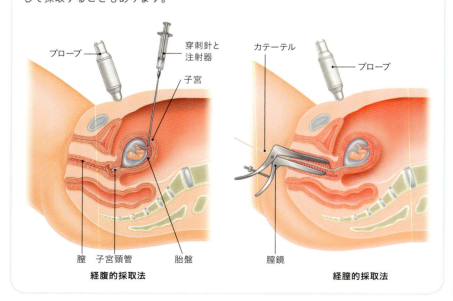

経腹的採取法　　　　　経腟的採取法

こんなときは連絡を

検査後に腹痛がひどい、38℃以上の熱がある、不正出血がある、膣から透明の液体が大量に流れ出るといった症状があれば、**すぐに助産師か医師に連絡してください。**

的採取法をおこないます。その場合は、麻酔を注射するときにチクリとすることもあります。採取後に子宮の収縮が起こるのは一般的で、生理痛に似た痛みがあるでしょうが、それだけで流産のリスクが高まっているということにはならないので、安心してください。

血液型がRh−（p.127参照）の人は、絨毛採取が終わったら抗D人免疫グロブリンを注射してもらい、今回の妊娠や今後の妊娠で問題が起こるのを防ぎましょう。

絨毛採取後

一般的にはCVSや羊水穿刺のあとで活発に動いたからといって、流産のリスクが高まることはないと考えられています。しかし、念のためすぐに激しい運動をするのを控えたほうが、安心できるかもしれません。ただ、ベッドで安静にする必要はありません。確定診断検査を受けたあとは、肉体的にはたいてい1日くらいで仕事に戻れるでしょうが、気持ちの面で不安定になってしまい、すぐには仕事に戻る気になれない人もいるでしょう。

結果

染色体に関する確定診断検査の結果は、一般的に1〜2週間で出ますが、検査機関によっては3週間かかることもあります。羊水穿刺によってAFP値を測った場合（前ページ参照）、結果はたいてい1〜3日後と、短期間で得られます。感染症の有無を検査した場合、どの感染症かによって検査に要する時間は異なるでしょう。細菌培養には一般的に24〜48時間かかり、ウイルス培養にはもう少し時間がかかることがあります。

検査方法

羊水穿刺

羊水穿刺では超音波診断装置を用いて、赤ちゃんを傷つけることなく羊水を採取できる場所を探します。その後も超音波で確認しながら、細い注射針を腹部の皮膚そして子宮へと進め、羊水まで到達させます。少量の羊水を注射器で吸引します。不快感を軽減するため事前に腹部に局所麻酔をすることが多いでしょう。

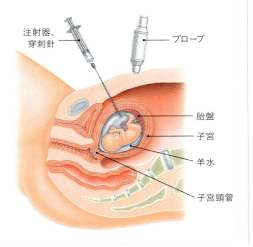

注射器、穿刺針 / プローブ / 胎盤 / 子宮 / 羊水 / 子宮頸管

リスクとメリット

CVSと羊水穿刺の比較
（注→p.480）

確定診断検査に踏み切る前に、それぞれのプラス面とマイナス面を比較しましょう。医師が経験を積んでいる検査のほうがリスクは低いという可能性も考慮しましょう。

CVS：プラス面

- 羊水穿刺より最大5週間早くおこなえるので、なんらかの異常がみつかって妊娠を中絶することにした場合、より安全で精神的なダメージが少しでも軽くすむかたちで処置をおこなえます。
- 集められる遺伝物質が多いので、結果は早く出る可能性が高く、心配しながら待つ時間は短くなるでしょう。
- おなかに注射針を刺すことに不安を感じるなら、それを避けて経膣的採取法で検査を受けても、確定診断を得ることができます。

CVS：マイナス面

- 検査後の流産リスクが、およそ200分の1から300分の1と、羊水穿刺よりも高くなります。経腹的採取法も経膣的採取法も、流産リスクは同じです。
- 過去には、CVSを受けた女性の赤ちゃんの四肢に異常が生じたことがありました。現在では、そのようなケースのほとんどが四肢の形成途中である妊娠10週未満でCVSをおこなった場合であったと考えられています。CVSを受けない場合に四肢に異常が起こるリスクは1700分の1であり、CVSを受けた場合は1000分の1です。

羊水穿刺：プラス面

- 精度は非常に高く、流産リスクは400分の1と、CVSに比べて低めです。

羊水穿刺：マイナス面

- CVSより検査時期が遅く、結果が出るまでに時間がかかるので、妊娠を中絶する場合は陣痛を誘発して出産と同様の方法をとることになります。

妊娠12週2日です

あと194日……

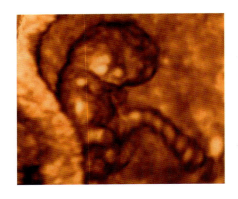

今日の赤ちゃん
この超音波画像では、赤ちゃんは羊水のなかを漂っています。羊水のおかげで十分な空間があり、自由に動き回ることができます。妊娠が進むと、赤ちゃんは老廃物を羊水のなかに排出するようになりますが、いまのところまだ膀胱は小さく、腎臓の機能も整っていません。

羊水で満たされた袋のなかが赤ちゃんのすまいです。この世に生まれてくる準備が整うまで、そこにいれば安全で感染の恐れもないのです。

赤ちゃんは羊水のクッションに大事にくるまれています。羊水は赤ちゃんを包み、動き回り、成長する空間をつくるとともに、体温を一定に保てるよう助けます。

羊水の量は妊娠7週ではほんの1mLでしたが、このころになると25mLになります。もう6週くらいすると、約60mLになり、赤ちゃんが何度も回転できるだけの空間的余裕ができます。

羊水は妊娠32週くらいまで着実に増えていき、37週までは一定量を保ちます。その後、羊水はわずかに——週に約8％ずつ——減りはじめます。

もっと妊娠が進むと、赤ちゃんの尿中に排出された老廃物が、羊水からお母さんの血流に吸収されるようになります。妊娠37週になると、赤ちゃんは毎日、自分の体重の4分の1から3分の1もの尿を排出します。成人が産生する尿が体重の2〜3％であるのと比べると、これは驚くべき量です。

お母さんの体温は、赤ちゃんの体温に直接影響します。いまのところ、お母さんがそれほど体温調節を気にする必要はありませんが、もっと妊娠が進んで赤ちゃんの代謝が高まってくると、赤ちゃんはお母さんに熱を渡して自分の体温を下げなければならなくなります。

栄養士への質問

Q. 食欲が戻ってきましたが、妊娠のこの時期にはどれくらいのカロリーを摂取したらよいでしょう？

A. あなたも多くの女性と同じように、妊娠中期になって初期の不快感から解放されたようですね。その結果、あまり胃がむかつかなくなり、食欲が出てきたのでしょう。

妊娠中期に必要なカロリー摂取量は、身体活動のレベルによって、1日当たりおよそ2100〜2500kcalです。間食し放題ではよくありませんし、間食するなら栄養価のある食べ物にしましょう。たとえば、バナナ1本なら約200kcal、ナッツひとつかみ（30g）なら約180kcalです。200kcalの軽食をとるなら、少量のバターとジャムを塗った全粒粉パンのトースト2枚、スキムミルクをかけたシリアルを小さめの器に1杯、またはSサイズの缶詰のスープ（200g前後）にバターを塗ったパンを1枚となります。

運動の習慣がある人は、余分に体重を増やすことなく摂取カロリーを増やせるでしょう。

トピック——栄養

鉄分の豊富な食べ物

妊娠による疲労感がひどい場合は、次のような鉄分の豊富な食べ物の摂取量を多くしてみましょう。

- 緑の濃い葉物野菜
- 赤身の肉
- 全粒穀物シリアル
- 豆類
- プルーンジュース

ビタミンCは食事からの鉄の吸収を助けるので、搾りたてのオレンジジュースを飲みながら食事をするのがおすすめです。また、コーヒーなどのカフェイン飲料は控えましょう。カフェインは鉄の吸収を妨げます。

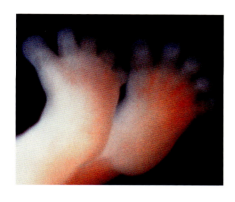

妊娠12週3日です

あと193日……

今日の赤ちゃん

足の指は分離しており、すべて同じ長さです。
足首の関節は動かせる程度まで成熟していますが、
お母さんが胎動を感じられるようになるのはまだ何週間も先でしょう。

赤ちゃんをおさめておくために子宮が大きくなってくると、骨盤まわりに痛みが走ることがあるかもしれません。

骨盤内には強力な結合組織の帯があり、子宮を支えています。 子宮円靱帯（子宮円索）と呼ばれるこの帯は、子宮が大きくなるにつれて引き伸ばされ、いくぶん不快感を引き起こします。通常は、脚のつけ根か下腹部に痛みが生じ、これは左右どちらにも起こる可能性があります。骨盤痛からはじまりますが、腰痛に発展することもあります。ズキンと差し込み痛がすることもあれば、鈍い痛みが続くこともあります。

じきに慣れて、すわったり横になったりするのに楽な姿勢をみつけられるでしょう。アセトアミノフェン（カロナール）という鎮痛剤は、妊娠中に服用しても安全ですが、効果が期待できる最小限の量をできるだけ短期間のむようにしてください。代わりに、温かいおふろにつかるなど、薬を使わない鎮痛法を試してみましょう。

子宮円靱帯の痛みは妊娠中によくあることで、心配する必要はありません。ただし、腹部や骨盤の鋭い痛みがなかなかおさまらない、引きつるような痛みになってくる、出血がある、排尿時にヒリヒリする、熱っぽいなどの場合は、医師の診察を受けてください。少しでも疑問に感じたら、必ず医学的なアドバイスを求めましょう。

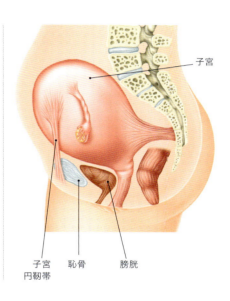

子宮円靱帯は子宮が大きくなるにつれて引き伸ばされ、子宮を支えます。その際、周辺にある神経線維や敏感な組織を引っ張るので、不快感が生じます。

ご存じですか

不妊治療は多胎妊娠の件数に大きな影響を与えてきました。

不妊治療が普及する前は生児出生における多胎の自然発生率は、双子で90分の1、3つ子で8100分の1、4つ子で72万9000分の1、5つ子で6561万分の1でした。

不妊治療の普及により、多胎妊娠の確率はおよそ45分の1となり、その大多数が双子です。

トピック——双子

双子を妊娠する

双子またはそれ以上の赤ちゃんを妊娠している人は、**ほとんどの多胎妊娠が問題なく進むとわかると安心できるでしょう。** ただし、複数の赤ちゃんを妊娠するのは、赤ちゃんをひとり妊娠するよりもお母さんの体に負担がかかります。

わずかではありますが、次のような問題が起こるリスクが高くなることを知っておくといいでしょう。

- 前置胎盤（p.212 参照）
- 羊水過多（p.473 参照）
- 双胎間輸血症候群（TTTS）（p.130 参照）が原因となって起こる、ひとりまたはそれ以上の赤ちゃんの発育不良。
- 早産（p.431 参照）

これらのどの問題が起こってもおかしくないので、問題を未然に防いでその影響を最小限に抑えるために、妊婦健診の回数を増やすのです。

第13週

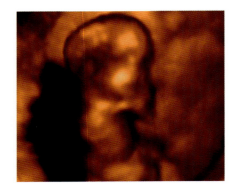

妊娠12週4日です

あと192日……

今日の赤ちゃん
このころには、赤ちゃんの額は高くなり出っ張ってきて、頭蓋を構成する骨板のつなぎ目がみえています。顔の横についていた目は、この発育段階では前面に移動してきています。

複雑な脳の発育が進んでくるおかげで、赤ちゃんは徐々に反応したり、動いたりできるようになります。

赤ちゃんの脳は急速に発育しています。左右の大脳半球がつながりはじめます。それぞれの大脳半球は体の反対側を、つまり脳の右側は左半身の筋肉を、左側は右半身の筋肉を制御します。

運動神経線維（運動を支配する神経線維）がはじめに成熟するので、赤ちゃんはどんどん複雑な手足の動きをするようになります。感覚神経（知覚神経とも呼ばれ、感覚情報を脳に伝える）はまだ成熟していませんが、最初に赤ちゃんの手と口に形成されます。脳はこれから3週間かけて急速に成熟し、およそ10週間以内に完成します。その間に、上肢と下肢のまだ感覚が形成されていなかった部分と体幹は、成人と同じくらい刺激に対して敏感になります。この時点では、赤ちゃんの神経はどれも非常に未熟で、位置、痛み、熱などの感覚や触覚はありません。

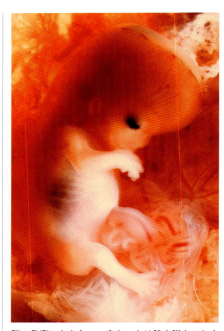

脳の発育にともない、赤ちゃんは腕や脚をこれまでより大きく動かせるようになってきます。しかし、この段階では、協調的な動きはあまりできません。

トピック——栄養

ヨーグルト

カルシウムたっぷりの間食として、ヨーグルトを常備しておきましょう。いわゆる"善玉菌"は妊娠中に食べても問題なく、消化を助けてくれます。リステリア感染症のリスクを減らすために、ヨーグルトに使われている乳が殺菌済みのものであることを確認してください（p.17参照）。

助産師への質問

Q. わたしは糖尿病と診断されています。妊娠にどのような影響があるでしょうか？

A. 妊娠中に発症した妊娠糖尿病にしても、妊娠前から糖尿病だったにしても、糖尿病専門の医療チームとベテランの産科医のもとで特別な管理をしてもらう必要があります。これは、妊娠中の糖尿病には複数のリスクがともなうためです。血糖値の管理がうまくできていない場合はなおさらです。

これは妊婦健診でしっかり経過をみることで管理できます。妊娠中はインスリン必要量が増えるので、血糖値はしっかり管理しなければなりません。また、食生活を変える必要があり、場合によってはインスリンの注射も必要になることがあります。

糖尿病を患う妊娠中の女性は、高血圧、血栓、妊娠高血圧症候群（p.474参照）を発症するリスクがより高くなります。糖尿病性腎疾患や、網膜に影響が出る糖尿病性網膜症を患っている人は、妊娠中に症状が悪化することがあります。赤ちゃんには、先天異常のリスクが高まり、発育が速すぎる、または遅すぎるといった問題も起こることがあります。

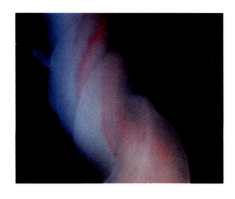

妊娠12週5日です

あと191日……

今日の赤ちゃん
左の写真は赤ちゃんの臍帯をアップで写したものです。
2本の臍動脈が赤ちゃんから胎盤へと血液を運んでいます。臍帯には神経線維がないので、赤ちゃんにはここを血液が循環していることは——臍帯の存在すら——わかっていません。

あなたとパートナーはそれぞれに赤ちゃんとの特別な関係を築いていくでしょう。

妊娠のこの時点では、胎動は感じられません。赤ちゃんの聴覚が発達して、お母さんやお父さんの声を認識できるようになり、音楽などの音がきこえるようになるまで（p.238参照）にも、もう少し時間がかかります。それでも、赤ちゃんに近づけるような気がするといって、赤ちゃんに語りかけるのを楽しむ女性もいます。もちろん、話しかけてもまったく害はありません！ 自分にとって自然に感じられる方法であれば、声に出して話しかけても、心のなかで話しかけてもいいのです。赤ちゃんに仮の名前をつけてあげてもいいでしょう。"まるちゃん"でも"まめちゃん"でも、あなたがたふたりの間で笑いを誘うような呼び名でもいいのです。そうすると、赤ちゃんをひとりの人間と認識しやすくなるかもしれません。この比較的早い段階では、性別もわかっておらず、赤ちゃんのことを話すときにどう呼んでいいかわからないでしょうから。

まだ一部では妊娠したことを伏せてある場合、合言葉的に妊娠を指す表現を決めておくと便利なこともあるでしょう。

ご存じですか

赤ちゃんのさまざまな動きは、発育に不可欠です。

赤ちゃんが体をねじったり、伸びをしたり、腕や脚を激しく動かしたり、頭を動かしたりすると、皮膚の正常発育と、骨や筋肉や関節の成熟が促されます。

妊娠中期に避けたほうがいい活動

一般的に妊娠中期になると疲労感がなくなり、これまでよりも力がわいてきます。運動を続けるにはとてもいい時期なので、おなかが大きくなって動くのがおっくうになる前に、高まっている活力を利用して、思う存分活動的に過ごしましょう。

妊娠中期に運動を続けるのはよいことですが、なかにはリスクが高く、避けたほうがいい運動もあります。転倒する可能性のある活動、高度なバランスと敏捷性が必要な活動は避けるべきで、長時間にわたって仰向けになったり、上半身をねじったりする運動は特によくありません。また、体の重心が変わっているため、つまずいたり転倒したりする可能性が高まり、あなたと赤ちゃんが傷つく恐れがあります。

次の活動は妊娠中期には（後期にも）避けるのがいちばんです。

- 高いところでの激しい運動（慣れている場合を除く）
- 潜水、スキューバダイビング
- サイクリング
- ロッククライミング
- スキー、スノーボード、水上スキー
- スケート、アイスホッケー
- 乗馬
- バンジージャンプ

テニスやバドミントンのような非接触型の運動は、けがをするリスクが低いので、妊娠中期に理想的です。あなたががんばりすぎてしまわないように、自分よりうまい相手でなく、同じくらいのレベルの相手とおこなうようにしましょう。

第13週

妊娠12週6日です
あと190日……

今日の赤ちゃん
形成中の目は、いまでは前面についています。この写真には右目と右耳が写っています。赤ちゃんはだいたい体を丸めており、よく脚を交差させたり、手を顔の近くにもっていったりしています。

まだ赤ちゃん用品をそろえはじめるには早すぎると感じるかもしれませんが、買わなければならないものは早めにリストアップしておくとよいでしょう。

妊娠中期になり、流産リスクは下がって体調も安定してくるので、ベビー用品を買いたくなるかもしれません。もっとも、"生まれる前から準備しないほうがいい"というジンクスを信じて待つ人もいるでしょう。妊娠中期に買い物をはじめるのにはちゃんと理由があり、妊娠期間のうちいちばん体力があるときだからなのです。妊娠が進めば、大きなおなかを抱えているうえに買い物袋をもってお店をまわるなんてとても無理だとわかるでしょうし、あれこれみて歩くのがおっくうになるでしょう。

まだ購入しないとしても、計画しはじめましょう。友人におすすめのバギー、ベビーベッド、スリング、車用のチャイルドシートなどをたずね、価格をチェックして予算をたてます。人からゆずり受けたり、借りたりできるものもあるでしょう。

ベビー服を買うならタグはすぐにとらず、お店の返品条件を確認しましょう。生まれた赤ちゃんにサイズが合わない、買ったものを使いたくなるといった可能性もあります。

トピック――からだのこと
ムダ毛の処理

ホルモンの変化のせいで毛深くなることがあります。 新たに増えたムダ毛は次のように処理しましょう。

- 面の広い部分の毛は剃り、剃りにくい部分は抜きます。
- 脱毛クリームや脱色剤はおそらく安全ですが、十分な調査はされていません。皮膚から吸収される可能性もあります。
- 妊娠前よりも肌が敏感になっているかもしれないので、ワックスや、砂糖やハチミツを煮詰めてつくるシュガーワックスを使う場合は注意しましょう。
- レーザー治療や電気治療は、害をおよぼすほど皮膚の深部まで届かないので安全です。

助産師への質問

Q. 両親に妊娠したことを知らせましたが、ふたりはパートナーのことが気に入らないのでとても否定的な反応をされました。どうしたらいいでしょう？

A. まず、ご両親に妊娠のニュースを受け入れる時間をあげてください。だれかと赤ちゃんをつくるということは、究極の責任であり、人生を変える大切なイベントでもあります。ご両親にとってあなたの妊娠は、どんなに気に入らなくても彼がいなくならないことを意味するのです。

少し落ち着いたら、この妊娠を機に彼との関係を改善し、これまでのことは水に流してくれるよう、ご両親にもちかけてみましょう。あなたもパートナーも、ご両親には赤ちゃんの人生にかかわってほしいと心から願っているし、いまのうちに関係を改善して赤ちゃんが生まれるときにはいやな気分やしこりが残っていないようにしたいと思っていることをはっきり伝えましょう。

きっとご両親もかわいい孫を腕に抱けばすべて水に流してくれるでしょうし、赤ちゃんの一部がパートナーから受け継がれていると思えば、彼に対しても温かい気持ちになりやすいはずです。

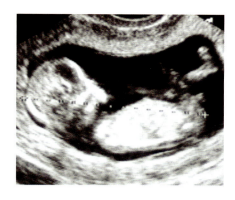

妊娠13週0日です

あと189日……

今日の赤ちゃん

この白黒の超音波2D写真に似たものをみたり、もらったりすることがあるかもしれません。
中央の白い部分が赤ちゃんで、羊水は黒く写っています。
このタイプの超音波検査装置はこの段階の赤ちゃんの大きさを測るのにもっとも適しています。

さまざまなホルモンがせっせと働いて妊娠を安定させました。ホルモンの働きが落ち着くと同時に、気分が悪いのも落ち着いてくるはずです。

ご存じですか

妊娠中は免疫系が弱まります。これはお母さんの体が発育中の赤ちゃんを拒絶しないようにするためです。

残念ながら、そのせいで風邪にかかりやすく、細菌に弱くなります。さらに悪いことに、妊娠ホルモンのせいで鼻づまりや嘔吐感が悪化することがあります。

つわりはたいてい妊娠中期になると落ち着いてきます。つわりは、初期の段階で妊娠を確立、維持させるために、ホルモンが急激に変化するせいで起こると考えられています。このころには妊娠はすっかり安定して、赤ちゃんの重要な臓器と、赤ちゃんを支える仕組みも完全に形成されました。そのため、ホルモンの値は落ち着きはじめます。これが、気分がよくなる理由なのかもしれません。

またある説によると、気分が悪くなるのは初期のとても大事な発育段階で赤ちゃんを有害物質から守るための体の仕組みであり、女性は自然とアルコールやジャンクフードなどを避けるようになる、といいます。

この時期になってもまだ吐き気がして気分が悪いという人も心配しないでください。妊娠中期までそのような症状が続くこともあります。症状がひどすぎるのではないかと心配なら、医師か助産師に相談しましょう。

以前ほどセックスの機会がなくても、ふたりは親密な関係でいられます。愛情に満ちた時間をつくり、彼とくっついていたいのだということを示しましょう。

先輩ママへの質問

Q. わたしが妊娠してからというもの、彼はまったくセックスしたがらなくなりました。わたしのことを魅力的だと思ってくれる日が、またくるのでしょうか？

A. もちろんです！ 複雑な気持ちでしょうが、彼がセックスしたがらない原因があなたにあると思わないでください。わたしが妊娠していたとき、夫は挿入したがりませんでした。主に、赤ちゃんやわたしを傷つけるのではないかと恐れていたからです。長い間待ち望んだ末の妊娠だったこと、わたしがしょっちゅう嘔吐感に悩まされて気分がすぐれなかったことが、彼の恐れに拍車をかけていました。

わたしたちは助産師に相談しました。すると彼女は私のパートナーに、挿入したからといって赤ちゃんを傷つけることは絶対にないと説明し、納得させてくれました。また、妊娠したカップルのどちらも、さまざまな理由で性欲の減退を経験するのはよくあることだと話してくれました。多くの女性が妊娠中期になると性欲が増すものの、パートナーにとってもそうであるとは限らないのです。

大事なのは、パートナーと話をして彼の恐れを理解し、あなた自身の考えや気持ちを説明することです。この問題で険悪なムードになることのないようにしましょう。カップルによって事情は異なるので、どうしたらいいかを彼と話し合わなければなりません。

助産師、医師、信頼できる友人など、あまり関係が近すぎない人に話してみるのもひとつです。

第13週

第14週（妊娠13週1日〜14週0日）

あなたにしかわからないくらいのわずかな体型の変化が起こっています。

赤ちゃんはまだ、お母さんのおなかをはっきりとふくらませるほど大きくなっていませんが、
お母さんは自分のウエストが太くなっていくのをひしひしと感じているはずです。
妊娠のこの段階では、多くの女性が元気をとり戻し、とても健康だと感じるものです。
健康的な食生活を送るのはとても大事なことなので、
妊娠中にもっとも適した食べ物をよく知っておきましょう。
特に、妊娠中の体にはたんぱく質がたくさん必要です。
たんぱく質は赤ちゃんにとっても、急速な成長を維持するために必要です。

顔の特徴はさらにはっきりしてきます。目は最終的な位置に落ち着きました。

脳の形成が急速に進んでおり、赤ちゃんの頭は全身のおよそ半分を占めています。

妊娠14週0日では、赤ちゃんの**頭殿長**は平均8.0㎝で、**体重**は平均43gです。

子宮底と呼ばれる子宮のいちばん上の部分は、このころおなかの上から触れられるようになります。

赤ちゃんの**耳**はまだきこえませんが、すでにらせん状の構造がみられます。

髪の毛やまゆ毛が生えはじめるのはだいたいこのころです。

妊娠中期

妊娠13週1日です
あと188日……

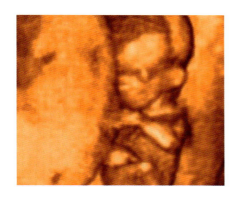

今日の赤ちゃん

超音波でみると、赤ちゃんの骨は明るくみえるので、どこにあるのかよくわかります。
その他の特徴はわかりづらいかもしれません。
超音波検査のときになにをみているのかわからなければ、医師か助産師に説明してもらいましょう。

安心、興奮、不安……妊娠のこの時期に、これらの感情が入り混じるのは自然なことですし、さらにいろいろな気持ちがわき起こるでしょう。

肉体的には確かに調子がよく、おそらく以前よりかなり元気になっているはずなのに、気分的にはまだ浮き沈みがあるかもしれません。これはまったく正常なことです。

妊娠のこのころは非常に感情的な時期になることがあります。妊娠中期に入るのはひとつの節目であり、ちょうど超音波検査（p.138参照）であなたが赤ちゃんをみる時期と重なります。流産のリスクは最小限になっているので、本当に赤ちゃんを産むのだという実感もあります。しかし、多くの女性がそうであるように、あなたはこの段階まできたことに安心感を覚えると同時に、ときには不安を感じるでしょう。

これらの感情的なエネルギーをうまく解放するひとつの方法が、運動です。妊娠初期の疲労感がなくなったら、体を動かしてみませんか？　運動することでエンドルフィンという、多幸感をもたらすホルモンが分泌されるので、肉体的にも精神的にも安定するでしょう。ただし、必ず安全に気をつけてください（下のコラム参照）。

ご存じですか

運動しておくと、分娩時間の短縮につながる可能性があります。

ある調査によると、中程度から強めの運動をしている女性は、分娩にかかる時間を最高3時間まで短縮でき、運動をしていない女性に比べて分娩中に問題が生じる可能性が低いといいます。

自分の体に耳を傾ける

あなたが運動してはいけない理由がないか、助産師か医師に確認しましょう。前置胎盤（p.212参照）や早産のリスクがあるなど、運動してはいけない場合があります。

妊娠中に運動するときは、常に常識に照らし、運動がきつすぎることを知らせる症状が出ていないか気をつけましょう。有酸素運動できているかどうかは、心拍数を測ることで得られますが、妊娠中は自然と心拍数が上がっていて、休んでいるときでさえ高めなので、簡単には見極められません。そこで、運動を安全なレベルに保つのにもっとも効果的な方法は、運動しながら会話ができるかという"会話テスト"です。これによって、へとへとになるほど運動していないか、赤ちゃんへの酸素供給が制限されている可能性はないかがわかります。

ほかにも、運動がきつすぎる、運動をやめるべきだと知らせる症状に、次のようなものがあります。

- 不正出血
- めまい、頭痛
- 胸痛
- 突然、完全に力が抜ける
- ふくらはぎの痛み、脚のむくみ
- 羊水の漏出

一時的なものであってもこれらの症状がひとつでもあれば、運動をやめて医師に相談してください。

ゆっくり散歩するペースではなく、**早足で歩いてみましょう。**ただし、会話ができるくらいにしておいてください。それができれば、中程度の有酸素運動をしているということです。

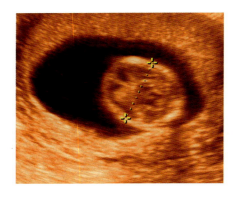

妊娠13週2日です
あと187日……

今日の赤ちゃん
左は赤ちゃんの脳の断面を写した超音波画像で、左右の大脳半球がよくわかります。これからは、赤ちゃんの脳をちょうど耳の上で端から端まで計測した児頭大横経の値が、信頼性の高い成長と発育の指標とみなされます。

発育のこんな早い段階から、赤ちゃんはごく少量ながらもおしっこをしはじめます。

赤ちゃんの膀胱は30分ごとに満たされ、空っぽになります。 赤ちゃんは羊水を飲み込み、腎臓でろ過してから尿として排出します。このころの膀胱の容量はとても小さく、妊娠32週になってもわずか10mLにすぎません。40週になると40mLに達します。赤ちゃんは、腎臓で水分を再吸収して尿を濃縮する機能が限られているので、非常に薄い尿を産生します。しかし、誕生までは胎盤が腎臓の機能のほとんどを担います。

赤ちゃんの血液系はいまでは血栓をつくったり溶かしたりすることができます。これまでしばらくの間は胎盤が血栓を形成することができたので、出血のリスクが軽減されていました。この段階では、赤ちゃんが少数の白血球細胞を産生していますが、まだ感染症と闘えるほどではなく、お母さんの白血球に頼っています。赤ちゃんの赤血球には、体内の全細胞に酸素を運ぶヘモグロビンが含まれています。赤ちゃんは、誕生するまで、お母さんのとは構造の異なる数種類のヘモグロビンをもっています。これらは大人のヘモグロビンより酸素と結合しやすいので、赤ちゃんの体は、お母さんのヘモグロビンがもっている酸素をとり込んで自分のために使えるのです。

この時期、**脚の指は完全に形成され、分離しています。** 超音波検査装置でみると指の骨1本1本がはっきり識別できます。

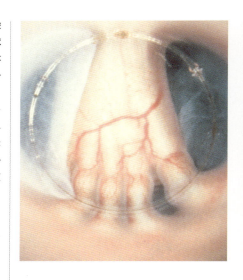

ドクターへの質問

Q. 三つ子を出産予定です。妊婦健診は通常とどのような違いがあるのでしょう？
A. ふたり以上の赤ちゃんを妊娠している人は、一般的に考えられるリスクが全般的に高まります。その理由のひとつは、多胎妊娠ではホルモンの値が高くなるためです。それに、あなたの場合、胎児3人をおなかに入れておくことも、栄養を与え育むことも大変な仕事になるでしょう。

産科医に紹介され、その医師と妊婦健診の計画をたてることになるでしょう。もろもろの検査や、3人の赤ちゃんがすこやかに発育しているかをチェックする超音波検査を受ける機会は、ひとりの赤ちゃんを妊娠した場合より多くなります。リスクの多くはあなたにコントロールできるものではありませんが、毎回の妊婦健診をきちんと受け、自分の健康管理をしっかりしていれば、きっと3人のすこやかな赤ちゃんが生まれるでしょう。

三つ子の場合、おそらく帝王切開で出産することになり、平均妊娠期間は34週です。

地域によっては"双子ちゃん・三つ子ちゃんの会"などがあるので、調べてみましょう。

考えてみましょう

羊水穿刺

羊水を採取して検査します。通常、妊娠15～20週におこなわれます（p.152～153参照）。次のような場合にこの検査を受けることになるかもしれません。

- 家族に**遺伝性の問題**がある、またはこれまでの妊娠で遺伝性の問題があった。
- **お母さんが高齢**で、赤ちゃんに染色体異常が起こるリスクが高い。
- **スクリーニング検査**（p.142～143参照）で染色体異常のリスクが高いとされた。

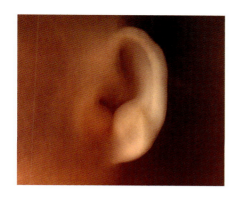

妊娠13週3日です
あと186日……

今日の赤ちゃん
赤ちゃんの体は、すでにびっくりするほど細部まで形成されています。
赤ちゃんに音がきこえるようになるには早すぎますが、この耳のアップ写真では、らせん状のひだがほぼ完成されているのがわかります。

ウエストはだんだん大きくなり体型が変わってきますが、おなかのふくらみが目立つようになるのはまだ数週間先でしょう。

鏡の前に下着姿で立ってみると、この週には体型の変化がわかるでしょう。しかしはたからみると、あなたがそれほど変わったようにはみえないでしょう。妊娠経験のある人は、初めて妊娠した人より早くおなかが目立ちはじめます。これは腹筋が引き伸ばされたことがあるので、ずっと伸びやすいためです。

みなさんよく、このころは妊娠しているのではなく、体重が増えただけみたいにみえるし、実際に太ったような気がする時期だといいます！けれどもうすぐおなかのふくらみは、だれがみてもわかるようになりますよ。

違和感があり、体が重いと感じたら、自分に合った服を選ぶようにしてください。いまのうちはまだお金をかけずに手持ちの服でうまく乗りきろうと思うなら、151ページを参考に。

助産師への質問

Q. 補完療法を利用しても大丈夫ですか？
A. 補完療法は、妊娠による不快感をやわらげるのに役立つことがあります。施術を受けるなら、有資格の施術者であること、妊婦の施術に慣れていることを必ず確認してください。"ナチュラル（自然）"だから"安全"とは限りません。妊娠中も安全だとわかっているものだけを利用するようにしましょう。

エッセンシャルオイル（精油）を使う

アロマテラピーでは植物から蒸留抽出したエッセンシャルオイルが使われます。妊娠中の症状のなかには、これらが効果的な治療法となるものもあるかもしれませんが、すべてのエッセンシャルオイルが妊娠中に安全に使用できるわけではありません（下記、右記参照）。エッセンシャルオイルは別のオイルで希釈してマッサージに使うか、入浴時にお湯に加えたり、アロマライトやアロマポットで拡散させたりすることもできます。使用上の注意は必ずラベルに書いてあるので、使用前にチェックしてください。

妊娠中に使用できる精油
- ラベンダー
- ローマンカモミール
- バラ
- オレンジ
- ベルガモット
- グレープフルーツ
- レモン
- ネロリ（ダイダイ）
- パチョリ
- ビャクダン
- スペアミント
- ティーツリー
- ベチバー

いうまでもありませんが、エッセンシャルオイルは妊娠中の女性を対象にはテストされていません。しかし、その特性を考えると、用心するに越したことはなく、筋肉を収縮させたり血液を薄めたりする作用が確認されているものは避けたほうがよいでしょう。

使用してはいけないオイル
バジル、シダーウッド、シナモン、クラリー・セージ、サイプレス（ヒノキ）、クローブ、フェンネル、ヒソップ、ジャスミン、ジュニパー、レモングラス、ミルラ、パセリ、ペニーロイヤル、ローズマリー、スイート・マジョラム、タイム、ペパーミント

リフレクソロジーは、手足のツボを圧迫する補完療法です。つわり、腰痛、体液貯留、むくみを改善できると考えられています。

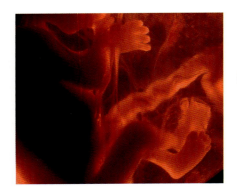

妊娠13週4日です

あと185日……

今日の赤ちゃん

赤ちゃんが脚を交差させているかどうかにかかわらず、この段階では超音波検査で男女をみわけるのは非常に困難です。男の子でも女の子でも同じようにみえるので、正確に区別することはできません。

脳と脊髄からなる中枢神経系は、そろそろ基本となる構成要素がすべてそろいます。

赤ちゃんの中枢神経系に非常に重要な展開が起こり、これから4つの形成過程が同時に進行して発育が進みます。神経細胞の数は増え、それらの細胞が移動して位置を変えます。このプロセスによって神経細胞は最終的な位置に移動し、機能を特化していくのです。個々の神経細胞間の結合はより組織化され、神経線維が直接触れ合わないよう絶縁されます。

神経系の発育はこれからもっとも活発な段階に入ります。そのため、頭は赤ちゃんの全身の半分を占めます。神経細胞も、その支持細胞も数が増えます。神経細胞のほとんどは、妊娠中に産生されますが、支持細胞は赤ちゃんが1歳になるまで増え続けます。神経細胞の移動は妊娠22週までにほぼ完了しますが、それを補助するのが支持細胞です。

助産師への質問

Q. ジョギングは続けても大丈夫ですか？

A. 妊娠前から日常的に走っていたなら、いまやめることはありませんが、がんばりすぎないようにしてください。いまは、マラソンを走るときではありません。

オーバーヒートしないように、暑い日のジョギングは避け、気温にかかわらず水をたくさん飲んでください。しっかりしたスポーツブラをつけて大きくなっている胸を支えましょう。できるだけ草の上などやわらかい地面を走り、ひざをはじめとする関節への負荷を減らしましょう。

ジョギングは、妊娠の早期にはすぐれた有酸素活動ですが、**走り慣れていなければおすすめできません**。妊娠してから新たにはじめないようにしましょう。

トピック――栄養

豚肉は優良食品

豚肉にはたんぱく質、ビタミンB6、亜鉛が豊富です。これらはすべて妊娠中の重要な栄養素です。豚肉には脂肪が多いといわれますが、そんなことはありません。スペアリブ、ベーコンやハムになる部位は脂肪が多いので、そのようにいわれるのでしょうが、豚の多くの部位は牛肉に比べて飽和脂肪が少ないのです。

健康的な食生活を送る鍵は、できるだけ脂肪の少ない部位を選ぶことです。テンダーロイン、トップ・ロイン・チョップなど、英語で腰部の肉を指す「ロイン」という言葉がつくのが、たいてい脂肪が少ない部位です。実は、豚のテンダーロイン（ヒレ肉）は、皮なしの鶏むね肉より脂肪が少ないのです。1食分の豚肉はおよそ85gが適量です。

豚肉は健康的でおいしく、調理も簡単で時間がかかりません。脂の少ない厚切りの豚肉に塩をふって焼き、アップルソースを添えてみましょう。こうすれば、塩気のあるものが食べたいという欲求も、甘いものが食べたいという欲求も、同時に健康的に満たせます。まな板は必ず生肉用とほかの食材用と分け、肉に完全に火を通すようにしてください（p.104参照）。

妊娠中期

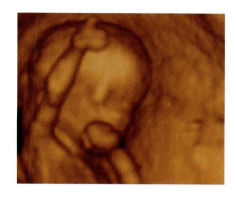

妊娠13週5日です

あと184日……

今日の赤ちゃん

このころになると、頭は大きいままですが、以前より形が整い丸くなってきます。

顎と首が長くなるにつれ、顎が首から離れます。

このころ超音波でみると、親指がほかの指と違うのがよくわかります。

妊娠中の症状として深刻なものではありませんが、鼻がつまることが多くなるかもしれません。そして、夜はいびきの原因になります！

夜中にパートナーにつつかれることがありませんか？ あなたのせいで彼が眠れないから？ **妊娠中にいびきをかくのはよくあることです。**鼻腔がはれているのが主な原因ですが、体重が増えたこと、夜中に寝返りを打って仰向けになることもいびきの原因になります。

鼻がつまるのは、妊娠によって血液の量が増えているためです。これが鼻づまりや、耳がふさがれているような感覚を引き起こします。妊娠中は鼻からの出血もよく起こります。鼻をかむたびに、少量の出血があるという人もいるくらいです。鼻の血管は傷つきやすいうえに、血管を流れる血液量が増えたために、出血しやすくなっているのです。ただし、これはごく軽い出血のはずです。

鼻血を止めるには、頭を前に傾けて、鼻のなかほどのやわらかい部分をぎゅっとつまみます。そうすればすぐに止まるでしょう。出血が止まらなければ鼻に氷嚢を当てると、血管の収縮を促せます。万が一出血がひどくて止まらないことがあれば、病院にいきましょう。毎回のように出血量が多い場合は、医師に相談しましょう。

栄養士への質問

Q. 妊娠中にピーナッツやピーナッツを使用した食品を食べても大丈夫でしょうか？

A. ピーナッツや（ピーナッツバターなど）ピーナッツを使用した食品を食べたければ、バランスのとれた健康的な食生活の一部として食べてもかまいません。ただし、ピーナッツにアレルギーがある、医療関係者から止められているといった場合は別です。

かつて英国政府は、もしもあなたやパートナーや赤ちゃんのきょうだいに喘息、皮膚炎、花粉症などのアレルギーがあるなら、妊娠中や授乳期間中にピーナッツを避けたほうがよいとしていました。

英国政府はこれを撤回しています。近年の研究が、ピーナッツを主食としながらもピーナッツアレルギーが比較的少ない国々があることを指摘し、妊娠中にピーナッツを避けるとアレルギーの発症率が高まる可能性があると示したためです。最新の調査でも、妊娠中にピーナッツを食べることと赤ちゃんのピーナッツアレルギー発症を関連づける、明らかな証拠はないとされています。

トピック——お父さん

楽しみになる

妊娠初期、**これから父親になるあなた**はきっと、妊娠が進むのを不安な気持ちで待ち、状況が厳しいときにはパートナーをサポートしてきたでしょう。中期に入ったいま、嘔吐感、つわり、疲労感といった妊娠による初期の症状はおそらくなくなり、流産のリスクは減り、あなたは妊娠についても、あなたがたの未来についても違った感じかたをしはじめているのではないでしょうか。

彼女の体力と活力が増してきて、彼女の体型が変わり小さなおなかのふくらみが目につくようになると、一気に妊娠の現実味が増すでしょう。ここまでくれば、あなたの感じてきた不安は、明るい見通しに変わるでしょう。あなたもパートナーも、これからのことが楽しみになるでしょう。

第14週

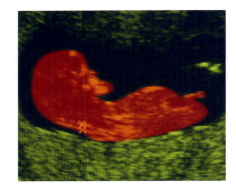

妊娠13週6日です

あと183日……

今日の赤ちゃん

左の超音波カラー画像では、赤い部分が赤ちゃん、緑の部分が胎盤です。赤ちゃんの首の背面に"×"がふたつついています。これは後頸部にたまった液体の厚みを測るための印です（p.143参照）。この後頸部浮腫（NT）を計測するなら、いまが最後のチャンスです。

赤ちゃんは日に日に成長し、強くなっていきます。
それはすべて、赤ちゃんの命を支える仕組みである胎盤のおかげです。

赤ちゃんの急速な成長は続き、体重はこれから3週間のうちに43gから140gになります。筋肉と骨の成長が先行します。ただし、関節はすでにできていますが、骨が硬くなりはじめるのは3週間後になるでしょう。

赤ちゃんは、いまではすべての栄養を胎盤から得ています。環境因子はこの時点では赤ちゃんの大きさにほとんど影響しません。どの赤ちゃんも、だいたい妊娠20週までは同じ大きさです。

胎盤は赤ちゃんより大きく、赤ちゃんに必要な栄養をすべて供給します。赤ちゃんの発育を助けるために、胎盤はお母さんの血液循環からアミノ酸をとり出し、赤ちゃんに高濃度で提供します。アミノ酸は、筋肉や臓器をつくるたんぱく質を構成します。

> **トピック——栄養**
>
> ### たんぱく質効果
>
> たんぱく質は赤ちゃんと胎盤の発育にも、お母さんの体内で起こっているさまざまな変化を後押しするためにも必要です（p.14参照）。妊娠していないときに必要なたんぱく質は1日当たり50gですが、妊娠中は1日あたり60g必要になります。1日3回の食事すべてにたんぱく質をとり入れましょう。たんぱく源には、肉魚、乳、チーズ、豆類、種子類などがあります。
>
> たんぱく質を含む食品のなかでもいちばんいいのは、飽和脂肪酸やコレステロールが少ないものです。肉は脂肪をとり除き、1、2回量は魚介類（魚についてはp.96参照）をとり入れましょう。乳製品は、スキムミルクや低脂肪チーズを選びましょう。どちらも、たんぱく質含有量は脂肪分の高いものと変わりません。ナッツを含む種子類には、心臓によい油が豊富です。ベジタリアンの人はさまざまな植物性たんぱく源をとり入れ、量的にも質的にも十分なアミノ酸をとるようにしてください（p.126参照）。

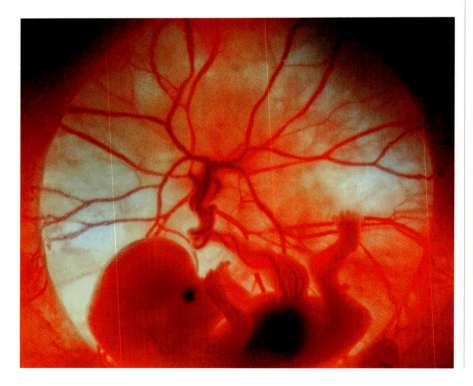

臍帯が妊娠13週の胎児と、胎児をはぐくむ胎盤をつないでいます。背景には胎盤のみごとな血管がはっきりと写っています。

妊娠中期

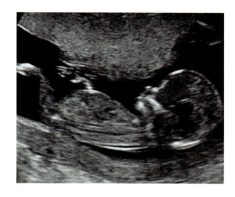

妊娠14週0日です

あと182日……

今日の赤ちゃん

左の2D超音波写真は赤ちゃんを横から非常にうまくとらえています。
鼻筋には鼻骨がうまい具合にみえるとともに、上下の顎が明るく写っています。
おなかのまんなかから出ているのが臍帯です。

情報過多になるのは避けられないかもしれません。
あなたへのアドバイスがない人なんて、いないみたいでしょう？

ドクターへの質問

Q. なぜ妊娠中は脚に静脈瘤ができやすいのでしょう？ 静脈瘤を防ぐ方法はありますか？

A. 妊娠中は、赤ちゃんと、ふくらんでいくお母さん自身の体からの要請に応え、血液量が最大で30％増加します。それに加え、（靭帯や関節を緩めるために産生される）リラキシンというホルモンの作用で血管壁も柔軟になります。血管が緩み、血液量が増加し、赤ちゃんの分の体重がかかれば、脚に静脈瘤ができやすくなります。

静脈瘤をできにくくするには次のようなことを試しましょう。

- 長い間、姿勢を変えずにすわりっぱなし、立ちっぱなしになるのを避け、定期的に歩き回りましょう。そのとき、腕をしっかり動かすと血行がよくなります。
- 毎日、運動をしましょう。ほとんどの心血管運動は血行をよくする助けとなります。水中エアロビクスは、水圧によって血液循環が促されるのでおすすめです。
- 寝るときに足の位置を少し高くする。ベッドの足もとのほうのシーツの下にクッションを入れます。

相反する情報やアドバイスにさらされるのは、だれもが経験することで、妊娠にはつきものです。ある記事に「こうするといい」と書いてあったのに、友人はまったく逆のことをいう、といった具合です。戸惑いやイラつきのもとになりかねません。新聞を読まないようにしたり、テレビのチャンネルを変えたりはできますが、人からのいらぬアドバイスは避けがたいものがあります。さらに厄介なのは自分の母親や義理の母親など、近親者からのアドバイスです。家族や友人には助けてもらいたいので、遠ざけ

妊娠中期は髪型や髪の色を変えて楽しむにはとてもいい時期です。きっとつややかなお肌をさらに引き立ててくれるでしょう。

たくないでしょうが、いわれた通りにしなければならないと感じる必要はありません。また、なかには実際に役に立つ的確なアドバイスもあるでしょうから、すべてを即座に否定しないようにしましょう。

あれこれしつこくいってくる人には、「情報が多すぎて参っているから、いまは妊娠の話はしたくない」と説明するか、その人の話に耳を傾け、にっこり笑って、あとは自分のしたいようにすればいいのです。アドバイスが必要なときはこちらからたずねると、それとなく伝えることもできるでしょう。

トピック——からだのこと

おしゃれもしたい

髪型を変えてイメージチェンジしましょう。

- **染毛剤に含まれる化学物質が妊娠に悪影響を与えるという裏づけはありません。**永久染毛剤も非永久染毛剤も、ほとんどのものに化学物質が含まれていますが、髪を染めるのに必要なのは少量であり、数カ月おきに使用するぶんには、おそらく害はありません。
- **心配なら、**天然染料を使うか、染料を頭皮につけずにすむハイライトにしてみましょう。
- **自分で髪を染めるときは、**しっかり換気をしながらおこない、染料に付属の手袋を必ずつけてください。

第14週

第15週（妊娠14週1日〜15週0日）

話しかけてみましょう──あなたの声が、赤ちゃんに聞こえるようになっています。

妊娠中期の女性がよくいわれるように、
あなたもそろそろ"妊娠の輝き"の恩恵を受けているかもしれません。
これは複数のホルモンの作用で肌と髪の調子がよくなるためです。
このときを楽しんでください。
そして、たいていその"輝き"は注目を集めますから、お楽しみに。
驚いたことに、赤ちゃんの耳は、あなたの話し声が聞こえるくらいまで発達しています。
赤ちゃんがこの世に生まれてくるとき、
きっとあなたの声を──もちろんパートナーの声も──聞きわけられるでしょう。

腕が長くなったので、赤ちゃんは顔の前に両手を持ってこられるようになりました。

お母さんの体から胎盤を通して運ばれるヨウ素を使い、**甲状腺**が機能しています。

胎盤は、赤ちゃんの要求をすべて満たすために新たな発育の波を迎えています。

首は長くなり、赤ちゃんは頭をさらにもち上げて顎を胸から離せるようになっています。

脊髄は完全に形成され、脊柱管の端から端まで伸びており、脊髄から分かれた神経が、ひとつひとつの椎骨の間から出ています。

妊娠15週0日では、**頭殿長**は平均10.1cm、**体重**は平均70gです。

妊娠中期

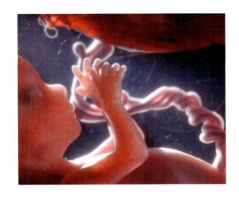

妊娠14週1日です

あと181日……

今日の赤ちゃん

このころになると、胎児の前腕、手首、手のひら、指がすべてみわけられます。閉じたまぶたのむこうに黒っぽくみえる目は、側頭部から顔の前側に移動してきました。

妊娠による不快感がいくらかなくなる一方、おなかはまだふくらんでこないので、妊娠している気がせず、妙に"ふつう"だと感じるかもしれません。

このころ、自分が妊娠しているとは思えないかもしれません。妊娠中期のはじめは不思議な移行期です。超音波検査でみた通り、おなかに赤ちゃんがいるとわかっているけれど、妊娠しているようにはみえない、またはそう感じられないかもしれません。しかも、赤ちゃんが動くのを感じられるようになるのは、まだ数週間先なのです（p.213 参照）。

妊娠初期によくある嘔吐感や疲労感など、妊娠を自覚させる身体的な症状は、大幅に減ったか、まったくなくなったことでしょう。

多くの女性が妊娠前とまったく変わらないような気がして、奇妙に感じるようです。なにかしら"感じるはず"だと考えるらしいのです。この時期を楽しんでください。おなかに赤ちゃんがいることを思い出させてくれるものが必要なら、超音波検査でもらった写真をみて過ごしましょう。妊娠後期になって疲労感が戻ってくると、"ふつう"だと感じられるのを待ち望むようになるでしょう。

トピック——お父さん

ふたりの時間

パートナーの妊娠中には、ふたりきりで過ごす時間をつくるようにしましょう。週に1度お出かけする夜をつくるなり、ずいぶん前に「いつかいこうね」と話していた週末旅行なり、とにかくいますぐ実行しましょう！　妊娠中期は旅行をするにはいい時期だということもお忘れなく（p.185 参照）。

赤ちゃんが生まれるとふたりの関係が根本的に変わるというのはよくあることです。初めて父親になる男性のなかには、赤ちゃんが生まれて間もないころは特に、少しばかりのけ者にされたように感じる人もいます。いま、ふたりの時間をもつことで、赤ちゃんが生まれたときのために、あなたがたはより強いきずなを結んでおくことができ、妊娠中にふたりでたっぷり楽しい時間を過ごせたという満足感をもてるでしょう。

オメガ3のパワー

お母さんの食べるものが赤ちゃんの脳や神経系の働きをよくする可能性があるといわれますが、これは事実です。最近の研究は、妊娠中と授乳期間にお母さんがさまざまな種類のオメガ3脂肪酸を豊富に含む食事をとることで、赤ちゃんの言語発達、IQ、認知発達が高まる可能性を示唆しています。この重要な脂肪酸を、お母さんが妊娠中と授乳期間に摂取すると、子どものアレルギー発症率が下がる可能性があり、お母さん自身も、産後うつを軽減できる可能性があります。

オメガ3脂肪酸は脂肪分の多い魚に含まれており、そのうち特に重要な3種類の脂肪酸がすべて含まれるのは、魚介類だけです。その3種類が重要なのは、体内で生成できないためです。

魚はオメガ3脂肪酸の主要な供給源ですが、水銀濃度の高い種類（p.96 参照）は食べないよう気をつけてください。サケとイワシは水銀濃度が低く、オメガ3脂肪酸が豊富な脂の多い魚です。天然のサケは、特にこれらの体にいい脂肪酸の宝庫で、しかもおいしい魚です。

魚介類以外でオメガ3脂肪酸の供給源となるのは、キャノーラ（菜種）油、クルミ、アマニ、オメガ3強化卵です。これらに含まれるのは体内で生成されない3種類のうち、1種類のオメガ3脂肪酸だけですが、それでも食べるだけのことはあります。アマニには、食物繊維も豊富ですが、挽いて粉末状にしない限りうまく吸収されません。アマニの粉末をシリアルかヨーグルトにふりかけましょう。

妊娠14週2日です

あと180日……

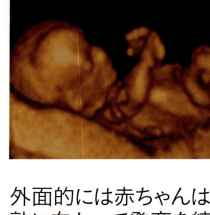

今日の赤ちゃん
左の3D超音波写真では、赤ちゃんが仰向けになっています。
赤ちゃんの腕と脚は長くなり、自由に動かせるようになっています。
体に比べると頭はまだ大きく、額が突きだしています。

外面的には赤ちゃんはよく発育したようにみえますが、赤ちゃんの内臓が成熟に向かって発育を続けるにつれ、体内では複雑な変化が起こっています。

妊娠中の仕事

雇用主の多くは、従業員が妊娠したとわかるとサポートしてくれます。あなたの場合もそうだといいですね。しかし、なにか問題が起こったときのために、妊娠中の女性を守る雇用法があります（注：以下は英国の法律に基づいた内容だが、日本でも同様の法律が定められている）。

- あなたが契約条件に違反しない限り、**妊娠中に解雇されることはありません**。
- **妊娠または産前産後の休業を理由に解雇されることはありません**。ただし、妊娠とは関係ない正当な理由がある場合は解雇されることがあります。
- **あなたの妊娠中、雇用主には通常以上の義務が発生します**。これには、あなたの職場の安全を保障することが含まれます。例えば、重い物を扱ったりもち上げたりする、長時間立ちっぱなしやすわりっぱなしでいる、有毒物質を扱う、長時間にわたって勤務する、といった仕事をしているなら改善してもらえます。
- あなたには妊婦健診のために"合理的な"範囲で有給休暇をとることができます。
- **妊娠による症状は疾病とみなされ**、病気休暇を取得する理由となります。

赤ちゃんの頸部が発育しており、どんどん人間らしくみえるようになっています。内部では、甲状腺が舌のつけ根で発生し、徐々に下降して気管の前面にくっつくような具合でのどに落ち着きます。甲状腺は、お母さんの体から胎盤を通して運ばれるヨウ素を使って、サイロキシンというホルモンを産生しています。

赤ちゃんの腎臓が機能しはじめます。腎臓のネフロンと呼ばれる管状の構造が長くなり、成熟に向かいます。多数のネフロンひとつひとつが基本的な機能単位であり、血液をろ過、再吸収して体から老廃物を除去することで、腎臓を機能させます。

ネフロンの生成は妊娠37週まで続き、腎臓は妊娠期間中、週におよそ1mmのペースで長くなります。

ドクターへの質問

Q. おなかのまんなかに黒っぽい縦の線があらわれてきましたが、なんでしょう？
A. これは正中線（黒線）と呼ばれ、皮膚の色素沈着の変化によって起こります。非

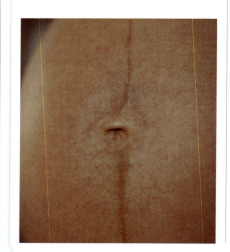

常に一般的なもので、妊娠中の女性の90％がなんらかのかたちで影響を受けます。肌の色が濃い人ほど目立つことが多いようです。

乳頭のまわりの乳輪が黒っぽくなったり、そばかす、ほくろ、あざが濃くなったりすることもあるかもしれません。なかには"妊娠性肝斑"と呼ばれる茶色のしみが顔にできる人もいます（p.190、467参照）。これらの変化は妊娠中にエストロゲンというホルモンが増えるために起こります。エストロゲンは皮膚のメラニン産生細胞――皮膚を黒っぽくする色素をつくる細胞――に作用します。このような色の変化は正常で、たいてい赤ちゃんが生まれると薄れていきます。

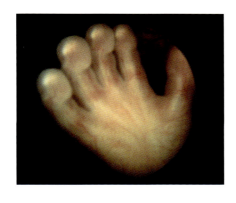

妊娠14週3日です

あと179日……

今日の赤ちゃん
このころには手がかなり発育していますが、左の写真からわかるように、皮膚は非常に薄く、透明です。
そのため、発育中の指の骨や血管が透けてみえます。

赤ちゃんの外生殖器がみえるようになっているので、超音波検査をすると性別がわかるかもしれません。

妊娠中期のこのころには、赤ちゃんの外性器がはっきりみえるようになります。妊娠4週ごろに性器の形成がはじまったときは、男女の違いはありませんでした。生殖結節と呼ばれる丸みを帯びた突起と、膜で分離された陰唇陰嚢隆起と呼ばれる左右ふたつのふくらみで構成されていました。男性（Y）染色体（p.200参照）の有無によって、だいたい妊娠6週ごろから差異が生じるようになります。妊娠14週ごろには、男の子なら生殖結節が伸長してペニスになり、左右の陰唇陰嚢隆起は癒合して陰嚢を形成します。女の子の場合、陰唇陰嚢隆起は分離したままで大陰唇を形成し、生殖結節はクリトリスを形成します。

動物のマジック

動物といっしょに暮らしていますか？ 最近の調査では、幼少期に猫や犬と暮らしていると、その子に喘息の症状が出るリスクが低くなることがわかっています。その研究では、猫と暮らしている子どもはネコ科の動物に対してアレルギー関連抗体ができることがわかりました。ただし、赤ちゃんのそばでは、犬や猫から目を離さないようにしましょう。

助産師への質問

Q. 便秘を改善するのにいい方法はありますか？
A. 便秘は妊娠中によくある症状で、主にプロゲステロンというホルモンが腸機能を鈍らせ、すべてがゆっくりになるためです。多くの女性は妊娠中にふだんより運動量が少なくなりますが、これも詰まりの原因となります。また、貧血改善のために鉄剤を処方されるかもしれませんが、これは便秘の原因となるものとして有名です。

しかし幸い、さまざまな方法で症状をやわらげることができます。

- **食物繊維の摂取量を増やす**：新鮮な果物や野菜、全粒穀物などのかたちで、食事から十分な食物繊維をとるようにしましょう。水をたっぷり飲み、お通じを助けましょう。
- **自然志向**：複数の研究によって、サイリウムハスク（インドオオバコの種子殻）は便秘に効果的な自然薬だと確認されています。
- **リフレクソロジー**：効果的な療法のひとつだとされています。ある研究によると、調査に参加した女性の35％に効果があらわれ、便通が規則的になったといいます。妊娠中の女性の施術に慣れている有資格のセラピストを選ぶか、少し自分でやってみるのがおすすめです。足の裏のかかととアーチの部分を、親指でまんべんなく足の組織深部まで押してマッサージしましょう。
- **マッサージ**：ベルガモットのエッセンシャルオイル2滴をグレープシードオイルのようなさらりとした油に混ぜたものをつけて、腹部をやさしくマッサージしましょう。

第15週

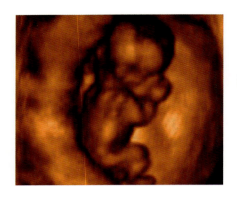

妊娠14週4日です

あと178日……

今日の赤ちゃん

左の写真では、胎盤は赤ちゃんの左側にあります。胎盤はまだ赤ちゃんよりずっと大きく、赤ちゃんの要求を満たすために、これまでよりペースを速めて発育しています。
妊娠がさらに進むと、赤ちゃんと胎盤の大きさと重さは逆転します。

胎盤がうまく機能するためには、子宮壁の動脈にお母さんの血液がたくさん供給されなければなりません。

　胎盤はこれから第2成長期へと突入し、ほぼ6週間かけて発育します。胎盤のいちばん外側にある細胞層は、らせん状の子宮動脈へと近づき、その血管壁を破壊します。そのため動脈は拡張し、血流に対する抵抗力が下がります。胎盤の下にある子宮動脈のみ（80～100本）がこのようにして胎盤の細胞に侵食されます。これらの細胞があまり深く侵食しすぎると、子宮の筋肉としっかり結合しすぎ、分娩後に分離しにくくなります。しかし、侵食が不十分だと、血流に対する抵抗力が下がりません。そうなると、お母さんが妊娠高血圧症候群（p.474参照）を発症し、赤ちゃんの発育に問題が生じるリスクが高まります。

ご存じですか

ハワイの原住民は、胎盤を赤ちゃんの一部だとみなします。

　古来、胎盤といっしょに木を植えると、その木が子どもとともに育っていくと考えられています。

助産師への質問

Q. できるだけ日光に当たらないようにしていますが、サンレスタニング（セルフタニング）剤を使用してもいいですか？
A. サンレスタニング剤はおそらく使用しても問題ないでしょうが、妊娠中の女性の使用について安全性は確認されていないので、どのような影響があるかはわかりません。妊娠中は念のため使わないほうがいいかもしれません。サンレスタニング剤に皮膚を保護する効果はないので、戸外で日光を浴びるときは別に皮膚を保護するものが必要になることを覚えておきましょう。
　いかなる場合でも、経口タイプの日焼け剤（注：日本にはない）は使用しないでください。経口剤は英国では禁止されていますが、βカロテンまたはカンタキサンチンが含まれており、赤ちゃんに対して毒性があるかもしれないうえ、肝炎や眼障害を引き起こすことがわかっています。

ぐっすり眠るために

　妊娠初期ほど夜中にトイレに起きる必要はなくなり、まだそれほどあちこちが痛むこともないとしても、妊娠中期にはなかなか眠れないかもしれません。
　人生が大きく変わりつつあるこのとき、特に鮮明な夢をみて目覚めてしまうことがあるでしょう。気分がよくても、十分な睡眠をとることは大事です。やはり、ひとつの生命をはぐくむために、あなたの体はいっしょうけんめい働いているのですから。
　しっかり睡眠をとるには、次のようなことを試してみましょう。

- **眠りを誘う作用のある**アミノ酸トリプトファン（p.177参照）を含む夜食をとりましょう。
- **よく眠れるように**、ラベンダーオイル数滴を枕につけてみましょう。おふろに垂らすのもおすすめです（右記参照）。

- **カフェインの摂取を控え**（p.66参照）、寝るまえにカモミールティーを飲みましょう
- **寝るまえに**リラックス効果のあるラベンダーオイルを垂らしたおふろに入りましょう。熱いお湯にはリラックス効果より興奮させる効果があるので気をつけましょう。

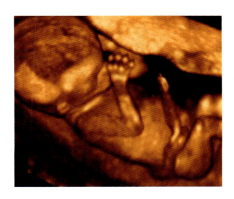

妊娠14週5日です

あと177日……

今日の赤ちゃん

左の3D超音波写真では、赤ちゃんが両手を顔の前にもち上げています。超音波ではすべての骨がはっきり写るため、ひざはごつごつしてみえます。赤ちゃんの頭のやわらかい部分もわかります。この部分のおかげで、脳は守られながら急速に発育できるのです。

人からほめられることがあるでしょう。
このころ、あなたは健康的で輝いているでしょうから。

妊娠中、特に中期の女性はよく"花が咲いたみたい"とか"輝いている"と表現されます。その理想的なイメージは、豊かでつややかな髪と、健康的な赤みのさしたなめらかな肌です。

肌の調子がいいのは、ひとつにはエストロゲンというホルモンのおかげです（妊娠ホルモンにだってうれしい作用はあります！）。もうひとつは、肌への血流が増えるためで、皮膚表面にごく近いところに多くの血管が走っているので、肌が健康的に輝いてみえるか、そこまでではなくても青ざめて疲れた顔にはみえなくなります。また、皮脂腺からの皮脂分泌が増えるため、肌には健康的なつやが出るのです。

髪が豊かになったようにみえるのもまた、ホルモンの変化によります。妊娠中はふだんより抜ける髪が少なく、髪が伸びるのは速くなります。出産後、髪が異様によく抜けると感じるかもしれませんが、これは9カ月の間に抜けなかった髪を失うのでそう感じるのです。通常、1日に抜ける髪は100～125本ですが、出産後はそれが1日に500本になります。

自分はそんなに健康的にみえないと感じるかもしれませんが、それは自分では気づかないだけです。まだ妊娠生活に完全に慣れていなければなおさらです。自分が青ざめて、疲れていると感じるなら、医師か助産師に相談しましょう。貧血になっていて、鉄分の摂取量を増やす必要があるかもしれません。

妊娠中期には髪は豊かで美しく、頬はばら色になり、妊娠による不快感も減るので、あなたはまるで咲き誇る花のようにみえるでしょう。

第15週

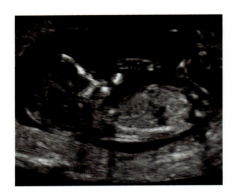

妊娠14週6日です

あと176日……

今日の赤ちゃん

赤ちゃんはこれまでより頻繁に羊水を飲み込むようになり、それが胃（左の写真ではおなかの中央にある黒い部位）に入ります。
骨盤下部に黒く、液体で満たされた臓器がみえるのは、ごく小さな膀胱です。

赤ちゃんの脊髄のもととなる神経管は、とても早い段階で形成されました。いまでは脊髄の形成は完了しています。

赤ちゃんの脊髄神経は、ひとつひとつの椎骨へとつながり、椎骨の間の椎間孔から脊柱管の外に出ています。しかし、脊髄と脊椎は同じ速度では成長しないため、脊髄の下端は腰のなかほど、ちょうど腰骨といちばん下の肋骨の間にあります。

それより下では、脊髄から出た神経が伸び、いちばん下の椎骨の間（椎間孔）から出ます。成人は、脊髄の下端が新生児よりも少し高めの位置になります。脊髄は脊柱管の下端までは届かないため、脊柱管の下のほうは液体に満たされています。

この週の終わりには、赤ちゃんは脂肪をエネルギー源にすることができるようになります。しかしこれは主要なエネルギー源にはなりません。エネルギー供給のほとんどは、お母さんの血流から胎盤を通ってくるグルコースが満たしてくれるからです。お母さんの血流のなかの遊離脂肪酸はたやすく胎盤を通りぬけて赤ちゃんに届き、臓器の発育、細胞壁の形成、神経を保護するミエリン鞘（髄鞘）の形成をはじめとし、さまざまな機能に使われます。

コレステロールは胎盤を通して赤ちゃんに供給されるだけでなく、赤ちゃんの体内でも産生されています。そのため、お母さんと赤ちゃんのコレステロール値の間にはほとんど関係がありません。妊娠してからの数カ月は特に、赤ちゃんは脂肪を産生するためにたくさんのコレステロールを必要とします。

> **ご存じですか**
>
> **赤ちゃんはお母さんのお気に入りのテレビ番組に耳を傾けているかもしれません！**
>
> 妊娠中にあるテレビ番組をみていたお母さんと、みていなかったお母さんを対象に調査がおこなわれました。おなかのなかで番組の主題歌をきいていた赤ちゃんは、誕生後その音楽がかかると静かになって"耳を傾け"、おなかのなかでその音楽をきいたことのなかった赤ちゃんは反応しなかったといいます。

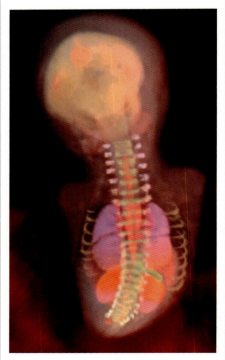

コンピューターで処理したこの画像では、**胎児の内臓がよく写っています**。頭蓋、脊椎、胸郭もはっきりみえます。肺（ピンクの部分）は胸郭に保護され、腎臓（赤い部分）はその下にあります。

> **ドクターへの質問**
>
> **Q. 赤ちゃんが親指をしゃぶれるようになるのはいつですか？**
>
> **A.** 超音波検査で胎児が親指をしゃぶる様子がみられるのは、早くて妊娠12〜14週からです。ただし、この段階でみられるのは単なる反射である可能性が高いのです。というのも、もっと妊娠が進んで胎児が発育してからでなければ、脳が意識的に動きをコントロールすることはないからです。
>
> ある調査は、おなかのなかでどちらの指をよくしゃぶるかによって、誕生後の向き癖がわかるとしています。例えば右の親指をよくしゃぶる場合は、誕生後に頭を右向きにしたがるという具合です。この調査は、指しゃぶりの傾向をもとに赤ちゃんが成長したときに右利きになるか左利きになるかを予測できる可能性も指摘しています。

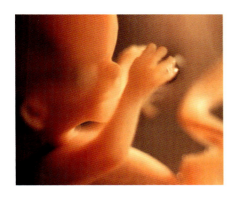

妊娠15週0日です
あと175日……

今日の赤ちゃん
横顔の写った左の写真からは、鼻は低く、まだ目が顔の大部分を占めているのがわかります。顎の長さが増して、顎の先は胸からもち上がっています。
指を伸ばした状態の手を顔の近くにもってきているのは典型的です。

快適に眠れる姿勢をいくつかみつけておくといいでしょう。それらの姿勢が妊娠期間を通してとても役に立ってくれます。

トピック——赤ちゃん

静かな時間

静かに赤ちゃんと向き合える時間は、きずなを結べる貴重な時間であり、そのような時間をもつのはリラックスするためのいい方法です。赤ちゃんが羊水のなかを漂っているのを思い浮かべてみるのもいいでしょう。

上の写真のように足の裏を合わせ、"チョウ"のポーズをとってみましょう。両手をおなかに当てて、さまざまなさすりかたで赤ちゃんをマッサージしてあげてください。赤ちゃんのことだけを考え、それ以外のことは吐く息とともに外に出してしまいましょう。

日に日におなかが大きくなってくるので、特に夜、快適に横になるのが難しくなってきたと感じるかもしれません。

妊娠の折り返し地点を過ぎたら仰向けに寝るのは避けなければならないので、いまのうちにいくつか新しい姿勢を練習しはじめましょう。仰向けに寝ると、血液を心臓に送り返す主要な静脈が子宮の重みで圧迫され、めまい、低血圧を引き起こし、場合によっては子宮への血流が減少することもあるのです。

いちばんいいのは左を下にして横になることです（右を下にするとお母さんや赤ちゃんに悪影響があるわけではありません）。これは実際にお母さんにも赤ちゃんにもよい姿勢で、胎盤への血流を促し、腎臓が体液や老廃物をとり除くのを助けます。目覚めたときに仰向けになっていたとしても心配しないでください。横向きになり、必要なら体をクッションなどで支えましょう。

うつ伏せに寝たければ、それでもかまいません（赤ちゃんは羊水のクッションに保護されています）。ただし、おなかが大きくなればなるほど、うつぶせで寝るのは難しくなるでしょう。

助産師への質問

Q. わたしの担当助産師はとてもいい人なのですが、いつも急いでいます。どうしたらわたしの質問に答えてもらえるでしょう？

A. これはよくある問題です。マタニティクリニックは、大勢の妊婦さんが助産師の診察を受けにきていて、たいていとても混み合っています。そのため、ほとんどのクリニックではひとりの妊婦さんにとれる予約時間は、わずか10〜15分です。これでは基本的な健診項目をカバーするのがやっとです。しかし、あなたが質問するのは大切ですから、ききたいことを忘れないように書き留めておくのがおすすめです。あなたの予約時間中に助産師と話せない場合は、都合の合うときに相談の時間をとってもらいましょう。電話でも、あらためて予約してクリニックに出向いてもいいのです。あるいは、助産師に本、リーフレット、ウェブサイトを教えてもらうか、別の医療関係者を紹介してもらえるかもしれません。

担当スタッフに満足できるか、質問や問題があれば相談する機会をもてるかどうかは、妊婦健診においてとても重要なことであり、英国国立医療技術評価機構（NICE）の妊婦健診ガイドラインにもその重要性が謳われています。

第16週（妊娠15週1日〜16週0日）

おなかがふくらんできて、あなたの妊娠をみんなに知らせます。

ふくらみはじめたおなかをとても誇らしく思う日もあれば、
ほっそりした体型でなくなっていくことにため息をつく日もあるでしょう。
だんだん体型が変わっていくのを楽しんでください。
きっとパートナーも喜んでくれるはずです。
この時期は多くのカップルにとって、セックスへの関心が高まるときです。
気持ちのうえでも身体的にも、なにか心配ごとがあれば、
助産師に相談できる機会があるでしょう。

顔をしかめるなど、顔面を動かせるだけの筋肉がついてきますが、赤ちゃんはまだ表情をコントロールすることはできません。

手がよく動くようになり、赤ちゃんは親指をしゃぶれるようになります。

妊娠16週0日では、赤ちゃんの**頭殿長**は平均11.6cmで、**体重**は平均100gです。

脳では神経細胞が形成され、中心部から表層へと移動します。いまのところ、いかなる神経活動も非常に未熟です。

皮膚はとてもなめらかで、赤みがかっています。これは皮下脂肪がほとんどないためです。

消化管はまだ成熟していないので、適切に機能することはできないものの、赤ちゃんがときどき飲み込むごく少量の羊水を受け入れることはできます。

妊娠中期

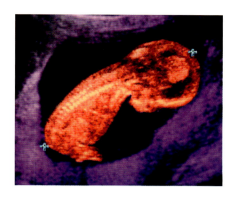

妊娠15週1日です

あと174日……

今日の赤ちゃん

左は子宮の赤ちゃんが写った超音波写真に人工的に色をつけたもので、脊椎が特にはっきりみえています。
赤ちゃんの頭頂とお尻にある小さな青い"×"は、頭殿長を計測する位置を示しています。

おなかのふくらみは、この週にははっきりわかるようになります。
ここからは、みるみる大きくなっていくので、驚いてしまうでしょう。

だいたいこのころになると、おなかのふくらみが目立つようになるでしょう。つまり、ちょっとウエストが大きくなったのではなく、明らかにおなかがふくらんできて、妊娠しているのがわかるようになります。おなかに視線を感じはじめるのも、このころです。職場などの場でまだ妊娠を知られたくない事情があれば、ゆったりしたラインの服を着ましょう。

小さなふくらみがぽっこり前に突き出る人もいれば、横に平たく広がる人もいます。大きさも、形も人それぞれですから、人と比べないようにしましょう。昔からの言い伝えでは、おなかが前に突き出ていると赤ちゃんは男の子、広がっていると女の子だといわれますが、これには根拠がありません。

まだマタニティウェアを買っていない人は、そろそろいくつか購入するか、手持ちの服を調整しましょう（p.179 参照）。

ご存じですか

双子のきずなは、赤ちゃんが誕生するずっと前から結ばれています。

最新のビデオ技術が、子宮のなかでの双子の特別な関係をとらえました。ふたりの赤ちゃんは互いに反応し合い、手をにぎり合うことすらあるのです。

ゆるめの服を着ていると、おなかのふくらみはほかの人にはわからないかもしれませんが、ぴったりした服を着ると、かなりはっきりわかります。おなかは徐々に大きくなっていきますが、急に大きくなる時期があるという人もいます。

栄養士への質問

Q. 夜中におなかがすいてよく目覚めます。どうしたらいいでしょう？
A. 妊娠中、夜中に空腹感を覚えるのはよくあることですが、めんどうなものです。よく眠れないならなおさらです。ベッドに入る前に、夜中の空腹感を防ぐのに適したものを食べましょう。

- 卵、乳（チーズやヨーグルトを含む）、ツナ、ターキー（七面鳥）は、アミノ酸トリプトファンを豊富に含み、体内でのナイアシン（ビタミンB群のひとつ）生成を促進します。これが、鎮静作用と眠りを促す作用のある脳化学物質、セロトニンの分泌を助けます。

- ゆっくりと分解、放出される炭水化物、例えば全粒粉を使用したパンやパスタなどもおすすめです。ツナ、チーズ、ターキーなどのサンドイッチを半分、少量の全粒粉パスタにチーズを加えたもの、良質な全粒穀物のシリアルに温かいミルクとハチミツをかけたものなどを食べれば、おなかがいっぱいになり、よく眠れるようになるでしょう。

- ナッツ類や種子類をひとつかみ、またはプレーンヨーグルトにハチミツと果物を添えたものは、たんぱく質を多く含み、空腹感を防ぎます。

第16週

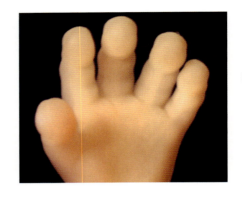

妊娠15週2日です

あと173日……

今日の赤ちゃん

指先が大きく、指はまだとても短い状態です。
5本の指は分離していて、それぞれ独立して動きます。左の写真のように、
5本の指をこぶしににぎらず伸ばしている状態が、もっとも自然な手のかたちです。

まだお母さんに動きは感じられないでしょうが、赤ちゃんは子宮のなかでどんどん活発になってきます。

このころには、赤ちゃんは長ければ5分くらい動き続けることがあります。これから数週間のうちに、とりわけ妊娠経験のある人は、おなかのなかにかすかな振動のようなものを感じるようになるかもしれません（p.193参照）。そういった動きが感じられるのは、赤ちゃんが子宮の内側の筋肉壁に接触するような動きをしたときだけです。

胎盤自体もクッションの役割を果たし、赤ちゃんがそうとう力強い動きをしない限り、たいていの衝撃は吸収することができます。そのため、前壁胎盤（胎盤が子宮の前面の壁、つまりおなか側についている場合）のお母さんは、後壁胎盤（子宮の背中側の壁についている場合）のお母さんに比べて、胎動を感じられるようになるのがずっとあとになることが多いのです。

赤ちゃんの脳の発育が続いています。脳の表面をおおう灰白質を形成する神経細胞は、脳の中心部で発生し、最終的な位置におさまるべく外側に向かって移動しなければなりません。このプロセスは妊娠8週から16週の間に次から次へと起こります。神経細胞の移動は妊娠25週まで続き、脳の電気的活動がみられるようになるのは妊娠29週ごろです。その後の妊娠期間も灰白質は成長し続け、神経回路を組織します。赤ちゃんの胴はこのころ初めて頭より長くなります。

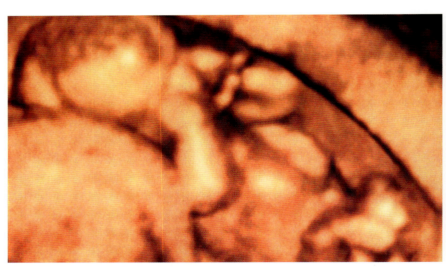

3D超音波検査ではコンピューター技術を使い、従来の2D超音波検査よりもさらに詳細な画像を得ることができます。上の写真は子宮のなかにいる妊娠15週の胎児です。この段階では、すべての臓器が形成され、声帯もあります。

ドクターへの質問

Q. 日焼けマシンやジャグジーは赤ちゃんによくないでしょうか？

A. 日焼けマシンやジャグジーを利用すると赤ちゃんに害がおよぶとは証明されていませんが、お母さんの体温が上がると赤ちゃんの体温が上がる可能性があると報告されています。これは、日焼けマシンを利用中にも、熱いおふろやサウナに入っているときにも、起こる可能性があります。体温が39℃以上になると、発育中の赤ちゃんの脊椎に異常をきたす恐れがあり、体温の高い状態が長時間続くと、脳を損傷することがあります。羊水の温度が高くなることも考えられ、お母さんの体温が極度に高くなると、赤ちゃんへの血流に問題が起こる可能性があります。

ですから、日焼けマシンやジャグジーの利用は控え、熱いおふろには入らないようにしましょう。また、気温の高い地域では注意が必要です（p.185参照）。

妊娠中期

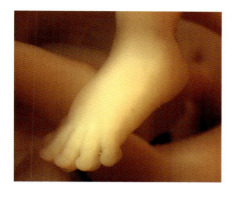

妊娠15週3日です

あと172日……

今日の赤ちゃん

足の指が長くなり、土踏まずのゆるやかなアーチが形成されつつあります。
赤ちゃんは、やろうと思えば手で足をつかむことができますが、足を口まで運ぶのは難しいでしょう。もう少し妊娠が進めば、それも難なくできるようになります。

そろそろ2度目の妊婦健診を受け、お母さんにも赤ちゃんにも問題なく順調に妊娠が進んでいることを確認しましょう。

妊娠16週あたりに妊婦健診の予約をしましたか？ たいていの場合、これが助産師による2度目の正式な健診となります（初回の妊婦健診についてはp.122参照）。

尿検査と血圧測定がおこなわれます。さらには、おそらく赤ちゃんの心音をきくこともできるので（p.188参照）、安心できるでしょう。

妊娠11〜14週でNT（後頸部浮腫）スキャン（p.143参照）を受けなかった人は、ダウン症候群のスクリーニング検査として2種類ある血液検査（トリプルマーカー検査とクワトロテスト）のどちらかを受けるという選択をすることもできます。

なにか心配ごとがあれば、この健診の際に相談にのってもらえますし、初回の妊婦健診かその後に受けた検査（p.122〜123参照）の結果も助産師が説明してくれるでしょう。

血液検査の結果からヘモグロビン値が低いとわかれば、鉄剤を処方されるかもしれません。

ご存じですか

マタニティウェアがみられるようになったのは、19世紀半ばのことです。

とりすました紳士淑女社会の時代には、妊娠は隠すべきこととされていました。そのため、そして母子の健康のために、女性は出産のかなり前からベッドで過ごすのがよいとされていたのです。

トピック——からだのこと

この服を着ると、おなかが大きくみえる？

大きくなりつつあるおなかを収めておける服を選ぶ必要があります。 だからといって、まだ新しいマタニティウェアをそろえる必要はありません。

ここで紹介する革新的なアイテムを使えば、あなたのいつもの服を、無理なく、あと数週間は着られます。

- **マタニティサポートショーツ**：伸縮性に富み、腰への負担をやわらげます。また、体のラインをきれいにみせてくれます。
- **ウエスト調節ベルト**：伸縮性のある調節ベルトをつければ、おなかがどんどん大きくなっても、これまでのジーンズをはき続けられます。これは髪ゴムでも――長さが必要ならストッキングを切ったものでも――代用できます。ボタンにひっかけ、もう一方の端をボタン穴に通し、折り返してまたボタンにひっかけます。
- **ベリーバンド**：伸縮性のある布でつくられた、幅の広いバンドです。腹巻のようにおなかにつければ、トップスとボトムスの間からみえてしまうおなかを隠せます。
- **ブラ調節フック**：手持ちのブラのホックにつけ、最大8cmまで広げられます。
- **借りる**：パートナーや、自分よりやや体の大きい友人から服を借りることもできます。

ベリーバンドは、おなかをカバーしてあなたのお気に入りのトップスを引き続き着られるようにしてくれる、万能アイテムです。

第16週

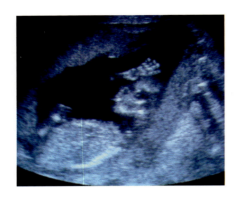

妊娠15週4日です

あと171日……

今日の赤ちゃん

この2D超音波画像では、頭頂は陰になっていてみえませんが、赤ちゃんが手を顔の前にもってきているのははっきりみえます。妊娠のこの段階では、すべての骨が発育、成長している途中です。

このころの赤ちゃんの皮膚はまだ透き通っており、皮下脂肪はほとんどありません。

赤ちゃんの皮膚は3層になっています。 いちばん外側は表皮で、その下に真皮と皮下層があります。表皮ははじめ、細胞ひとつ分の厚みしかありませんでしたが、いまでは細胞3つか4つ分の厚さになっています。表皮の上層部の細胞層は平たくなりますが、硬くなるのはもっと妊娠が進んでからです。

真皮はその90％を占めるコラーゲン（膠原線維）と、エラスチン（弾性線維）とで構成される結合組織であり、伸縮性と強さを兼ね備えています。真皮には血管や神経があり、表皮をサポートし、知覚を伝達します。はじめは、真皮と表皮の結合部は平らですが、徐々に凹凸が形成され不規則になります。

同じころ、毛包（毛嚢）の形成もはじまります。この時点では、皮下脂肪はたいしてついておらず、皮膚はほとんど透き通っています。脂肪は体温を制御するとともに、水が通りぬけないようバリア機能を果たします。このバリアがまだ整っていないので、皮膚の透過性はまだ非常に高い状態です。

ご存じですか

妊娠高血圧症候群を発症するリスクが高い人には、妊娠期間を通して少量のアスピリンを処方されることがあります。

妊娠高血圧症候群（p.474参照）を発症すると血液が凝固しやすくなりますが、少量のアスピリンはこれを防ぐ助けとなる可能性があります。ただし妊娠中はいかなる薬でも、服用前に医師に相談してください。

トピック——お父さん

彼女のなかの"女神"

パートナーは変わりゆく自分の体型に複雑な気持ちを抱いているかもしれません。 おなかに赤ちゃんがいることを楽しんでいる様子は、ときに"身ごもった女神"を思わせるかもしれません。つきつめれば、妊娠、出産ほど女性的なことはないのですから。このことについて前向きな気持ちでいるときの彼女は、強く、満ち足りているでしょう。

しかし、おなかのふくらみを愛する気持ちより、体重が増え、体型が変わっていくことに気を落としているときもあるかもしれません。極端にやせた女性を"美"のシンボルとしてみせるファッション誌があるのですから、妊娠中の女性がふくらんでくるおなかに対して相いれないさまざまな感情を抱き、ときには自分の容姿に自信をなくし、自尊心を打ち砕かれることがあっても不思議ではありません。

彼女を前向きな"女神"のほうへと向かわせ、容姿に自信を持たせてあげることで、あなたはパートナーの力になれます。彼女がしているのはすばらしいことで、あなたは彼女のことをものすごくすてきだと思っているのだと、思い出させてあげてください。

彼女の自尊心を高める：体型が変化しても、彼女は美しく、求められていると感じさせてあげてください。

妊娠15週5日です

あと170日……

今日の赤ちゃん

これは羊膜のなかにいる赤ちゃんです。ようやく頭が体より小さくなり、またひとつ発育上の大きな節目を迎えました。
頭が大きくて重くても、子宮内のほとんど重力のかからない環境では問題ありません。

助産師から、バースプランについて話があるでしょう。陣痛から分娩をどのように過ごしたいか、書いておきましょう。

バースプランとは、陣痛時から分娩についての希望を、あなたをサポートしてくれる人たちに伝えるためのものです。プランを書くことで、鎮痛方法や分娩時にだれに立ち会ってもらいたいかなど、出産のさまざまな側面について考えることになるでしょう。また、陣痛誘発などの医療介入について質問する機会にもなります。バースプランを記入しておけば、出産立会人にあなたの希望を知っておいてもらうのにも役立ちますし、あなたが陣痛に対処している間に、立会人が助産師や医師にあなたの希望を伝えられます。

状況によってはすべて希望通りになるとは限らないということはわかっておきましょう。それでも、よく考えたうえで自分がどうしたいかを書き留めておけば、希望が実現する可能性は高まります。出産やその際の選択肢についてできるだけよく知ることで、事前に準備がしやすくなるでしょう（p.302～303参照）。

ドクターへの質問

Q. ドライアイでコンタクトをつけられなくなってきています。どうしたらいいでしょう?
A. 妊娠中は、ホルモンの変化によって目が乾くように感じたり、痛み、かゆみ、異物感を経験したりすることがあります。これはよくあることです。妊娠中と同じようにホルモンが変動する閉経後にも、ドライアイになることがあります。

この症状は、涙の成分と量の変化によって引き起こされ、目が乾き、潤いが足りない状態になります。不快感はメガネ店や薬局で買える"人工涙"（右写真）で改善され、通常は出産を終えれば解消されます。それまでの間、コンタクトレンズをつける時間を短くし、あとはメガネをかけて過ごしましょう。長時間、コンピューターを使う人は、特にそうしたほうがいいでしょう。

考えてみましょう

バースプランを立てる

アロマキャンドル、心安らぐ音楽、ビーズクッション……それとも、陣痛のはじめから本格的な鎮痛方法をとりますか? バースプランを書くことは、陣痛から分娩までの流れを考える機会になるでしょう。このころから、助産師や出産に立ち会ってもらう人とバースプランについて話し合い、あなたの目指すものをみんなに理解しておいてもらいましょう（p.302～303参照）。

- **すべて書いておく**：だれに出産に立ち会ってもらいたいか、どのような鎮痛法を希望するか、アクティブバース（注→p.480）にしたいか、どのような環境で出産したいか。病院で出産したいのか、自宅出産、または家庭的な設定が用意されていて、いざとなれば医療介入も可能な助産所での出産を希望するのか、決まっていれば書きましょう。

- **具体的に**：例えば、水中出産用のプール（注→p.480）を使いたい、立った姿勢で出産したい、医療介入は最小限にとどめたいなどの希望を、具体的に記入しましょう。

- **臨機応変に**：出産は必ずしも計画通りに進みません。赤ちゃんが安全に生まれてくることがなによりも大切です。

第16週

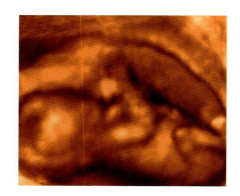

妊娠15週6日です

あと169日……

今日の赤ちゃん
上肢は、前腕、手首、手のひら、指の区別がはっきりつくようになっています。
上肢の発育は下肢よりも早く進みますが、
それは誕生後も同じです。

赤ちゃんの肺が、呼吸するときに向けて拡張し、発育するのを助けるために、胸壁の内側は羊水で満たされていなければなりません。

赤ちゃんの肺は分岐し続けます。それらの気道をおおっている細胞は常に液体を産生しており、その液体は赤ちゃんが呼吸様運動をすると肺から送り出されます。この液体の放出は、咽頭にある声帯で調節されています。

液体だけでなく、肺には粘液を産生する腺があります。線毛とよばれる、微細な毛のような構造をした細胞が気道表面にあらわれ、粘液の流れをつくりだしています。この粘液の産生は、誕生後、絶え間なく流れる空気によって肺の内側が乾かないようにするためにも、ほこりの粒子をからめとったり、感染症の侵入をふせいだりするためにも重要です。

消化管は非常に未熟なので、羊水を飲み込む頻度は比較的低いものの、赤ちゃんの体内の羊水は徐々に増えていきます。妊娠37週ごろには、赤ちゃんは1日にほぼ1Lの羊水を飲むようになります。これは全羊水量の半分にあたります。

トピック——ふたりの関係

目をみはるほどセクシー

突然の性欲の高まりに、自分でも驚いていることでしょう。妊娠中期になると、初期よりずっと活力が増し、セクシーな気分になるという話はよくきかれます。骨盤まわりの血流が増え、膣がより潤滑になるということは、理論的には、セックスにはこれ以上にない好条件といえます。

プロゲステロンとエストロゲンというホルモンの値が高いと膣や乳房は非常に敏感になるので、前戯の間に歓びが高まりやすくなるでしょう。また、ふだんより早く絶頂を迎えるかもしれません。オルガスムに達すると子宮は収縮しますが、焦らなくても大丈夫です。

パートナーはあなたの性欲の高まりを喜び、美しく丸みを帯びた体を探ってみたいと感じるかもしれませんが、逆に乗り気でなさそうなら彼の気持ちをきいてみましょう。

右のアップ写真には、**赤ちゃんの左腕と胸壁が写っています。**皮膚はほぼ透明なので、肋骨がよくみえます。この段階では、肋骨はとてもやわらかく、大部分が軟骨です。

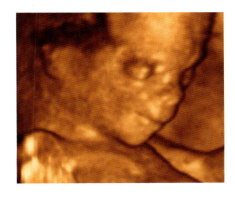

妊娠16週0日です

あと168日……

今日の赤ちゃん

赤ちゃんの皮膚が水を通さなくなってくると、だんだん腎臓と膀胱でつくられる尿が羊水に占める割合が高くなります。老廃物は胎盤を通して運び出されるので、この尿には含まれません。

パートナーがあなたと赤ちゃんを守ろうとするのは自然なことですが、ほどほどにとどめるよう助けてあげる必要があるかもしれません。

ご存じですか

もうすぐ父親になるというとき、男性はふだんより鮮明な夢をみます。

父親としての役割がお預けの状態なので、男性は自分自身の生い立ちやルーツを考え、両親や祖父母の夢をみることがあります。赤ちゃんを守ろうとする気持ちがさらに強まれば、自分が妊娠している夢をみることさえあります。

パートナーは、あなたがワインをひと口飲んだり、少しチョコレートを食べ過ぎたりすると心配しますか？ あるいは、あなたが十分休んでいるか、いつもチェックしていますか？ 彼があなたと赤ちゃんを守ろうとしているのが伝わってきて、その気づかいがうれしい女性もいれば、イラつく女性もいるでしょう。それが気に障るなら、なぜそれほど過保護にしなければいけないと思うのか、彼にたずねてみましょう。まずは彼の気持ちや心配に耳を傾けてあげてください。それから、時間をとって、彼にあなたがどんな気持ちなのかを説明し、すべて順調であなたの気分もいいなら、そのことを彼に知らせましょう。妊娠は病気ではなく自然の仕組みなのだと説明し、ちゃんと助産師がみてくれているから大丈夫だといって彼を安心させてあげてください。さらに安心させるために、妊娠出産に関する本や資料をすすめたり、妊婦健診にいっしょにいこうと誘ったりして、もっと妊娠にかかわってもらうとよいでしょう。彼は彼なりに、助産師にききたいことがあるかもしれませんよ。

脚力をつける

下半身を力強く鍛えるには、ここで紹介するエクササイズがおすすめです。 これらの筋肉を強化すると、赤ちゃんが大きくなっても、歩く、階段を上るといった毎日の動作がずいぶん楽にできるようになるでしょう。脚の筋肉を鍛えておくと、しゃがんだ姿勢など、分娩の体位に備える助けにもなります。

横向きに寝る。両脚を体の前に置き、ひざを 90 度に曲げる。**ゆっくりと、上の足を上げ、もとの位置に下ろす。** 無理せずできれば、これを 30 回繰り返す。必要なら、おなかの下にクッションを入れて支える。

- 足首を曲げる
- 手は腰に置く
- 頭を支える

横向きに寝て、**下の脚のひざを少し曲げ、上の脚を 45 度まで上げる。その足を少し（10cm ほど）上げ、10 秒数えてから 45 度まで戻す。** 無理せずできれば、これを 30 回繰り返す。

- 上の脚を上げる
- 下の脚は少し曲げる

第16週

第17週（妊娠16週1日〜17週0日）

赤ちゃんはよく動くようになり、くるりと回転することまであります。

子宮のなかが活気づいてきています。動き回るのに十分な広さがあるので、赤ちゃんはそれをうまく活用して、伸びをしたり向きを変えたりしています。すべての活動が、今後の身体的、精神的発育のためになります。お母さんは、少しリラックスしたい気分になるかもしれません。それなら、ひと休みすることを考えましょう。妊娠中期はたいてい、妊娠期間のなかでも、旅行をしたり外出したりするのにいちばんいい時期です。

赤ちゃんが呼吸のような動きをするとき、**肺**から液体が送り出されます。

大きくなりつつある**子宮**が、このころには腹腔内のほかの臓器を押し上げるようになります。

丸まったり、伸びをしたり、腕や脚を動かしたり。赤ちゃんは常に姿勢を変えています。頭が上を向いていたと思ったら、下向きになっているという具合です。

赤ちゃんの**心拍**は速く、お母さんの心拍とは容易に区別できます。医師や助産師が手持ち式の超音波ドップラー胎児心拍計でおなかの上から特定できるくらい、心音は強くなっています。

妊娠17週0日では、赤ちゃんの**頭殿長**は平均13cmで、**体重**は平均140gです。

口はいつも開いたり閉じたりしており、赤ちゃんは羊水を飲み込み、あくびをし、ときにはしゃっくりもします。

妊娠中期

妊娠16週1日です
あと167日……

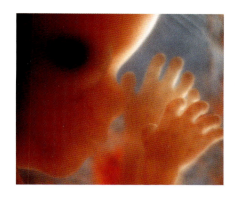

今日の赤ちゃん

発育のこの段階では、赤ちゃんの唇と口は十分に形成されており、口を開閉したり、羊水を飲み込んだりすることができます。口のなかでは味蕾が成熟していますが、まだ神経の接続が不十分なため、味を感じることはできません。

いまは安定期といわれる時期で、気になる症状はまったくないといってもいいくらいです。休暇をとって旅行に出かけるには最高のときです。

いまの時期は、妊娠初期の気分の悪さや疲労感がなくなるうえ、まだおなかが大きくて負担になるほどでも、不快感を引き起こすほどでもないでしょう。また、赤ちゃんの発育が順調で、流産が起こる可能性もきわめて低いとわかっているので、安心できる時期でもあります。休暇旅行に出かけるのはパートナーとふたりで充実した時間を過ごし、自分にご褒美をあげるいい機会になります。

リラックスして楽しみましょう。ただし、妊娠中にはふだん以上に体のために注意すべきことがあります（下記、p.28～29参照）。これまでになんらか問題のあった人は、旅行に出かけても大丈夫か、助産師や医師に確認しましょう。

暑い地域も楽しめますが、**日陰にすわっているほうが快適に過ごせます**。日光を浴びる場合は、強力な日焼け止めを塗りましょう。妊娠中は、肌が日光に敏感になっている可能性があります。

> トピック──安全

休暇をすこやかに楽しむ

妊娠中に旅行に出かける場合は、**妊娠前と同じ体力はないかもしれないということ以外にも、考えるべき点がいくつかあります。**

- **自宅や職場で休暇前にすませておくべきことは、余裕をもっておこないましょう**。旅行の準備はストレスになりかねません。機内に持ち込む手荷物は持ち運びを考えて、あまり重くならないようにしましょう。
- **車の旅はよく考えて計画しましょう**。トイレ休憩やおやつ休憩を多めにとらなければならないかもしれません。
- **ふだんより観光で疲れやすいかもしれません**。ペースを調整し、カフェで休みながら行き交う人々をみて過ごすような時間をつくりましょう。
- 外国旅行をする場合、暑い地域なら特に、**生水は避けミネラルウォーターをたくさん飲みましょう**。飲み物に氷を入れないようにしてください。氷にはたいてい水道水が使われています。
- **果物は皮をむきましょう**。果物や野菜をミネラルウォーターで洗うのもよいでしょう。
- **おなかを下した場合は、水をたくさん飲むことがとりわけ重要です**。そうすることで、失われた水分を補えます。下痢止めの薬は飲んではいけませんが、適切な量の塩が含まれる、経口補水塩は安全に利用できます。尿がかなり濃くなっていて、嘔吐などによりうまく水分補給ができない場合は、医師に相談してください。

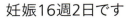

妊娠16週2日です

あと166日……

今日の赤ちゃん

この2D超音波カラー画像では、赤ちゃんは上を向いています。
頭蓋骨は超音波を非常によく反射し、明るい部分として画像にあらわれます。
額の部分にあたるカーブした前頭骨が、鼻柱を形成する小さな鼻骨のすぐ上にみられます。

赤ちゃんはこのころがもっともよく動き回ります。子宮のなかで、くるりと回転することもあるでしょう。

ドクターへの質問

Q. DVTとはなんですか？ 妊娠中に飛行機に乗ると、そのリスクが高まるのですか？

A. DVTは深部静脈血栓症をあらわす英語 "deep vein thrombosis" の頭文字で、脚の深部にある静脈に血栓ができることを指します。DVTは静脈の血流を部分的、もしくは完全に妨げ、痛みや不快感を引き起こします。DVTのなかでももっとも深刻なものは肺塞栓症で、血栓の一部がはがれ、流れていって肺に到達し、肺動脈をふさぎます。そうなると胸の痛み、息苦しさ、血痰が出るなどの症状を引き起こします。重症の場合、肺塞栓症によって命を落とすこともあります。

妊娠中は血栓ができやすい状態だと考えられています。つまり、妊娠しているというだけで血管内に血の塊ができる可能性があるのです。ですから、飛行機の旅をしていなくても、DVTを発症するリスクは高まっています。過去にDVTを経験している人や肥満の人は、さらにリスクが高まります。

弾性ストッキングをはく（p.225参照）、十分に水分をとる、飛行機のなかで動き回るなどすると、DVTを防ぐ助けとなります。過去に血栓ができたことがある人は、妊娠中は飛行機に乗らないようにしましょう。

このころ、赤ちゃんの動きにはいくつかパターンがあり、体を丸めたり伸ばしたりし、頭を上下左右に動かし、腕と脚をそれぞれ単独で動かしたりすることができます。胸壁の呼吸運動はある程度の間隔をおいてみられ、またしゃっくりもみられます。口の開閉が可能で、赤ちゃんはあくびをしたり、羊水を飲み込んだりできます。両手を顔の前にもっていき、仰向けよりも横向きの姿勢を好むようです。動くには十分な広さがあります。

赤ちゃんの味蕾は妊娠10週ごろに初めてあらわれましたが、いまでは外見上は、おとなの味蕾にかなり近づいています。味蕾ひとつひとつに神経があり、顔面神経から出る枝のひとつとつながっています。これらの神経連絡が未発達なため、赤ちゃんはまだ味を感じることはできません。

トピック——双子

赤ちゃんどうしの交流

このころには、双子の赤ちゃんが動くのが感じられるようになるかもしれません。赤ちゃんどうしのつながりは、おそらく数週間前、あなたがそれに気づくずっ

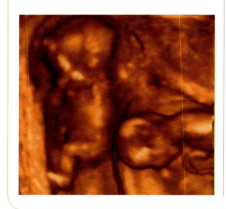

と前にはじまっていました。そして、赤ちゃんの脳が発育するにつれて、そのつながりは複雑になっていきます。妊娠のこの段階までに、赤ちゃんの脳には、体の各部を感じ、姿勢の理解を助ける簡単な回路ができています。ですから、赤ちゃんどうしが基本的なレベルで反応し合うのは当然といえます。

赤ちゃんは1時間に50回ほど動き、お互いに触れ合います。双胎妊娠のほとんどは、赤ちゃんが別々の羊膜をもち、ふたりの間に膜があります。超音波を使った研究から、双子の赤ちゃんは羊膜を通して体が触れ合っていて、互いの接触や圧迫に反応することがわかっています。

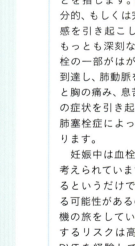

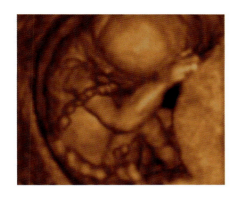

妊娠16週3日です

あと165日……

今日の赤ちゃん
左の3D超音波写真は、赤ちゃんを頭上からななめにみおろしたものですが、赤ちゃんが丸まっているので顔はみえません。胎盤は写真の右側にあり、臍帯は赤ちゃんの腕にかかっています。

妊娠中は、ストレスをうまく解消し、どんな心配ごとがあっても広い視野をもってみるようにすることがいっそう大事になります。

ストレスを解消する

ストレスの兆候を見極められるようになりましょう。胸がドキドキする、体温が上がるなどの兆候を感じることがあるでしょう。ストレスがかかっているとわかったら、行動を起こしてください。

- **原因を特定し、それを客観的にみるようにします。** 深呼吸をしたり、筋肉をほぐしたりしてストレスを解放しましょう。息を吐くときにストレスもいっしょに吐き出すようにイメージします。
- **時間をもてあまさないようにしましょう。** 考える時間がありすぎると、ストレスを助長しかねません。
- **水泳**はいいストレス解消法で、しかも体を鍛えるためにもすばらしい方法です。
- **リラックスする時間をとりましょう。** いろいろなことを考えてしまうときや、いろいろなことを同時にこなしているときはなおさらです。足を高くして休む、テレビをみる、小説を読む、成長中の赤ちゃんのことを考えるなど、リラックスしてください。
- **パートナーや親しい友人に話をきいてもらいましょう。** 自分の健康状態や赤ちゃんの発育具合が気になるなら、助産師か医師に相談して問題がないことを確認しましょう。
- **ストレスの原因が仕事なら、** 上司か人事部のスタッフに正直に話すと助けになってくれるかもしれません。いまのあなたのもっとも重要な仕事は赤ちゃんをはぐくむことなのです。

赤ちゃんができて幸せでしょう。しかし、日々の生活は続いていきます。まだフルタイムで働きながら、家のことをしている人もいるかもしれませんが、生活がうまくまわらないと思えば、ストレスを感じて当然です。そしてもちろん、気持ちの上がり下がりの原因ともなる、気難しい妊娠ホルモンのあれこれに対処している人もいるでしょう。

あなたもこれから起こる大きな変化にストレスを感じ、経済的なこと、いい母親になれるかどうか、そしてパートナーとの関係がどう変化するかなど、さまざまな要素について不安に思うかもしれません。心配ごとは広い視野をもってみること、気持ちを安定させておくことが重要です。ストレスを感じていると、お母さんの健康のためにも、赤ちゃんの健康のためにもよくありません。

ストレス解消の方法（左記参照）をみつけましょう。心配ごとがあれば、パートナー、友人、助産師など、だれかに話してみるのもひとつの方法です。

ご存じですか

お母さんのストレスは、胎児に伝わる可能性があります。

羊水中のコルチゾール（ストレスホルモン）の値は、お母さんの血液中のコルチゾール値と同じです。コルチゾールは、胎児の発育に悪影響を与えると考えられています。

第17週

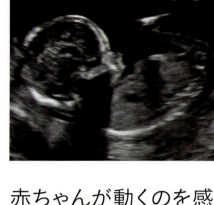

妊娠16週4日です

あと164日……

今日の赤ちゃん

この2D超音波写真では、赤ちゃんの頭は左にあり、腕はどちらもみえていませんが、ひざを曲げている脚がみえています。この段階では、頭蓋骨のなかで発育している脳の細部がずいぶんよくわかるようになっています。

赤ちゃんが動くのを感じられるようになるまでは、心音をきくのが赤ちゃんとのきずなを結ぶいちばんいい方法です。

自宅で赤ちゃんの心音をきく——それぞれの立場から

わたしのパートナーは、手持型の超音波ドップラーをレンタルして、赤ちゃんの心音をききたいといいます。これはいいアイディアなのでしょうか？

医師：手持ち式の超音波ドップラー胎児心拍計を使えば、ご両親は家で赤ちゃんの心音をきくことができます。これは米国ではよく利用されていて、英国でもレンタルしたり購入したりできるようになっています。ご両親は「妊娠10週以降ならまったく問題なく」「いつでも好きなときに」赤ちゃんの心音をきけるという、利用頻度に上限はないかのような説明を受けます。

しかし、通常の妊婦健診で受ける検査以上の頻度で超音波にさらされた場合に赤ちゃんにどのような影響があるかは、調査されていません。超音波ドップラーはおもちゃではありませんし、家庭で使用することで不要なリスクが生じるといえます。

助産師：赤ちゃんの健康状態をとても心配している場合には、超音波ドップラーを使うことで安心できるかもしれませんが、心拍をひろえなかった場合には逆効果にもなり得ます。さまざまな音を特定するには練習が必要ですし、心拍がなかなかみつからなければ（助産師でも難しいことがあります！）、それが悩みの原因になるでしょう。なんらかの理由で赤ちゃんのことが心配なら、たった1本の電話で助けやアドバイスを求めることができます。

先輩ママ：わたしは心配症なので、超音波ドップラーを使い、そのおかげで心穏やかにいられました。あまり頻繁には使わず、心配になるような理由があるときだけ使いました。例えば、妊娠中のある段階で、出血と血栓の症状があらわれたのです。その後、赤ちゃんの健康状態がとても心配になってしまったので、心音をきくことは本当に気持ちを落ち着ける助けになりました。そんなわけで、赤ちゃんにとってもよい結果になったと思います。超音波ドップラーが医学的見解の代替になるとは思いませんが、追加的に利用する価値はあると思います。

このころには、助産師が手持ち式の超音波ドップラー胎児心拍計を使って、赤ちゃんの心音をきくことができるでしょう。超音波は空気中ではうまく伝わらないので、プローブと呼ばれる超音波発信装置の先端にジェルをつけて、おなかに当てます。すると赤ちゃんの心音が検知され、人間にきこえる音へと変換されるのです。

赤ちゃんの心拍はお母さんのほぼ2倍の速さなので、どちらの心拍かは容易にわかります。しかし、赤ちゃんの心拍数のピークはおよそ5週間前で、それから減速しました。これは、心臓の鼓動を調節する神経が成熟したためです。

妊娠の後半になると、心拍数は1分間に120〜160回となり、赤ちゃん自身の動きを含め、さまざまな刺激に応じて変化するようになります。

ご存じですか

赤ちゃんの心拍は性別とは関係ありません。

1990年代なかば、1万以上の測定結果をもとに研究がおこなわれ、赤ちゃんの心拍の速さによって性別を予測できるとする説には根拠がないことがわかりました。

妊娠中期

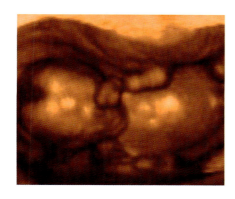

妊娠16週5日です
あと163日……

今日の赤ちゃん
この3D画像では、赤ちゃんの顔の一部が手で隠されています。
この段階の赤ちゃんは、まだ超音波検査機の画面におさまるくらいの大きさですが、妊娠20週を超えると、一度にみえる範囲がだんだん限られてきます。

妊娠中、すこやかに過ごすためには、水分を十分にとることが大切なので、どこにいくにも水のボトルを持ち歩きましょう。

妊娠中に脱水状態にならないようにするのは容易ではないかもしれません。ホルモンの変化によって、体にとり入れる水分の一部が血流から組織にしみ込んでしまうからです。

どれくらいの水分を追加でとれば十分な水分量を保てるかは、お母さんが口にする食べ物（もともと水分量の多い食べ物もあります）、体格、運動量、その人がおかれた環境の気温と湿度など、多くの要因に左右されるので一概にいえません。ですから、自分の体に耳を傾けて、脱水状態になっていないかを判断しましょう。いちばんわかりやすい方法のひとつが、尿をみることです。透明か薄い黄色なら、問題ありませんが、濃い黄色からオレンジ色だと、水分が足りていない可能性が高いでしょう。

水をたくさん飲むことは大切です。ただし、胃のむかつきを感じるときや、単に水を飲むのに飽きたときは、別の方法で水分補給をしましょう。ジュースを飲んだり、果物を食べる量を増やしたり（下のコラム参照）しても水分を補えます。コーヒーのようにカフェイン入りの飲み物は水分補給にはならないことを覚えておきましょう。カフェインには利尿作用があるので、排尿回数が多くなります。

妊娠中期と後期には、脱水状態になると早期の子宮収縮が起こりかねません。これは、体から水分が失われないようにしようと、抗利尿ホルモンが産生されるからです。このホルモンは、陣痛を引き起こすオキシトシンというホルモンと似たような作用があり、子宮が収縮する原因になります。脱水にならないようにすれば、これが起こるのを防げます。

トピック——栄養

果物は最高！

十分な水分をとるのにとても有効な方法のひとつが、果物を食べることです。たいていの果物は水分を多く含みますが、メロン、ブドウ、イチゴは特に水分量が豊富です。果物の水分は、糖分といっしょにとることになるので体に吸収されやすく、血流にとどまりやすくなります。

それに加え、果物は栄養価が高く、バランスのとれた体を保つために必要なビタミン類や電解質の多くを含みます。

助産師への質問

Q. よちよち歩きの小さい子どもがいますが、妊娠中はだっこするのをやめたほうがいいですか？

A. ホルモンの作用で靭帯が緩んでくると、腰痛などの不快感が生じるかもしれません。これは、ふだんより関節が不安定で、けがをしやすいということです。

小さい子どもを抱き上げるのが、おなかの赤ちゃんによくないということはありませんが、お母さんに不快感が生じたり、バランスを崩しやすくなったりするでしょう。お子さんに椅子の上にのぼってもらえば、お母さんはかがんだ姿勢から抱き上げずにすみます。床から抱き上げる場合は、しゃがんで、脚で重みを支えるようにします。前かがみになると腰を痛めるので避けてください。お子さんにひざの上に乗ってもらい、そこから抱き上げましょう。

妊娠16週6日です

あと162日……

今日の赤ちゃん

この段階の赤ちゃんは、よく手を顔にもっていき、ときには親指をしゃぶります。しかし、しゃぶる動作はうまくできていないので、おそらく意図してではなく、たまたま親指が口に入るのでしょう。このころになると、腕は体のほかの部分との釣り合いがとれてきます。

赤ちゃんは呼吸運動の練習をします。これは、胸部の筋肉を発達させ、肺の発育を可能にするために不可欠です。

赤ちゃんは、子宮にいる間に呼吸運動を練習し、それが肺の発育を助けます。息を吸うと、横隔膜が下がり、胸壁は内側に向かって動きます。

赤ちゃんの"呼吸"は1回あたり1秒と持続しません。この段階では呼吸運動はときどき起こる程度で、一定間隔のこともあれば、不規則なこともあります。

赤ちゃんは、呼吸運動と同時に口を開けて、羊水を飲むこともあります。

1回の呼吸運動で横隔膜が大きく動くので、ため息をついたようにみえるかもしれません。

胸壁が効率的に動くためには、十分な羊水量がなければなりません（p.182参照）。特に妊娠16～26週の、肺の発育の重要な時期には羊水がたっぷり必要です。

妊娠24週ごろには赤ちゃんは1日3時間ほど、妊娠33週ごろには1日8時間ほど、呼吸運動を練習します。

ご存じですか

妊娠中のお母さんがたばこを吸うと、赤ちゃんが呼吸運動の練習をする回数が減ります。

「British Medical Journal（ブリティッシュ・メディカル・ジャーナル）」の調査研究では、赤ちゃんが呼吸運動を練習する頻度は、お母さんがたばこを吸いはじめて5分以内に下がることがわかりました。

トピック——双子

成長率

双子の赤ちゃんの多くはおなかのなかでだいたい同じペースで発育しますが、このころから発育に差が出ることがあります。

多胎妊娠の赤ちゃんは、大きさの差があっても、ほぼ確実にすべての臓器が発育すべきときに発育しています。しかし、もしも超音波検査で、双子の赤ちゃんの発育に差がみられれば、検査の回数を増やして発育具合を見守ることになるでしょう。多少のことなら、だいたい問題はありません。医師が懸念するのは、発育の違いが15％以上の場合だけです。

助産師への質問

Q. 顔に茶色のしみができてきましたが、なぜですか？

A. 妊娠中の女性の70％もが、肌の色の変化をうったえます。額、頬、首に妊娠性肝斑（妊娠黒皮症）と呼ばれる茶色のしみがあらわれてくるのに気づく人もいるでしょう。肌の色が濃い女性は、もとの色より薄いしみができることがあります。

妊娠性肝斑は、生まれもった肌や髪の色をつくっている色素、メラニンの生成が増えることであらわれます。このしみは、出産後に徐々に薄くなっていきます。しみを最小限にするには、できるだけ日光に当たらないようにし、強力な日焼け止めを使い、戸外では帽子をかぶることです。大きなしみは下地クリームかファンデーションでカバーし、小さいしみにはコンシーラーを使いましょう。

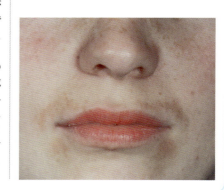

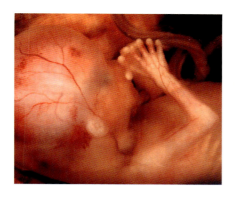

妊娠17週0日です
あと161日……

今日の赤ちゃん

赤ちゃんの体のすみずみまで血液がゆきとどき、発育のための栄養を届けています。まだ皮下脂肪がほとんどなく、皮膚はかなり透き通っているので、超音波を使うと血管がよくみえます。

いちばん元気のあるうちに、できるだけ外食を楽しみましょう。ただし、メニューは賢く選んでください。

妊娠しているからといって、がんじがらめになることはありませんし、**外食を安全に楽しむことは十分できます**。ただし、料理になにが使われているかを確かめて、ソフトチーズ、貝類、生卵など、妊娠中に食べないほうがいいもの（p.17参照）を避ける必要はあるでしょう。

料理に使われている材料については遠慮なく質問し、食中毒の危険を排除するために、肉や魚は完全に火を通すよう必ずお願いしましょう。チーズやヨーグルトを含む乳製品はすべて、殺菌済みの乳が使われていることを確認してください。

脂っこいものを食べると胃がむかつき、胸やけがする（p.194参照）という人は、揚げ物ではなく、焼き物や蒸し物にしておきましょう。ピクルスやチャツネなどのつけ合わせは、必ずしもつくりたてではないかもしれません。パテやテリーヌも避けたほうがいいでしょう。

じょうぶな爪

これまでにないほど、爪がじょうぶで健康的になっているかもしれません。これは妊娠中に起こるホルモンの変化によるものです。

爪の状態がよいので、マニキュアを塗らずにただ磨くだけで見栄えがよくなるでしょう。マニキュアを塗る場合は、部屋の換気を十分にするようにしてください。フタル酸ジブチル（DBP）を使用したマニキュアは避けましょう。動物実験で先天異常との関連が指摘されています。

栄養士への質問

Q. わたしはベジタリアンですが、むしょうに肉が食べたくなります。これはよくあることですか？

A. 妊娠中、食生活から欠けているものを体が欲するのはよくあることです。あなたが肉を食べたくなるのは、例えば、鉄分やたんぱく質が不足しているからかもしれません。どちらも妊娠中に必要とされる量は、ふだんより多くなります。

妊娠中は、必要な栄養を確実に摂取することが特に重要です。肉を食べないなら、鉄分は全粒穀物のシリアルや全粒粉、緑の葉物野菜、モラセス（糖蜜）、レンズマメやインゲンマメなどの豆類、レーズンやアプリコットなどのドライフルーツから得られます。オレンジジュース、パプリカやピーマン、柑橘系の果物など、ビタミンCの豊富な飲み物や食べ物をいっしょにとると、食事に含まれる鉄の吸収を助けます。

たんぱく質もまた、赤ちゃんの発育に不可欠です。豆類、全粒穀物、ナッツ、種子類、卵、乳製品はすべて、たんぱく質が豊富です。たんぱく質の豊富な穀物、キヌアを食事にとり入れてみましょう。お米の代わりになりますし、必須アミノ酸をすべて含む、数少ない植物性たんぱく源です。また、赤ちゃんの神経系と脳の発育を促す、複数のオメガ脂肪酸も豊富です。

第17週

第18週（妊娠17週1日〜18週0日）

これからは、週ごとに体重が増加していくでしょう。これはまったく正常なことです。

増加する体重のすべてが赤ちゃんの重さではありません。実際、大部分は、乳房をはじめお母さんの体が大きくなり、血液量が増すために増加するものです。
出産準備クラスはすぐにいっぱいになってしまうので、そろそろ予約することを考えましょう。
出産準備クラスではさまざまな情報を得られ、友だちをつくる機会にもなります。
ほかのお母さんたちとマタニティファイルをみくらべてみましょう。

子宮はずいぶん大きくなり、おなかの丸みが目立つようになっているでしょう。

赤ちゃんの動きがさらに活発になります。お母さんにも感じられるようになるかもしれません。

胎盤はいまも成長し続けていますが、これまでよりペースは落ちてきます。胎盤は、赤ちゃんの生命維持に必要な供給ラインであり続けます。

生殖器は、内性器も外性器も順調に発育しています。女の子なら、未熟な卵子を包み込んだ卵胞が、すでに卵巣で形成されはじめています。

妊娠18週0日では、赤ちゃんの**頭殿長**は平均14.2cmで、**体重**は平均190gです。

赤ちゃんは、このころ初めて**胎盤**の大きさを追い越し、これからもどんどん大きくなっていきます。

妊娠中期

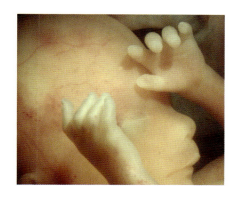

妊娠17週1日です

あと160日……

今日の赤ちゃん
赤ちゃんの顎は妊娠期間を通して発育し続けますが、このころには、まだとても小さくみえます。初期の歯胚が上下の顎で硬くなりはじめています。
骨と同じように歯胚にもカルシウムが沈着し、構造を強化します。

このころになると赤ちゃんが動いているのに気づくかもしれませんが、初めての胎動を感じるのはもっとあとになってからという人もいます。

赤ちゃんはとても活発になっていますが、まだ小さいので、子宮の壁を思いきり蹴るような力強い動きでない限り、お母さんに感じられることはありません。初めて感じる胎動を"胎動初感"といい、小さな振動のように、または下腹部に気泡があるように感じられます。おなかにガスがたまっている状態のように感じられるので、はじめは気づかなかったり、赤ちゃんの動きだとは思わなかったりします。

妊娠経験のある人は胎動の感覚を知っているので、すぐに気づくかもしれません。今回が初めての妊娠なら、一般的にもう少したって、だいたい妊娠18週から20週くらいになるまでは胎動に気づきません（p.213参照）。ですから、なにも感じなくても心配しないでください。振動するような感覚が持続的になり、はっきりしてきて、そのうちトンと当たったり、チョンチョンとつつかれたりする感覚がよくわかるようになります。

赤ちゃんの動きに気づけば、やがて胎動のパターンがわかるようになるでしょう。

このころ、**赤ちゃんの動きをかすかに感じられる**ようになるかもしれません。

雑学
なんとも奇妙な感覚

おなかにガスがたまっているのかしら？　それとも赤ちゃんが動いたの？
赤ちゃんの動きを初めて感じたら、それは赤ちゃんとのきずなを深める新たな一章のはじまりです。 これはいつの時代も、太古の昔でさえ変わらなかったようです。

妊娠検査が開発されるまでは、多くの文化において"胎動初感"は妊娠を確信できる最初のあかしであり、この時点から人間の生命がはじまると考えられていました。

古代のエジプト、ギリシャ、アメリカ、インドでは、胎動初感は胎児に魂がやどる瞬間だと信じられていました。アボリジニーは、初めて胎動が感じられた場所を、その赤ちゃんにとって非常に重要な場所とみなします。

トピック──お父さん
もう少しのがまんです

パートナーから初めて赤ちゃんの動きが感じられたときけば心躍る思いでしょうし、それは妊娠の大きな節目です。けれども、パートナーのおなかに触ってもまったくなにも感じられなくて、がっかりするかもしれません。もう少しのがまんです。**妊娠が進めば、お父さんが胎動を感じられる機会も十分あるでしょう。**

ご存じですか

赤ちゃんは眠っていても目覚めていても動きます。

お母さんが活動している最中に赤ちゃんの動きをあまり感じないのは、ほかのことに気をとられていて動きに気づかないためです。

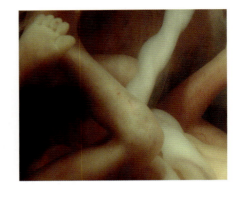

妊娠17週2日です

あと159日……

今日の赤ちゃん

この写真では、赤ちゃんらしく交差した脚がみられます。
写真の右側には右腕が写っています。腕や脚と臍帯がからまっているようにみえますが、臍帯は弾力性のあるゼリー状の液体で満たされており、圧迫されることはありません。

胎芽のころは胎盤よりずっと小さかった赤ちゃんも、いまでは胎盤より大きくなりました。これからも胎盤より速いペースで成長していきます。

妊娠の早い段階では、胎盤は赤ちゃんよりもずっと速いペースで成長していました。いま、赤ちゃんは胎盤に追いつき、これからはどんどん胎盤より大きくなっていきます。

胎盤の構造はこれから数週間かけて変化し、細胞の第2の波が子宮のらせん動脈へと近づきます（p.172参照）。胎盤はこのころもっとも厚い状態ですが、当面の間はゆっくりではあっても成長を続け、だんだん薄くなっていきます。

赤ちゃんはこれまでより速いペースで発育し、140gになったいま、胎盤より重くなっています。妊娠が満期になるころには、赤ちゃんは胎盤重量の6～7倍になっているでしょう。胎盤を通じて送られる栄養は、赤ちゃんの発育のためのエネルギーとなります。しかし、発育は赤ちゃん自身のインスリン産生と、インスリン様成長因子によってある程度は制御されています。

赤ちゃんには比較的高濃度の成長ホルモンがありますが、これは誕生後の成長を促すもので、妊娠中の成長には大きな役割を果たさないようです。

トピック——お母さんの健康

胸やけを解消する

胸やけや、すっぱいものがこみ上げてくる感じに悩まされているなら、次のような方法を試しましょう。
- 1回の食事の量を減らし、よくかんで食べる。
- スパイシーなもの、こってりとしたものや脂っこいものなど、症状を悪化させるようなものを食べない。
- 喫煙、飲酒をやめる。
- 牛乳を飲む。
- ペパーミントティー、ジンジャーティー、カモミールティーを飲む。
- 生のニンニクを食べる。
- 食べたあとにガムをかむ。
- 食後は上体を起こしておく。前傾姿勢は、不快感を助長しかねません。
- 夜遅くに食べない。
- ベッドの頭側を15cmほど高くし、左側を向いて横になる。

赤ちゃんらしく、ひざとひじ曲げて丸まっています。まだ皮膚の透明度が高いので、血管がはっきりみえます。耳は、このころには十分に形成されています。

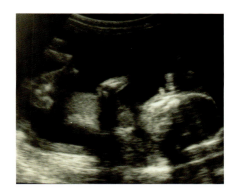

妊娠17週3日です
あと158日……

今日の赤ちゃん
赤ちゃんは横向きになっていて顔がみえませんが、この写真には脚部と足が特によく写っています。2D超音波でみられるのは赤ちゃんの断面なので、体の一部がないかのようにみえることがあります。この写真には、腕が途中までしか写っていません。

妊娠初期より中期になってからのほうが、体重がよく増えるようになります。それがふつうで健康的なことなのです。

妊娠初期にはほとんど体重が増えなかったかもしれませんが、妊娠中期からは週ごとに体重が増えていくでしょう。最後の数週間は体重増加がゆるやかになる傾向がありますが、平均すると、妊娠中期以降は週に0.5～1kg増加することになります。どれだけ体重を増やすべきかは、BMI（体格指数、p.17参照）をはじめ、多くの要素によって決まります。体重増加の目標についての詳細は、下のコラムを参照してください。

増えた体重がすべて赤ちゃんの体重というわけではなく、実際には、胎児はそのほんの一部にすぎません。残りは、大きくなっている子宮や乳房、羊水、増加した血液と脂肪です（p.99参照）。

体重について気になることがあれば、助産師に相談しましょう。妊婦健診ではいつも体重を測るとは限りませんが、体重増加を注意してみるべきだと考えれば助産師が計測してくれるでしょう。

ドクターへの質問

Q. 体がほてることがよくありますが、大丈夫でしょうか？
A. 多くの女性が妊娠中に体のほてりを感じます。これはプロゲステロンというホルモンの値が上がるためです。このホルモンは血管を拡張させて血液でいっぱいに満たし、熱を発生させます。また、妊娠すると代謝が上がるので、さらに熱が発生しやすくなります。おなかのなかではぐくんでいる小さな"ヒーター"も原因になっていることはいうまでもありません。

脱ぎやすい服を重ね着し、ほてりの原因となる辛いもの、アルコール飲料、カフェイン飲料を避けましょう。運動すると血行がよくなり、ほてりをやわらげる助けになるでしょう。また、ヨガなど、リラックスを目的としたエクササイズをすると、ほてりをしずめ、冷静さを保ちやすくなるでしょう。

体重増加

妊娠中期に目標とする体重増加は英国基準では**5.5～9kg未満**です。これは妊娠初期に目標とする体重増加の約2倍にあたります。つわりなど、妊娠による不快感でつらい妊娠初期を過ごし、あまり体重が増えなかった人は、いまこそ摂取カロリーを増やし、埋め合わせをするときです。妊娠初期に体重が増えすぎた人は、意識して動くようにし、カロリーは低くても栄養価の高い果物や野菜を中心に食べるようにしましょう。

最終的に目標となる体重増加を心に留めておいてください。BMI（体格指数、p.17参照）が20～25の標準範囲であれば、妊娠による推奨体重増加は11～14.5kgです。

妊娠した時点でBMIが標準を超えていた人は、妊娠中の推奨体重増加が7～11kgです。逆に標準未満だった人は12.5～18kg、双子を妊娠している人は16～20kgの体重増加が推奨されています。

（補足）妊娠中の体重増加について根拠のある基準はなく、国によって目標値が違います。日本ではBMI18.5未満（やせ）の推奨体重増加量は9～12kg、BMI18.5～25未満（ふつう）は7～12kg、BMI25以上（肥満）は個別対応となっています。

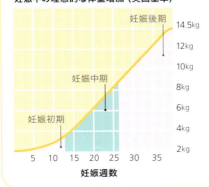

妊娠中の理想的な体重増加（英国基準）

第18週

安全に運動する

上半身の運動と下半身の運動を交互におこなうインターバルトレーニングにより、心拍を高く保てます。エクササイズをはじめる前に、医師の許可を得るのを忘れないでください。

ここで紹介する運動は、妊娠中期に安全にできるものです。体を鍛え、体調を維持するために、週に3、4回おこなえる運動です。ダンベルを使う場合は2kgのものが適しています。

ウォームアップ：まっすぐ立って片足を横に1歩踏み出し、もう一方の足を踏み出した足にそろえます。開いて閉じる動きを交互に1分間続けます。腕の動きを加えます。足を開いて閉じるのに合わせ、両腕を肩の高さで上げて下げます。これを1分間続けます。次は両手を腰に当て、左脚をおなかに向かってもち上げます。左右の脚を交互に2分間おこないます。最後に、まっすぐ立って左腕を体の前でぐるりと回し脇に下ろします。右腕も同じようにします。これを1分間続けます。

フォワードランジ
両手を腰に当てます。右足を前に出し、左足の位置は動かさずにひざを曲げ、右ひざがほぼ90度になるまで腰を落とします。これを左右交互に、合計30回ほどおこないます（妊娠中期以降は椅子の背をもっておこなったほうがいいかもしれません）。おなかを引き締め、背すじを伸ばし、顔を上げ、肩の力を抜きましょう。

スクワット
足を肩幅に開いて立ちます。両腕を肩の高さで前に伸ばし、腰を落とします。このときに腹筋を引き締め、両足はしっかりと床につけておきます。お尻を床に向かって下げ、もち上げてもとの位置に戻ります。しゃがみながら息を吐き、立ち上がりながら息を吸います。ひざがつま先より前に出ないようにしましょう。これを20回おこないます。

フォワードプルアップ
2kgのダンベルを右手に持ち、左足を前に出して立ち、両ひざを少し曲げます。ゆっくりと上半身を左ひざのほうに倒し、左手をひざに置いて体を支えます。右手を真下におろし、引き上げます。このとき、脇をしめてひじが外に開かないようにしましょう。最終的に、ひじが天井を向くところまで引き上げてください。片腕20回ずつおこないます。

アップライトロウ
まっすぐな背もたれのついた椅子にすわるか、少しひざを曲げ、足を腰幅に開いて立ちます。体の前に両手をおろした状態で左右の手にダンベルを持ちます。息を吐きながら、ゆっくり首の高さまでダンベルを持ち上げ、顎の下で止めます。それから息を吸いながら、もとの位置まで下ろします。これを20回おこないます。

ショルダープレス
アップライトロウと同じようにすわるか、立っておこないます。両手にひとつずつダンベルを持ち、ひじを少し曲げ、手を肩の上方にセットします。そこから息を吐きながら、ゆっくりと腕をもち上げまっすぐにのばします。これを20回おこないます。

ペクトラルリフト
このエクササイズも同じようにすわるか、立っておこないます。ひとつのダンベルを両手で持ち、腕を肩の高さで前に伸ばします。上腕を床と平行に保ちながら、ひじを90度に曲げます。左右のひじを合わせ、ゆっくりと腕を上下させます。これを20回おこないます。

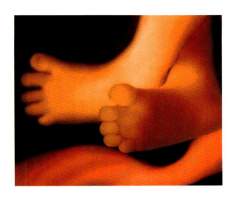

妊娠17週4日です

あと157日……

今日の赤ちゃん

赤ちゃんの皮膚はとてもやわらかく、なめらかです。
左の写真には、足の裏と足の指が写っており、しわがまったくないのがよくわかります。
これから1週間ほどで、手足の指紋らしきものがあらわれます。

赤ちゃんの肺は変化してはいるものの、いまの段階ではかなり未熟です。肺の発育は、妊娠35週ごろまで続きます。

赤ちゃんの肺は、複雑な過程を経て発育し続けています。その成長と発育をイメージするには、肺全体を1本の木と考えてください。幹（気管）は形成され、それが枝分かれして中太の枝（気管支）になりました。しかし、葉（肺胞）をつける小枝（細気管支）はまだ形成されていません。"小枝"はこれから妊娠28週くらいまでの間に形成されます。"小枝"にはいずれ肺胞が形成され、肺胞は赤ちゃんの誕生後は空気で満たされます。空気から酸素をとり込み、血流から二酸化炭素を排出させるのはこの肺胞で、肺胞の壁はそのために非常に薄くなっています。"小枝"でも多少のガス交換はできますが、肺は肺胞が形成されるまでうまく機能できません。肺をサポートする血管は、肺とともに成長していきます。これらの血管は赤ちゃんが生まれてから、酸素の運搬に不可欠なものとなります。

誕生後、右心室から送り出される血液は肺循環に入りますが、誕生前の肺は液体で満たされており、呼吸に使われていないので、肺に向かう血液はごく少量（およそ10～15%）です。

ストレッチを安全に

リラキシンはもっとも重要な妊娠ホルモンのひとつです。名前から推測できるように、リラキシンは体内の結合組織、腱、靭帯を緩め、横隔膜を拡張させて赤ちゃんが成長するためのスペースをつくります。また、靭帯や腱を緩め、経膣分娩のための産道が開きやすくなるようにします。

リラキシンは体のほとんどの部位に作用するので、結果的に、脊椎や骨盤も不安定に感じられるでしょう。ですから、エクササイズするときは、姿勢や体のアライメント（骨や関節の位置関係）に気をつけましょう。

- **立っているときは必ず腰を中央に落ち着けるようにし**、重心が片側に寄らないようにしましょう。
- **腰を伸ばしすぎないように**（反らせすぎないように）、また**猫背にならないように**気をつけましょう。
- **体を動かすときはゆっくりと**、コントロールしておこない、気持ちよく伸ばせるところで止めておきます。筋肉や腱が柔軟になっているので、ヨガやピラティスなどをしている間に伸ばしすぎてしまう可能性があります。

リラキシンは循環系が緩む原因にもなります。血管壁が緩んで脚に静脈瘤（p.167参照）ができることがあります。心血管運動をすると血行がよくなるので、静脈瘤ができにくくなるでしょう。

ストレッチは、気持ちよく伸ばせるところまでにしておきましょう。妊娠中は、筋肉や腱を痛めやすくなっています。

第18週

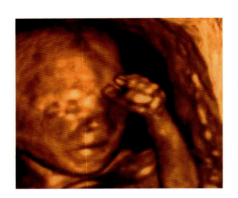

妊娠17週5日です

あと156日……

今日の赤ちゃん

この写真から、このころには赤ちゃんの頭頂のやわらかい部分がさほど目立たなくなっているのがわかります。また、指がよく写っています。赤ちゃんが大きくなればなるほど、超音波でここまで細部がはっきり映るようになってきます。

おなかのふくらみが大きく、これまでより目立つようになってくると、みんながあなたの妊娠に注目するようになるでしょう。

なんだかちょっと、注目を集めすぎている気がしますか？ おなかのふくらみが目立ってくると、大きなおなかとあなたが"みんなのもの"になったように感じられるかもしれません。どんどん大きくなるおなかに興味をそそられて、友人や家族、それに知らない人までが、おなかをみたがったり触りたがったり、さらにはキスまでしたがるかもしれません。これはかなり奇妙に感じられるでしょう。一般的には、人のおなかを触って回るなどということは、まずないわけですから！

もし、触られたくなければ、礼儀正しく断るか、ただ身をかわせばいいでしょう。けれども、妊娠していることを周囲の人たちにわかってもらうことで助かる面もあります。大きなおなかは、人の多い場所でぶつからないように気をつけてくださいという警告のサインのようなものですし、乗り物に乗れば席をゆずってもらえることが多くなるでしょう。

もうひとつわずらわしさがあるとすれば、病歴や赤ちゃんについてなど、立ち入った質問をされがちになることです。プライバシーを大切にする人にとっては、特に不愉快でしょう。初めて会うのに、体型についてコメントしたり、女の子じゃないか、男の子じゃないかとしゃべりたがったりする人もいるかもしれません。

妊娠して注目の的になるのがうれしい人もいれば、個人的なことに立ち入られるように感じる人もいます。抵抗があれば、あいまいに答えておくか、話を変え、相手のことをたずねてみましょう。注目されるのを避けるには、ゆったりした服を着ておなかが目立たないようにし、触りたいと思われないようにするといいでしょう。

ご存じですか

妊娠中の塩の摂取は、禁じられているわけではありません。

かつては、塩を摂取するとむくみがひどくなり、高血圧のリスクが高まると考えられていました。しかし妊娠中の体には、血液と体液の量を増やすために、塩が必要です。海塩（ナトリウム含有量が低い）を使い、1日の摂取量が6gを超えないようにしましょう。

おなかが大きくなればなるほど、人にみられたり、話しかけられたり、すてきなおなかのふくらみに触れたいといわれたりするものです。もともと人と触れ合うことに慣れている人は、そうでない人よりも、まわりの注目にうまく対処できるでしょう。

ドクターへの質問

Q. かゆくて、出血するほどかいてしまいます。どうしたらいいでしょう？

A. 妊娠中のかゆみのほとんど、特におなかのかゆみは、皮膚が引き伸ばされること（p.255参照）、ホルモンの変化、熱が原因で起こります。保湿クリームを塗ると、かゆみがやわらぐでしょう。

かゆみがひどい場合は、助産師か医師に相談し、妊娠性肝内胆汁うっ滞症（p.473参照）を引き起こしていないかみてもらいましょう。妊娠中の肝内胆汁うっ滞は、稀ではあるもの肝臓に影響を与える深刻な疾患で、妊娠の約1%に起こります。

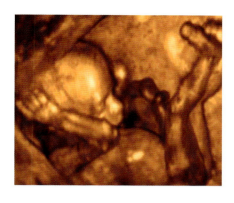

妊娠17週6日です

あと155日……

今日の赤ちゃん

この写真には、赤ちゃんの全身が写っています。まっすぐに伸ばされた脚は、どんどん力強い動きをするようになるので、特に赤ちゃんを産んだ経験のある人は、これからの数週間で胎動に気づく回数が増えるでしょう。

そろそろ出産準備クラスを予約することを考えたほうがいい時期です。多くの地域で、出産準備クラスはずいぶん前からいっぱいになってしまいます。

出産準備クラスは、赤ちゃんの誕生に備えるための機会です。一般的に、妊娠6カ月か7カ月からクラスに参加しはじめます。クラスでは、陣痛の兆候、呼吸法とリラックス法、どのような鎮痛方法と医療介入があるかについて学びます。また、赤ちゃんのお世話のしかたについて、実際に役立つアドバイスもしてもらえるので、初めて赤ちゃんを迎える人にとっては、とても貴重な情報となるでしょう。

英国では住んでいる地域によって、さまざまな種類のクラスがあり、病院やクリニックで助産師がおこなうNHS（英国国民保健サービス）の無料のクラスから、NCT（ナショナル・チャイルドバース・トラスト）のような組織による民営のものまであります。仕事を休んでクラスに参加するのは、法的に認められた権利です。出産準備クラスは、ほかのカップルと知り合うにはとてもいい場であり、ここでの縁が、残りの妊娠生活と赤ちゃんが生まれて間もない育児期間を通して、互いに助け合えるかけがえのない関係となるでしょう。

パートナーは、いっしょに出産準備クラスに参加することで、分娩と出産後すぐの育児期間に向けた準備を助けることができます。また、クラスはほかのお父さんたちと知り合うよい機会でもあります。分娩中と出産後の育児期間に父親が重要な役割を果たせることについては広く認められているので、現在の出産準備クラスは父親がとても参加しやすくなっています。

クラスに参加することで、あなたとパートナーは陣痛から分娩で必要になるテクニックを練習し、自信をつけられるでしょう。

トピック——双子

双子のためのクラス

双子は出産予定日より前に生まれる可能性が高いので、出産準備クラスはすぐに予約し、早めにはじめられるようにしたほうがいいでしょう。 さらに、妊娠が終わりに近づくと、おなかがかなり大きくなっていて動きにくく、クラスにいくのがおっくうになるかもしれません。双子は特別なケアが必要になる場合があるので、新生児集中治療室（NICU）を見学できるよう交渉するといいでしょう。

地域によっては、双子かそれ以上の多胎妊娠している人向けの出産準備クラスが夜間におこなわれるところもあります。通っている病院にそのようなクラスがなくても、近隣の病院にあるかもしれないので、助産師にきいてみましょう。

クラスメートをみつける

パートナーのいない人も、ひとりで出産準備クラスにいく必要はありません。 友だちか親類——できれば出産に立ち会う人——にいっしょに参加してもらってもいいのです。そうしたくないなら、地域にシングルマザーになる人向けのクラスがあるか探してみましょう。そのような環境のほうが気疲れしないかもしれませんし、同じ状況におかれた女性たちと知り合う機会にもなるでしょう。

シングルマザーだからといって、出産準備クラスに参加しないのはおすすめできません。妊娠、出産、育児について学べる大切な場なのです。

第18週

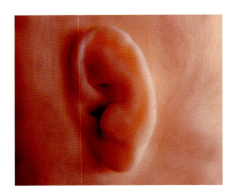

妊娠18週0日です

あと154日……

今日の赤ちゃん

おとなの耳と同じように、赤ちゃんの耳も柔軟性のある軟骨でできています。
この段階では外耳は整っていますが、
内耳の構造はこれからの妊娠期間を通して発育し続けます。

男の子？　女の子？　出産前に性別を知りたいかどうかを そろそろパートナーといっしょに考えましょう。

　赤ちゃんの性別はこのころ超音波でみるとはっきりわかるはずです。

　赤ちゃんが男の子になるか女の子になるかはY染色体があるかないかによります。男の子はXとYの染色体をもっており、Y染色体は生殖腺が精巣になるよう指示します。すると精巣は、テストステロンというホルモンを産生し、女性の内性器の形成を抑制し、代わりに男性外性器が通常通り形成されるよう刺激します。

　Y染色体がなければ、生殖腺は卵巣となり、内性器は女性に設定されます。女性生殖器が形成されるように指示するのは卵巣ではなく、テストステロンの不在なのです。女の子の場合、子宮が最初に形成され、膣が上方に伸びて子宮とつながります。

ベビー服を1式買うのを赤ちゃんの性別がわかるまで遅らせる人もいますが、だからといってピンクか青、どちらかの服を買うとは限りません。

病院の方針

　覚えておきましょう。**妊娠20週の超音波検査で必ずしも赤ちゃんの性別がわかるとは限りません。**英国においてほとんどの病院では、妊娠20週の超音波検査で両親が情報を求めた場合、赤ちゃんの性別を明らかにするという方針が明文化されていますが（注：日本ではそうした方針はない）、超音波検査の結果だけから赤ちゃんの性別を伝えないという方針の病院もあります。このときにわかる性別が100％正確ではないというのが、その理由のひとつです。

　病院やクリニックの方針を知りたければ、助産師か医師にたずねましょう。

先輩ママへの質問

Q. もうすぐ妊娠20週の超音波検査です。わたしは赤ちゃんの性別を知りたいのですが、パートナーは知りたくないといいます。どうしたらいいでしょう？

A. カップルの希望が互いに食い違っている場合、ふたりの間がうまくいかなくなることがあります。

　あなたと同じように、わたしも赤ちゃんの性別を知りたいと思いましたが、パートナーは知りたくないといいました。わたしたちはお互いにその理由を説明しました。わたしは、性別を知っていたほうが気持ちのうえでも実際的な面でも、出産の準備をしやすいと考えていました。パートナーは、実際の出産場面で赤ちゃんの性別を知るというサプライズの要素がほしいといいました。

　率直に話し合えば、ふたりの意見が一致するかもしれません。収拾がつかなくならないように気をつけて、必要なら譲歩することも考えてください。この特別な時期に、ふたりの気持ちがひとつであることが大切なのです。

　話し合ううちに、どちらか一方の思いがそれほど強くないとわかるかもしれません。あなたは性別を教えてもらい、ほかのだれにも話さないということで話がまとまるかもしれません。性別がわかったとして、その結果が間違っている可能性もあることは、忘れないでください。

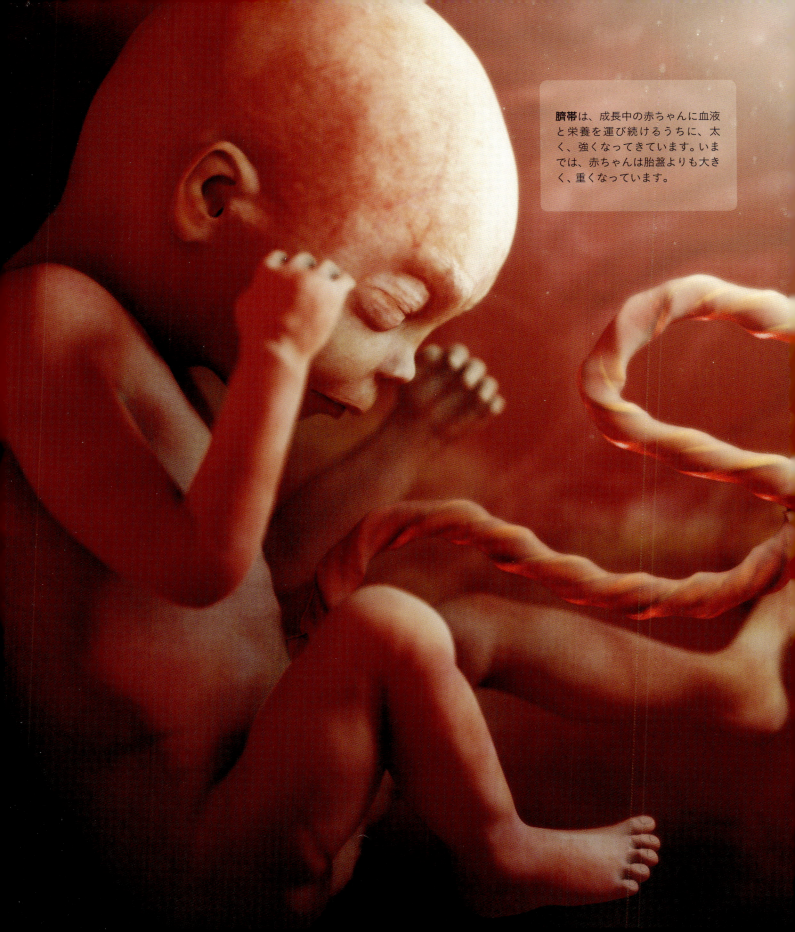

臍帯は、成長中の赤ちゃんに血液と栄養を運び続けるうちに、太く、強くなってきています。いまでは、赤ちゃんは胎盤よりも大きく、重くなっています。

第19週（妊娠18週1日〜19週0日）

日ごとに赤ちゃんへの愛着が強まるのが感じられるでしょう。

赤ちゃんをひとりの人間としてみられるようになってきたでしょう。
このころに受ける超音波検査で赤ちゃんをみたなら、なおさらです。
赤ちゃんの体はほぼ完全に形成され、臓器もかなりよく機能するようになってきました。
お母さんは、母親としての責任をとても重く受け止めはじめるでしょうが、
不安をため込まないようにしてください。
いかなる不安も、パートナーや助産師に相談しましょう。
また、妊娠中の女性の多くは、自分の母親に話すことで安らぎと助言を得ています。

子宮底はちょうどおへそのあたりにあります。

指の腹には、赤ちゃんの指紋がその子独自のしるしとして隆線を形成し、はっきりしてきます。

赤ちゃんの体に少し脂肪がつきはじめますが、まだとても痩せてみえます。また、繊細な首に比べて頭が大きすぎるようにみえます。

目は、まだ閉じたままのまぶたの下で、不規則に動いています。

妊娠19週0日では、赤ちゃんの**頭殿長**は平均15.3cmで、**体重**は平均240gです。

顎の高さにあった**耳**は、上方に移動し側頭部まで動いてきました。いまでは、目は最終的な位置、つまり顔の前面にあります。

妊娠中期

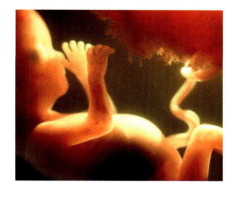

妊娠18週1日です

あと153日……

今日の赤ちゃん

赤ちゃんは、臍帯で胎盤につながれた状態で羊水のなかを漂っています。子宮は赤ちゃんにとって温かく、安全な環境で、十分な広さがあり、赤ちゃんはほぼ無重力状態のなかを動き回れます。

妊娠の折り返し地点に近づいてくるにつれ、おなかのなかで赤ちゃんが成長しているという驚きを感じ続けるでしょう。

妊娠が進めば進むほど、お母さんは赤ちゃんへの愛着を強め、守ってあげなければという気持ちが強まるでしょう。かつてはきわめて小さな細胞の塊だったのに、いまではほぼ完全な赤ちゃんの形をしているのです。そして、その赤ちゃんをパートナーとふたりでつくりだしたことに、またこの驚くべき発育過程が自分の体内で起こっていることに、お母さんはこれからも驚き続けるでしょう。

これから数週間のうちに胎動を感じられたとたんに（p.213参照）、赤ちゃんへの愛着はさらに強くなるでしょう。ときには不安になるかもしれませんが、リラックスしてこの妊娠期間を楽しんでください。赤ちゃんが生まれるまで、あっという間ですよ。

早くから赤ちゃんとの触れ合いを求めるのは自然なことです。

助産師への質問

Q. わたしの仕事はとても大変で、妊娠してからも、赤ちゃんのことを考える暇などまったくありません。このような状況では、赤ちゃんとのきずなが深まらないのではないでしょうか？

A. 妊娠中にフルタイムで働いているからといって、赤ちゃんとの関係に悪影響をおよぼすことはありません。赤ちゃんの発育とともに、あなたはきっと胎動を楽しみに待ったり、赤ちゃんに話しかけたりしながら、おなかの"ふくらみ"との関係をはぐくみはじめるでしょう。出産予定日の前に、十分な産前休業をとるようにしてください。そうすることで、実際的な面でも気持ちのうえでも準備を整える時間や、体を休める時間ができます。

お母さんにストレスがかかりすぎると、おなかの赤ちゃんの脳の発育に影響することを示唆するデータもあります（p.187参照）。このことから、妊娠中は適宜心身を休める時間をつくることの重要性がよくわかります。ですから、仕事がストレスの原因になっているなら、これを機に自分の優先順位を見直してみるといいかもしれません。

トピック——お母さんの健康

ぼやけてみえる

妊娠中は体の保水力が高まり、目に影響することがあります。水晶体も角膜も厚みが増し、眼球にたまる液体も増加することがあり、眼圧が上がり、視界がぼやける原因となります。これは通常、出産が終われば自然にもとに戻ります。体液が滞留しないようにエクササイズをしたり、コンタクトレンズの使用を避けたりすると、症状がやわらぐことがあります。視力の問題があれば、医師か助産師に知らせてください。

第19週

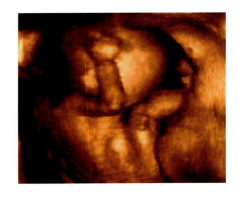

妊娠18週2日です

あと152日……

今日の赤ちゃん
赤ちゃんの心臓の筋肉が高速で動く音は、簡単な手持ち式の装置を使ってきくことができます。その装置は振動による周波数の変化を、お母さんにも、医師や助産師にも容易にきこえる音に変換してくれます。

赤ちゃんのしゃっくりは、妊娠が進むにつれてはっきりとして頻度も増してきます。そろそろお母さんにも感じられるようになるかもしれません。

トピック——栄養

悪い油脂ばかりじゃない

　多くの油脂が健康的で、心臓のことを考えた食生活の一部として摂取されるべきです。大事なのは、体にいい油脂を選ぶことです。オリーブオイルや菜種油、ナッツやアボカドに含まれる不飽和脂肪酸は、お母さんと赤ちゃんのためになります。

　バター、成分無調整乳に含まれる飽和脂肪酸、多くの加工食品に含まれるトランス脂肪酸（植物油から化学的に精製された油）の摂取は、最小限に抑えなければなりません。あなたの食生活の悪い油脂をよい油脂に替えましょう。

- サラダのドレッシングをつくったり、調理したりするときは、オリーブオイルか菜種油を選びましょう。市販のドレッシングには、たいてい飽和脂肪酸が多く含まれます。
- ナッツやアボカドを食べましょう。体にいい脂肪が豊富です。
- 肉は白身を食べましょう。赤身より飽和脂肪酸の摂取量を抑えられます。

赤ちゃんは、日に日に人間らしく形成が進み、顔立ちや四肢はかなり整ってきます。しゃっくりすることまであります。

　赤ちゃんのしゃっくりは、おとなと同じように横隔膜が素早く、強い力でピクッと収縮することで、開いていた声帯が閉じることで起こります。

　しゃっくりは、たいてい続けざまに起こり、直後に手足を軽く伸ばす動きをともないます。なぜ赤ちゃんがしゃっくりをするのかはわかっていません。おそらく、横隔膜に分布する神経の未熟さによって、そうでなければ、赤ちゃんの小さな胃が突然過度に膨張したためなのでしょう。

　赤ちゃんの目は顔の最終的な位置に動いてきました。顎のラインにあった耳は上方に移動し、目は側頭部から移動して間隔が狭まり、前を向いています。まぶたの奥では目が動きますが、まだ制御された動きではありません。赤ちゃんの目が開くのは、妊娠26週ごろでしょう。

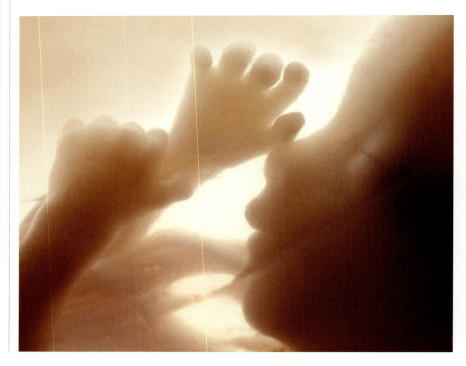

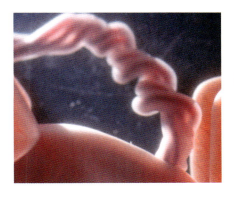

妊娠18週3日です

あと151日……

今日の赤ちゃん

臍帯がしっかりねじれてきています。
このねじれが、臍帯の動脈や静脈が折れ曲がったり圧力されたりするのを防いでくれます。
ねじれがあるおかげで、血液は胎盤と赤ちゃんの間を滞りなく双方向に流れられるのです。

赤ちゃんを守ってあげたいと思う気持ちは、生まれながらの母性本能です。そのような気持ちは、おそらくすでに芽生えているでしょう。

お母さんが赤ちゃんに人生のスタートをいちばんいい状態で切らせてあげたいと思うのはよくわかります。しかし、そう願うばかりに、赤ちゃんの健康状態についていらぬ心配をしてしまうかもしれません。

以前はまったく気にならなかったことを心配するようになっていませんか？ 例えば、日常的にコンピューターを使ってきたのに、いまになってコンピューターから出る放射線が心配になる（右のコラム参照）、といった具合です。リラックスして、視野を広くもちましょう。赤ちゃんはとても回復力があり、子宮のなかでしっかり保護されていることを忘れないでください。ライフスタイルの問題や、赤ちゃんの発育具合で気になることがあれば、助産師に相談すれば、情報を得られ、安心できるでしょう。

それと同時に、きちんと食べて、習慣的に運動し、毎回の妊婦健診を休まず受けることで、お母さんは自分を大切にしましょう。

ご存じですか

コンピューターからは、おなかの赤ちゃんに影響するほどの放射線は出ていません。

コンピューターからの放出されるものの種類と量が法律で規制されています。そのため、妊娠中に使用しても害はありません。

助産師への質問

Q. 体重が増えすぎるとどんなリスクがありますか？

A. 妊娠中に食べ過ぎてしまうと、赤ちゃんが平均より大きくなる傾向があり、（分娩中に赤ちゃんが出てこられなくなりやすく）分娩が困難になり、帝王切開をおこなう可能性が高くなります。

太り過ぎの女性も、妊娠糖尿病（p.473参照）や妊娠高血圧症候群（p.474参照）などの健康上の問題を経験する可能性が高まります。誕生した赤ちゃんは、のちに糖尿病を発症する、肥満になるなどのリスクが高くなります。

ほとんどの調査は、体重が18kg以上増えた女性を対象にしているようです。

おなかのふくらみを大事にすること
がお母さんにとっていちばん大切なことになり、赤ちゃんの健康を考えずに過ごす日はなくなるでしょう。

第19週

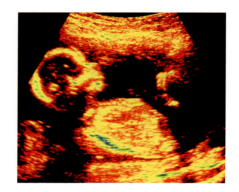

妊娠18週4日です

あと150日……

今日の赤ちゃん
左の超音波画像は赤ちゃんを横からみたところで、赤ちゃんの頭は左上にあります。
手足の指はすべて形成が終わり、とても人間らしくみえます。
このころには、皮膚を保護するための細かい産毛がびっしり生えています。

お母さんに感じられるように赤ちゃんの動きを誘ってみても、赤ちゃんには害はありません。

初めての胎動を待っている人は、もう少しがまんしましょう。赤ちゃんがピクピク動き回るのを感じられると安心できますが、そのことでヤキモキするのはお母さんにも赤ちゃんにもよくありません。思い出してください。多くの女性が——初めて赤ちゃんを迎える女性は特に——妊娠18〜20週、場合によってはもっとあとになって初めて（p.213 参照）胎動を感じるのです。

もしかしたら、お母さんが忙しく活動しているので、ほかのことに気をとられて赤ちゃんの動きに気づかなかったのかもしれません。ですから、少し動くのをやめて、リラックスしてみましょう。お母さんが休んでいるときのほうが、胎動はずっとよくわかります。また、赤ちゃんはずっと動き続けているわけではなく、動いていない時間もあることを覚えておきましょう。

赤ちゃんが動くように刺激してあげる方法がいくつかあります。赤ちゃんが動けばそれだけ、お母さんに伝わるチャンスも増えます。おなかを支えながら、横向きに寝るといいかもしれません。そうすると、お母さんが姿勢を変えたのにあわせて赤ちゃんも位置を変えるので、動きを刺激できる可能性があります。それでもだめなら、すわって甘いものでも食べたり飲んだりしながら休みましょう。これが功を奏するかもしれません。赤ちゃんはお母さんの血糖値の上昇に反応するからです。

助産師への質問

Q. 赤ちゃんには"驚愕反射"があり、音に反応するとききました。それなら、大音量で音楽をかけて赤ちゃんが動くよう促してもいいでしょうか？
A. 赤ちゃんにはまだ音がきこえないので、大音量で音楽をかけてもこの段階では効果がありません。
　妊娠22週くらいになると、赤ちゃんにも音がある程度きこえるようになり（p.238 参照）、24〜25週ごろにはさまざまな音に反応するようになるので、突然大きな音がすると驚愕反射を促せるかもしれません（p.256 参照）。

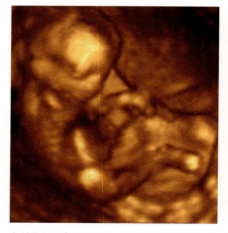

まだ動きを感じられないかもしれませんが、**赤ちゃんは子宮のなかで驚くほどよく動いています**。ぐるりと回ったり、伸びをしたりするのは、親

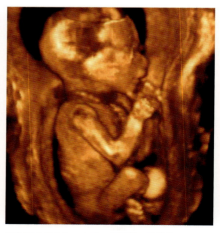

指や足の指をしゃぶるのと同様、日常的な動きです。赤ちゃんは、目覚めていても眠っていても動きます。この段階では赤ちゃんは自分の動きをコ

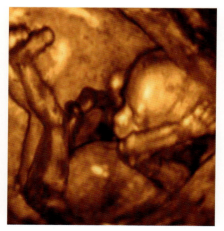

ントロールすることはできません。赤ちゃんの活動時間帯には、超音波検査で実にさまざまな動きがみられるでしょう。

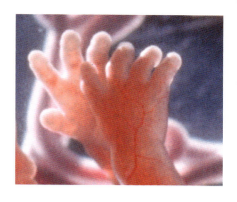

妊娠18週5日です

あと149日……

今日の赤ちゃん

赤ちゃんの手は――足も――妊娠のこの時期にはとても大きくみえます。
まるでこれから赤ちゃんが、手足の大きさに合わせてゆっくり成長していくかのようです。
これまでの数週間に、手足は急速に変化してきました。これから腕や脚部が追いついてきます。

赤ちゃんの手足の指の形成は終わり、それぞれの赤ちゃん独自の指紋が形成されはじめます。

赤ちゃんは個性をもったひとりの人間で、赤ちゃんの指紋がその証となります。いずれは指紋を（足の指紋も）形成する皮膚表面の線状の隆起は、妊娠のこの段階までに完全に形成されています。これらの皮膚の隆起が描く模様は遺伝的に決定され、ほとんどの発育形成と同じように、足より手に1週間ほど早くみられます。

赤ちゃんの汗腺は妊娠8週に皮膚にあらわれていましたが、28週まで増え続けます。ただし、赤ちゃんが誕生するまでは、汗腺は機能しません。赤ちゃんの皮膚の色をつくるのはメラニンです。これは、このころまでに皮膚に移動してきている"メラノサイト"という特殊な皮膚細胞が産生する色素です。さまざまな皮膚の色があるのは、これらの細胞の数が違うためではなく、それぞれの細胞が産生する色素の量と色調に違いがあるためです。メラニンは、DNAを傷つける紫外線から皮膚を保護します。

赤ちゃんは、お母さんのおなかのなかにいるうちからメラニン色素を産生しますが、最終的な皮膚の色素量に達するのは生後何年もたってからです。そのため、新生児は例外なく、特に日焼けに弱いということになります。皮膚の色が濃い人は、生まれたときのほうが明るい色合いをしている傾向があります。

ご存じですか

ビタミンEの豊富な食品をたくさん食べると、赤ちゃんが喘息などのアレルギーを発症するリスクを減らせる可能性があります。

研究者たちは、妊娠中にビタミンEの値が低いと、赤ちゃんの肺の発育や免疫系に悪影響を与えると考えています。ビタミンEの摂取量を増やすには、サプリメントをとるのではなく、食生活を改善しましょう。消費されなかったビタミンEは、将来使えるように体内に貯蔵されます。

鍼治療

鍼治療では、エネルギーの通り道である経路上にある体のツボに、ごく細い針を刺して刺激します。考えかたとしては、これが"気"と呼ばれる生命エネルギーを体中にめぐらせるというものです。

鍼治療は妊娠中に広く、効果的におこなわれており、定期的に治療を受けると多くの健康上の問題を解決する助けになるでしょう。

- 痛みと悪心：近年の研究から、鍼治療は悪心をやわらげ、嘔吐を改善し、より深刻な状態に陥る可能性のある妊娠悪阻（p.111参照）を改善するのに効果的だとわかっています。
- 胸やけ（p.194参照）
- 痔（p.468参照）
- ストレス（p.187参照）
- 手根管症候群（p.471参照）

鍼治療を利用して、逆子（p.433参照）をうまく"回転"させた実績もあり、分娩中にエネルギーを再充電し、痛みをやわらげるのに使われることもあります。

必ず、妊娠中の女性の治療経験がある有資格の鍼灸師に施術してもらいましょう。

ビタミンEの摂取量を増やすには、サラダ用の葉物野菜や、緑の濃い葉物野菜、ナッツ類、アボカド、卵、小麦胚芽を食べましょう。

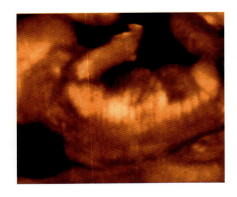

妊娠18週6日です

あと148日……

今日の赤ちゃん

はじめのころの超音波検査では、赤ちゃんはとても痩せてみえます。
その理由のひとつは、ほとんど透き通ってみえる皮膚の下にまだ脂肪の蓄えがないためです。
超音波でみると、皮膚の下の骨がはっきりわかるので、さらに痩せてみえるのです。

英国ではそろそろ2度目の超音波検査を受け（注：日本では何度も受検ずみ）、赤ちゃんの健康状態を詳しく調べるころです。

妊娠18〜20週ごろに、ほとんどの病院で、"胎児形態異常スクリーニング"と呼ばれる詳しい超音波検査がおこなわれます。これは、赤ちゃんの発育を全般的にチェックし、臓器や体の仕組み（p.214〜215参照）をみて、問題が起こる兆候がないかチェックします。ほとんどのカップルが、この超音波検査で妊娠も赤ちゃんの発育もすべて順調に進んでいるとわかり、安心するでしょう。

細かく計測して詳しく調べるため、検査にはある程度の時間がかかるかもしれません。医師は、赤ちゃんがちょうどいい体位をとっているときしか検査できないので
す。赤ちゃんはよく動き回るということを考えると、検査は容易ではないかもしれません。赤ちゃんの体位が思わしくなく、すべてのチェックをするのが難しい場合は、少し歩き回ってくるようすすめられたり、1〜2週間後にもう一度検査にくるよういわれたりするかもしれません。

水中でエクササイズ

水のなかは、妊娠中に運動するにはすばらしい環境です。おなかを支えてくれる浮力と、水の抵抗は、健康維持に役立つでしょう。

立ったときに、水がちょうどウエストの上あたりまでくる深さが適切です。深すぎると不安定になり、浅すぎると水のサポートを十分に受けられません。

地域のスポーツ施設でマタニティアクアのクラスを受けられるでしょうが、ひとりでできる簡単なエクササイズをいくつか紹介します。

- **その場でジョギング**：交互にひざを上げ、腕を前後に振ります。可能なら、このジョギング動作を3〜4分おこないます。ただし、疲れたら必ずやめてください。これは心血管系によいエクササイズで、脚と腕を効果的に鍛えることもできます。

- **自転車エクササイズ**：水のなかに立ち、アクアヌードルと呼ばれる円柱状の浮具を背中に当て、両腕をのせます。安定したら後ろに寄りかかり、足を浮かせて自転車のペダルをこぐように脚を動かします。可能なら、この自転車こぎの動作を3〜4分おこないます。ただし、疲れたら必ずやめてください。このエクササイズは健康を維持する助けとなり、脚を効果的に鍛えることができます。また、背中や腰、腕の筋肉を強化するのにもいい方法です。

- **腕のエクササイズ**：足を開き、ひざを少し曲げて立ち、肩に水がかぶるくらいまで腰を落とします。両腕を脇に下ろした状態から肩の高さまで回し上げ、下ろします。水中で腕を体のほうに引き寄せ、できるだけ強く押し出します（右写真）。このエクササイズは腕、背中や腰、おなかの筋肉を強化し整えるのに役立ちます。

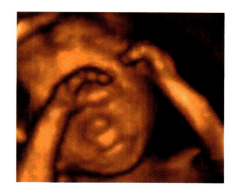

妊娠19週0日です
あと147日……

今日の赤ちゃん
赤ちゃんの関節はとても柔軟性があり、腕を高く上げることができます。
これは、赤ちゃんの骨が最初はやわらかくしなやかな軟骨で形成されているためです。
軟骨は徐々にカルシウムを含んだ骨に置き換わっていきます。

あちらからもこちらからもアドバイスされますが、耳を傾けておいたほうがいいかもしれない人がひとりいます。それは、あなたのお母さんです。

トピック──からだのこと

体にかかる負担

妊娠中は体内で多くの変化が起こり、できる運動が制限されたり体の動きに影響が出たりします。

- 赤ちゃん、胎盤、増加した血液、大きくなった子宮や乳房の組織で増えた体重が、体に負荷をかけます。とりわけ骨格には著しい影響があります。
- 重心が変わることによって姿勢が変化し、腰、背中、ひざに問題が起こる可能性が高くなります。
- リラキシン(p.197参照)という妊娠に関連するホルモンが靱帯に作用し、柔軟性が高まった結果、脊椎や骨盤にずれが生じることがあります。

安全で効果的なエクササイズをすることが、姿勢を維持、改善し、体にかかる負担を最小限にするためにはいちばんよい方法です(p.196では、妊娠中期におすすめの運動を紹介しています)。
習慣的に運動をすると(特に、ウォーキングやバーベルを使用するエクササイズなどの体重負荷運動、p.196参照)、一般的には、骨密度を高めます。

自分の母親とこれまでどんな関係であったにせよ、妊娠は母娘の関係に影響するでしょう。多くの女性が、妊娠という人生の重大なできごとを経験するとき、自然と自分の母親をより近い存在に感じ、妊娠中に母親に助けと安心感を求め、赤ちゃんの誕生後の日々、できれば数週間にわたって、そばにいてもらいたいと思うようです。

母親が娘の妊娠について守ってあげたいと思うのは自然なことですから、ふだんより多少よく電話がかかってくると思っておきましょう。おそらくお母さんからいろいろアドバイスされるでしょう。すべてその通りにするかどうかは別として、話はきくようにしてください。なかには、ためになることもあるかもしれませんよ。

あなたの妊娠に接し、**お母さんは自分の妊娠についていろいろ思い出すものです。**ですから、あなたが赤ちゃんだったころの話をたくさんしてくれるでしょう。

第20週（妊娠19週1日〜20週0日）

おなかのなかのピクピクは、ガスがたまっているだけではなさそうです。

これから数日の間に、初めての胎動を感じられる可能性があります。
わずかにピクピクするような動きはほんのかすかな感覚なので、
おなかにガスがたまっているのだろうと考えてしまうかもしれません。
しかし、その正体に気づいた瞬間のすばらしさといったらありません！
赤ちゃんの性別を知りたい人は、
この週におこなわれる超音波検査でわかるかもしれません。

まゆ毛が濃くなり、はっきりわかるようになります。

乳歯の歯胚もその下にある永久歯の歯胚も、歯肉の下に形成されています。

赤ちゃんの体は**細かい産毛**でおおわれています。その大部分は、誕生する前になくなりますが、超早産児にはまだ残っている場合があります。

胃、腸、肝臓などの**腹部の臓器**は、完全に腹腔内におさまりました。

脊椎はかなりまっすぐになってきました。妊娠20週の超音波検査では、椎骨のひとつひとつがみられるでしょう。

妊娠20週0日では、赤ちゃんの**身長**は平均16.4cmで、**体重**は平均300gです。

妊娠中期

妊娠19週1日です

あと146日……

今日の赤ちゃん

左の写真には、羊膜嚢に包まれた赤ちゃんの全身が写っています。
手足の指の1本1本がわかりますし、胸の下部にある肋骨までもがみられます。
頭がまだかなり大きいものの、腕や脚と体のバランスはずっとよくなっています。

赤ちゃんが男の子か女の子かを知りたければ、この週のうちにわかるかもしれません。

この週に超音波検査を受けることになるでしょう。そして、そのときに赤ちゃんの性別がわかるかもしれません。性別を特定できるかどうかは、超音波検査士の技術、使用する機器の性能、赤ちゃんの体位など、多くの要因に左右されます。特に脚の位置は、性器をおおってしまう可能性があるので重要です。これらすべての要素にめぐまれて性器がみえたとしても、間違いが起こる可能性があるので、ここで得られた情報が100％正確というわけではありません。スクリーンをみていると性器がわかってしまうかもしれないので、性別を知りたくない人はみないほうがいいでしょう。

羊水穿刺（p.152〜153参照）をおこなう人は、赤ちゃんの性別を知りたければ、確実な結果が得られます。

この2D超音波画像は**赤ちゃんの横顔をアップで写したもの**で、額の前頭骨が明るく写っており、鼻、口唇、顎もよくわかります。鼻骨は鼻柱のいちばん上にある明るい部分です。

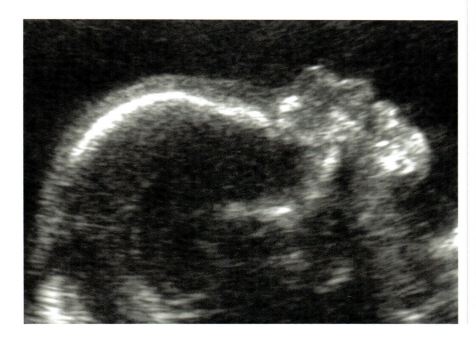

考えてみましょう

赤ちゃんの性別を知る

赤ちゃんが生まれる前に性別を知っておいたほうがいい？

▶イエス……
- 性別がわかったほうが**親近感がわき**、お母さんもお父さんも赤ちゃんとのつながりを感じやすいかもしれません。
- 性別がわかると、**赤ちゃんが誕生するその日以前に名前を考えることができます**。ただし、その名前がふさわしいとは限らないことはわかっておいてください。
- **赤ちゃんのお部屋を飾りつけしたり、ベビー服を買ったり**しやすくなるでしょう。

▶ノー……
- 知らないということが、陣痛から分娩までを乗り切る大きな励みとなることはよくあります。また、まさに分娩が終わった瞬間にわかるという期待が、陣痛と分娩の全段階を通じて集中する助けとなるかもしれません。
- 羊水穿刺かCVS（**絨毛採取**）をしたのでない限り（p.152〜153参照）、**赤ちゃんの性別を確実に知る方法はありません**。超音波検査で間違える可能性は（実際に）あります。ですから、名前を選んでも、思い入れが強くなりすぎないようにしましょう。

第20週

妊娠19週2日です

あと145日……

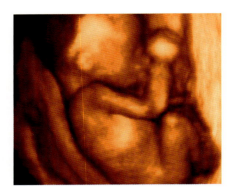

今日の赤ちゃん

赤ちゃんは、どんどん手と足を使ってまわりを探るようになります。
腕も脚も、なにかに妨げられることなくさまざまな動きをし、特に指先は非常に敏感です。
この段階では、赤ちゃんの動きのほとんどが、反射反応です。

羊水で満たされた羊膜のなかを快適に漂っている赤ちゃんは、ほぼ完全に水でできています。

ご存じですか

かつては、妊娠中にしっかり水を飲まないと、赤ちゃんが汚れてしまうと信じられていました。

妊娠中に水分補給をしっかりするのは大切ですが、お母さんが飲むものは羊水に影響しません。

水は皮膚を通りぬけることができ、赤ちゃんは羊水のなかを漂っているので、体内の水分の割合は非常に高く、ほぼ90％に達します。赤ちゃんの皮膚が厚くなり、透過性が低くなる一方で、腎臓が尿に出ていく水分量をうまくコントロールできるようになるので、誕生するころには体内の水分率は70％まで下がります。その後も腎機能は発達するので、10歳ごろにはさらに60％くらいまで下がります。

羊水は音を伝えますが、内耳が未熟なので、音に対する驚愕反射が超音波検査で確実にみられるのは、3週間ほどあとになるでしょう。子宮壁も鼓膜も薄くなるので、赤ちゃんは徐々に周波数の高い音や、静かな音に反応するようになります。

トピック——赤ちゃん

前置胎盤

胎盤が子宮の出口にかかっていることを前置胎盤といい、端だけのもの（辺縁前置胎盤）、部分的なもの（部分前置胎盤）と、子宮の出口が完全にふさがれているもの（全前置胎盤）があります。全前置胎盤の場合、赤ちゃんは産道を通って生まれてくることができません。また、妊娠後期、または分娩中に大量出血を引き起こし、緊急処置が必要になるリスクが高くなります。

妊娠20週の超音波検査で胎盤の位置が低い場合、30週ごろに再度、超音波検査で評価をします。子宮の成長にともなって胎盤が上がり、30週すぎには前置胎盤でなくなっているかもしれません。全前置胎盤の場合、妊娠後期に安静目的で入院することになるかもしれません。

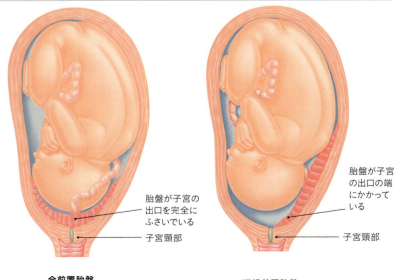

全前置胎盤 — 胎盤が子宮の出口を完全にふさいでいる／子宮頸部

辺縁前置胎盤 — 胎盤が子宮の出口の端にかかっている／子宮頸部

妊娠19週3日です

あと144日……

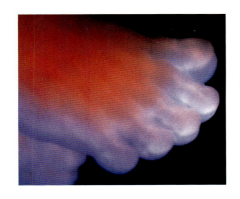

今日の赤ちゃん

足の指は、手や手指と同じくらいもぞもぞ動いたり伸びたりします。
赤ちゃんはこのころ非常に柔軟で、手だけでなく、片方または両方の足をいっぺんに口にもっていって、感覚の鋭い口のなかや口唇で調べてみることがよくあります。

赤ちゃんの動きを感じますか？ 赤ちゃんはお母さんに、「ちゃんとここにいるよ!」と知らせているのです。胎動初感は妊娠生活の記念すべきできごとです。

このころ、初めての胎動を感じ、畏怖にも似た感動を味わうでしょう。赤ちゃんはこれまでも、妊娠6週くらいから子宮のなかで動いていましたが、この時期になって初めて、お母さんにもその動きが感じられるようになります（人によっては妊娠15～16週あたりから胎動を感じることもあります）。いつ感じられるかは、お母さんの体重、赤ちゃんの体位、胎盤の位置、今回が初めての妊娠かどうかに影響されます。

泡のよう、チョウの羽ばたきのよう、金魚がひるがえったよう、力強いキック——どんな感覚にしろ、初めて胎動を感じるのはきっと感動的な瞬間となるでしょう。赤ちゃんは自分がなにをやっているのかわかっていないにしても、やはりこれは、赤ちゃんが初めてお母さんとコミュニケーションをとった瞬間なのですから。

赤ちゃんの動きを一度感じると、また動いて、気のせいじゃないと確信させてほしくなるでしょう。しかし、次の胎動を感じられるのは数日後かもしれません。赤ちゃんが動いているのを感じやすいのは、お母さんがリラックスして休んでいるときです。パートナーもおなかに手を当てて、初めての"トントン"を感じたいというかもしれません。赤ちゃんを傷つける心配はないので、動いたときにはやさしくおなかに手を押し当ててみましょう。

マタニティ用の水着

水泳は、妊娠中にできるすばらしい運動ですが、胸とおなかが大きくなっているので、**新しい水着を買わなければならない**でしょう。

- **快適にしっかりサポート**：マタニティ用の水着にはサポート機能が加えられています。背中側のカットが浅く、バストをしっかりサポートするデザインになっています。また、伸縮性のある生地でつくられているので楽で、体が大きくなっても伸びるようになっています。
- **タンキニ**：ツーピースの水着ですが、上がブラでなく、タンクトップになっています。これならおなかを露出しすぎず、チラリとみせられます。
- おなかのふくらみを意識してしまうなら、**パレオ**を巻きましょう。女性の前でしかおなかをみせたくない人は、プールのレディースタイムを利用しましょう。

マタニティ用の水着は生地をたくさん使って強化され、おなかを包み込んでくれます

マタニティ用のビキニは、カップのサイズは大きく、ボトムスはおなかの下でうまくフィットするようにデザインされています。

第20週

妊娠20週の超音波検査

妊娠中期におこなうこの超音波検査は、"胎児形態異常スクリーニング"として知られ、赤ちゃんの主要な臓器や体の各部の発育具合を細かくチェックするとともに、胎盤の状態と羊水量を確認します。

赤ちゃんのチェック項目

超音波検査でみること

この超音波検査の間、赤ちゃんの臓器は細かく検査されるので、前回の超音波検査にくらべて少し時間がかかるかもしれません。ほとんどの場合、赤ちゃんが順調に育っているとわかって安心できるでしょう。チェックするのは、以下の部分です。

- **脳**：脳内にある液体で満たされた空間や、脳の後部（小脳）の形も調べます。
- **脊椎**：二分脊椎などの問題がないかチェックします。
- **上唇**：口唇裂がないかチェックします（p.476参照）。
- **心臓**：重大な先天異常がないことを確認し、心拍もチェックします。
- **胃と横隔膜**
- **腎臓と膀胱**：左右に腎臓があることをチェックし、尿路がふさがっていないか、なんらかの先天異常がないかを確認します。
- **腹壁**：腹壁破裂と呼ばれる問題がないかを確認します。
- **四肢**：内反足など、手足の先天異常がないことを確認します。
- **臍帯**：血管の数が正常であることを確認します（p.113参照）。

超音波検査でわかること

2度目となるこの超音波検査は、妊娠18〜20週でおこなわれるでしょう。このころには、赤ちゃんの臓器や体の各部の発育がかなり進んでおり、超音波検査ではっきりみえます。医師が、赤ちゃんの臓器や体の仕組みを詳しくみて、それぞれがうまく形成されているか、なにかしらの問題がないか（左のコラム参照）を調べます。ほとんどの場合は、検査の結果、赤ちゃんが順調に育っていることがわかり、安心できるでしょう。

万が一、赤ちゃんに問題がみつかった場合は、医師が胎児医学の専門家に紹介してくれます。専門家は検査結果を確認し、残りの妊娠期間を通してフォローアップ検査をします。また、小児科医と話し、出産時に赤ちゃんのケアをおこなえるよう、しっかり情報を共有します。

妊娠20週の検査の写真から、妊娠のこの時期には**超音波検査で驚くほど細部までみられる**ことがわかります。

出産予定日

妊娠初期の超音波検査で出産予定日を算出した場合、中期の超音波検査でその予定日が修正されることはないでしょう。これは、すべての赤ちゃんが基本的に同じペースで発育する妊娠初期こそ、出産予定日をもっとも正確に算出できるときだからです。妊娠が進むと、発育具合の個体差が出はじめるので、赤ちゃんが妊娠日数の割に大きいだけなのか、妊娠自体が思ったより進んでいるのか判断がつきにくくなります。

しかし、妊娠初期に超音波検査を受けていなくて、中期の検査で赤ちゃんが10〜14日相当小さい、または大きいといった場合は、医師が出産予定日を修正することがあります。出産予定日が初期の超音波検査で確認できている場合は、そのような発育具合の差は、赤ちゃんの発育に問題があることを知らせているのかもしれませんが（p.284参照）、それはむしろ稀です。

赤ちゃんの計測

赤ちゃんの全身がスクリーンにおさまらなくなっているので、頭殿長は測りません。その代わり、赤ちゃんの大きさは、いくつかの計測値を数式に入れて求めます。医師は、赤ちゃんの頭の横幅（大横径）と頭囲、おなかのまわりの長さ（腹部周囲長）、太腿の骨の長さ（大腿骨長）を計測します。これらの測定値は、赤ちゃんの大きさを推定し、それが妊娠のこの段階での正常範囲内であることをチェックするのに役立ちます。

胎盤と羊水

胎盤が正常にみえ、赤ちゃんの娩出経路（子宮頸管の入り口）をふさいでいないかを、しっかり確認します。妊娠の早い段階では、胎盤が低い位置にあるかもしれませ

超音波検査の解釈

超音波検査の間、周波数の高い音波が赤ちゃんの臓器や組織に反射し、変換されてスクリーンに映しだされます。その画像では、骨のような硬いものは白、それよりやわらかい組織はグレーにみえます。血管や胃のように液体を含む部分と羊水は、音波に反応しないため、スクリーン上では黒く映ります。超音波検査士が細部をみて、子宮内の赤ちゃんの発育具合を評価します。

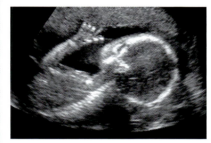
このころには**頭蓋骨の形成が進み**、耳などの特徴がはっきりしてきます。

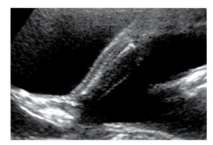
赤ちゃんの発育具合を評価するために、**脚の骨を計測**します。

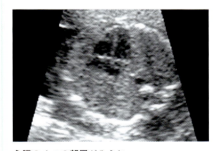
心臓の４つの部屋がみられ、いくつかの欠陥の有無がわかります。

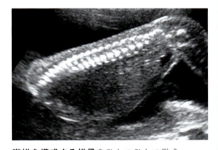
脊椎を構成する椎骨をひとつひとつ数え、二分脊椎症のチェックをします。

ん（p.212 参照）。胎盤は過去の妊娠と同じ場所には付着できないので、２度目以降の妊娠によくみられます。ほとんどの場合、胎盤は子宮が大きくなるにつれて上方に移動し、妊娠後期に入るころには赤ちゃんの通り道をあけます。胎盤の位置が低い場合は、助産師か医師が後日のフォローアップ検査を手配し、胎盤の位置が上がって分娩の妨げとならなくなったかチェックします。その検査でも、胎盤の位置が変わらないことがわかれば、それは前置胎盤（p.473 参照）と呼ばれる状態で、出産までしっかり管理されます。

羊水の評価では、量が少なすぎたり多すぎたりしないかチェックします。羊水が多すぎる場合は、早産（p.431 参照）などのリスクを下げるために、羊水穿刺（p.152 参照）によって少し除去することができるかもしれません。羊水が少なすぎるのは、赤ちゃんの発育か尿路に問題がある可能性があるので、しっかり観察する必要があります。

ダウン症候群のマーカー

このころにおこなわれる超音波検査では、ダウン症候群を確実に発見することはできませんが、ダウン症のリスクが高いことを示唆する"ソフトマーカー"と呼ばれる兆候は、いくつか検出することができます。しかし、その多くは非常に一般的で、通常は心配いりません。ソフトマーカーに注目するのは、複数のマーカーがみつかった場合、またはお母さんの年齢が35歳以上である、前回の超音波検査で可能性が高いとされたなどの理由ですでにダウン症のリスクが疑われている場合です。一般的なマーカーには、赤ちゃんの心臓に明るい部分がある（健常な赤ちゃんの１～２％にもみられます）、腎盂の拡張、腕や脚の骨が短い、後頸部の皮膚が厚い（後頸部浮腫）、腸に明るい部分（エコー領域）があるなどがあります。

なかには、ダウン症候群などの染色体異常のリスクがより高いことを示す異常があります。心臓にある種の欠陥がある場合や、内臓になんらかの異常があるなどの重大な形態異常がある場合がそれにあたります。

その後の対応

医師はソフトマーカーを検出すると、その結果を説明し、特にすでにダウン症候群のリスクが高いとされている人には、確定診断検査（p.152 参照）をすすめるかもしれません。しかし、確定診断検査を受けたことがあり、問題なしという結果が出ている場合は、赤ちゃんの染色体異常を心配する必要はありません。今回の超音波検査で明らかな異常がみられ、まだ確定診断検査を受けていない場合は、おそらく強くすすめられるでしょう。超音波検査で情報を得ることで、確定診断検査を受けるかどうか決断しやすくなるわけです。検査を受けるかどうかにかかわらず、このときみつかった異常は妊娠期間を通してしっかりみていくことになります。

男の子？　女の子？

赤ちゃんが丸まっているか、脚をしっかりと閉じているのでなければ、**医師には赤ちゃんの性別がわかります**。病院によっては、性別を教えないという方針の場合もあるので、事前に確認しておきましょう。赤ちゃんの性別がわかっても、ぐっとがまんし、水色またはピンクの飾りばかりを買いにいかないようにしましょう。医師が見立て違いをすることはよくあるのです！　赤ちゃんの性別を知りたくない人は、検査をはじめるときに伝えましょう。

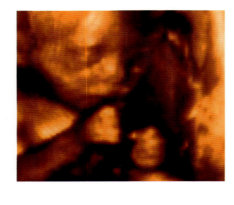

妊娠19週4日です

あと143日……

今日の赤ちゃん
脳が急速に発育しているため、赤ちゃんの頭はまだ額が大きく突きだしています。顎は小さくみえますが、内部で歯胚が成長するにつれて顎も大きくなり、バランスが変わります。

赤ちゃんの歯のもとは——乳歯も、あとから生える永久歯も——すでにできています。

　赤ちゃんの誕生までに歯が生えることは非常に稀（わずか3000分の1の確率）ですが、**のちに歯を形成する歯胚は、すでに顎骨のなかにあります。**

　赤ちゃんの歯はすべて——乳歯も、その下にある永久歯も——お母さんのおなかにいる間に歯肉の下で形成されはじめます。乳歯の歯胚は、妊娠8週ごろ形成がはじまり、このころまでにすべての歯胚が形成されます。

　最初にカルシウムが沈着して硬くなる乳歯は、上下の前歯にあたる中切歯で、妊娠19週ごろ、最後に硬くなるのは奥歯にあたる第二乳臼歯です。すべての乳歯の歯冠が完成するのは赤ちゃんが生まれてからで、歯根が完成するのは3歳過ぎてからです。

　永久歯の歯胚は、妊娠14〜20週に形成されはじめます。これらは乳歯の歯胚より深いところ、顎と歯肉の内側のへり寄りに位置します。そして、乳歯が抜けるときまで休んでいます。

　乳歯は、生後6〜8カ月くらいに生えはじめ、2歳半までにすべて生えそろうでしょう。

ご存じですか
胎児性アルコール症候群は、赤ちゃんの深刻な口腔疾患や歯科疾患につながります。

　赤ちゃんの歯は、通常より小さく、エナメル質が弱くなります。これは、数ある胎児性アルコール症候群の弊害のひとつにすぎません。

ふくらはぎを伸ばすには、安定した支えに寄りかかりましょう。前になる脚を曲げたまま、もう一方の脚を後ろに伸ばし、20秒キープします。反対側の脚も同じようにします。

柔軟性を高める
　ストレッチと柔軟体操は、どんなときでも健康維持のためにコンスタントにおこなうべきですが、とりわけ妊娠中には重要です。体が柔軟だと、筋肉はより効果的に働き、緊張がやわらぎ、こむら返りを防ぐことができ、安定感を高め、よい姿勢を保てるようになります。また、ストレッチをすることで、自信と落ち着きを感じることができるでしょう。深呼吸を組み合わせれば、さらに効果的です。

　妊娠中も、安全かつ効果的に筋肉を伸ばす運動をすることで、柔軟性を維持し、高めることができます。

- **心地よさを感じられるところまで伸ばし、**それ以上無理をしないようにしましょう。靭帯を痛めたり、関節に負担をかけたりする可能性があります。
- **必ず、運動の最後かおふろのあとの、筋肉が温まっているときに伸ばしましょう。**

　妊娠中期以降、長い時間、仰向けになってする運動は——ストレッチも、ほかの運動も——避けてください。

妊娠中期

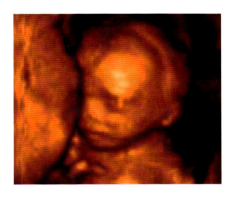

妊娠19週5日です

あと142日……

今日の赤ちゃん

赤ちゃんはよく胎盤にもたれかかって休みます。
胎盤の表面は羊膜と胎盤自身の構造によって保護されており、血液は常に循環し続けています。
そのため、赤ちゃんは子宮内の環境を自由に探検できるのです。

妊娠週数が進むにつれて、体を休める時間が多く必要になり、長いこと立っていられなくなるでしょう。

このころには、**長時間立っていると疲れるようになるでしょう**。赤ちゃんと子宮が重くなってきたため不快感が生じ、場合によっては筋肉を痛めるかもしれません。体の重心も変わるため立ち方が不安定になり、ホルモンの変化（p.197 参照）によって緩んでいる靭帯に負担がかかっているかもしれません。さらに、長時間立っていると、血液や体液が脚にたまり、痛みやめまいの原因となることもあります。

可能なら、短い休憩を何度もとり、足を高くするようにしましょう。長い時間、立っていなければならない場合は、ときどき片足を低いスツールか箱にのせて休ませると楽かもしれません。靴は必ず、しっかり足を支えてくれるものにし（p.257 参照）、マタニティ用の弾性ストッキングをはくことを考えましょう（p.225 参照）。

3時間以上立ちっぱなしにならないようにすることが大切なので、立って仕事をする人は必ず十分な休憩をもらえるようにしてください。

助産師への質問

Q. おなかが大きくなるにつれて、セックスをしにくくなっています。どうしたらいいでしょう？

A. 妊娠が進むにつれ、大きくなるおなかが妨げにならない、以前とは違った体位を試してみるほかなくなってきます。

まだ正常位で交わることもできますが、パートナーはあなたにのしかかるのではなく、手をついて自分の体重を支えなければならないでしょう。そうすれば、彼があなたのおなかを圧迫することはありません。しかし、あなた自身が上位になるほうが、無理がないとわかるでしょう。おなかがさらに大きくなれば、彼の上にしゃがんだり、彼をまたいでひざをついたりすればいいのです。側位や後背位も、妊娠中に無理のない体位です。楽しみながらいろいろ試し、あなたがたにとってしっくりくるものを探してみてください。

トピック──赤ちゃん

おいしい！

お母さんが食べるものの風味は、子宮にいる赤ちゃんが飲み込む羊水に届きます。そのため、離乳食を食べるようになっていなくても、**赤ちゃんの食べ物の好みは、お母さんが食べるものに影響される可能性があります。**

研究によると、赤ちゃんは出生前と、出生後に（母乳を通じて）経験した風味を、実際の食べ物でも好むといいます。このように、早い段階で風味を体験することが、健康的な食べ物を選択する素地となるとともに、食に関する文化的、民族的違いを説明づけています。ですから、あなたがいま健康的な選択をすることで、赤ちゃんによい食べ物を選択する道を歩みはじめさせてあげましょう。

外出して歩き回ると疲れます。1日中外出するときは、すわって休めるように、**休憩を何度もとる**つもりでいましょう。

第20週

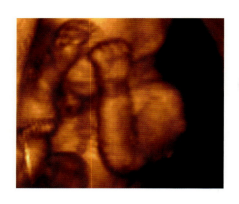

妊娠19週6日です

あと141日……

今日の赤ちゃん

赤ちゃんが大きくなり、力が強くなってくるので、動いているのがこれまで以上によくわかるようになります。しかし、穏やかな動きや子宮壁に接触しないような動きには気づかないでしょう。

腰痛を引き起こしやすくなるでしょう。これは、赤ちゃんが大きくなり、お母さんの体が赤ちゃんのためのスペースを確保しようと常に変化しているためです。

発育中の赤ちゃんの体重がだんだん増えていますし、妊娠中は関節や靱帯が緩むこともあり、**腰痛になるかもしれませんが、ただ耐えるしかない痛みではありません**ので安心してください。腰痛をやわらげ、防ぐことすらできる（下のコラム参照）、簡単な方法がいくつもあります。

医師の診察を受け、どのような問題がどこにあるのかを正確に診断してもらってください。そうすれば、症状が悪化するのを食い止められる可能性がより高くなります。妊娠後半によくあるのは、腰から脚部にかけて鋭い痛みが走る、坐骨神経痛（p.470参照）です。

腰痛とさよならする

腰痛がひどくならないうちに治すには、 次のようなことを試してみましょう。

- 温かいおふろに入るか、ゆたんぽなど、**温かいものを患部に当てましょう。**
- パートナーにやさしく腰をさすってもらうか、**マッサージを予約しましょう**。妊婦の施術に慣れているマッサージ師にお願いしましょう。
- **ヨガかピラティス**のクラスに参加し、背筋を鍛えましょう。
- **姿勢に気をつけ**（p.249参照）、すわっているときは足の位置を高くしましょう。
- **車の座席**を適切な位置にしましょう。

トピック——お母さんの健康

妊娠中の子宮筋腫

妊娠中期には、子宮筋腫が問題になることがあります。子宮筋腫とは、子宮の筋肉壁内にできる良性の腫瘍で、筋肉繊維が固まったものです。ときには子宮壁に付着することもあります。妊娠中は、エストロゲン、プロゲステロンというふたつのホルモンの値が上がり、その影響で子宮とともに筋腫も大きくなります。

場合によっては、子宮筋腫が急速に大きくなることでその中心部分が変性し、子宮と腹部に激痛を引き起こすことがあります。そうなったときは、ベッドで安静にするように指示され、鎮痛薬を処方されます。通常は、これで問題は解決します。不快感の原因とならない子宮筋腫は治療する必要はありません。

一般的に子宮筋腫は赤ちゃんの発育に影響しませんが、大きな筋腫が子宮の下部にあり、子宮の出口に近い場合、赤ちゃんが骨盤内に下がってくることができず、帝王切開で出産することになる可能性があります。

赤ちゃんが生まれると子宮は収縮し、たいてい子宮筋腫も妊娠前の大きさに戻ります。

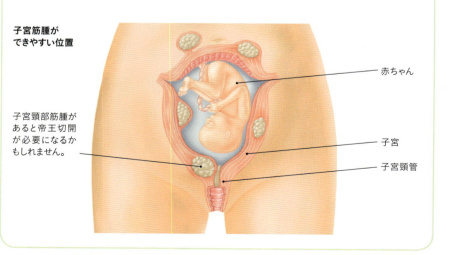

子宮筋腫ができやすい位置

子宮頸部筋腫があると帝王切開が必要になるかもしれません。

赤ちゃん / 子宮 / 子宮頸管

妊娠中期

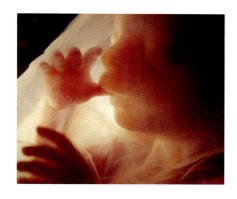

妊娠20週0日です

あと140日……

今日の赤ちゃん

赤ちゃんが親指をしゃぶっているようにみえるかもしれませんが、これは非常に複雑な行為で、いまの段階ではまだうまくできるようになっていません。
そのせいか、赤ちゃんは親指だけでなく、ほかの指や脚の指も口のなかに入れる可能性があります。

おめでとうございます！　妊娠の折り返し地点までやってきました。これから約20週間後には、あなたはお母さんになっているでしょう。

ここまでずいぶん長く感じられましたか？　それともあっという間でしたか？　少なくともこれからは、本当にあっという間に過ぎてしまいますよ。この折り返し地点で、おそらく体調はいいでしょう。まだおなかが大きすぎて動きづらいほどではなく、元気も十分あります。心理的には、まだとても感情的になることがあるかもしれませんが、（パートナーともども）このころには気分の上がり下がりに慣れていることでしょう。

この段階になると、妊婦健診は4週ごとに受けることになります。助産師は、お母さんの健康状態と赤ちゃんの発育具合をみていますが、お母さんの助けにもなってくれることを忘れないでください。ですから、おなかが大きくなるにつれてなんらかの不快感が生じていたら、助産師に相談しましょう。

ご存じですか

ゾウの妊娠期間は、なんと22カ月です。これは、陸生動物のなかで最長です。

それに加え、ゾウの一般的な出生体重は120kgです。すでに「出産までは長いし、赤ちゃんはちょっと重い」と感じはじめているなら、大きなお耳のゾウさんに思いをはせてみて！

助産師への質問

Q. まだ胎動を感じたことがありません。大丈夫でしょうか？
A. 赤ちゃんの動きが待ち遠しいのはよくわかりますが、最近の超音波検査で赤ちゃんになんら問題がないとわかったでしょうから、いまの段階で心配することはまったくありません。

今回が初めての妊娠なら、胎動がどんな感じなのか予測がつかないため、早い段階での動きには気づかないかもしれません。また活動的な人なら、かすかに振動するような動きをのがしてしまう可能性があります。胎盤が子宮の前側にあると、胎動を感じる時期は遅くなるかもしれません。これはふくよかな女性の場合と同様、体の組織にはばまれて動きが伝わりにくい可能性があるためです。

胎動が感じられるようになったら、1度たりとものがすまいと気にしすぎないようにしてください。胎動のパターンに注意を払う必要があるのは、妊娠28週ごろになってからです。この段階からは、赤ちゃんが動く頻度や、どのような動きをいつするかによって、胎盤が妊娠を維持できているかどうかや、赤ちゃんの筋肉の発育具合を知ることができるので重要です。

妊娠のどの段階であれ、赤ちゃんが動いていないと感じたら、助産師に相談しましょう。

正しい姿勢ですわる

背すじを伸ばして椅子にすわり、脚は大きく開いて両足をしっかり床につけ、背骨を整えます。必ず腰を椅子の背につけましょう。

よい姿勢を保つことで、腰痛など、妊娠による不快感を最小限にすることができます（前ページ参照）。すわっているときは、必ず腰が椅子の背で支えられるようにし、足の裏はしっかり床につけておきましょう。

ヨガは正しい姿勢の保ち方を学ぶにはとてもいい方法で、背骨の整え方や腰のサポート法も学べます。

第21週（妊娠20週1日〜21週0日）

もう妊娠の折り返し地点まできました——すべてがすごい速さで起こっています。

妊娠していることはうれしくてたまらないとしても、
すべての女性が、変わりゆく体型をよろこんで受け入れるとは限りません。
しかし、おなかが大きくなったからといって、
やぼったい服を着なければならないわけではありません。
自分へのごほうびに、すてきなマタニティウェアを買ったり、
少しくらい自分を甘やかして、やさしくマッサージしてもらったりしてもいいはずです。
日々の運動は続けてください。動けば元気がわき、いっそう気分がよくなりますよ。

発育中の脳は、圧力や温度など、赤ちゃんの体から送られる電気信号を受信しています。この段階では、赤ちゃんの神経反応は意識的なものではなく、単なる反射です。

赤ちゃんは、**ときどき羊水を飲み込んでおり**、その量は増えています。

爪が生えはじめます。しかし、赤ちゃんの皮膚は胎脂と呼ばれるロウのような物質におおわれ、保護されているので、自分でひっかいてきずつける心配はありません。

妊娠21週0日では、**身長**は平均26.7cmで、**体重**は平均360gです。

赤ちゃんが**女の子**なら、卵巣が腹部から骨盤内に下がってきています。

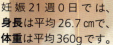

妊娠中期

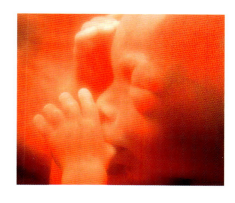

妊娠20週1日です
あと139日……

今日の赤ちゃん

赤ちゃんの動きはまだ一連の反射運動によるものですが、このころにそれが変化しはじめます。神経路が発達、拡張して成熟するにつれ、赤ちゃんはどんどん動きをコントロールできるようになります。

妊娠の後半に入りました。
これからは、妊婦健診の間隔が狭まるでしょう。

妊娠の後半になると、妊婦健診の回数が増えるでしょう。お母さんの健康状態がよく、赤ちゃんは妊娠20週の超音波検査（p.214〜215参照）で徹底的に評価してもらっていても、助産師による健康チェックを定期的に受けられるのは心強いものです。

これから受ける妊婦健診の回数は、妊娠・出産経験の有無や、これまでになんらかの問題が起こったかによって異なるでしょう。英国においては今回が初めての妊娠なら10回くらい、過去に出産経験があり、今回の妊娠で特に問題がない場合は7回くらいでしょう（**注**：日本では初産婦、経産婦にかかわらず妊婦健診の頻度は同じ。妊娠12〜23週は4週に1回、妊娠24〜35週は2週に1回、妊娠36週以降は1週に1回）。英国では一般的に、妊娠25週、28週、31週、34週、36週、38週、40週に妊婦健診を受け、出産予定日を過ぎた場合は（p.393参照）41週にも健診を受けます。過去に出産経験があり、今回の妊娠が順調に進んでいれば、妊娠25週、31週、40週の健診は受けなくていい場合があります。

少しでも心配なことがあれば、病院に連絡しましょう。双子を妊娠している人は、赤ちゃんをひとり妊娠している人より妊婦健診の回数が増えるでしょう。健診の回数は、双胎妊娠のタイプ、つまり二卵性双胎か一卵性双胎かによって異なります。一卵性双胎の場合（**注**→p.480）、健診の回数は、赤ちゃんが胎盤や絨毛膜を共有しているかどうかによって異なります（p.130参照）。

いまは、**マタニティウェアの種類が豊富**なので、TPOに応じた服を選ぶことができます。出産後も着られるアイテムをみつけましょう。

トピック——からだのこと

賢く着る

これまでの通勤服の縫い目がはじけそうになってきたら、**服を買い足したほうがいいでしょう。**幸い、昔と違って、いまは素敵なマタニティウェアがたくさんあり、値段もそれほど高くありません。それに、マタニティウェアの多くは、コーディネートを考えたセットでデザインされているので、組み合わせやすいのです。

忘れたくないのは、マタニティウェアは数カ月にわたって着るもので、同じ服ばかり着ていると飽きてしまうだろうということです。できれば、毎月1〜2アイテムを買い足す予算を見込んでおきましょう。ストレッチの効いた黒のパンツや、エプロンドレスやチュニックに飽きたら、かわいいシャツかジャケットを買って、いつもの服と組み合わせましょう。それなら、ボタンを留められなくても着られます。

お下がりはためらわずにいただきましょう。職場で着るにはふさわしくないとしても、家で着れば、通勤服にまわせる費用が少し増えるでしょう。それから、靴のことをお忘れなく。妊娠前にピンヒールを好んではいていた人は、靴を見直す必要があります（p.257参照）。

第21週

妊娠20週2日です
あと138日……

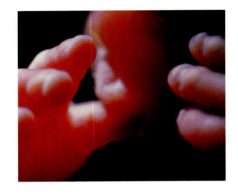

今日の赤ちゃん
指先をアップで写したこの写真から、爪床と呼ばれる爪の下の皮膚が形成され、爪が生えてきているのがわかります。爪はまだ硬くなっていないので、まだ手の動きをコントロールできない赤ちゃんが、たまたま自分をひっかいて傷つけてしまうことはありません。

双子の赤ちゃんは、これまでしばらくの間、子宮のなかのすまいをシェアしてきましたが、いまはどんな関係にあるのでしょう？

第21週では、赤ちゃんの目はまだ閉じていますが、明るい、暗いといった認識はできます。そのため、双子はおそらくきょうだいが体勢を変えればそれに気づき、だんだんお互いのことがわかるようになってくるのでしょう。記憶が発達しはじめるのはこのころなので、双子の赤ちゃんの結びつきもこのころにはじまるのだろうと考えられています。

超音波検査でわかっているように、おなかのなかでの双子の触れ合いはとても多く、子宮内に余裕がなくなってくると、ひときわよくみられます。相手に触れるのはよくあることですが、蹴ったり、つかもうとしたりもします。双子のそれぞれが、相手の動きに反応します。

ふたりが同じ動きをするとは限らず、好んでする動きが異なることもあります。例えば、ひとりの赤ちゃんはよく親指をしゃぶるけれど、もうひとりは臍帯を握ることが多いといった具合です。また、ふたりの体内時計が同じとも限らないので、活動的な時間帯が異なるかもしれません。このように、おなかのなかにいるときからすでに、双子は個性のあるふたりの人間なのです。

ドクターへの質問

Q. セックスをしているとき、赤ちゃんはなにか感じるのでしょうか？
A. あなたがセックスをすると、赤ちゃんは、多少の動きやお母さんの心拍数の変化を感じるかもしれませんが、いずれも赤ちゃんに害をおよぼすことはありません。セックスの最中や直後に胎動が多くなることから、お母さんには、赤ちゃんがこれらの変化を感じて反応しているのがわかるかもしれません。なかには、そのことで性欲が抑制されるという女性もいますが、赤ちゃんがよく動くからといって、不快でむずかっているというわけではなく、もちろん、赤ちゃんにはあなたがなにをしているのかわかっていません！

あなたがオルガスムを感じると、子宮がぎゅっと硬くなり、妊娠陣痛（p.410参照）が起こるかもしれませんが、これもまた、赤ちゃんに害はありません。

赤ちゃんは、羊水のプールにしっかり守られているので安心してください。また、妊娠中は、精子が絶対に子宮に入り込めないように、子宮頸管が粘膜の栓でふさがれています。これは感染を防ぐのにも役立ちます。

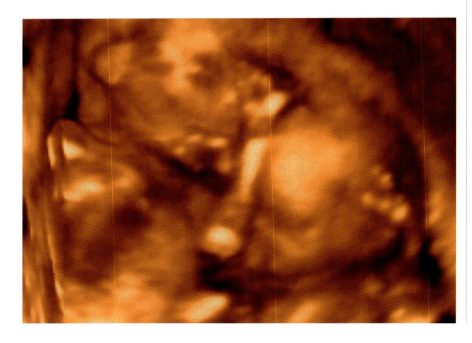

妊娠が進むにつれ、**双子の赤ちゃんどうしの接触が増えます**。双胎妊娠では、通常より超音波検査を受ける回数が多いので、ふたりの触れ合いをみる機会は十分あるでしょう。

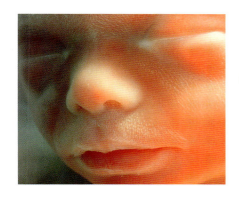

妊娠20週3日です

あと137日……

今日の赤ちゃん

まぶたはまだしっかり閉ざされ、
あれこれと探索したがる手や足の指から形成中の目を保護しています。
脳の深部では、情報処理をつかさどる脳の領域に感覚をつなぐ接続の形成がはじまっています。

赤ちゃんの性別を知らないなら、どちらかを予測するのは楽しいでしょう。きっと周囲の人の予測もきかされます。

あなたとパートナーが、妊娠20週の超音波検査で赤ちゃんの性別をきかないことに決めたなら、**性別の当てっこがはじまる**でしょう。それに、きっと男の子だとか、女の子だと思うとか、自分の考えを述べる人がたくさんいますよ。

おそらく、お母さんの直感は特別です。ある研究では、女性におなかの赤ちゃんの性別を推測してもらったところ、調査に答えたお母さんの71％が正しくいい当てたそうです。

雑学

赤ちゃんはきっと……

性別に関する迷信を試してみますか？

- ひもに金のリングを結び、それを横になったあなたのおなかの上につるして"**ダウジング**"してもらいます。リングが前後か左右に揺れれば、赤ちゃんは男の子です。円を描くように回転すれば、女の子です。
- **妊娠前より毛深くなっていれば**、赤ちゃんは男の子という言い伝えもあります。
- **赤ちゃんの心拍が1分間に140以上**なら、その子は女の子です（ただし医学的根拠はなし、p.188参照！）。
- **砂糖、スパイス、甘いものがやたら食べたい場合**は赤ちゃんは女の子、逆に**すっぱいものや塩気の強いものが**食べたければ、男の子といわれます。

先輩ママへの質問

Q. 妊娠20週の超音波検査で、3人目も女の子だとわかりました。でも、どうしても男の子がほしかったのです。どうしたら気持ちを切り替えられるでしょう？

A. 赤ちゃんの性別が望んでいたものと違っていた場合、ましてや「そうに違いない」と思いこんでいた場合には、とてもがっかりするのはわかります。わたしの場合は、特に夫が男の子をほしがっていたのはわかっていたので、なんだか夫をがっかりさせてしまったように感じました。

幸い、娘が生まれるころには、わたしたちには残念だという気持ちはなくなっていて、親になることにいっしょうけんめいでした。出産まで性別を知らずにいたら、生まれてきた赤ちゃんとのきずなを結ぶ大事な時期に気持ちの整理もつけなければならず、大変だったかもしれません。

あなたはまだ、生まれてくる女の子に会っていないことを忘れないでください。もうひとり、また娘をいつくしむのは想像しがたいかもしれませんが、やがてその子を愛するようになります。おなかの赤ちゃんがすこやかであること、そしてかわいらしい赤ちゃんが生まれてくるということだけ考えるようにしましょう。

あなたは、上の子どもたちとは性別の違う赤ちゃんを望んでいたかもしれませんが、子どもたちは、**同性の遊び相手がもうひとり増えてうれしい**かもしれません。

第21週

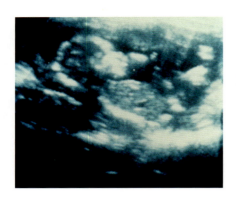

妊娠20週4日です

あと136日……

今日の赤ちゃん
左は超音波検査の画像です。助産師は、赤ちゃんの心音を確認するのに手持ち式のドップラー超音波装置を使うかもしれませんが、超音波ドップラー法を使えば、心拍だけでなく赤ちゃんが突然動くのも、胎盤内を血液が流れる様子もみることができます。

心地よいマッサージほど、うまく妊娠による痛みをやわらげ、緊張をほぐしてくれるものはないといってもいいでしょう。

妊娠中期

マッサージの予約をするときは、**マッサージ師が妊娠中の女性の施術に慣れていることを必ず確認しましょう**。この段階ではまだ可能性は低いものの、部位やツボによってはマッサージすることで子宮を収縮させることがあるからです（実際、分娩の進行を速めたいときは、そのようなマッサージが有効な場合があります）。

予約をする前に、医師か助産師にマッサージを受けて大丈夫か確認しましょう。高血圧や糖尿病などの問題があると、避けたほうがいい場合があります。

快適さが大切なので、たいていのマッサージ師は、妊婦の頭の下に枕を当て、横向きに寝かせます（右写真）。不快感があったり、マッサージの過程でなんらか痛みを感じたりすることがあれば、遠慮せずにマッサージ師に伝えましょう。ベテランのマッサージ師なら、妊婦が快適に施術を受けられているかたずね、そうでない場合は施術を中止するものです。

プロのマッサージを受けるのは気が進まないという人も、パートナーか、協力してくれる友人にお願いしてみましょう。ただし、慎重にしてもらうこと、腹部のマッサージは避けてもらうことが大切です。

痛みが格段にやわらぎ、リラックスできるだけでなく、パートナーにマッサージしてもらうのは、あなたがセックスする気になれないときに彼と親密に過ごせるいい方法です。

全身のマッサージは気が進まなければ、フットマッサージやハンドマッサージ、またヘッドマッサージも効果的です。

妊娠中にプロにマッサージしてもらうのは本当にうれしいものです。至福のときを味わえるだけでなく、調査によると、マッサージには痛みをやわらげる効果があり、快適な眠りを助け、ストレスを軽減する効果も期待できるといいます。

助産師への質問

Q. ふくらんだ自分の姿に気がめいるので、鏡をみられません。こんな気持ちを乗り越えられるでしょうか？

A. 妊娠中の自分のイメージと闘っているのはあなただけではありません。変わりゆく体型のせいで、ネガティブな気持ちになってしまう女性もいます。健康的な食生活を送り、なんらかの運動をしていると、余分な体重増加を防げます。また、運動することで気分が上向きになり、満たされた気分になれるものです。

妊娠に対する感じ方はさまざまですが、あなたは生活と体の大きな変化とうまく折り合いをつけるだけでなく、変動するホルモンの影響も受けています。それらすべてが、あなたの気分を左右し、後ろ向きの気持ちにさせるのでしょう。

妊娠中に少し気がめいったときに、パートナーや家族や友人に「大丈夫だよ」といってもらい、サポートしてもらうことで気分が晴れることはよくあります。恐れや不安を打ち明ければ、不安感をやわらげる助けになるかもしれません。ほかの妊婦さんも同じような気持ちを抱えていることがわかるかもしれませんよ。

気分の落ち込みがひどく、苦しくてたまらないなら、ためらわずに助産師か医師に相談しましょう。

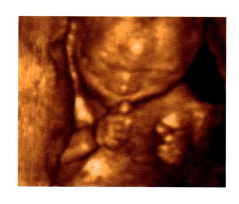

妊娠20週5日です

あと135日……

今日の赤ちゃん

これまで透き通っていた皮膚がだんだん不透明になってきます。
これは、赤ちゃんに脂肪がつきはじめるためです。この脂肪は誕生後の体温調節を助け、必要になったときに赤ちゃんが使えるよう、エネルギーの貯蔵庫となります。

発育中の赤ちゃんは、神経系が効率的に働くようになるにつれて、敏感に反応するようになり、いろいろなことがよくわかるようになってきます。

このころには、**赤ちゃんはすでにいろいろな味の区別がつくようになり、あと数週間もすれば、音をききとり、それに反応するようになるでしょう**。しかし、痛み、温度、感触といった情報を伝える神経路は、妊娠20週くらいに発達がはじまったばかりで、これらの感覚を意識のレベルで認識できるようになるにはまだ少し時間がかかります。

赤ちゃんは、初期の段階から反射神経が発達しています。例えば、妊娠10週ごろから、手になにか触れれば握るようになります。しかし、反射が起こるために必要なのは、脊髄への神経接続のみで、脳はかかわっていません。痛み、温度、感触の情報を認識するには、それらの情報が赤ちゃんの体から脊髄へ、そして脳の中心に位置する視床へと伝わらなければなりません。すると視床は、赤ちゃんの脳の表面をおおう大脳皮質に信号を送り、そこで刺激が認識されるとともに、感情的な反応を引き起こします。これらの接続が機能するのは妊娠26週以降だと考えられていますが、それから何週間もたってからでないと、その電気的活動は脳波（EEG）にあらわれない可能性があります。これらの神経の多くは、効率的に信号を伝えるために、周囲を絶縁物質でおおわれていなければいけませんが、それが形成されるのはずっとあとになってからです（p.300参照）。

先輩ママへの質問

Q.2度目の妊娠中にも、出産準備クラスに参加する意味はあるでしょうか？
A. 参加したほうがいいと思います。わたしの場合、はじめの妊娠から2度目の妊娠まで3年あいており、学びなおしてよかったと思います。ひとり目の妊娠のときとは違ったアドバイスも、いくつかありました。パートナーも勉強になったといっていました。

参加するメリットのひとつは、また妊娠中のお母さんと知り合えることです。他の人と経験を話し合うのは必ず助けになりますし、最初の妊娠のときと同じように、きっとすばらしい友人ができますよ。

マタニティ用の弾性ストッキング

マタニティ用の弾性ストッキングをはくなんて、考えたことがなかったかもしれませんが、これには**ちゃんと効能があります**。弾性ストッキングは、血行をよくし、血液が心臓に戻るよう促します。特に脚の静脈瘤（p.167参照）やくも状静脈（p.134参照）に悩まされているなら、そのような静脈関連の問題を防ぐために、弾性ストッキングの着用をすすめられるかもしれません。

また、弾性ストッキングは足の痛みや、足、足首、脚部の軽いむくみ、体液貯留の改善にも役立ちます。長い時間、立ちっぱなしになる仕事をしている人には、特に効果的でしょう。

幸い、いまではファッション面も考慮され、薄く透け感があり、きれいなものがたくさんあります。いろいろなタイプがあり、サイハイタイプやニーハイタイプ（右写真）もあれば、脚全体をカバーするものもあります。気温が高くなり、むくみが悪化しかねない夏にはくには、薄めのソックスがいいでしょう。パンストタイプのものは、おなかと赤ちゃんをサポートし、腰への負担を軽減してくれます。

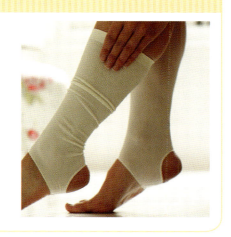

第21週

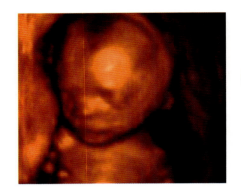

妊娠20週6日です

あと134日……

今日の赤ちゃん
赤ちゃんが活発に動くときと、静かに休むときの区別がつくようになってきます。
じきに、そのふたつははっきりとした活動周期となり、
赤ちゃんの動きに毎日（そして毎晩）同じパターンのようなものができてくるでしょう。

赤ちゃんの生殖器は徐々に発育しており、男女の差がますます明らかになっています。

女の赤ちゃんはテストステロンという男性ホルモンの値が低いので、生殖腺は卵巣になります。この段階で卵巣には卵胞が600万個あり、誕生時に残っているのはそのうち約100万個です（注→ p.480）。このころ、卵巣は腹部から骨盤内に下がってきています。精巣も同じように下がってきますが、まだ陰嚢まで達していません。お母さんが分泌するエストロゲンというホルモンの影響で、性別にかかわらず、赤ちゃんの胸がふくらんでくることがありますが、誕生後になくなるでしょう。赤ちゃんが男の子か女の子かは、妊娠自体にはほとんど影響しません。妊娠がさらに進むと、多少の体重差はみられ、平均すると男の子は女の子より少し重くなります。

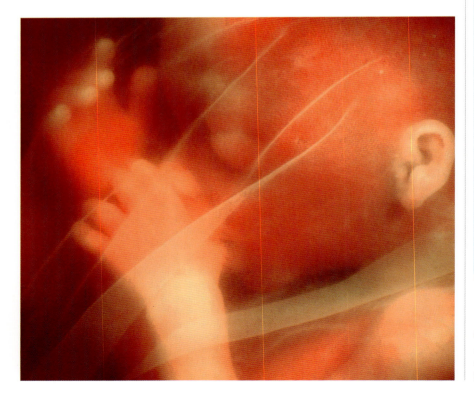

羊膜嚢はその外見から"バブル（泡）"と呼ばれることがあります。羊膜は透明にみえるかもしれませんが、丈夫でとても破れにくく、赤ちゃんはこの安全な環境で実にしっかり守られています。

助産師への質問

Q. 先日、転んでしまいました。赤ちゃんに悪影響はないでしょうか？

A. 妊娠中の転倒はとてもよくあることです。おなかがどんどん突き出してきて、靱帯や関節が緩み、体の重心が変わってくると、バランスを崩しやすくなるからです。幸い、赤ちゃんはまわりを羊水でしっかり囲まれており、お母さんが転んでも羊水のクッションで守られます。お母さんがかなりひどいけがをしない限り、赤ちゃんになんらかの害がおよぶことはないでしょう。

いちばんいいのは、転んだあとに赤ちゃんの動きに気をつけてみることです。いつもと同じくらい動いていれば問題ないはずですが、心配なら、助産師に相談しましょう。なんらかの不快感がある、または、膣からの分泌物に異常がみられたり、膣から出血したりしている場合は医師に相談してください。水のような液体が漏れ出た場合は、羊水ではなく、腹圧性尿失禁（右ページ参照）による尿漏れの可能性が高いでしょう。

妊娠中期

妊娠21週0日です

あと133日……

今日の赤ちゃん

この写真では、まぶたの下で眼球が大きく発達しているのがわかります。誕生時の赤ちゃんの目は大きく、青みがかっています。この段階ではまだ、まゆ毛やまつ毛はありませんが、これらは産毛を除けば最初に生えてくる体毛です。

**毎日の生活に少しずつ運動をとり入れて、体を活性化させましょう。
そうすると、気分がずっとよくなります。**

ドクターへの質問

Q. おりものが多いようですが、大丈夫でしょうか?
A. 問題ありません。妊娠中期には、いつもよりおりものが増えることがあります。たいてい無色で、さらりとしている場合もねばねばしている場合もあり、いやなにおいはありません。おりものの粘度が高くなって白っぽく変化し、かゆみがある場合は、膣カンジダ症の疑いがあります。これは妊娠中に一般的で、簡単に治療できます(p.133参照)。

おりものが黄色っぽい、緑がかっている、いやなにおいがあるといった場合は、すぐに医師に相談してください。また、排尿時にヒリヒリする、外性器に痛みがあるといった場合も受診しましょう。これらは、治療の必要がある感染症のあらわれです。おりものの異常は、どんなものでも見過ごさないようにしましょう。成長中の赤ちゃんに直接影響することはありませんが、感染症は早産のリスクを高めることがあります。

尿漏れが気になる人もいるでしょう。咳をしたり、笑ったり、走ったりするときは、特に気になるでしょう。これは腹圧性尿失禁と呼ばれるものです(p.471参照)。

仕事を続けていると、運動の習慣を維持するのが難しいでしょう。1日働いたあとで運動なんて、いちばん気が進まないかもしれません。妊娠が進行するほど、おっくうになるでしょう。でも、ジムにいかなくても、いろいろな方法で運動することができます。少し工夫して、計画してみましょう。例えば、ときにはエレベーターに乗る代わりに、足もとに気をつけながら階段を使ったり、バスや電車を最寄り駅の手前で降りて、少し長めの距離を歩いたりしてみてもいいのです。職場の近くにプールがあれば、昼休みに泳いでリフレッシュしましょう。そうすれば、午後はとてもすっきりした気分で過ごせます。

歩けるところはできるだけ歩きましょう。ただし、職場用の靴はバッグにしまい、歩きやすいスニーカーをはくようにしてください。運動するときは必ず水を持ち歩き、1日を通して脱水にならないようにしましょう。

夜、寝る前に、腹筋を鍛える運動を少ししましょう(p.250参照)。

オフィスでエクササイズ

仕事で1日中すわっている人は、できるだけ動く方法を考えることが、いっそう重要です。

- **1時間に少なくとも1回は立ちあがりましょう。** 電話やメールで伝える代わりに、同僚のところまで歩いていって話しましょう。まわりの人に飲み物をもってきてあげるのもいい方法です。これはみんなに喜ばれますよ!
- **すわっておこなうエクササイズをしてみましょう。** 右の写真のように、片足を前にまっすぐ伸ばし、腿を床と並行に保ちます。そのひざを何度か曲げ伸ばしして、血行を促します。それから、足首を曲げ伸ばしします。このエクササイズを、少なくとも片足10セットずつおこないます。

第21週

第22週（妊娠21週1日〜22週0日）

赤ちゃんの名前を決めるのは、意外と難しいことかもしれません。そろそろ候補を考えはじめましょう。

赤ちゃんの性別を知らなくても、パートナーといっしょに名前を選ぶのは楽しいものです。
その話し合いは延々と続くかもしれません。
赤ちゃんが生まれるまで名前を決めないカップルもいます。
名前のことに夢中になると、おそらく職場でも気が散ってしまうでしょう。
基本的なことがおろそかにならないように気をつけて、ゆったりした気持ちで考えてください。
少量の食べ物をこまめにとり、水をたくさん飲んでいれば、注意力を保ちやすくなるでしょう。

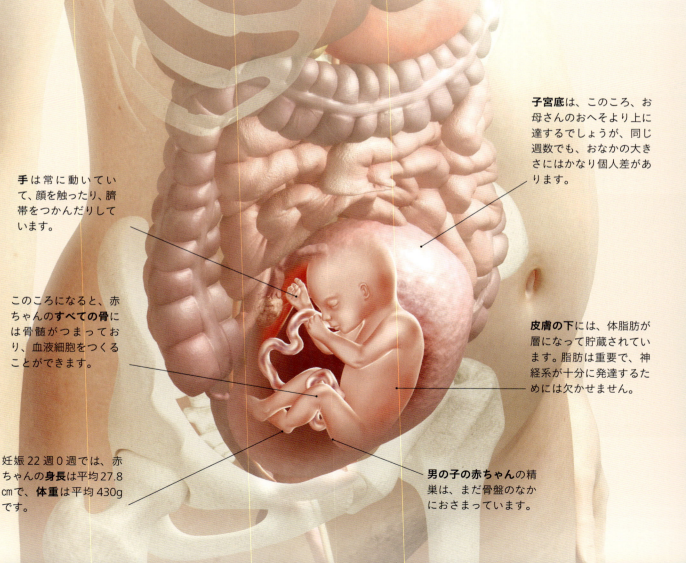

子宮底は、このころ、お母さんのおへそより上に達するでしょうが、同じ週数でも、おなかの大きさにはかなり個人差があります。

手は常に動いていて、顔を触ったり、臍帯をつかんだりしています。

このころになると、赤ちゃんの**すべての骨**には骨髄がつまっており、血液細胞をつくることができます。

皮膚の下には、体脂肪が層になって貯蔵されています。脂肪は重要で、神経系が十分に発達するためには欠かせません。

妊娠22週0週では、赤ちゃんの**身長**は平均27.8cmで、**体重**は平均430gです。

男の子の赤ちゃんの精巣は、まだ骨盤のなかにおさまっています。

妊娠中期

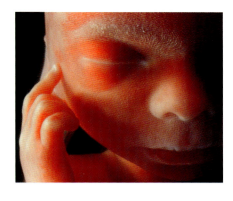

妊娠21週1日です

あと132日……

今日の赤ちゃん

皮下で毛細血管が血液を運んでいるので、赤ちゃんはピンクがかってみえます。
皮下脂肪はまだ少ないので皮膚はかなり薄い状態です。
毛細血管のなかでは、赤血球が赤ちゃんの体のすみずみまで酸素を運んでいます。

部屋に足を踏み入れたものの、なにをしにきたのか忘れてしまうようなことがありませんか？ ご心配なく。単に"妊娠脳"になっているだけですから！

助産師への質問

Q. わたしはとてもよく歩くのですが、妊娠も半ばを過ぎたことですし、ウォーキングの距離を減らしたほうがいいでしょうか？

A. その必要はありませんが、これまで以上に気をつけるといいでしょう。歩くことは、妊娠期間を通して続けられる、負担の少ない理想的な運動です。実際、ウォーキングはひざや足首への衝撃が少ないので、妊娠が進んでからのエクササイズにはとても適しています。

これからも長い距離を速いペースで歩きたいなら、ペースを落とし、ゆっくりとくつろいで歩く時間も組み込んでみましょう。体がほてりすぎて気分が悪くならないよう、体温調節をすることが大切です。そのためには、水をたくさん飲んで、脱水状態にならないように気をつけ、必要に応じて脱ぎ着できるように重ね着をしましょう。

おなかが大きくなってくると、坂を登ったり、でこぼこした地面を歩いたりすると、バランスをとりづらくなるかもしれないので、平坦な道を歩くようにしましょう。息切れがしてきたら、休憩を多めにいれましょう。いうまでもありませんが、必ずはきやすい、足をしっかりサポートしてくれる靴をはき、重い物を持って歩くのはやめましょう。

このごろ、なんだか自分がぼんやりしていると感じますか？ "妊娠脳"がはじまると、多くの女性が非常にストレスを感じます。とても忘れっぽくなり、ときには話している最中になにをいおうとしたのか忘れてしまうこともあるのです。集中力や、仕事への注意力にも影響が出ることがあります。医学的にはなぜそのようなことが起こるのかはわかっていませんが、どうやらホルモンの変化が関係していそうです。ま

このごろ忘れっぽくなったと感じたら、なんでもメモして優先順位をつけるようにすると、あれこれ思い悩まずにすむでしょう。

た、妊娠中は気持ちが内側にばかり向きやすいために起こるのかもしれません。妊娠は人生の一大イベントで、体にも、ライフスタイルにも大きな変化が起こっているので、ほかのことに注意が向きにくくなっているだけなのかもしれません。

この忘れっぽくなるという傾向はストレスのもとになりますが、一過性のものです（ただし、出産後1年くらいは続くかもしれません——下記参照）。いまのところは、毎日、最初にやることリストをつくり、やり終えたことにはチェックをしていきましょう。家でも職場でもほかの人にお願いできることはやってもらうようにして、いまだけはあれもこれもいっぺんにやろうとはしないようにしましょう。1度にひとつずつとり組むと、忘れにくいうえ、よりよい成果が出るものです。

ご存じですか

"妊娠脳"は、赤ちゃんが1歳になるまで続く可能性があります。

これは世界中でおこなわれた調査の結果わかったことです。専門家が調査結果を徹底的に分析し、育児の1年目は睡眠不足になることが原因ではないかと結論づけています。

妊娠21週2日です
あと131日……

今日の赤ちゃん
これからの3カ月は、赤ちゃんの成長がとりわけ速い時期です。細胞は赤ちゃんの全身で分裂し、増殖し、成熟しているのです。胎盤も成長と成熟を続けていますが、これからは赤ちゃん自身の成長のほうがずっと重要になります。

赤ちゃんの名前は、どうやって決めたらいいでしょう？ 名前を選びはじめるとわかるでしょうが、考慮するべきことは実に多いのです。

赤ちゃんの名前を考えるのは楽しいものですが、**すんなり決まるとは限りません。**あなたもパートナーも気に入る名前でなければいけないうえに、みんなの意見をきかなければならないかのように思われるでしょう。友人がもう自分の赤ちゃんの名前を決めたといえば、同じ名前にするわけにはいきませんし！ 何世代にもわたってある名前を受け継いできたなど、家族が守ってほしいと願うしきたりがあるかもしれません。

あなたとパートナーそれぞれが名前の候補リストをつくり、お互いのリストをみながら、気に入ったものとそうでないものを話し合うのがおすすめです。運がよければ、どちらのリストにも同じ名前がひとつか、それ以上あるでしょう。

次のようなことを考慮するといいでしょう。姓と釣り合いがとれているか。ミドルネームとの相性はどうか。イニシャルにしたときはどうか。たとえば、Robert Anthony Taylor という名前のイニシャルは RAT（鼠）になってしまいます！ 名前の意味は、あなたにとって重要ですか？ もしそうなら、気に入っている名前の意味を調べましょう——赤ちゃんが成長したときに、名前の意味を教えてあげるのは、きっと楽しいですよ。候補にあがっている名前には、気楽に使える略称がありますか？ それとも、名前を略称で呼ぶのはいやですか？ いやなら、そういう名前は避けましょう。自分の姓をどうしても使いたいなら、それをミドルネームにすることもできます。やっと赤ちゃんに会えたとき、決めておいた名前がしっくりこないと感じるかもしれないので、いくつか選択肢を用意しておくのがおすすめです。

人気がありすぎる名前を避けたり、名前の由来に関する興味深い事実を探したりするために、**本やインターネットで調べるのはよい方法です。**

人気のある名前

赤ちゃんに個性的な名前をつけてあげたいですか？ それとも、流行をとりいれたいですか？ 人気のある名前をつけるということは、お子さんのクラスに同名の子どもが大勢いるということです。

以下は、2012年に英国で人気があった名前の男女別ランキングです。

女の子の名前	男の子の名前
1. エミリー	1. オリヴァー
2. オリヴィア	2. ジャック
3. ソフィア	3. チャーリー
4. イザベラ	4. ハリー
5. クロエ	5. オスカー
6. アメリア	6. イーサン
7. ジェシカ	7. ジェイコブ
8. シャーロット	8. トーマス
9. アリス	9. ジョージ
10. リリー	10. ジェイムス
11. ポピー	11. アルフィー
12. ルーシー	12. ダニエル
13. エイヴァ（エーヴァ）	13. ウィリアム
14. イーヴィー	14. ヘンリー
15. アイラ	15. ジョシュア
16. デイジー	16. マックス
17. エラ	17. ノア
18. エマ	18. アレクサンダー
19. エヴァ	19. ベンジャミン
20. グレイス	20. ディラン

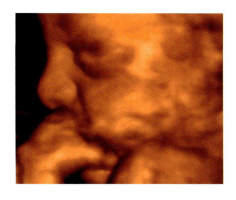

妊娠21週3日です

あと130日……

今日の赤ちゃん

左の3D超音波画像では、赤ちゃんの皮膚がでこぼこしてみえる部分がありますが、実際にそうなっているわけではありません。検査中、赤ちゃんが急に動くと、画像のほうが"追いつかない"ことがあり、このような奇妙な結果が生じるのです。

赤ちゃんは、基本的な成長と発育のために脂肪を使うだけでなく、このころから脂肪を貯蔵しはじめます。

これまでは赤ちゃんの成長がなにより優先されたので、赤ちゃんが脂肪を蓄える機会はほとんどありませんでした。しかしこの時期になると、赤ちゃんは皮膚の下に脂肪の層を蓄えはじめ、皮膚の透明度は下がります。赤ちゃんに脂肪を供給するのは胎盤です。

脂肪はお母さんの血液中を循環し、胎盤で3つの遊離脂肪酸とコレステロールに分解されて、赤ちゃんの血流へと引き渡されます。これらの脂肪酸は脂肪に再合成され、成長に利用されたり蓄えられたりします。

脂肪は神経と脳の十分な発達のために重要です。脂肪の層がそれぞれの神経細胞をおおってとなりあう神経どうしが触れ合わないように絶縁し、ほかの神経細胞との接続を向上させます。

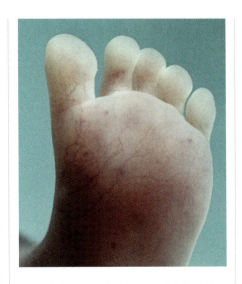

皮下に脂肪の層ができて皮膚の透明感がこれまでほどなくなると、**赤ちゃんの静脈はみえにくくなってきます。**

先輩ママへの質問

Q. 周囲の人々に、私たちが選んだ名前を知らせたほうがいいでしょうか？

A. わたしは、知らせないほうがいいと思います。わたしたちは事前にまわりの人に知らせましたが、消極的な反応が多くて動揺してしまいました。その名前にどんなマイナスイメージがあるとか、同じ名前の猫や砂鼠を知っているとか、わたしたちが知る必要もないことを気軽に口にするのです！ 年配の親戚は「変わった名前ね」といって、代案をいくつもあげてきました。

ですから、赤ちゃんが生まれて名前が既成事実になるまで、あなたがたの心にとどめておくのがいいと思います。赤ちゃんが命名された後では、なかなかその名前に意見する人はいないでしょうから。

トピック——双子

ビルとベン？

名前をひとつ考えるのだって簡単ではないのですから、**双子を妊娠している人はすぐに名前を考えはじめましょう**（注→p.480）。あなたの双子ちゃんをだしに冗談をいわれないように、ジャックとジル（マザーグースと呼ばれる童謡のひとつで転んでけがをするふたり）、ホリーとアイビー（クリスマスキャロルで歌われる）など、安易な組み合わせは避けましょう。略称にしたときにどうきこえるかも考えてください（たとえば、ウィリアムとベンジャミンなら、ビルとベンになります）。

最後に、長さも複雑さも同じくらいの名前を選ぶ価値はあります。例えば、小さいクリストファー（Christopher）くんは自分の名前をなかなか書けないのに、双子のきょうだいのジャック（Jack）くんがすらすら書けたら、悲しい思いをするかもしれませんね。

ご存じですか

ハワイではたいてい、赤ちゃんに美を連想させる名前をつけます。

ノヘア——愛らしい
レイア——天の子
マカナニ——美しい瞳
ヒワラニ——魅力的な人
プアラニ——天国の花

そして、ナニという言葉は「美しい人」「かわいい人」を意味します。

第22週

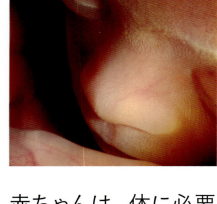

妊娠21週4日です

あと129日……

今日の赤ちゃん

赤ちゃんを上から見下ろすと、鼻の幅がかなり広くみえるかもしれません。これは、鼻柱がまだ完全に形成されていないためです。それが赤ちゃんらしい"団子鼻"の原因で、多くの赤ちゃんが、おなかのなかにいる間じゅうその特徴を維持します。

赤ちゃんは、体に必要な赤血球と白血球を、成人よりずっと速いペースで産生しています。

赤ちゃんの骨髄のなかの幹細胞が、赤血球と白血球、そして、ひとまとまりになって血栓を形成する血小板を産生します。妊娠の早い段階では、これらはすべて卵黄嚢（p.80 参照）で、その後は、肝臓と脾臓でつくられていました。このころになると、赤ちゃんの体内にあるすべての骨に、血液細胞をつくることができる赤色骨髄がつまっています。赤血球には寿命があり、約80日たつと分解され、赤ちゃんの血液循環からとり除かれます。この代謝回転の速度は、赤血球の寿命が120日である成人の場合より速いのです。

ビリルビンは赤血球が分解されてできる物質です。ビリルビンは肝臓で体外に排出されるかたちとされ、赤ちゃんの血液循環から胎盤によってとり除かれます。赤ちゃんの肝臓は効率的に働いてもビリルビンの処理に2〜3日かかります。ビリルビンが増加すると出生時に黄疸がみられることがあります（p.477 参照）。出生時に黄疸が出たら、光線療法によってビリルビンを分解し、もっと赤ちゃんの尿に排出されやすいかたちにすることができます。

新生児のころは、白血球と母乳、特に初乳に含まれる抗体のおかげで、感染症に対して保護されています（p.446 参照）。そのため、母乳で育てられた赤ちゃんは、喘息、牛乳不耐、食物アレルギーなどを発症するリスクが低いのです。

マタニティファイルを理解する

妊婦健診の回数が増えたことですし、自分の妊娠記録に書いてある医学用語を理解しておくと役に立つでしょう。

- **Hb**：ヘモグロビン値
- **BP**：血圧
- **EFW**：胎児推定体重
- **PI**：拍動指数
- **AFI**：羊水インデックス

■ **尿検査**：np は、異常はみつからなかったという意味です。P はたんぱく、G はグルコースをあらわします。± または + は微量のたんぱくまたは糖が検出されたという意味です。＋＋（ツープラス）、＋＋＋（スリープラス）は検出量がより多く検出されたということになります。

■ **心拍**：FHB（+）／ドップラー（+）は胎児心拍が確認できること、FM（+）／（−）は胎動が感じられる／感じられないということを意味します。

子宮内での赤ちゃんの姿勢は、通常、先進部か向きであらわされ、いくつかの用語と略語が使われます。赤ちゃんの背中が向かって左にある場合を第1位、右にある場合を第2位といいます。たとえば第1頭位とは頭が先進して背中が左、第2骨盤位とはおしりが足に先進して背中が右にある姿勢をいいます。

妊娠の記録のなかにはっきりわからない記述があれば、**ためらわずに助産師にたずねてみましょう。**

（補足） 日本の母子健康手帳（母子手帳）は、平成24年の改定でお母さんの記録するページが大幅に増加しました。しかも、両親で記入できるようになっていて、その折々の気持ちなどを書き込むことで、お母さんとパートナーとのコミュニケーションを促し、出産に向けた準備をすすめるのにつながることが期待されます。

また、体調の変化や妊婦健診でたずねたい内容を記載することで、妊婦と医療者とのコミュニケーションツールとしても活用できます。なお、母子手帳の記入が進んでいないとき、医療者はお母さんが何らかの問題を抱えている可能性も配慮して対応します。

妊娠21週5日です

あと128日……

今日の赤ちゃん

このころはまだ、子宮内に赤ちゃんが動き回るのに十分な広さがあります。
赤ちゃんはぐるりと回転したり、1日に、ときには数分のうちに、
何度も体位を変えたりすることが可能です。

おなかのふくらみは、形も大きさもまちまちです。
赤ちゃんの成長の様子は、助産師が記録してくれるでしょう。

妊娠の中間地点にしてはかなりふくらんだと感じる女性もいますが、だからといって生まれてくる赤ちゃんが大きいとは限りません。お母さんが大きくなっていても、増えた体重のすべてが、おなかのふくらみと赤ちゃんの成長分というわけではないのです。重くなったのはそれ以外の部分で、赤ちゃんの大きさには関係しないかもしれません。双子や三つ子を妊娠している人はもちろん、早くからおなかが目立つようになり、赤ちゃんをひとり妊娠している人よりずっと大きくなります。

ただし、おなかの大きさは赤ちゃんの成長のよい指標になるので、助産師が計測するでしょう（p.284〜285参照）。計測するのは、骨盤の一部である恥骨の上端から、子宮底と呼ばれる子宮のいちばん上までの長さです。この計測値は子宮底長と呼ばれ、妊娠36週ころまでの平均は（週数－3）cmです。妊娠28週なら、子宮底長は約25cmになります。子宮底長は、母子手帳に記載されるでしょう（注：日本では通常、子宮底長と腹囲を測定）。

妊娠週数に対して子宮底長が著しく長い、または短いといった場合は、超音波検査を受けることになるでしょう（注→p.480）。

妊娠の段階が同じくらいの人とともに過ごすのはいいことですが、**比較をしないようにしましょう。**あなたのおなかは友だちのおなかより大きいかもしれませんが、生まれてくる赤ちゃんはあなたのほうが小さいということもあります。

超音波検査では、赤ちゃんの大きさをかなり正確に知ることができます。

自分が大きいと感じるのと、助産師や医師が大きいと感じるのは、まったく別の次元だということを覚えておきましょう！あなた自身は一定のサイズと体型に慣れていて、いま、かつての自分よりずいぶん大きくなっていますが、助産師や医師にしてみれば、それが普通で健康的な大きさなのです。これまでずっと、スリムだった人にとっては特に、このような感覚のギャップが感じられるでしょう。

栄養士への質問

Q. 安静にするようにいわれていますが、体重が増えすぎるのではないでしょうか？

A. ストレスになるかもしれませんが、いわれた通りにすることが重要です。医師か助産師に、ゆるやかなウォーキングや水泳をしてもよいかたずねてみましょう。許可が出れば、健康状態を維持し、カロリーを消費する助けになるでしょう。

新鮮な果物や野菜、複合炭水化物と脂肪分の少ないたんぱく質を十分にとり入れた、健康的で滋養のある食事をしていれば、体重が増えすぎることはないでしょう。

いまあまり活動的でないからといって、ダイエットを考えたり、食べずに過ごしたりするのは絶対にやめてください。規則正しく食事と間食をとるのは大事なことです。体の声に耳を傾けてください。おなかがすいているなら、体が燃料を必要としているのです。

ベッドで安静にするよう指示されたなら、軽い運動をするのも問題外ですが、最初にしていいことと、よくないことをきちんと確認しておきましょう。活動しなければ体重は増えるでしょうが、ベッドで安静にするのは、すこやかな赤ちゃんを満期産で出産できるようにするためですから、少しくらい体重が増えすぎてもそれだけの価値があります。

第22週

妊娠21週6日です

あと127日……

今日の赤ちゃん
左は、赤ちゃんの耳のすぐ後ろの皮膚をアップで写したものです。
皮膚表面全体に線状の凹凸がみられ、独自の模様を描いています。この週の間に、皮膚の下層が表層へと盛り上がって皮膚小稜と呼ばれる畝を形成し、手足の指紋となります。

赤ちゃんはこれまで飲み込んだ羊水を濾し、不要な成分を胎便という物質としてためています。

この週の終わりに、赤ちゃんの肛門括約筋がしっかり機能するようになります。そのおかげで、胎便の小片が羊水に入り込むのを防げます。胎便は、妊娠12週で初めてつくられます。緑から黒っぽい色をしており、10人中9人の新生児が生後24時間以内にする初めてのうんちになります。

胎便の主な成分は、消化管が長く、太くなる過程で不要になった内壁の細胞と、赤ちゃんが飲み込んだ羊水から栄養が吸収されたあとの老廃物です。胎便は継続的に産生され、ゆっくりと消化管内を下方へ移動し、妊娠16週ごろには大腸に到達します。消化管内に微生物はいませんし、腸内にガスが発生することはないので、胎便は無菌です。

ご存じですか

胎児は手を動かして口もとにもっていったり、親指をしゃぶったりします。

調査によると、赤ちゃんは手の動きを予測して口を開けることもあるといいます。手は出会ったものをなんでもぎゅっとにぎります。この握る力は赤ちゃん自身の全体重を支えられるくらい強いといいます。

筋力を強化する

妊娠中にダンベル（右写真）やジムのマシンを使って効果的に筋肉を強化すると、妊娠に必要とされる筋力を維持しやすくなります。体を鍛えておくと、体重が増加しても対処しやすく、出産後の回復の助けにもなります。四肢がよく鍛えられていると、自分をきれいにみせることができ、気分も晴れやかになるでしょう。

妊娠中のどんなエクササイズも同じですが、気をつけるべき点があります。

- **ふだんからダンベルを使ったトレーニングをしている人**は、そのプログラムを続けましょう。ただし、重量や回数は増やさないようにしましょう。
- **ダンベルを使ったことがない人**は、はじめはごく軽いダンベルを使って回数も少なめに抑えます。重量も運動量もゆっくりと増やしていきましょう。重量を増やしても大丈夫だという確信が持てるまでは、ダンベルの重さは変えないようにします。
- **はじめに大きく息を吸い、吐きながら**ダンベルを上げましょう。
- 妊娠中は、**マシンよりもダンベルのほうが安全に使えます**。マシンを使う場合は、トレーナーに正しい使い方を教わってからにしましょう。
- **立ったまま筋力トレーニングをすると疲れてしまうという場合**は、椅子にすわってダンベルを上げましょう（下写真）。

椅子にすわってダンベルを使うときは、背すじをまっすぐ伸ばし、肩の力を抜きましょう。立ったままトレーニングするなら、脚を腰幅に開いてひざを少し曲げてください。

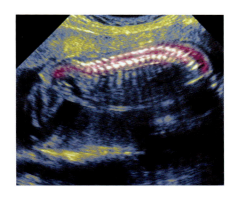

妊娠22週0日です
あと126日……

今日の赤ちゃん
赤ちゃんの脊柱を構成する椎骨は、脊髄を包み込んで保護しています。
左の超音波検査の画像では、長い鎖状になっている椎骨（白い部分）が脊椎の基底部で細くなり、わずかに外向きにカーブして終わっているのがみられます。

妊娠中に職場で責任感ある行動を続けられるかどうかで、同僚のあなたに対する態度も決まるでしょう。

あなたが個人的に知らせていなくても、おそらくこのころには、**職場のだれもがあなたに赤ちゃんができたことを知っているでしょう**。うれしいニュースというのはすぐに知れわたるものですし、おなかのふくらみがかなり目立つようになったのに加え、あなたは妊娠の"輝き"をまとっていて、状況はおのずと明らかになるかもしれません。

あなたの妊娠が職場で広まりはじめているなら、すぐに上司に話すのが賢明です。あとほんの数週間のうちに、どちらにしても正式に上司に話さなければならないのですし（p.348～349参照）、あなたから直接知らせるほうが好ましく、責任感も伝わります。

出勤日の調整が多少必要になるかもしれませんが、慎重におこないましょう。自分の仕事に遅れがでないようにし、責任感のある振る舞いを心がけてください。きっと同僚はあなたの妊娠を喜んでくれるでしょうが、特別な計らいや気づかいは期待しないことです。

妊娠は病気ではありませんが、あなたが電池切れにならないよう、十分な休憩をとって充電するか、ラッシュアワーを避けて通勤できるよう、フレックスタイム制があれば利用するのがおすすめです。

昼休みには、外の空気を吸って軽いエクササイズをするつもりで、少し散歩してみましょう。脱水状態を避け、注意力を保つために水をたくさん飲み、少量の食べ物を何度も食べて、十分な活力を維持しておきましょう。

周囲の人々に、あなたが妊娠しているということではなく、責任ある仕事ぶりをみせて評価してもらいましょう。

トピック──お母さんの健康

膣からの出血

膣からの出血がある場合は、**必ず医師か助産師に相談してください**。子宮頸管にポリープや炎症があると、ときどき軽い出血が起こることがあります。

妊娠中期にひどい出血があるのは、前置胎盤（p.212参照）など、胎盤の問題を意味することがあります。同じように、胎盤が子宮内壁からはがれて出血の原因となっている可能性もあります。非常に稀ではあるものの、子宮破裂の可能性もあります。これは通常、過去に帝王切開をした経験がある人にしか起こりません。

助産師への質問

Q. 上司から、出産準備クラスに参加するために仕事を休まないようにいわれました。どうしたらいいでしょう？

A. 英国では有資格の医師、助産師、保健師が必要性を認める妊娠管理のために、あなたが有給休暇をとるのは法的に保証されている権利です。上記の専門家のいずれかに、妊娠証明書を発行してもらい、妊娠管理の日程を証明するものとともに提示する必要があります。妊娠管理には、出産準備クラスやリラクゼーションクラスも含まれます。

上司が、あなたの有給休暇取得を拒否しているなら、話し合ってください。それでもだめなら、人事部か別の上級社員に相談してみるか、労働組合があれば連絡してみるのもよいでしょう。

第23週（妊娠22週1日〜23週0日）

このころ、精神的にも身体的にも、少し不安定さを感じることがあるでしょう。

妊娠しているということは、思いもよらぬことがいろいろ起こりうるということです。
自分の感情をコントロールできないように感じ、感情的になって、
わけもなく泣いてしまう日もあるでしょう。自分の体がぎくしゃくして、
動きがぎこちないと感じたり、家具にぶつかることが多くなったりするかもしれません。
妊娠中のお母さんたちと話してみれば、妊娠の影響によって起こるこれらのことは、
どれも一般的なものだとわかるでしょう。

お母さんの**腹部の臓器**が、かつてないほどに圧迫されるので、胸やけする、おなかにガスがたまるなどの消化器系の不調が増えるかもしれません。

赤ちゃんは、羊膜のなかをただよいながら、**臍帯**をにぎっていることがあります。

脚の力はかなり強くなってくるので、胎動は確実に感じられるようになります。

内耳の器官が成熟し、脳に神経信号を送ることができるようになっています。間もなく、赤ちゃんは、これまで以上にさまざまな音に反応しはじめるでしょう。

妊娠23週0日では、赤ちゃんの**身長**は平均28.9cmで、**体重**は平均501gです。

妊娠中期

妊娠22週1日です

あと125日……

今日の赤ちゃん

この週は、赤ちゃんの感覚器官の発育にとって、ひとつの節目となります。
内耳が司る聴覚と平衡感覚は、このころから成熟しはじめます。
左の画像にみられるように、耳はまだ側頭部の最終的な位置に落ち着いていません。

感情のコントロールができなくなったら、思う存分泣いてください。できれば、だれかの肩を借りて。そうすると、ずっと気が晴れるでしょう。

少しくらい感情の起伏があるのは正常です。いちばんいいのは、休む時間をとることです。そうすることで、最悪のときをほどなくやり過ごせるでしょう。さらにまた、ほんの些細なことでも泣いてしまうようなら、ものごとのおもしろい側面をみるようにしましょう！

感情をコントロールできないということをだれかに話すのもいいでしょう。特に、妊娠中の友人や、お母さんになったばかりの友人なら、ほかのだれよりもあなたの気持ちに共感し、安心させてくれるでしょう。

ときどきお母さんの気分が変動するからといって、赤ちゃんに影響することはありません。しかし、お母さんのストレスがたまりすぎると、体内でコルチゾールと呼ばれるホルモンの値が上がり、赤ちゃんに悪影響をおよぼしかねません（p.187参照）。ですから、ストレスを感じているときは、リラックスして自分を大事にする時間を十分とってください。それが赤ちゃんのためなのです。

トピック——双子

産前産後のいろいろ

双子を妊娠している人は、いまのうちに雇用主と産前産後の休業について話し合いましょう。英国では、多胎妊娠しているお母さんのほとんどが、妊娠29週あたりから休業に入ります（注→p.480）。ただし、まだ働きたい、もっと早く休職するように医師から指示されたなどの理由で、前後する場合もあります。

産前産後の休業をできるだけ出産後にまわしたいと考える人もいるでしょうし、パートナーが最大限に育児休業を利用するつもりでいてくれる場合もあるでしょう（p.349参照）。家族や友人に助けてもらうのは必要なことですが、ほかに利用できる育児サービスがないかも検討しましょう。

ドクターへの質問

Q. 食中毒にかかったようです。赤ちゃんに影響するでしょうか？
A. 食品が媒介する病原菌には、サルモネラ菌、カンピロバクター菌、大腸菌など、赤ちゃんに直接的な害はないものの、お母さんの体調を著しく損ない、激しい嘔吐や下痢を引き起こし、極度の脱水症状の原因となるものがあります。原因となっている菌を排出するためにも、脱水状態にならないためにも、しっかり水分をとり続けてください。嘔吐があまりにも激しくて、とった水分を体内にとどめておけないなら、急患予約をとって担当医師に相談しましょう。

もっとも深刻なのは、リステリア菌に感染することです。赤ちゃんに感染する可能性があり、流産や早産を引き起こす可能性があるからです。ですから、リステリア菌に汚染された食べ物を口にしたと思ったら（p.17参照）、必ず医師に連絡して、必要な検査と治療をしてもらってください（注：日本ではリステリア菌感染はきわめて稀で、通常検査はできず、よって治療もない）。

食品選びには必ず細心の注意を払い、調理するときはしっかり衛生管理をしましょう。食中毒の原因となりやすい食品は、避けてください（p.17参照）。

第23週

妊娠22週2日です

あと124日……

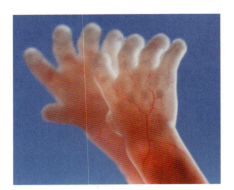

今日の赤ちゃん
左の写真では、両手と手指がはっきりとみえ、爪の下の皮膚もできているのがわかります。
赤ちゃんは手のひらに触れたものはなんでも握ります。
前腕にある2本の骨、とう骨と尺骨の先端が、ちょうど写真の下のほうに写っています。

このころには、赤ちゃんの耳は十分に発育して音を処理できるようになるので、聴覚が次第に発達してくるでしょう。

赤ちゃんの外耳が形成されてからしばらくになりますが、**音がきこえるようになるには、内耳の仕組みも整っていなければなりません**。中耳には、つち骨、きぬた骨、あぶみ骨という3つの骨があり、内耳に音を伝えます。これらの骨は、まず軟骨で形成され、結合組織でおおわれています。骨が硬くなりはじめると、結合組織は徐々に消失します。そうすると、鼓膜の振動はつち骨に伝えられ、つち骨からきぬた骨へ、そしてあぶみ骨へと送られていきます。その振動は、内耳にある蝸牛と呼ばれる空間に伝えられ、そこで神経インパルスに変換されて脳に伝えられます。

妊娠22週では、赤ちゃんの内耳は十分に成熟しており、音を脳に送られる神経信号に変換することができます。蝸牛のなかで最初に発達するのは、低い周波数の音を受容する部分です。赤ちゃんは、発育とともに、徐々に高い周波数の音を認識し、反応することができるようになってきます。これから3週間で、音に対する赤ちゃんの反応はだんだんよくなってきます。はじめは、ゆっくりで鈍い反応ですが、妊娠25週までにはさまざまな音に反応して動き回るようになるでしょう。

内耳は、赤ちゃんの聴覚だけでなく、平衡感覚も司ります。内耳にある三半規管内の感覚毛と呼ばれる細かい繊維は、あらゆる方向への回転を感知することができ、動きとバランスの感覚を脳に伝えます。羊水のなかに浮かんでいるのは、無重力状態に似ているので、赤ちゃんがとても活動的でも、動き回っているという感覚はまだまったくありません。

ご存じですか
男性は女性より手早くおむつを替えられます。

おむつ替えにかかる時間を調査した結果によると、女性は平均2分5秒、男性は平均1分36秒だったといいます！
それなら、おむつ替えはパパにおまかせですね。

ガーデニングはいい運動になり、外の空気を吸う機会にもなります。土にはトキソプラズマ症（p.25、86参照）の原因となる寄生虫がいることがあるので、必ず手袋をしましょう。

なにかしたくてたまらない

妊娠のこの時期に、**多くの女性はエネルギーが満ちあふれていると感じるものです**。あなたもそのひとりなら、その活力を思いきり楽しんでください。そのエネルギーを次のようなことに向けてみましょう。

- **運動をしましょう**。ガーデニングも運動のうちです（左記参照）。
- **書類の整理**をしたり、家計の管理をしたりしましょう。
- **着なくなった服を処分**しましょう。
- **編み物**に挑戦しましょう。編み物をしたことがあるなら、ベビー服を編んでみましょう。
- **しばらく会っていない友だち**がいれば、時間をつくって会いましょう。妊娠がもっと進むと、人との交流を楽しめなくなるかもしれません。

どんなに元気だと感じても、必ず休んで体力を回復させる時間は必要です。

妊娠中期

妊娠22週3日です
あと123日……

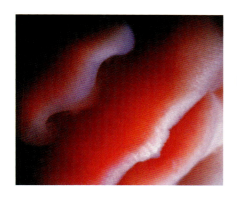

今日の赤ちゃん
赤ちゃんの口と鼻の発育がかなり進んでいます。
神経系や筋肉組織がある程度成熟しており、赤ちゃんは羊水を飲み込んで、
腎臓でゆっくり処理することができます。老廃物は胎盤を通じて排出されます。

妊娠中には、新たな友だちができるでしょう。しかし、これまでの友情になんらかの変化が起こることもあるかもしれません。

妊娠する前には、**妊娠したら交友関係が変化するとは思わなかったでしょう**。妊娠中の女性や、赤ちゃんを産んだばかりの女性に親しみを感じるのは当然のことですし、出産準備クラス（p.199参照）で新しい友だちができるのはよくあることです。自分と同じ状況にある人や、過去に同じ経験をした人に囲まれていたいと思うのは自然なことです。その人たちなら、あなたが抱えるさまざまな疑問に答えられるのですから。また、身内のなかでも女性に親しみを感じ、自分の母親が特別な存在になるかもしれません（p.209参照）。

妊娠していない人や、子どものいない友だちは、あなたの妊娠についてそれほど関心を示さないかもしれません。たとえ、いまのあなたはそのことで頭がいっぱいだとしても、その人たちには妊娠のすべて、そして出産がどんなものなのかを理解するのは難しいでしょう。彼らとの関係を大切にしたければ、妊娠とは関係ないおしゃべりもする努力をしましょう。あなたにとっても、妊娠のこと以外に目を向けるのはよいことです。

以前の友だちとしばらく疎遠になったとしても、心配はいりません。それぞれの人生が一時的に異なった方向に向かったとしても、いい友だちというのは常にいい友だちであり続けるものです。

妊娠中の女性といっしょに過ごすと、うれしいこともつらいことも、妊娠中の経験をいろいろ共有できるでしょう。水泳やマタニティアクアのクラスに参加するなど、いっしょに活動するのも楽しいものです。

ドクターへの質問

Q. 手の指がしびれて、手根管症候群と診断されました。どんな疾患でしょう？
A. 手根管症候群は手首の組織がむくんで神経を圧迫するために起こり、指がしびれたり、感覚がなくなったりする疾患です。また、ものをつかみにくくなったり、手に力がはいらなくなったりします。妊娠中は血液の量や体液が増えるのが原因で、特に妊娠中期から後期にかけて、このような症状を引き起こします。症状をやわらげる方法はいくつかあり、回転運動やストレッチによって血行を促し、手首を動かしやすくすることができます。助産師が、これらのエクササイズを教えてくれるでしょう。手首に添え木を当てて固定したり、眠るときは手をクッションなどの上において高くしたりするのも効果があります。

手根管症候群は、出産が終わり、体液が妊娠前の量に戻れば症状がなくなるでしょう。

ご存じですか

40歳以上の女性の妊娠件数は、増え続けています。

英国国家統計局の調べによると、英国では40歳以上の受胎率（注→p.481）は2000年には1000人中9.4人だったのに対し、2011年には1000人中13.9人に上がったといいます。妊娠件数がもっとも多いのは25〜29歳です。

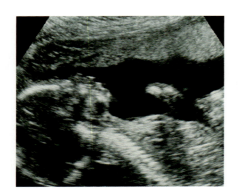

妊娠22週4日です

あと122日……

今日の赤ちゃん

超音波検査は、3Dや4Dのほうが赤ちゃんの姿かたちはよくわかります。しかし、医師が妊娠の管理計画を立てるのに参考にする情報は、ほとんどが2D超音波検査で赤ちゃんの体内を観察することで得られます。2Dは、赤ちゃんの体内の構造をいちばんはっきり映し出すのです。

赤ちゃんの発育過程は驚きの連続ですが、音がきこえるようになるこのころには、ものごとを記憶する力もつけはじめています。

　神経系が発達し、とりわけ聴覚が発達してくると、赤ちゃんは音をきいて学習し、記憶するようになってきます。このプロセスがどのようにして起こるのかはまだ完全にはわかっていませんが、学習の最初の兆候がみられるのは胎児の聴覚が発達しはじめる、妊娠中盤のこのころだと考えられています。

　さらに妊娠が進むと、子宮の壁が薄くなるので赤ちゃんにはより多くの音が届くようになります。このころには、赤ちゃんが音におどろく様子はよくみられますが、何度も繰り返されるとその音に反応しなくなることも学習するようで、徐々に慣れていき、最終的には無視するようになります。

　この単純なテストから、胎児が繰り返される刺激に慣れるということがわかります。しかし、いったん慣れた音のパターンがしばらくなくなれば、赤ちゃんはそれを忘れてしまい、再びその音がしたときにはびっくりするでしょう。

　できごとの記憶を保持するのはずっと複雑な機能であり、脳の灰白質にある経路が必要です。学習したことの記憶を保持できるようになるのは妊娠の最終段階になってからで、何週間も先のことです。

ご存じですか

赤ちゃんの活動はどんどん活発になり、動きが予測できるようになってくるでしょう。

このころには、赤ちゃんの動きが多くなり、これまで以上にはっきりとお母さんに伝わるようになり、なじみのあるものになるでしょう。

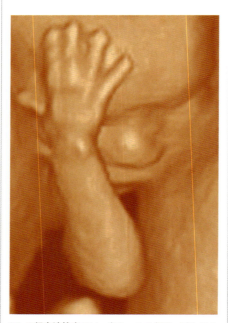

3Dの超音波検査では、赤ちゃんの顔や、手などの特徴が非常に詳しくみられます。これらの画像はとてもリアルなので、お母さんが赤ちゃんに感じているきずなを強めることが多いようです。

アップでよくみる

　最先端技術のおかげで、出産前に赤ちゃんがどんな姿かたちをしているか、みることができます。費用は個人負担となりますが、3D（静止画像）か4D（動画）の超音波検査を受けると、赤ちゃんをアップでみられます。

　超音波検査で顔の特徴がはっきりみえるようになるのは、この週くらいからです。ただし、3Dまたは4Dの超音波検査に最適な時期は妊娠26～34週で、赤ちゃんがまだ子宮内で楽に動き回れるだけの余裕がある時期です。これらの超音波検査では、通常の妊婦健診でおこなわれる検査からは考えられないくらい、見事に細部まで赤ちゃんをみることができます。赤ちゃんの性別を知りたくない場合は、超音波検査士にそのことを必ず伝えてください。

　英国では、超音波検査をおこなうために資格は必要ありません。ですから、安心のために、X線技師の資格を有する超音波検査士のいるクリニックをさがしましょう。

　3D、4D超音波検査にかかる費用は高額ですが、赤ちゃんの体位によっては、あまりいい結果は得られないこともあるので、心積もりをしておきましょう。胎盤の位置、羊水の量、お母さんの体格も、画像の質に影響することがあります。

妊娠中期

妊娠22週5日です

あと121日……

今日の赤ちゃん
"胎毛"と呼ばれる非常に細かい産毛が、赤ちゃんの全身の皮膚表面をおおっています。胎毛は常に抜けては生え変わっていますが、妊娠の最後の数週間に、濃い産毛に生え変わります。胎毛は、皮膚を保護してくれます。

ときどきめまいがするのは、妊娠中にはよくあることで、なんらかの異常を知らせる兆候ではありません。

赤ちゃんに栄養を届けるためにお母さんの体はいっしょうけんめいはたらいているので、**ときにはめまいを覚えることがあるでしょう**。急に立ち上がったときに立ちくらみがするのはよくあることです。妊娠してからお母さんの血液量は増えているとはいっても、急に立ちあがれば血液が脚のほうに下がってしまうのです。そうなると、脳への血液供給が減り、めまいが起こります。

めまいはまた、貧血の一症状でもあります。妊娠すると赤血球が増産されますが、血液の量も増えます。そのため、割合として血液中の赤血球が少なくなり、血液が薄まった状態になります。また、鉄不足になることもあります。その場合は、鉄剤を処方されるでしょう。貧血の症状には、めまいのほかに、疲労感や息切れがあります。血糖値（p.92参照）が低くなることもまた、めまいの原因になりますが、こまめに間食をとることで防げます。

もしもめまいに悩まされているなら、それはおそらく妊娠による生理的変化のせいでしょうが、助産師に知らせれば、診察や必要な血液検査をしてもらえるでしょう。外出中にめまいを感じたり、バスや列車ですわったほうがいいと感じたりしたら、必ずだれかに伝えましょう。ほとんどの人が理解してくれるものです。

ご存じですか
妊娠中の女性がみんな、健康的な食生活を受け入れるわけではありません。

現在では、妊娠中の健康的な食生活に関する情報は十分過ぎるほどあります。ところが、近年、英国でおこなわれた調査研究によると、5％の女性がカルシウムの豊富な食品（p.16参照）を食事にまったくとり入れていないことがわかりました。そして、オメガ3脂肪酸を含む食品（p.169参照）の摂取を増やそうと努力している人は、4％にすぎないといいます。

大勢の人と会うのがいやなら、**1度にひとりを家に招くといいでしょう**。だれもかれも組み入れようとするのではなく、人を選んで、あなたにとって本当に大切な人を優先してください。

先輩ママへの質問
Q. あまり人と交流したい気分ではありませんが、がんばって外出したほうがいいでしょうか？
A. わたしにも同じような経験があります！ 妊娠中には、疲れてしまっていて人づき合いを楽しむどころではなく、家に閉じこもっていたくなるのはよくあることです。それでも、赤ちゃんが生まれる前に、余暇をできるだけ楽しんでおく価値はあると思います。外出する気になれないかもしれませんが、出かけてしまえば、思い切って出てきたよかったと感じるでしょうし、友人とのつながりを大切にもできるのです。

外出するときはいき先や時間帯を慎重に選んでいました。夜なら早めの時間帯に、そうでなければ週末に約束して、バーよりはカフェにしました。ランチやディナーに友人を招くこともありましたが、みんなに一品ずつ持ち寄ってもらいました。赤ちゃんが生まれたら、しばらくは映画館や劇場にはいけないだろうと思い、いけるうちにたくさんみておくことにしました。夜は疲れて出かけられないというなら、週末のマチネ（昼の公演）にいけばいいのです。疲れて外出できないときには、電話で友だちと話しました。

第23週

妊娠22週6日です

あと120日……

今日の赤ちゃん

赤ちゃんの神経系と筋肉の協調性がずいぶん発達してきています。把握反射がみられ、手のひらにものが触れると指を閉じます。また、無作為の運動としてではなく、意図して親指をしゃぶることができるようになっています。

体の動きがぎこちなくなってくると、まっすぐ歩くというような単純なことが、難しく感じられるようになるかもしれません。

よくなにかにぶつかったり、つまずいたりしますか？ それは妊娠の一般的な副作用で、体の動きがぎこちなくなっているのです。

妊娠中にぎこちなくなるのには、身体的な原因があります。リラキシンというホルモンが関節を緩め、おなかが大きくなるにつれて体の重心が変化し、増加した体重のおかげで体のバランスをとりにくくなっているのです。しかし、感情的な理由もあります。妊娠のことで頭がいっぱいだと、ときどき注意力が散漫になり、通り道にひそんでいる危険に気づきにくくなってしまうことがあるものです。

幸い、妊娠が終われば優美な身のこなしが戻ってきますが、それまでの間はけがの危険にさらされるような状況を避けることが重要です。ですから、かかとの高い靴よりは、フラットなものをはき、ぬれている場所や滑りやすい場所は避け、傾斜のきつい階段では慎重になりましょう。ラグの端が浮いていたらテープで止め、つまずいて転ばないように、階段や廊下にはものを置かないようにします。

前にかがんだときはとてもバランスを崩しやすいので、なにかを持ち上げるときは、特に気をつけてください。浴室やバスタブの出入りにも注意が必要です。浴室は、妊娠中の女性が非常にけがをしやすい場所なのです。

妊娠中によくあるぎこちなさには、視覚的な問題や、頭痛、めまいはともなわないことを覚えておくといいでしょう。ですから、もしもこれらの症状があるなら、医師に相談してください。

考えてみましょう

家を整える

パートナーの巣づくり本能が目覚めたら、それを大いに利用して、家のなかの環境づくりに必要なことをどんどんやってもらいましょう。

- 添い寝をしなくなったときに**子ども部屋にする予定の部屋の模様替え**をしてもらいましょう。
- **不用品を選別**し、回収場所に出すか、リサイクルショップにもっていってもらいましょう。
- 場所があれば棚や戸棚を用意し、**収納スペースをつくりましょう**。ベビーカーなどの大きなものをどこに置くかを考えましょう。

部屋の模様替えは、大部分をパートナーにやってもらい、あなたは脚立に登ろうなどと考えないでください。妊娠中に安全に使用できるペンキを選んでください（p.24〜25参照）。

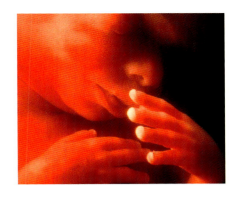

妊娠23週0日です

あと119日……

今日の赤ちゃん
外見というのは当てにならないもので、赤ちゃんはかなりよく発育しているようにみえても、妊娠はまだまだ続きます。子宮頸管の状態と胎盤で産生されるプロゲステロンというホルモンが、あと数カ月は陣痛を引き起こさないようにするため働いてくれます。

赤ちゃんへの思いの強さに自分でも驚いてしまうことがあるかもしれません。この母性本能は、日ごとに強まっていくでしょう。

もうお母さんになったような気がしますか？ 母性的な人であるかどうかにかかわらず、女性は本能的に母親になるプロセスを、このころにはすでにはじめているものです。妊娠前よりも自分の体を気づかい、よりよい食生活を送り、ライフスタイルを変えてきましたね。これらは必ずしも自分自身の健康のためではなく、赤ちゃんのためでした。おそらく、おなかを守り、大切にしなければならないという気持ちが強く、赤ちゃんのためにできるだけのことをしてあげたいと望み、赤ちゃんになにかよくないことが起こるのではないかと不安になることもあるでしょう。そのような強い結びつきを感じないとしても、心配することはありません。感じ方は人それぞれで、赤ちゃんをその腕に抱き、世話をして初めて、強烈な母性感情をもつという人もいるのですから。

パートナーは、そのような強い父性本能を感じないかもしれませんが、妊娠生活に関わってもらうほど、彼がまだみぬわが子に親しみを感じる可能性は高くなります。本やインターネットで赤ちゃんがそれぞれの段階でどのように発育しているのかを読んだり、毎回は難しくても何度か妊婦健診に同席したりすると、赤ちゃんをイメージしやすく、赤ちゃんの成長にできるだけ寄り添っていられるでしょう。

赤ちゃんのことを考えている時間が多くなっているでしょう。 妊娠すると、多くの女性が自分のことより赤ちゃんのために行動するようになります。

トピック――結びつき

ママ、それなに？

小さい子どもがいるなら、その子はきっと「どうしてママが急にこんなにふくらんじゃったのかな？」という疑問をもつでしょう。「ママのおなかには赤ちゃんがいて、あなたの妹か弟なのよ。だけど、会えるのはもうちょっと先なのよ」といったふうに、わかりやすく話してあげてください。これから数週間かけて、もう少し詳しく説明してあげるといいでしょう。

赤ちゃんがどうやっておなかに宿ったのかを説明したり、赤ちゃんがいることを繰り返し話したりする必要はありません。たずねられたら、赤ちゃんのことに夢中になりすぎている様子はみせず、さらりと答えてあげてください。

ドクターへの質問

Q. インフルエンザにかかってしまいました。赤ちゃんに影響するでしょうか？
A. 赤ちゃんに影響はありませんが、妊娠中、お母さんの免疫系は万全の状態ではないので、いつもより回復しにくいかもしれません。脱水状態にならないように十分な水分をとり、活力を維持するために少量の食事を1日に何度もとるようにしてください。24～48時間たっても症状が改善しない場合や、体温が38度以上ある場合は、医師に連絡しましょう。

妊娠中にインフルエンザにかかって、大きな問題を引き起こす人はほとんどいませんが、あまりにも具合が悪く、特にうまく呼吸ができないといった場合には、すぐに医師の診察を受けてください。市販薬を服用する前に、必ず薬剤師に相談しましょう。

第24週（妊娠23週1日〜24週0日）

赤ちゃんの体の仕組みはどんどんうまく機能するようになっています。

赤ちゃんは、いま、ひとつの独立した生命となるための準備を進めており、
お母さんにできるだけ助けてもらう必要があります。
赤ちゃんと自分のために健康的な食事をして栄養をつけることを習慣づけましょう。
そして、お母さん自身の体が妊娠をサポートするために
最高の健康状態であるようにしておいてください。
ほてり、こむら返り、痔などの、ちょっとした不快感に悩まされるかもしれません。
これらのやっかいな問題は一時的なもので、出産が終われば解消するでしょう。

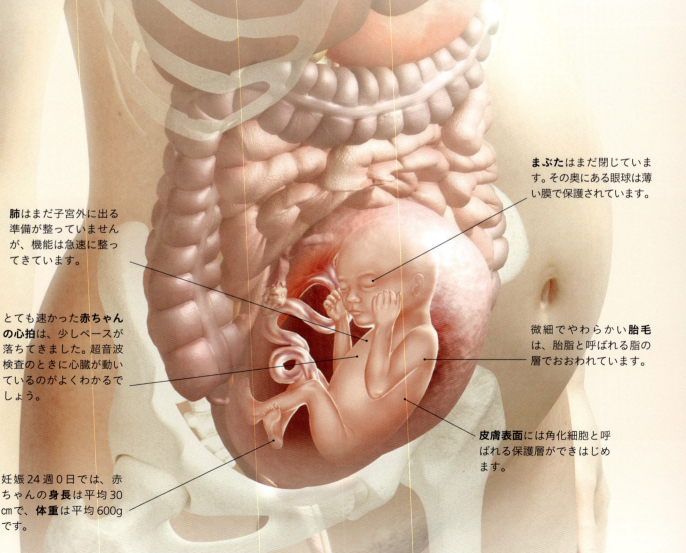

まぶたはまだ閉じています。その奥にある眼球は薄い膜で保護されています。

肺はまだ子宮外に出る準備が整っていませんが、機能は急速に整ってきています。

とても速かった**赤ちゃんの心拍**は、少しペースが落ちてきました。超音波検査のときに心臓が動いているのがよくわかるでしょう。

微細でやわらかい**胎毛**は、胎脂と呼ばれる脂の層でおおわれています。

皮膚表面には角化細胞と呼ばれる保護層ができはじめます。

妊娠24週0日では、赤ちゃんの**身長**は平均30cmで、**体重**は平均600gです。

妊娠中期

妊娠23週1日です
あと118日……

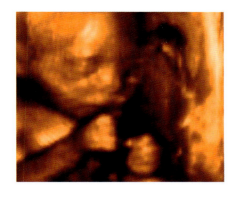

今日の赤ちゃん

子宮内は暗いのですが、3Dの超音波はハイライトと影を映し出せるようになっていて、懐中電灯で子宮のなかを照らしたのと同じ効果がみられます。
このころになると、赤ちゃんは指を折り曲げて手をにぎっていることもあります。

妊娠23週から、赤ちゃんは胎外で"生育可能"とみなされます。十分に成熟する前に、早く生まれた場合は、新生児治療を受けることになります。

英国では、妊娠23週は、赤ちゃんの生育可能性が法的に認められる週数だと考えられ、**妊娠の重要な節目となります**（注→p.481）。そのため、多くの女性は、この日を無事に迎えると安心感を覚えるようです。

これ以前に陣痛がはじまって出産した場合は、赤ちゃんは命を落とす可能性が高く、お母さんは流産したとみなされます。妊娠23週以降、医師は、赤ちゃんを救うためにあらゆる手段を講じる法的義務を負うことになります。妊娠23週以降に生まれた赤ちゃんは特別な治療を受け、必要であれば蘇生処置を施されます。出産前に妊娠が進んでいればそれだけ、赤ちゃんが早期に生まれたことによる問題を抱える可能性は低くなるでしょう。

目を見張るような科学技術の進歩によって、早産で生まれても生きられる赤ちゃんの数は飛躍的に増え、健康上の問題ができるだけ起こらないようにすることが可能になっています。

ご存じですか

早期に生まれて生き延びることができた赤ちゃんのうち、世界一在胎期間が短かったのはフロリダ州の赤ちゃんで、妊娠21週6日です。

赤ちゃんの体重はわずか283g、身長は9.5cmでした。足の大きさは、おとなの爪ほどだったといいます。妊娠23週以前に生まれた赤ちゃんが生き延びたのは、この赤ちゃんが初めてで、生育可能性が法的に認められる妊娠週数の引き下げが叫ばれています。

新生児集中治療室（NICU）（注→p.481）

英国では、**早産で生まれた赤ちゃんや、病気を抱えて生まれてきた赤ちゃん**は、新生児治療室（SCBU、NNU、p.452～453参照）で、専門家による24時間体制のケアを受けることになります。赤ちゃんが早期に生まれるほど、感染症などの問題が起こりやすくなります。かなり早い段階で生まれた赤ちゃんは、新生児集中治療室（NICU）で治療を受ける必要があるかもしれません。NICUは必ずしも赤ちゃんが生まれた病院にあるとは限りません。モニターを体につけて保育器に入れられ、特殊な酸素吸入器で酸素供給を受けなければならない場合もあります。恐ろしげな器具もありますが、赤ちゃんの体温を保ち、栄養を届け、健康状態を改善するためのものだということを忘れないでください。

赤ちゃんがどんな状態でどんなケアを受けているかは、スタッフがきちんと説明してくれるでしょう。また、赤ちゃんのお世話にできる限り両親がかかわれるようにし、赤ちゃんとのきずなを深める手助けもしてくれるでしょう。

第24週

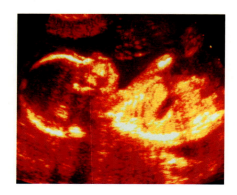

妊娠23週2日です

あと117日……

今日の赤ちゃん

このころには、赤ちゃんの動きがよくわかるようになっていることでしょう。赤ちゃんが動く頻度も、動きの種類も、昼と夜とでは異なります。また、赤ちゃんの動きには一定のパターンができはじめていることや、お母さんの活動に反応していることがわかるでしょう。

脂肪の層と丈夫な細胞の層が形成されているので、赤ちゃんの皮膚はこれまでより張りが出てきます。

赤ちゃんの皮膚の形成は続いており、"角化"がはじまっています。 ケラチンという物質が皮膚の外側の層を、死滅した細胞で構成される保護層（角質層）へと変化させます。毛髪や爪もケラチンから生成されます。

皮膚の表面をおおう角化した皮膚細胞と、それらの皮膚細胞の間についた脂肪の層が皮膚をおおい、防水効果をもたらします。こうして角化が起こるので、赤ちゃんが羊水中に失う水分の量は減ります。皮膚の最下層でつくられる皮膚細胞のひとつひとつが、表面に向かって少しずつ移動しながら成熟し、角化していちばん外側の保護層の一部となり、やがてはがれ落ちます。このサイクルはおよそ30日です。

もっとも厚い角化細胞の層は、手のひらと足の裏の皮膚です。この段階では、まだ角化のプロセスははじまったばかりです。脂肪の層がとても薄いので、赤ちゃんの皮膚は、いまもなお半透明ですが、これまでよりは透明度は下がっています。

妊娠のこの段階では、子宮内に赤ちゃんが動き回れる広さはまだ十分にあります。このころには胎動をしょっちゅう感じるようになっているでしょうが、それは全体のほんの一部にすぎません。これは、お母さんに感じられるのが、子宮の壁に赤ちゃんの足や体がぶつかるような動きのみだからです。赤ちゃんがもぞもぞする程度の微細な動きの多くは、子宮に触れることはないので、お母さんに伝わることはありません。

足がつってしまったら

ふくらはぎや足の筋肉がつるのは、妊娠中、特に夜間には、よくあることです。 突然、ふくらはぎや足に局所性の激痛が走り、目を覚ますことがあるでしょう。これは、骨盤神経を子宮が圧迫するために起こると考えられています。

専門家のなかには、妊娠中に足をつるのは、カルシウムや塩分が不足しているか、リンが過剰になっていることが原因だと主張する人もいますが、それらの仮説はまだ証明されていません。

足がつったら、足首、またはひざを曲げて痛みをやわらげましょう（右写真）。そして、患部をやさしくマッサージしてください。ベッドから出て筋肉を使ううちに痛みは自然になくなるはずです。しかし、痛みが改善せず、ふくらはぎが赤くなったりはれたりしている場合は、血栓（p.186参照）ができている可能性があり、それが危険につながりかねないので、すぐに医師の診察を受けるべきです。

足がつるのをできるだけ防ぎ、あまりひどくならないようにするには、脱水にならないようにたくさん水を飲み、日常的に脚のストレッチ（右写真）をしたり、踵をまわして足首を動かしたり、つま先を動かしたりしておくといいでしょう。

ウォーキングや水泳など、軽い運動をするのも効果的ですし、日ごろからふくらはぎのマッサージをしておくと、血行がよくなります。

（補足） 日本では漢方薬の芍薬甘草湯が処方されることもあります。

ゆっくりと足首を曲げ、ひきつっているふくらはぎの筋肉をやわらげます。ふくらはぎのストレッチをするのも効果的です。

妊娠中期

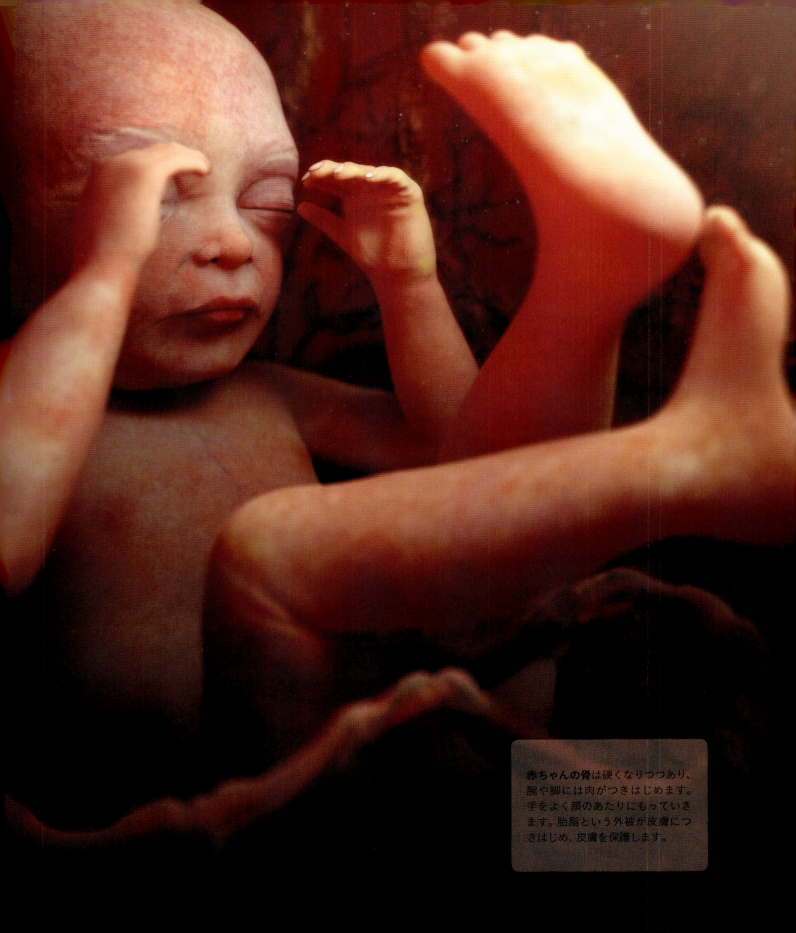

赤ちゃんの骨は硬くなりつつあり、腕や脚には肉がつきはじめます。手をよく顔のあたりにもっていきます。胎脂という外被が皮膚につきはじめ、皮膚を保護します。

妊娠23週3日です

あと116日……

今日の赤ちゃん
超音波検査で使うのは非常に周波数の高い音波で、人間の耳がききとれる範囲をはるかに超えています。そのため、赤ちゃんの成長と発育を確認するための検査中に発せられる音波は、赤ちゃんの聴覚にまったく影響しません。

体のほてりを感じますか？ 妊娠していると、まるで自分専用の暖房機が体にとりつけられているかのように感じられることがあります。

妊娠中はふだんより暑がりになり、よく汗をかくようになるかもしれません。 これは、妊娠前より体重が増えているのと、体を巡る血液の量が増えているためです。

妊娠期間が夏季にかかると耐えがたいでしょうから、涼しく過ごす方法をみつけましょう（p.324参照）。冬の間を妊婦として過ごす人は、まわりの人たちがコートを着込んでマフラーまでしているのに、自分は薄手のセーターを着て外を歩いている、といったことがあるかもしれません。暖房をつけたいというパートナーの主張をとるか、窓を開けたいというあなたの主張をとるかで口論になることもあるかも！

1日を通して、十分に水分をとるよう注意してください。よく汗をかくと、乳房の下や脚のつけ根の皮膚どうしが重なる部分が蒸れて湿疹ができるかもしれないので、シャワーを浴びる回数を増やし、これらの部分の水をしっかり拭きとるようにしましょう。

ご存じですか
産み落とした赤ちゃんがすでにかなり成長していて、歩いたりしゃべったりしている、という夢をみるのはよくあることです。

これは母親になる女性の、不安のあらわれだと考えられています。赤ちゃんが成長していればそれだけ、自分のことは自分でできそうに思われるものです。

ほてりは夜間にひどくなることがあるので、数カ月の間はパジャマをしまい、素肌で眠りましょう。

助産師への質問

Q. とてもおかしな夢を何度もみますが、それがとてもリアルです。妊娠中に一般的なことでしょうか？
A. その通りです。妊娠していると、一般的に夢をみることが多くなり、その夢をよく覚えているものです。専門家によると、夢がリアルになるのは、妊娠中の女性が経験するさまざまな感情的、身体的変化が原因だろうといいます。

鮮明な夢をみるというのは、おなかの赤ちゃんについて抱いている希望や恐れ、もう少しで母親になるのだという思いなど、さまざまなことにあなたが無意識に対処しようとしているからかもしれません。

夢をみる頻度が高くなるのは、ホルモンが変化するためであるとも考えられています。エストロゲンというホルモンの値が高くなると、体が眠っていても脳は活動しているレム睡眠の状態が長くなるといわれています。この状態のときに、もっとも夢をみやすいのです。

不安になるような夢をみたときは、それを書きだしてみると、気が楽になるでしょう。

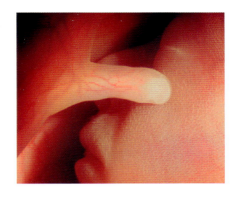

妊娠23週4日です

あと115日……

今日の赤ちゃん

手の関節も骨もまだ非常にやわらかいものの、軟骨でできていた骨格は、このころ徐々に硬骨へと置き換えられていきます。
左の写真から、たくさんの毛細血管が指先まで血液を届けているのがわかります。

これから数週間のうちに、赤ちゃんはこれまでに比べて新生児らしい姿になっていきます。

赤ちゃんのまぶたやまゆ毛は、この週までにかなり形成されていますが、上下のまぶたはまだ癒合したままです。赤ちゃんの手指の爪になる細胞群は妊娠10週には形成され、その4週間後には足の爪になる細胞群が形成されています。

この妊娠23週では、爪床の根元の部分に爪が顔を出しはじめます。爪はこれから生涯を通して伸び続けますが、手の指先まで届き、足の爪も生えそろうのは、まだ何週間も先です。

赤ちゃんの皮膚の形成が急速に進んでおり、このころはよくしわが寄っているようにみえます。まるで赤ちゃんに、そのしわがピンと張るまで成長しなさいといっているかのようです。赤ちゃんの全身には非常に細く短い胎毛がびっしり生えています。この胎毛は、生まれる前にほぼすべて抜けてしまいます。胎毛は皮膚の表面に胎脂をとどめておいてくれます。胎脂とは、白っぽい脂の層で、よく生まれたての赤ちゃんに部分的にくっついているのがみられます。胎脂は皮膚のひだになった部分や、しわにたまり、赤ちゃんの皮膚を羊水の水分から守るだけでなく、老廃物からも保護します。

妊娠が進むにつれて赤ちゃんの腎機能がよくなり、腎臓で産生される羊水の成分は、だんだん尿の成分に近づいてきます。

妊娠中の姿勢

妊娠すると、当然ながら姿勢が変わります。これは増加した体重を支えているためであり、関節が緩むせいでもあります。

妊娠する前は、体の重心は腰のすぐ上にありました。妊娠の後半になると、その重心が前方の大きくなったおなかに移動します。この重心の劇的な変化のせいで、脊椎下部のカーブがきつくなり、腰痛の原因になることがあります（p.218参照）。妊娠中の体重増加は、背中にも負荷をかける可能性があります。

エクササイズをすると、体を安定させやすく、姿勢の変化にともなう筋肉痛をやわらげることができるでしょう（右写真はひとつの例です）。妊娠中の姿勢の変化に慣れることが大切です。

■ **腹部のエクササイズ**（p.250参照）をして、体幹の筋肉を強化するとともに背筋をのばしましょう。そうすることで、正しい姿勢を維持し、妊娠がさらに進んでから腰痛を防ぎやすくなるでしょう。

■ **歩き方や立ち方を意識しましょう**。肩の力を抜いて後ろに引きます。腰を反らせないようにし、骨盤を垂直に保ちます。

■ **一方の腰になにか載せるようにして支えるのはやめましょう**。骨盤や背骨にゆがみが生じる原因となりかねません。

■ **電話の受話器を頭と肩にはさんで話すのはやめましょう**。首の痛みの原因となることがあります。

大きくなりつつあるおなかは脊椎のカーブに影響します。 骨盤を前後に傾け、背骨を伸ばす練習をしましょう。

- 肩を後ろに引く
- 骨盤を垂直にする
- 腰を支える
- ひざを少し曲げる

第24週

腹部のエクササイズ

腹筋が強いと妊娠中に赤ちゃんの重みを支えやすくなり、陣痛と分娩を乗り切るのに役立ってくれます。

妊娠初期を過ぎたら、仰向けになって腹部のエクササイズをするのはおすすめできません。その理由は、仰向けになると大きくなった子宮が主要な血管のひとつを圧迫し、体に循環する血液の量が減り、めまいを引き起こす原因になるからです。しかし、仰向けにならなくても重力を利用すれば腹斜筋を鍛えられますし、体幹を鍛え、引き締めることができます。妊娠中は、両手両ひざを床についた状態か、椅子にすわった状態で腹部を強化することができます。以下に紹介するエクササイズを、1週間に3～4回を目標におこなってください。

腹部のエクササイズの利点

腹筋が強いと、分娩中に体がより効率的に動いてくれます。また、赤ちゃんの重みを支えやすくなり、脊椎にかかる負担を軽減して、腰痛を引き起こす可能性を低くします。さらに、腹筋を強く保っておくと、腹直筋離開を引き起こす可能性が低くなります。これは、腹壁の筋肉が中央で左右に離れる症状です。出産後によくみられる症状で、体型がもとに戻りにくくなり、体調も回復しにくくなります。

スリング：両手両ひざを床についてひざと足を少し開き、ひじを伸ばします。背すじをまっすぐ伸ばして平らな状態にします。腹筋を赤ちゃんを抱っこするスリングだと想像してみましょう。息を大きく吸い、赤ちゃんを自分のほうへ引き寄せるつもりで、ゆっくりと腹筋（スリング）を背中に向かって引き上げ、ゆっくりと緩めてはじめの姿勢に戻ります。これを無理のない範囲で約20回繰り返します。エクササイズの間は正しく呼吸しましょう。はじめに息を吸って、おなかを引き締めながら息を吐きます。

スーパーマンのポーズ：このエクササイズは、体幹の筋肉を鍛え、腹部と背中を強くして、腰痛の予防に役立ちます。そして、腕と脚の筋肉を伸ばします。両手両ひざを床についた状態からはじめます。背中を平らにして、左手を上げて前方に伸ばし、右脚を上げて後ろに伸ばします。腰を反らせないように気をつけ、脚は腰の高さ以上に持ち上げないようにします。その姿勢で5つ数えゆっくり手足を床に下ろします。右腕と左脚でも同じようにしてください。無理のない範囲で左右それぞれ10回程度おこないます。

腹筋の引き締め：このエクササイズはいつでも、どこでも、おこなえます。はじめは垂直な背もたれのある椅子にすわっておこなうとよいでしょう。肩の力を抜いて耳から遠ざけ、背すじをまっすぐにします。腰がきちんと背もたれで支えられている状態にし、必要ならクッションを当ててください。おへその下あたりに手を当て、ゆっくり息を吸いながら腹筋を2秒間引き締め、息を吐きながら緩めます。これを10回繰り返してください。1回ごとに少し休むとよいでしょう。

妊娠23週5日です

あと114日……

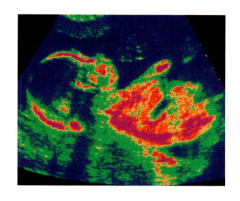

今日の赤ちゃん
左の2D超音波カラー画像には、赤ちゃんが仰向けの状態で写っています。このタイプの超音波装置は1度に厚みのない1断面しかみられないので、赤ちゃんの全身を写しだすのがだんだん難しくなってきています。この画像では、赤ちゃんの上半身しかみられません。

妊娠中にヨガを実践するのは、身体的にも情緒的にも非常にためになります。

ヨガの目的は、筋肉を強化して鍛えるだけでなく、自分の呼吸に対する意識を高めることにもあります。呼吸をコントロールする方法を学ぶことは、妊娠中にリラックスするためにも、陣痛がはじまったときに子宮の収縮を呼吸でやり過ごすための準備としても、非常によい方法です。

ヨガの立位は、体幹を安定させることに重きを置いており、背筋と腹筋を強化します。これは、増加した体重が体のバランスに影響して不安定になる妊娠中に、有益です。静的な座位は、脊椎の並びを調整することが主目的で、呼吸を安定させ、自分自身の内面に集中しやすくなります。ヨガのポーズをとろうとして不安定さを感じたら、壁に寄りかかってもかまいません。

ピラティスも身体感覚を高め、自分の体をうまくコントロールし、自信をもてるようになるので、妊娠中に適したエクササイズです。ピラティスもまた、骨盤底のエクササイズ（p.69参照）をとり入れています。

どんなエクササイズのクラスに参加するにしても、妊娠中の女性を指導した経験のある有資格のインストラクターをみつけることが重要です。今日では、ヨガもピラティスも妊婦向けのクラスがたくさんあります。

ご存じですか

妊娠中にヨガをおこなっても安全です。妊娠中に問題が起こるリスクを減らせるかもしれません。

近年の研究によると、妊娠中にヨガを実践していた人は、妊娠高血圧症候群を引き起こしたり、早産になったりするリスクが低かったといいます。

マタニティヨガのクラスに参加することは、軽度の運動ができるとてもよい方法であるとともに、ほかの妊婦さんと知り合う機会にもなります。

ドクターへの質問

Q. なぜ妊娠中は痔になりやすいのですか？
A. 痔は脚の静脈瘤（p.167参照）のように、血管が拡張したものですが、肛門周辺に発生します。赤ちゃんの重みが直腸を押し下げ、血流を制限して血管を拡張させるのです。

痔はかゆみやヒリヒリする感覚をともなうことがあり、ズキズキとひどく痛むこともあるでしょう。痔にともなう不快感は、冷湿布や、潤滑油を含むクリームを使うと軽減され、排便が楽になります。局所麻酔で痛みをやわらげることもできるので、湿布やクリームと併用または単独で利用してもいいでしょう。痔から出血する可能性もあります。排便後、トイレットペーパーに血液がつくことがあるでしょう。

痔を発症したら、便秘（p.468参照）にならないようにするのが重要です。便秘になると、がんばって便を押しださねばならず、痔にかかる圧力が大きくなって状態を悪化させます。たくさん水を飲んで、食物繊維の豊富な食品を十分にとってください。

症状が悪化して不快感が強くなった場合は、医師に相談しましょう。

第24週

妊娠23週6日です
あと113日……

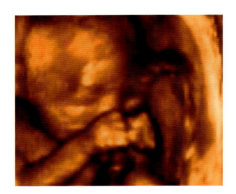

今日の赤ちゃん

赤ちゃんはこのころ、規則的な深い呼吸様運動をしています。これは数週間前からできるようになっていましたが、持続性はなく、組織的な動きでもありませんでした。このような呼吸様運動は、赤ちゃんの肺が発育し拡張するうえで非常に重要です。

肺は完全に機能するようになるのにもっとも時間がかかる器官ですが、このころに急速に発育しています。

助産師への質問

Q. おなかの赤ちゃんのために音楽をかけてあげると、発育が促されるというのは本当ですか？

A. それに関してはいくつか研究がされており、胎児に音楽をきかせると陣痛がはじまってからそれほど時間がかからず、分娩が楽になるといいます。また、新生児に音楽を聞かせるとあまり泣かず、落ち着いていて、全般的に健康状態もよいといいます。現時点では、おなかのなかにいるときに音楽をきいた赤ちゃんの知的レベルが高い、または発育がよくなるといったことを示す研究の成果は出ていないようです。

まだなんとも判断しがたいものの、赤ちゃんが音楽のリズムに合わせて動くという事例は、妊娠中の女性たちから届いています。お母さんがおだやかな音楽をきいてリラックスしたり、軽快な音楽をきいて元気になったりするのに合わせて、赤ちゃんが反応するというのはうなずけます。多くのお母さんが共通していうのは、妊娠中によくきいていた音楽は、生まれて間もない赤ちゃんにとってなじみがあるようで、赤ちゃんを安心させるようだということです。

ですから、お母さんが音楽を楽しんでいる状態を赤ちゃんが体験しているだけだとしても、赤ちゃんが音楽のリズムに反応しているとしても、音楽をかけるのはいいアイディアです。

このころから、**赤ちゃんの肺は成熟しはじめ、誕生後に空気で満たされる袋（肺胞）と袋をとり囲む血管との壁が徐々に薄くなりはじめます**。血管と空気との境界をなすこの膜が薄くなるほど、酸素や二酸化炭素が赤ちゃんの血流から出入りしやすくなります。

おなかのなかにいる間は、赤ちゃんの肺は液体で満たされており、赤ちゃんが呼吸様運動をすると、その液体が肺から羊水へと流れ出ます。

妊娠23週では、細胞が肺のなかで枝分かれしているごく細い管まで表面をおおい、肺サーファクタントと呼ばれる表面活性物質を産生しはじめます。この物質は肺の機能を大いにサポートします。この物質のおかげで、新生児が呼吸をするとき、微細な肺胞も開いた状態のままで、継続的なガス交換が可能になります。肺サーファクタントがなければ、小さな空気の袋は1度呼吸をするごとにつぶれてしまい、肺に空気を出し入れするのが難しくなります。ただし、サーファクタントを産生する細胞は、まだ完全には機能していません。

比較的早いこのころから、**赤ちゃんに音楽をきかせてあげても悪影響はありません**。音楽をきくことでお母さんがリラックスできるなら、ふたりのためになるでしょう。

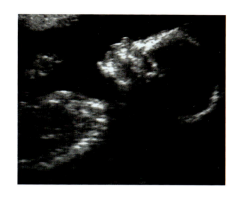

妊娠24週0日です

あと112日……

今日の赤ちゃん

妊娠が進むにつれて赤ちゃんの骨格は硬くなり、超音波をよく反射して白く映り、その後ろに黒い影が映るようになります。左の超音波画像では、額の部分が白く明るく映り、その下にある脳は額の骨の影になって以前よりよくみえにくくなっています。

いまでは妊娠生活に十分慣れているかもしれませんが、これまでに確立した健康的な生活習慣を維持するようにしましょう。

妊娠してすでに6カ月がたち、たぶん自信もついてきたことでしょう。だからといってここで満足してしまってはいけません。このころには赤ちゃんの発育はかなり進んでいますが、赤ちゃんとお母さんができるだけ健康でいられるように、適切な食生活を送り、自己の管理をし続けることが大切です。いまでは禁煙や禁酒は、意識したり努力したりするようなものではなく、日常生活の一部になっていることでしょう。健康状態をよくするためにあらためるべき生活習慣がまだ残っているなら、いまからでも遅くはありません。どんなことでもいま改善すれば、お母さんと赤ちゃんのためになります。

エクササイズの習慣がある人は、妊娠の後半になると、多少の変更が必要になるでしょうが、引き続き積極的に動くようにしましょう。理想的なのは、なんらかの方法で毎日体を動かすことです。20分間の散歩でもいいのです。また、骨盤底筋のエクササイズ（p.69参照）は毎日欠かさないようにしましょう。赤ちゃんが生まれてから、やっておいてよかったと思うはずです。

ご存じですか

シートベルトを正しく着用すると、胎児を傷つけるリスクを70％減らせます。

近年の調査から、妊娠中の女性の半数以上がシートベルトを正しく着用していないことがわかっています。下方のストラップをおなかの高い位置でしめ、本来肩から体の前面にななめにわたすべきストラップは、背中側にまわしてしまっているのです。

トピック――お父さん

やあ、パパだよ。

ためらわずに赤ちゃんに話しかけてください。 はじめは、女性の声のように高い音よりも、男性の声のような低音のほうが、赤ちゃんにとって認識しやすいでしょう。これは朗報です。赤ちゃんは、生まれるまでにたっぷり時間をかけてお父さんの声になじめるということなのですから。

赤ちゃんは、誕生してからお父さんの声をききわけるようになり、きげんが悪いときには、お父さんの声をきいて安心できるでしょう。ですから、今日どんなことがあったかを赤ちゃんに話してきかせましょう。本を読んであげるのもおすすめです。そういったことすべてが、赤ちゃんとのきずなを結ぶ助けとなるのです。

できるだけ安全かつ快適に車の運転をするために、シートベルトは胸の間とおなかの下を通しましょう。

シートベルトの着用法

妊娠中はシートベルトを着用するのが面倒に感じられるかもしれませんが、**絶対に必要なもので、法的にも着用が求められています。** 幸い、楽に着用できる方法があります。

- **上方のストラップ**を通常通り肩ごしに引っぱり、胸の中央を通します（左写真）。
- **下方のストラップ**はおなかのふくらみより下で、腰の上に水平にわたします（左写真）。

もしも緊急停止する必要があっても、赤ちゃんは羊水のクッションに囲まれており、お母さんの強力な子宮筋に守られているので、心配ありません。

第25週（妊娠24週1日〜25週0日）

妊娠中期の最後の週です。そろそろ今後のことを考えはじめましょう。

これから先の妊娠期間は、あっという間に過ぎてしまうでしょう。
いつから仕事を休むかといった、実際的なことをすべて決めておきましょう。
また、出産について少し考えてみるといいかもしれません。
そうして過ごす間も、友人や家族はきっと、日に日に大きくなるあなたのおなかを
興味津々でみていることでしょう。あれこれアドバイスされたとしてもがまんし、
たくさんありすぎる妊娠と出産にまつわる"大げさな話"はきき流しましょう。

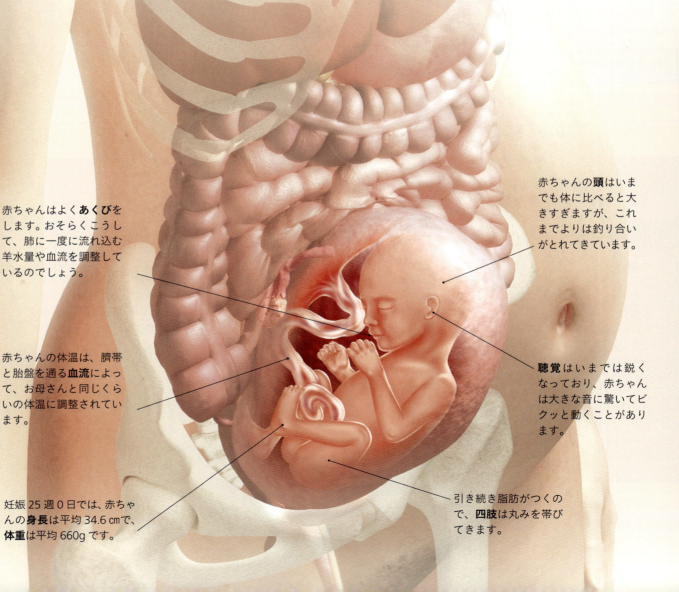

赤ちゃんはよく**あくび**をします。おそらくこうして、肺に一度に流れ込む羊水量や血流を調整しているのでしょう。

赤ちゃんの**頭**はいまでも体に比べると大きすぎますが、これまでよりは釣り合いがとれてきています。

赤ちゃんの体温は、臍帯と胎盤を通る**血流**によって、お母さんと同じくらいの体温に調整されています。

聴覚はいまでは鋭くなっており、赤ちゃんは大きな音に驚いてビクッと動くことがあります。

妊娠25週0日では、赤ちゃんの**身長**は平均34.6cmで、**体重**は平均660gです。

引き続き脂肪がつくので、**四肢**は丸みを帯びてきます。

妊娠中期

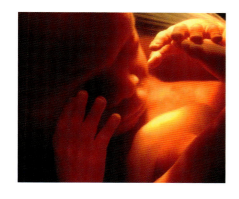

妊娠24週1日です

あと111日……

今日の赤ちゃん

この週から、赤ちゃんの首、胸、背中に、褐色脂肪がつきはじめます。これは誕生後に熱とエネルギーのもととして使われます。この時点では、赤ちゃんは自分で体温調整ができず、胎盤によって効率よく、完璧な状態に保たれています。

英国では、この週には法的義務により（注→p.481）、あなたがいつから産前産後の休業をとりたいかを雇用主に知らせなければなりません。

英国では遅くとも出産予定日の15週間前、つまり妊娠25週になったら、**いつから産前産後の休業に入るつもりかを雇用主に伝えなければいけません**。妊娠29週以降ならいつでも、離職して休業に入ることができますが、もう少し妊娠が進むまで働くという選択もできます。最後まで仕事をすることにしたものの、臨月に入ってから妊娠関連の問題や疾病で休暇をとる場合、雇用主は産前休業を前倒しにしてとるよう要請することができます。これが適用されるのは臨月の4週間だけで、それ以前は休暇をとっても通常の有給休暇とみなされます。予定していた産前休業開始日より前に出産した場合は、赤ちゃんが誕生した日から産前産後の休業がはじまったものとみなされます。

トピック——からだのこと

妊娠線

妊娠によって体重がふえてくると、急に皮膚が引き伸ばされるので、**妊娠線ができてしまったかもしれません**。はじめは、皮膚がピンクがかったり赤くなったりし、かゆみが生じることもあります。妊娠が終わると、色が薄れて白っぽくなり光沢を帯び、目立たなくなるでしょう。通常は、乳房、おなか、お尻、太腿にでき、ほとんどの女性が妊娠線を経験します。

妊娠線は遺伝的なものである可能性もあります。歳を重ねるほどに皮膚の弾力性はなくなるので、高齢になるほどできやすいようです。保湿しても妊娠線の予防にはなりませんが、肌のかさつきは防げるでしょう。体重の増加率も皮膚の"伸び"率も最小限にするには、エクササイズをして、健康的な食生活を送ることです。

助産師への質問

Q. 計測をしてもらったときに、この妊娠日数にしては小さいといわれました。どういう意味でしょう？

A. それは、妊娠の段階に対して赤ちゃんが小さいようだという意味ですが、だからといって問題があるということではありません。正確な大きさを知り、赤ちゃんの発育具合を徹底的にチェックするために、超音波検査を受けることになるでしょう。

子宮内胎児発育遅延（IUGR）と呼ばれる状態になっているせいで、赤ちゃんの発育がゆっくりになる場合もあります。これは、赤ちゃんに問題がある場合と、胎盤に問題があって赤ちゃんに届く酸素や栄養の量に影響している場合が考えられます。IUGRの原因としては、妊娠高血圧症候群（p.474参照）、喫煙、飲酒、麻薬の使用などがあります。

ご存じですか

英国では妊娠25週に達した時点で、会社に26週以上在籍していれば、法定出産休暇給付（SMP）を受けとれます。

産前産後休業の6週目までは、給料の90％が支払われます（p.348～349参照）。

第25週

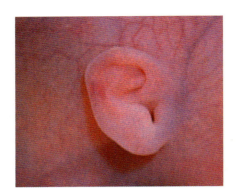

妊娠24週2日です

あと110日……

今日の赤ちゃん

子宮のなかでは、赤ちゃんの耳はまわりだけでなく、なかも羊水で満たされています。これは、赤ちゃんに低い周波数の音しか聞こえない理由のひとつでもあります。あくびをするのは、耳の通りをよくするための手段かもしれません。今後はあくびの回数が増えるでしょう。

疲労感がありますか？ それなら、あなただけではありません。
成長中の赤ちゃんも、ここ数週間あくびばかりしています。

赤ちゃんはみんな、子宮のなかであくびをしますが、なぜするのかはわかっていません。あくびをするときは、肩をすくめたり、伸びをしたりすることが多く、わたしたちが疲れたときにするのとまったく同じです。おなかの赤ちゃんが目をこすることも、確認されています！

赤ちゃんは妊娠15週くらいからあくびをしはじめ、徐々にあくびの回数が増えていきます。赤ちゃんにとってあくびが正確にどのような機能を果たすかはわかっておらず、いくつかの仮説があります。胎児が実際に疲れているとは考えにくいのですが、貧血の赤ちゃんのほうがよくあくびをすることがわかっています。もうひとつの仮説は、あくびが肺のなかの羊水量や血流をコントロールする補助となっているとするものです。もしくは、あくびは単なる原始反射、つまり人類の進化の初期段階のなごりであり、いまでは役割などないのかもしれません。

あくびの理由がなんであれ、胎児が初期の段階であくびをしはじめることと、すべての哺乳類が子宮内であくびをすることが知られているという事実から、解明されてはいなくても、胎児の発育において重要な役割があると考えられます。

ご存じですか

40歳以上の女性は、2倍以上の確率で左利きの赤ちゃんを産みます。

これはカナダでおこなわれた研究からわかったことで、高齢の女性のほうが妊娠中に問題を引き起こしやすいこと、難産を経験する確率が高いことと関係あるのかもしれません。いくつかの研究から左利きと誕生時のストレスの間には相関関係があることがわかっています。

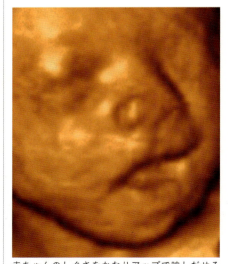

赤ちゃんのしぐさをかなりアップで映しだせる**4D超音波検査**では、多くの赤ちゃんがあくびをしているところがとらえられています。

トピック——赤ちゃん

ママの音をきく

発育中の赤ちゃんの耳は機能的には完成しており、**このころにははっきりと音がきこえるようになっていること**が、複数の研究からわかっています。お母さんの呼吸や心音、消化器系の音が、常にリズムを刻んでいますが、赤ちゃんには他の音もきこえています。

赤ちゃんに話しかけてあげると、きずなが深まります。調査によると、新生児はほかの女性の声よりも、お母さんの声を認識し、声のする方を向くといいます。おなかの赤ちゃんには、はじめは低い声のほうがはっきりきこえますが、のちには高い調子の音を覚えるようになります。もちろん、お母さんの声が赤ちゃんにとって、よりなじみ深くなります。お母さんの声をもっともよく耳にするからでもありますが、お母さんの体が音と振動をうまく伝えるからでもあります。

突然大きな音がすると、赤ちゃんがピクッとするのに気づいたことがあるでしょう。ある研究によると、妊娠24週くらいから、大きな音に対して"瞬目驚愕反応"と呼ばれるまばたきが超音波検査でみられるといいます。

妊娠24週3日です

あと109日……

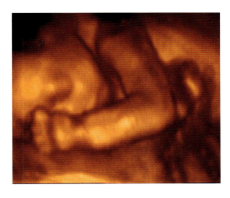

今日の赤ちゃん

左の写真では、赤ちゃんは手を顔のあたりまで上げ、顔を胎盤に預けて横たわっています。
現時点ではまだ目は閉じており、開くようになるまでにあと2～3週間かかります。
手はもっとも楽な位置に、指を少し曲げた状態でおかれています。

お母さんの体は、赤ちゃんを育てるためにいっしょうけんめい働いています。ですから、体をいたわり、たまには甘やかしてあげましょう。

妊娠期間を自分自身と自分の体に集中できるときだと考えてください。赤ちゃんが生まれれば、赤ちゃんのお世話のことばかり考えるようになりますから。

時間的にも経済的にも余裕があれば、スパにでもいきましょう。たいていのスパに、妊娠中の女性向けのスペシャルコースが用意されているものです。ゆったりと泳ぎ、くつろげるトリートメントを受け、静かな環境を楽しめるスパで時間を過ごすことは、リラックスして緊張をときほぐせるすばらしい方法です。家で自分だけのスパをつくることもできます。湯船にお湯をはり、リラックス効果のあるエッセンシャルオイル（妊娠中に安全に使えるオイルのリストはp.163を参照）を加え、キャンドルに火をともし、くつろいでください。ひとりの時間を満喫したければ、パートナーにそのことを伝え、電話の音はオフにしておきましょう。

マッサージ（p.224参照）をしてもらうのは、身体的にも精神面でも、とても癒しになるでしょう。また、この時期には、ペディキュアがおすすめです。自分の足の指はだんだん手が届かなくなり、みえにくくなります。ですから、だれかにペディキュアを塗ってもらうことになり、特別な楽しみになります。

ドクターへの質問

Q. 何時間も赤ちゃんの動きを感じていません。大丈夫でしょうか？

A. 助産師に連絡して、赤ちゃんがいつもどのような動きをするのか説明しましょう。状況によっては赤ちゃんが元気か確認するため、受診をすすめられるでしょう。

赤ちゃんの動きのパターンまでわからなければ、横になってみてください。赤ちゃんは、お母さんの活動中に眠っていることが多いのです。赤ちゃんが動き回れるように仕向けてみましょう（p.206参照）。

いまこそ、**少し自分を甘やかせてあげてください**。エステの予約をとるときは、必ず妊娠していることを伝えましょう。

立っていること

立っているのが、**特に長時間立ち続けることが難しくなってきている**でしょう。体重増加、（特に中期と後期の）体の重心の変化、ホルモンの変化が、脚の痛みやむくみの原因となることがあります（p.225、466参照）。出産に向けてお母さんの関節を緩める妊娠ホルモンは、足や腰の靭帯を緩めることもあり、それが不快感を引き起こす可能性もあります。

足の不快感をできるだけなくすには、次のようなことをしてみましょう。

- 土踏まずをしっかりサポートしてくれる**スポーツシューズをはく**と、脊椎にかかる負担を軽減できます。スポーツシューズは、足底筋膜炎という症状の予防にもなるでしょう。足底筋膜炎になると、踵と母指球をつなぐ足の裏の大きな靭帯が炎症を起こします。
- **ハイヒールの靴は避けましょう**。快適でないだけでなく、体が不安定になり、転倒する原因にもなります。
- **自分の足にあった靴をはきましょう**。あっていなければ、新たに購入しましょう。妊娠中の女性の足は1サイズ分くらい大きくなり、出産後ももとのサイズに戻らないことがあります。
- **習慣的にエクササイズをし、長時間立ちっぱなしになるのを避けましょう**。立ち仕事をしている人は、定期的に休憩をとってください。

第25週

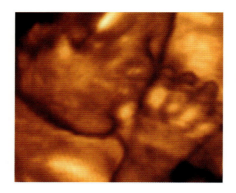

妊娠24週4日です

あと108日……

今日の赤ちゃん

左の3D超音波画像では、赤ちゃんは親指をしゃぶっています。3Dの技術は、通常の2D画像を何枚も重ねて立体的な効果を出しています。4Dは、一連の3D画像を立て続けに連ね、ほぼリアルタイムの動きを見せます。つまり3Dに時間軸を足しているのです。

子宮のなかには温度管理をする天然の仕組みが備わっているので、赤ちゃんの体温が下がることは決してありません。

子宮内の温度は、体温よりも0.3〜0.5度高くなっています。お母さんの体温はしっかり制御されているので、赤ちゃんが寒くてぶるぶる震えているということは決してありません。赤ちゃんの体、とりわけ首、胸、背中に褐色脂肪という特殊な脂肪がつきはじめます。誕生後は、この脂肪が分解されて、エネルギーと熱がつくりだされます。しかし、子宮のなかでは、赤ちゃんはこの脂肪を使って体温を上げることはできません。赤ちゃんの体温は、皮膚から羊水へ、そして子宮の壁を通してお母さんの体の組織へと失われるので、体温調整がおこなわれます。しかしそれは主に、胎盤への血流がおこなってくれます。胎盤は表面積が広大なので、熱交換の場としての役割を果たし、臍動脈を通って赤ちゃんから送られてくる血液の温度と、臍静脈を通って赤ちゃんへと戻っていく血液の温度を一定に保ちます。

　子宮の外に出ると、赤ちゃんは急速に熱を奪われます。まだ震えることはできず、体温を維持することができないため、誕生後すぐになにかにくるんで温めてあげるか、素肌に抱いてあげるかしなければ、あっという間に体温が下がります。

節度ある間食を

　1日3回の食事に加え、**ちょこちょこ間食をとりたくなるかもしれません。**適切な食品を選んでいれば、間食すること自体は問題ありません。しかし、いつもビスケットやポテトチップスに手が伸びてしまうのは、まずいでしょう。これらの魅力的な食べ物は、耐えがたい空腹を癒してくれるかもしれませんが、栄養が足りないところに"エンプティ・カロリー"（カロリーだけで栄養素がからっぽの食品）をとっても、真の目的をまったく果たしません。健康的な間食は、買い物にいく前にちょっと計画を立てるだけで実現できるものです。

- **ドライフルーツ**は、保存も持ち運びも簡単なので、間食の中心にするべきです。さまざまな種類を楽しんでください。いろいろなドライフルーツを食べればそれだけ、必要な栄養を摂取できるでしょう。アプリコット、レーズン、クランベリー、チェリー、ピーチなどを乾燥させたものがあります。
- **軽い塩気のあるミックスナッツ**は、塩気のあるものを食べずにいられないとき、健康的にその欲求を満たしてくれます。
- ポテトチップスはやめて、**プレッツェルや、オートミール入りのケーキや、クラッカー**を選びましょう。
- **生の果物**は手軽で栄養価の高い間食になります。外出するときは、必ずひとつかふたつ、果物をもっていきましょう。また、フルーツサラダをつくって冷蔵庫に常備しておくのもおすすめです。常に果物を冷凍しておくと、バニラヨーグルトがあれば、すぐにスムージーをつくれます。
- **低脂肪のヨーグルト、フローズンヨーグルト、低脂肪アイスクリーム**は、間食にもデザートにもなります。

外出するときは、必ず健康的な間食を持ち歩くようにしましょう。

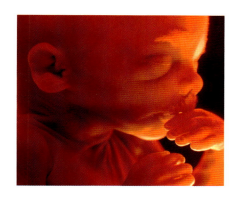

妊娠24週5日です
あと107日……

今日の赤ちゃん
左の写真では、赤ちゃんの顔が少し横を向いているので、首まわりの皮膚がたるんでいるようにみえます。皮下脂肪がまだ少なく、しかもこれから急速な成長が見込まれ、まるで赤ちゃんが皮膚に"合わせて"成長する時間を必要としているかのようですが、この段階ではこれが正常です。

食事をしたあとで、消化不良の不快な症状を経験することがあるかもしれませんが、段階を踏めば症状を防ぐこともやわらげることもできます。

栄養士への質問

Q. 消化器系の調子が悪いときに効果的な自然療法はありますか？

A. ペパーミントは、フレッシュなものでも乾燥させたものでも必ず、さまざまな症状に、なかでも消化器系の問題に効果があります。たくさん食べたあとは特に、ミントティー（右写真）を飲んだり、ペパーミントのキャンディをなめたりしてみましょう。

ペパーミントには、メントールという成分が含まれ、消化器の筋肉をリラックスさせる効果があるので、ガスの滞留、胃のむかつき、消化不良に効果的だとする研究結果が出ています。消化管内のガスを排出させる効果があり、このことはメントールがとりわけ消化器系に効果的に作用することを意味しています。

生のニンニクを食べたり、毎日ニンニクのサプリメントを飲んだりしても、症状をやわらげることはできます。アリシンという活性成分が豊富に含まれるニンニクサプリメントなら、より効果的でしょう。

ほかにも、胸やけの症状をやわらげるハーブティーに、カルダモン、カモミール、レモンバーム、オレンジピール、メドウスイート（セイヨウナツユキソウ）があります。消化を助けるためには、小さじ1杯のリンゴ酢を加えたお湯を、食事の20分前に飲むとよいでしょう。

食事を楽しんだ代償として消化不良を引き起こす恐れがあります。プロゲステロンという妊娠ホルモンが、消化管全体の筋肉を緩めます。そのため、消化の速度が遅くなり、胃の入り口と出口にある括約筋の働きが悪くなります。リング状であることか

ら環状筋とも呼ばれるその筋肉の働きがにぶると、酸性の胃液が食道に逆流するので、胸やけや消化不良の原因となることがあります。さらに、妊娠が進むにつれて赤ちゃんが大きくなり、お母さんの胃を圧迫するので、食べたものを消化するスペースは小さくなっていきます。

消化不良を改善するためには、1度に食べる量を減らして回数を増やし、ゆっくり食べること、そして夜遅くに食べるのはやめ、脂っこいものや辛いものを控えることです。ペパーミント（左記参照）などの自然療法を試すこともできます。横になるときは、クッションをいくつか使って上半身を起こし気味にしましょう。市販薬を使う前に、薬剤師に妊娠中の使用について確認してください。

生または乾燥させた葉をお湯に浸して、**自家製のペパーミントティー**をつくりましょう。食後にそのお茶を飲むと、もっとも効果が期待できます。

トピック——お父さん

育児休業制度を利用する準備

いまの会社での在籍期間や会社の就業規則にもよりますが、**父親が有給で育児休業を取得できることがあります**（p.349参照）。いまのうちに、人事部の人と話して、自分にどんな権利があり、育児休業制度以外にも利用できる特典がないか確認しましょう。また、有給でなくても、育児休業は取得できるかもしれません。赤ちゃんが生まれてからできるだけ長く休暇をとれるように、有給休暇が何日残っているかを調べ、休みを節約するようにします。

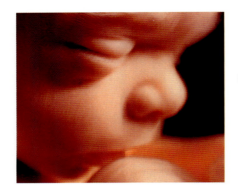

妊娠24週6日です

あと106日……

今日の赤ちゃん
鼻の特徴が定まってくると同時に、規則的に羊水を吸い込むようになり、赤ちゃんは左右の鼻腔から羊水を吸ったり吐いたりします。おとなと同じように、赤ちゃんもどちらか一方の鼻腔をよく使う傾向があり、もう一方よりたくさん羊水を吸ったり吐いたりするようです。

赤ちゃんの頭と体の比率は、新生児の体型に近づいてきています。

　妊娠3カ月までは、赤ちゃんはほぼ2頭身でした。**いまでは、頭部と胴体と脚部がそれぞれ3分の1ずつを占めています。**成人の身体の比率に比べると、誕生時の赤ちゃんの頭はまだ大きいものの、全身の4分の1程度になっているでしょう。

　赤ちゃんはまだとても痩せていますが、引き続き脂肪が蓄えられるので、だんだん肉づきがよくなってきます。妊娠14週ごろまでは、ほとんどの赤ちゃんは身長も体重もだいたい同じでした。これからは、遺伝的な、そして特に環境的な要因が作用しはじめ、赤ちゃんがどれくらい速く成長するか、赤ちゃんが成長するための潜在能力を最大に発揮できるかどうかに影響します。

　妊娠が進むにつれて、赤ちゃんによって体の大きさにばらつきが出てくるので、超音波による妊娠週数の特定に、これまでほどの精度が期待できなくなります。妊娠週数を確認するのにいちばんよい時期は妊娠11～14週なので、赤ちゃんの頭頂からお尻までの長さ（頭殿長、p.138参照）を測定するだけですみます（注：日本では妊娠9～11週の頭殿長で妊娠週数を評価するのが一般的）。妊娠20週の超音波検査（p.214～215参照）でも、大横径（頭の横幅）と腹囲と大腿骨の長さを測定することで、非常に正確に妊娠週数を算出できます。

　ここまで妊娠が進んでから初めての超音波検査を受ける場合は、およその妊娠段階と赤ちゃんの胎齢を推定することしかできません。以前に、より正確な超音波検査がおこなわれたのであれば、この段階で出産予定日を変更するのは適切ではありません。

おなかをみればわかる！？

　一般的に、**おなかのふくらみが下のほうにあれば赤ちゃんは男の子で、上のほうなら赤ちゃんは女の子**だといわれます。実際には、おなかのふくらみがどのあたりにあるかは、おそらく腹筋や子宮筋の強さや、赤ちゃんの位置によって決まります。

　これら"昔からの言い伝え"によると、ほかにも身体的なヒントがあります。顔がふっくらと丸顔になっていれば、女の子を妊娠しているしるしです。右の乳房が左より大きければ、男の子。そしてパートナーの体重が増えるのは、"絶対に"女の子の赤ちゃんだといいます！

おなかのふくらみが
下のほう

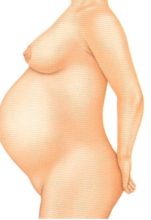
おなかが
前に突き出している

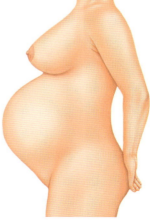
おなかのふくらみが
上のほう

妊娠中期

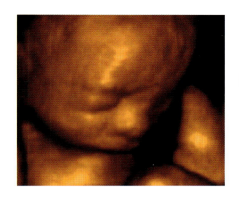

妊娠25週0日です

あと105日……

今日の赤ちゃん

左の写真では、赤ちゃんは頭を胸のほうへ傾けています。
右腕は曲げて首にはさんでいますが、左腕は一部が影の部分にあるので、
少ししか見えません。そして、ひざ頭は右前腕のすぐ下に寄せられているのがわかります。

あなたがききたいかどうかにかかわらず、まねかれざる出産物語がいくつかきこえてくることが予想されますので、心積もりをしておきましょう！

考えてみましょう

誰かに立ち会ってもらう？

頼りになる人に出産に立ち会ってもらうことのメリットについては、疑う余地はありません。だれに立ち会ってもらいたいか、いまから考えはじめましょう。

- ある調査では**陣痛および分娩の間に感情的にも身体的にも励ましてもらう**ことで、硬膜外麻酔（p.404〜405参照）、吸引・鉗子分娩（p.436〜437参照）、帝王切開（p.438〜439参照）などの鎮痛処置や医療介入が必要となる確率が低く、分娩にかかる時間は短いといいます。

- **出産立会人が頼りになったと感じる**女性は、自分の出産を肯定的にみることが多く、母親業や授乳にすんなり慣れる傾向があり、産後うつ病になりにくいといいます。

- **出産立会人は、赤ちゃんの父親である必要はありません**（彼もその場にはいることになるかもしれませんが）。事実、複数の研究が、立会人には女性のほうが適している可能性を示しています。出産経験のある親しい女友だちは理想的かもしれません。あなたのお母さんに立ち会ってもらうのもひとつです。

- **ドゥーラ**（右記参照）を雇うことを考えてもいいでしょう。

一部の女性にとっては、自分の赤ちゃんが生まれたときのことを逐一語ってきかせるのは通過儀礼のようなもののようです。語ることが回復のプロセスの一部で、新たなきき手に語るのがこの上ない楽しみなのです。初めての赤ちゃんを妊娠している女性を相手に話せるなら、なお理想的でしょう。ですから、あなたは間違いなく、恐ろしい出産物語をいくつかきかされることになります。みず知らずの人の話をきくことだってあるかもしれません！

語り手のほうは、出産の"現実"について"アドバイス"し、例えば「硬膜外麻酔は絶対に必要」など、やるべきこととやってはいけないことを教えてあげるのが、自分の

陣痛がはじまったばかりの、家で過ごす時間だけでも**親しい女友だちや女性の親類がいっしょにいてくれると**、あなたにもパートナーにも大きな助けとなるかもしれません。

義務だと感じているのかもしれません。出産体験は人それぞれ異なるということと、自分のバースプランを大事にすればいいということを忘れないでください。もちろん、人によっては大変な出産を経験することもありますが、問題なくすんなり赤ちゃんを産み落とす人もいます。出産体験を話したがる人には、「血みどろの詳細はいまのところききたくないけれど、わたしの赤ちゃんが生まれたら、出産体験を語る会を開きましょうね」といっておきましょう。

お母さんのヘルプ

赤ちゃんを産んで、生まれたばかりのその子のお世話をすることになると考えると、恐ろしくなるかもしれません。**ドゥーラと呼ばれる人を雇うこと**が、妊娠期間から無理なく母親へと移行するうえでとてもよい助けとなる場合があります（注：ドゥーラは日本では普及していない）。

ドゥーラとは、"お母さんのお世話をする"女性のことで、出産前から分娩中、そして出産後まで心と体のサポートをしてくれます（ただし、医療行為はおこないません）。広範にわたる調査から、ドゥーラがいると、出産がより短時間で楽になる傾向があり、鎮痛や医療介入（硬膜外麻酔や帝王切開を含む）が必要になる可能性は低くなることがわかっています。

第25週

妊娠後期へようこそ

| 週 | 26 | 27 | 28 | 29 | 30 | 31 | 32 |

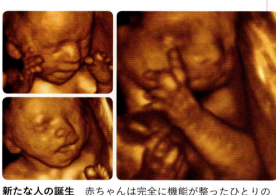

新たな人の誕生 赤ちゃんは完全に機能が整ったひとりの人間に近づいています。主要器官は外界で機能する準備がほぼできていますが、この時点で生まれれば、医療の助けが必要になります。

第26週から40週までの間に、おそらく赤ちゃんの体重は約2.4kg増え、身長は14cmほど伸びるでしょう。

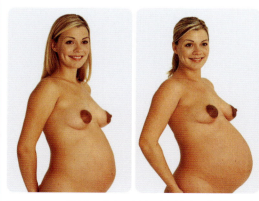

妊娠後期 成長中の赤ちゃんは、お母さんの肋骨の下部を押し広げ、子宮内のスペースの大部分を占めるようになります。出産直前 おなかがとても大きくなり、疲れやすく息切れがしますが、ワクワクしてもいます。

成長を観察する 大きくなり続けるおなかを計測することで、赤ちゃんの発育具合を評価し、なにか気になる点があれば、検査をおこないます。

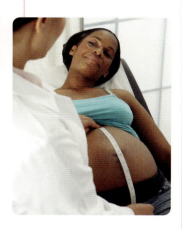

弟？ 妹？ 赤ちゃんを迎える準備には、上の子どもにも参加してもらいましょう。いっしょに服を選んだり、名前を考えたりできます。

快適に眠る おなかの重みをとり除く必要がありますが、リラックスするのはいうほど簡単ではありません。ベッドで休むときは、クッションや枕をたくさん使いましょう。

分娩に備える 出産準備クラスやエクササイズのクラスに参加すると、やがてやってくる陣痛・分娩に向けて心と体の準備をし、自信をもって対処できるでしょう。

いよいよ妊娠も大詰めに入ります。
お母さんは、だんだん赤ちゃんの誕生のことばかり
考えるようになるでしょう。

| 33 | 34 | 35 | 36 | 37 | 38 | 39 | 40 |

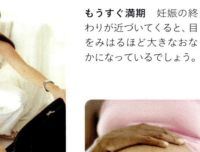

もうすぐ満期 妊娠の終わりが近づいてくると、目をみはるほど大きなおなかになっているでしょう。

まめ知識 妊娠38週ごろまでには、胎盤の役割はほぼ終わり、少しずつ老化がはじまります。

食物繊維ですこやかに 十分に食物繊維をとることが、消化に時間がかかり、便秘になりやすい妊娠後期には特に重要です。

入院の準備 出産予定日が近づいてきました。病院で出産する人は、早めに荷造りしましょう。必要なものをそろえはじめる時期です。

妊娠38週 子宮が窮屈になり、赤ちゃんが向きを変えたり蹴ったりする余裕はあまりありません。それでも胎動は感じられるはずですので、いかなる活動の変化も見逃さないようにすることが重要です。

陣痛を引き起こす 妊娠40週になっても陣痛の兆候がなければ、陣痛を誘発する方法を考えはじめるとよいでしょう――セックスもひとつの方法です。

負担を軽く 可能だと感じる限り水泳を続けるといいでしょう。水は増えた体重をすべて引き受けてくれ、いい気晴らしになるでしょう。

まめ知識 妊娠33週ごろには、赤ちゃんは急速に脂肪を蓄え、新生児らしくみえるようになってきます。

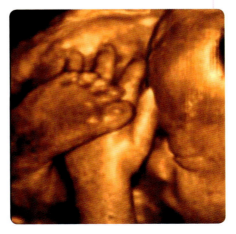

こんにちは、赤ちゃん やっと会えました！ 長い間、待った甲斐があったでしょう。すぐにお母さんの肌と直に触れ合うことが、赤ちゃんにはとても大切です。

第26週（妊娠25週1日〜26週0日）

とうとう妊娠後期になりました。このころには、かなりおなかが大きくなっているでしょう。

妊娠の最終段階に入り、おそらくおなかはすでに大きいでしょうが、
これからさらにふくらんできます。赤ちゃんはとても活発に動き、
大きな音や音楽に反応することもあるでしょう。
赤ちゃんの脳の神経細胞どうしがつながりはじめ、協調的な動きができるようになります。
出産準備クラスに参加して、自分の脳も刺激し続けましょう。
楽しいですし、友だちもできて、情報も得られます。

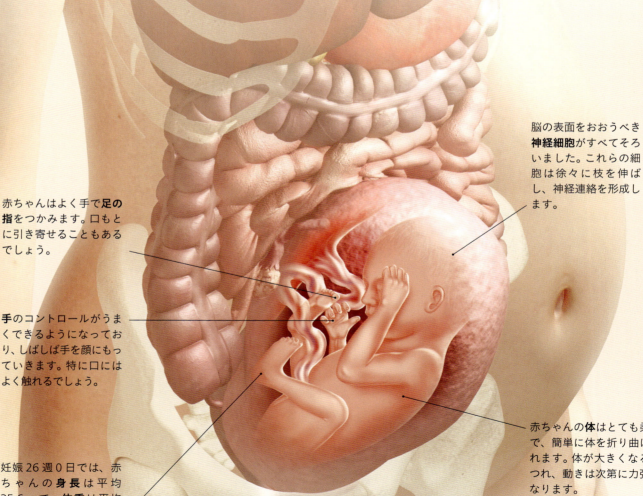

脳の表面をおおうべき**神経細胞**がすべてそろいました。これらの細胞は徐々に枝を伸ばし、神経連絡を形成します。

赤ちゃんはよく手で**足の指**をつかみます。口もとに引き寄せることもあるでしょう。

手のコントロールがうまくできるようになっており、しばしば手を顔にもっていきます。特に口にはよく触れるでしょう。

赤ちゃんの**体**はとても柔軟で、簡単に体を折り曲げられます。体が大きくなるにつれ、動きは次第に力強くなります。

妊娠26週0日では、赤ちゃんの**身長**は平均35.6㎝で、**体重**は平均760gです。

妊娠後期

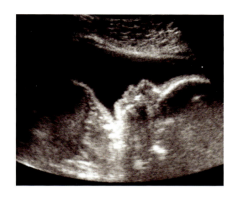

妊娠25週1日です

あと104日……

今日の赤ちゃん
左の写真では、赤ちゃんは真上を向いています。
横顔が細部まできれいに写っており、鼻、唇、顎の輪郭がくっきりみえています。
首はまだ短いので、このように頭は胸にとても近いところにあります。

出産準備クラスに参加すると、陣痛、分娩、生まれたばかりの赤ちゃんとの生活について学ぶ機会になるとともに、新しい友だちもできるでしょう。

事前に出産準備クラスの予約をしていたなら（p.199参照）、このころに1回目のクラスが開催されるでしょう。クラスは、主に出産予定の病院か地域の保健所でおこなわれるものがあります。出産準備クラスは、これから親になろうとしている人たちに、妊娠、陣痛から出産まで、そして赤ちゃんが生まれてすぐの数週間のことについて知ってもらうためにおこなわれます。例えば、リラックス法や呼吸法を習得し、さまざまな種類の鎮痛法があることを学びます。またどんなベビー用品をそろえるとよいか、そして、授乳や睡眠やおむつ替えなど、出産後の生活にかかわるアドバイスも受けられます。

出産準備クラスが楽しみで、これからどんなことが起こるのか学んだり、同じような状況にある人たちと出会ったりすることを心待ちにするのは自然なことです。しかし、出産準備クラスは情報を集めるためだけの場ではなく、ほかの人との出会いの場でもあり、そういったことが苦手な人もいます。それでも、クラスに参加するのはもうすぐ親になる人ばかりなので、なんらか話題はみつかるでしょう。自分に起こっていることや、気になっていることをだれかに話すだけでも、気が楽になるものです。相手も同じような気持ちを抱えている場合はなおさらです。共感できる人がいるとわかるだけでも、安心できるでしょう。

出産準備クラスに参加した人たちと仲よくなると、みんなが出産を終えたときにはとても頼りになるサポートグループになっている可能性もあります。

トピック──からだのこと

肋骨の痛み

おなかが大きくなるにつれて、**子宮のための空間をつくろうと、胸郭が外に向かって押し広げられ、痛みや不快感をともなうことがあります**。だれもが必ず経験するわけではありませんが、体格が小さめの人や、双子かそれ以上の多胎妊娠中の人に起こりやすいでしょう。赤ちゃんが活発に動くと症状が強くなりますし、骨盤位（逆子）をとることが多いと、頭がお母さんの横隔膜と胸郭に押しつけられるため、痛みや不快感が増すでしょう。

すわると内臓が圧迫されて、痛みが強くなることがあります。すわって仕事をする人は、できるだけ立ち上がって動き回るようにし、長時間すわりっぱなしの状態を避けられない場合は、快適な姿勢をみつけるまで、体の位置を調節し続けましょう。

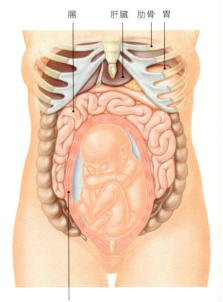

腸　肝臓　肋骨　胃

子宮が大きくなると、胃や腸のおさまる場所が小さくなります。

ドクターへの質問

Q. 膣感染症を発症しているようですが、赤ちゃんに害はありますか？
A. 膣感染症が赤ちゃんに影響を与えることはまずないでしょう。子宮頸管をふさいでいる粘液の栓が、赤ちゃんを感染から守ってくれるからです。膣感染症の症状には、かゆみ、ヒリヒリする痛み、においのきついおりものなどがあり、不快感を引き起こすでしょうが、医師が治療薬を処方してくれます。

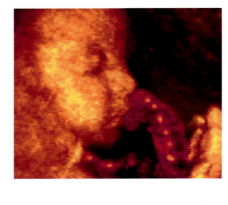

妊娠25週2日です

あと103日……

今日の赤ちゃん

左は赤ちゃんの横顔を写した3D超音波画像です。コイル状の臍帯が、ちょうど赤ちゃんの頭の後ろにあるのがみえます。まぶたは依然としてしっかり閉じられています。脂肪がついてきたので、以前よりも顔の輪郭は丸みを帯びています。

副腎というひと組の分泌腺が赤ちゃんの成長と発達をコントロールするようになり、のちに直面する誕生後のストレスに耐える力を与えます。

体の大きさとの対比でいえば、赤ちゃんの副腎は、お母さん自身のものの20倍にも及ぶことになります。副腎はほぼ三角形で、基底部が左右の腎臓それぞれのいちばん上を包み込んでいます。副腎には皮質と呼ばれる外側の層と髄質と呼ばれる内側の層があり、皮質からはコルチゾールなどのステロイドホルモンが放出されます。アドレナリンや、それと関連するノルアドレナリンというホルモンは、ストレスに反応して髄質から分泌されます。

アドレナリンは、"闘争・逃走"反応に対処できるよう体を調整し、利用できるグルコースの量を増やし、心拍を上げ、血圧を維持、場合によっては上昇させます。これらは赤ちゃんの生命維持に必要な適応反応であり、子宮内の環境を安定した状態に保ちやすくするとともに、赤ちゃんがのちに外界で直面する生活のストレスに耐えられるようにします。

しかし、いっしょうけんめい働いて赤ちゃんの成長・発達の調整を助ける多くのホルモンを産生しなければならないのは、外側をおおっている皮質のほうです。皮質は3種類のホルモンを産生します。主に塩分濃度を調整するミネラルコルチコイド、血中の糖質や脂質やアミノ酸の量をコントロールするグルココルチコイド、テストステロンなどのアンドロゲン（男性ホルモン）の3種類です。赤ちゃんの副腎が大きいのはこの皮質の活動が活発なためです。誕生後、数週間すると、副腎は急速に小さくなります。

ドクターへの質問

Q. 両方の乳房にしこりがあることに気づきました。大丈夫でしょうか？

A. 妊娠中に、乳房にしこりができるのはよくあることです。妊娠後期になると乳房は授乳の準備をはじめるので、特にしこりができやすいでしょう。妊娠性のしこりは、通常やわらかく、位置が変化するでしょう。また、痛みをともなうこともあります。しかし、乳房のしこりを決して軽くみてはいけません。しこりが妊娠性のものだと確認できる医師に、必ず相談してください。

トピック——双子

一卵性双生児はどれくらいそっくりなの？

ひとつの卵から産まれる双子は、**同じDNAをもっています**。ある意味、自然にできたクローンですから、あらゆる点で

そっくりだと考えてよいでしょう。外見はとても似ていて、髪の色も、瞳の色も、肌の色も同じです。血液型も組織の型も同じです。

しかし、ふたりのいる環境は、誕生前でさえ同じではありません。血流、子宮内の位置などの小さな差異が、とても大きく影響することがあります。

- **一卵性双生児の体重、身長、頭の形**に、違いがみられることがあります。
- **指紋や虹彩の模様**は双子でも異なります。
- **一卵性双生児は性格**が異なることもあります。ごく早期の段階でほんの少し環境が異なることも、その原因のひとつです。

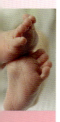

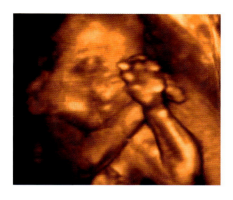

妊娠25週3日です

あと102日……

今日の赤ちゃん

赤ちゃんは、両手を顔の前に上げています。右上には、カーブした子宮の内膜がみえています。影になった部分は髪のようにみえますが、たとえこの段階で生えていたとしても、超音波ではそれほど細部までみることはできません。

出産準備クラスには、ふたりで参加するのがおすすめです。パートナーにしっかりこの妊娠にかかわってもらうには、とてもいい方法です。

これから父親になる男性がすべて出産準備クラスに参加したがるとは限りません。自分には向いていないと感じたり、恥ずかしくなるようなエクササイズをさせられるかもしれないと不安になったりすることもあるでしょう。

パートナーが乗り気でなければ、彼と話し合い、なんのためのクラスなのか、あなたがなぜ彼のサポートを必要としているのかを伝えましょう。彼が分娩室で不安にならないように、事前に陣痛・分娩について知っておいてほしいのだと説明することもできます。彼も実際に参加してみれば、赤ちゃんが生まれる前に、同じ立場の男性とおしゃべりするのはなかなかためになると感じるかもしれません。

クラスでは、呼吸法の練習など、カップルで、または、ひとりで参加している女性がペアになって活動する時間があるでしょう。また、男性だけのグループで、なにか気になっていることを話し合う時間もあるかもしれません。パートナーが休暇をとりにくい場合は、クラスのスケジュールと各回の内容のリストをもらい、パートナーにとってもっとも重要だと思われる回をいくつか選びましょう。パートナーが妊娠と出産についてよくわかっていればそれだけ、妊娠を自分のこととして受けとめ、陣痛・分娩の間に自信をもってあなたをサポートできるものです。

出産準備クラスで学ぶ内容が、**ふたりのきずなを深める**かもしれません。家では互いにコミュニケーションをとるよう努め、いっしょにくつろいだり、赤ちゃんの動きを感じたりして過ごしましょう。

考えてみましょう
出産・育児に関する権利

産前産後の休業を取得し、福利厚生を利用するために次のようなことをしましょう。

- 医師か助産師から**妊娠証明書**をもらいましょう。それに記入して、雇用主に提出してください。
- **雇用主**に、いつが出産予定の週なのか、いつから産前休業を取得したいのかを伝えましょう。
- **パートナー**が育児休業を取得するためには、彼も雇用主に必要事項を知らせる必要があります（p.349 参照）。

トピック──ふたりの関係
ふたりの関係に変化がおとずれます

いうまでもないかもしれませんが、**赤ちゃんが生まれれば、もはやあなたとパートナーだけの関係ではなくなります**。突然、生まれたばかりのとても小さな人がいつもそこにいて、夜中にあなたがたを起こしたり、さまざまな要求をしたりするようになるのです。必然的に、赤ちゃんが生まれてからは、あなたもパートナーもお互いに目を向けることが少なくなるでしょう。また、肉体的な親密さも減ってしまうかもしれません。ふたりともとても疲れているでしょうからなおさらです。

この問題については、出産の前に話し合い、確認し合っておくのがいちばんです。そうしておけば、あなたもパートナーも、これらの要素は、ふたりだけの生活から家族への、正常な生活の変化の一部なのだということをうまく受け入れられるでしょう。

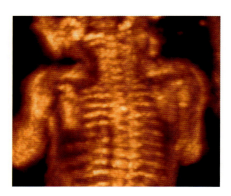

妊娠25週4日です

あと101日……

今日の赤ちゃん

左の3D超音波画像には赤ちゃんの背面が写っています。これは骨格からの反射を強調する設定で撮影されています。脊椎、肋骨、肩甲骨の背面側がはっきりみえています。この技術のおかげで、赤ちゃんの発育を可視化するための新たな可能性が大きく広がったのです。

すべての神経細胞は赤ちゃんの脳の表面にそろっています。それらの細胞は、これからお互いに結びついていかなければなりません。

赤ちゃんの脳は非常に複雑なもので、発育のみならず成熟するために、妊娠の全期間が必要となります。脳は、新たな接続を確立して感覚系伝導路を形成し続けます。

脳の灰白質を構成する神経は、脳の中心に（左右の大脳半球にひとつずつ）位置する側脳室と呼ばれる空間の外側の表面から発生します。側脳室の内側には、表面が突出して草むらのようになった脈絡叢と呼ばれるふわふわとした構造があり、赤ちゃんの脳と脊髄を包み込む液体を産生しています。この液体は、絶えず脳内を循環し、緩衝材となって、周囲をとり巻く骨格の硬い構造から脳を守っています。

側脳室周辺で発生した灰白質の神経細胞は、12週間以上前からゆっくりとした波のような動きで外側に向かって移動してきましたが、このころには移動が完了しています。脳の表面近くに落ち着いたこれらの細胞は、これから成熟し、枝を伸ばし、多くの神経細胞と結びつかなければなりません。この過程を"シナプスを形成する"といいます。

赤ちゃんの脳の表面は、この段階ではとてもなめらかですが、大脳皮質が成熟するにつれて、はっきりとした6つの層を形成し、一般的によく知られている、しわのある脳になっていきます。

トピック――おなかのふくらみ

おなかをみせる？　みせない？

体にぴったり密着する服を着て堂々とおなかのふくらみをみせるか、ずっと先まで着られそうな余裕のある服で大きなおなかを目立たなくするかは、**人それぞれの好み**です。

■ **おなかのふくらみをみせたい人**は、伸縮性があっておなかが大きくなるにつれて伸びる生地を選ぶと快適でしょう。ぴったりした服を着ることのマイナス面は、肌が敏感になっていて、直接触れるものに弱い場合があることです。トップスがぴちぴちだと、胸も目立ちます。

■ **おなかの形をあまりみせたくない人**は、チュニック、スモック、オーバーシャツなど、余裕のある服を選びましょう。そのほうが着心地がよく、大きなおなかをできるだけ長い間おおい隠しておけます。

■ **おなかをカバーせず、じかにみせたい場**合は、十分暖かい季節にしましょう。おなかを出すつもりなら、妊娠前に着ていた服でも着られるものがあるかもしれません。

助産師への質問

Q. おなかがとても大きくなってきました。プールでの泳ぎ方を変えたほうがいいでしょうか？

A. 妊娠生活もあと2～3カ月となるころ、泳ぎ方をより快適なものに変える必要を感じる人もいるでしょう。多くの女性は平泳ぎを選びます。平泳ぎは赤ちゃんがもっとも理想的な体位をとれるよう助ける効果もあります（p.329参照）。

長い距離を泳ぐ気にならないときは、プールのなかでただリラックスしましょう。水のなかにいることで、おなかにかかっている圧力を軽減し、腰の痛みをやわらげる効果があります。

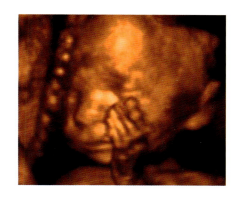

妊娠25週5日です

あと100日……

今日の赤ちゃん

左の写真では、赤ちゃんは片手をほほに当て、目を閉じており、奥のほうには耳がみえています。
この写真には、とても穏やかな状態の赤ちゃんが写っています。
左側には臍帯が写っており、そのさらに左にみえている胎盤へとつながっています。

赤ちゃんの性格がわかるのは何年か先のことですが、子宮のなかにいるころでさえ、好き嫌いはあるものです。

赤ちゃんが大きくなってくると、お母さんは「どんな子になるかしら?」と思いを巡らせることがあるでしょう。おっとりタイプ? それともあれこれ要求するタイプ? おちゃめな子かしら、まじめな子かしら? ひとりで遊ぶのが好きかしら、それともみんなと遊ぶのが好きかしら? にぎやかなタイプ? 物静かなタイプ? 赤ちゃんは人格が形成された状態で生まれてくると考える人もいるでしょうし、成長とともにさらに人格が形成されていくのだと考える人もいるでしょう。性格は生まれながらに備わっているものなのか、育った環境によるものなのかという議論は続いていますが、おそらく、そのふたつの組み合わせでしょう。つまり、子どもの性格は、誕生する前に決まっている部分もあれば、幼児期に、場合によってはおとなになってからでさえ、形成される部分もあるということです。

すでに赤ちゃんの好き嫌いに気づいている人もいるでしょう。例えば、特定のジャンルの音楽に反応して動くことがあるかもしれません。もちろん、赤ちゃんの動きが活発になるのは、それが好きだからなのか嫌いだからなのかは知る由もないのですが。

赤ちゃんは子宮内でかなり刺激を受けています。このころには、振動を感じられ、お母さんの心拍など体内の音だけでなく、外界の音もきこえるようになっています。また、赤ちゃんは、お母さんが動いているかいないかもわかっています。お母さんは赤ちゃんの動きにパターンがあることに気づき、とりわけ自分が休んでいるときに、赤ちゃんが"コミュニケーション"をとろうとしているように感じているかもしれません。

赤ちゃんは、毎日の動きのなかで、外界での生活に向けた練習を続けていきます。呼吸様運動や嚥下運動、それから、親指をしゃぶることもあるでしょう。

赤ちゃん用品をそろえる

赤ちゃんの誕生に備えて大金をつぎ込む必要はありません。

▶**赤ちゃんに必要なもの**
- **ミルク**:母乳は無料です(赤ちゃんには母乳以上のものはありません)。人工栄養で育てるには、哺乳瓶と乳首とミルクと殺菌消毒用の道具が必要です。
- **おむつ**:使い捨ておむつにするか、再利用できるものにするか、両方を組み合わせて使うかを決めましょう(p.291参照)。どのような選択をしても、おしり拭きは必要です。
- **寝かせる場所**:囲いつきのベビーベッドなら、誕生後すぐから赤ちゃんを寝かせられます。中古品を購入する場合でも、マットレスは新しいものを用意してください。
- **たくさんのベビー服**:新生児サイズばかりたくさん買わないようにしましょう。
- **移動手段**:ベビーカー(赤ちゃんの首がすわるまではフラットに寝かせられるもの)、またはスリングか抱っこひも(おんぶひも)が必要です。
- **チャイルドシート**:車で移動する場合は、チャイルドシートの着用が法律で義務づけられています。中古品は避けましょう。

▶**必ずしも必要でないもの**
- **おむつ交換台**
- **哺乳瓶ウォーマー**:マグカップで代用できます。
- **ポータブルベビーベッド**:必要なら旅行先で借りましょう。

オンラインショッピングで節約しましょう。リサイクルショップやバザーを回るのもおすすめです。服やおもちゃは、不要になった人どうしでうまく交換し合いましょう。

赤ちゃんの成長は早いので、**ベビー服はすぐに着られなくなります**。ですから、お下がりをもらうことがあるでしょう。足つきのベビー服の丈が足りない場合は、足の部分を切ってしまえば着られます。

妊娠25週6日です

あと99日……

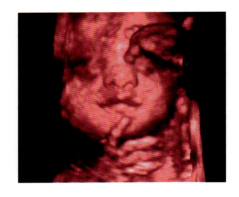

今日の赤ちゃん
3D超音波画像はさまざまな方法で着色することができます。
左の写真から、このころまでに赤ちゃんの唇の形がはっきりしてくることがわかります。
口唇は全身のなかでももっとも感覚の鋭いところで、赤ちゃんはよく手を口もとにもっていきます。

赤ちゃんは、手足を協調的に動かせるようになっており、手を握ったり、足の指をつかんだりします。

手の協調が劇的によくなり、赤ちゃんはしょっちゅう手を顔に、とりわけ口もとにもっていくようになります。顔、なかでも特に口唇は非常に敏感で、感覚が研ぎ澄まされているがゆえに、赤ちゃんがやろうとした通りにうまく手（や足）を口にもっていけると、強烈な成功体験としてのフィードバックを返せるのです。このころはまだ、子宮内に十分な余裕があり、どんな動きも可能です。それに、赤ちゃんはとても柔軟で、いとも簡単に足を口もとにもっていったり、頭の上にまで上げたりし、体をふたつに折り曲げることも、ぐるりと一回転することもできます。

赤ちゃんの骨は中心部から硬くなるので、外縁部はまだやわらかい軟骨で形成されています。

助産師への質問

Q. エクササイズ中にとても体がほてるのはなぜですか？
A. 妊娠中は、プロゲステロンというホルモンや、増加した体重や、体にかかる負荷が大きくなっていることが原因で、体の深部の温度が上がります。運動をすると熱が発生し、体の深部の温度はさらに上がります。そのため妊娠中にエクササイズをすると、特に暑く感じやすいのです。

また、妊娠中のほうがよく汗をかきます。これは、妊娠関連のホルモン群が血管を拡張させ、皮膚に血液が流れ込むためです（そのため、バラ色に"輝いている"女性もいるのです）。そうなると、体は皮膚から熱を失いやすくなります。つまり、エクササイズ中に体がほてってきても、その熱が冷めるのもふだんより早いということです。エクササイズするときは、次のことを忘れないようにしてください。

- 運動する前後にも、運動中にも**水**を飲みましょう。
- **運動に適した服**を着て、皮膚が呼吸できるようにしましょう。
- 気温と湿度の高いときは、**運動を避けま**しょう。

トピック――赤ちゃん

出生体重

お母さんの体重が妊娠中にどれだけ増えるかは、赤ちゃんの出生体重を左右し、その子の将来の健康状態にも影響することになります。出生体重が多すぎても少なすぎても、のちのち健康上の問題が生じるリスクが高くなることがわかっています。このように、妊娠とは微妙なバランスをとることであり、十分なカロリーを摂取する必要はあっても、とり過ぎに注意し、適正に体重を増やしていかなければなりません（p.99参照）。

胎児に過剰な栄養がまわると出生体重の増加につながるという事実を懸念する医療関係者が増えています。妊娠中の太り過ぎや過剰な体重増加は、お母さんが妊娠糖尿病を発症する（p.473参照）、帝王切開で出産することになる、分娩中に問題が起こる、赤ちゃんが巨大児になる、小児糖尿病を発症するなどのリスクを高めます。子どものころに肥満だと、生涯を通じて太り過ぎや肥満になるリスクが高まり、ひいては糖尿病、高血圧、がん、心疾患などのリスクも高まります。

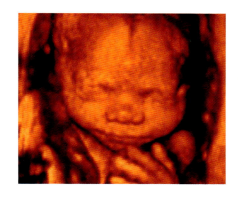

妊娠26週0日です
あと98日……

今日の赤ちゃん
額を構成するふたつの骨の間にあるすき間（黒っぽい線）が、ほぼ閉じています。
左右の骨が非常に近づいてきていますが、
頭と脳のさらなる成長のために狭いすき間が残されています。

夢は自然で健全な睡眠周期の一部ですが、妊娠のこの段階で、不安になってしまうような夢をみるのはよくあることです。

妊娠後期の女性は、リアルな夢をよくみるものです。 実際には、ふだんよりたくさん夢をみているわけではなく、快適に眠れる体勢がなかなか定まらなかったり、トイレにいきたくなって何度も目覚めたりするので、ふだんよりよく夢を覚えているということなのかもしれません（通常は、睡眠周期のうち夢をみるレム睡眠の間に目が覚めることはないので、朝、夢を覚えていないことが多いのです）。

赤ちゃんや小さな子どもが苦しんでいる、または危険な目にあっている夢をみるのは一般的です。そのような夢をみて不安になるのは無理もありませんが、それがこれから起こることの予兆などということは決してない、ということはわかっておきましょう。夢はあらゆるネガティブな感情が現実のものとならないように、フィルターにかけてとり除くひとつの手段なのでしょう。安心してください。心をかき乱されても、これらの夢は、あなたが自然と赤ちゃんのことを心配してしまう、その気持ちをうまくやり過ごす助けとなっているのです。

病院を見学する

出産準備の一環として、病院内を見学させてもらえるかもしれません。 赤ちゃんをどんなところで出産することになるのか、入院する部屋がどんなところかを直接みられるだけでなく、駐車スペースや入院手続きについて、さらには入院時の持ち物、面会しにきた友人や家族が利用できるカフェやショップなどの施設はあるかなど、実際に役立つこまごまとしたこともわかるでしょう。

院内見学は、あなたとパートナーがその日と赤ちゃんの誕生後に起こることについて精神的に準備をするうえで安心感を得られる機会となるでしょう。

その機会を利用して、さまざまな情報を収集するのがおすすめです。あなたの病院では、出産に関する希望をまとめたバースプラン（p.303参照）をどのように活用するのか、バースプラン通りにできないのはどんなとき、どんな理由が考えられるのか質問しましょう。大部屋の収容人数は何人で、希望すれば個室の手配は可能なのか。個室の利用には通常費用がかかるものです。出産後の24時間にはどのようなサポートを受けられるのかもたずねましょう。今日では、多くの病院で、母子同室になります。面会時間と、一度に何人の面会が可能かも確認しましょう。また、年間の分娩件数と、そのうち（緊急および予定）帝王切開で生まれる赤ちゃんの人数も、参考になります。あなたの分娩を担当する可能性があるのはだれなのか、スタッフの勤務時間はどれくらいで、陣痛から分娩までのケアを継続的におこなうためにどんな対策をとっているのか、説明してもらいましょう。

水中出産用のプールか浴槽はありますか？ あなたが利用を検討するかもしれない、TENS（経皮的電気神経刺激）装置などの鎮痛方法を導入していますか？（注→p.481）授乳に関する支援や、電動搾乳器はありますか？

最後に、おそらく実際に利用することはないでしょうが、新生児集中治療室（NICU）を見学しておくといいかもしれません（p.452

～453参照）。赤ちゃんに新生児集中治療室でのケアが必要になった場合、機器をみたことがあり、どのような目的で使われるのかを少しでもわかっていたほうが助けになることがあるからです。

第27週（妊娠26週1日〜27週0日）

赤ちゃんが活発に動くので、お母さんはぐっすり眠れないかもしれません。

子宮のなかはだんだん窮屈になってきています。
赤ちゃんは伸びをしたり回転したりするときに手や足でお母さんのおなかをきつく突き、
お母さんにとってそれは、赤ちゃんが元気に育っているといううれしい安心感となるでしょう。
ベッドかおふろでくつろぎ、おなかを観察してみてください——あちこちでポコポコ
盛り上がったり、動き回ったりする様子に、おどろきとおかしみを感じることでしょう。

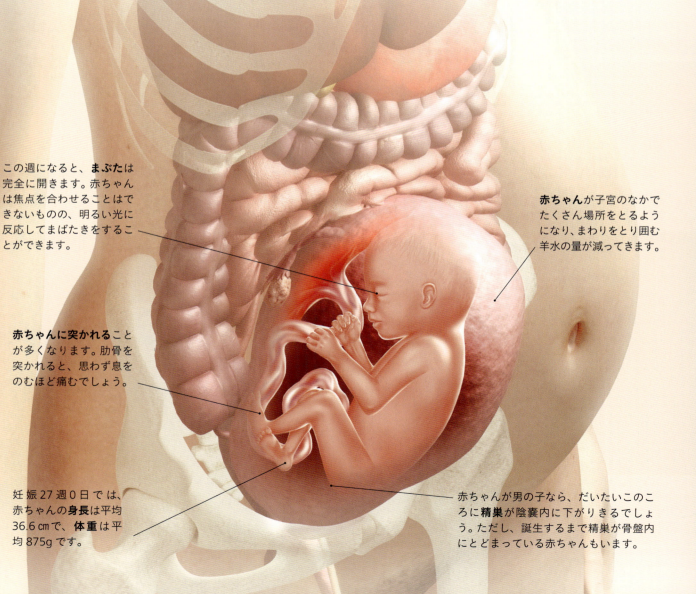

この週になると、**まぶた**は完全に開きます。赤ちゃんは焦点を合わせることはできないものの、明るい光に反応してまばたきをすることができます。

赤ちゃんに突かれることが多くなります。肋骨を突かれると、思わず息をのむほど痛むでしょう。

妊娠27週0日では、赤ちゃんの**身長**は平均36.6cmで、**体重**は平均875gです。

赤ちゃんが子宮のなかでたくさん場所をとるようになり、まわりをとり囲む羊水の量が減ってきます。

赤ちゃんが男の子なら、だいたいこのころに**精巣**が陰嚢内に下がりきるでしょう。ただし、誕生するまで精巣が骨盤内にとどまっている赤ちゃんもいます。

妊娠後期

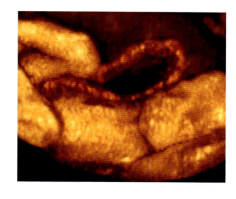

妊娠26週1日です

あと97日……

今日の赤ちゃん

この写真では、臍帯がコイル状にねじれているのがとてもはっきりとみえます。
臍帯は、赤ちゃんの成長とともに長くなり、
この時点ではほぼ赤ちゃんの身長と同じ、約36.6cmになっています。

昼寝をしようと横になると、赤ちゃんが動きはじめることがあるでしょう。ストレスを感じるかもしれませんが、すべて順調の証と考えてください。

赤ちゃんがいつもより活発になるときがあり、それはどうやら、お母さんがリラックスするか、眠ろうとしているときが多いと気づいたころでしょうか？ これはおそらく、お母さんが忙しくしていたり、なにかに気をとられたりしていると、そうでないときと比べて赤ちゃんにあまり注意を払っていないため、胎動がそれほど気にならないからでしょう。お母さんのしていることが終わり、すわって足を高くしたり、ベッドに入ったりした瞬間に、赤ちゃんがぐるりと回転しはじめるように思われるのです。

忘れないでください。新生児と同じように、まだおなかのなかにいる赤ちゃんも多くの時間を眠って過ごします。ですから、赤ちゃんの動きがあまり感じられないときはあるものです。赤ちゃんが四六時中動いていなくても大丈夫なのです。目覚めているときと、眠っているときのサイクルは赤ちゃんによって異なり、赤ちゃんがいつ活動して、いつ静かにしているかは決まっていません。

胎動のパターンがわかっていて、いつものように赤ちゃんの動きが感じられないのが心配な場合は、体の左右どちらかを下にして横になる、音楽をかけるなどして、赤ちゃんが反応しないか様子をみましょう。その上でやはり心配なら、医師か助産師に相談すると、診察をして赤ちゃんの心音を確かめてくれるはずです。

胎動の回数を数えて、キック・チャートと呼ばれるグラフを利用し、いつ赤ちゃんの動きを感じるかを記録する女性もいます。キック・チャートはいらぬ心配の原因になると考えられ、いまでは医師か助産師にすすめられない限り、それほど使われなくなりました。赤ちゃんにはそれぞれの活動パターンがあり、胎動の回数よりも、そのパターンこそが重要なのです。

先輩ママへの質問

Q. 赤ちゃんの世話のしかたをまったく知りません。どうしたらいいでしょう？

A. わたしも赤ちゃんに接したことはほとんどなく、わからないことだらけでした。おむつって、どうなっているの？ 赤ちゃんは1日中、なにをしているの？ 赤ちゃんを落としてしまったらどうしよう？ 幸い、友人に3カ月の赤ちゃんがいたので、その子を"お借り"しました。あなたにもすぐわかるでしょうが、世の中には不安に思っているママやパパが大勢います。そしてたいていの場合、家族や友人のうちだれかが、喜んで赤ちゃんの世話を体験させてくれるでしょう。しかし、赤ちゃんを安心できる場所から引き離す前に、ママやパパにいろいろ教えてもらう時間をとってください。ママに見守ってもらいながら、ミルクをあげたり、おむつを替えたりしてみましょう。ママがあなたに安心して世話を任せられると感じたら、ためしに2〜3時間、預からせてもらいましょう。

すべてうまくいけば、1日、そして朝までと、だんだん時間を長くすることもできます。この方法で、あなたは驚くほど自信がもてるようになり、赤ちゃんの世話について抱いているさまざまな不安が消え去るでしょう。自分の赤ちゃんの世話をするころには、だいたいどんなことが起こりそうかわかり、確信をもって行動できるようになっているはずです。

ご存じですか

妊娠中、お母さんの総血液量は、平常時よりも50％も増えます。

1回の心臓の拍動で送り出される血液の量は約40％増加し、お母さんの体内でつくられる赤血球は通常の約20％増加します。

第27週

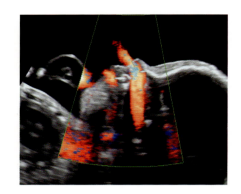

妊娠26週2日です
あと96日……

今日の赤ちゃん
この着色された超音波画像には、赤ちゃんが羊水を吸い込んだり吐き出したりする様子（オレンジの部分）が写っています。
ここでは、羊水を鼻から放出すると同時に、少量の羊水を口からも出しています。

目の形成が進み、視覚が発達し続けるなか、赤ちゃんは新たな節目を迎えます。まぶたが開くのです。

　赤ちゃんのまぶたは妊娠9週で形成されましたが、**この週になるまでは上下のまぶたが癒合しています**。ただし、赤ちゃんは完全な暗闇にいるわけではありません。子宮が大きくなれば、壁は薄くなり、子宮内に入ってくる光の量は徐々に増えるからです。このころには、赤ちゃんの目の発育は、まぶたを開けられる段階までたどりついています。

　まぶたが開いてからも、傷つきやすい眼球の構造は、繊細な膜組織に守られています。その膜組織は、妊娠最後の1カ月の間に完全に消失します。

　まだまだ、光に対して十分協調的な反応はできませんが、強い光のほうに顔を向けることがあり、突然大きな音がしてびっくりすると、子どもやおとなと同じようにまばたきをすることもあります。

　網膜には光を受容する杆体、錐体と呼ばれる2種類の細胞が並びはじめます。色覚を担う錐体は、杆体と比べるとかなり少なく、少し遅れて形成されます。杆体は白黒映像を脳に送信し、暗いところでものをみるため、そして周辺をみるために使われます。網膜と視神経の間に連絡が形成されると、網膜が受けとった視覚情報が脳に送られ、脳の後部にある視覚野で解読されます。

　赤ちゃんの四肢の動きは協調がとれてきているので、手を顔の近くにもっていくことが多くても、目には触れません。

助産師への質問
Q. 陥没乳頭でも授乳はできますか？
A. 赤ちゃんは、"乳頭"というよりは乳房でお乳を飲みます。赤ちゃんが乳房に正しく吸いつけば（p.448参照）、陥没乳頭でも問題は起こらないはずです。およそ10％の女性の乳頭が扁平乳頭、または陥没乳頭です。授乳が可能かどうかは、赤ちゃんが生まれてから実際にやってみるといちばんよくわかります。ただし、授乳しやすくするための方法はいろいろあるので、授乳がうまくいかなければ病院か地域の助産師に相談するか、ラ・レーチェ・リーグなどの組織で授乳相談を受けましょう。

トピック──双子
妊娠後期の双子の発育

　これから最後の3カ月ほどの間に、双胎妊娠のお母さんのおなかはとても大きくなります。予想はつくでしょうが、おなかの赤ちゃんの人数が多いほど、お母さんの体にとって、赤ちゃんに十分な広さと発育に最適の環境をつくってあげるのが難しくなります。おそらく、妊娠の前半の体重増加は週に0.5kg以下に抑えるように、後期になったら気持ち多めの体重増加をめざすようにいわれるでしょう。

　妊娠28〜29週ごろからは、双子以上の赤ちゃんの発育は、単体の赤ちゃんに比べてゆるやかになります。しかし、それでも赤ちゃんは、可能な範囲で動いたり蹴ったりしますし、妊娠36週までは増え続ける羊水のクッションに守られています。

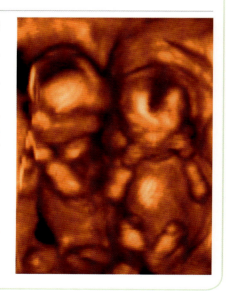

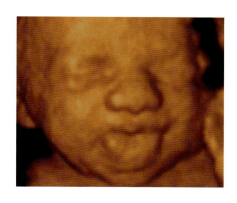

妊娠26週3日です

あと95日‥‥‥

今日の赤ちゃん

赤ちゃんは、しばしば口から舌を出します。これは特に、羊水をたくさん飲み込む前後によくみられます。羊水は肺には入らず、胃に流れ込みます。赤ちゃんは、超音波検査がおこなわれていることは知らずにいるので、舌を出すのは検査に反応しているためではありません。

親が子どもを守ろうとするのは、生まれながらの本能です。誕生前から赤ちゃんを守ってあげたいと感じるのは珍しいことではありません。

おなかのふくらみや赤ちゃんがとても大切に感じられるでしょう。おなかは、周囲の人たちにあなたが妊娠していることを知らせる目印のようなものです。例えば、人混みを通りぬけるときや、買い物をしているときなど、自分がとても無防備だと感じるのは自然なことです。そんなときは、周囲にあなたの妊娠がはっきりわかるようにしてください。そうすれば、必要に応じて場所をあけたり、席をゆずったりしてもらえるでしょう。

車を運転する場合はいつも以上に慎重になり、だれかの車に乗せてもらえばとても神経質になったり、批判的になったりするかもしれません。あなたの安全をあまり考えていないと感じられるようなドライバーに、ふだんよりいらつくかもしれません。

このような、赤ちゃんを守ろうとする本能は、母親になるうえで自然に働くものなのです。わが子を自分よりも優先して守り、大切にしたいと強く思うものです。ただし、安心してください。赤ちゃんはお母さんの子宮にいて、それ以上に安全な環境はありません。お母さんの体が、赤ちゃんを温め、栄養と酸素を提供しているのです。赤ちゃんは、羊水のクッションで守られながら、そのなかに浮いています。そして、羊水は、人混みで押されたりぶつかられたりしても、衝撃をやわらげてくれます。

ドクターへの質問

Q. 75g糖負荷試験を受ける必要があるといわれましたが、なぜですか？
A. 妊娠中に、妊娠糖尿病（p.473参照）と呼ばれる疾患を発症することがあります。これは糖尿病の一種ですが、赤ちゃんが生まれてしまえば症状はなくなります。随時血糖値が100〜110以上の場合、または50g糖負荷試験で陽性の場合、妊娠糖尿病か確認するために、妊娠24〜28週の間に、75g糖負荷試験を受けることになります。BMI（体格指数）が30以上の人、糖尿病の近親者がいる人、過去の妊娠で糖尿病を発症した人も、同じ検査をすすめられます。

ヒプノバーシング（催眠出産）はすばらしいアイディアですが、リラックスし、イメージするためのさまざまなテクニックを教わり、妊娠中、コンスタントに練習することが大切です。

雑学

ヒプノバーシング（注→ p.481）

ヒプノバーシングの考え方は、非常にリラックスした状態で出産するためほとんど痛みを感じないというものです。そんなにうまくいくわけがないと思われるでしょう。しかし、ヒプノバーシングを絶賛する調査によると、その効果は目をみはるものがあります。複数の研究から、女性が感じる陣痛や分娩に対する恐れは自己催眠によって軽減できることがわかっています。また、鎮痛や医療介入も最低限に抑えられる傾向があり、多くの女性が自宅での出産に成功しています。

- **自己催眠の方法、リラックス法、イメージのしかた、呼吸法**をひと通り学びます。これらを繰り返すうちに自然とできるようになり、出産に落ち着いて、前向きな気持ちでのぞめるようになります。
- ヒプノバーシングの練習をすることで、自分の体をコントロールできるという自覚が生まれ、**陣痛・分娩中の痛みに対処できるようになります。**
- 何度も繰り返し練習することが重要です。また、**頼りになる出産立会人**は、妊婦がテクニックをマスターし、本番で活用できるよう助けてくれる、かけがえのない存在となるでしょう。
- 助産師に、近くによいクラスがないかたずねてみましょう。

第27週

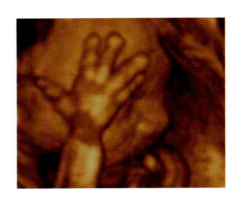

妊娠26週4日です

あと94日……

今日の赤ちゃん

左の3D超音波画像では、5本の指がすべてまっすぐ伸ばされています。このように指を伸ばしておくのは、少しの間でもきついことなので、赤ちゃんはたいてい、手首を少し曲げ、指も曲げて、手の届くところに漂ってくるものがあればすぐにつかめるようにしています。

赤ちゃんの生殖器は、このころには整っています。男の子の精巣は下降し、女の子の卵巣ではすべての卵胞の形成が終わっています。

先輩ママへの質問

Q. 赤ちゃんの誕生を幸せな気持ちで楽しみにしているはずのときに、口論ばかりしています。よくあることですか？

A. 赤ちゃんが生まれるということは、どんなに強いきずなで結ばれたふたりにも、多大なプレッシャーを与えます。わたしたちが口げんかするのはたいてい、すこやかな赤ちゃんが生まれるだろうかという心配と、スムーズに"親"になれるかに関してでした。そのことについて話しはじめると、子育てに関する問題の根本的な部分について、ふたりの意見が対立しているのがわかりました。わたしは神経質になっていて、怒りっぽく、気分が変わりやすく、怒るつもりがなくてもカッとなっていました。

わたしたちは落ち着いて話し合い、小さなことでいちいち目くじらを立てないようにし、口論になる話題は避け、それほど重要でないことは妥協することにしました。難しい状況に陥ると、わたしは考えました。「この人のことを愛しているし、わたしたちの赤ちゃんが生まれてくる。長い目でみて、これってそれほど重要かしら」と。また、わたしは、妊娠する前にふたりで楽しんでいたことをいっしょにする時間をとり、笑う機会をつくってストレスを減らし、ものごとを広い視野でとらえるようにしました。すると、赤ちゃんが生まれるころには、ふたりともずいぶん穏やかな気持ちになっていました。

赤ちゃんが男の子なら、ちょうどこのころに精巣が陰嚢へと下降し終わるでしょう。このとき、少量の液体が左右の精巣のまわりにたまる、陰嚢水腫と呼ばれる症状をともなうことは珍しくありません。この液体は赤ちゃんが誕生する前、または誕生後に自然になくなるでしょう。

精管、血管、神経などとともに精索を構成する精巣挙筋は、精巣を引き上げて鼠径部に戻すことができます。この機能は、赤ちゃんの誕生後、睾丸内の温度を調整するのに役立ちます。冷却の必要があるときは精巣挙筋が緩みます。赤ちゃんが健診を受けるときに体温が少し下がると精巣挙筋が収縮し、新生児期の停留精巣であるかのような印象を与えます。

子宮のなかでは体温調節は必要なく、精巣はゆっくりと陰嚢内へと下降していきます。赤ちゃんが誕生したときに、どちらか（または、両方）の精巣がまだ下降してきていないケースは決して珍しくありません。その場合、一般的な発育状態のチェックの一環として、医師はどちらの精巣も陰嚢内に下がってくることを確認するでしょう。

卵巣には一生分の卵子を産生する卵胞がすべてそろっていますが、精巣が精子をつくりはじめるのは、思春期になってからです。

この段階になると、発育のスピードや体重増加の差は、これまでよりもはっきりしてきます。誕生時に、男の赤ちゃんのほうが女の赤ちゃんよりも少し体重が多い傾向があります。

妊娠後期の体重増加

妊娠後期には、安定した体重増加が重要です。 妊娠前に健康的な体重だった人は、妊娠35〜36週までは週に約0.5kgずつ体重が増え、その後はそれほど増えないと考えてください（注：日本では妊娠中の体重増加の基準は欧米より厳しく、週に0.3〜0.5kgが推奨増加量）。全体的な増加体重の大部分を占めるのは、赤ちゃんであり、その次が脂肪です。脂肪は妊娠を維持するために必要なもので、出産後の授乳にも必要とされます。体重増加に問題がないかは、助産師がその経過をチェックしています。

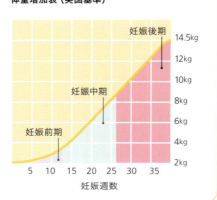

体重増加表（英国基準）

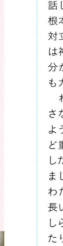

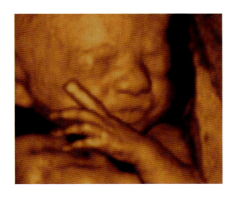

妊娠26週5日です

あと93日……

今日の赤ちゃん

この週に初めてまぶたを開く赤ちゃんもいますが、これは一瞬のできごとなので、超音波検査でとらえるのは難しく、おそらくスクリーンではみられません。赤ちゃんにいくらか光は届いていますが、まだ昼夜に対応するような眠りと覚醒の周期はできていません。

赤ちゃんは日に日に大きくなってきて、お母さんには赤ちゃんの体の部位や動きがこれまでよりよくわかるようになってきます。

赤ちゃんがおなかのなかで動くのを感じられるのはすばらしいけれど、ときには不快感をともなうこともあります。赤ちゃんの成長にともない子宮のなかは窮屈になってきて、赤ちゃんが脚を蹴り出したり、伸びをしたりすれば子宮の壁に当たります。これらの動きは、トントンたたくようなものから、しゃっくりを思わせるものまで、さまざまな感覚でお母さんに伝わるでしょう。赤ちゃんが勢いよく蹴ることもあります。その足がお母さんの肋骨周辺にあると、息が止まりそうになり、しばらくかなりの痛みが続くでしょう。眠っていても、赤ちゃんのキックで目覚めることもあります。多くの女性が、赤ちゃんは夜の間のほうが活発に動くといいます。すわっていようと横になっていようと、お母さんの姿勢が赤ちゃんにとって快適でないと——例えば、体の左右どちらかを下にして横になり続けているなど——、赤ちゃんはお母さんが体勢を変えるまでしっかり蹴り続けるでしょう。

これらの動きは、不快に感じられたり、不意に襲ってきたりしますが、たいてい赤ちゃんの成長をやんわり思い出させてくれるだけですから、楽しんでください。

ドクターへの質問

Q. いま出産したら、赤ちゃんは生きられますか？

A. 比較的近年まで、妊娠28週以前に生まれた赤ちゃんが助からないことは、少なくありませんでした。今日では、新生児集中治療室（NICU）における医療の進歩により、妊娠22週で産まれた赤ちゃんが子宮の外で生きられるようになっていますが、それでもまだ非常に稀なケースです。英国のほとんどの病院のガイドラインでは——法的に求められているのも同じですが——生まれた赤ちゃんに明らかな生命のきざしがない限り、妊娠が23週以上続いている場合のみ蘇生がおこなわれます（注：日本では妊娠22週以上は、一般に蘇生がおこなわれる）。

あまりに早く生まれる赤ちゃんには、最先端の医療をもってしても障害が残るリスクが高まり、分娩自体が赤ちゃんに多大な負担をかける可能性があります。超早産児のケアには、非常に経験豊かな医師、助産師、看護師があたります。

可能なら、分娩はそのようなケアに特化した新生児集中治療室（NICU）がある病院でおこなうべきです（p.452〜453参照）。それが難しい場合、移動に耐えられるくらい赤ちゃんの状態が安定しているときに、専門機関に搬送されるのが一般的です。超早産児は、発育が"追いつく"のにも、節目に到達するのにも長い時間を要します。1日、そして1週間という妊娠期間に大きな意味があり、分娩が満期（妊娠37〜41週）に近いほど、赤ちゃんのためになります。

トピック——安全

ベビーベッドを買う

適切な寝具を使い、赤ちゃんを安全に寝かせるためのガイドライン（p.444参照）に従いましょう。

- 赤ちゃんがおむつをして、肌着と全身をカバーするベビー服を着ているとして、**室温が16〜20℃（18℃が理想）**の場合は、**シーツ1枚と、薄手の毛布1〜2枚**（ふたつ折りにした毛布は2枚とします）をかけてあげます。室温が高めならシーツのみにし、低い場合は毛布を足します。
- **ベビーバスケットやクーハン**（赤ちゃんを寝かせたまま持ち運び可能なかご）で寝かせる場合は、専用のシーツを使用してください。
- **赤ちゃん用の寝袋**を使う場合は、軽いこと、サイズがあっていること、フードがないことを確認してください。

第27週

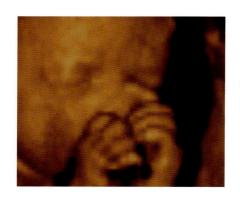

妊娠26週6日です

あと92日……

今日の赤ちゃん

感覚の鋭い口唇と指がスムーズに出会い、親指をうまくしゃぶれるようになってきます。超音波検査では、多くの赤ちゃんが指しゃぶりを楽しんでいるようにみえます。発育中の赤ちゃんは、重要な感覚的フィードバックに加え、おそらく安心感も得られるのでしょう。

出産までの数カ月、仕事を離れて過ごせるのは魅力的ですが、そのぶん出産後に赤ちゃんと過ごす時間は減ってしまうでしょう。

体調がよければ、臨月まで仕事を続けるとよいでしょう。例えば、出産の2カ月前から休暇をとったものの、実際には出産予定日を過ぎてから赤ちゃんが生まれた場合は、特にストレスを感じるかもしれません。できるだけ長く仕事を続ければ、後任者への引継ぎに時間をかけられるかもしれません。仕事で疲れてしまう場合は、休暇をとるなどして調整し、できるだけラッシュアワーを避けて通勤しましょう。いつから産前休業を取得するにしても、同僚が食事会を開いてくれたり、赤ちゃんにプレゼントすることを考えてくれたりするかもしれません。出産後になにがほしいかをたずねられたら、商品券をお願いすると、高額の赤ちゃん用品を購入するのに役立てられますし、ほかの人からのプレゼントと重なることも避けられます。出産祝いのウィッシュリストをつくってくれるお店もたくさんあります。これは自分のほしいものを選んで知らせるにはいい方法です。

妊娠後期の腰痛

妊娠中にもっとも多い悩みのひとつ、**腰痛は、一般的に、体重は増加して関節は緩むという、妊娠において避けられない変化が原因で起こります。**腰痛を軽減する方法はいくつかありますが、運動の習慣がある女性は、運動しない女性に比べてひどい腰痛に悩まされることがずっと少ないようです。

腰痛を防ぐには腹筋を強化して腰をサポートし、脚と腕の筋肉も鍛えることです。250ページを参照し、効果的な腹部の運動をしましょう。

赤ちゃんを産んだからといって、身軽になれるわけではありません。新生児を抱きながら、チャイルドシートや、大きなママバッグや、買い物袋などを持たなければならないでしょう。ですから、妊娠期間を通して腹筋を強く保ち、産後に備えるのがいちばんです。ここでは、妊娠後期の腰痛を防ぐためにできること、トップ5を紹介します。

- **強さを保つ**：体の各部を強化するトレーニング（p.196参照）をすると、妊娠中の体重増加に耐えられる体をつくれます。
- **サポートする**：腹帯を購入して、おなかの重みから腰を解放しましょう。腹帯は、下がりがちになるおなかもサポートし、脚部の不快感をやわらげてくれるでしょう。双子以上の多胎妊娠の場合は、特に利用する価値があります。
- **眠る**：眠るときは脚の間にクッションをはさみ、腰への負担をやわらげましょう。U型やC型など、おなかと腰を同時にサポートするように設計されたクッションを買うか、借りるかしましょう。
- **ストレッチをする**：体が柔軟なら、腰はリラックスさせ、筋肉が凝り固まるのを防げます。
- **すわる**：背中を椅子の背にぴったりつけてすわりましょう（p.219参照）。さらに腰をサポートする必要があれば、クッションを当てることもできます。デスクワークをする人は、椅子が腰を十分にサポートしていることを確かめてください。

ストレッチをすると、筋肉が凝り固まるのを防ぐので、**気持ちのうえでも緊張せず、リラックスしやすくなります。**動きやすい服を着て、できるだけ体を伸ばすようにしましょう。また、エクササイズの前後には必ずストレッチをしてください。

妊娠後期

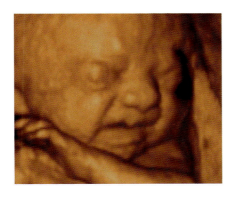

妊娠27週0日です

あと91日‥‥‥

今日の赤ちゃん

この赤ちゃんは、かなりごきげんななめにみえます。赤ちゃんは、子宮のなかで奇妙な顔やおもしろい顔をすることがよくあります。まるで、生まれてから自分の要求や気持ちを伝えるツールのひとつとして、ありとあらゆる顔の表情をいまから練習しているかのようです。

おふろのお湯にゆったりつかっているときに、赤ちゃんが動き、あなたのおなかをぐっと引き伸ばすのは、実にすばらしい光景です。

お母さんのおなかは、奇跡のようなすばらしいものです。これまで、27週間かけて多くの変化を遂げ、これからも出産するまで大きくなり続けます。

そのおなかのなかでは、発育中の赤ちゃんが動いています。赤ちゃんが足を蹴りだしたり、ぐるりと回転したりするとき、おなかを見下ろしてください。赤ちゃんの動きがみえたり、お母さんのおなかを蹴った足の形までわかるかもしれません。

入浴時は、おなかの観察に向いています。お母さんがくつろいでいるとき、赤ちゃんはふだんより活発に動くことが多いからです。時間をとって赤ちゃんの動きを観察し、よく動いているときは、パートナーの手をおなかに当て、彼にも赤ちゃんと触れ合わせてあげましょう。

赤ちゃんが動くのをみるのは素敵なことです。 出産してしまうと、どんどん大きくなる"動く"おなかが恋しくなってしまうかもしれませんよ。

助産師への質問

Q. おなかの計測値が3週間も変わっていません。なぜわたしの赤ちゃんは大きくならないのでしょう？

A. 妊娠24〜36、37週までは、恥骨から子宮のいちばん上までの長さ、子宮底長を測ります。これは赤ちゃんの発育具合を示す数値です。ただし、妊娠の早い段階では、子宮底長は赤ちゃんがどれくらい発育しているかの判断基準にはなりません。

助産師がおなかを計測するとき、その測り方によって個人差が生じます。ですから、毎回、別の助産師が計測したなら、その値を比較するのは難しいでしょう。ただし、ひとりの助産師が計測したとしても、赤ちゃんの発育具合を確実に予測できるとはいえません。万が一心配するべきことがあれば、医師の診察を受け、超音波検査などでさらに詳しく調べる必要があるか判断してもらうことになるでしょう。

トピック――お父さん

あなたも疲れていますか？

妊娠するということは、ほとんどの女性が予想する以上に体力を消耗するものです。妊娠後期には、膀胱が圧迫されるので、あなたのパートナーは夜中にトイレに起きるようになるかもしれません。大きなおなかが妨げになり、ぐっすり眠れる体勢がなかなか定まらないこともあるでしょう。パートナーには、内臓の位置の変化からホルモン値の上下まで、さまざまな変化が起こっており、情緒が不安定になる原因となることがあります。彼女がぐっすり眠れないと、あなたも目を覚ましてしまうかもしれません。結果として、ふたりともが常に疲れているということになります。

残念ながら、これといって解決策はありません。早めにベッドに入るといいかもしれませんが、寝る前にいっしょにくつろぐ時間もまた大切です。最終的には、断続的な眠りがふたりの日常生活の一部になるでしょう。この問題については手っとり早い解決策はありませんが、夜のソーシャルライフを減らすと楽になるかもしれません。

第27週

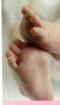

第28週（妊娠27週1日〜28週0日）

まだ誕生前だというのに、赤ちゃんの行動のパターンが決まってきます。

赤ちゃんの睡眠と覚醒のリズムが一定になり、
呼吸、あくび、嚥下のパターンはこれまで以上に明確になってきます。
しかし、お母さん自身の生活はリズムを欠いてくるように思われるかもしれません。
職場ではなにかが少し違うように感じられ、人づきあいがおっくうになり、
会う機会が少なくなった友人もいるでしょう。
それでも、完全につながりを断ってしまわないようにしたいものです。
せめて、電話、Eメール、SNSで連絡をとり合いましょう。

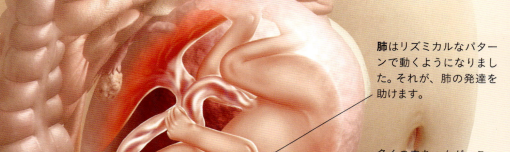

肺はリズミカルなパターンで動くようになりました。それが、肺の発達を助けます。

まつ毛とまゆ毛が伸びて、濃くなってきます。

髪の毛が長くなってきます。

多くの赤ちゃんが、このころには頭を下にした"**頭位**"という体位をとるようになりますが、あと数週間は体位を変え続ける可能性があります。

妊娠28週0日では、赤ちゃんの**身長**は平均37.6㎝で、**体重**は平均1kgです。

妊娠のこの段階になると、ホルモンが変化するせいで、**骨盤の関節**に痛みを感じることがあります。

妊娠後期

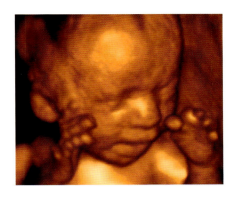

妊娠27週1日です

あと90日……

今日の赤ちゃん

超音波検査をすると、左右の前頭骨の間にあるすき間が、赤ちゃんの頭頂のやわらかい部分では黒っぽい線にみえます。これは皮膚表面に線があるわけではなく、皮下に骨がない部分です。超音波が反射せずに透過してしまうので、黒っぽく映るのです。

自分にできることはなんでもして、職場の中長期的な計画にかかわり、自分がチームの一員であるという気持ちを持ち続けられるようにしましょう。

　母親業と仕事とのバランスをとるのは容易ではなく、まだ妊娠中だというのにその問題が発生するかもしれません。あなたのキャリアによっては、長期計画の話し合いから除外されていると感じることもあるでしょう。同僚にしてみれば、計画が動き出すころにはあなたは休業中だろう、または産前産後の休業のあとは戻ってこないかもしれない、と考えるのでしょう。なかには、あなたが妊娠中というだけで、これまで通りには仕事ができないと決めてかかり、単純にあなたへの態度を変える同僚もいるかもしれません。あなたは、将来的な計画から締め出されたように感じたり、休業中に自分がかかわれないせいでまともに意見をきいてもらえない、と感じたりするかもしれません。自分がそのプロジェクトを最後まで見届けられないとわかっていながらも、やる気になるのは難しいというのも事実でしょうから、疎外感に拍車がかかる可能性もあります。

　半年後、または1年後にどんな仕事をしているかは、だれだってわからないものですが、あなたの強みは、いつまで仕事を続けるかわかっており、いつ職場に戻ってくるかだいたいの見当もついていることです。自分の仕事をこれまで通り続け、不在で最後まで見届けられない可能性があってもすべてのプロジェクトに貢献したいのだということを、行動で明確に示してください。いまの時点で、赤ちゃんが生まれたらいずれ職場に戻ってきたいと考えているなら、ときがたてばあなたの決意が揺らぐかもしれないと疑念を抱く人たちに、自分の考えをはっきり示してください。

　また、あなたの不在中の仕事の分配を考えたり、後任者を探したりすることで、休業中の計画を助けることもできます。いま、計画的に進めておけば、数週間後、産前産後の休業に入る直前の日々をずっと楽に過ごせるでしょう。

先輩ママへの質問

Q. ベビーバスを買ったほうがいいですか？　それとも家の浴槽で代用できますか？

A. わたしは、ベビーバスは絶対必要なものではないと思っていましたが、実際に使ってみると非常に便利でした。（使いたい部屋に水道がなければ、お湯を運ばなければなりませんが）どの部屋でも使えるというのは非常に都合がいいものです。

　はじめの数回は、恐る恐る赤ちゃんに沐浴させていましたが、経験豊富な親でももぞもぞ動く赤ちゃんをお湯のなかで安全に支えるのは容易ではないそうです。小さめのベビーバスを使うほうがこわくなく、沐浴に自信がつくかもしれません。しかし、赤ちゃんは半年もたてばベビーバスより大きくなり、（ゆずってあげる人がいれば別ですが）使わなくなったベビーバスは場所をとるだけです。家庭の

浴槽で使える新生児用のバスシートを利用する人もたくさんいます。赤ちゃんのためにお湯をぬるくしなければならないので、おとなにはちょっとぬるすぎるかもしれませんが、赤ちゃんといっしょに入浴するのもひとつです。

ご存じですか

子宮が大きくなってくると、横隔膜が圧迫されるので、息を深く吸いにくくなるでしょう。

　実際には、思った以上に空気を体内にとり入れているものです。自然に腰が反ろうとするのに抵抗しないようにすることが大事です。そうすれば、胸郭が開いてさらに空気が入ってくるうえ、重くなったおなかのバランスもとりやすくなります。

第28週

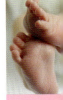

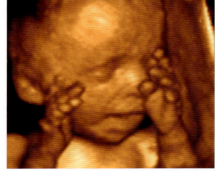

妊娠27週2日です

あと89日……

今日の赤ちゃん

赤ちゃんが、うれしそうな表情をみせることがあります。赤ちゃんは、笑ったり、顔をしかめたり、額にしわをよせたり、舌を出したりします。これらの多くは近年になってわかってきたことで、3D超音波検査によって赤ちゃんの表情をつぶさに観察できるようになったおかげです。

赤ちゃんの眠りと覚醒の周期が定まりました。この周期は、誕生して数日から数週間のうちの睡眠覚醒周期ととても似ています。

このころまで、赤ちゃんのあくびはごく稀に一度出るくらいでしたが、いまでは反復的になり、一度に数回続けてあくびをするようになります。嚥下反射は妊娠25週ごろにみられるようになりますが、スムーズに飲み込めるようになるにはまだまだ時間がかかります。

赤ちゃんの呼吸様運動は、肺組織の正常発育に欠かせません。羊水を肺のなかに吸い込むわけではありません。肺のなかは、肺組織そのものがつくりだす液体で満たされており、赤ちゃんが呼吸様運動をすると、少量の液体が排出されます。息を吸うたびに横隔膜は押し下げられ、吐くたびに胸壁が内側に向かって動くとともに喉頭は広がり、肺内の液体が体外に漏れていきます。1回の呼吸で、肺の外に出される液体の量はごくわずか（0.5％）です。これは1回の呼吸運動で肺に出入りする空気の5分の1（20％）に相当します。

赤ちゃんは、数週間前から呼吸様運動をおこなっていますが、これまではパターンが一定ではありませんでした。いまでは、赤ちゃんの呼吸様運動のパターンは、以前より安定してきた睡眠覚醒周期を反映しはじめ、リズミカルになってきました。

トピック──栄養

カロリーを燃やす

妊娠中は、体──主に腰回り、太腿、腹部──が脂肪を蓄え、赤ちゃんの発育に十分なエネルギーを確保します。お母さんの体は通常、グルコース（ブドウ糖）をエネルギー源としますが、妊娠中期から後期にかけてはホルモンと代謝の変化により、脂肪をエネルギー源とするようになります。運動する習慣があるのにカロリーを補給しないでいると、貯蔵脂肪の量が減ってしまう恐れがあります。しかも、心血管運動やダンベルを使ったエクササイズをすると、日常的に代謝率が少し上がる傾向があるので、運動していないときでも体が通常以上にカロリーを燃やすことになります。

妊娠中に運動を習慣づけるのは大切ですが、成長中の赤ちゃんと自分の体が必要とするだけのカロリーを摂取するようにしてください。

（補足）日本人の食事摂取基準（2015年度）では、運動量にかかわらず妊娠中期は250kcal、後期は450kcalをプラスして摂取することが推奨されています。最近ではただでさえきちんと食べていない人が増えています。特に運動をした日はちょこちょこ食べてもいいので、意識してエネルギーを摂取できるよう心がけましょう。

考えてみましょう

妊婦健診

この第28週と、31、34週に、妊婦健診の予約をとってください（注：日本では妊娠24週から36週までは2週間ごとの健診となる）。

上記3回のそれぞれで、血圧の測定と尿たんぱくの検査がおこなわれるでしょう。また、助産師が子宮底長を測って赤ちゃんの大きさをチェックするとともに、お母さんに心配ごとがあれば相談に乗ってくれるでしょう。

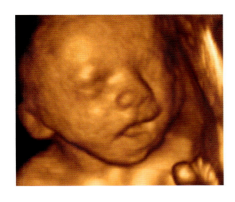

妊娠27週3日です

あと88日……

今日の赤ちゃん

左の赤ちゃんは、ちょうどあくびをし終えるところです。このころには、あくびをするにもぎこちなさがなくなり、1度したと思えばまた次のあくびをすることがよくあります。
写真の右下にみえるのは手指の先のようですが、実際には口の近くまで持ち上げられた足です。

あなたが好むと好まざるとにかかわらず、だれにも妊娠についての持論があり、妊娠中のお母さんにひとこといいたくなるものです。

おなかのふくらみを誇りに思い、大事にしているでしょうが、人から過保護にされて非常に不快に感じることがあるかもしれません。だれもかれもがあなたの妊娠についてひとこといいたがり、あれこれ口出ししてくるように感じられるでしょう。周囲から注目されることを快く感じる人もいれば、ストレスに感じたり、息が詰まるように感じたりする人もいます。あれこれアドバイスされて対処しきれないと感じる場合も、みんな善意からいうのだということを忘れないようにしましょう。

もちろん、あなたの体ですから、赤ちゃんと自分にとっていちばん望ましいことをするでしょう。あまりストレスに感じるようなら、主な原因になっている人たちに話してみてください。たいていの場合、パートナー、実母、義母あたりでしょう。あなたがベストを尽くしていて、妊娠中にすべきこととすべきでないことはわかっているし、医師や助産師にいわれた通りにしている、と説明してください。アドバイスには感謝しているけれど、自分の体と赤ちゃんのことはちゃんと考えているので安心してください、と伝えましょう。

身につける香水は注意深く選びましょう。以前使っていた香りでも、妊娠中には気分が悪くなったり、めまいを覚えたりすることがあるかもしれません。

トピック——お母さんの健康

血圧測定

初めて妊娠する女性の約4分の1が、妊娠中に高血圧になります。血圧が高いのは（尿たんぱくとともに）、妊娠高血圧症候群の兆候であることがあります。妊娠高血圧症候群（p.474参照）は肝臓や腎臓に影響し、放置すると、けいれんを引き起こす重大な疾患である子癇の原因となることがあります。妊娠高血圧症候群を発症すると、助産師があなたの血圧の推移を注意深く観察します。誘発分娩、または帝王切開が可能な段階に妊娠が進むまで、薬を処方されるでしょう。

雑学

体のにおい

あまり触れられない話題ですが、妊娠中はふだんよりも自分のにおいが気になるかもしれません。よく汗をかくようになるのでなおさらです。とはいえ、周囲の人が気づくことはまずないでしょう。膣の分泌物が増えるのも、心配いりません。ただし、おりものに嫌なにおいがある場合や、黄色っぽい、または緑っぽいという場合は、感染症の疑いがあるので、医師の診察を受けてください。次のような方法で、気になるにおいを防ぎましょう。

- **毎日シャワーを浴びるかおふろに入り**、そのたびにデオドラント製品を使いましょう。1日中さっぱりしていられるように、携帯用のウェットティッシュを持ち歩きましょう。
- **これまで使っていた香水が"合わない"と感じたら**、ボディスプレーやローションを使いましょう。香水に比べて香りが軽く、頭痛の原因になりにくいでしょう。
- **体にぴったりした服は避けましょう。** ゆったりした天然素材の服は汗を吸収し、皮膚の呼吸を妨げません。
- **コットンの下着をつけ**、必要なら、ふだんより頻繁にとりかえましょう。
- 必要に応じて、**使い捨てのパンティライナー**を使えば気持ちよく過ごせます。

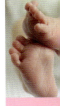

赤ちゃんの発育と健康を評価する

英国において助産師は、妊娠期間を通してお母さんの健康状態を把握するだけでなく、赤ちゃんの発育具合も評価してくれます。健康状態について気になることがあれば、さらに詳しい検査を受けるようにすすめてくれるでしょう（注→p.481）。

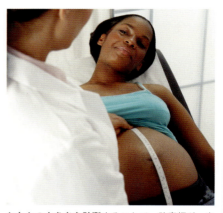

おなかの大きさを計測することで、助産師が、赤ちゃんの発育具合を把握しやすくなります。

赤ちゃんの大きさを測る

妊娠にこれといった問題がなければ、妊婦健診でおなかの大きさを測り、赤ちゃんの発育具合を評価します。恥骨のいちばん上から子宮のいちばん上（基底部）までの計測値（子宮底長）は、およそ妊娠週数と同じで、最大で週数プラスマイナス 2 cmまでの誤差は許容範囲です。例えば、妊娠26週なら、子宮底長は 24 〜 28 cmの間になるはずです。子宮底長の計測が可能なのは、妊娠24週から 36、37 週までです。妊娠の終わりごろに赤ちゃんが骨盤内に"下がる"と、子宮底長からは赤ちゃんの実際の大きさを予測しにくくなるからです。子宮底長と妊娠週数の差が 3 cm以上ある場合は、医師が超音波検査をおこない、赤ちゃんの発育（下記参照）と羊水の量を確認します。検査でなんらかの問題がみつかれば、2 週間おきに超音波検査をおこないます。その期間の発育パターンを分析することで、赤ちゃんが正常に発育しているかどうかをより正確に評価できるためです。

例えば、お母さんが肥満である、多胎妊娠、大きな子宮筋腫があるといった場合、発育の評価を正確にする唯一の方法は、超音波検査です（注→p.481）。

結果を理解する

成長曲線

さらに妊娠が進んでから、助産師か医師が赤ちゃんの発育に気がかりな点があれば、間隔をあけて何度か超音波検査をおこない、発育状況をグラフにして管理するでしょう。赤ちゃんの頭、腹部、脚をそれぞれ測定します。**頭と腹部の計測値は非常に重要です。** この 2 カ所の発育パターンに差があるということは、注目すべき問題を示唆している可能性があります。

下のグラフの3本の線は、正常発育の範囲を表します。まん中の赤い線を中央値（50パーセンタイル）といい、平均的な発育のパターンを示します。上下のピンクの線は90パーセンタイル値と 10 パーセンタイル値で、測定値がこの範囲にあれば、偏りなく発育しているとみなされます。一定期間、頭囲と腹囲を計測してグラフにすると、発育のパターンがひと目でわかります。左のふたつのグラフでは、頭は平均的に発育しているものの、腹部の発育に減速がみられます。原因としては胎盤の問題が考えられ、それ自体はお母さんの状態によるものかもしれません。例えば、高血圧（p.283 参照）や糖尿病（p.473 参照）は、胎盤の血流に影響することがあります。赤ちゃんへの血流が制限されると、血液が運ぶ酸素や栄養は、脳や心臓といった、赤ちゃんの生命維持に欠かせないもっとも重要な臓器にまわされ、腹部の臓器は後回しにされます。その結果、頭部と腹部の発育パターンに差が生じます。

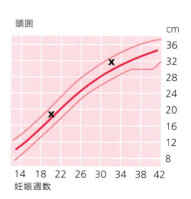

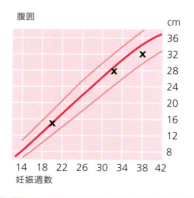

妊娠後期の超音波検査で発育具合をみる

妊娠後期までには、赤ちゃんの全身が超音波検査のスクリーンにおさまりきらなくなるので、妊娠20週の超音波検査（p.214参照）と同じように、いくつかの測定値を組み合わせて体の大きさを算出します。算出に使われるのは、頭の幅（児頭大横径）、頭囲、腹囲です。これらの数値は期間をおいて何回か計測され、グラフ（前ページコラム参照）に示されます。太腿の骨の長さ（大腿骨長）も計測するかもしれません。測定値が10パーセンタイル未満の場合や腹囲が小さい場合、赤ちゃんの健康状態（下記参照）を評価するため、さらに検査を受けることになるかもしれません。測定値が90パーセンタイル曲線を上まわる場合は、お母さんが妊娠糖尿病（p.473参照）を発症している疑いがあるので、詳しく調べる必要があります。また、赤ちゃんの大きさが90パーセンタイルを超える場合は、医師か助産師から帝王切開をすすめられるかもしれません。

赤ちゃんの健康

赤ちゃんの発育に気がかりな点があれば、胎児心拍数モニタリング、または刺激に対する赤ちゃんの反応や胎児機能不全の兆候がみられないかを観察するバイオフィジカル・プロファイル・スコアリング（BPS）という検査がおこなわれます（両方おこなわれる場合もあります）。赤ちゃんの発育に影響するお母さんの疾患（前ページコラム参照）がすでにわかっている場合は、赤ちゃんの発育に心配があるかないかにかかわらず、妊娠32週を過ぎたあたりから週に1、2回、上記の検査のどちらか、または両方を受けるよう医師からすすめられるかもしれません。病院によっては超音波ドップラー法（右上のコラム参照）という特殊な超音波検査をして胎盤の血流を評価するでしょう。

胎児心拍数モニタリング

胎児心拍陣痛計（CTG）の測定値（p.418参照）を使い、赤ちゃんの健康状態を評価します。お母さんのおなかにモニターをふたつ当てます。そのうちのひとつは子宮の収縮を読みとり、もうひとつは赤ちゃんの心拍をききとり、それらの結果がひとつのグラフに記録されます。心拍は、子宮の収縮や赤ちゃんの動きに反応して速まります。20〜30分間に赤ちゃんの心拍の加速が2度あり、大幅な減速がなければ問題ないとみなされます。およそ10〜20%の赤ちゃんの心拍は、結果として加速が2回未満ですが、だからといって必ずしも問題があるというわけではありません。ただ、赤ちゃんが眠っていただけかもしれないので、再検査がおこなわれます。

バイオフィジカル・プロファイル・スコアリング（BPS）

赤ちゃんの心拍モニタリング後、医師が必要と判断すれば、BPSという評価がおこなわれるでしょう。BPSは胎児心拍陣痛計（CTG）による測定に超音波検査を組み合わせ、羊水量、胎動、赤ちゃんの筋緊張および姿勢、呼吸様運動という、4つの要素を評価するものです。各項目につき2点で評価され、BPSで問題ないとされる点数は8点です。

結果を理解する

超音波ドップラー法

超音波ドップラー法は**胎盤の血流を分析する特殊な超音波検査**です。胎盤がうまく機能していれば、血液はスムーズに流れます。胎盤に問題があると、血流抵抗が高まるため、赤ちゃんの心臓は血液を送り出すために必要以上にいっしょうけんめい働かなければなりません。極端な場合だと、赤ちゃんの心拍の間に臍帯の血液がまったく流れなくなったり、逆流してしまったりすることがあります。そのような場合、かなりの早産でない限り、早めの出産をすすめられるでしょう。

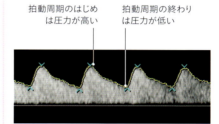
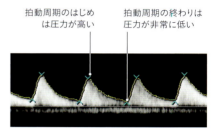

拍動周期のはじめは圧力が高い　拍動周期の終わりは圧力が低い　　拍動周期のはじめは圧力が高い　拍動周期の終わりは圧力が非常に低い

超音波ドップラー法でみる**正常な波形**では、血液は胎盤を経由して赤ちゃんへと絶え間なく流れています。拍動周期のはじめには圧力が高く、周期の終わりには圧力が下がるものの、血流は止まりません。

異常な波形では、胎盤内の血流に抵抗が生じていることがわかります。その結果、拍動周期の終わりにはほとんど、またはまったく血液が流れていません。これでは赤ちゃんに十分な酸素が届かず、発育に影響する可能性があります。

Q&A

Q. 胎動の回数を数えるという話をきいたことがありますが、やらなくていいですか？

A. 一定の時間内に胎動を何回感じるかを数えるのは、赤ちゃんの健康状態を確認する方法として推奨されていました。しかし近年では、胎動の回数よりそれぞれの赤ちゃんの胎動パターンをつかむほうが、赤ちゃんの健康状態を知るうえで信頼できる指標となるとされています。胎動のパターンが変化したと感じたら、念のため助産師か医師に相談してください。

Q. 赤ちゃんが動きすぎるということはありますか？

A. お母さんは夜眠れなかったり、痛みを感じたりすることがあるかもしれませんが、赤ちゃんは動けば動くほどよいのです。赤ちゃんが活発だからといって、落ち着きのない赤ちゃんが生まれるとか、極度に活動的な子どもになるわけではありません。

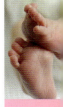

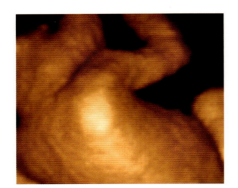

妊娠27週4日です

あと87日……

今日の赤ちゃん

左の写真では、赤ちゃんは超音波装置から顔をそむけ、背中をこちらに向けています。皮下脂肪がどんどん厚くなっているので、赤ちゃんの皮膚は以前ほど透き通っていません。この脂肪も、今後の赤ちゃんの体重増加の大きな部分を占めるようになります。

赤ちゃんのまゆ毛とまつ毛、そして頭髪が伸び続けます。赤ちゃんは、子宮全体を使ってよく動いています。

赤ちゃんの目は開いており、まゆ毛とまつ毛は生えそろいました。赤ちゃんの頭髪は、これからどんどん長くなり続けます。

赤ちゃんは、子宮のスペース全体をうまく使ってよく動いていることでしょう。一時的に骨盤位（逆子）の体位をとっていることもあります。この段階では3分の1の赤ちゃんが骨盤位にあります。しかし、妊娠36～37週ごろになるまで赤ちゃんの位置は定まりません。子宮の形はもともと、頭を下にした頭位に向いているので、妊娠37週になっても骨盤位のままの赤ちゃんは、わずか3～4％です。いまの段階では、お母さんには（助産師にも）赤ちゃんの位置を当てるのは非常に難しいでしょう。例えば、おなかの特定の部分に赤ちゃんの足が当たったからといって、それで赤ちゃんの体位がわかるものでもありません。赤ちゃんの体はとても柔軟です。超音波検査でみると、体をふたつに折り曲げて足を頭にくっつけているかもしれませんよ。

血液検査

妊娠26～30週の間に、貧血でないことを確かめるために血液検査を受けることになるでしょう。貧血だとわかれば、鉄剤を処方されるかもしれません。血液中の水分量が増えるため、妊娠がさらに進むとヘモグロビン濃度が下がる可能性があります。そのため、いまの時点で貧血に対処しておくだけのことはあります。鉄剤によって、便秘や下痢などの消化器症状を起こす可能性があります。そのような問題が起こったら、薬を変えてもらえないか相談しましょう。

血液型がRh−の場合は、このときに血液検査でRh＋の抗体がないかも調べます。幸いにして抗体がなければ、妊娠28週ごろに抗D人免疫グロブリン（p.123参照）の接種をすすめられるでしょう。赤ちゃんがRh＋なら、お母さんは出産後にもう1度、抗D人免疫グロブリンの接種を受けることになります。

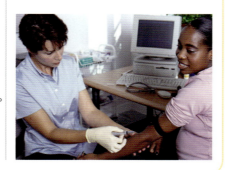

トピック──お母さんの健康

骨盤帯痛

骨盤帯痛なら、すぐにわかります。くしゃみをすると痛む、おばあさんのようによたよた歩いている、寝返りをうつのが大変だという場合、それが骨盤帯痛です（p.470参照）。以前は恥骨結合機能不全の名で知られていましたが、妊娠中の女性の5人にひとりが骨盤帯痛を経験します。ホルモンの変化により骨盤関節の機能のしかたが変化するのが原因で、かなりの痛みをともなうことがあります。次のことを試してみましょう。

- ベッドへの上がり下りや車の乗り降りの際には、両足をそろえる（座席にビニールを敷くと、滑りがよく、体の向きをくるりと変えやすくなります）。
- 眠るときは横向きに寝て、脚の間にクッションをはさむ。
- はきやすい靴を選ぶ。
- 家事、スーパーでカートを押すなど、痛みを感じる仕事は避ける。
- 温かいおふろでリラックスする。
- 医師に相談して、骨盤を低い位置でサポートするためのベルトかサポーターを着用する。
- セラピーを受ける。複数の研究によると、理学療法や鍼治療は有効だといいます。

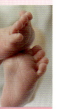

妊娠27週5日です
あと86日……

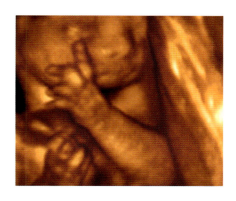

今日の赤ちゃん

左の写真では、指が目の近くにあります。赤ちゃんはほとんどの時間、目を閉じていますが、指（または足の指）が目をかすめたとしても、単純な反射運動で目を閉じることにより実際に目に触れるのを防げます。さらに、この時点では爪はまだ指先まで伸びていません。

ひとりで妊娠、出産にのぞむのは決してやさしいことではありませんが、適切なサポートがあれば、安心して赤ちゃんの誕生を楽しみに過ごせるでしょう。

シングルマザーとして赤ちゃんを産んだ多くの女性が、人生を苦労ばかりだとは感じていないのは心強いことです。ひとりで子育てするのもふたりでするのもたいして変わらないという印象をもたせるのは間違いでしょうが、助けがあれば、不可能ではありません。パートナーがいても、ときにはひとりで妊娠、出産に向き合っていると感じるものです。どうしても赤ちゃんがほしい理由があれば、その強い意志があなたを強くし、赤ちゃんに専念させてくれるでしょう。

妊娠中のすべての女性にいえることですが、話したり相談できたりできる人がいると、助けになるものです。自分の母親でも、親しい友人や親せきでもいいのです。自分の将来についてとても大きな決断をするのですから、サポートや正確な情報を得て、恐れたり動転したりせず、そして他人からのプレッシャーを感じることなく、ものごとをしっかり考える時間をもつことが重要です。心から信頼でき、あなたが必要とするとき——特に分娩時や赤ちゃんが誕生して間もない数週間——に支えてくれる人をみつけておくと、いまプレッシャーを感じていても気分が楽になるでしょう。また、自分の状況をより落ち着いて、明確に考え、計画を立てることもできるはずです。

まだ先のことでも、だれに出産に立ち会ってもらうかをいまから考えはじめるだけのことはあります。これはじっくり考えるべき重要な決断なのです。

支えてくれる人のネットワークをつくる

妊娠中のすべての女性にとって、精神面でも実際的な面でもだれかに支えてもらうことは大切ですが、**シングルマザーになる人には特に重要です。**

- **妊婦健診は欠かさず受け**、助産師と親しくなりましょう。とても貴重な情報源となってくれるはずです。
- **出産準備クラスの予約**をしましょう。日中に開かれるクラスのほうがカップルでの参加率が低いかもしれません。シングルマザーの人には女性どうしのネットワークを築くチャンスとなるでしょう。ヨガやアクアビクスのクラスにも参加してみてください。
- たっぷり時間をかけて、**出産に立ち会ってもらう人を選びましょう**。信頼する友人、それともあなたのお母さんでしょうか。立ち会ってほしいと頼まれた人は、きっと大喜びするでしょう。
- **友人や家族が助けてくれる**というときは、無理せず助けてもらいましょう。みんな、いまも赤ちゃんの誕生後も心から応援したいのです。

思いがけないボーナスが待っているかも？赤ちゃんを産むということが、**自分の母親との関係に変化をもたらし**、これまでよりもふたりで話すことが増えるかもしれません。

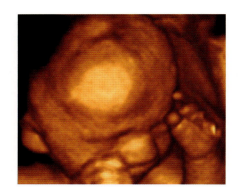

妊娠27週6日です

あと85日……

今日の赤ちゃん

超音波検査ではみることができませんが、赤ちゃんの頭には毛髪が生えはじめていて、まつ毛やまゆ毛は長くなっています。
髪の生えかたや色は、赤ちゃんの外見に大きくかかわりますが、超音波画像には映りません。

妊娠中に夏を過ごすのは、暑さをしのぐのが大変ですが、冬場の妊娠にも難しい問題があります。

もっともなことですが、多くの女性は妊娠が終わるまで着られても、**その後は2度と日の目をみないであろう冬物のコートを買いたがりません**。幸い、おそらくコートはまったく必要ないでしょう。妊娠が終わりに近づくと、体がかなりぽかぽかしてくる可能性が高く、暖かいコートやジャケット1枚よりも、ニットを何枚か重ね着するほうが快適だと感じるようです。重ね着すれば、移動中に暑いと感じたとき簡単に脱ぐこともできます。

また、パートナーの手持ちの服を拝借してもいいでしょう。長い時間、戸外で過ごすことがわかっているときは、おなかの上からでもボタンをとめられるコートかジャケットを借ることもできます。または、近くのリサイクルショップにいってみると、妊娠中の何週間か着るには十分の、大きめのコートやジャケットが破格でみつかるかもしれません。

もうひとつ考えてもいいのは、自分のコートの前を開けて着て、そのすき間に長いストールを垂らすという方法です。

大判のショールかストールの購入を検討しましょう。1枚あれば、妊娠中の冬を問題なく過ごせますし、赤ちゃんが生まれてからは、お母さんも赤ちゃんも温かく包んでくれます。ショールやストールなら、赤ちゃんをスリングで抱いているときに羽織ったり、戸外で思いがけず授乳しなければならなくなったりしたときに理想的です。

冬季は、特に路面が凍結するような気候のときは、特に気をつけなければなりません。外に出るときはそのような状況にふさわしいフラットな靴をはくようにし、滑って転倒するリスクを減らしましょう。

栄養士への質問

Q. 助産師から、わたしは貧血だといわれました。食事を工夫することで鉄分の値を改善できますか？

A. 妊娠中には必ず貧血の検査を受けるべきです。通常は、妊娠初期（最初の妊婦健診のとき）と、妊娠26〜30週の間におこなわれます（p.286参照）。一般的に、妊娠中には鉄の豊富な食事をとることが望ましく、そうすることで貧血の予防、改善につながります。脂肪の少ない赤身の肉、豆類、ドライフルーツ、緑の濃い野菜、鉄分が強化されたシリアル、パンなどをたっぷりとりましょう。鉄分吸収の効率を上げる、ビタミンCが強化された食品や飲み物を食事に加えるようにするとよいでしょう。ベジタリアンなら、卵、豆類、ナッツをたくさんとって、鉄の摂取量を増やしましょう。

血液中の鉄濃度の下がり具合によっては、鉄剤の服用をすすめられるでしょう（注：日本ではよく処方される）。

トピック──双子

実用的な調整を

ふたり以上の赤ちゃんを妊娠しているなら、家のなかを多少アレンジすることを考える必要があるでしょう。乳幼児突然死のリスクを下げるために、赤ちゃんが6カ月になるまでは両親と同じ部屋で寝かせるのがいちばんです。ただし、ベビーベッドは2台用意する必要はありません。赤ちゃんが3カ月になってからはおすすめできませんが、それまではふたりの赤ちゃんを同じベッドに寝かせられます（p.335参照）。

赤ちゃんを車に乗せるときは、赤ちゃんの人数分のチャイルドシートを使用するよう、法律で義務づけられています（注：日本では6歳未満の乳幼児が対象）。家から病院につれていくときも例外ではありません。

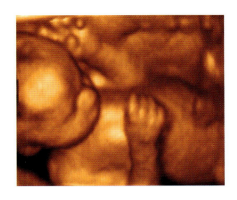

妊娠28週0日です

あと84日……

今日の赤ちゃん

このころ、羊水は最大量に近づき、赤ちゃんが動くには十分な広さがあります。
左の写真では、赤ちゃんは臍帯を見下ろすように顔を下に向けています。
このころの赤ちゃんは、まだ、1日に何度も体位を変えるでしょう。

友人たちのなかで、出産を経験するのはあなたが最初ですか？ この変化とともに、新たな友情が生まれ、それまでの友情は変化することがあります。

生涯のさまざまな段階を経る間に、変わっていく友情はあるものです。小・中・高等学校、大学、そしてかかわってきた仕事を通じていろいろな仲間ができ、ひとりやふたりは長年親しくしてきた友人がいるでしょう。たいていの場合、友情は、そのときどきで同じような人生の段階にいる人たちとの間ではぐくまれます。つまり、妊娠中や、小さい子どもを育てている間は、同じような状況にある女性にもっとも親しみを感じるのは自然なことです。出産準備クラスや育児グループ、または幼児向けの水泳や音楽のクラスなどで、新しいママだちができるでしょう。

新しい友だちができれば、以前の交友関係が変化しはじめるでしょう。子どものいない友人にとっては、あなたの母親としての新しい役割や、子どもに対するあなたの深い愛情を理解しきれないかもしれず、だんだん疎遠になるかもしれません。もちろん、そうでない場合もあり、なかには人生の違った道を歩んでいても、変わらぬ友情もあります。

助産師への質問

Q. 中古のチャイルドシートが売りに出されていました。中古品を買わないほうがいい理由はありますか？

A. 中古のチャイルドシートは過去に事故や破損があった可能性があるので、だれがどのように使用したか確実にわからない限り、使用しないほうがいいでしょう。

車の安全に関する専門家は、どうしても中古のチャイルドシートを使用しなければならないなら、使用歴が確実にわかっていて、付属の使用説明書がある場合は、家族か友人からならゆずり受けてもいいだろうといいます。そして、リサイクルショップ、新聞などの告知欄、インターネットで中古のチャイルドシートを買うのは絶対にやめたほうがいいといいます。

トピック――栄養

オーガニックの食品を選ぶ

オーガニックの食品を食べるのは、**妊娠中により健康的な食生活を送る一方法です**。有機栽培の果物や野菜は、化学肥料や農薬をまったく使わずに育てられます。オーガニックの肉、卵、乳製品は、成長ホルモンや抗生物質を投与されていない動物からつくられます。そのため、オーガニックの食品には残留農薬、添加物、保存料が含まれません。また、一般的には栄養もより多く含まれます。有機農法は、環境にやさしい方法でもあります。ほとんどの添加物は妊娠中に口にしても安全ですが、オーガニックの食品を食べることは、食品選びという健康の基礎に盛り込める第2のステップです。

オーガニック食品をとり入れるときに困るのは、通常の食品より高くつくことです。食品の値段を考えると、余分にお金をかけられない家庭は少なくないでしょう。オーガニック食品に切り替えるのが難しければ、できる限り加工されていない、本来の状態にある食品や、新鮮な果物や野菜をたっぷりとるのがいちばんです。そして、それもまた、非常に健康的な食生活なのです。

第29週（妊娠28週1日〜29週0日）

妊娠後期のこの時間を利用して、赤ちゃんを迎える準備をしましょう。

妊娠のこの時期は、なんだか腰は痛いし、少々退屈に感じるかもしれませんが、あれこれ考えてしまわないように、前向きな気持ちでできることはたくさんあります。例えば、母乳育児のクラスについて問い合わせてみたり、産前産後休業の計画を立てたり、赤ちゃんに必要なものの買い物リストを作成したりしはじめられます。おむつ、おむつ替え用マット、ベビー服、ビブやスタイ（よだれかけ）、ガーゼのハンカチなどが必要になるので、毎週、少しずつそろえるのもよいでしょう。

おなかが大きくなり続けるので、肋骨や横隔膜が圧迫されることがあります。

コイル状の臍帯のなかには**ゼリー状の液体**が詰まっており、赤ちゃんが体をよじったり、ぐるりと回転したりしても圧迫されないようになっています。

妊娠29週0日では、赤ちゃんの**身長**は平均38.6㎝で、**体重**は平均1.2kgです。

細かい胎毛が赤ちゃんの体をおおっています。ほとんどが誕生前に抜け落ちますが、生まれるときに少し背中に残っていることもあります。

脳は大きくなり続け、表面には成熟した脳にみられるようなしわやひだができはじめます。

妊娠28週1日です

あと83日……

今日の赤ちゃん

この週は、赤ちゃんの発育の節目となるといってよいでしょう。この段階で生まれる赤ちゃんは、まだ呼吸に助けが必要ですが、肺はある程度成熟しているので、子宮の外で生きていける可能性がこれまでよりも格段に上がります。

産前産後の休業によってどの程度の経済的影響が生じるか、休業後に職場に復帰するかどうかをそろそろ考えはじめましょう。

長い間仕事をしないなんて、産前休業がはじまって初めて経験する人も少なくないでしょう。間もなく、赤ちゃんのお世話に明け暮れる日々がやってくるのはわかっていても、これは気が滅入るような変化かもしれません。英国では契約によって、産前産後の休業中に支給される手当の額は異なります。出産予定日の15週間前までに、（フルタイムかパートタイムかにかかわらず）少なくとも26週間以上働いていれば、法定出産休暇給付（SMP）を受けとる権利があります。SMPは英国政府が定める制度に基づいて雇用主が支払うもので、最長で39週間受けとることが可能です（p.348～349参照）。そのあと、無給で3カ月の休暇を取得することができます。つまり、最長で1年間、仕事を休むことが可能で、その後、職場復帰できるというわけです。会社によっては他社よりも待遇がよい場合があり、産前産後の休業中に給料の一部が支給されることもあります。産前産後の休業を取得すると、収入はかなり減るかもしれません。どれだけの収入が見込め、どれだけの支出が予想されるか、そしてどうやりくりして経済的な変化に対応するかを、パートナーと話し合いましょう。

まだまだ先のことですが、出産後、いつからどう働くかについて考えはじめてもよいでしょう。経済的に選択の余地などなく、フルタイムで復職しなければならないと考えるかもしれませんが、フレキシブルな働き方はできないか、また、パートタイムや週に1～2日の在宅勤務はできないかも探ってみてください。保育の選択肢も視野に入れておくとよいでしょう（p.332参照）。

おむつを選ぶ

使い捨ての紙おむつ派ですか？ 洗濯して再利用できる布おむつ派ですか？

- **使い捨ての紙おむつ**はぴったりフィットし、吸収力にすぐれているので、ひと晩交換しなくても赤ちゃんの肌はさらりとしています。しかし、費用がかかること（試算によると、トイレトレーニングをはじめるまでに、ひとりあたり多くて1000ポンド［1ポンド＝138円、2017年4月時点］かかるといいます）と、埋め立てごみになることを考えなければいけません（**注：**日本では全国自治体の8割が可燃ごみに指定）。しかし、いまは、汚染の原因となる漂白剤を使用せず、使われる化学物質も少ない、環境にやさしい製品もあります。
- **再利用できる布おむつ**は、初期投資は大きいものの、最終的な費用は少なくすみます。また、歩きはじめたばかりで転びやすい幼児がしりもちをついても、クッションの役割を果たします。しかし、つけ置きをして、洗濯し、乾燥させるという作業はかなり手間がかかります（環境への影響もあります）。毎週、有料のおむつクリーニングを利用したくなるかもしれません。布おむつは、紙おむつよりも頻繁に替える必要があります。紙製のものに比べて着脱の難しさは多少ありますが、最近の布おむつは、安全ピンではなく、マジックテープのような面ファスナーでとめます。
- **紙おむつと布おむつをTPOに応じて使い分ける**のはよい方法かもしれません。外出時やだれかに赤ちゃんを任せるときは紙おむつを使うことにし、ほかの時間は布おむつを使うようにしましょう。

布おむつ（左）は、繰り返し使用できるので紙おむつに比べて費用はかかりませんが、洗濯して乾燥させるのはとても手間がかかります。**紙おむつ**（右）は手軽に使えますが、費用がかかります。

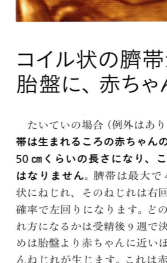

妊娠28週2日です

あと82日……

今日の赤ちゃん

左の写真では、顎を胸に乗せた典型的な姿勢で片手を顔の横に上げている赤ちゃんがみられます。左下に片方のひざが少しだけみえ、すぐそばには臍帯がループ状に写っています。多くの赤ちゃんは、このころに頭を下にした頭位になりますが、まだこれから体位は変わるでしょう。

コイル状の臍帯が、誕生まで赤ちゃんの生命を維持する装置となる胎盤に、赤ちゃんをつないでいます。

たいていの場合（例外はありますが）、**臍帯は生まれるころの赤ちゃんの身長と同じ50 ㎝くらいの長さになり、これ以上長くはなりません。**臍帯は最大で40回コイル状にねじれ、そのねじれは右回りの7倍の確率で左回りになります。どのようなねじれ方になるかは受精後9週で決まり、はじめは胎盤より赤ちゃんに近いほうにたくさんねじれが生じます。これは赤ちゃんの動きによるものなのかもしれません。臍帯には3本の血管が通っています。酸素のなくなった血液を赤ちゃんから胎盤へ運ぶ2本の動脈と、酸素をたっぷり含んだ血液を胎盤から赤ちゃんへ運ぶ静脈です。臍帯の直径は通常2cm以下で、血管はゼリー状の物質のなかに埋め込まれるようにして保護されています。水分を多く含んだゼリー状の膠質は、コイル状のねじれと同様に、臍帯が圧迫されるのを防いでくれます。

1%の確率で、臍動脈が1本しかないことがあるので、赤ちゃんが生まれたときに助産師が臍帯の血管の数を確認します。

ドクターへの質問

Q. 赤ちゃんが低出生体重児だと、健康上の問題が生じますか？

A. 低出生体重児とは2500g未満の赤ちゃんを指し、たいていは元気に育ちますが、なかには問題が生じる場合もあります。ほとんどの低出生体重児は、発育が十分でないために小さめで産まれます。赤ちゃんが低出生体重児になるリスクを下げるためにできることはいろいろあります。十分な量の健康的な食べ物を食べて適切なペースで体重を増やし（p.99 参照）、たばこは吸わず、アルコールは飲まないようにし、ストレスを減らし、お母さんの——そして赤ちゃんの——健康管理ができるように毎回の妊婦健診を受けることです。

トピック――からだのこと

むずむず脚症候群

妊娠中に、むずむず脚症候群（下肢静止不能症候群、RLS）という、**脚を動かさずにはいられない症状を経験することがあります。**休んでいるときに起こることがもっとも多く、気になって眠れない場合があります。原因ははっきりわかっていませんが、ドーパミンと呼ばれる脳内の化学物質のバランスが崩れることと関係しているようです。ドーパミン濃度は、鉄不足に影響されます。RLSの症状は妊娠が終わればなくなります。RLSの症状を最小限におさえるために、次のようなことをしてみましょう。

- 食事で**鉄分**を十分とるようにしましょう（p.154 参照）。
- **寝ているときに症状が出たら、**がまんして横になっていることはありません。ベッドから出て、洗面器に冷たい水をはり、足がこごえるくらいまで水に浸してみましょう。ベッドに戻ったら、重ねたクッションの上に足を乗せるようにしてください。
- **カフェインなどの刺激物を就寝前にとるのは避け、**睡眠を誘い、リラックス効果のあるトリプトファン（p.177 参照）というアミノ酸を含む食品を食べましょう。寝る時間が近づいたらエクササイズは控えましょう。

妊娠28週3日です

あと81日……

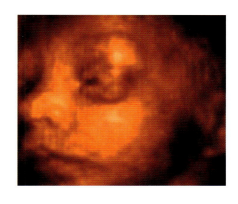

今日の赤ちゃん

左の写真は、ちょうど赤ちゃんが目を開けているところをとらえられました。
まぶたは上下に離れ、黒っぽい瞳がみえています。超音波では色が正確に反映されないので、白目の部分はまぶたや顔と同じ色に写っています。まゆ毛にみえるのは、実際には影です。

大きなおなかばかりが注目されて、あなた自身の影が薄くなっていると感じられるようになったら、自分のためだけになにかしましょう。

自分がおなかの背後に消えてしまったかのように、つまり、**あなたという人間の本質が"妊婦"という外見にかき消されてしまったように感じてはいませんか？** 周囲の人は、"あなたが"元気か、最近"あなたに"どんなことがあったか、などとたずねなくなったかもしれません。「調子はどう?」の代わりに、「赤ちゃんは順調?」とたずねるかもしれません。

周囲の人は、そしてあなた自身さえ、"妊婦"や"母親"とは別の"あなた"が依然として存在しているのだということを、つい忘れてしまうのかもしれません。妊娠中に、それがかなりのストレスになっているなら、自分だけのためになにかすることを考えましょう。エステにいったり、パートナーとふたりっきりでディナーを楽しんだりして、もう一度、あなたが特別な存在だと感じられることをするとよいでしょう。

トピック——栄養

1日を通してちょこちょこ食べる

妊娠中は、良質のたんぱく質をたっぷりとって、**赤ちゃんの発育を後押しし、あなた自身が生き生きと健康的でいられるようにする必要があります**。ですから、卵、チーズ、赤身の肉、魚、豆類、未精白の穀物のいずれかを毎回の食事にとり入れてください。そして、たっぷりの果物と野菜、ナッツ、種子類、未精白の炭水化物（p.92参照）を加えましょう。

毎日の食事を、5〜7回の軽食と間食に分けてとりましょう。いつもお昼にスープとサンドイッチを食べる人は、午前中に野菜スープを、そしてサンドイッチはもう少しあとで食べましょう。生野菜、チーズ、ナッツ、果物などの間食を用意しておき、午後はそれをちょこちょこ食べながら過ごしてください。夜は早めの時間にオートミール粥のようなものを食べ、時間をあけて果物を食べましょう。

いつ食べなければいけないという"ルール"はないので、上に例を挙げたような軽食をおなかがすいたときに食べてください。必要な栄養がとれていて、食べ過ぎにならなければ、ちょこちょこ食べる回数に制限はありません。

ドクターへの質問

Q. 腰と脚に鋭い痛みが走ります。原因はなんでしょうか？

A. 坐骨神経痛のようですね。坐骨神経という、体のなかでいちばん長い神経が、腰の関節に挟まれると、腰から脚にかけて鋭い痛みが走ります。妊娠中に悪化することはあっても、妊娠そのものが原因ではありません。腰の痛みには、温かいおふろに入ったり、温湿布したり、専門家に軽いマッサージをしてもらったりするのが効果的です。ヨガや水中エアロビクスのクラスに参加してエクササイズすると背筋を鍛える助けになりますが、新たに運動をはじめる前に医師に確認してください。姿勢（p.249参照）に気をつけて、はきやすく、しっかり体を支えてくれるくつをはきましょう。

坐骨神経痛に悩まされているなら、英国では医師か助産師に理学療法士を紹介してもらうことができます（**注**: 日本では理学療法士の紹介は一般的ではない）。痛みをやわらげる助けとなり、再発のリスクを最小限に食い止めるためのエクササイズを、理学療法士が教えてくれます。

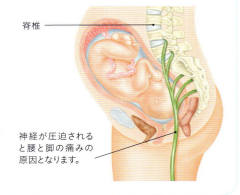

脊椎

神経が圧迫されると腰と脚の痛みの原因となります。

第29週

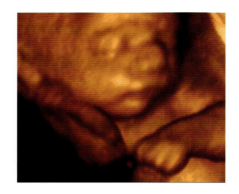

妊娠28週4日です

あと80日……

今日の赤ちゃん

睡眠覚醒周期がこれまでよりはっきりしてきています。ただし、赤ちゃんが動いているからといって目覚めているとは限りません。赤ちゃんが目を開けて能動的に活動している時間はわずかなので、お母さんが感じる胎動の多くは赤ちゃんが眠っている間の動きです。

赤ちゃんの発育にはたくさんの要素がからんでおり、妊娠期間中の発育のスピードは各段階によって異なります。

赤ちゃんの発育には、安定的な栄養供給が必要です。ほとんどの栄養はそのまま胎盤を通りぬけて赤ちゃんに届けられますが、なかには胎盤でつくられる物質もあり、ごく稀に赤ちゃんが自分で産生する物質もあります。そのような物質のひとつに、サイロキシンという甲状腺ホルモンがあり、その産生には胎盤を通してお母さんから受けとるヨウ素が必要です。サイロキシンにはいろいろな役割があり、その濃度は非常に正確にコントロールされなければなりません。胎盤にはサイロキシンをほぼ完全に遮断する機能があるので、お母さんと赤ちゃんはサイロキシン濃度を互いに影響し合うことなく管理できます。

妊娠初期には、赤ちゃんの大きさは遺伝的な因子に大きく影響されましたが、このころには環境的な因子がより重要になってきます。全体的にみれば、赤ちゃんの最終的な出生体重の40％は遺伝的因子に、60％は環境的因子によって決まります。妊娠24週から出産予定日の2～3週間前までは、赤ちゃんは安定した速度で発育し、それ以降の発育はゆるやかになっていきます。（双子を妊娠している人は、妊娠28週までは、それぞれの赤ちゃんが単胎妊娠の場合と同じように発育しますが、それ以降は成長率が下がります）。赤ちゃんの内臓はこのころの発育にかかっています。特に肝臓と脳は大きくなり続け、全身の筋肉量が増えます。もっと後になると、皮下脂肪が増え、赤ちゃんの輪郭は丸みを帯びてくるでしょう。

ご存じですか

一卵性双生児の発生率は、ここ数年、安定しています。

人種、母親の年齢、地理に関わらず、一卵性双生児は、すべての双胎妊娠の約3分の1を占めます。

トピック——双子

双子の赤ちゃんのための買い物

双子の赤ちゃんの服を買うなら、**着せたり脱がせたりしやすく、当然ながら、洗濯機で洗えるものがよいでしょう。**ベビー服をプレゼントしてくれる人がいるでしょうから、基本的なものだけを買いましょう。

ひとりの赤ちゃんにつき、少なくとも以下のものが必要になります。

- ノースリーブの下着6枚
- ベビー服6枚
- 上着2枚
- 帽子1～2個（夏は日よけ帽）
- ガーゼのハンカチとよだれかけ7～8枚

おむつを選ぶとき、双子はたいてい単胎の赤ちゃんより小さめに生まれてきます。そのため、はじめの数カ月におむつのサイズを何度か変えることになると思っておきましょう。

ふたり乗りのベビーカーは、長い間使うことになるので、品質のよいものを買うことをおすすめします。赤ちゃんが成長したときに、お互いの顔をみてコミュニケーションをとれるので、ふたりを前後にすわらせる縦型より、左右に並んですわらせる横型のほうがよいでしょう。

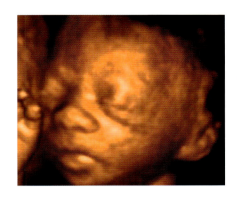

妊娠28週5日です
あと79日……

今日の赤ちゃん

3D超音波画像でみると、多くの赤ちゃんが同じようにみえますが、耳や唇や鼻など、特徴がひときわはっきりしている部分には個性があるでしょう。これからは、これらの特徴がどんどん際立ち、見分けがつくようになります。

授乳は自然な行為であっても、慣れるまでは難しいものです。時間のあるいまのうちに、何度か母乳育児について学ぶクラスに参加しておきましょう。

女性にとって、母乳育児は大きなプレッシャーです。母乳育児はお母さんにも赤ちゃんにも健康的で、きずなの形成も助けます。もうすでに周囲の人たちから、赤ちゃんを母乳で育てるつもりかときかれているかもしれませんが、あなたがそんなことはまだわからないというのも当然です。だって、まだやってみてもいないのですから！

大半の女性は母乳育児をしてみたいと感じますが、なかには授乳することに抵抗を感じる人もいます。それが公共の場所での授乳ならなおさらです。あなたの住んでいる地域にも、母乳育児を支援する人たちがいるはずです。病院の助産師も母乳育児についてアドバイスしてくれます。地域によっては、妊娠中に母乳育児のクラスに参加し、母乳で赤ちゃんを育てることのよさや、お母さんと赤ちゃん、どちらにとっても楽な姿勢や、赤ちゃんにどのように吸いつかせるか（p.449 参照）を学びます。

赤ちゃんにお乳を飲ませるのは自然なことなので、簡単にできると思いがちです。実際には、コツをつかむまでは思ったより難しいかもしれません。授乳に適した抱きかたを助産師に教えてもらいましょう。いちばん大切なのは、先入観にとらわれず、とにかくやってみることです。慣れれば、母乳育児は、赤ちゃんの体のためになるうえ、増加したお母さんの体重を減らす助けとなり、赤ちゃんとのきずなを深めるすばらしい方法です。

雑学

母乳が出る

妊娠中に少量の母乳が出ることがあります。乳房をマッサージしたり、性的に興奮したりしたときに起こる可能性があり、ときには特に理由がなくても母乳が出ます。妊娠中に母乳が分泌されるのは、もろもろ正常に機能している証拠です。ただし、いま母乳が出なくても、ちゃんと赤ちゃんのために母乳はつくられ、お乳をあげることができます。

トピック——栄養

発酵食品

ヨーグルト、野菜の漬物、ザウアークラウト（塩漬けにして発酵させたキャベツ）、味噌など、**自然に発酵させた食品には、食べ物の消化を助ける酵素や細菌が含まれており、腸内の善玉菌を増やしてくれます。**消化が悪く、便秘に悩まされているなら、食べる発酵食品の量を増やしてみましょう。

妊娠中の友人と、母乳育児についてこのころから話していると、実際に赤ちゃんにお乳をあげるときになってお互い助け合えます。パートナーにもかかわってもらいましょう。調査によると、母乳育児のよさをわかっているパートナーは、より協力的だといいます。

第29週

妊娠28週6日です

あと78日……

今日の赤ちゃん

外見的には赤ちゃんは完全な形になったようにみえますが、体内ではまだ内臓の多くが成熟し続けており、実にいろいろなことが起こっています。赤ちゃんの誕生後も、とりわけ脳と肺では、さらなる発育が続きます。

妊娠しているから腰痛とつき合うのはしかたないということはありません。腰痛を予防し、痛みをやわらげるためにできることはたくさんあります。

ヨガなど、ストレッチ系のエクササイズは、**妊娠中に重要な靭帯を強化しつつ、凝り固まった部分や痛みのある部分を緩めるので、妊娠中にとても適しています**。痛み（特に腰痛）を感じるときはエクササイズを避けて休んだほうがいいように思われるかもしれませんが、ゆっくりストレッチしながら動かすことで、筋肉のけいれんを減らし、脊椎の機能を改善し、結果的に痛みは緩和されます。運動をするとエネルギーレベルも上がり、陣痛、分娩を乗り切りやすくなるうえ、産後の回復の助けにもなるでしょう。腰痛があるときは、まずストレッチとリラックス法を試してみてください。

先輩ママへの質問

Q. もう妊娠に飽きてしまいました！まだ2カ月以上もあるのにどうしたらいいでしょう？

A. 妊娠6カ月ごろ、わたしも同じように感じていましたが、最後の3カ月にはさまざまなことが起こるので、本当にあっという間に過ぎてしまいました。妊婦健診や各種クラスの回数が増えますし、産前産後の休業をいつからとるかを決め、仕事をやりとげなければならなかったですし、赤ちゃんのお部屋の準備や買い物もありました。それに、女友だちみんなに会っておきたかったのです。そんなこんなで、本当にあっという間に過ぎてしまいました。

痛みがひどければ、大さじ1杯のグレープシードオイルにラベンダーオイルを3～4滴たらしたものをつかってパートナーに患部をマッサージしてもらうと、張りつめた筋肉をやわらげてくれるでしょう。患部に熱をもった痛みを感じるなら、1日に何度か、その部分にアイスパックなどの冷却材を5～10分間当ててみてください。

トピック——からだのこと

腰への負担を最小限にする

おなかが大きくなると、重心が体の前のほうに移ります。赤ちゃんの重みで腹筋に負担がかかるのと、妊娠ホルモンで靭帯が緩むのとで、腹筋が脊椎を支える力は弱まるため、腰痛が起こります。なにかを持ち上げたり、前かがみになったりすると悪化しかねないので、さらなる負担をかけないように次のようなことを試してみましょう。

- **床から物を持ち上げるときは**、対象に近づき、片足を前に出して立ちます。ひざを曲げてしゃがみ、対象を持ったら、ひざを伸ばして立ちあがります。こうすると、腿の筋肉を使って持ち上げられます。ひざをピンと伸ばしたまま物を持ち上げるのは避けましょう。必ずひざを曲げた状態で、腰から体を倒します。なにかを拾うときは、いったんすわったり、ひざをついたり、しゃがんだりしてから手にとるようにして、腰に負担をかけないようにしましょう。
- **重い物を動かさなければならないときは**（できれば避けてください）、引っ張るのではなく押してください。そうすることで、負担は腰ではなく脚にかかります。
- **車の乗り降り、ベッドへの上がり下りには**、腰、骨盤、背中を同じ方向に向けてまっすぐにします。ベッドから出るときは、まず横向きになり、腕を使って体を起こしてください。

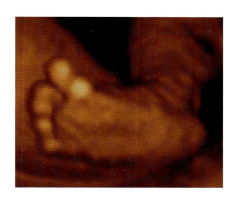

妊娠29週0日です

あと77日……

今日の赤ちゃん

左の写真からは、このころの赤ちゃんの足の状態がわかります。
赤ちゃんは、ひょいと足を頭のうえまで上げたかと思うと、次の瞬間には下ろしているので、どこかおなかの一方を蹴られたからといって、頭が反対側にあるとは限りません。

妊娠中は情報過多になってしまい、ときには、どの情報源を信頼したらいいのかわからなくなることもあるでしょう。

現代社会では、新聞、雑誌、書籍、インターネットなどを通じ、妊娠についての情報が実にあふれかえっています。なんの悩みもなさそうな、妊娠中のセレブの華やかな写真もよく目につきます。ひとつのことについて、情報源によってまったく違った見解を述べていることもあります。インターネットはうまく使えばすばらしい情報源となり、役に立つ情報もいろいろありますが、いくつか難点もあります。だれが記事を書いたかわからないことがあり、場合によっては医療や健康に関する専門家が書いた記事ではないかもしれません。また、標準的な医学的見解と異なることが推奨されている場合もあります。つまり、あまり熱心にインターネットをチェックし、目についたものをかたっぱしから読んでいると混乱し、こわくなってくるでしょう。

なにかをすることが赤ちゃんの健康によくないという記事を読めば、自分は母親として不適格だと感じてしまうかもしれません。忘れないでください。女性は何世紀もの間、インターネットなどなくてもちゃんと赤ちゃんを産み続けてきたのです！ 多くの情報に触れることが自信につながり、さまざまな見解を理解したうえで選択できるほうがいいという人は、どんどん読んでください。しかし、いろいろ読むと混乱するという人は、読まなくていいのです。信頼できる本などの情報源をひとつだけ選んで読むのは、理にかなっているでしょう。

信頼できる医療サイトを選び、インターネットで妊娠に関する情報を集めましょう。しかし、情報が多すぎて不安になったりストレスを感じたりするなら、読むのはやめ、助産師の助言に従いましょう。

助産師への質問

Q. 赤ちゃんをミルクで育てるつもりです。事前になにを買っておけばいいですか？
A. 哺乳瓶（乳首はついてきます）と、哺乳瓶消毒用のキット（p.449参照、たいてい必要なものがセットになっています）、そしてあなたが使いたい粉ミルクを用意しておきましょう。いずれもいろいろな選択肢があるので、どの製品がいちばん使いやすそうかみて決めてください。

実際に赤ちゃんにミルクを飲ませてみると、別のタイプの乳首に変えたり、ミルクを変えたりすることになるかもしれないので、赤ちゃんが生まれる前にまとめ買いするのはおすすめできません。

トピック──栄養

ブルーベリーは免疫力を強化する

米国のある研究によると、**40種類以上の果物のなかで抗酸化作用がいちばん強いのはブルーベリーでした**。ブルーベリーは食物繊維も豊富で、妊娠中の女性によくあるように、便秘に悩まされている人には特にうれしい食べ物です。また、ブルーベリーには体の細胞の損傷を予防したり、ダメージを受けた細胞を修復したりする栄養素も含まれます。体の免疫系を強化し、感染症に対する抵抗力を高めることになるでしょう。

第29週

第30週（妊娠29週1日〜30週0日）

以前より疲れやすくなっていますが、だからといってあなたの巣づくり計画は止められないでしょう。

出産予定日が近づくと、たいてい巣づくり本能が働きます。
掃除をしたり、部屋を飾りつけたりしたくてたまらなくなるかもしれません。
赤ちゃんに完璧なおうちを用意してあげたいと思うのは当然ですが、
へとへとになってしまわないようにしてください。
仕事に、移動に、そしてちょくちょく受けなければならない妊婦健診にと、
おそらくそれだけこなすにも最近はずいぶんがんばらなければならないでしょう。
なにかするのにしょっちゅう休まなければならないときは、
体のいうことをきいて休むようにしてください。

相変わらず**力強い胎動**をたくさん感じますが、赤ちゃんが動き回る回数は減っています。

羊膜嚢の成長は止まり、新たに細胞が形成されることはなくなりました。この薄い膜組織は非常に柔軟なので、赤ちゃんが大きくなるにつれて伸びていきます。

脳では、神経細胞がいずれ記憶や協調運動など特定の機能を司ることになる特定の領域へとそれぞれ発達しつつあります。いまのところ、神経回路のネットワークはとても未熟です。

妊娠30週0日では、赤ちゃんの**身長**は平均39.9 cmで、**体重**は平均1.3 kgです。

鼻の頭はまだ上を向いていますが、鼻筋ははっきりしてきています。

妊娠後期

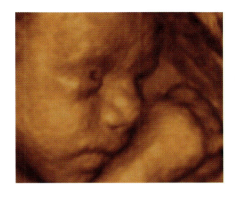

妊娠29週1日です

あと76日……

今日の赤ちゃん
左の写真で、赤ちゃんはまた目を開けて、一瞬ではありますが、まわりをみまわしています。子宮のなかはまったくの暗闇ではなく、妊娠が進むにつれて、子宮内に射し込む光の量が多くなります。赤ちゃんは次第に、光というこの情報を理解していきます。

病院の待合室で過ごす時間が増えるでしょう。
医師や助産師が、これまでより頻繁に経過をみることになるためです。

妊娠は自然で健康的なプロセスだということは常に心に留めておくことが大切です。しかし妊婦健診の回数が増えて、病院や助産師のクリニックの待合室で過ごす時間が長くなると、つい自分が病気にでもなったような気がしてくるかもしれません。総合病院で妊婦健診を受ける人なら、さまざまな病気を患っている人たちも待合室にいるわけですから、なおさらそう感じてもおかしくないでしょう。しょっちゅう病院に通ってはいても、あなたは健康です。いままたまた妊娠しているというだけなのです。

妊婦健診のたびに尿検査があり、尿たんぱくの有無を確認します。採尿用のカップに尿をとるのがだんだん難しくなるかもしれませんが、心配いりません。検査に必要な尿はごく少量です。おなかがじゃまになってみえない場合は、おしっこをしはじめてからカップを移動させて採尿しましょう。（尿路感染症にかかっていない限り）尿は無菌ですから、少しくらい手にかかっても大丈夫です。あとでしっかり洗ってください。

妊婦健診で助産師と話すのに時間をとられますが、あなたの赤ちゃんが順調に発育しているという安心感を得られます。

ドクターへの質問

Q. わたしたちはダウン症候群の赤ちゃんを妊娠しています。どのように準備をしたらいいでしょう？

A. いまわかっていれば、赤ちゃんがダウン症候群を患っているという事実を受け入れる時間があります。赤ちゃんが生まれたとき、なにか特別な機器やおもちゃが必要になることはありませんが、あなたがたには精神的な支えが必要となるでしょう。ですから、よき支えになってくれそうな人たちを、いまから頼りましょう。

日本ダウン症協会に連絡すると、情報や支援を得られるでしょう。あなたの住んでいる地域の支部や、親の会の情報も得られます。

雑学

フリーバース（自由出産）

助産師や医師から医療的な支援をいっさい受けることなく出産するなんて、とうてい考えられないかもしれません。しかし、ごく少数ですが、"フリーバース"と呼ばれるそのような出産こそ、自分の赤ちゃんをこの世に迎える究極の方法だと考える女性たちがいます。これまでの出産でいやな経験をしたことがきっかけで、または、医療介入のない"自然"で"私的"な出産を望んで、医療的支援を受けない自宅出産を計画する女性もいます。

- **フリーバーシングは違法ではありませんが、先鋭的です。** また、非常に大きなリスクをともなう可能性があります。一見ごく普通の分娩のようでも、急に状況が変わり、訓練を積んだ医療の専門家にしか対処できない緊急事態になることがあるからです。赤ちゃんに酸素が必要になるような問題は起こり得ますし、実際に起こっています。

- **そのつもりはなくても"DIY"出産をすることになる場合もあります。** 陣痛の時間が短いのが原因であることが多く、このような場合はたいていお母さんも赤ちゃんも元気です。しかし、ひとりで出産するという選択をあらかじめすることを、絶対に軽く考えるべきではありません。

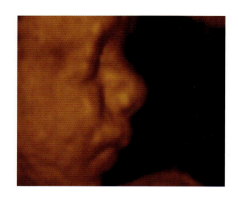

妊娠29週2日です

あと75日……

今日の赤ちゃん

これまでに比べて鼻柱がはっきりしてきています。
鼻の頭はまだこの段階では少し上を向いており、"だんご鼻"にみえるかもしれません。
顔が長くなるにつれ、鼻の頭は少し下向きになります。

赤ちゃんの神経細胞は発達していますが、まだはっきりと痛みや温度を感じたり、なにかに接触した感覚を認識したりできるほど成熟していません。

このころになると、どんどん複雑になりつつある灰白質のひだのなかで、**電気的活動が起こっているのが検知できます。**灰白質とは赤ちゃんの脳のなかで、記憶や思考といった高次の機能を司るとともに、筋肉を制御し、みる、きくといった知覚も司ります。

大脳皮質という、灰白質の表面の層にある神経細胞（ニューロン）は、それぞれに異なった機能をもつ6つの層を形成しはじめています。この過程は、これから約5週間かけて完了しますが、これらの層は、その後さらなる成熟を要します。赤ちゃんは、ニューロンがほぼすべてそろった状態で生まれてきますが、それらの神経細胞は幼少期にさらに成長します。

神経が効率的に機能し、信号をより速く伝えるためには、それぞれが絶縁されなければなりません。ミエリン化（髄鞘化）と呼ばれる過程において、神経はミエリン（髄鞘）という脂質の膜で何層にも包まれます。神経系のすべての構成要素は胎児の発育の早い段階からそろっていますが、末梢神経、運動神経や脊髄、脳が発育発達してひとつのまとまりとして機能するようになるには、妊娠の全期間を必要とします。

脳と脊髄の神経は痛みや温度の感覚と、触覚を伝達します。しかし、ミエリン形成の完了には妊娠期間の最後の数週間前までかかるので、このころの赤ちゃんにははっきりと痛みや温度を感じたり、なにかに触れたことを十分認識できる感覚まではありません。

助産師への質問

Q. 赤ちゃんを産まなければならないという現実がいまになってこわくなってきました！　どうしたら不安になりすぎずにいられるでしょう？

A. 妊娠後期に入って少しすると、出産という現実に実感がわいてくるでしょう。妊娠陣痛（p.410参照）のように、いずれはやってくる陣痛を連想させるような不快感をなにかしら経験するかもしれません。

まず、お母さんが落ち着いてゆったり構えているほど、分娩はスムーズに運びます。前向きなイメージをもつようにしてください——赤ちゃんがシュッと流れ出る羊水とともにするりと出てくるところや、子宮の収縮は赤ちゃんをこの世に産み落とすための"ポジティブな痛み"だといったことを思い描くのです。生まれるのに時間がかかりすぎて赤ちゃんに悪影響があったらどうしようとか、お母さんが痛みや不快感に耐えられなかったらどうしようなどと心配することはありません。いまの時点で自然分娩を希望していても、必要になれば医療の助けを借りることも、痛みをやわらげてもらうこともできるのです。

リラックスして、残りの妊娠期間を楽しんでください。自分にマッサージのごほうびをあげるのも、赤ちゃんのものを手づくりして忙しく過ごすのもいいでしょう。とにかく、心配しないことです。分娩は赤ちゃんをこの世に迎えるうれしいイベントだと考え、どんな心配ごとよりもそのことに目を向けましょう。

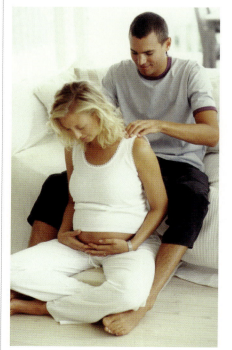

マッサージには**癒しとリラックスの効果**があり、赤ちゃんの誕生に向けて妊娠が終わりに近づく時期にいたわってもらえるのはとてもうれしいものです。

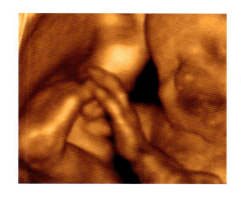

妊娠29週3日です
あと74日……

今日の赤ちゃん
赤ちゃんは、よく片方の手をもう一方の手でつかんだり、左の写真のように足を手でつかんだりします。そうすることで、脳に重要な感覚的フィードバックが届きます。そうするうちに、脳の神経が成熟しはじめ、信号を効率的に伝達できるように神経のまわりが絶縁されてきます。

まだ買い物をするエネルギーがあり、部屋の飾りつけを手伝えるうちに、赤ちゃんの部屋を整えはじめましょう。

はじめの6カ月は赤ちゃんをお母さんと同じ部屋で寝かせるのがおすすめですが、**それでも赤ちゃんの部屋を整えておきたいというお父さん、お母さんはたくさんいます**。赤ちゃんを寝かせなくても、この部屋にベビー用品を置いておけます。また、授乳やおむつ替えに使うこともできます。

リサイクルショップなどでは、ときどき中古のベビー用品を販売します。これは、大きなものを安く購入できる、よい機会となるでしょう。中古のベビーバスケットやベビーベッドを使う場合は、マットレスを新調することをおすすめします。服のお下がりや、不要になったシーツやタオルをゆずってもらうのも、節約になります。ふたり目以降の子どもを妊娠している人は、必要なものはだいたいそろっていて、おむつなど使い捨てのものを買い足すことになるでしょう（再利用できる布おむつを使う人は、新調の必要はないかもしれません――p.291参照）。

早めに準備するのは（実際、赤ちゃんが早く生まれることもあるので）よいのですが、出産後はずっと家に閉じこもるわけではありませんし、さらには長期間立てこもるかのような備えをすることもありません。赤ちゃんが生まれたあとでも、必要なものが用意できていなかったり、足りなくなったりしたら、いつでも買いにいけばいいのです。

赤ちゃんの性別がわからない場合は、ベビールームの色は中間色でまとめましょう。性別がわかっていれば、それに合った装飾をできます。

助産師への質問

Q. どんなベビーカーが必要ですか？
A. たいていのお父さん、お母さんは、ベビーカー選びで迷うものです。多くの製品があり、タイプもさまざまなので、適切なものを選ぶのが難しいかもしれません。赤ちゃん用に、いくつかのタイプの移動手段が必要になりますが、それぞれのライフスタイルによって必要なものは異なるでしょう。

主に車で移動する人なら、チャイルドシートを用意する際に、専用のものを使うか、着脱可能でベビーカーやベビーキャリーと兼用できるタイプにするか検討するといいでしょう。徒歩で移動する機会が多い人は、よく考えてベビーカーを選びたいものです。ベビーカーの対象月齢、重量、機能はさまざまですが、大きくふたつのタイプに分けられます。まだ首がすわらない乳児を寝かせて使えるタイプと、支えなしにひとりですわれる乳幼児向けのタイプです。成長とともにシートの角度を調節できる、赤ちゃんを抱いたまま片手で簡単に開閉できるなど商品ごとに特徴があるので、赤ちゃんの快適さを念頭に置きつつ、使い方やライフスタイルに合わせてふさわしいものを選んでください。また、天気が悪くても使えるように、レインカバーも用意しておくとよいでしょう。

移動する機会が多い場合は、ふだん主に使うベビーカーとは別に、軽量タイプがあると便利です。店頭やインターネットで、機能や値段を比べてみてください。

第30週

フォーカス

どのような出産にしたいか考える

出産予定日が近づくにつれ、どのように陣痛から分娩までを乗り切るかについて、これまでよりも深く考えはじめるでしょう。
十分な情報を得ればそれだけ、自分の選択に自信をもてるようになります。

出産の選択肢

どのような出産体験にしたいかを考えるとき、さまざまな要素を考慮する必要があります。なかでも、どこで出産したいかはかなり重要な選択のひとつです。また、どのような体位で分娩し、鎮痛にはどのような方法を使うか（p.396〜407参照）など、分娩について細かいことまで考えるとよいでしょう。

こだわり過ぎず柔軟に対応することが大切です。希望する出産スタイルがあるかもしれませんが、持病があるため、または分娩中に問題が起こったからという理由で選択肢が限られたり、専門家からやめたほうがいいといわれたりする可能性があることを理解しておくと、計画通りにならなかったときに気持ちの整理をつけやすく、がっかりせずにすむでしょう。妊娠中に問題がなかったすこやかな女性の陣痛・分娩中のケアは、医師の助言とサポートを受けながら助産師がおこなうのが一般的です。

どこで出産するか

これまでにも、あなたはおそらくどこで赤ちゃんを産みたいか考え、助産師や医師とどのような選択ができるか話したことがあるでしょう。すでに希望は伝えたかもしれませんが、自分の選択を見直し、妊娠の終盤にかけて考えを変えてもいいのだということは、是非知っておいてください。

出産の場所は、妊娠中に問題があったかどうかという要素に左右されるでしょう。例えば、妊娠糖尿病（p.473参照）や高血圧（p.283参照）などの問題があれば、病院で出産するほうが望ましくなります。逆に、妊娠中に特に問題がなく、これまでに陣痛や分娩について理解を深めてきたなら、以前より自信がついて、慣れ親しんだ自宅で出産したいと考えるようになったり、近場で助産師が運営する助産所について調べてみたくなったりするかもしれません（注→p.481）。

英国では妊娠後期になると、地域の病院を見学し（注→p.481）、分娩室や出産後に入院する部屋をみせてもらえることがあります。その機会に、病院の方針や設備について質問もできるでしょう。見学会について詳しいことは病院にたずねてみましょう。

アクティブバース

出産準備クラスでは、分娩中の痛みに対処するテクニックをいろいろ学びます。たいていの対処法が、陣痛・分娩中に集中を助け、動きを妨げないようにする呼吸法とリラックス法を中心としています。陣痛中に立って動き続けることで、子宮収縮の痛みに耐えやすくなり、重力を利用して赤ちゃんを産道へと押し進めやすくなります。

医療介入を最小限にとどめ、積極的に出産にかかわるアクティブバースを望む人

| 近年の動向 |

臍帯血の採取

臍帯血のなかに豊富に含まれる幹細胞の採取は、比較的新しい民間事業です。幹細胞は体内のさまざまな種類の細胞に分化することができ、異常細胞と置き換えることで白血病のような病気の治療に役立てることができます（p.310参照）。

幹細胞は赤ちゃんが誕生した直後に採取した臍帯血からラボで抽出し凍結保存されます。これは赤ちゃんの将来に役立つ可能性を秘めた健康保険のようなものです。幹細胞の採取を希望する場合は、民間の業者と契約し、あなたが出産する病院で採取を許可しているか、どんな手続きが必要かを確認しなければなりません。

どんな出産にしたいか考えることで、自分の選択肢を考慮し、**出産に対する心の準備ができた**と感じられるでしょう。

妊娠後期

は、それが陣痛中に使う鎮痛方法の種類（下記参照）や分娩監視装置についての考え方に影響するかもしれません。例えば、分娩監視装置を継続的に使えば（p.418参照）、お母さんの動きは制限されるでしょう。病院のスタッフが赤ちゃんを継続的に監視したほうがいいというなら、ある程度、動きがとれる方法がないか相談してみましょう。例えば、バースボールにすわる、ベッドか床に敷いたマットレスの上で両手両ひざをついた姿勢をとるなどの可能性があります。

鎮痛方法

どのような鎮痛方法を使えるかは、さまざまな要因に左右されます。お母さんがどの程度アクティブに出産に取り組みたいか（上記参照）、それぞれの薬が出産体験に、そして赤ちゃんにどのように影響するかなどを考慮しなければなりません。

呼吸法や水中出産など、薬に頼らない方法と、ペチジン（合成鎮痛剤のひとつ）などの医療的鎮痛法を使っても、アクティブバースは可能です。しかし、ペチジンのような薬は胎盤を通過しやすく、赤ちゃんの誕生時の呼吸に影響する可能性があります。硬膜外麻酔（p.404参照）のような局所麻酔は、動きを制限するうえ、いきみたいという感覚がわかりにくくなるでしょう。

バースプランを立てる

自分の希望をバースプランに書くことで、考えがまとまり、それを助産師にうまく伝えやすくなります。バースプランを考える際、助産師が相談に乗ってくれるかもしれません。バースプランは、出産に立ち会ってくれる人が、分娩中のあなたに代わってスタッフに希望を伝えなければならないときにも役に立ちます。

バースプランは簡潔にわかりやすく書きましょう。あなたのお世話をしてくれる人たちとチームとしてとり組むことで、できる限りうまく分娩にとり組むことができ、結果的に希望とは違ったかたちになったとしても、自分のことを自分で決めることができたと感じられるはずです。

出産について考える

考慮したいポイント

どこでどのような出産をするのが理想的か計画するとき、自分の希望と、病院または助産所の提案の両方を考慮する必要があります。次の問いが考えをまとめる助けとなるかもしれません。

▶ **自分に問いかけてみること**
- 陣痛・分娩中、だれにそばにいてほしいですか？
- アクティブバースを希望しますか？
- どのような鎮痛方法を希望しますか？
- 分娩の補助が必要になったら、吸引分娩か鉗子分娩かどちらを希望しますか？
- 帝王切開をする場合、パートナーに立ち会ってもらいたいですか？
- 赤ちゃんを母乳で育てたいですか？ミルクで育てたいですか？

▶ **病院にきいてみること**
- 分娩の誘発について、どのような方針ですか？ 誘発を希望しない場合は、陣痛前に分娩監視装置で赤ちゃんの様子を観察しますか？
- 分娩を誘発すると、鎮痛方法や出産場所は変わりますか？
- 分娩室にアロマオイルや音楽など、リラックスの助けになるものを持ち込めますか？
- 院内では、どの程度のプライバシーがありますか？
- 女性の医師に担当してもらえますか？
- 退院するまで赤ちゃんといっしょに過ごせますか？
- 病気をもって生まれてくる赤ちゃんのケアは院内でできますか？ それとも別の病院に搬送されますか？
- 自分で退院時期を決められますか？ それとも決められた入院日数がありますか？

出産哲学いろいろ

出産についての考え方

20世紀半ば、欧米では出産が非常に医療的になりました。その反動で、女性が赤ちゃんを産む力に注目し、出産を医療的な行為ではなく自然な行為としてとらえるいくつかの出産哲学があらわれました。そのような考え方の多くを抜きにして、今日の出産文化は成り立ちません。

グラントリー・ディック＝リード博士：英国の産科医です。1950年代に陣痛と恐れとの関係を指摘し、痛みに対処しやすくするための呼吸法とリラックス法を考案しました。現在では一般的な対処法です。

フェルナン・ラマーズ博士：ロシアの生理学者、パブロフ博士が、ある刺激に対して一定の反応をするように犬を訓練したことに注目しました。そして、女性が訓練によって陣痛に前向きに対処できるようになると考え、1950年代にパブロフ博士の概念を出産に応用しました。

シーラ・キッツィンガー：1960年代に注目されたバースエデュケーター（出産教育の専門家）です。女性には、出産の方法を選択する権利があると考えました。

フレデリック・ルボワイエ：著書『暴力なき出産』で1970年代に注目されたフランスの産科医です。赤ちゃん中心の考え方で、トラウマになるような出産はその子の将来に悪影響を与えかねないとし、赤ちゃんの誕生後は温かいお湯に入れてあげ、お母さんの肌と触れさせてあげる"やさしい出産"を提唱しました。

ミシェル・オダン：フランスの産科医です。女性は分娩時に本能的に行動するものだと考え、アクティブバースを提唱しています。フランスのピティヴィエという町にある病院の産科では、医療介入がおこなわれる割合は国内でもっとも低いといいます。

ジャネット・バラスカス：1981年にアクティブバース運動を立ち上げました。ロンドンに設立したアクティブ・バース・センターで、リラックス法、呼吸法、ヨガを教えています。

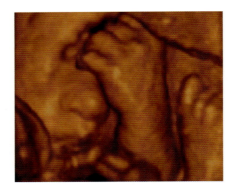

妊娠29週4日です

あと73日……

今日の赤ちゃん

左の写真では、赤ちゃんの片手が額のあたりにあり、右のほうには片足の一部がみえています。鼻と上唇の間の溝がはっきりしており、鼻は赤ちゃん特有のだんご鼻です。きゅうくつそうにみえますが、まだ動けないほどではありません。

赤ちゃんは羊水の袋のなかで守られています。羊水は、破水が起こって分娩がはじまるまで、赤ちゃんを包んでいてくれます。

妊娠期間を通して子宮は大きくなり、ここまでは羊膜嚢も赤ちゃんと羊水を収めておくために成長してきました。しかしこれから先は、**羊膜嚢は新たな細胞を形成するのではなく、単に伸びることによって大きくなっていきます。**

羊膜嚢はふたつの層、つまり膜で形成され、内側にあるのが"羊膜"、外側は"絨毛膜"と呼ばれます。絨毛膜はもともと血管をともない独自の血流がありましたが、これはいまでは失われています。絨毛膜より薄い羊膜は、赤ちゃんの動きに応じて絨毛膜上を滑ることができます。どちらの層にも神経細胞はありません。どうりでこれらの膜が破れて"破水"しても、痛みが感じられないわけです。ふたつの層を合わせても、厚さは0.5mmしかありません。羊膜にも絨毛膜にもコラーゲン繊維（膠原繊維）があるので、とてもよく伸びます。これは妊娠最後の3カ月には非常に重要で、陣痛の前に破水してしまう前期破水を防いでくれます。実際、これらの膜がとても破れにくく、陣痛の最終段階まで破れないこともあります（p.411参照）。

羊水を蓄え、子宮頸管から感染症が入り込むリスクを防ぐだけでなく、羊膜嚢を構成するふたつの膜には、プロスタグランジンという生理活性物質を産生する物質が含まれています。プロスタグランジンは陣痛の開始に重要な役割を果たします。これは、破水してしばらくすると陣痛がはじまる理由のひとつです。

赤ちゃんのしゃっくりが続く時間が1日に何度もあることもあれば、1度か2度ということもあるでしょう。しゃっくりは、一連の軽いリズミカルな胎動として、お母さんもお父さんも感じられます。

ご存じですか

赤ちゃんの性別を確実に知る唯一の方法は、羊水穿刺や絨毛採取のような染色体検査（p.152～153参照）を受けることです。

超音波検査でさえ、性別を見誤ることはあります。お母さんのおなかの大きさと形で赤ちゃんの性別がわかるというのはよくいわれることですが、実際にはおなかの大きさや形はお母さんの筋肉の状態や、赤ちゃんの体位や、お母さんの体重がどれだけ増えたかによって決まります。

トピック──お父さん

キックとしゃっくり

このころにはキックやパンチなど、赤ちゃんの動きをみたり、手で触れて感じたりできるようになっているでしょう。胎動はたいてい、夜になってやっとお母さんがすわってくつろげるころになって起こるものです。胎動を観察するのは、赤ちゃんとも、パートナーともきずなを深められるすばらしい方法です。

赤ちゃんはお父さんの声や音楽に反応しますし、喜んでいるからなのか嫌がっているからなのかはわかりませんが、急に大きな音がすればビクッとすることもあります（p.256参照）。

赤ちゃんはしゃっくりをすることもあり（p.204参照）、しゃっくりをしているときの動きは、それ以外の動きよりもとらえやすいでしょう。それは、しゃっくりがある程度の時間続くのに対して、キックやパンチはいつ起こるか、ほぼわからないためです。

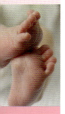

妊娠後期

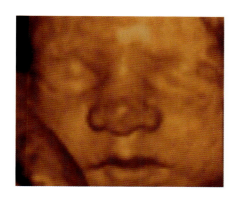

妊娠29週5日です

あと72日……

今日の赤ちゃん

左の写真からは、唇の形と、鼻と上唇の間の溝が特によくわかります。
上唇の上にある溝は人中と呼ばれますが、両親のどちらかの人中が深い場合、赤ちゃんもそれを受け継ぐこともあれば、両親の特徴をどちらも併せ持った人中になることもあります。

お母さんの体の大きさや、赤ちゃんの大きさがどうであれ、赤ちゃんはお母さんが産み落とせないほど大きくはならないものです。

お母さんの体型から、安産になるかどうかは判断できません。 ヒップの大きさから、必ずしも骨盤の大きさがわかるわけではないので、腰幅が狭いからといって難産になるわけではありませんし、"安産型"の大きな腰回りをしているからといって安産になるとは限りません。

確実なのは、赤ちゃんがどれくらい大きくなるかは遺伝で決まるもので、子宮にいる間の大きさは母方の影響がかなり大きいということです。ですから、子どもが最終的には身長180cmになるとしても、お母さんが小柄なら、子宮内での赤ちゃんの大きさは制限されます。これは理にかなっています。小柄な女性が、5500gの赤ちゃんを産むのは無理なわけですから、お母さんの体格は分娩時に赤ちゃんがどれくらい大きくなっているかを左右するのです。

赤ちゃんが大きすぎる、または骨盤が小さすぎるのが原因で、赤ちゃんが骨盤内に入ることができない、児頭骨盤不均衡という問題があります。この問題が疑われるときはMRI検査をおこない、骨盤と赤ちゃんの頭を正確に測ることになるでしょう（注→p.481）。

助産師への質問

Q. 双子の場合、子宮のなかがきゅうくつになり回転できなくなりますか？

A. 確かに妊娠後期になると、双子の赤ちゃんは単胎妊娠の場合に比べて早い段階で体位が決まり、そこに落ち着く傾向があります。一般的に双胎妊娠では、およそ妊娠32～34週以降になると胎動がぐっと減るようです。双子の赤ちゃんをどのように出産することになるかは、低い方の位置にいる赤ちゃんがどちらを向いているかによって大きく左右されます。その赤ちゃんが頭を下にしているなら、経腟分娩（普通分娩）が可能で（注→p.481）、ふたり目の赤ちゃんは頭が下になるようにやさしく回転させてあげることができるかもしれません。

自分のおなかの大きさにびっくりして、本当に赤ちゃんを産み落とせるかしらと心配になるかもしれません。**体の仕組みはうまくできているものですから、安心してください。**

考えてみましょう

支えてくれる人のネットワーク

出産したら、体はひと晩でもとに戻り、力がみなぎってきて、なにかしたくてうずうずしている——なんていうこともあるかもしれません。しかし、もっと現実に起こりそうなのは、授乳はなかなかうまくいかず、午後のお茶の時間になってやっと歯磨きができるという状況です。めちゃくちゃな生活がいやなら、3カ月後に不満（と洗濯物）をためこまないようにするためにも、いまから産後のことを考えましょう。

- **パートナー** といまから話し合い、赤ちゃんが生まれたらどのように家事分担をするか決めておきましょう。
- 生まれたばかりの赤ちゃんのお世話をするのがお母さんの"仕事"になるので、はじめの数週間は特に、家事の応援が必要となります。**手伝ってもらえる人（家族や友人、また必要なら専門の業者）を募っておきましょう。** あなたが買い物や料理や掃除のことを考えなくていいように、完全に任せてしまいましょう。
- **新米のママとパパには、自分たちの時間が必要です。** 出産後、数週間たったころにきてもらうベビーシッターをいまから手配しておいても早すぎはしません。赤ちゃんを母乳で育てるなら、搾乳しておく必要があります。

第30週

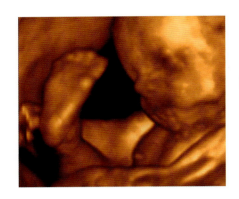

妊娠29週6日です
あと71日……

今日の赤ちゃん
だんだん音が子宮内に届くようになり、赤ちゃんは大きな音に反応することがあるでしょう。赤ちゃんをとり囲んでいる羊水は、赤ちゃんにきこえる音にかなり影響します。ちょうど、わたしたちが水中にもぐって泳ぐときの感覚に似ているでしょう。

血液の量が最大になるのはこれから数週間たってからですが、この段階でも、お母さんの循環系はこれまでにないほどいっしょうけんめい働いています。

妊娠25週から35週の間に、お母さんの血液量は5Lほどになるでしょう。これは約25%の増加に相当します。これだけ血液量が増えるということは、お母さんの心臓はふだんより強く、速く、血液を送り出しているのです。妊娠のこの段階までに、血管は最大限に広がっており、これから増える血流に合わせていま以上に拡張することはできません。汗をかきやすくなり、肌がほてっている（これが多くの女性が経験するばら色の輝きです）ように感じるでしょう。

このように血流が増えるのに加え、お母さんの体を循環する体液もかなり増えています。そのせいで、体の組織は膨張気味になります。顔、指、足首がはれぼったくなったり、むくんだりする（p.466～467参照）のはよくあることで、異常ではありません。ただし、むくみは妊娠高血圧症候群（p.474参照）を知らせる症状でもあるので、妊娠検診で医師か助産師にチェックしてもらうことが大切です。

妊娠後期には、体液がたくさん蓄えられ、体重が増えるので、**顔の形が変わる**ことがあります。

助産師への質問
Q. すぐに息切れするようになりました。大丈夫でしょうか？
A. 心配いりません。妊娠中は、体が必要とする酸素が増え、その要求を満たすために、肺はとても働き者にならなければなりません。空気をたくさん吸えるよう、肋骨は横に広がり、肺の容量を劇的に増やします。そのため、妊娠期間の半ばを過ぎると特に、息切れを感じることがあります。

妊娠最後の3カ月には、ほとんどの女性が、ちょっとした仕事をしている間ですら息切れするといいます。これは大きくなり続ける子宮が上方にも広がり、肺を圧迫するために起こります。ただし、息切れするのは貧血（p.472参照）の兆候でもあり、治療の必要があることもあります。赤ちゃんが骨盤内に下る（生まれてくる準備をすべく下方に移動する、p.361参照）と、息苦しさは少し楽になるでしょう。

トピック——双子
安全に運動する
双子を妊娠している場合、妊娠後期には激しい運動や有酸素運動をしないようにしてください。最後の3カ月は特にへとへとになるので、おそらくたいして活動する気も起らないでしょう。赤ちゃんをひとりだけ妊娠している人に比べて、おなかが大きくなるのも早いので、大きなおなかがじゃまになってできない活動もあるかもしれません。

活発に動きたいときは、ゆっくり散歩したり、泳いだりするのがおすすめです。妊婦さん向けのヨガやピラティスのクラスに参加するのもいいでしょう。妊娠後期にもっと活発なことをしたければ、まず医師や助産師に相談してください。

医師や助産師は赤ちゃんの発育具合を見守り、発育・発達が少しでも減速すれば、お母さんの活動のレベルについて助言するでしょう。

どのような活動をするにしても、安全に運動するためのガイドライン（p.18参照）を必ず守ってください。

妊娠後期

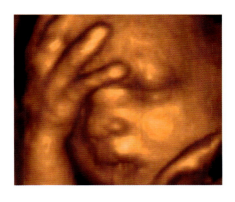

妊娠30週0日です

あと70日……

今日の赤ちゃん

赤ちゃんは疲れを感じるのでしょうか？　確かに超音波検査では、疲れているようにみえることがあります。実際、赤ちゃんはほとんどの時間を眠って過ごし、はっきり目覚めていることはあまりありません。まるで子宮のなかでは、赤ちゃんは眠っている必要があるかのようです。

おそらく、まだもう少し仕事は続けるでしょうが、疲れがひどいようなら、なんらかの方法で調整する必要があります。

　もう少し妊娠が進むと、以前より疲れを感じるようになるでしょう。お母さんの体にかかる負担があらわれはじめ、なんだか快適に過ごせず、すぐに疲れ果ててしまうかもしれません。しばらく立ちっぱなしでいる、たくさん歩くなど、これまでまったく気にならなかったことが、だんだんきつくなってきます。例えば、家と職場の往復に、これまで以上に体力を奪われるでしょう。それなら、勤務時間を変更して、いちばん混雑する時間帯を避けて通勤できないか雇用主と相談してください。ラッシュアワーに通勤するときは、遠慮せずにだれかに席をゆずってもらってください。職場で休憩できる部屋があれば、昼休みか早めの午後に少し眠っておくと、多少は疲れがとれるでしょう。

　仕事による肉体的な負担を減らす方法がないか、または手伝ってもらえないか、雇用主と話し合ったほうがいいこともあります。例えば、仕事で重いファイルを運ぶ、長距離を歩くといった場合は、検討の必要があるでしょう。少し調整すれば、産前産後の休業に入るまで仕事を続けられるはずです。ただし、なにはともあれ自分の体の声に耳を傾け、疲れを感じたら休み、足が痛むならすわってください。

トピック──双子

帝王切開で出産する

　双子の赤ちゃんの半数以上が帝王切開で生まれています（p.438〜439参照）。その多くは計画的帝王切開です。つまり、事前に帝王切開で出産することを決め、お母さんは陣痛を経験しません。帝王切開は大きな手術ですが、多くの場合、双子の赤ちゃんにとってはいちばん確実な方法です。お母さんにかかる負担も少ないのです。

　双子の経膣分娩（普通分娩）は、問題が起こるリスクがあり、特にふたり目の赤ちゃんは、ふたり分の激しい子宮収縮に耐えるわけですから、リスクは大きくなります。赤ちゃんが十分に成熟していない場合は、リスクが高いとみなされます。

水中出産用のプールを使う

　陣痛から分娩を水のなかで過ごすと、出産にともなう痛み、不快感、ストレスの大部分が癒されるだけでなく、うまく力を抜くことができ、血圧を下げてもくれます。ある調査によると、温かいお湯を腰（脊髄のなかでも、下腹部からの神経が集まってくる部分）にかけることで、陣痛の痛みがやわらぐとともに、エンドルフィンという天然の鎮痛薬の濃度は上がるといいます。水中出産用のプールにしても、温かいおふろにしても、水に入ることは子宮の収縮をやり過ごすにはすばらしい手段です。水中で分娩をする場合、赤ちゃんは必要な酸素を臍帯から受けとり続けますが、すばやく水から引き揚げ、自分で呼吸するよう促してあげる必要があります。

　プールを借りて自宅に設置してもらうこともできますし、出産予定の病院にプールがあれば使えるでしょう（p.343参照）。水中出産の希望は必ずバースプランに詳しく書いてください（p.303参照）。リスクの高い出産になることが予測される場合は、水中出産はおすすめできません。

自宅出産を計画しているなら（注→p.481）、比較的すんなりと、水中出産用のプールを手配できるでしょう。病院にプールがあるかどうかは、院内見学のときにチェックしましょう。

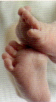

第31週（妊娠30週1日～31週0日）

希望する出産スタイルがあるとしても、柔軟に対応しなければならないこともあります。

理想の出産体験について強い思い入れがあるかもしれませんが、
どこでどのように赤ちゃんが生まれるかは多くの要因に左右されるものなので、
かたくなにならないようにしましょう。
気持ちが変わるのは、まったくおかしなことではありません。
それは、実際に陣痛がはじまってからも同じです。
あなたの妊娠管理と分娩にかかわる医師や助産師は、
出産に関して多くの質問を受けると想定しているでしょうから、
彼らの経験と専門知識を頼ってください。

臍帯血には幹細胞が含まれています。幹細胞は、血液細胞、脳や筋肉組織を形成する細胞など、特定の体細胞に分化することができます。

赤ちゃんはほとんどの時間を眠って過ごします。子どもやおとなと同じように胎児にも眠りのパターンがあり、急速眼球運動をともない"夢"をみるレム睡眠の状態も、そのパターンに含まれます。

赤ちゃんは**脚**を交差させていたり、ときにはつま先を頭の上まで持ち上げていたりしますが、まだ子宮のなかで完全に脚を伸ばすことができません。

このころ**約25％**の赤ちゃんが、まだ骨盤位（逆子の体位）をとっています。ほとんどの場合、妊娠の最終段階までに頭を下に向けた頭位になります。

妊娠31週0日では、赤ちゃんの**身長**は平均41.1 cmで、**体重**は平均1.5 kgです。

妊娠後期

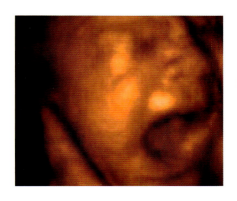

妊娠30週1日です

あと69日……

今日の赤ちゃん

赤ちゃんはこのころから、生まれて間もない数週間と同じくらいよくあくびをするようになるでしょう。なぜ胎児があくびをするのかは解明されていませんが、超音波検査でおなかの赤ちゃんのあくびをみると、お母さんもあくびをしたくなることが多いようです。

赤ちゃんを病院から家に迎える前に、赤ちゃんが眠る場所をどこにするかを考えておく価値は十分あります。

誕生後6カ月間は、赤ちゃんをお母さんと同じ部屋でベビーベッドに寝かせるのをおすすめします。赤ちゃんに添い寝しようと考えているなら、下のコラムを参照してください。同じ部屋にいれば、夜中に赤ちゃんが泣いても、すぐに世話をしてあげられます。母乳育児をする人には特に好都合です。

赤ちゃんは、必ずしもじっとしてすやすやと眠るわけではないことを覚えておきましょう。もぞもぞしたり、「ふがふが」「ううん」などとぐずりともうなりともつかない音をたてたり、ずりずりと動いたりするので、その音が気になってお母さんもお父さんも眠れないかもしれません。翌朝、パートナーが仕事に出かねければならないとしたら、赤ちゃんに起こされる分、仕事に影響することが考えられます。お母さんにも影響はあるでしょうが、赤ちゃんの昼寝の間に少しは睡眠を"とり戻す"チャンスがあるかもしれませんし、少なくとも休むことはできるでしょう。3人にとっていちばんいい方法をみつけてください。パートナーが週に何日かは別室で寝ることになってもしかたありません。初めての新生児との生活でへとへとになってしまい、赤ちゃんが少々音を立てようが立てまいが、眠っているというお父さんお母さんもいます。

赤ちゃんを別室で寝かせる場合は、ベビーモニターを使えば泣き声に気づきます。ただし、夜中の3時に赤ちゃんが泣くと、ほんの少し廊下を歩くだけなのにずいぶん遠く感じるものです。

添い寝するべき?

つい、赤ちゃんを自分のベッドに寝かせたくなるでしょう。母乳育児をしているならなおさらです。添い寝は生後3カ月未満の赤ちゃんや、早産で生まれた場合や出生体重が2.5kg未満だった場合にはおすすめできません。また、両親のどちらかが喫煙する、飲酒した、鎮静剤を服用した、疲れ果てているといった場合にもおすすめできません。赤ちゃんが少し成長してから添い寝する場合は、お父さんやお母さんが寝返りをうって赤ちゃんを押しつぶすことは考えにくいでしょう。

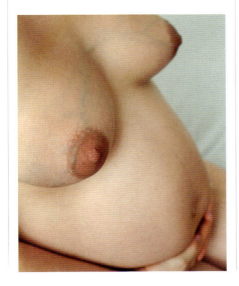

トピック——からだのこと

乳房の変化

妊娠後期になると、乳房は赤ちゃんに母乳をあげる準備をはじめます。そのため、思いもよらなかった不快感や変化を経験するでしょう。乳房はこれまでより豊満になり、実際にとても重いと感じられるかもしれません。初乳の産生がはじまると、乳輪(乳頭のまわりの部分)の色は濃くなり、乳房にしこりができるのがわかるでしょう。また、少量の母乳が染み出すことがあります(p.295参照)。

乳輪表面にあるモントゴメリー腺と呼ばれる小さな分泌腺も、いぼのように隆起するでしょう。血液の供給が増えるため、乳房の静脈の色が濃くなることがあります。また、乳房はこれまで以上に圧痛を感じやすく、敏感になっているでしょう。乳房になにか触れると特に気になります。

母乳育児をするつもりがあってもなくても、赤ちゃんにお乳をあげる準備がはじまり、乳房が変化します。乳房はさらに豊満に、重くなり、乳輪(乳頭のまわりの色の濃い部分)の色が濃くなるとともに、皮下の静脈がよりはっきりみえるようになります。

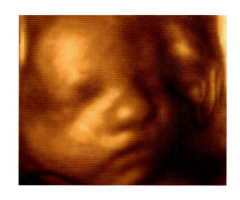

妊娠30週2日です

あと68日……

今日の赤ちゃん

赤ちゃんが特に活動的なときと、そうでないときがよくわかるようになるでしょう。子宮のなかには赤ちゃんが動けるだけの余裕はまだ十分ありますが、ほかに比べてとりわけよく蹴られるところが決まってくるかもしれません。

このころには、赤ちゃんの睡眠と覚醒のリズムが明確になります。それはお母さんのと似ているかもしれませんし、独自のリズムかもしれません。

正確にはいつどのようにして、誕生前の赤ちゃんの睡眠覚醒周期が定まるのかは、いまなお謎のままです。お母さん自身の睡眠覚醒周期が赤ちゃんの周期に影響するのか、赤ちゃんが自分の体内時計を確立するのかはわかっていません。実は、睡眠と覚醒に関する体内時計は、妊娠最後の数週間に子宮に届くようになるわずかな光に反応して、動きはじめるのかもしれません。しかし妊娠のこのころに、時間帯によって赤ちゃんの活動状態が明確に分かれることは、脳スキャンから明らかです。

静かな休息の状態、急速眼球運動をともなう睡眠（レム睡眠）の状態、覚醒しており活動していても眼球の動きをともなわない状態、そして覚醒しており活動も眼球の動きも活発な状態を繰り返しています。この睡眠覚醒周期の間に、赤ちゃんの活動はよりうまく協調がとれるようになり、活動している時間帯にリズミカルな呼吸様運動がみられ、心拍や眼球運動が増加するようになります。

妊娠のこの段階までに、赤ちゃんの脳の電気的活動には、眠っているか覚醒しているかを反映するパターンがみられるようになります。赤ちゃんの脳波を記録すると、非常に静かな時間、つまり深い眠りの時間が1日のほぼ半分を占めることがわかります。その次に長いのは、レム睡眠の状態（子どもであれおとなであれ、人が夢をみる状態）です。この状態のとき、赤ちゃんの脳では電気的活動がとても活発に起こっています。レム睡眠の間は、赤ちゃんがおとなしくしていることも、活発に動くこともあるので、本当に目覚めているのか、夢をみているのかを区別することはできません。

意外かもしれませんが、電気的活動がもっとも少ないのは、赤ちゃんがはっきり目覚めているときです。実際、この段階では、赤ちゃんが本当に覚醒している時間は10％未満です。

臍帯血の採取

赤ちゃんの臍帯には"臍帯血"が流れており、その血液には幹細胞が豊富に含まれています。幹細胞は臓器の組織、血液、免疫系をつくる基礎となるものです。その幹細胞を採取し、（費用を自己負担して民間の施設に）保存して、生まれた赤ちゃんやその親族の治療に必要になったとき（p.302参照）に備える人もいます。

複数の研究により、幹細胞が若年性関節炎、がん、心疾患、脳損傷など、70以上の病気の治療に非常に効果的だということがわかっています。

幹細胞はさまざまな目的で利用されていますが、きょうだいその他の親族の臍帯血から採取した幹細胞を使うのが、血縁関係のないドナーや親類の骨髄から採取した幹細胞を使うより効果的だということを示す有意な証拠があります。

臍帯血の保存には高額の費用がかかることがあります。NHS（英国国民保健サービス）は、提供された臍帯血を保存するバンクをもっていますが、この臍帯血はそれをもっとも必要とする患者の治療のために使われます。つまり、赤ちゃんの臍帯血が、その子やそのきょうだいが必要とするときにはすでに使われてしまっている可能性があるということです。

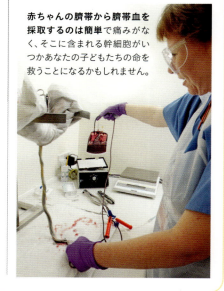

赤ちゃんの臍帯から臍帯血を採取するのは簡単で痛みがなく、そこに含まれる幹細胞がいつかあなたの子どもたちの命を救うことになるかもしれません。

妊娠30週3日です

あと67日……

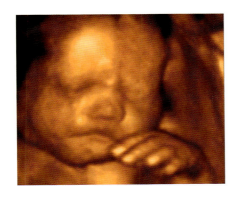

今日の赤ちゃん

赤ちゃんがだんだんさまざまな表情をつくれるようになっていくのをみるのは、大きな驚きでしょう。左の写真では、赤ちゃんは口をへの字にしていますが、次の瞬間にはどうなるかわかりません。あくびするのか、しかめっ面をするのか、すやすや眠ってしまうのか……。

自然分娩が多くの支持を集めていますが、お母さんと赤ちゃんへのダメージを最小限にとどめ、無事に娩出するのがいちばんよい分娩です。

多くの女性が、鎮痛処置その他の医療介入をいっさいおこなわない自然分娩を望みます。なぜか、医療の力を借りずに赤ちゃんを産み落とすのが"いちばんよい"方法であり、それ以外の方法だと出産に"失敗"したとみなされるようです。このようなプレッシャーがあると、女性は、例えば鎮痛処置や帝王切開を必要とする場合、罪悪感を覚えたり、落ち込んだりするものです。

痛みに影響されにくく、陣痛を基本的な呼吸法とリラックス法だけで乗り越えられる女性もいれば、それ以外の助けを必要とする人もいるということを忘れないでください。痛みは主観的なもので、自分の痛みは自分にしかわかりません。自分が耐えがたいと感じるなら、助けを求めればよいのです。どんな選択肢（p.402～407参照）があるかについては、助産師から説明があるでしょう。

赤ちゃんを産むことは大変な仕事ですが、その体験がお母さんをこわがらせるほど苦痛に満ちたものになるのはよくありません。痛みがなければ、出産体験がもっと楽しく、自分でコントロールできるものになるかもしれません。医療スタッフは産科病棟に控えていて、お母さんと赤ちゃんの健康と安全のために必要な場合にだけ応援を求められるのです。

自然分娩は多くの女性にとって優先順位の高いものですが、必要になれば医療介入を受け入れる心の準備をしておくとよいでしょう。

自然分娩：それぞれの立場から

わたしは自然分娩を望んでいますが、みんな、陣痛がはじまれば気が変わるだろうといいます。本当でしょうか？

先輩ママ：陣痛の不快感に対処するための準備など、できるわけがありません。わたしは慎重に対処法をいくつも考えてありましたが、痛みが襲ってきたとき、そんなものは現実的ではなく役に立たないと感じました。どんなに万全の準備をしておいても、分娩中に気が変わる可能性はあるので、それを受け入れる心積もりをしておくとよいでしょう。わたしは鎮痛処置を受けずにはいられなかったことに、確かに少しがっかりしました。なにが重要か——すこやかな赤ちゃんを産むこと——を考えれば、気持ちが楽になります。その目的を果たせれば、出産は成功したのであり、そこにたどりつくまでにどんなことが起こったかは問題ではありません。できる限り痛みに耐えればいいと思いますが、お母さんも赤ちゃんもへとへとになって苦しくなってしまっては、どちらにとってもいいことはありません。

助産師：多くの女性が、出産体験のあまりの壮絶さにショックを受け、自分が理想としていた出産スタイルを忘れてしまいます。予期せぬ問題が起こったときには柔軟に対応するほうが、分娩にかかわるすべての人のためになります。鎮痛処置（p.402～407参照）や医療介入は、お母さんにとっても赤ちゃんにとってもよりよい出産体験を可能にするよう考えられており、必要にならない限り、またはお母さん自身が助けを借りなければ耐えられないと感じない限り、すすめられることはありません。鎮痛処置や医療介入をまったく受けずに分娩を乗り切る女性もいますし、多少の助けを必要とする人もいます。多くの女性が"医療の助けを借りない"という考えを変えますし、それはまったく悪いことではありません。お母さんが痛みに対処できているほうが分娩はずっとスムーズに進み、生まれたばかりの赤ちゃんのためのエネルギーもたくさん残っているものです。

双子

妊娠の終わりが近づいてきました。このころにはおなかがかなり大きくなり、もうすぐ双子の赤ちゃんを迎える人も、3人以上の赤ちゃんを迎える人も、胸躍る思いでしょう。それでも、分娩と赤ちゃんの誕生後をどうやって乗り切れるかしら、という不安もあるかもしれません。

分娩の準備をする

多胎妊娠とその出産に問題が起こりやすいのは確かですが、現在では産前産後の管理が向上したおかげで、成熟しきらずに生まれてくる赤ちゃん——多胎妊娠におけるいちばんの懸念（下記参照）——のその後の成長の見通しは劇的によくなっています。

分娩に備えて十分に休んでおいてください。足を高くしたり、昼間に横になったりすることも、胎盤への血流を改善することになり、ひいては赤ちゃんの発育を助けます。骨盤底筋に余計に負荷がかかる多胎妊娠には、骨盤底のエクササイズ（p.69参照）が重要です。

双胎以上の妊娠の場合、赤ちゃんは単胎妊娠に比べて早く生まれてくるのが一般的です。子宮内の広さの問題がひとつの要因です。それに加えて、多胎妊娠では、妊娠の終わりが近づくにつれて胎盤の効率が悪くなってきます。結果的に、理想的な妊娠期間が短くなるのです。双胎妊娠の場合、妊娠38週が満期とみなされます。三つ子の場合、平均的な妊娠期間は約34週で、四つ子の妊娠は約32週継続します。双子の場合、ひとりの赤ちゃんの平均出生体重は、満期で2.5kgです。

上記の妊娠週数を待たずに、さらに早く出産することになる場合もあります。というのも、ほぼ50％の双子が早産で生まれているのです。しかし、今日では、未熟な状態で生まれた赤ちゃん専門の医療のおかげで、出生体重が1kg未満の赤ちゃんの80％を救うことができ、なかには妊娠22週という早期に生まれる赤ちゃんを助けられるケースもあります。

ふたり以上の赤ちゃんを迎える準備

一卵性双生児であっても、ふたりの赤ちゃんはひとりひとり別の人間です。ふたりそれぞれに、個別の人間として接することは、ふたりの発達を促すとともに、親子の関係づくりにも役立つでしょう。妊娠中でさえ、子宮内での胎動パターンの違いから、お母さんがふたりの違いに気づく場合もあります。

双子

子宮内でのふたりの位置関係（注→p.481）

妊娠が終わりに近づくと、赤ちゃんはそれぞれ生まれるときの位置につきます。もっとも一般的なのは、ふたりの赤ちゃんが縦位で並ぶ状態です。双胎の75％は、ひとり目の赤ちゃんが頭を下にした頭位です。ふたり目は頭位だったり、頭を上にした骨盤位（逆子）だったり、横向きの横位だったりします。どこを蹴られるかによって、ふたりの体位がわかるように感じるかもしれませんが、これは超音波検査でしか確認できません。3人以上の赤ちゃんを妊娠している場合やひとり目の赤ちゃんが骨盤位か横位の場合（25％）は、帝王切開での出産が推奨されます。ふたりともが頭位の場合は普通分娩で出産する可能性が高いでしょう。ひとり目が頭位で、ふたり目が横位か骨盤位の場合、どのような分娩が望ましいかは意見の分かれるところなので、産科医と話し合いましょう。

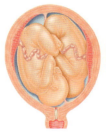 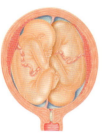 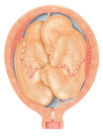 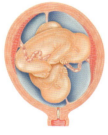

赤ちゃんがふたりとも頭位／ひとりの赤ちゃんが頭位で、もうひとりは骨盤位／赤ちゃんがふたりとも骨盤位／ひとりの赤ちゃんが頭位で、もうひとりは横位

先のことを考えましょう

双子とのきずな

ふたり以上の赤ちゃんを妊娠しているお母さんは、複数の赤ちゃんとうまくきずなを結べるかしらと心配します。赤ちゃんとの関係をつくりあげるのは双子のほうが難しいのは確かで、三つ子以上の多胎であればさらに難しいでしょう。つまるところ、一度に複数の人を好きになるのは難しいのです。複数の赤ちゃんの世話で疲れ果てているなら、なおさらです。このことをわかったうえで、赤ちゃんの誕生後のために手伝ってもらう人を決めておけば、不安は軽減されるでしょう。また、手伝ってくれるという人がさらにいるときはお願いし、自分が休憩するか、双子のどちらかと過ごすことができます。だれかが赤ちゃんをふたりとも外につれ出してくれるというなら、ひとりを任せて、もうひとりは自分が世話をしてもよいでしょう。

妊娠30週4日です

あと66日……

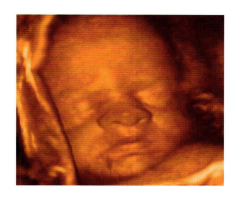

今日の赤ちゃん

左の3D超音波画像では、赤ちゃんの腕が顔の横にあります。このタイプの超音波画像は外見の特徴だけでなく、赤ちゃんの内部も立体的に映します。ですから、赤ちゃんの体の一部が、腕や脚を"透かして"みえるかもしれません。ここでは、腕の陰になった耳が透けてみえています。

さまざまな感染症に対するお母さんの免疫は、在胎中と生後1カ月まで、赤ちゃんをそれらの感染症から守ります。

赤ちゃんは子宮のなかでは抗体をつくりだすことができません（それが可能だと、お母さんを攻撃することになります）。赤ちゃんは、感染症から身を守るという点では完全にお母さんに頼っているのです。これは子宮内にいる間だけでなく、生まれてからも同じです。なぜ誕生後までお母さんに守ってもらえるのでしょう？　それは、妊娠中にお母さんの免疫系からさまざまな抗体が、胎盤を通じて赤ちゃんの血流へと入り込んでいるためです。お母さんが、はしか、おたふく風邪、ポリオなどの深刻な感染症に対して免疫をもっている場合、赤ちゃんはお母さんからそれらの病気に対する抗体を受けとっています。幼児期の予防接種は、多くの深刻な感染症に対する免疫をつけてくれます。お母さんの抗体から赤ちゃんが受けとる免疫は、一定期間が過ぎれば失われるので、生後2カ月からさまざまな予防接種を受ける必要があります。

トピック──からだのこと

過去数年間に、妊娠中に運動する女性に関する研究が数多くなされてきました。手っとり早くいえば、**健康な女性が中程度の運動を効果的かつ安全におこなうのは、体のためになります**。

運動をすると健康維持に役立ち、元気が出てくると同時に、陣痛を乗り越え、赤ちゃんを産み落とすために理想的な体の状態をつくりあげてくれるでしょう。出産は、エクササイズのようなものですから！

次に挙げるような根拠のない説もあります。

■ **動きすぎるエクササイズは赤ちゃんによくない。**

赤ちゃんは羊水に守られ、胎盤から栄養を受けとっています。安全なエクササイズのガイドライン（p.18参照）からはずれないようにし、衝撃の強いスポーツや転倒したりけがをしたりするリスクのある活動をしない限り、赤ちゃんに害をおよぼすことはありません。

■ **運動すると赤ちゃんが必要とする栄養の一部を消費してしまう。**

赤ちゃんの発育具合は妊婦健診でチェックされるので、赤ちゃんが通常の速度で発育しているか、お母さんが摂取するカロリーを増やすべきかは、お母さんにも助産師にも判断できます。心配なら、運動する日には摂取するカロリーを増やしてください。

■ **おなかを鍛える運動は赤ちゃんによくない。**

腹部のエクササイズをしても大丈夫ですが、妊娠中期と後期には、仰向けに寝転んだ状態ではおこなわないでください。仰向けに横になることで、大きくなった子宮が大静脈（心臓へ血液を送り返す、主要な血管）を圧迫するリスクが発生します。そうなると、血圧が下がり、赤ちゃんへの酸素供給に悪影響を与えます。問題が起こっていれば、まずめまいがするでしょう。体の左側を下にして横になれば、どのような症状も改善されます。なにか心配になったら、ためらわずに助産師に相談してください。250ページで紹介したエクササイズは、お母さんも赤ちゃんも危険にさらすことなく、安全に腹部を強化できる理想的な方法です。

妊娠30週5日です

あと65日……

今日の赤ちゃん
この写真では、おへそになる部分から立ち上がっている臍帯に、赤ちゃんが両手を添えています。臍帯のねじれと、臍帯の血管を包む弾力性のある透明のゼリー状物質が保護しているので、赤ちゃんがねじったり、いじくりまわしたりしても大丈夫です。

自宅出産の雰囲気を保ちつつ、もう少しサポートを受けたいと思うなら、助産所での出産（注→p.481）を考えてみましょう。

助産所は、何人かの助産師によって運営されており、自然分娩を重視します。病院の産科に併設された助産所と、病院とは別の場所にあるものがあります。病院によっては産科病棟内に助産所の機能を果たす場所がある場合もあります。病院には医療設備が整っていますが、大多数の女性は分娩で医療介入が必要になることはないので、助産所も病院に代わるよい選択肢です。助産所の環境は病院に比べてずっとくつろげ、柔軟な対応をしてもらえる傾向があります。通常は何人かの助産師が継続的にサポートしてくれるでしょうし、陣痛から分娩までひとりの助産師がずっと立ち会ってくれるケースもあるでしょう。さらに、助産所の助産師は医療介入をせずに分娩に対処するベテランです。こうした要素がそろっていることで、分娩がスムーズに進行する可能性が高まるのです。そのような施設で出産するためには、妊娠に問題がなく、陣痛・分娩中に特別な医療処置やモニタリングが必要になるリスクが低いことが条件です。なんらかの問題が起これば、いちばん近い産科に搬送されますが、その頻度は高くありません。

自宅こそ心のよりどころ
自分のベッドで眠り、愛する人たちに世話をしてもらえるというのは、自宅出産を選ぶ理由として十分です。自宅のほうが心理的に楽なのは当然ですし、より自由に好きなだけ動き回っていられ、遠慮せずに声を出し、重力の助けを借り、分娩の体位をいろいろと試せるでしょう。それらすべてが陣痛と分娩を短時間に、楽にしてくれます。

助産師が必要なことは説明してくれるので、アドバイスに従いましょう。その日がきたら柔軟に対応してください。場合によっては、病院に向かうことになるかもしれません。

助産師への質問
Q. 自宅出産をする予定です。4歳と6歳の子どもが立ち会っても大丈夫ですか？
A. 赤ちゃんの誕生ほどすばらしく、奇跡のようなことはなく、上の子どもたちにその瞬間に立ち会い、体験してもらいたいと考えるのはもっともです。しかし、子どもたちに「いっしょにいていいわよ」という前に、よく考えてみてください。陣痛・分娩はどんなにスムーズに進む場合でも痛みをともなうので、小さい子どもにとって、ママが痛がっているのをみるのはつらいでしょう。さらに、新しいきょうだいが、おそらくはいろいろなものがくっついた状態でママの体からあらわれるのをみるのは、子どもには少し恐ろしいかもしれません。ただし、どんなことが起こるかわかっていれば、出産に立ち会うという体験をうまく受け止められる子もいます。ですから、すべてを大まかに説明し、ママがわめいたり、叫んだり、ひどい言葉で毒づいたりしても、それはすべて赤ちゃんを産み落とすために必要なことだと伝えてください。また、ママが泣いたり、吐いてしまったりすることすらあるかもしれないということも、あらかじめ知らせておきましょう。また、血をみるであろうこと、そして赤ちゃんには（なんだか恐ろしげな！）ひもがくっついていることも話しておいてください。子どもたちがこわがるようなら、お母さんの頭側にいさせてあげるか、赤ちゃんが誕生した直後に呼び入れてあげるとよいでしょう。

上の子どもに小さな弟か妹を迎える心の準備をさせてあげるのは大切なことです。お母さんの妊娠生活にできるだけかかわらせてあげましょう。どんどん大きくなるおなかに触れさせ、赤ちゃんに話しかけるよう促し、妊婦健診につれていってあげましょう。

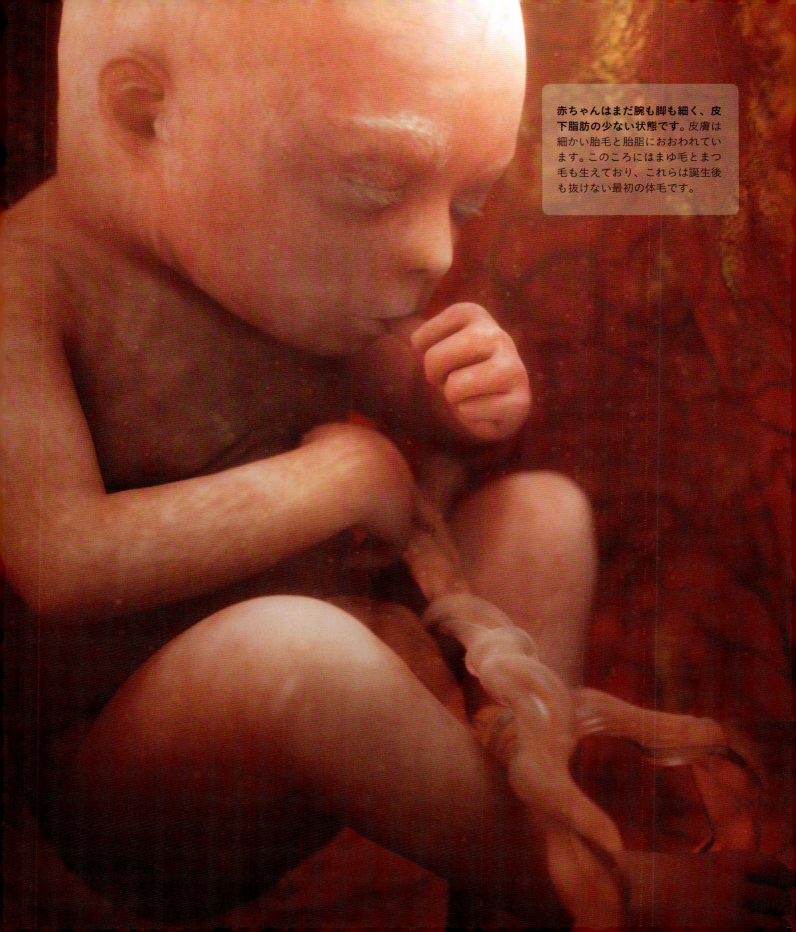

赤ちゃんはまだ腕も脚も細く、皮下脂肪の少ない状態です。皮膚は細かい胎毛と胎脂におおわれています。このころにはまゆ毛とまつ毛も生えており、これらは誕生後も抜けない最初の体毛です。

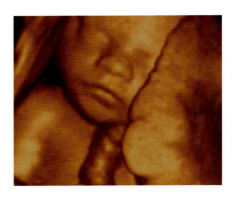

妊娠30週6日です

あと64日……

今日の赤ちゃん

左の写真では、赤ちゃんは右側にみえている胎盤に寄りかかって休んでおり、臍帯が顎の下にみえています。目は両方とも閉じています。
この写真は、赤ちゃんがもっとも静かな、深い眠りについている間に撮られたものです。

赤ちゃんの赤血球が本格的につくられるようになると、理論的には、お母さんの免疫系が赤ちゃんに害をおよぼす可能性が生じます。

妊娠30週ごろ、それまでは赤ちゃんの肝臓でつくられていた赤血球細胞が、骨髄でつくられるようになります。これらの赤血球の型は、お母さんの血液型と一致しない可能性があります。赤ちゃんの赤血球は、わずかながらも胎盤を通過して流出します。そしてお母さんの体はそれらを異物とみなし、攻撃するのです。

この問題でABO式血液型はあまり重要ではありません。お母さんと赤ちゃんのA、B、AB、Oといった血液型が異なっても、それに対する抗体は大きめなので、ほとんど胎盤を通過しないからです。稀に赤ちゃんに軽度の黄疸や貧血がみられますが、重篤にはなりません。ただし、人の血液はRh式血液型で陽性（99.5%）と陰性（0.5%）に分けられます。もしもお母さんがRh−（p.123参照）で、パートナーがRh＋だとすると、赤ちゃんもRh＋の可能性があります。

Rh−の女性にはRh＋の血液細胞に対する抗体ができます。それらの抗体は小さく、胎盤を通過することができます。胎盤を通過すると、おびただしい数の抗体が赤ちゃんの血液細胞を攻撃し、赤ちゃんが貧血を引き起こす可能性があります。初めての妊娠では、ほぼ心配ありません。ただしそこで抗体ができると次からの妊娠に影響するので、Rh−の女性には"抗D人免疫グロブリン"を、妊娠中期と産後の2回注射します（p.123参照）。抗D人免疫グロブリンは大きいので、胎盤を通過することはできません。これが、お母さんの血液中に入った赤ちゃんの血液細胞を一掃し、お母さんに抗体ができるのを予防します。

羊水

赤ちゃんは、1日に0.5Lの尿を排泄し、再吸収します。羊水は妊娠33週で最大量の約1Lに達します。その後、羊水量は減りはじめ、過期産（p.393参照）では100〜200mLにまで減少します。

羊水量が少ない状態は、羊水過少症（p.473参照）として知られ、赤ちゃんの発育が制限されている、または赤ちゃんの腎臓に問題がある可能性を示しています。

羊水が多すぎる状態を羊水過多症（p.473参照）といい、双子または三つ子妊娠にみられることがあり、赤ちゃんに身体的な問題があることや、お母さんの糖尿病と関係している可能性もあります。

妊娠40週以降は、羊水量を定期的にチェックして、急激に減りすぎていないか確認する必要があります。過期妊娠で羊水量に異常があると考えられる場合は、誘発分娩（p.432参照）が推奨されます。

トピック——からだのこと

快適な眠り

不眠症は妊娠中によくある問題で、疲労感、ストレスや不安感、いらつきの原因となりかねません。

- **ハーブティー**：セイヨウカノコソウ（バレリアン）とパッションフラワー（トケイソウ）はどちらも妊娠中に安全に利用でき、就寝前に飲むとリラックス効果があり、眠りを促します。
- **エッセンシャルオイル**：ラベンダーとローマンカモミールのエッセンシャルオイルをおふろに加えるか枕に垂らすと、鎮静、リラックス効果があります。
- **ホメオパシーレメディ**：パッションフラワー、コフィア・クルーダ、ナックスボミカはすべて不眠に効果的です。就寝前、夜中に目覚めたときに服用できます。
- **バッチフラワーレメディ**（p.372参照）はストレスをやわらげ、眠りを助けます。

妊娠31週0日です

あと63日……

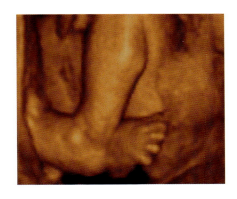

今日の赤ちゃん

左の写真では、赤ちゃんは脚を交差させています。いまでも赤ちゃんは脚を完全に伸ばせますし、足が頭頂に届くようなかたちで体を折り曲げることもできます。しかし、このように脚を交差させた姿勢をとることが多くなってくるでしょう。

硬膜外麻酔は分娩中の鎮痛処置として一般的で、痛みに弱い人には、ひとつの選択肢となるかもしれません。

陣痛がはじまる前から、硬膜外麻酔（p.404～405参照）を使用する無痛分娩を選択する女性はたくさんいます。しかし、硬膜外麻酔の投与をはじめるのは、陣痛がかなり進んでからだということは、知っておきたいものです。つまり、無痛分娩といっても、やはり痛みをともなう子宮収縮を体験することにはなるのです。硬膜外麻酔は一般的に効果的ですが、ときには神経が完全に遮断されていなかったり、左右で効果のあらわれ方に差が出ることがあります。陣痛の痛みに耐える自信がなく、硬膜外麻酔を希望する女性もいますが、多くの女性は、はじめ硬膜外麻酔は必要ないといっていても、分娩の途中で考えを変えます——初産の人は、陣痛がどんなものか知る由もないわけですから。

選択的帝王切開（p.438～439参照）は事前に計画され、一般的には、胎盤が低い位置にある前置胎盤（p.212参照）などの医学的な理由によりおこなわれます。単にお母さんが希望するからといっておこなわれることはありません。帝王切開は大きな開腹手術であり、多くの場合、経腟分娩（普通分娩）のほうが安全です。帝王切開後の回復には、通常、経腟分娩の場合よりも時間がかかります。そのため、どうしても必要でなければおこなわれないのです。

雑学

分娩恐怖症

分娩に対する強烈な不安感や恐怖心を分娩恐怖症といいます。これにはふたつのタイプがあり、ひとつ目は妊娠する前に発症し、早ければ思春期にはじまります。ふたつ目は、過去の分娩におけるトラウマ的な体験に起因するものです。この恐怖心は、悪夢、極度の不安、パニック発作といったかたちであらわれます。

分娩恐怖症と判断されれば、英国の場合、助産師が精神的な問題に対応できる産科医を紹介してくれるでしょう（注：日本では通常、産科医か助産師と相談）。そうでなければ、直接、臨床心理士を紹介され、分娩に対する不安について相談することになります。潜在意識に出産への恐怖心がある場合、催眠療法によって解決の糸口がみつかることがあるとする専門家もいます。普通分娩への恐れをとり除くことができなければ、選択的帝王切開（p.438～439参照）をすすめられるかもしれません。

トピック——ふたりの関係

セックスを快適に

快適にセックスできる体位を、いろいろ試してみることになるでしょう。多くの女性にとって、正常位はだんだん快適でなくなってきます。パートナーが、大きなおなかを圧迫するようになるからです。女性が上位になるほうが、おなかを圧迫されずに楽しめるかもしれません。左右どちらか向いて横になりパートナーが後ろにまわる側位でも、セックスを楽しめるでしょう。それ以外の体位でも、悦びを妨げることなく快適であればかまいません。ふたりともすわったり、ひざをついてパートナーが背後から挿入したり、側位でふたりの脚をからめたりもできるでしょう。

第32週（妊娠31週1日〜32週0日）

子宮内での赤ちゃんの体位を、助産師が注意して観察していくでしょう。

赤ちゃんの姿勢や位置はまだ定まっておらず、生まれてくるための最終的な体位をとるのは、まだ少し先になります。しかし、赤ちゃんがどのような姿勢をとっているかは、通常の妊婦健診で毎回、確認することになります。
子宮のなかには、赤ちゃんが四肢を動かせる広さはまだあり、赤ちゃんはみるみる力強く、これまでより活発になっていきます。お母さんにもわかるはずですよ！
おなかがさらに大きくなるにつれてだんだん動きづらくなり、すわったり横になったりしているほうが快適になるでしょう。

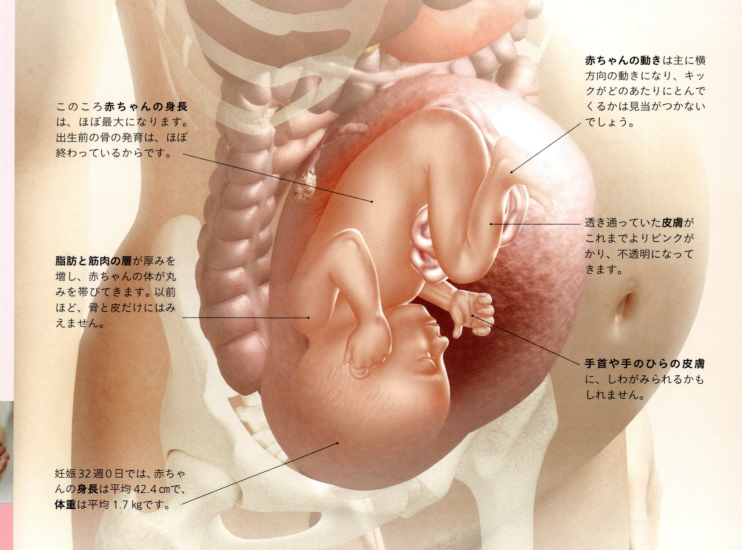

赤ちゃんの動きは主に横方向の動きになり、キックがどのあたりにとんでくるかは見当がつかないでしょう。

このころ**赤ちゃんの身長**は、ほぼ最大になります。出生前の骨の発育は、ほぼ終わっているからです。

透き通っていた**皮膚**がこれまでよりピンクがかり、不透明になってきます。

脂肪と筋肉の層が厚みを増し、赤ちゃんの体が丸みを帯びてきます。以前ほど、骨と皮だけにはみえません。

手首や手のひらの皮膚に、しわがみられるかもしれません。

妊娠32週0日では、赤ちゃんの**身長**は平均42.4cmで、**体重**は平均1.7kgです。

妊娠後期

妊娠31週1日です

あと62日……

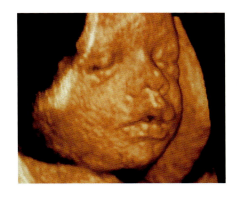

今日の赤ちゃん
子宮内の羊水の量はこれから2週間ほどで最大に達しますが、その後は徐々に減りはじめます。羊水のもっとも深い部分4カ所の測定値を合計すると、15〜20cmとなり、赤ちゃんが動けるだけの余裕があることがわかります。

妊娠中にお母さんが音楽をきくと、赤ちゃんもいっしょにきいています——これが赤ちゃんのためになっている可能性があります。

お母さんが音楽をきいていると、赤ちゃんの動きが活発になることに気づいている人もいるでしょう。胎児が音楽に合わせて動き、呼吸様運動までリズムに合わせることはわかっています。また、赤ちゃんに特定の音楽をきかせることで、脳の発達を促進できるとする説があります。

『Baby Mozart（ベイビー・モーツァルト）』という脳を活性化させる商品に関してある研究がおこなわれました。それによると、例えばモーツァルトの特定の楽曲がもつ構造が、他ジャンルの音楽やほかのクラシックの作曲家による音楽に比べて、脳の発達を大幅に促進したといいます。しかし、この説は正しくありません。一般的に大学に在籍する年齢層である18〜24歳の学生にクラシック音楽をきかせたところ、空間的知能が短時間かつ一時的に向上したとする調査結果があります。しかし、幼児や赤ちゃんについて同様の調査はなされていません。この調査は反復的におこなわれておらず、この結果は幾通りにも解釈することができます。

赤ちゃんの知能が高まるかどうかは別として、クラシック音楽をきくことでお母さんはリラックスできるでしょう。これは妊娠中いつでも好ましいことです。音楽にのって少し体を揺らしてみると、赤ちゃんは"ゆらゆら"揺られて心地よく眠りにつけるかもしれません。

助産師への質問

Q. "アクティブバース"とはなんですか？
A. "アクティブバース"とは、分娩を3つの段階に分けたうちの、第1段階で動き回り、第2段階では体を起こした状態を保ち、立ったまま腰を落としたり、しゃがんだり、ひざをついたり、両手両ひざをついた姿勢をとったりすることを指します。そうすることで、陣痛と分娩に耐えやすくなり、痛みを軽減できる可能性があります。重力を利用すると、お母さんの骨盤は開きやすく、赤ちゃんの頭が子宮口を押し広げやすくなります。陣痛と分娩をアクティブに過ごすためには、次のようなことを参考にしてください。

- **しゃがむ・腰を落とす**（p.424参照）：分娩の進行を速めるのに効果的です。コツをつかむのに時間がかかるかもしれないので、事前に練習を。腰を低く落とすとき、例えばパートナーにしっかり支えてもらってください。
- **ひざをついて力を抜く**：バースボールやビーズクッションを支えにしましょう。
- **水中出産用のプールを利用する**：しばらく温水につかるとリラックスしやすくなります。
- **"動ける"硬膜外麻酔を選び**、鎮痛処置を受けても動き回れるようにしましょう。
- 横になったことで子宮収縮が止まってしまったら、**起きあがって再度動いてみましょう**。

トピック——からだのこと

おへそが出てくる

整った形をしていたはずのおへそが飛び出してきて、びっくりしているかもしれませんね。これは、急速に大きくなる子宮による圧迫が原因で起こります。子宮がおなかを圧迫し、おへそを文字通り"飛び出させる"のです。

出べそはかっこわるいと感じ、ハイウエストのスカートやパンツをはいて隠す女性もいます。ベリーバンド（p.179参照）を購入して、おへそをしまっておくこともできます。

おへそが飛び出してくるのはよくある妊娠の副作用で、赤ちゃんを産めば2、3カ月でもとに戻ります。ただし、体のほかの部分と同様に、おへそが以前より少しうつむいたと感じるかもしれません。

第32週

妊娠31週2日です

あと61日……

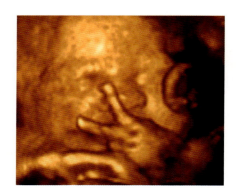

今日の赤ちゃん

赤ちゃんの手の協調がスムーズになるのは、脳がフィードバックを受けとってうまく処理できるようになってくるからです。目が開く回数は増えますが、1度にほんの短い時間しか開きません。そのため、たまたま指が近くにあっても、眼球を傷つけるリスクは低いのです。

この段階までに、赤ちゃんの身長は誕生時と同じくらいになっています。しかし、まだとてもやせていて、脂肪と筋肉をつける必要があります。

妊娠のこの段階では、赤ちゃんの筋肉と脂肪が増え続けます。赤ちゃんの皮膚は以前より厚く、不透明になり、皮膚と血管の間に肉がついてくるので、肌の色は赤からピンクに変化してきます。成長ホルモンは赤ちゃんの下垂体で産生されていますが、胎内での発育には影響しません。そのかわり、インスリンとインスリン様成長因子が重要な役割を果たします。赤ちゃんの骨格は、ほぼ誕生時の大きさになっており、身長が定まります。ただし、赤ちゃんはまだとてもやせています。

超音波検査士は検査から赤ちゃんの体重を的確に予測できますが、最終的な体重は赤ちゃんがいつ生まれるかによってずいぶん異なります。妊娠期間の最後の数週間は、筋肉がつくというより主に脂肪が蓄積されるだけですが、赤ちゃんは最後まで大きくなり続けます。

赤ちゃんの出生時の体重を予測したい場合、最新の調査によると、赤ちゃんの大きさは"刷り込み"された遺伝子によるところが大きいようです。それらの遺伝子は、赤ちゃんの発育を促進しようとする父親由来の遺伝子と、母親由来の、赤ちゃんの成長を抑制して母体の資源を守ろうとする遺伝子があります。

トピック――双子

ベビー服選び

双子の赤ちゃんは同じ服を着ているととてもかわいらしいので、買ったりプレゼントされたりしたおそろいの服が何着もあるでしょう。しかし、**一卵性双生児はちがった服を着ているほうが見分けやすいものです。**また、周囲の人たちにとっては、双子のそれぞれとかかわりやすくなり、ふたりの発達のためになります。

現実的なことも考えましょう。双子のうちひとりが服を汚すたびに、ふたりとも着がえさせますか？ 柔軟に考えるだけのことはあるかもしれません。清潔なベビー服が2着しかなければ、型や色がそろっていなくても、それを着せることになります。

新生児はなにを着ていても気にしませんが、ふたりにおそろいの服を着せる習慣がついてしまうと、その子たちは幼児期にそれを意識するようになり、違う服を着ているとストレスを感じるようになるかもしれません。

赤ちゃんになにを着せるかについては、いろいろな考え方がありますが、次のようなことを考慮しましょう。

- **おそろいでも色違い**、または**同じ色で型の違う服**を着せる。
- 例えば家族写真を撮るときや**特別な機会**などに、ときどきおそろいの服を着せる。
- おそろいの服をひと組プレゼントされたら、それを**双子のどちらか専用**にし、次に入手するひと組を、もうひとり専用にする。

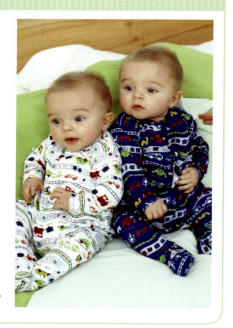

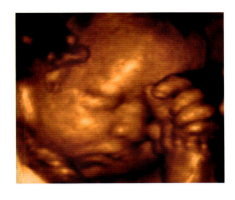

妊娠31週3日です

あと60日……

今日の赤ちゃん

左の写真では、臍帯が赤ちゃんの肩にかかっています。これは非常によくあることで、実際、どの赤ちゃんもいずれかの時点で臍帯が体にからまることがあるものです。特にこれからの数週間は、赤ちゃんが頻繁に体位を変える時期なので、このような状況になりやすくなります。

おなかが揺れたりぶつかったりするのは、妊娠していれば当然のことです。赤ちゃんはおそらく、気づいてもいないでしょう。

先輩ママへの質問

Q. 職場でだんだん集中力を保ちづらくなってきました。これからの数週間をうまく乗り切るにはどうしたらいいでしょう？

A. 赤ちゃん——そしてお母さん——が大きくなるにつれて、お母さんのエネルギーがもたなくなり、それにともなって集中力が切れるのも早くなってくるかもしれません。これはよくあることですが、仕事をもっている人には支障をきたすことがあるでしょう！　まず、定期的に休憩をとりましょう。このとき足を高くし、目を閉じて数分間休みます。脱水状態になると仕事の効率に影響することがあるので、水分をしっかりとりましょう。同様に、健康的な間食をときどき少量ずつとるようにすると、エネルギー不足を防止できます。ドライフルーツなど、鉄分の豊富な食品は特に重要です。血液中の鉄濃度が下がると疲れやすくなるからです。

メモ帳を持ち歩き、忘れてはいけないことはどんなささいなことでもすべて書き留めるようにします。そうすることで、うっかり忘れてしまうことを防ぎ、やるべきことに集中し続けられるでしょう。1日のはじめに"やることリスト"をつくり、優先順位の高いものからすませてチェックしていくのもよい方法です。最後に、睡眠を十分とりましょう。そうすれば翌朝、少しでもリフレッシュした気分でいられます。

おなかはどんどん大きくなります。歩いていると、おなかも動いているようにみえるでしょう。1歩踏みだすごとに右へ、左へと揺れませんか？　以前の自分よりこんなにも大きくなっていることを、つい忘れてしまうかもしれません。そして、狭いところや、以前は楽に通り抜けられたレストランのテーブルや椅子の間を、通るのにひと苦労していませんか？　おなかがあちこちにぶつかることがあっても、まったく心配いりません。赤ちゃんは、羊水のプールに守られていて安全です。羊水が不意の衝撃に対するクッションの役割を果たすのです。あなたはもうすぐもとの体型に、完全にではないとしてもそれに近い体型に戻ります。そのときにふり返ってみると、おなかの分まで余裕をみて動かなければならなかったのがおかしく思えるでしょう。

職場で集中力を保つために、メモを手もとに置いてなんでも書きとめましょう。その日にすること、電話で伝えるべきこと、そして手紙やEメールに書くべきことなど、すべてメモするのがおすすめです。

トピック——からだのこと

心臓の動悸

心拍が速い状態が続いたり、ときに脈がとんだり、または単に自分の心拍が非常に強く感じられたりすることを"動悸"といいます（p.469参照）。これは妊娠の終盤によく起こります。通常は心配することはなく、単に血液循環の変化に加え、おなかが大きくなっていることが原因で起こりますが、不要なストレスや不安が原因となることもあります。

しかし、動悸に胸痛や息切れをともなう場合、または、動悸の頻度が増していると感じられる場合は、助産師に相談してください。

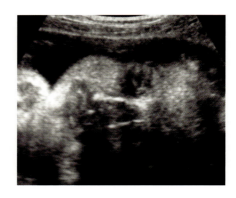

妊娠31週4日です

あと59日……

今日の赤ちゃん
超音波検査の画像からわかる、赤ちゃんの頭位、腹囲、大腿骨の長さを利用して、体重を予測します。おもしろいことに、平均値をとると、このころ男の子は女の子より少しだけ重くなりはじめます。

赤ちゃんに筋肉がつき、その筋肉に張力が備わってくると、これまでよりも複雑で力強い動きができるようになります。

赤ちゃんの筋緊張の機能は、完全に発達するまでに時間がかかります。妊娠のこの週ごろには、頭の動かし方がうまくなり、脚も筋緊張が備わっているので以前よりスムーズで複雑な動きが可能です。ここでもまた腕や手は脚部や足より遅れて発達し、同様の筋緊張を獲得し、同様の動きができるようになるにはあと3週間かかります。

妊娠終盤の数週間には、超音波検査で赤ちゃんらしくひじやひざを曲げて丸まった体位がみられる確率が高くなってきます。これは単に子宮内に余裕がなくなっているだけでなく、左右の腕と脚の（ひじ、股関節、ひざを曲げる）屈筋の緊張度が（腕、脚を伸ばす）伸筋より高いからでもあります。

また、赤ちゃんの動きがこれまででもっとも活発なことに気づくでしょう。お母さんが感じるのは子宮内膜に当たる動きだけですが、お母さんがまったく気づかない、もっと小さな動きがたくさんあるのです。子宮内で動くことは重要で、それによって赤ちゃんの筋肉の協調性が高まり、骨は強くなり、筋肉量は増加します。筋細胞の数は妊娠38週ごろまで増えていきます。この時点から、ひとつひとつの筋細胞は、運動によって縦方向に伸張し、横方向に拡大して、筋肉量と強度をさらに増していきます。

まわりの人たちがパーティを楽しんでいるのに、自分だけとり残されているように感じることはありません。氷にフレッシュな果物のジュースを注ぎ、ソーダ、トニックウォーター、ジンジャーエールのどれかを足して、カクテル気分を楽しみましょう。

ノンアルコール飲料のアイディアいろいろ

- クランベリージュース／オレンジジュース／レモンジュース／ジンジャーエール
- グレープフルーツジュース／クランベリージュース／発泡リンゴジュース／アンゴスチュラ・ビターズ少々／お好みで砂糖
- オレンジジュース／ビターレモン
- レモンジュース／パイナップルジュース／オレンジジュース／グレナデンシロップ／ソーダ
- 小さく切ったレモン、ライム、オレンジ／ジンジャーエール／お好みで砂糖
- リンゴジュース／洋ナシジュース／ジンジャーエール

助産師への質問

Q. オルガスムに達すると陣痛がはじまってしまいますか？

A. 妊娠に問題がなければ、オルガスムが原因で早産にはなりません（p.431参照）。また、臨月であれば、オルガスムが陣痛を引き起こすのは、どちらにしても陣痛が起こりそうなときだけです。早産の兆候がひとつでもあれば、セックスは控えるようにいわれるでしょう。これは、性的刺激を感じている間に、オキシトシンというホルモンが増加し、そのオキシトシンが子宮の筋肉を収縮させるからです。オルガスムに達すると、妊娠陣痛（前駆陣痛、偽陣痛とも呼ばれる、p.410参照）の頻度が増えるかもしれません。破水している場合は、感染症のリスクがあるので、セックスは控えてください。

出産予定日を過ぎていて、身体的に分娩の準備ができていれば、セックスには陣痛の開始を促す効果があるでしょう。その理由はふたつあります。精液に含まれるプロスタグランジンという物質は妊娠が満期に達していれば子宮頸管をやわらげる効果があり、オルガスムによって子宮の収縮が促されると、それが初期の陣痛へと発展する可能性が高いのです。

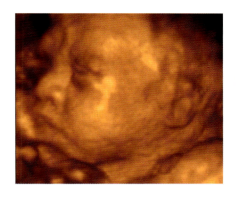

妊娠31週5日です

あと58日……

今日の赤ちゃん

左の写真では、赤ちゃんは目を開けて、眉間にしわを寄せています。四肢の筋緊張が強まってくるのと同様に、顔の筋肉も動かされて張力が備わってきます。そのため、赤ちゃんは奇妙な表情をつくることがありますが、それが感情のあらわれというわけではありません。

赤ちゃんの体位は分娩に影響します。しかし、この段階では時間はたっぷりあるので、状況はいくらでも変わります。

妊婦健診を受けるたびに、助産師が胎位（赤ちゃんの向きや位置、p.336参照）を確認するでしょう。約15％の赤ちゃんがこの週には骨盤位（逆子）をとっていますが、そのまま満期を迎える赤ちゃんは、わずか3〜4％です。これは、現時点では赤ちゃんが回転できるだけの余裕が十分あるからです。妊娠34週か35週ごろから、大きな動きをする余裕がなくなってくるので、胎位が変わる可能性が低くなります。赤ちゃんが向きを変えやすくしてあげるにはどうしたらよいか（p.329参照）、また、赤ちゃんを回転させる外回転術（ECV、p.364、433参照）（注：日本では現在あまりおこなわれていない）という処置についても助産師が説明するでしょう。赤ちゃんが骨盤位の場合、妊娠37〜38週で超音波検査を追加し、胎位を確認するよう助産師がすすめるかもしれません。助産師がお母さんのおなかの上から触れただけでは、触れたのが赤ちゃんのおしりなのか頭なのか、なかなか確信がもてないものです。

トピック——お父さん

適度なサポート

妊娠の終盤に近づいてくると、女性は普段よりも活動量が減ります。エクササイズが減り、こなせる家事の量が減ります。女性にとっては、以前のようにスムーズにいろいろこなせないこと、そして人にやってもらうことが増えることは、受け入れがたいのかもしれません。

妊娠最後の数週間は、あなたが彼女の大きな助けとなってあげてください。ただし、支えてあげることと過保護になることは紙一重なので、気をつけましょう。あなたは内心、"スーパーマン"になってすべてをやってあげたいくらいでしょうが、過保護になれば彼女はストレスを感じるでしょう。彼女にリードしてもらい、求めに応じて手を貸すとともに、彼女が自分のことをできる時間をあげることが大事です。

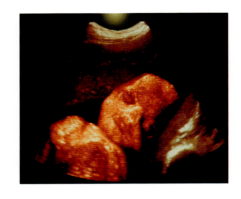

妊娠31週6日です

あと57日……

今日の赤ちゃん

この写真から、このころ赤ちゃんをとり囲む羊水がどれくらいあるかがわかるでしょう。超音波でみると、液体はスクリーン上では黒く映ります。羊水のなかに斑点状のものが映ることがあります。これは赤ちゃんの発育とともにはがれ落ちた皮膚や、抜けた体毛です。

夏場に妊娠後期を迎える人は、涼しく快適に過ごすのがとても難しいでしょう。

暑い季節には、赤ちゃんがおなかにいることで実に蒸し暑く感じられます！ 冷たい水をたくさん飲んで、水分補給をしましょう。水を入れたスプレー（ひと晩冷蔵庫で冷やしておくと、翌朝冷たくなっています）を持ち歩き、暑すぎると感じたらシュッと自分に吹きかけるようにしてもよいでしょう。

麻や綿など、天然素材でできた袖なしの服を選ぶと、服のなかに空気がこもりません。腕の一部または全部をおおいたい場合は、半袖のジャケットか綿のカーディガンを羽織りましょう。少しでも直射日光に当たる場合は特に、日よけの帽子をかぶり、サングラスも忘れずに。

ビーチサンダルやヒールの低いサンダルをはいて、足に呼吸をさせてあげましょう。足がむくんでいる場合は特に、これらを選ぶのがおすすめです（p.466～467参照）。

トピック――赤ちゃん

赤ちゃんの心音をきく

妊娠のかなり早い段階から、赤ちゃんの心臓は拍動しています。 その心音をきくことほど勇気づけられ、安心できるものはありません。助産師はさまざまな器具を利用して、赤ちゃんの心音をきくことができます。トラウベ（注→p.481）や超音波技術を利用するドップラー胎児心拍計（右写真）はその一部です。赤ちゃんの心拍は（多少の差異はあるものの）1分あたり120から160の間です。これは、通常100以下という妊婦の心拍に比べてかなり多い心拍数です。

赤ちゃんの心音をきくことの唯一の目的は、心拍が正常範囲におさまっていることを確認し、お母さんにすべて順調だという安心感をもってもらうことです。リズムに異常がある、思いのほか心拍が速い、逆に遅いといった場合は、医師か助産師が検査をして異常の有無を確認するでしょう。赤ちゃんの心音をきくことで、誕生前に赤ちゃんとのきずなを深めやすいという女性もいます。

雑学

産後の数時間と数日間

赤ちゃんを産み落としたあとにどんなことが起こるかを知っておくと、心の準備をしやすいものです。以下に興味深い事実をいくつか紹介します。

- **出産直後、全身が震えたり**、嘔吐したりしても心配いりません。これは非常によくあることで、まったく問題ありません。
- **生まれたばかりの赤ちゃんが、すぐにうまくお乳を吸えるようになるとは限りません**（p.448～449参照）。お母さんと同じように、赤ちゃんにも練習が必要なのです。
- **後陣痛（赤ちゃんがお乳を吸うときに起こる、子宮が締めつけられるような痛み）は、本番の陣痛とほぼ同じくらいの痛みです。**
- **出産後初めての排尿や排便には、不快感がともなうことがあります。**
- **赤ちゃんの世話をしはじめる数日間は、自分がとてももろく感じられ、母親の助けが必要になるかもしれません。**
- **はじめのうちの悪露（産後の出血）が多く**、大判のナプキンを使っても下着が汚れるかもしれません。
- **すべてのお母さんが、生まれて間もない赤ちゃんとすぐにきずなを結べるとは限りません。** 少し時間をかけてみるとよいでしょう。

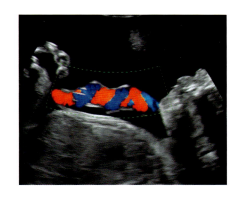

妊娠32週0日です

あと56日……

今日の赤ちゃん

この写真では臍帯の血流に着色してあります。ふたつの色は、血流の方向をあらわしています。胎盤にむかって血液を運ぶ、細い方の臍動脈は青で着色されており、より中心的な（赤で着色された）臍静脈のまわりに巻きついています。

十分に睡眠をとれるようにするうえでいちばんよいのは、精神を落ち着けてリラックスする方法をみつけることです。

ぐっすり眠れないのは、大きなおなかのせいで快適にとれない姿勢があるうえに、いま、このときに考えなければならないことがたくさんあるからだと気づいている人もいるでしょう。毎晩、パートナーといっしょにくつろいで、おなかのふくらみを愛でる時間をとるようにしてください。10分間、ただ自分自身に、自分の体に、パートナーに、そして赤ちゃんに集中するだけでも、元気と活力を呼び戻してくれるでしょう。

楽な姿勢をとり、体の内側に集中するようにして、外側の心配ごとすべてから意識を遠ざけます。まず、ゆっくり呼吸することに集中しましょう。そして、休暇で海辺を歩いたときなど、リラックスできて楽しかった場所や時間に思いをはせます。次に、ひとつひとつの筋肉の塊を順にぎゅっと引き締めてから力を抜くことに集中しましょう。もしくは熱をもったボールを思い浮かべ、それが腕や脚や体をゆっくりと通過し、体の部位がポカポカとして重く、力が抜けていくのを想像してみましょう。

パートナーといっしょにおこなうのもいいかもしれません。彼がすわってあなたのおなかに手や頭を当て、あなたに合わせるように呼吸をします。ただだまってパートナーと並んで横になるだけでも、リラックスできて、ふたりの距離は縮まるでしょう。

エクササイズの服装

妊娠後期には、運動するときに適切な服装をしているかどうかによって、運動そのものもあなたの感じ方も大きく左右されます。

妊婦向けのトレーニングウエアには、おなかや胸をしっかりサポートしつつ、素敵にみえるものもあります。体に合ったサイズを着るようにしましょう。3カ月も前にきつくなったウエアを無理に着ると、不快なうえ動きにくいものです。

妊婦向けのトレーニングウエアの品ぞろえはかなり充実しており、うまく裁断されていておなかに十分余裕のあるものがあります。しかし、エクササイズ中はあまり体型が目立たない服を着たい人もいるでしょう。それなら大きめのTシャツとトレーニングパンツ、または、ゆったりしたショートパンツがおすすめです。とにかく自分が快適で自信を持てるウエアを着てください。

機能的なサポートベルトもあり、利用すると心血管運動がずいぶん楽になるかもしれません。双子かそれ以上の赤ちゃんを妊娠しているなら、トレーニングウエアに追加すると重宝するでしょう。サポートベルトはだいたい伸縮性に富んだ布でできており、おなかの大きさに合わせて調整してマジックテープのような面ファスナーで留められるようになっています。代わりに、クレープ包帯を骨盤まわり（ふくらんだおなかのすぐ下）に巻き、おなかの重みを支えることもできます。

妊娠のこの段階には、運動をするときに乳房をこれまで以上にしっかりサポートする必要があります。大きく重くなった乳房の圧迫が強まり、乳房の繊細な組織がダメージを受ける可能性があるので、うまくフィットするスポーツブラはどんな運動にも欠かせません。乳房が特別大きく、スポーツブラでは支えきれないと感じる場合は、通常のブラの上からスポーツブラをつけてみましょう。

第33週（妊娠32週1日〜33週0日）

生まれたばかりの赤ちゃんとの生活がどのようになるかは、想像しにくいものです。

初めてお母さんになる人に限らず、出産を控えた女性はすべて、赤ちゃんが生まれたあとの生活をうまく思い描けないようです。これまでの数カ月間に想像したこと、夢にみたこと、願ったことが、もうすぐ現実になろうとしています——それはあなたが思っているのとはまったく違った現実かもしれないのですが。赤ちゃんの誕生祝いや、将来の保育といった現実的なことを考えると、気がまぎれる人もいるかもしれません。妊娠前の体型をとり戻すための計画を立てるのもいいでしょう。このままずっと大きなおなかを抱えて過ごすかのように感じられるかもしれませんが、そんなことはないのですから！

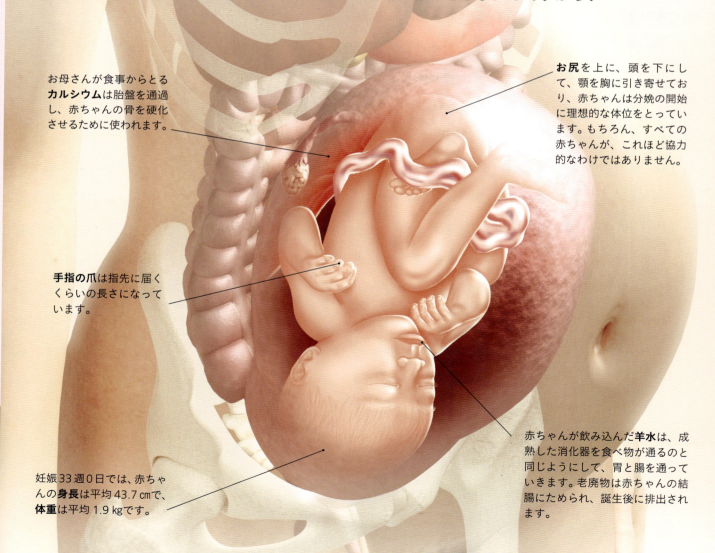

お母さんが食事からとる**カルシウム**は胎盤を通過し、赤ちゃんの骨を硬化させるために使われます。

手指の爪は指先に届くくらいの長さになっています。

妊娠33週0日では、赤ちゃんの**身長**は平均43.7cmで、**体重**は平均1.9kgです。

お尻を上に、頭を下にして、顎を胸に引き寄せており、赤ちゃんは分娩の開始に理想的な体位をとっています。もちろん、すべての赤ちゃんが、これほど協力的なわけではありません。

赤ちゃんが飲み込んだ**羊水**は、成熟した消化器を食べ物が通るのと同じようにして、胃と腸を通っていきます。老廃物は赤ちゃんの結腸にためられ、誕生後に排出されます。

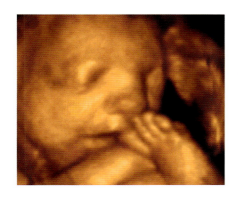

妊娠32週1日です

あと55日……

今日の赤ちゃん

この写真では、赤ちゃんは顎の下で両手を重ねており、片足を上げて口と鼻のそばにもってきています。まるで曲芸でもしているようにみえるかもしれませんが、赤ちゃんはまだとてもやせているので、関節が非常に柔軟なのです。

自分の体を思うように動かせないと感じていれば、体型が二度ともとに戻らないのではと考えるのも無理はありません。でも、ちゃんと戻ります！

妊娠後期のこの段階では、まだ体重は週に0.5～1kg増加するでしょう。しかし、体重増加は妊娠最後の数週間にはゆるやかになっていくものです。このころには、おなかが引き伸ばされ、おへそが飛び出して、極端な場合だと服の上からみえるくらいになるでしょう（p.319参照）。妊娠中期には、正中線（黒線）と呼ばれる色素沈着による黒っぽい線が、おなかのまんなかにあらわれたかもしれません（p.170参照）。

多くの女性と同じように、あなたはおそらく赤ちゃんに会えることがうれしくて、胸を躍らせている一方で、出産後に自分の体型をもとに戻せるか少し心配していることでしょう。おなかがもとの状態に戻らないかもしれないと思ってとても動揺する人もいます。それはまったくおかしなことではありませんが、安心してください。少しの努力と運動、そして出産後も妊娠中と同じように健康的な食生活を続けることで、体型は妊娠前の状態に戻り、おへそも自然とへこみ、ふだんの形に戻ってくれるでしょう。大事なのは、多少は時間がかかるのを忘れないことです。考えてみれば、体重が増えるときも10カ月かけて徐々におこったわけですから。

助産師への質問

Q. 出産直前まで働きたいのですが、可能ですか？

A. 可能です。ただし、あなたが働き続けられる健康状態にあることを確認する、医師の診断書が必要になるかもしれません。よく考えてから決断してください。妊娠後期は、非常に疲れやすいときで、精神的な大変さや身体的な大変さ、あるいはその両方をともなう仕事なら、出産予定日より前に産前休業をとりはじめたほうがいいかもしれません。また、赤ちゃんを迎える準備をする時間も必要です。

食物繊維の豊富な食事はどんなときでも体にいいものですが、特にこれからの3カ月、よく悩まされる便秘の問題を予防してくれて健康的です。全粒粉パンや全粒シリアルを間食にとりいれましょう。

トピック──栄養

食物繊維はすばらしい

食物繊維は消化器系の働きをより効率的にしてくれるので、妊娠後期に非常に重要です。食物繊維──植物性食物の消化されない部分──を摂取することは、薬に頼らず腸を整えるには最良の手段です。妊娠中に全粒穀物、果物、野菜を基本とする食生活を送っている人は、たいてい食物繊維を十分に摂取できています。

妊娠中の女性は、1日あたり25gの食物繊維をとることを目指してください。それだけの量をとるための目安として、中サイズのアボカド1個またはバナナ1本、1回量のブロッコリー、ブルーベリー、玄米、豆類にはそれぞれ約3gの食物繊維が含まれていることを覚えておきましょう。1日に果物を3～4回量とり、食事には野菜をとり入れ、全粒粉パンや玄米を食べれば十分摂取できます。

食物繊維をとると、おなかがいっぱいになりやすく、腹持ちがいいので、食べ過ぎ、太り過ぎを防ぎやすくなります。また、糖尿病の管理に役立ち、コレステロール値を下げ、心疾患のリスクを下げるのにも貢献します。

第33週

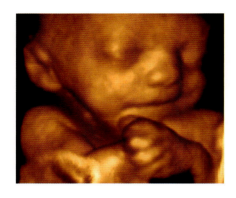

妊娠32週2日です
あと54日……

今日の赤ちゃん

この週の間に、赤ちゃんの手指の爪は完全に形成され、指先までおおうようになります。羊水にひたっているので、爪はとてもやわらかい状態です。自分をひっかいて傷つけないように手袋が必要になるのは、どうやら赤ちゃんが誕生してからのことのようです。

赤ちゃんは胃を満たせるだけの羊水を飲み込み、40分ごとに、前にとり込んだ羊水を羊水腔（羊水の満ちた場所）におしっこします。

赤ちゃんは毎日ほぼ500mLの羊水を飲み込み、体外に排出しています。羊水は、赤ちゃんに栄養、特にたんぱく質を提供するとともに、赤ちゃんの消化管の健全な発育のために不可欠なものです。このころには赤ちゃんの味覚がかなり発達していると考えられています。ですから、お母さんがスパイスの効いたものを食べれば、赤ちゃんはとり入れる羊水の味からその違いを感じます。

羊水は肺には入らず、食道を通って胃に流れ込み、少しの間そこにとどまります。この段階の赤ちゃんなら、胃のなかの羊水は40分ごとに入れ替わります。しかし、妊娠35週以降は胃が大きくなるのでこのサイクルが減速し、80分ごとになります。筋肉が収縮して羊水を波のように動かし、小腸から大腸へと移動させます。腸を移動する間に水分は再吸収され、"胎便"と呼ばれる老廃物だけが大腸の終わりの部分にあたる結腸に届きます。この胎便は大腸に蓄積され、赤ちゃんが誕生するころには大腸がいっぱいになっています。通常、赤ちゃんは誕生前に胎便を排出することはなく、誕生直後に排出します。胎便の主な成分は、皮膚細胞、胎毛、胎脂です。ビリルビンという赤血球の分解産物が含まれるため、色は緑がかっています。

トピック——分娩
陣痛の誤報

これからの数週間、あなたとパートナーが赤ちゃんの誕生を待つ間に、**1度か2度は陣痛がはじまったと思ったのに実際には違った、という体験するかもしれません**。初めて赤ちゃんを迎える人は、特に間違えやすいでしょう。偽の陣痛は、日中だろうが夜だろうが、いつ起こってもおかしくありません。重要な会議も締め切りも、おかまいなしに襲ってきます。

この前駆陣痛（偽陣痛）のおかげで、あなたもパートナーも、本番の陣痛の開始を知らせるさまざまな兆候を知ることになるでしょう（p.409〜411参照）。ただし、本番の陣痛ではないかと感じたら、きっと違うだろうと勝手に決めつけないで、病院に連絡してまだ陣痛がはじまっていないことを確認してください。状況によっては受診をすすめられるでしょう。

皮膚がかゆい

おなかがかゆくなるのはよくあることです。おなかの皮膚は伸びて薄くなっているので、乾燥することがあります。皮膚を潤すために、保湿ローションを使ってみてください。

ただし、おなかや、手のひらや、足の裏があまりにもかゆい場合は、医師の診察を受けましょう。このかゆみは、妊娠性肝内胆汁うっ滞症（p.473参照）という、珍しい妊娠中の肝臓疾患の兆候である可能性があります。この疾患では、胆汁酸塩が血流に流れ込み、発疹がみられなくても（特に手足の）皮膚にかゆみを引き起こします。この疾患は、ビタミンK不足も引き起こすことがあります。ビタミンKには血液を凝固させる作用があり、不足するとお母さんも赤ちゃんも出血のリスクが高まります。胆汁酸塩を結合させる薬を使用することと、ビタミンKを補うことが有効な治療法です。いくつかの研究によると（妊娠37週くらいの）早めの陣痛誘発により、問題を回避できるといいます。この症状は、出産が終わればなくなり、通常は長期的な肝臓障害が残ることはありません。

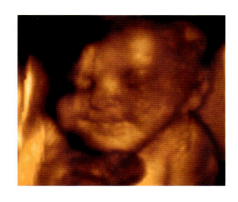

妊娠32週3日です

あと53日……

今日の赤ちゃん
子宮内での赤ちゃんの姿勢は、お母さん自身の姿勢に影響されます。赤ちゃんは、ある程度重力の影響を受けるので、お母さんが立っているかすわっているか、体の左右どちらを下にして横になるかは、赤ちゃんの背中の向きや、左右どちらに体を回転させるかに影響します。

おなかが大きくなるにつれて、歩くときにおなかに手を当てて支えたくなるのは自然なことです。

おなかがどんどん大きくなっているので、おそらくエクササイズのしかたを変えざるを得なくなっているでしょう。ランニングマシンでのジョギングはやめて、例えば、速歩きで（速くないかもしれませんが！）長いウォーキングにでかけることにする、といった具合に。歩くだけでもおなかや骨盤が痛んだり不快感が生じたりする場合は、自然とおなかに手を当てて持ち上げ、支える力を増やして骨盤や腰を休めようとするでしょう。「赤ちゃんが落っこちそう」だと感じる女性もいるようです。

腹帯を購入することを考えてもよいでしょう。伸縮性に富んだ布製の腹帯は、おなかをサポートし、腰痛の予防にも役立つアイテムです。

おなかがかなり大きくなってくると、楽なペースで歩いていても、おなかがあちらへ、こちらへと揺れ動くでしょう。お母さんは、**本能的に赤ちゃんを両手で支える**ようになります。

ベビーモニターを買う

ベビーモニターは1980年代はじめに英国で使用されるようになり、今日ではかなり多岐にわたるモデルが売られています（注：日本では普及していない）。そのため、どれにするかを決めるのは簡単ではないでしょう。いろいろなモニターがありますが、基本的な構成要素は同じで、最低でもふたつのユニットに分かれています。ひとつは赤ちゃん側の音声を発信し、もうひとつはその音声がきこえるようにお母さんのそばに置いておくものです。

赤ちゃん側の音声を光で知らせる、電池不足や受信圏外を知らせる、電源（コンセントか電池か）を選択できる、お母さんの声が赤ちゃんに届く双方向の受発信、温度センサーなどの機能がついているものもあり、明かりがともるものもあります。このようにあらゆる機能がありますが、それぞれの好みと予算に合わせて選ぶことになるでしょう。

トピック――赤ちゃん

赤ちゃんの体位を変える

妊娠終盤のお母さんの動きは、赤ちゃんの体位に影響します。赤ちゃんが頭を下にして、お母さんの背中のほうを向き、顎を引いているのが理想的です。赤ちゃんがこのいちばんよい体位をとるよう促すには、次のようなことを試してください。

- **両手両ひざをつき、腰を左右に動かす**。または、背中を弓なりに丸め、次に反らせる（反らせすぎは腰を痛める原因になるので要注意）。
- **ひざを骨盤より低い位置に保ち、体を少し前に倒してすわる**。
- **床にひざをつき**、ビーズクッションや、綿入りクッションや、バースボールに**寄りかかる**。
- 脚を少し広げ、ひざを腰より低い位置に保って**バースボールにすわり、骨盤を前後に揺らす**。
- **合蹠（がっせき）のポーズをとる**：床にすわって足の裏を合わせ、背すじをまっすぐに保つ。ひざを開いて左右に下ろし、内腿にひじをのせる。
- **泳ぐ**：平泳ぎは骨盤を開くのに効果的。

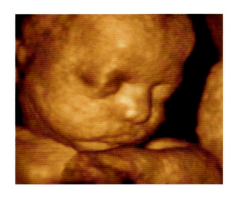

妊娠32週4日です

あと52日……

今日の赤ちゃん

左の写真では、赤ちゃんの鼻筋がしっかり形成されてきているのがわかります。
顔は丸みを帯びてきて、これから顔がかなりぽっちゃりしてくる赤ちゃんもいるでしょう。
頭頂付近や頭側にみえる影が、だんだん頭髪のようにみえてきます。

妊娠のこの段階までに赤ちゃんの手指の爪の形成は終わり、指先まで達しています。

このころには、赤ちゃんの手指の爪は指先まで達しています。爪の形成がはじまったのは妊娠23週でした。上肢の発育は常に下肢に先行するので、足の爪の形成は4週間遅れてはじまりました。手指や足の指の先端には爪のもとがあり、そこから爪郭（爪の両側と根元を囲む皮膚）が形成されます。この爪郭の根元で、角質化というプロセスを経て細胞が硬くなり爪になります。爪はやわらかい爪床で増殖する新しい細胞から形成されます。手指の爪が指先まで到達するのに9週間かかり、足の爪が指先まで達するのはさらに4週間後です。

実際には爪の色はすべて同じですが、白い部分が白くみえるのは、この部分の爪の下に爪床がないためです。爪床がある部分は、血液をたっぷり供給する血管の色が透けてみえるためピンクがかってみえます。

爪はすでに指先まで達しているので、赤ちゃんの誕生後間もなく、爪を切ってあげなければならないでしょう。赤ちゃんの爪はとても繊細でやわらかく、カットするよりかじってしまうほうが簡単に思われるかもしれません。赤ちゃんが眠っていてもぞもぞ動かないときに、ベビー用の爪きりでカットするとよいでしょう。

トピック——からだのこと

ヨガは、妊娠中の心身のためになるすばらしいエクササイズです。アクティブバースのクラス（p.333参照）に参加する人は、出産に向けて必ずおこなうでしょう。あなたの体と妊娠の段階に応じて、インストラクターが内容を調整してくれます。ここで紹介するストレッチはそれぞれが、骨盤を開き、脚部を強化するのに理想的なポーズです。妊娠中にこれらを練習しておくと、分娩中により効果的に自信をもって生かせるはずです。しゃがむポーズを練習するときは、パートナーに後ろから支えてもらうとやりやすいでしょう。

かかとを床につけ、背中をまっすぐ伸ばし、脚を開いてしゃがみます。このポーズは、楽に維持できる場合のみおこないます。

片脚を前に伸ばし、もう一方のひざを曲げます。伸ばしている脚のほうに体をやさしくねじります。両手を床につくと、安定感が増すでしょう。

片脚を後ろに伸ばし、もう一方の脚を曲げ、かかとを恥骨に近づけます。深呼吸をしながら上に向かって体を伸ばします。

妊娠後期

妊娠32週5日です

あと51日……

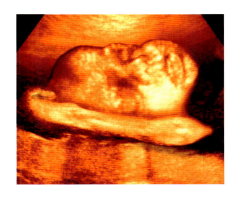

今日の赤ちゃん

左の写真では、赤ちゃんは横向きになって頭の下に腕を置いています。
腕の一部は3Dでみえる範囲にありませんが、腕の構造はみてとれます。
明るく反射しているのは、ひじと前腕の骨の一部です。

もうすぐ赤ちゃんが生まれるという事実に慣れるために、出産後の生活を考えてみましょう。

そろそろ友人や家族が、赤ちゃんの生まれたあとにどんなことが起こるか、そして、赤ちゃんを産むとはどういうことなのかを話しはじめるころでしょう。

初めて赤ちゃんを産む人は、母親になるというのがどんなことなのかピンとこないでしょうし、出産経験があってもふたり目、三人目の赤ちゃんを産むのは初めてなわけですから、もうひとり赤ちゃんを迎えるのがどんなことなのかはわからないでしょう。もちろん、日々の暮らしは続いていきます。しかし、出産の向こうにある、新生児との暮らしを現実として見通すのは難しいかもしれません。これまでと同じように、近しい人に自分の気持ちを話してください――胸躍る思いも、恐れも、心の準備ができていないという思いも（だいたい、これら3つの感情が次から次へと巡ってきます）。赤ちゃんが生まれたらどんなことが起こるか、考えられることや希望を具体的に話してみましょう。赤ちゃんのおじいちゃん、おばあちゃんをはじめとする、大切な人たちにいつ会いにきてもらいますか？　具体的に考えることで、赤ちゃんが生まれてくるのだという実感がわいてくるかもしれません。

助産師への質問

Q. 出産準備クラスに参加する意義はなんですか？

A. 出産に関する情報やアイディア、恐れや不安などを話しやすい環境で共有でき、あなたが選ぶ出産スタイルに影響する問題について話し合ったり決めたりする機会を得られるでしょう。また、間もなく親になるほかのカップルと出会う機会にもなります。多くの場合、出産準備クラスでつちかった友情は、出産後も続き、新たに親になった者どうし支え合っていけるでしょう。たいていのクラスで、次のようなことを学びます。

- **長年にわたって効果が実証されている分娩のテクニック**を学びます。痛みを乗り越えるための呼吸法、マッサージ、分娩中にとるとよい食べ物、前向きなイメージトレーニングなどがあげられます。
- **鎮痛処置の選択肢**と、その代替となる、薬に頼らないさまざまな鎮痛法（p.396～407参照）を学びます。
- **自分のバースプランをどう伝えたら**（それを実現するにはどうしたら）**よいか**（p.303参照）を学びます。
- **出産に立ち会う人にできる、実際的・精神的サポート**を学びます。
- **病院での出産や自宅出産で必要になるもの**（p.341、358参照）を学びます。

出産までの心と体の準備、出産後の数日間の過ごし方、出産後の回復をスムーズにするためのアドバイスを受け、おむつ替えや沐浴のさせかた、母乳育児のすすめかたなどについても学びます。

出産準備クラスは、同じ立場の人たちとアイディアや情報を交換できるすばらしい機会です。長くつき合える友人との出会いもあるかもしれません。

ご存じですか

経産の場合は子宮頸管が1時間に1.5cm開大するのに対し、初産の場合は1時間に約0.5cm開大します。

経産のお母さんはいきみに30分ほどかかり、初産のお母さんは約1時間かかります。

第33週

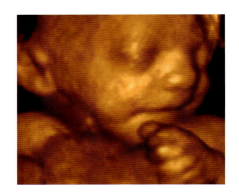

妊娠32週6日です

あと50日……

今日の赤ちゃん

左の写真の赤ちゃんは、いまにも微笑みそうにみえるかもしれません。赤ちゃんはよく笑みを浮かべ、舌を突き出し、ありとあらゆる顔の表情をつくります。このころもまだしゃっくりをする赤ちゃんもいます。お母さんにはその感覚がわかってきたころかもしれません。

生まれたばかりの赤ちゃんと暮らしていると、昼も夜もあっという間に過ぎていくので、必要になる前に保育について考えはじめるとよいでしょう。

赤ちゃんが生まれてもいないのに、保育について考えたほうがいいなんて、信じられないかもしれませんが、**時間があるうちにいろいろな選択肢をじっくり考えるのはよいことです。**

保育の種類は大きく分けて、自宅内と自宅外のふたつがあります。自宅内保育の場合、住み込みまたは通いのベビーシッター、赤ちゃんのおばあちゃんに世話を任せるという選択肢があります。または家族や友人のうち、赤ちゃんの世話をするつもりできてくれる人がいるかもしれません。自宅外保育を選ぶなら、選択肢はたくさんあります。保育園、託児所、企業内保育所、保育ママ、そして親類宅で預かってもらうケースもあります。どのタイプの保育にするか心を決める前に、かかる費用とあなたが住んでいる地域で希望する保育のかたちが可能かを調べるとよいでしょう。近所にある保育園などの施設を見学してどんな保育を受けられるのかだいたいわかると、自分の希望することとしないことがはっきりするでしょう。それから、質のよい保育施設や保育士（保育ママ）は人気があるということを忘れないでください。たとえ復職する時期が確定していないとしても、赤ちゃんの名前（決まっていなければ姓だけでも！）で申し込んでおくと、必要になったときにいくつか選択肢はあるでしょう。

カルシウムの摂取

赤ちゃんの頭蓋骨の形成は、妊娠初期の終わりごろにはじまりますが、妊娠後期になると、**お母さんのカルシウムの大部分が赤ちゃんに送られます。**これは、お母さんがカルシウムを摂取してもしなくても起こります。出産間近の女性がカルシウムの乏しい食生活をしていれば、骨に貯蔵されたカルシウムが奪われるので、お母さんの骨密度に影響する恐れがあります。

妊娠中に推奨されるカルシウム摂取量は、1日当たり800 mgです。体がカルシウムを吸収するためには、ビタミンDとともに摂取する必要があります。

乳製品にはカルシウムが豊富に含まれ、なかにはマーガリンや低脂肪のスプレッドのように、だいたいビタミンDが強化されている製品もあります。植物由来のカルシウム源には、豆腐、緑の濃い葉物野菜、ドライフルーツ、種子類、ナッツ類があります。

トピック——お父さん

出産に立ち会う

父親になろうとしている男性の多くは、陣痛・分娩中にパートナーにつき添うのを不安に感じます。これは、女性が一生のうちになしうるもっとも凄まじいことを、自分のパートナーが体験するのを目の当たりにすることになるのに、自分はなにをしてあげたらいいのかわからないからです。

分娩中にパートナーをサポートする方法はたくさんあります。彼女の希望を理解し、それを彼女が伝えられなければ代弁してあげ、助産師や医師がいったことが彼女にはっきり伝わっていなければ繰り返してあげてください。飲み物をとってあげたり、腰をさすってあげたり、タオルで顔を拭いてあげたり、音楽をかけたり止めたり、彼女を励ましたり、安心させてあげたりもできます。

出産準備クラスに参加すると、得るものがあるでしょう（p.331参照）。陣痛と分娩について、そして心身ともにパートナーを支える方法をより詳しく学べます。

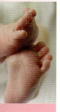

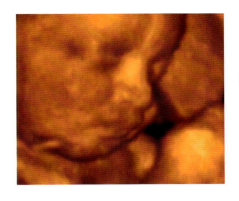

妊娠33週0日です

あと49日……

今日の赤ちゃん

間もなく赤ちゃんの肺は、誕生後になんら補助がなくても機能できるようになります。しかし妊娠33週ではまだ早く、この時点で生まれる赤ちゃんのほとんどが、呼吸するうえでなんらかのサポートを必要とします。赤ちゃんは、おなかのなかで呼吸様運動を常に練習しています。

分娩に立ち会ってもらう人を選ぶのは大きな決断なので、時間的な余裕をもって考えはじめましょう。

出産立会人にはだれを選んでもかまいませんが、あまり人数が多いと分娩室のスタッフから反対されるかもしれません！ 複数の人に立ち会ってもらいたい場合は、事前に許可を得て、バースプラン（p.181、303参照）に書き込んでおきましょう。パートナー以外にも、自分の母親や姉妹、または親しい友人に立ち会ってもらいたくなるかもしれません。それに、例えば、パートナーがどうしても外国にいかなければならなくなり立ち会えない、といったこともあるかもしれません。ほかのだれかに立ち会ってもらうことに違和感がなく、そのほうが自分のためになると感じるなら、とにかくお願いしてみましょう。出産に立ち会ってもらいたい人（たち）をバースプランに書いておくことができます。もちろん、パートナー以外の人に立ち会ってもらいたい、パートナーだけでなくほかの人にも立ち会ってもらいたいという場合は、まず彼に相談しましょう。あなたの意向を十分に説明し、彼に理解してもらってください。出産は彼にとっても特別なできごとであり、そのときに立ち会ってもらいたい人について彼の意向があるかもしれないことを忘れないようにしましょう。

また、分娩をビデオ撮影したいかどうか、撮影するとしてもパートナーにはビデオカメラを構えているよりも分娩のサポートをしてもらいたい、といったことも、いまのうちに話し合っておくといいでしょう。

考えてみましょう

アクティブバースのクラス

アクティブバースのクラスの目的は、女性に自分の体に自信をもち、すばらしい出産体験をするための心と体の準備ができているという自信をつけてもらうことです。通常は、健康状態、柔軟性、妊娠の段階にかかわらず、クラスに参加できます（**注**：日本では、アクティブバースを学ぶクラスは少ない）。

- **アクティブバースのクラス**は、出産に向けた心と体の準備として、ヨガとエクササイズのよい点をとり入れます。
- **ヨガ**は体を強化し、姿勢や循環をよくするとともに、ストレスをやわらげるためのリラックス法や呼吸法の習得にも役立ちます。
- 出産準備クラスと同様、アクティブバースのクラスでは、これから親になる人たちと出会い、**妊娠中の経験を共有する機会**になります。
- 難をいえば、どの病院にもアクティブバースのクラスがあるわけではないので、**クラスをみつけるのに苦労するかもしれません**。すぐに定員に達してしまったり、高額の費用がかかったりする可能性もあります。地域にあるアクティブバースのクラスについて、助産師に詳しくきいてみましょう。

アクティブバースのクラスでは、赤ちゃんをより短時間で楽に産み落とすために、体をどのように動かしたらよいかを学びます。

第34週（妊娠33週1日〜34週0日）

赤ちゃんが外の世界で生きていくために必要なものがほぼ整います。

赤ちゃんはこの週に生まれると、呼吸や栄養摂取についてはまだ助けてもらう必要があります。しかし、生き延びるために体の機能がかなり整ってきている点では安心です。ただし、この早い段階で陣痛がはじまることはあまりありません。
出産準備クラスで学んできたリラックス法や痛みをやわらげるためのエクササイズの練習をはじめるにはいいときです。それらのテクニックを使い慣れているほど、分娩中に役立ってくれるものです。

子宮底（子宮のいちばん上）はお母さんのおなかの上のほうにあり、肋骨の下が圧迫されるので、たくさん食べると必ずといっていいほど不快感が生じるでしょう。

赤ちゃんをとり囲んでいる**羊水の量**には個人差があります。このころになると、羊水の量は最大になります。

今回が初めての妊娠なら、**赤ちゃんの体位**がこれから誕生までの間に変化することはあまりありません。

赤ちゃんがこの週に生まれたとしても、**消化管**は食物を消化することができるでしょう。このころにはすべての消化酵素が活性化しています。

妊娠34週0日では、赤ちゃんの**身長**は平均45cmで、**体重**は平均2.1kgです。

妊娠後期

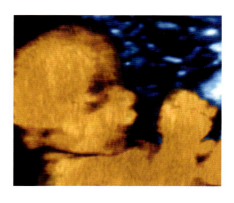

妊娠33週1日です

あと48日……

今日の赤ちゃん

このころには、おそらく赤ちゃんは頭を下に向けているでしょう。頭は体のなかでもっとも重く、重力とお母さんの子宮の形から、赤ちゃんは頭を下にした体位をとりやすいのです。
次の妊婦健診のときに、赤ちゃんの体位がわかるか助産師か医師にたずねてみましょう。

双胎妊娠の場合、早産になる可能性が十分あります。ですから、妊娠管理をするスタッフは用心しながら注意深く妊娠を見守るでしょう。

赤ちゃんをひとり妊娠している場合は、出産予定日までにまだ6週間あります。しかし、双子を妊娠している場合は、赤ちゃんがこれからいつ生まれてもおかしくありません。妊娠38週が双胎妊娠の満期とみなされ、約半数がそれより早く生まれます。双子の赤ちゃんを妊娠している女性は、高血圧、妊娠高血圧症候群、胎盤機能不全、妊娠糖尿病、早産などのリスクが高くなります。そうはいっても、多くの女性が自然分娩で双子の赤ちゃんを出産しますし、40週まで妊娠を継続しても大丈夫だと判断する医師は少なくはなく、それを過ぎれば陣痛を誘発することになります。

ふたりの赤ちゃんが頭を下に向けた"頭位"でない、胎盤の位置が子宮口に近いなどの不安があるといった場合は、帝王切開をすすめられることがあります（注→p.481）。双子の分娩は帝王切開のほうがよいと考える医師もいます。これは、普通分娩中にふたり目の赤ちゃんが危険な状態に陥ることがあるためです。

ご存じですか

双子の平均出生体重は、2.5 kgです。

単胎の赤ちゃんの平均出生体重は3.5 kgです。双子の出生体重に差が生じるのは珍しいことではありません。三つ子の出生時の平均体重は1.8 kg、四つ子なら1.4 kgです。

赤ちゃんが頭位でないとすると、そのリスクは特に高まります。満期までおなかのなかで育つ赤ちゃんに比べると、成熟しきっていない赤ちゃんには問題が起こりやすいものです。帝王切開なら、赤ちゃんに負担がかかる恐れのある分娩を長時間経験させることなく、確実に素早くとり出してあげることができます。

ふたりの赤ちゃんが胎盤や羊膜嚢を共有している場合は、もしかするとどちらかの赤ちゃんだけ発育が思わしくない（p.130参照）という理由で、妊娠34〜37週で帝王切開をするようすすめられるかもしれません。

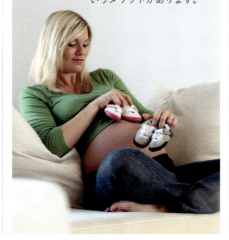

双子の赤ちゃんを誘発分娩で出産する、帝王切開の日程が決まっているといった場合は、しっかり準備をして赤ちゃんを迎えられるというメリットがあります。

ドクターへの質問

Q. 2週間ほどで双子の赤ちゃんが生まれます。ふたりを同じベビーベッドに寝かせて大丈夫ですか？

A. 子宮のなかの小さな場所で何カ月もいっしょに過ごしてきたのですから、生まれてきた双子の赤ちゃんをいっしょに寝かせてあげるのは自然なことのように思われます。実際、そうすることがふたりのためになるという調査結果もあります。だいたい同じ大きさの双子の赤ちゃんを生後3カ月まではいっしょに寝かせても安全だということはわかっていますし、ある調査によると、双子の新生児を同じベビーベッドに寝かせると、体温と睡眠周期が安定しやすいといいます。

ふたり並べて寝かせてあげても、頭と頭を向い合せにしてあげてもかまいません。暑くなりすぎるのを防ぐため、それぞれに別々の掛けものがあるとよいでしょう。赤ちゃんがひとりでも双子でも、眠らせるときは仰向けに寝かせてあげるのが安全です（p.444参照）。

ダブルサイズのベビーベッドを購入することもできます。その場合は、赤ちゃんが成長して柵なしのベッドに寝られるようになるまで、長く使えるでしょう。しかし、多くの専門家の意見では、生後3カ月以降は双子の赤ちゃんもそれぞれの寝床に寝かせてもらうほうが、個別に対応してもらえ、自分の睡眠パターンを確立できてよいといいます。

妊娠33週2日です

あと47日……

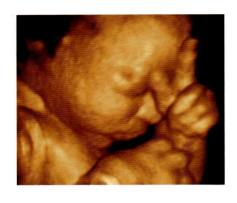

今日の赤ちゃん
左の 3D 超音波画像では、影の部分がまゆ毛やまつ毛であるかのような印象を与えます。この赤ちゃんは頭を下に向けていたので、頭の上のほうは影になっています。これはお母さんの骨盤にさえぎられて超音波が届かないためです。

赤ちゃんは、音がかなりよくきこえるようになっています。
子宮のなかでは意外と、安らかに、静かに過ごせていないのかもしれません。

高い音は小さめだと子宮のなかまで届きませんが、**子宮はお母さんが思うほど赤ちゃんが平穏に過ごせる静かな環境ではありません。**お母さんの心音や、呼吸の音や、おなかが鳴る音が常に雑音としてきこえています。子宮と羊水にはばまれて、小さめの音の多くは赤ちゃんに届きませんが、声は非常によく届きます。赤ちゃんはすでに反復される音に適応することを学んでいますが、このころにはなじみのある音を記憶する力をつけはじめます。もっともなじみ深い音は、もちろんお母さんの声です。赤ちゃんは、大きな音やなじみのない音に驚いて、音のするほうを向きます。また、心拍数も増加します。

トピック――赤ちゃん

胎位と先進部

胎位と先進部がどこかは、毎回の妊婦健診で助産師が評価してくれるでしょう。
　胎位とは、子宮の縦軸に対して赤ちゃんが"縦""横"のどちらを向いているかを意味します。横向きなら横位といいます。先進部は、赤ちゃんの体のなかでもっとも子宮口に近く、最初に外にあらわれる部位を指します。
　もっとも一般的な胎位は頭が下でお尻が上の頭位です（イラスト左）。骨盤位（逆子）は、赤ちゃんがお尻か足を下にして頭を上に向けている状態を指します（イラスト右）。赤ちゃんの頭が上を向いて、片方の脚を下に向けて伸ばし、もう一方はひざを曲げている状態を不全足位といいます。前方後頭位では、赤ちゃんは頭を下に向け、お母さんの背中側を向いています。後方後頭位では、赤ちゃんが顔をお母さんのおなか側に向けているため、分娩に時間がかかり、鉗子分娩や吸引分娩が必要となる可能性が高まります。(p.388も参照)。

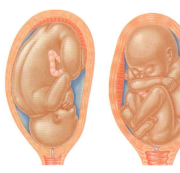

頭位　　　骨盤位（逆子）

助産師への質問

Q. 会陰マッサージとはなんですか？どのようにおこなうのですか？
A. 1日にほんの 5 分間、会陰（膣口と肛門の間の部分）にオイルをつけてマッサージするだけで、分娩中に会陰裂傷を引き起こしたりや会陰切開（p.426 参照）が必要になったりするリスクを下げます。また、たとえ会陰切開をおこなったとしても、産後、その繊細な部位の痛みに悩まされにくくなります。

▶**会陰マッサージの方法**
- 手を洗います。オリーブオイルなど、低温抽出のピュアオイルを会陰と両手の親指につけ、その指をどちらも膣に約 3cm 入れます。少しヒリヒリするくらいまで膣口をやさしく広げます。
- その痛みを感じたら、ヒリヒリする感覚がおさまるまで膣口を広げる力を一定に保ちます。それから、膣口の後ろ半分をやさしくマッサージします。そのとき、親指を膣口にひっかけ外に引っぱるようにして皮膚を伸ばします。
- はじめの段階を適切にできているか確信がもてない場合、指を口角に入れて左右に引っぱってみてください。会陰に感じるのと似た"焼けるような"痛みを感じるでしょう。

妊娠33週3日です

あと46日……

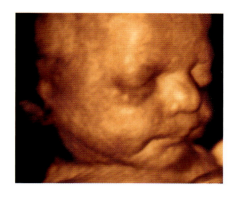

今日の赤ちゃん

この段階になると、超音波検査のモニター上で赤ちゃんの全身をみるのは絶対に不可能です。赤ちゃんの全身を一度に映すには、超音波の発信源が近すぎるのです。そのため、一度に一部分ずつ確認するようにプローブを動かさなければなりません。

多くの女性ができるだけ長く仕事を続けてから産前産後の休業を取得したがりますが、自分に合った決断をすることが大切です。

このころに血圧が高いのは**妊娠高血圧症候群**の兆候かもしれないので、定期的に血圧をチェックすることになるでしょう（p.474参照）。

トピック——お母さんの健康

必ずチェックすること

妊娠後期に定期的におこなう検査には、**妊娠高血圧症候群**（p.474参照）を警戒しておこなうものがあります。高血圧（または血圧の上昇）と尿たんぱく陽性がそろえば、妊娠高血圧症候群が疑われます。むくみがひどくなるのもこの症状のもうひとつの特徴で、顔や足首に顕著にあらわれます。

通常は臨月まで仕事をしても問題はありません。 多くの女性がそうするように、妊娠37週あたりまで働こうと考えるかもしれませんが、そのころにはどんどん疲れやすくなってくる可能性が高いでしょう。疲れ果ててしまい、当初の計画より早く産前休業を開始したくなったら、すぐに上司に話しましょう。英国では、法的には産前産後の休業を開始する28日前（p.348〜349参照）までに雇用主に伝えなければなりませんが、あなたの上司は理解があるかもしれません。また、妊娠後期のさまざまな不快感にうまく対処できなくて、最後の4週間に病気休暇を取得することにした場合、雇用主は産前休暇を病気休暇の開始日まで前倒しにして産前休業を開始するよう求めることができます。

理想的な選択肢としては、フレックスタイム制を利用してラッシュの時間帯を避けて通勤したり、仕事の種類として可能であれば、通勤を減らすためにときどき在宅勤務をしたりすることが考えられるでしょう。

助産師への質問

Q. 産前産後の休業明けに復職しないことにした場合、休業中の給料は返さなければならないのですか？

A. 少し込み入った問題なので、弁護士など法律の専門家に相談したほうがよいでしょう。

簡単にいえば、英国では産前産後の休業明けに復職しないことを希望するなら、退職しなければならず、そのためには契約に応じて退職の申し出をしなければなりません。ですから、8週間前に申し出なければならないという契約なら、産前産後休業が終了する8週間前に退職願を出さなければなりません。未消化の有給休暇を足して、退職日を少し先に延ばすことは可能です。

復職することになっている日まで申し出ないでいると、理論的にはその日から退職申し出に必要な期間分の就労義務が発生することになります。

出産休暇給付については、雇用主次第です。退職しても法定出産休暇給付（SMP）を返す必要はありません。しかし、英国政府によって決められたSMP以上の手当てを受けとった場合は、契約書を確認する必要があります。ほとんどの場合、契約上の合意による産休手当は返金する法的義務がありますが、そのような要請をしない雇用主は多いようです。

また、産前産後の休業を取得したことで消化しきれなかった有給休暇分の支払いを受ける権利があるので、それを差し引くとあなたが返金しなければならない金額は少し減るでしょう。

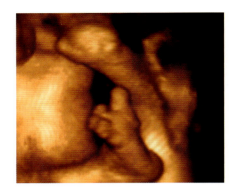

妊娠33週4日です

あと45日……

今日の赤ちゃん

左の写真には足が写っており、指を広げているのがわかります。お母さんが感じる胎動のすべてが、赤ちゃんのキックとは限りません。肩をすくめたり、手を伸ばしたりする動作や、動かしたお尻や頭が子宮の壁に触れるのが胎動として感じられることもあります。

これから羊水は毎週少しずつ減ってくるので、おなかの大きさはだんだん赤ちゃん自身の大きさに近づいていきます。

赤ちゃんをとり囲んで守っている羊水の量はこのころ最大となり、胎盤の成長もほぼ終わっています。

羊水は赤ちゃんの肺の形成、消化管の成熟に不可欠で、赤ちゃんに必要なたんぱく質を供給し、体温調節をするうえでも重要な役割を果たします。十分な羊水量があれば、赤ちゃんはほぼ無重力の状態になるので簡単に動くこともできます。赤ちゃんの周囲にはおよそ1Lの羊水があります。ただし個人差は大きく、300mLから2Lまでの間なら"正常"とされます。赤ちゃんをとり囲む羊水が極端に少ない状態を羊水過少症と呼び（p.473参照）、逆に羊水が多すぎる状態を羊水過多症（p.473参照）と呼びます。このような状態の妊娠の管理には細心の注意が払われ、早期分娩をおこなう必要があるかもしれません。

羊水の量には非常に個人差があるので、子宮の大きさが必ずしも赤ちゃんの大きさを反映していなくても驚くべきことではありません。

妊娠の終盤には羊水が減るので、赤ちゃんを包むクッションはこれまでほど衝撃を吸収せず、赤ちゃんの動きがわかりやすくなるでしょう。ただし、赤ちゃんが大きくなるにつれて、動き回るだけの余裕がなくなってくることは覚えておいてください。

ご存じですか

妊娠終盤にさしかかった女性によくある心配ごとのひとつに、出先で破水するかもしれないという不安があります。

現実的には、羊水がどっと流れ出すことはまずありません。少しずつ漏れ出すことのほうがずっと多いのです。これは赤ちゃんが頭位なら、頭が子宮口に押しつけられており、羊水が流出しにくくなるためです。実際に出先で破水しても、助けてくれる人はいくらでもいますから心配しないでください。

トピック──お父さん

病院に持っていく荷物は？

パートナーの陣痛がはじまれば、あなたは実際的な面でも感情的な面でも彼女を助けることに集中しなければなりません。ですから、彼女が病院に持っていく荷物の準備（p.358参照）を前もって手伝ってあげるだけでなく、自分の持ち物もまとめておくとよいでしょう。

当然のことですが、産科病棟はお父さんのサポートについては必ずしも手厚いとはいえませんし、お父さんの食事は出してくれません。また、長時間病院にいることになるかもしれません。

次のようなものを準備してバッグに入れておきましょう。

- 軽食
- 飲み物
- 枕かクッション
- 本やゲーム
- コインパーキングの支払いや、自動販売機で飲み物を買うのに困らないくらいの小銭
- 電話番号リスト（またはいまのうちに番号を携帯電話に登録しておく）
- カメラ

携帯メールは、赤ちゃんが生まれたことを家族や友人に効率的に伝えられる手段です。その日がくるまでに必ずすべての連絡先を登録しておくようにしましょう。

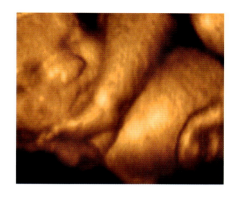

妊娠33週5日です

あと44日……

今日の赤ちゃん

このころの赤ちゃんは、左の写真のようにお母さんの子宮に対して横向きの横位（p.336参照）になっているかもしれませんが、妊娠が進むにつれてこの胎位を続けにくくなってきます。
出産経験が多い人ほど、赤ちゃんが横位になりやすい子宮の形をしている可能性があります。

出産準備クラスで呼吸法とリラックス法を学ぶでしょうが、家でも練習するようにしましょう。

　緊張してこわがっているときというのは、痛みは実際以上にひどく感じられるものなので、力を抜き、落ち着いていられるすべを学んでおくとよいでしょう。出産予定日まであと6週間ほどあり、分娩中に役立つ呼吸法やリラックス法をいくつかやってみる時間は十分あります。練習すればうまくなりますが、リラックスしたいときにできるようになるほど精神を訓練するには時間がかかるものです。痛みに襲われているときなら、なおさら難しいでしょう。

　できれば毎日、短い時間でいいので、できるだけ何度も呼吸法の練習をしてください——目を閉じて呼吸のペースを落とし、鼻から息を吸って口から息を吐きます。息を吸うときに、空気が入ってきて心と体を緩めてくれるのを思い描きましょう。また、息を吐くときには、いかなる痛みも緊張も体の外へ出ていくのを思い描きましょう。パートナーにいっしょに呼吸をしてもらうのもよいでしょうし、彼にゆっくり3から5まで数えてもらい、それに合わせて呼吸するようにしてもよいでしょう。

　これらのテクニックを練習しながら、子宮の収縮に似た痛みを体験するつもりで腕をつねるという女性もいますが、いうまでもなく陣痛の痛みには到底およびません！　妊娠の終盤にリラックスした状態でこれらのテクニックを練習しておくと、その日がきたときに効果的におこないやすくなるでしょう。

ご存じですか

日本の公共交通機関では"マタニティマーク"のおかげで、席をゆずってもらえる確率が高いでしょう。

　公共の交通機関で「だれも席をゆずってくれないわ」と思っているのはあなただけではありません。しかし日本では、厚生労働省が作成したマタニティマークを身につけることで、席をゆずってもらえる可能性が高くなります。

バナナはゆっくり安定的にエネルギーを放出してくれるので、エクササイズをする前に食べるにはうってつけの果物です。

トピック——栄養

健康のための燃料

　運動をしているとき、ふだん以上に体は栄養を必要としますし、妊娠中であればさらに多くの栄養が必要です。このときに栄養価が低くてカロリーの高いスナックに手を伸ばすのはよくありません。体にとり入れる栄養については、注意深く選ぶようにしてください。

　運動する前に、複合糖質とたんぱく質を含む軽食をとるとよいでしょう。また、空腹感があれば、少量の食事か間食を何度もとることです。1日中、なにかつまんでいてもかまいません。

　健康的な軽食をいくつか紹介しましょう。

- ベーグル半分に小さじ2杯のピーナッツバターを塗る
- リンゴ1個かバナナ1本と、生のアーモンドひとつかみ
- 洋ナシ1個と、チェダーチーズ2切れ
- ニンジン、セロリ、キュウリのスティックと（または）グリッシーニなどのスティック状ブレッドと、大さじ2杯のフムス（ヒヨコマメのディップ）
- カッテージチーズまたはクリームチーズをライ麦クラッカー（または別のクラッカー）か全粒粉パンのトーストに塗る

第34週

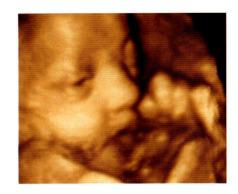

妊娠33週6日です

あと43日……

今日の赤ちゃん
赤ちゃんは、消化管内で食物を消化するために必要な酵素をすべてつくりだせるようになっています。このころに生まれた場合、赤ちゃんは通常通りにお乳を飲めるでしょうが、吸啜反射の微妙な調整ができていないために、まだなんらかの補助を必要とする場合もあります。

赤ちゃんは子宮のなかにいることで自然に栄養を摂取していますが、赤ちゃん自身の消化管がこのころにはうまく機能するようになっています。

赤ちゃんに必要なエネルギーの80％は主にグルコース（ブドウ糖）のかたちの炭水化物で、20％近くがたんぱく質で得られます。脂肪はエネルギー源としてではなく、成長に使われます。赤ちゃんに必要なミネラル、ビタミン、カルシウムはすべて、お母さんの体に蓄えられたものと、お母さんが食事で摂取するものから受けとります。例外的にお母さんが食事以外の方法で積極的に摂取すべきものがあるとすれば、鉄と葉酸塩です。葉酸塩は食品中に含まれる天然の水溶性ビタミンで、葉酸はその合成型です。葉酸塩は胎盤を通過しにくく、赤ちゃんに届けられて栄養となることが困難です。お母さんがほとんど、またはまったく赤身の肉を食べない場合や、前回の出産後すぐにまた妊娠した場合、体内に貯蔵されている鉄分はすでに少なくなっているかもしれません。赤ちゃんは赤血球細胞をつくるために鉄（と葉酸塩）を必要とします。食事からはごく一部の鉄しか吸収されないので、このころ鉄分補給をすすめられることがよくあります。

赤ちゃんの消化管の構造は妊娠20週にできていましたが、この段階になって初めて、消化に必要な全酵素が活性化され、赤ちゃんがいま生まれたとしても栄養を吸収できる程度に腸の吸収面が形成されます。

横になった姿勢から起き上がるには

床に横になってエクササイズをしたあとや、ベッドで休んだあと、起き上がるのに苦労してはいませんか？　起き上がるという簡単な動作によって引き伸ばされている腹筋に負担がかかることがあるうえ、体の重心の変化がこの動作を難しくしています。ここで紹介する方法はもともとヨガインストラクターが、横になった状態から安全に起き上がるために考案したものです。

妊娠のこの時期に難しくなるほかの動きと同じように、自分のペースでおこないます。体を動かしながら、ゆっくり深い呼吸をするのを忘れずに。

ステップ1：両ひざを曲げて右側を向き、右ひざをおなかのほうへ引き寄せます。右腕をそのひざの延長線上に置きます。

腕はひざの延長線上に
ひざをおなかのほうへ引き寄せる

ステップ2：体重を左手と左ひざに移します。右のひざを右の腰の下へ、右手を肩の下につき、ゆっくり体を起こして両手両ひざをついた状態になります。

体を起こしながら、ゆっくり頭を上げる
体の左側に体重を移す

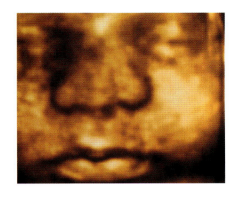

妊娠34週0日です

あと42日……

今日の赤ちゃん

左の写真には赤ちゃんの顔がアップで写されており、唇の形がくっきりみえ、まぶたが少し開いているのがわかります。画像左側が少し暗くなっているのは、子宮の壁が投げかける影です。この段階になると、子宮の壁が赤ちゃんのすぐ近くにあるのです。

自宅で出産する予定の人は、余裕をもって準備を万全に整えておく必要があります。

助産師への質問

Q. 自宅で出産する場合、特に気をつけるべきことはありますか？

A. 陣痛・分娩中に必要なものは、出産予定の場所にまとめ、自分が使うものと赤ちゃん用のものを分けておきましょう。

服、体のケアに使うトイレタリー用品、産褥パッドなどの実用的なものだけでなく、そのとき流したい音楽や、電話番号リスト、カメラなどを手もとに置いておくとよいでしょう。十分な食料を冷蔵庫に入れておくのもおすすめです。買いだめしておくべき栄養価の高い食品のリストを、予定日になる前につくっておきましょう。そうしておけば、分娩中と赤ちゃんと過ごす最初の1週間、役に立ってくれます。赤ちゃんには、おむつ、おしりふき、肌着、ベビー服、シーツ、毛布などが必要になります。

上の子がいる場合は、その子たちの世話をしてくれる人を手配する必要があるかもしれません。

自宅で出産するつもりでいても、病院への搬送が必要になることもあります。これは、分娩の前にも、最中にも、分娩後にも起こり得ます。ですから、そんなことは起こってほしくないと思っていても、念のため緊急用の荷物をバッグにまとめておきましょう（p.358参照）。

大昔から、女性は自宅で赤ちゃんを産んできました。病院で出産するようになったのは20世紀になってからのことです。自宅出産を考えているなら、大多数の妊娠・出産は問題がなく、いかなる医療介入も必要にならないということを覚えておきましょう。

自宅で出産することにしていたけれど、例えばやっぱり硬膜外麻酔を使いたいといったふうに考えが変わった場合や、助産師が赤ちゃんになんらかの助けが必要だと判断した場合も、病院に搬送してもらえるので安心してください。

自宅で出産する場合は、**助産師との関係がより大事になります**。助産師は、あなたにとって唯一の医学的支援者になるのです。

考えてみましょう

B群溶血性レンサ球菌（GBS）検査

妊娠中の女性の約20〜30％は、膣や直腸部にB群溶血性レンサ球菌をもっています。GBSと呼ばれ、一般的に成人には無害ですが、治療せずに放置すると、稀にではあるものの新生児に重大な感染症を引き起こすことがあります。

- 英国では一般的にスクリーニングはおこなわれていませんが、**妊娠34〜37週でスクリーニング検査をおこなう病院もあります**（注：日本では必ず1回はおこなう）。結果が陽性であれば、赤ちゃんが感染するリスクを減らすために、分娩中に抗生物質による治療がおこなわれます。スクリーニング検査をおこなわない病院でも、尿検査でこの菌がみつかったり、別の検査目的で検体を採取したときにGBS陽性とわかったりした場合は、分娩中に抗生物質による治療がおこなわれるでしょう。
- **検査はとても簡単**で、膣や直腸部分から綿棒で検体を採取します。
- **GBSがみつかった場合**、分娩開始と同時に抗生物質の点滴が開始され、赤ちゃんが感染するリスクはほとんどなくなります。
- 初産で陰性だった人も、**2度目の妊娠でGBSがみつかる可能性はあります**。

第35週（妊娠34週1日〜35週0日）

歩き方もぎこちなくなってくるでしょうが、活発に動くようにしましょう。

運動をするなんて、いまいちばんやりたくないことかもしれませんが、努力するだけのことはあります。動けばそれだけ力がわいてくるでしょう。また、軽い運動をすることで、妊娠終盤にそこここに感じる痛みをいくらかやわらげることができるでしょう。赤ちゃんが動き回る余裕がなくなってきているので、赤ちゃんの動きが変化する可能性があります。蹴るというよりは、もぞもぞ動くようになるでしょう。それでも赤ちゃんは、外の世界で生きていくための練習に忙しく、お乳を吸うための動きや目の焦点を合わせるすべを身につけようとしています。

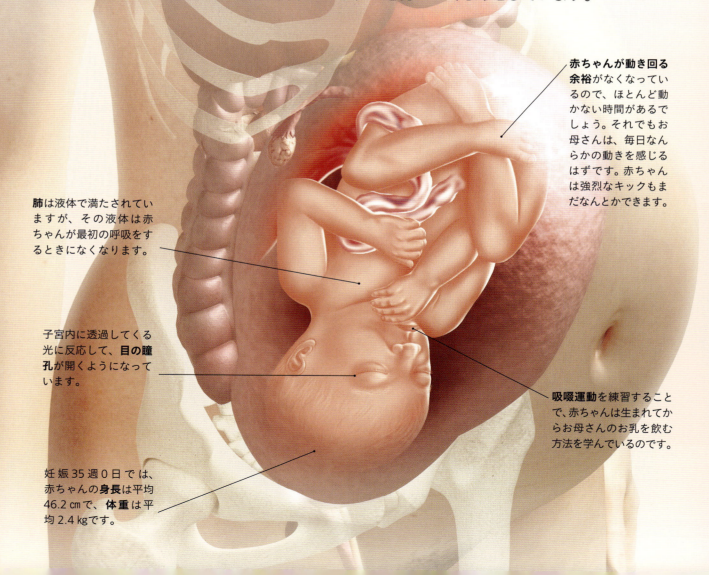

赤ちゃんが動き回る余裕がなくなっているので、ほとんど動かない時間があるでしょう。それでもお母さんは、毎日なんらかの動きを感じるはずです。赤ちゃんは強烈なキックもまだなんとかできます。

肺は液体で満たされていますが、その液体は赤ちゃんが最初の呼吸をするときになくなります。

子宮内に透過してくる光に反応して、**目の瞳孔**が開くようになっています。

吸啜運動を練習することで、赤ちゃんは生まれてからお母さんのお乳を飲む方法を学んでいるのです。

妊娠35週0日では、赤ちゃんの**身長**は平均46.2cmで、**体重**は平均2.4kgです。

妊娠後期

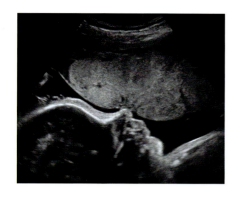

妊娠34週1日です

あと41日……

今日の赤ちゃん

左の写真では、赤ちゃんの鼻の頭が胎盤に触れています。
胎盤はこれ以上成長することはなく、これから少し薄くなります。胎盤内では成熟が続き、赤ちゃんのエネルギー需要を満たすための非常に効率的な手段であり続けます。

大きなおなかが日々の活動に影響するようになってくると、これまでのやり方を変えなければならないことがあるでしょう。

おなかが大きくなるにつれて**姿勢が変わってきます**。おなかに抱えている重さとのバランスをとるために、少し背中が反るようになるかもしれません。特に下り坂を歩くときには体が後ろに反りがちになるでしょう。また、1歩踏み出すたびに右へ左へと体重が移動するので、歩き方がぎこちなくなるかもしれません。数週間して赤ちゃんが骨盤内に下りてくると（p.361参照）、さらにぎこちなさが増すでしょう。

妊娠終盤のこの時期に、妊娠前と比べて動きが鈍くなるのは当然です。ベッドから下りる、椅子から立ちあがるといった動作が大変になり、床から物を拾うのが妊娠前より難しくなるでしょう。靴ひもを結んだりペディキュアをしたりするのは、ほぼ不可能に思われるようになります。これらの問題は、例えば足を台の上にのせることで解決します。そうすれば、ちょっとかがむだけで靴ひもを結ぶことができます。必要なときはだれかにお願いしても、恥ずかしいことはなにもありません。人に頼りたくはないかもしれませんが、それも一時的なことです。

助産師への質問

Q. 病院で水中出産はできますか？
A. 可能かどうかは病院によって異なります（注：日本では水中出産を扱う施設は限られる）。院内に水中出産用のプールがある場合もあれば、個人的に借りたプールを持ち込める施設が院内にある場合もあります。水中出産に必要な水の重さに床が耐えられないという構造的な理由から、プールの使用を許可できない病院もあります。

出産する予定の病院にプールがあるとしても、分娩がはじまったときに別の人が使っている可能性もあります。病院によっては、陣痛・分娩中にプールを使用できても、赤ちゃんを産むときは水から出なければならないこともあります。

トピック——お母さんの健康

妊娠中の糖尿病

妊娠中に発症する妊娠糖尿病（p.473参照）であっても、妊娠前に発症した持病の糖尿病であっても、**糖尿病を患っている場合は専門の医療チームによる治療を受けながら、産科専門医に特にしっかり妊娠管理をしてもらう必要があります**。これは、糖尿病が原因で妊娠にさまざまなリスクが生じるためです。

お母さんのリスクとしては、血圧の上昇、血栓、妊娠高血圧症候群（p.474参照）や、糖尿病性腎疾患や、目の網膜に影響する糖尿病性網膜症などがあげられます。赤ちゃんのリスクとしては、さまざまな先天異常が生じること、発育が速すぎたり遅すぎたりすることが考えられます。

妊娠期間を通して必要なインスリンの量は変化するので、糖尿病を患いながらすこやかな妊娠生活を送るためには血糖値をうまくコントロールすることが需要です。血糖値を安定させておくことで、先天異常や死産のリスク、赤ちゃんが大きくなりすぎて分娩時に問題が起こるリスクは下がります。

妊娠糖尿病を発症した場合に、炭水化物と食物繊維の摂取量を増やし、脂質と糖類の摂取量を減らすように食生活を変える必要があります。また血糖値の安定を助けるためにインスリン注射（下写真）が必要になるかもしれません。

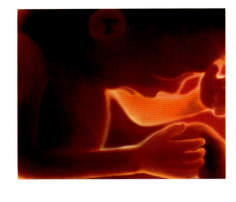

妊娠34週2日です
あと40日……

今日の赤ちゃん
赤ちゃんの目の奥では、白、黒、その他の色を識別する神経細胞が発達しつつあります。色の情報を処理する細胞は最後に発達しますが、最終的には視覚情報の半分以上を処理するようになります。

赤ちゃんはまばたきをし、目の焦点の合わせかたを学んでいます。また、子宮のなかに入ってくる光の量に応じて瞳孔が拡大収縮するようになります。

赤ちゃんの目の形成がはじまるのは受精から2週間後で、それから4週間かけて主要な目の構造がすべて形成されました。しかし、目は妊娠期間中発育を続け、視覚神経は赤ちゃんの誕生後も発達し続けます。

妊娠26週ごろからまぶたが開くようになっていますが、これまでは目の動きをうまくコントロールできていませんでした。目の動きは早ければ妊娠18週ごろからみられますが、不規則でめったに起こりません。目が頻繁に動くようになるのは妊娠26週ごろからで、これからの最後の数週間、目の動きはレム睡眠（急速眼球運動）とノンレム睡眠が交互に訪れ、安定してきます。

多少の光は子宮内に届いており、このころの赤ちゃんは、強い光にこれまでより敏感に反応するようになっています。

妊娠終盤になっても車の運転はできますが、**車のなかに長時間すわっていると不快感が生じるかもしれません。**

先輩ママへの質問
Q. 休業中の後任者が有能だったら、わたしの復職が脅かされないでしょうか？
A. これはよくある不安です。わたしは自分の後任として雇われた男性が自分より優れていたら、と心配したのを思い出します。驚いたことに、わたしには赤ちゃんが生まれたとたんに新たな役割が生じたので、仕事のことなど気にしていられなくなりました。仕事の能力が落ちるどころか、わたしは効率的にマルチタスクをこなせるようになったと思います。いざ復職してみると、赤ちゃんの世話よりも仕事のほうが楽に感じられました。

仕事のことは心配しないようにしましょう。あなたが復職する権利は法律で守られていますし、赤ちゃんが保育サービスを受けられるようになれば、あなたはまた職場で力を発揮することができるのです。それまでの間、休暇を楽しんでください。休暇はあっという間に終わってしまいますし、人生を送るうえで大切な能力を磨く機会をくれるでしょう。

外出する
たいていの場合、妊娠が終わりにさしかかるころに車の運転をしてもまったく問題ありません。しかし、運転席にすわって集中できない、運転していると気分がすぐれないなどと感じるなら、やめておきましょう。運転するときは、腰ベルトをおなかのすぐ下に渡し（p.253参照）、事故に巻き込まれても赤ちゃんに危険がおよばないようにしましょう。

公共の交通機関で移動するのもよいでしょう。ただし、妊娠していることを最大限に利用して、遠慮せずに席をゆずってもらってください。列車やバスに揺られて立っているのはよくありません。赤ちゃんに害があるからではなく、お母さんの体の重心が変わっており、転びやすかったり、動揺や不快感を覚えたりする可能性が高いからです。長時間立っていると、足首から下がむくむ原因にもなります。

気分が悪くなったりめまいがしたりしたら、列車やバスから降りて20分ほど涼しいところですわってください。できればそのときに足を台などの上に乗せられるとよいでしょう。出かけるときは、水を持ち歩くのを忘れずに。

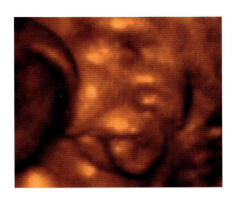

妊娠34週3日です

あと39日……

今日の赤ちゃん

赤ちゃんは、お乳を飲むために必要な反射を習得する一環として、たびたび舌を出します。
赤ちゃんは探索反射によって乳首をみつけ、強力な吸啜反射によって
呼吸、吸引、嚥下を統合します。

産前産後の休業が近づいてきて、お金を節約する方法を考えている人もいるでしょう。限られた予算内でベビー服を用意する方法を紹介します。

新生児に着せる服は安くあげることができます。恥ずかしいと思わずに、友人や家族にお下がりをもらえないかたずねてみましょう。今後子づくりの予定がない人は、新生児用のベビー服を喜んでゆずってくれるでしょう。妊娠中のママたちで集まって、交換会を開きましょう。なかには、おなかの赤ちゃんと性別の違う上の子がいて、ピンクのTシャツやラグビーシャツは必要ない、という人もいるはずです！ 自分の赤ちゃんが"お古"の服を着るということに、はじめは違和感があるかもしれませんが、ベビー服のお下がりは新品同然のものが多いので安心してください。

インターネットでシーズン終わりのセールをみたり、オークションサイトをチェックしたりすると、デザイナーもののアイテムを定価の何分の1かの金額で手に入れることができるでしょう。家庭支援センターやリサイクルショップ、フリーマーケットなどにいってみると、豊富な数の商品が売りに出されているでしょう。いろいろな機会を利用してみましょう。ベビー服などに多額の費用をつぎ込むことはありませんし、スーパーなら安い商品がみつかるでしょう。毎週、スーパーで買い物をするときにいっしょに購入すれば、それほど費用は気にならないはずです。

覚えておきたいのは、赤ちゃんが生まれると、おそらく服をたくさんプレゼントされるだろうということです。ほしいものがはっきりしている場合は、お気に入りの店の"ウィッシュリスト"をつくるか、その店の商品券をプレゼ

赤ちゃんの服を自分で編むのもすばらしい節約方法です。あなたがつくったものを赤ちゃんが着ているのをみるのはとてもうれしいことでしょう。

ントしてもらえるようお願いしましょう。値段の高いアイテムを探すときは、できるだけ長く使えるように3〜6カ月のサイズを購入するのがおすすめです。お母さんが気にいっている服を、赤ちゃんがたった2〜3週間しか着られなかったら残念でしょう。

トピック——お父さん

ちょっとこわいですか？

いざその日がきたら、ちゃんと分娩を乗り切れるだろうかと不安になるのはまったくおかしなことではありません。しかし、パートナーをしっかり見守り、彼女が必要とすることに応えてサポートしていれば、びくびくしている暇などなく不安も軽減されるはずです。できれば、これからの数週間で、パートナーのお産にかかわるスタッフとよい関係をつくっておきましょう。そうしておけば、なんらかの心配ごとがあれば相談しやすいでしょうし、あわよくば安心感と必要な情報を得られるでしょう。

そのときになって気分が悪くなってしまったら分娩室を出て、助産師にはパートナーの世話に集中してもらいましょう。分娩室を出て助けを求める余裕がないほど血の気が引いてしまったら、すぐにすわって頭を腰より低くするか、足を高くして横になりましょう。ゆっくり深呼吸して、パニックを起こさないようにしてください。すぐに落ち着きをとり戻せるはずです。

体温が上がり過ぎないよう気をつけ、低血糖のせいで目まいを起こさないようにときどき食べたり飲んだりするといいでしょう。

第35週

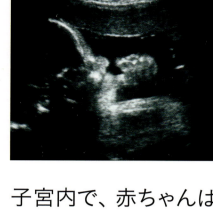

妊娠34週4日です

あと38日……

今日の赤ちゃん

左の2D超音波画像は、赤ちゃんが親指をしゃぶっている瞬間をとらえたものです。
赤ちゃんは徐々に呼吸運動をともなうこの複雑な活動を、うまくコントロールできるようになってきます。もっとも、呼吸運動といってもまわりにあるのは空気ではなく羊水なのですが。

子宮内で、赤ちゃんは吸啜反射を繰り返しています。この反射をしっかり習得することで、生まれてからお乳を飲むことができるのです。

助産師への質問

Q. わたしの母親が、出産後はしばらくうちにいてくれるといっています。これはよいことなのでしょうか？

A. 赤ちゃんを迎えたカップルふたりだけではじめの数日間をかけて新たな生活になじみ、親業に慣れながら、赤ちゃんと触れ合いたいという人もいます。また、赤ちゃんの世話を自分たちなりのやり方でしてみるのはよいことです。そうはいっても、手伝ってくれる人がいるのは非常に助かるものです。

助けを借りるかどうかは、あなたとお母さんの関係次第です。ふたりの関係が良好なら、きっと助けになってくれるはずです。ある程度の線引きをし、あなたの意思をやんわりと伝えておきましょう。たとえば、手伝ってもらえるのは助かるけど、自分のやり方でいろいろすすめたいし、自分たちふたりが赤ちゃんとのきずなを深められる時間もほしい、といった具合に。お母さんには家事全般を中心に手伝ってもらうようお願いして、この大切な時期にパートナーがのけものにされていると感じることのないようにしましょう。

妊娠のこのころには、何時間もかけて赤ちゃん用品やベビー服を買いにいくのがおっくうに感じられるかもしれません。**大手の販売店からカタログをとり寄せて、家でくつろいでいる時間にほしいものの見当をつけておくと、**ずいぶん時間の節約になります。

吸啜反射は妊娠のもっと早い段階からありますが、**赤ちゃんは通常このころにやっとなにかを楽に吸えるだけの力と動作の協調が備わってくることが、早産で生まれた赤ちゃんの哺乳評価からわかっています。**赤ちゃんは日ごろから吸啜の練習をしており、この吸啜反射と探索反射との組み合わせによって、お乳を飲めるようになるのです。

生まれてきた赤ちゃんは、なにかがほほに触れると反射的にそちらのほうを向きます。これが探索反射です。赤ちゃんは頭の向きを変えて円を描くように動かし、その円をだんだん小さくしていき目標を見つけます。哺乳がスムーズになる生後4カ月くらいには、探索反射はなくなります。このころから、赤ちゃんはこのプロセスをはるかにうまくコントロールし、乳首のほうに顔を向けて迷いなく吸いつけるようになります（p.448〜449参照）。

子宮のなかにいる間、赤ちゃんが飲み込んだ羊水が誤って肺に入ってしまうことはありません。肺はすでに液体で満たされており、その液体の圧力と赤ちゃんの喉頭が羊水の流入を防ぎます。誕生後の赤ちゃんには呼吸と嚥下を分ける一連の反射が備わっています。お乳を飲みやすいので、赤ちゃんは常に鼻で呼吸をします。

ベビー用品の準備は進んでいますか？

すぐに疲れてしまって買い物などできないと感じていますか？ **必要なものは徐々にそろえていきましょう。**ただし、早めに陣痛がはじまったときのことを考えて、妊娠37週くらいまでに購入しておいたほうがいいものもあります。まず、赤ちゃんの世話に必要なこまごまとしたアイテムは、出産後すぐに必要になります（p.269参照）。また、チャイルドシートと、ベビーバスケットかベビーベッドも必要です。ベビーカーはしばらく必要ありません。

買い物にいくのがおっくうなら、一部はインターネットでも購入できます。

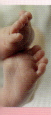

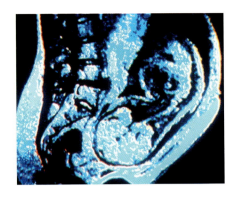

妊娠34週5日です

あと37日……

今日の赤ちゃん

左のMRI写真は、お母さんの体を横からみた断面を写しており、妊娠中の体の様子がわかります。お母さんの脊椎は写真の左側にあり、赤ちゃんは頭位で骨盤内に下りてきています。妊娠中にMRI検査をすることはまずありませんが、必要な場合も害はありません。

この妊娠最後の数週間、おなかが痛くなるたびに、もしかしたら本番の陣痛ではないかと考えてしまうでしょう。

このころ、おなかがぎゅっと固くなるような痛みを感じるたびに、陣痛のはじまりではないかと心配になるかもしれません。これはよくある心配ですが、かなり妊娠が進んでいるとはいっても、この時点の痛みは陣痛ではなく便秘によるものか、靭帯が引き伸ばされることによる場合がほとんどです。

妊娠陣痛（前駆陣痛、偽陣痛）が起こりはじめるかもしれません。これは本番の陣痛に向けたウォームアップとして子宮の筋肉が緊張するときに起こります。また、これらの収縮は妊娠最後の数週間に、胎盤により多くの血液が向かうよう促します。妊娠陣痛に気づかない人もいれば、非常に不快に感じる人もいます。姿勢を変える、歩き回る、温かいおふろに入るなどして子宮の筋肉をリラックスさせると、不快感がやわらぐでしょう。

起こっている痛みが妊娠陣痛かどうか確信を持てない場合は、必ず助産師に相談してください。

先輩ママへの質問

Q. 母乳育児にはどんなものが必要ですか？
A. わたしが母乳育児をしたときには、次のようなものがとても役に立ちました。

- **授乳用ブラ**：肩ひものホックでカップを上下に開閉ができるタイプ（右写真）、左右のカップが前で少し重なるようにできていて、打ち合わせ部分をずらして授乳するタイプなどがあります。胸にうまくフィットするもの（母乳の産生がはじまると乳房は大きくなることを忘れずに）を選びましょう。少なくとも2枚は授乳ブラが必要です。
- **乳頭（乳首）保護クリーム**：乳頭に傷がついたときに塗ると楽になります。
- **母乳パッド（使い捨て／洗濯可）**：ブラと肌の間に入れ、授乳していないときににじみ出る母乳を吸収させます。ブレストシェルという保護カバーでも、余分に分泌された母乳を受け止められます。
- **授乳クッション**：必須アイテムではありませんが、あれば快適に授乳できます。
- **ガーゼのハンカチ**：授乳中にもう一方の乳房から滴る母乳を受け止めるのに便利です。
- **搾乳器**：飲み残しの母乳を搾り、哺乳瓶か専用パックで冷蔵・冷凍保存します。

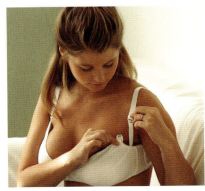

考えてみましょう

母乳育児

赤ちゃんを母乳で育てることにしたなら、それはお母さんと赤ちゃんの双方にとっていちばんよい選択肢です（p.448〜449参照）。しかし、必ずしも簡単なことではありません。事前に準備をしておけば、少し楽にスタートできるでしょう。

- **授乳についての資料**を読んでおきましょう。なんらかの不快感が生じることがあるとわかっていれば、実際に起こったときにそれほどショックではありませんし、問題を予防できるかもしれません。例えば、赤ちゃんを正しく吸いつかせる方法（p.448参照）を知っておくとよいでしょう。
- **不安なことがあれば、赤ちゃんが生まれる前に対処**しておきましょう。助産師か、授乳経験のある友人にたずねてください。
- 欧米では母乳育児のサポートネットワーク、ベビーカフェで、**授乳のしかたをみせてもらえます**。公共の場での授乳について心配しているなら、目立たない授乳方法を知っておくと役立ちます。母乳育児中の友人に、赤ちゃんをどう抱いて授乳するのかみせてもらえるようお願いするのもひとつです。
- **母乳育児の専門家**を探しましょう。紹介してくれる友人がいるかもしれませんし、そうでなければラ・レーチェ・リーグに問い合わせてみましょう。

第35週

フォーカス

英国における産前産後の権利と手当

赤ちゃんを迎えるのは人生における大きな変化であり、多くの人は、親になってみて時間もお金も足りないと感じるものです。産前産後休業、給付金や手当が、その問題を軽減してくれるかもしれません。ですから、自分の権利を知っておくとよいでしょう。

出産で得られる給付金や手当について知っておくと、産前産後休業中にある程度の保障があるという安心感をもてるでしょう。

復職の準備期間
連絡をとり合う

産前産後の休暇中、「キーピング・イン・タッチ・デイズ（Keeping in touch days、連絡をとり合う日の意）」という制度を利用し、最大10日まで有給で出勤できます。出勤しても、法定出産休暇給付（右記参照）を受給できなくなるわけではありません。支払い額は雇用主の裁量で決まりますが、従業員が少なくとも1日分の給付金と同額を受けとれるよう、出産休暇給付の額は満たすべきです。

キーピング・イン・タッチ・デイズは従業員と雇用主の合意のもとにおこなわれます。この制度を利用すれば、職場と連絡をとり合い、関係を維持し、新しく発生した業務を把握することができ、復職しやすくなるでしょう。

産前産後の権利

英国では、雇用期間、就労日数、所得にかかわらず、出産後最大52週間の出産休暇が認められており、復職する権利を失いません。はじめの26週間は通常母性休業（OML）といいます。さらに休暇をとる場合は（追加で26週まで、合計52週となり）、追加的母性休業（AML）といいます。産後最低2週間は休暇をとるよう、法律で義務づけられています。

社用車の利用、ジムの会員権、未取得の年次有給休暇など、（給与を除く）通常の従業員の権利や福利厚生は、OML、AMLの間も保持できます。産前休業の開始日、復職予定日はそれぞれ遅くとも4週間前までに雇用主に知らせなければなりません。産前休業と出産休暇給付は、早ければ（赤ちゃんが早く生まれれば別ですが）出産予定日の11週間前から取得できます。

OMLから復職する女性には、もとの仕事に戻る権利があります。職場の都合でもとの仕事に戻せない場合、雇用主は、その人の適性を考慮して同じような仕事を、以前と同等の条件で用意しなければなりません。

妊娠中は、妊婦検診を受けるために休暇をとる権利が法的に保障されています。ここでいう妊婦検診には、出産準備クラスやリラクゼーションのクラスも含まれます。

出産休暇給付

ナショナル・センター・フォー・ソーシャル・リサーチによる2007年の調査によると、調査対象となった2000名弱の母親のうち、仕事をもっている母親の約88％がなんらかの出産休暇給付を受けたといいます。受給額は、所得と雇用期間によって異なりますが、ほとんどの場合、およそ9カ月分の出産休暇給付を受けます。

情報の更新
どこで情報を得られるか

赤ちゃんを迎えたお母さんとお父さんの権利、特に給付金の正確な額は、年ごとに上下するかもしれません。これは政府が予算と優先度を再評価し、国民の需要の変化に応えるためです。このページに掲載する権利と手当は、2013〜2014年時点の情報です。最新情報や、さらに詳しい情報は、英国政府ウェブサイト（www.gov.uk）のガイドラインを参照してください。

（補足）日本では各自治体や厚生労働省のサイトなどで最新情報を得ることができます。

出産休暇給付には、法定出産休暇給付（SMP）と出産手当（MA）の2種類あります。どちらの受給資格もない場合は、代わりに就労不能給付、求職者給付、所得補助の受給を申請できることがあります。

法定出産休暇給付（SMP） 出産予定日から15週前までに、少なくとも26週間継続して就労していれば（フルタイムかパートタイムかにかかわらず）SMPの受給資格があります。SMPは最大で39週間支払われ、出産予定日まで15週目の最終日から遡る8週間の期間にどれだけ所得があったかによって受給額が決まります。

週に、最低109ポンド（税引前）の平均所得があれば、最初の6週間は平均週給の90％を、その後の33週間は136.78ポンド（税引前）を上限に平均週給の90％を受けとれます。追加的母性休業（AML）の最後の13週は、通常無給です。SMPからは税

妊娠後期

Q & A

Q. 出産後、気持ちが変わって専業主婦になることにしたら、SMPを返さなければなりませんか？
A. いいえ。産前産後休業後に復職しないことに決めたとしても、SMPを返金する必要はありません。これは、出産予定日まで15週間をきってから退職を決断した場合や、解雇された場合も同じです。

Q. 産前産後の休暇中は、有給休暇はどのような扱いになるのですか？
A. 通常の有給休暇日数を取得することができます。しかし、次年度への有給休暇繰り越しについては雇用先の規定がそのまま適用されるので、繰り越せない有給休暇が生じないように注意して計画する必要があります。人事担当の部署に、取得できる休暇の日数を確認しましょう。

Q. 理想の仕事に就けることになりましたが、妊娠8週です。妊娠のことは話さないほうがいいでしょうか？
A. この段階では、将来の雇用主に対して妊娠していることを伝える必要はありません。しかし伝えたとしても、雇用主はあなたの妊娠を理由に不公平な扱いをすることはできません。妊娠25週になると、雇用主に話さなければなりません。また、妊娠25週に達しなくても、妊婦検診などのために有給休暇を利用したい場合や、健康上、安全上の理由から、雇用主に伝えるという選択をすることもあるでしょう。

金と国民保険料が差し引かれます。雇用主によっては、独自のプランがあり、SMPの代わりに契約に基づく出産手当を支払うことがあります。その場合、手当の額は少なくともSMPと同額でなければいけません。

出産手当（MA） 産前産後休業期間中にSMP（上記参照）を受けとれない場合、英国政府の機関であるジョブセンター・プラスが週払いで支給するこのMAを申請することができます（北アイルランドでの問い合わせ先は、ジョブズ＆ベネフィッツ・オフィス）。

MAの受給資格は、出産予定の前の週から遡る66週間に、少なくとも26週、自営業者として登録している、および／または、雇用されていた（継続的である必要も、就労先がひとつである必要もない）ことです。

MAの支給期間は最長で39週間です。支給額は136.78ポンドを上限とする、平均週給（税引前）の90%です。受給資格を得るには、少なくとも週に30ポンドの所得がなければならないので、最低支給額は27ポンド（30ポンドの90%になります）。MAからは税金や国民保険料は差し引かれません。

父親の育児休業

お父さんは、出産予定日から15週前までに少なくとも26週間継続して就労していれば、赤ちゃんの出生後8週以内に、最大で2週間の育児休業を1週間単位で、または連続する2週間で取得することができます。週給109ポンド以上の所得がある男性には、法定父親休暇給付の受給資格があります。支給額は136.78ポンドを上限とする、週給の90%です。受給資格のないお父さんは、育児休業中に所得補助を申請できる場合があります。

追加的父親休暇（APL）を利用すれば、赤ちゃんが1歳になるまでの間に、最大であと26週間の休暇を取得することができます。ただし、APLを取得できるのは、パートナーが産前産後休業の終了前に復職した場合です。APL期間中のお父さんは、追加的父親休暇給付を受給できる場合があります。

育児休業（PL）

1年以上継続して雇用されていれば、両親ともに、子どもの5歳の誕生日まで（子どもに障害がある場合は18歳の誕生日まで）に合計18週間の育児休暇を取得することができます。PLは1年間に最大4週間までという条件があるため、同じ仕事に戻ることができます。ただし、PL期間中は一般的に無給です。

職場に復帰する

復帰前に次のようなことを考えるとよいでしょう。

- ジョブシェアリングやパートタイムなど、融通の利く勤務形態に変更するほうが、ワーキングマザーとして生活しやすそうですか？　なんらかの要望があれば、雇用主が考慮できるよう、時間的な余裕をもって伝えましょう。
- 母乳育児をするお母さんが搾乳して母乳を保存できるよう、雇用主は清潔で安全な個室を提供しなければなりません。
- 急を要する家族の事情が生じた場合、（無給になるかもしれませんが）休暇をとる権利はあります。
- 就労税額控除や児童税額控除を受ける資格があれば、育児費用の足しになるでしょう。

その他の手当

妊娠中および産後1年間は、NHS（英国国民保健サービス）の提供する歯科治療と薬の処方を無料で受けられます。助産師から免除証明の申請書をもらえるでしょう。

利用できる制度

乳幼児・児童手当いろいろ

- **出産給付金**：500ポンドの一時金で、低所得家庭の新生児養育費を支援するためのものです。

- **児童手当**：週払いの手当で、最年長の子どもまたはひとりっ子には20.30ポンド、それ以降の子どもはひとりあたり13.40ポンド支給されます。遡って請求できるのは3カ月までなので、早く申請することが重要です。お母さんかパートナーのどちらかに5万ポンド以上の所得がある場合、児童手当が課税対象になる可能性があります。

- **ジュニアISA**：18歳未満を対象とする非課税の貯蓄口座。預金型ISAと同様の仕組みで、小額投資で得られるいかなる利益も、所得税や資本利得税の課税対象になりません。

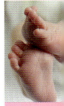

妊娠34週6日です

あと36日……

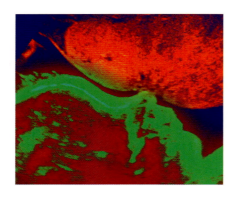

今日の赤ちゃん
写真の上方に赤くみえるのは胎盤で、その下の緑に着色されているのは赤ちゃんの横顔です。このころの胎盤には、お母さんの血液循環から毎分0.5Lの血液が流れ込みます。胎盤に送り込むその量をまかなうために、お母さんの血液量は妊娠初期の数カ月で劇的に増加します。

体を動かして健康を増進するのに遅すぎるということはありません。どんなことであれ、いまやっておけば、ずいぶん分娩に役立ってくれるでしょう。

ドクターへの質問

Q. なぜ成熟しきらずに生まれる赤ちゃんがいるのですか？
A. 赤ちゃんを未熟な状態で出産する可能性を高める因子はいろいろあります。お母さん側の因子には、本人または母親か姉妹がこれまでの妊娠で早産の経験があること、妊娠中の病気、女性の妊娠前の健康状態、多胎妊娠などが考えられます。胎児側の因子として、発育遅延、その他の胎児異常があげられます。発育が遅れるのは、喫煙などのライフスタイル因子による可能性があります。

カンガルーケア

早産で生まれた赤ちゃんが新生児集中治療室（NICU、p.452〜453 参照）で過ごすことになったら、**カンガルーケアと呼ばれる方法で赤ちゃんの世話をしてあげられるかもしれません**。赤ちゃんを左右の乳房の間にのせ、顔を横に向けて耳をお母さんの心臓に添わせるように抱いてあげるのです。
　カンガルーケアは、コロンビアのボゴタで保育器が不足していたために考案され、NICUの赤ちゃんに数々の恩恵をもたらすことがわかっています。その主な効果に、赤ちゃんの心拍数と呼吸数がすぐに安定し、赤ちゃんが長く眠っていられることがあります。赤ちゃんの体温はお母さんの乳房の温度変化によって調整されるので、自分の体を温めるためにエネルギーを消費する必要はありません。
　長く眠っていられて体温調節をする必要がないおかげで、赤ちゃんは脳の発達や体重増加といった、生きるために必要なほかの機能にエネルギーを温存しておけます。母乳育児もうまくいくことが多く、カンガルーケアを受けた赤ちゃんのなかには、生まれたときの体重が1ｇたりとも減らない子もいます。

　あと数週間で出産予定日でも、まだ活発に動く必要があります。日々、安定的に運動していると、それだけいいことがあるものです。健康状態はよくなり、自分に自信が持てて、さらにエネルギーがわいてきます。
　自分が楽しめる活動をみつけましょう。水泳やウォーキングは、妊娠終盤にさしかかった女性の多くが好むエクササイズです。どちらも健康増進に役立つとともに、力を抜いて緊張を解きほぐす助けにもなります。
　エクササイズにかけるべき時間を正確な数字で示すのは難しいものの、覚えておきたいのはエクササイズの強度によって左右されるということです。運動の強度と時間は関連し合っています。短距離走とマラソンの違いを考えてみましょう。それぞれに必要なエネルギーは異なります。短距離走は、時間は短いものの非常に強力なエネルギーを必要とします。一方、マラソンにはゆっくりと持続的なエネルギーが必要です。
　常に体の声に耳を傾け、やり過ぎになりそうなときは中断しましょう。運動する人は、しっかり食べることが重要です。体にエネルギーを注入してくれる間食を選びましょう（p.339 参照）。妊娠後期は、赤ちゃんに必要な栄養量がもっとも高まる期間ですから、エネルギー補給は特に重要になります。

毎日散歩をすると元気がわいてきますし、赤ちゃんを連れてぶらぶら歩き回る予行練習にもなるでしょう。

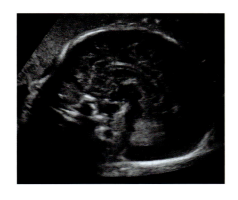

妊娠35週0日です

あと35日……

今日の赤ちゃん

赤ちゃんの脳の成熟が続きます。左の超音波検査の写真から、大脳半球をおおうように折り重ねたような模様ができており、わたしたちがよく知っている、しわや溝がある脳の表面が形成されているのがわかります。濃い白の部分は、頭蓋骨です。

妊娠最後のこのころになると、母親になるということが現実味を帯びてきますが、楽しみにすることばかりで心配することはなにもありません。

たとえ妊娠中に強いきずなを感じているとしても、出産前に生まれてきた赤ちゃんとの関係を想像するのは難しいかもしれません。

幸い、きずなの形成は、赤ちゃんを産み落とすときにお母さんの脳内で起こる化学的な過程です。よその赤ちゃんをみてもなにも感じない人も、自分の赤ちゃんは、あなたがこれまで思いもよらなかった感情に火をつけてくれるはずです。母親になることを不安に思うのはよくあることです。母親になるというのは、責任を果たし、ひとりではなにもできない赤ちゃんの世話をし、"ほどよい"ところをわきまえ、ライフスタイルを変えるということなのですから。しかし赤ちゃんが生まれれば、ものごとの優先順位ははっきりするでしょうし、すぐにはきずなが結ばれないとしても、必ず愛情を感じるでしょう。

産後うつ（p.475 参照）や、ベビーブルー（p.447 参照）と呼ばれる短期間の気分の落ち込みが、生まれたばかりの赤ちゃんに対するお母さんの気持ちが自然に高まるのを妨げることもあります。

助産師への質問

Q. 双子の赤ちゃんを母乳で育てられるでしょうか？

A. 可能ですが、できれば双子の母乳育児を手助けした経験のある専門家から、出産後に手ほどきを受けられるよう手配しておいてください。ふたりの赤ちゃんをどのように抱え、どのように吸いつかせたらよいか（p.448 参照）をはじめに教えておいてもらうほうが、自信をもって継続できるでしょう。

双子を育てるお母さんの多くが、いちばん楽なのは授乳のために設計された授乳クッションを使ってふたり同時にお乳をあげる方法だといいます。いまのうちに授乳クッションを購入するといいかもしれません。双子の赤ちゃんにうまく授乳できる抱き方がいくつかあるので、専門家か助産師が教えてくれるでしょう。

トピック——からだのこと

自分の手入れをする

特におしゃれしたい気分ではないかもしれませんが、だからこそ自分のお手入れをしましょう。赤ちゃんが生まれたら、美しくなるために費やせる時間はまずないと思ってください。

- **マニキュア**をしましょう。ただし、生まれた赤ちゃんを傷つけないように、エクステンションはつけないで。
- **エステ**を楽しみましょう。気分が晴れ、リラックスできるでしょう。
- **髪**を切りましょう。次に美容院に行けるのはずいぶん先のことかもしれません。赤ちゃんが生まれてからのことを考え、手入れをしやすいヘアスタイルにするといいでしょう。
- **痛みがあるなら**、妊娠中の女性の施術を専門とする人にマッサージしてもらいましょう。
- 出産予定日の1〜2週間前に**ペディキュア**をしましょう。おなかのふくらみがなくなって、また足もとがみえるようになったとき、きっと感激しますよ。

おなかが大きくなる様子を写真で記録しているなら、できるだけきれいにみせたいでしょう。やさしく角質をとり除いて保湿すると、肌をできるだけなめらかに保てます。残念ながら妊娠線を防ぐことはできませんが、ケアをすれば肌は美しくみえます。

第36週（妊娠35週1日～36週0日）

パートナーといっしょに、あなたのバースプランについて確認しましょう。

絶対にしなければならないことを最後まで先送りしないようにしましょう。
陣痛がはじまったときのために行動計画をつくってください──陣痛は思ったより早くはじまるかもしれません。赤ちゃんは予定より早く生まれることもあるので、あなたとパートナーが自信をもって対処できるようにしておきましょう。
実際的なことを手配するのを忘れずに。上の子どもたちの世話をしてくれる人はいますか？ ペットの世話をする人は？ 必要なら、両親や友人に助けてもらえるようお願いしましょう。そして、入院用の荷物をまとめたら、ゆっくりくつろいでください。

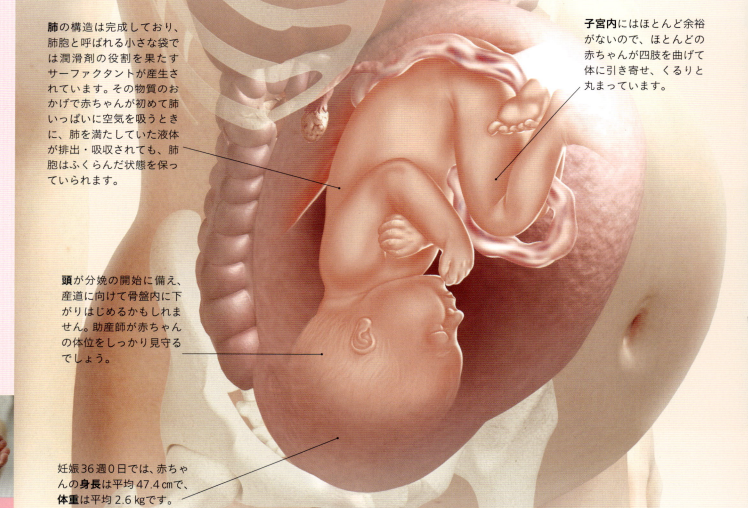

肺の構造は完成しており、肺胞と呼ばれる小さな袋では潤滑剤の役割を果たすサーファクタントが産生されています。その物質のおかげで赤ちゃんが初めて肺いっぱいに空気を吸うときに、肺を満たしていた液体が排出・吸収されても、肺胞はふくらんだ状態を保っていられます。

子宮内にはほとんど余裕がないので、ほとんどの赤ちゃんが四肢を曲げて体に引き寄せ、くるりと丸まっています。

頭が分娩の開始に備え、産道に向けて骨盤内に下がりはじめるかもしれません。助産師が赤ちゃんの体位をしっかり見守るでしょう。

妊娠36週0日では、赤ちゃんの**身長**は平均47.4cmで、**体重**は平均2.6kgです。

妊娠後期

妊娠35週1日です
あと34日……

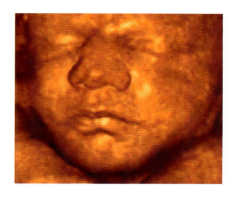

今日の赤ちゃん

赤ちゃんの髪や瞳の色は、遺伝によって生まれる前から決まっています。超音波画像がどんなに詳細に赤ちゃんを映すといっても、わかるのは体の仕組みの形態的な情報だけで、残念ながら実際の色を映し出すことはできません。

すでに自分の社交生活が変化していることにおどろかされるでしょう。まだ赤ちゃんが生まれてもいないというのに！

このごろ出不精になりましたか？ それはまったくおかしなことではないので安心してください。妊娠の最終段階になると家で過ごしたくなるのは一般的です。これからの数週間は万一のことを考えて、社会とかかわりをもつことに気乗りがしなくなるかもしれません。例えば、無駄になってしまうかもしれないのに劇場のチケットを買いたくない、といった具合です。ただし友だちは約束の日が近づいてからキャンセルしてもわかってくれるでしょうから、どんどん約束しましょう。また産前休業がはじまれば、夜の外出を楽しめるようになるでしょう。

妊娠が終わりにさしかかるこの数週間に、せっかくですからパートナーとふたりででかけましょう。デート気分でディナーを楽しむなんて、赤ちゃんが生まれたらとてもできませんよ。

助産師への質問

Q. 足がむくんでパンパンに張っています。どうしたらいいでしょう？

A. 足や足首のむくみは浮腫と呼ばれ、血液量が増えているせいで組織に過剰な水分が浸透するために起こります（p.466～467参照）。妊娠の終盤まで血液量は増え続けるので、浮腫が発生するのは珍しいことではありません。一般的にむくみやすいのは、夕方以降と気温の高い時期です。

むくみを解消するには、すわるときに足を高くする、足首を回す、床に横になり足を上げて壁にもたせかける、などの方法を試してみてください。マタニティ用の弾性ストッキング（p.225参照）をはくと、血液の循環がよくなります。水分、特に水をたくさんとるようにしてください。そうすることで腎臓がうまく機能し、余分な水分を体外に排出しやすくなります。利尿薬は使わないでください。利尿薬が胎児に悪影響をおよぼすことは、複数の研究から明らかになっています。

トピック——からだのこと

水泳で爽快に

おなかが大きすぎて運動などできないと感じるかもしれませんが、**水泳は妊娠終盤におこなうにはすばらしい活動です**。水がおなかの重みを引き受けてくれるので、ふだんよりずいぶん軽くなったように感じるでしょう。ゆっくり泳いだり、水のなかでただリラックスしたりしてみてください。また、妊婦さん向けに考案されたエクササイズをおこなうマタニティアクアのクラスに参加することを考えてもよいでしょう。

気温が高い季節には、プールでリラックスするのがいちばんです。フロートを使って体を支え、体重から解放されるすばらしい感覚を楽しんでください。

妊娠35週2日です

あと33日······

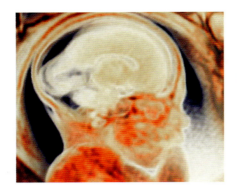

今日の赤ちゃん

左のMRI画像では、赤ちゃんの脳の様子がよくわかります。MRIは特に中枢神経系の構造をみる手段として優れています。しかし、これらの写真を撮影するのも解釈するのも、依然として難しく時間がかかるので、MRIが日常的な検査に使われることはありません。

赤ちゃんの瞳が色を帯びてきますが、最終的にどんな色になるかはまだしばらくわかりません。

赤ちゃんの瞳はどんな色になるでしょう？　虹彩は目に入る光の量を調整するとともに、瞳の色をつくりだします。目の色は虹彩のメラニン色素の量で決まります。メラニンは皮膚にもあり、さまざまな肌の色合いをつくりだす物質です。

もちろん赤ちゃんの瞳は、お母さんかお父さんとまったく同じ色になるわけではありません。白色人種の赤ちゃんはたいてい、生まれつき瞳のメラニン色素の量が少なく、虹彩は灰色か青にみえます。有色人種の赤ちゃんはメラニン色素が多く、虹彩の色はたいてい濃い灰色か茶色です。虹彩の色は、赤ちゃんの誕生後、光に反応してメラニンが産生されるにつれて変化します。瞳の色が完全に定着して最終的な色になるのは、赤ちゃんが1歳になるころです。

赤ちゃんの瞳の色が、自分かパートナーの瞳と同じ色になるかしらと気になりはじめているかもしれませんね。どちらかに似ているかもしれませんし、どちらとも違う色かもしれません。

イメージトレーニング

イメージすることは、分娩に備えるための効果的で前向きな方法です。これから最後の数週間にイメージトレーニングをしましょう。手はじめに、基本的なリラックス法の練習をするのがおすすめです。頭頂からはじめて足の先まで、筋肉をひとつひとつやさしく引き締めてから力を抜いていきます。そのとき、それぞれの筋肉と、呼吸に集中しましょう。それが終わったら、分娩のひとつひとつの段階に肯定的なイメージを添えて想像してみましょう。例えば、赤ちゃんは水のなかに浮かんでおり、子宮の収縮がはじまるとやさしく揺られます。おなかがぎゅっと絞られる子宮収縮は、子宮の強固な壁が赤ちゃんをこの世界へと導いているところだと思ってください。子宮の収縮は、あなたと赤ちゃんが乗っている波で、赤ちゃんはその波に押し出されます。あなたも赤ちゃんも、いっしょに波に揺られて泳いでいるのです。

トピック──からだのこと

帝王切開

帝王切開で出産することが決まっているなら、赤ちゃんが生まれたあとどんなことが起こるか知っておくといいでしょう。手術のあとは動ける状態になければいけませんが、十分に休むことも大切です。帝王切開は大きな手術なので、術後の数週間は重いものを持ち上げたり運んだりするのは避けなければなりません。上の子どもが小さかったり家に自分しかいなかったりすると、重いからといって避けていられないかもしれませんが、手術のあとはできる限りだれかに助けてもらってください。重い袋を持つことになるので、買い物は避けましょう。できればインターネットで注文しましょう。

英国では一般的に6週間は運転を避けるようにアドバイスされますが（注：日本では一般的にそのような指導はない）、違和感なくシートベルトを着用でき、緊急停止を含む操作を問題なくおこなえれば、運転できます。

帝王切開で出産すると、一般的には完全に回復するのに6週間かかると考えられています。

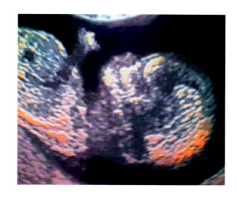

妊娠35週3日です

あと32日……

今日の赤ちゃん

この週には肺の機能がほぼ完全になり、赤ちゃんが早めに生まれても呼吸できるようになっています。しかしこの段階では赤ちゃんが生まれるにはまだ早すぎ、満期とみなされる妊娠37週までは十分に成熟していません。

いまはパートナーにとっても人生が大きく変わるときだということを忘れずに、出産に向けての準備に積極的な方法でかかわらせてあげましょう。

出産までの間、当然ながら、お母さんになる女性に多くの注目が集まりますが、**お父さんになるパートナーへの配慮も忘れてはなりません**。なかには出産そのものに不安を感じはじめる男性もいます。分娩室にいられるだろうかとこわくなったり、愛する人が痛みに苦しむのをみていられないのではないかと心配になったりするのでしょう。痛みを肩代わりしてあげられないこと、陣痛が起こっている間にもっと助けてあげたいのに思うようにいかないことで心を痛める男性もいます。

分娩について考えるのとは別に、パートナーはあとほんの数週間で生まれてくる赤ちゃんの親になるのだという責任を重く受け止めているかもしれません！ パートナーが不安そうなら話をし、妊娠による不快感をやわらげる助けをしてもらうことから出産の準備まで、いろいろなことにかかわってもらいましょう。バースプラン（p.181、303参照）をもう一度みながら、どんなことが起こる可能性があり、パートナーはその日がきたときどんなふうに手伝えるかを話し合ってください。

分娩の体位や呼吸法を練習し、痛みをやり過ごすサポートをすることに彼が自信をもてるようにしてあげることもできます。もし可能なら、彼に今後の妊婦検診に同行してもらうようにすると、彼が助産師に心配ごとを相談する機会ができるでしょう。

トピック——お父さん

準備は万全ですか？

父親になるあなたのやるべきこと。

- **チャイルドシート**を購入し、車に安全にとりつける方法がわかっていますか？ 病院から赤ちゃんをつれて帰るときに必ず必要です。
- はじめから**ベビーベッド**を使うつもりなら、組み立てておきましょう。
- 赤ちゃんの服、寝具、おむつなど細々したものをしまう**収納スペース**をつくっておきましょう。

助産師への質問

Q. 来週、双子の赤ちゃんを出産します。ふたりとも同じように愛せるものでしょうか？

A. 心配でしょうが、おそらく親というのはどちらかの赤ちゃんを気に入るというより、そのときどきで、特に愛情を注ぎ、目を向ける必要があるほうの赤ちゃんを気にかけるものではないでしょうか。

赤ちゃんがふたりいることの緊張感から、きずなの形成に時間がかかる可能性は高まるかもしれません。しかしそれは、お母さんが出産で心に傷を負っている、両親のどちらかが疲れ果てている、どちらかの赤ちゃんの授乳がなかなかうまくいかない、どちらかがものすごくぐずるといった場合にも起こりうることです。だからといって、ときがたってもきずなが結ばれないというわけではありません。

どの家族にも親と子の愛には波があるものです。生まれた時期が違っても子どもがふたりいれば、親はその子たちを違ったかたちで愛するでしょう。しかしそれは、ひとりの子が愛される分、もうひとりの子が愛してもらえないということではないのです。双子の赤ちゃんが生まれてもまだ心配なら、助産師か地域の保健師に相談してみてください。

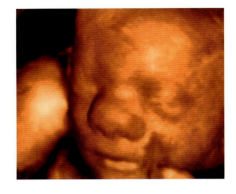

妊娠35週4日です

あと31日……

今日の赤ちゃん

赤ちゃんの心臓は毎分110から160回という、とても速いスピードで脈打っています。
誕生後も、赤ちゃんの心臓は同じ速さで拍動し続けます。
心拍がおとなと同じように1分あたり約70になるのは、何年も先のことです。

この妊娠最後の数週間になってやっと肺は完全に機能するようになります。しかし、肺では重要な成熟がまさにいま進行しています。

肺を1本の木だと考えてみてください。"気管"がその木の幹にあたります。幹は大小の"気管支"という枝を広げ、その枝が何度も枝分かれして小枝を形成し、その先に葉にあたる"肺胞"と呼ばれる非常に繊細な構造をつくりあげます。この肺胞で、ガス交換がおこなわれるのです。

肺胞の形成は妊娠24週ごろにはじまりましたが、妊娠期間を通じてその数を増やしていきます。肺胞にはサーファクタントを産生する細胞があります。サーファクタントはひとつひとつの肺胞をふくらませておく役割を果たす物質です。その物質を産生する細胞がこのころに完全に機能するようになります。

安静を要する場合

妊娠の終わりにかけて、入院して安静にしなければならない状況が発生することがあります。

- 子宮の収縮が起こっているけれど、破水していない場合（切迫早産）。
- 妊娠高血圧症候群（p.474参照）を発症している場合。血圧を下げる対策をとります。
- 胎盤早期剥離が起こり、胎盤が子宮の壁からはがれかけている場合（p.473参照）。

トピック――からだのこと

体を強化する

筋力を維持し、ストレッチをし、軽度の運動を出産の直前までおこなっておくと、姿勢を正しく保ちやすくなります。そうすれば腰痛を最小限に抑え、骨格にかかる負荷を減らすことができ、元気がわいてきてリラックスできるでしょう。

快適にできる範囲でおこない、18ページで紹介したガイドラインを守っていれば、これまでの運動を続けて大丈夫です。

この時期にもっとも大切なのは、常識に照らし、自分の体の声に耳を傾けることです。痛みや疲労を感じる、めまいがするといった場合はすぐにエクササイズを中止し、医師に相談しましょう。体重が増えている分疲れやすいでしょうから、必要に応じて運動量を調整してください。運動の強度を下げて時間を短くすることになるかもしれませんが、気分よくできているなら運動自体をやめてしまわないようにしましょう。

90ページ、250ページで紹介したエクササイズをやってみましょう。ただし、この段階では仰向けにならなければいけないエクササイズはおこなわないでください。

お母さんまたは赤ちゃんの健康になんらかの不安がある場合は、妊娠最後の数週間は入院してしっかり管理してもらうことになるかもしれません。胎児心拍数モニタリング装置を使って、赤ちゃんの心拍をチェックすることになるでしょう。

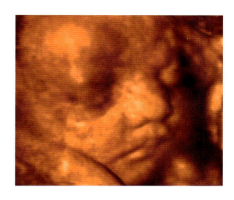

妊娠35週5日です
あと30日……

今日の赤ちゃん

たいていの場合、赤ちゃんのまわりにはまだ羊水がたくさんありますが、胎盤や子宮の壁が影をつくるのに加え、赤ちゃんがひざを抱えて丸まっているので、様子をみるのがだんだん難しくなってきています。

陣痛がはじまったら必要になりそうなことに備えて、そろそろ実際的なことを手配しておくとよいでしょう。

あと4週間ほどで出産予定日ですから、そろそろパートナーの連絡先をすべて確認して、彼の仕事中に陣痛がはじまっても確実に連絡がとれるようにしておいてください。彼にはこれから最後の数週間は、特に気をつけて携帯電話の電源を切らずに肌身離さず持っていてもらい、あまり遠くに出張しないようにしてもらいましょう。

上に子どもがいたり、ほかに養っている人やペットがいたりする場合は、あなたの入院中に代わりに世話をしてくれる人を手配しなければなりません。上の子どもたちにはこれからどんなことが起こるのかを説明してあげてください。そうしておけば、おばあちゃんなり、世話をしてくれる人なりのもとで過ごす心の準備がしやすいでしょう。

帝王切開で出産することになっているなら、退院後もしばらくは上の子どもの世話をしてくれる人がいると助かります。

上の子が安心できるように、「ママはちゃんと戻ってくるからね」「病気じゃないけれど、赤ちゃんが生まれるときは病院にいかなきゃならないのよ」と話してあげましょう。上の子の年齢によっては、赤ちゃんへのプレゼントをいっしょに選んだり、届いたプレゼントを開けるなど、特別な仕事をしてもらったりするのもいいものです。お兄ちゃんやお姉ちゃんに赤ちゃんからのプレゼントを用意してあげても思いやりが伝わるでしょう。

出産までの間に、まだ小さい上の子が、世話をしてもらう家族といっしょに過ごす時間をつくりましょう。事前に慣れておけば、お子さんはお母さんがいなくても動揺せずに落ち着いて過ごしやすいでしょう。

ご存じですか

ある研究によると、鎮痛薬は必要ないと予想していた女性の52％が、実際には鎮痛薬を使用したといいます。

英国国立医療技術評価機構（NICE）が近年おこなった調査によると、女性は分娩の痛みをそれほど深刻に受け止めておらず、鎮痛方法にどのような選択肢があるかにはあまり関心を示さないといいます（p.402〜407参照）。

助産師への質問

Q. 赤ちゃんが早産で生まれて新生児集中治療室（NICU）に入院していても、母乳は搾ったほうがよいのでしょうか？

A. もちろんです。母乳を飲ませることで、お母さんにもともと備わっている免疫を赤ちゃんに分けてあげることができます。早産で生まれた赤ちゃんは感染症にかかりやすいので、お母さんのお乳を搾乳してあげることは、大いに NICU にいる赤ちゃんのためになります。赤ちゃんにとって、母乳は人工ミルクに比べてずっと消化しやすいものです。これは早産児にとって重要なことです。早産児の消化管は、正期産で生まれた赤ちゃんほど成熟していない可能性があるからです。

また、赤ちゃんのためにお乳を搾ることは、赤ちゃんとのきずなを深め、関係をつくっていくためのすばらしい方法です。赤ちゃんが入院している間、お母さんはかなりストレスを感じるかもしれませんが、赤ちゃんのためにすばらしいことをしているのだと思えば少し気分も晴れるでしょう。

第36週

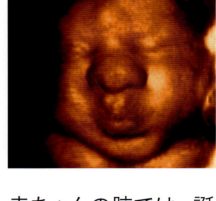

妊娠35週6日です

あと29日‥‥‥

今日の赤ちゃん
このころの赤ちゃんはたいてい頭位（縦向きで頭は骨盤内にしっかり下がった状態）をとっています。こうして最後の数週間になり子宮内に余裕がなくなってきていますが、赤ちゃんが骨盤位（逆子）の状態でもまだこれから頭位に向きを変えることもあります。

赤ちゃんの肺では、誕生後に自発的に呼吸ができるようにするための複雑な発達が進んでいます。

赤ちゃんの肺への血流は、気道の発達状況を正確に反映します。妊娠中はまだ肺が働いていないので、血液は心臓の右側を出ると、90％の血流は肺動脈から動脈管というバイパスを通って、肺を迂回して直接大動脈へ流れ込み、全身へ供給されます。誕生後間もなく肺が拡張して血液抵抗が下がると、動脈管は閉鎖し、血液は肺へと流れるようになります。

赤ちゃんは子宮のなかにいる間、肺をガス交換に使わないため、肺への血液供給はごく少量で、誕生後の血流の10％にすぎません。妊娠のこの段階では、肺の血管は形成が終わっており、肺胞に近づくにつれて細く細かく枝分かれします。

赤ちゃんが生まれるとき、胸が産道で圧迫され、左右の肺から液体を押し出しやすくなります。こうして、あの驚くべき最初のひと呼吸の準備をするのです。帝王切開で生まれる赤ちゃんは、自力で肺から液体を押し出す必要があります。これは難しいことではありませんが、帝王切開で生まれた赤ちゃんの最初の数呼吸に粘液が多く含まれることがあるのはそのためです。

陣痛がはじまってから必要なものをかき集めなくてもいいように、**入院用の荷物を準備しはじめましょう。**

入院用のバッグに入れるもの

入院に必要なものがすべてそろっていることを確認しましょう。赤ちゃんに必要なものだけでなく、自分が必要なものも入れ忘れないようにしてください。帝王切開で出産する人は、荷物が少し多めになります。

▶お母さんのもの
- パジャマ
- 下着
- 授乳ブラ
- スリッパ
- カーディガンなど羽織るもの
- ヘアブラシ
- 歯ブラシ
- 洗面用具
- 産褥パッド
- 母乳パッドと乳頭保護クリーム
- 快適な普段着（入院日数が増え、着替えたいときのために）

▶赤ちゃんのもの
- 肌着
- ベビー服
- 綿の毛布
- おむつ
- おむつを入れるゴミ袋
- カット綿
- おむつかぶれ用クリーム
- おしりふき（必要に応じて）
- 退院するときに使う帽子、カーディガン（カーディガンは入院中の赤ちゃんの防寒にも使えます）

▶その他、役立ちそうなもの
- カメラ／ビデオカメラ
- 携帯音楽プレーヤーと音源
- 本、雑誌
- マッサージオイル
- TENS装置（p.399参照）
- タオル

パートナーは自分の必要な荷物（p.338参照）をまとめ、車にチャイルドシートをとりつけるのを忘れないでください。お母さんは、出産予定日が近くなってきたら間食と飲み物を荷物に加え、自分でほかになにが必要になりそうか考えてみましょう。

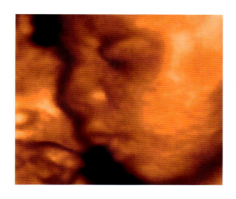

妊娠36週0日です

あと28日……

今日の赤ちゃん

羊水の量が減り、それにともなって子宮内で動き回れる余裕もなくなっていることから、赤ちゃんの動きかたが変化したのに気づくかもしれません。しかし、赤ちゃんが動くたびに子宮の壁に触れるので、ひとつひとつの動きがお母さんに伝わることでしょう。

妊娠中の女性はだれでも、この最後の数週間にサポートが必要です。シングルマザーになる人には、そのサポートはさらに重要になるでしょう。

自ら選択してシングルマザーになる人も、予期せずそういった立場になった人も、これからの数週間についていろいろ感情をもっているかもしれません。ひとりで赤ちゃんを産み育てるということは、それだけ多くの責任や不安を抱えるということです。しかし、親しい友人や家族に少し助けてもらうことで、これからの妊娠最後の数週間を前向きに過ごせるでしょう。

ひとりで分娩に臨むのが不安なら、親しい友人か家族に頼み、いつでもすぐにかけつけられるようにしておいてもらいましょう。引き受けてくれた人に、あなたの陣痛がはじまったら仕事を休めるように職場から許可をとっておいてもらえると安心です。赤ちゃんが生まれるまでの産前休業中に、いろいろな活動を計画して忙しく過ごしましょう。

最後の最後になって赤ちゃんに必要なものをそろえたり、赤ちゃんを迎えるために家のなかを整えたりするときは、気兼ねせずにだれかに手伝ってもらいましょう。たいていの人は喜んであなたにつき合い、準備を手伝ってくれるはずです。

いちばん大切なのは、自分の面倒をみることです。冷凍保存できる料理をつくり置きし、出産後しばらくは健康的な食べ物がたっぷり蓄えてある状態にしておきましょう。

雑学

ベビーシャワー

ベビーシャワーを開いてもうすぐ赤ちゃんが生まれてくることを祝うのは、女友だちと集まるよい機会になります。自分で企画するか、親友にその名誉ある役割をお願いしましょう。親友のために企画しようとしている人へ：サプライズパーティはうれしいものですが、もうすぐママになる彼女が注目の的になりたいかどうか、少し考えてあげましょう。

▶ **こんなこともできます**

- おしゃれをテーマに、集まった人どうしでマニキュアやペディキュアをしあうのもいいですし、ネイリストに出張してもらうのもいいでしょう。
- お金を出し合って、ママになる彼女にチャイルドシートなどなにか実用的なものをプレゼントしたり、エステで1日リラックスしてもらったりするのもひとつです。
- きてくれた人たちに赤ちゃんの性別や体重や誕生日を予想してもらうのは、ゲームとして楽しめます。
- 軽食としてシャンパン、ノンアルコール飲料、ちょっとしたスナック、そしてかわいい特注ケーキはいかが？

ベビーシャワーでは、たくさんプレゼントを受けとるものです。ママへのプレゼントもあれば、赤ちゃんへのプレゼントもあるでしょう。

第37週（妊娠36週1日〜37週0日）

おなかのふくらみが下方へと滑り下りたようにみえるかもしれません。

おなかのふくらみはいま、最大になっています。
間もなく──たぶんこの週のうちに──赤ちゃんは骨盤内に下がり、生まれてくる
準備をします。おなかのふくらみも下方に移動し、お母さんの体型が変わったように
思われるでしょう。だからといって、すぐに分娩がはじまるということではないので、
赤ちゃんが"落ちてしまう"などという心配は無用です。
おそらくまだもう少し産前休業を楽しんで、準備を整える時間があります。

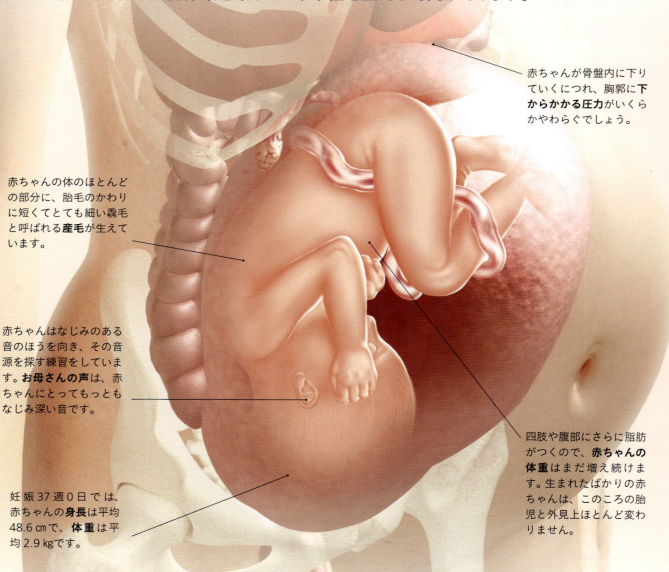

赤ちゃんが骨盤内に下りていくにつれ、胸郭に**下からかかる圧力**がいくらかやわらぐでしょう。

赤ちゃんの体のほとんどの部分に、胎毛のかわりに短くてとても細い毳毛と呼ばれる**産毛**が生えています。

赤ちゃんはなじみのある音のほうを向き、その音源を探す練習をしています。**お母さんの声**は、赤ちゃんにとってもっともなじみ深い音です。

四肢や腹部にさらに脂肪がつくので、**赤ちゃんの体重**はまだ増え続けます。生まれたばかりの赤ちゃんは、このころの胎児と外見上ほとんど変わりません。

妊娠37週0日では、赤ちゃんの**身長**は平均48.6cmで、**体重**は平均2.9kgです。

妊娠後期

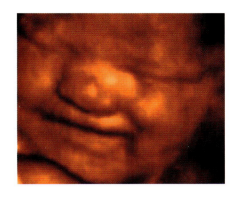

妊娠36週1日です

あと27日……

今日の赤ちゃん

左の赤ちゃんは超音波検査でお母さんに背を向けていることがわかりました。このようにお母さんと"背中合わせ"の胎位はこの段階ではよくみられますが、妊娠が進むにつれ少なくなります。助産師は、おなかに触れることで赤ちゃんの背中の向きも確認します。

このころから産前休業を開始する人が多いでしょう。ほっとひと息つけるときでもありますが、さまざまな気持ちが入り交じるときでもあります。

産前休業の開始は妊娠の大きな節目となります。仕事上の役割を離れると、母親としての新たな役割がはじまるという現実が目前に迫っているように感じられるでしょう。しかし、母親になることに慣れる時間は、まだ2〜3週間ありそうです！

産前休業はゆったりと過ごせるうれしい休息のときで、朝はバタバタとかけまわることもなく、通勤する必要がないのであまり疲れを感じなくなるでしょう。ゆったり過ごすことも必要ですが、毎日決まったことをしない生活になじみづらいでしょうから、なんらかのかたちでお出かけの予定を立てるのもいいものです。

同僚と連絡をとり続けるのはよいことですが、仕事のメールや進捗状況をチェックする癖をつけないようにしましょう。産前産後の休業中に自分のアイデンティティを一部失ってしまうのではと不安になるかもしれませんし、それは多くの女性が経験する感情です。しかし、休暇はあっという間に終わってしまい、きっと気づいたときには職場に復帰していますよ。

この出産準備期間を楽しんで、できる限りうまく時間を利用し（p.366 参照）、赤ちゃんの誕生に向けて準備をしてください。

助産師への質問

Q. 赤ちゃんの頭が骨盤内に十分下りてくると、感覚が変わりますか？

A. おなかが軽くなったように感じ、呼吸が楽になります。これはお母さんの肺が広がる余裕ができるためです。赤ちゃんの頭が骨盤内に進入すると、おなかのふくらみは下方に移動して前のほうに出るので、小さくなったようにみえるでしょう。膀胱が圧迫されるので、トイレが近くなるかもしれません。また、骨盤痛が生じることもあります。

児頭の下降

児頭下降とは、赤ちゃんの頭が骨盤の入り口を通過し、お産に備えて産道に進入する過程を指します。児頭下降はこの先いつ起こってもおかしくなく、赤ちゃんの頭が下りてきたらやがて陣痛がはじまります。妊娠最後の数週間には、助産師がお母さんのおなかにふれて赤ちゃんの頭が骨盤に進入しはじめているか確かめるでしょう。

下降度は5段階で評価されます。赤ちゃんの頭部の5分の3から5分の4が骨盤の上にあれば、児頭下降は起こっていないとみなされます。骨盤上部に赤ちゃんの頭の5分の2しか感じられなければ、完全に児頭嵌入が起こっているといえ、5分の1しか骨盤上部に感じられなければ、深く嵌入していると記録されます。

赤ちゃんが骨盤内に下りてくると、お母さんの体型も感覚も少し変化します（上のコラム参照）。骨盤や会陰に不快感がある場合は、長時間立っているのは避けましょう。

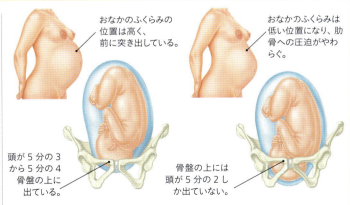

おなかのふくらみの位置は高く、前に突き出している。

頭が5分の3から5分の4骨盤の上に出ている。

嵌入していない状態：赤ちゃんの頭は骨盤内に下がりはじめていますが、5分の3か5分の4以上が骨盤の上にある状態です。

おなかのふくらみは低い位置になり、肋骨への圧迫がやわらぐ。

骨盤の上には頭が5分の2しか出ていない。

嵌入している状態：赤ちゃんは誕生に備えて骨盤内に下りてきています。この状態になると、おなかのふくらみの位置や形は変わります。

妊娠36週2日です

あと26日……

今日の赤ちゃん
左の写真ではほとんどみえませんが、非常に薄い胎脂の層が赤ちゃんをおおっています。胎脂ははじめ、赤ちゃんの皮膚から水分を逃がさないよう助ける役割をしていましたが、いまでは皮膚が羊水に直接触れるのを防いでいます。

巣づくり本能が目覚めましたか？　生まれてくる赤ちゃんに安全で快適な空間を用意しなければならないと感じるのは、とても自然なことです。

雑学
ベリーキャストをつくりましょう！

大きくなったおなかを石膏で型どりし、"ベリーキャスト"として赤ちゃんのために残してあげましょう。キットを買っても、必要なものを自分でそろえても（ずっと安く上がります）つくることができ、すべてインターネットで購入できます。

▶必要なもの
- ギプス包帯（何本かに切る）
- ワセリン
- お湯（バケツ1杯分）
- 手伝ってくれる人ひとりかふたり（いなくてもできますが、作業を早く進められるうえ、型どりの間におやつを運んでもらえます）。

▶つくりかた
1. 服を脱いで下着姿（ショーツだけ）になります（下着は小さいもののほうが仕上がりに響きません）。
2. ワセリンをおなかと胸にたっぷり塗る。
3. 楽な姿勢ですわる。
4. ギプス包帯を1枚ずつお湯に浸し、包帯が重なり合うようにおなかと胸に貼りつけ、ある程度の厚みになるまで重ねる。
5. 乾くまでじっとして待つ（休憩するいい口実になります）。
6. 完全に固まったら体からはがし、好みで色を塗ったり絵を描いたりする。

巣づくり本能はたいてい妊娠の最後になって頭をもたげます。エネルギーがわいてきて、どうしても家を整えておきたいという衝動にかられます。

自分のなかの家庭的な女神に従い、料理をしたり、掃除をしたり、部屋のなかを整えたり片づけたりしましょう。ただしあまりいっしょうけんめいになりすぎないようにしてください。両手両ひざをついた姿勢で長時間床磨きをすると、予想外に早く陣痛がはじまるかもしれません。

男性のなかにも巣づくり本能を発揮する人がいますが、残念ながらこちらは車や庭に関する場合が多いでしょう。

巣づくり本能が目覚めませんか？　プロの清掃業者に依頼して、掃除してもらいましょう。いえ、そんなことは放っておいてもいいのです。赤ちゃんは戸棚がきれいかどうかなんて気にしませんから。

掃除熱に火がついたとたんに、家じゅうのありとあらゆるところが気になります！

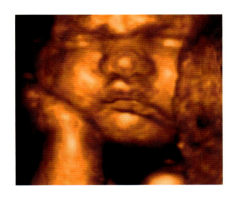

妊娠36週3日です
あと25日……

今日の赤ちゃん

赤ちゃんの口もとに臍帯が少し映っているせいで、
この赤ちゃんは機嫌が悪そうにみえます。
胎盤が写真の右側に映っており、赤ちゃんの顔の一部をかくしています。

美しくも大きなおなかが、あなたの動きにも食生活にも影響し、どんどん生活の邪魔になってくるように感じられるでしょう。

このころには大きくなったおなかに少しイラつきを感じるかもしれません。なにをするにもやりにくくてしかたないのですから。戸口の出入りやソファから立ち上がるといった簡単な動作がこれまで以上に困難になり、なにをするにも時間がかかるような気がするでしょう。ここは辛抱強く、これからの2、3週間を乗り切るしかありません。もうすぐ妊娠前の体に戻れるのですから。

妊娠中は、妊娠前に比べて食べる回数が増え、1回に食べる量は減るのが一般的です。これは子宮がかなり大きくなるので、ほかの臓器は押しのけられてきゅうくつな状態になっています。単純に、胃には食べ物を受け入れる余裕があまりないので、少し食べるとすぐにおなかがいっぱいに感じられるのです。胃が空っぽになればまたおなかがすくでしょう。間食をするのはかまいませんが、健康的な食べ物を選び、ビスケットの缶に手を伸ばさないようにしてください！

妊娠の終盤になると、快適に車の運転をするのがだんだん難しくなってきます。一度に運転する時間をできるだけ短くするか、ある程度長距離を運転しなければならないときは、定期的に休憩を入れるようにしてください。シートベルトは必ず締めましょう（p.253参照）。

雑学
ロータスバース

赤ちゃんが生まれてすぐに臍帯を切るのではなく、**臍帯がしぼんで自然にとれるまで（通常は数日間）、赤ちゃんと胎盤に付着させておくことを選ぶカップルもいます。**これは病院での出産ではまず許可されないでしょう。

ロータスバースと呼ばれますが、臍帯を切断せずにそのままにしておくべきだと提唱する人たちは、臍帯が自然にはずれるまで赤ちゃんは胎盤から臍帯を通じて栄養を受けとっていると主張します。また、赤ちゃんはいきなり胎盤から切り離されるストレスを与えられないので、より優しいお産を経験できるといいます。

トピック──赤ちゃん
ママといっしょにエクササイズ

お母さんが運動したあと、赤ちゃんはたいてい20～30分のうちに何度か動きます。中程度のエクササイズにしておけば、赤ちゃんへの酸素供給に影響することはありません。お母さんがきつすぎる運動を長い時間続ければ酸素供給量に影響し、赤ちゃんの動きは通常より鈍ることになります。

心配で、よくわからない場合に、赤ちゃんがふだんどれくらい動くかを記録して、それを運動後の赤ちゃんの活動レベルと比べてみましょう。その結果、お母さんが"ふだんと変わらない"と感じるレベルよりも低くなっていれば、助産師に相談してください。

第37週

妊娠36週4日です

あと24日‥‥‥

今日の赤ちゃん
赤ちゃんにはこのころ、誕生後の生活により適した能力が備わっています。
耳は外側も内側も完全に形成され、赤ちゃんはお母さんの血流や心臓の音をききなれており、お母さんの声も認識しています。

何週間もの間、赤ちゃんの体をおおってきたふわふわの毛は抜けてしまいますが、この時点で生まれた場合はまだ多少は残っているかもしれません。

胎毛は赤ちゃんの体をおおうきわめて細かい毛ですが、成人の体毛と異なり汗腺とは関係ありません。このころ胎毛は抜けはじめ、誕生前の2、3週間のうちに羊水のなかに抜け落ちてしまいます。赤ちゃんはその羊水中の胎毛を飲み込みますが心配いりません。胎毛は赤ちゃんの発育に不可欠なたんぱく質の重要な供給源です。羊水中のたんぱく質の3分の2が毎日赤ちゃんの体内にとり込まれ、消化管から吸収されていると考えられています。これは赤ちゃんに必要なたんぱく質の15％にあたります。

細かい胎毛は徐々に（女性や子どもによくみられる）短く、やわらかく、色素をもたない毳毛に生え変わります。硬毛（終毛）は太くて、硬く、長い毛で、はじめに赤ちゃんのまゆ毛が生え、それからまつ毛、それから頭髪の順で生えてきます。おとなの場合、顔の毛（ひげ）、脇毛、陰毛も硬毛（終毛）です。

トピック──からだのこと
トイレが近くなる
妊娠後期になると、妊娠初期と同じようにトイレが近くなります。この段階では、だんだん重くなる赤ちゃんがお母さんの膀胱を上から圧迫するので、トイレが近くなるのです。おしっこをするときに痛みを感じるなら、尿路感染症が疑われるので、助産師か医師に連絡して検査をしてもらいましょう。

妊娠終盤になると、助産師がおなかに触れて赤ちゃんの体位をチェックします。赤ちゃんが骨盤位（逆子）なら、赤ちゃんを頭位に回転させる、外回転術（ECV、右のコラム参照）を受けるようすすめられるかもしれません。赤ちゃんが回転しなければ、帝王切開で出産することになる場合があります。

ドクターへの質問
Q. 逆子の赤ちゃんを医師が"回転させる"ときいたことがありますが、どのようにおこなうのですか？

A. 妊娠が終わりに近づくと、外回転術（ECV）を使って赤ちゃんを回転させようと試みる産科医もいます。その成功率は約50％です。産科医は、お母さんのおなかに両手を押し当て、超音波で様子をみながら赤ちゃんをやさしく頭位に導こうとします。子宮筋をリラックスさせるための薬を飲むことになるかもしれません。まず超音波検査をして、赤ちゃんの体位に問題があれば、ECVは中止されることもあります。赤ちゃんが大きいと、ECVに影響することがあります。羊水の量によってECVがおこなえない場合もあります。羊水量が少ないと、赤ちゃんをしっかり保護できないためです。

お母さんの血液型がRh−なら、ECVによって胎盤まわりに出血が起こるリスクが少ないながらもあるので、術後に抗D人免疫グロブリン（p.123参照）を投与することになるでしょう。多胎妊娠、出血が起こったことがある、胎盤の位置が低い（p.212参照）、破水が起こった、赤ちゃんに問題があることがわかっているといった場合、ECVはおすすめできません。

妊娠36週5日です

あと23日……

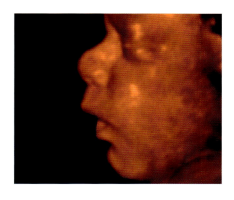

今日の赤ちゃん

妊娠のこの段階で3D超音波検査をすると、非常にはっきりみえます。
顔の各部が完全に形成され、赤ちゃんはとても表情豊かです。
赤ちゃんはあとほんの数日で、満期を迎えるのです。

分娩中に恥ずかしい思いをするのではないかと心配することはありません。分娩の世話をするスタッフは、いかなることも経験していますから。

多くの女性が分娩中に自分をコントロールできなくなってしまうのではないかと心配します。例えば、いきむときに尿や便が出てしまうのではないかと。いきむときに多少便が出るかもしれませんが、おそらく本人は気づかないでしょう。助産師が使い捨て手袋をはめてガーゼで処理してくれます。

実際には、分娩のものすごい痛みのなかで、そんなことは気にしていられません。とにかく赤ちゃんを産み落とすことしか考えられないはずです！

実際に陣痛がはじまってみないと、自分がいかに痛みをやり過ごせるかも、痛みにどこまで耐えられるかもわからないので、**鎮痛方法については柔軟に考えるようにしましょう。**

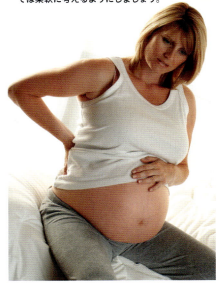

鎮痛方法について：それぞれの立場から

陣痛に耐えられなかったらどうなるのでしょう？

産科医：心配なら、どのような鎮痛方法があるか陣痛がはじまる前に調べ、使うつもりがなくてもどんな選択肢があるかを知っておいてください。

バースプランで希望したことから外れてしまっても、恥じることはありません。最終的なゴールはすこやかな赤ちゃんを産むことであり、あなたの体力と精神力をしっかり保つことなのです。痛みに対処しきれないと感じたらすぐに鎮痛薬の使用を希望するのも重要なことです。

先輩ママ：陣痛はすさまじい痛みで文字通り息ができなくなり、このまま続けるのはとても無理だと思いました。姿勢を変えたり、歩き回ったり、バースボールを使ったりすると、確かに痛みから気をそらす効果はありました。それらの方法は痛みをやわらげるというよりは時間をやり過ごすのに役立ち、わたしは何度も何度も「あきらめないで！」と心のなかで唱え続けました。

痛みが最高潮に達したとき、分娩そのもののはじまりを知らせる"移行期"に入ったのを、かすかに覚えています。そのあとはとても長い時間に感じられましたが、終わりが近いことがわかっていたのには救われました。赤ちゃんを腕に抱きたいという気持ちに集中し、子宮の収縮が襲ってくるたびに、その瞬間に1歩近づいているのだと考えてください。

助産師：痛みに耐える準備ができているお母さんはそのときがくると、思ったほどひどい痛みではないと感じているようで、呼吸法やマッサージで対処できています。いちばんいいのは、自分の限界を知ることです。痛みに耐えられなくなったら、鎮痛薬を使いたいといってください。ちょっと笑気ガスを吸うだけでも不快感はやわらぎ（注：日本の施設では笑気ガスはあまり使わない）、その後のプロセスにずっと対処しやすくなります。

陣痛と分娩がどのように進むかを予測できる人はいません。ときには赤ちゃんが分娩の進行を遅らせることがあります。理想的とはいえない体位をとっていたり、単におなかのなかに長くいすぎたせいですんなり出てきにくかったりすることもあるでしょう。一度に少しずつ進めていき、もうこれ以上無理だと感じたら必要な助けを借りてエネルギーを節約してください。赤ちゃんを無事に出産した女性はだれもが出産を立派にやりとげたということで、それがいちばん重要なのです。

第37週

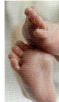

妊娠36週6日です

あと22日……

今日の赤ちゃん

赤ちゃんは、子宮内でいちばんよく耳にする音——お母さんの声——の周波数とパターンを記憶し、認識します。また、妊娠終盤のこの数週間に、赤ちゃんが大きな音に驚くのがお母さんにもわかるかもしれません。

力が出ないと感じたら、炭水化物を多く摂取するカーボローディングを試してみてください。分娩が近くなってきたときにも効果的な食事法です。

炭水化物を多く摂取するカーボローディングの背景にある考え方は、持久力の必要なアスリートが大会前の3日間はカロリー摂取量の70％を炭水化物からとることです。体内にとり込まれた炭水化物はグリコーゲンのかたちで貯蔵されますが、カーボローディングは筋肉のエネルギー吸収を増進し、筋肉に最大量のグリコーゲンが貯蔵される状態をつくります。疲れを感じるときや、特になんらかの活動をする前には、たっぷり炭水化物をとるようにしましょう。

出産予定日が近づいてきたら食事は炭水化物を中心にし、摂取カロリー全体の最大70％を炭水化物からとるようにしましょう。シリアル、パン、パスタ、米、芋類をとり入れるようにしてください。

皮ごと焼いたベークドポテトは、炭水化物を摂取できるすばらしい軽食です。分娩に備えてさまざまな炭水化物を試し、いちばん自分に合った食品をみつけておきましょう。

産前休暇をできるだけうまく利用する

産前休暇は、赤ちゃんの誕生に向けてお母さんの準備を整えるのに絶好の機会です。

- **休養の時間**をとりましょう。長い"やることリスト"の項目を次々にこなすにはいちばんいいときのように思われるかもしれませんが、出産とその後の日々のためにエネルギーを蓄えておくことも大切です。
- **入院用の荷物**（p.358参照）をまとめたり、**自宅出産に必要なもの**（p.341参照）を準備したりしておきましょう。
- 赤ちゃんが生まれたら**連絡したい人のリスト**をつくりましょう。
- 陣痛・分娩中と分娩後の癒しとなる**自然療法の準備**をしておきましょう。ホメオパシーレメディのアルニカはあざや痛みに効果があり、回復を助けます。ケーライフォス（リン酸カリウム）は（陣痛・分娩中とその後の）疲労に、カレンデュラは会陰切開術やその他の縫合、帝王切開後の回復に、アコナイトはショックやトラウマに効果があります。陣痛・分娩中にラベンダーオイルの香りをかぐと、リラックスできて落ち着けるでしょう。レスキューレメディ（バッチフラワーレメディとも呼ばれる、p.372参照）は非常に役立つので忘れないようにしましょう。
- **何食分か食事をつくって冷凍しておきましょう**。生まれたばかりの赤ちゃんを抱っこしていなければならず、夕食をつくる時間もエネルギーもないときに、すぐに食べられる健康的な食事ほどありがたいものはありません。
- **赤ちゃんの服をサイズごとに仕分けしておきましょう**。そうしておけば、サイズの合うものを探すのに服の山をひっかきまわさずにすみます。
- **赤ちゃん誕生のお知らせ**を早めに用意しておきましょう。封筒に宛名を書いて切手を貼っておいたり、Eメールで送れるものをデザインしたりしておけば、生まれた赤ちゃんの写真と、名前などみんなに知らせたい情報を最後に加えるだけで仕上がります。
- **マニキュア**や、**ペディキュア**や、**マッサージ**を楽しみましょう。赤ちゃんが生まれると、時間的な余裕だけでなく経済的な余裕もなくなるかもしれません！ この機会に気持ちを盛り上げ、最高の気分を味わいましょう。
- **クリエイティブに過ごしましょう**。赤ちゃんの部屋をペイントする、刺しゅう入りのクッションをつくる、絵を描く、ベビーベッド用の囲いパッドをつくる、スクラップブック制作をはじめるなどはおすすめですし、赤ちゃんあてに手紙を書いて思い出の品々とともに箱に入れてとっておくのもいいものです。そんなふうに自分らしさを加えるのは楽しいものですし、この先ずっと宝物になるでしょう。
- **友だちや家族と昼食でも食べに出かけましょう**。親としての生活に慣れ、快適な家で赤ちゃんとの時間を楽しむようになると、あまり出かける機会がなくなります。

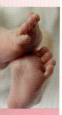

妊娠37週0日です

あと21日……

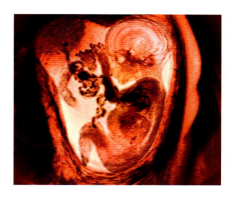

今日の赤ちゃん

左の写真では、赤ちゃんが骨盤位（逆子の体位）をとっており、
臍帯が写真左上にある胎盤につながっているのがわかります。
妊娠37週を過ぎて骨盤位をとっている赤ちゃんは、およそ100人に3人います。

このころの赤ちゃんには、多くの音がきこえています。それらはすべて、赤ちゃんが誕生すると身近にきこえる音です。

妊娠終盤のこの時期には音が子宮まで届きやすくなり、赤ちゃんは間違いなく誕生前にそれらの音を耳にして反応することができます。赤ちゃんは大きな音にびっくりしますが、このころには聞きなれた音のほうを向き、音源を探すようにもなります。赤ちゃんは、より幅広い音の周波数を認識できるようになっただけでなく、音の違いをききわけ、お母さんやお父さんの声のように頻繁に耳にする音を学び、記憶しています。

赤ちゃんは音に集中しているときに呼吸が速まり、心拍が上がります。赤ちゃんは誕生したときに音がきこえますが、その後も引き続き鼓膜は薄くなっていきます。鼓膜は薄くなるにつれてよく振動するようになり、音に対する反応がよくなります。赤ちゃんが誕生した時点では、お母さんの声がもっともなじみ深い音です。

助産師への質問

Q. 授乳がうまくいかなかったらどうしましょう？

A. 疑問をいだくのはよくあることですが、ほとんどの女性は十分な母乳が分泌されますし、位置をうまく調整してあげれば、赤ちゃんは問題なくお母さんの乳房に吸いつくことができます。このころには初乳（p.295参照）が染み出している人もいるでしょう。

あまり考えすぎないで、母乳は出産後すぐには出るようにならないことを覚えておきましょう（p.448参照）。たとえうまくいかなくても根気よく続け、病院のスタッフやパートナーに迷惑をかけないようにとか、友人や家族が母乳にこだわる必要はないというからといって、プレッシャーを感じてあきらめないでください。

結果的に赤ちゃんを母乳で育てないとしても、哺乳瓶でミルクを飲ませてあげることで赤ちゃんとのきずなは深まります。

もうすぐ赤ちゃんに会えます。それまでの間、**赤ちゃんに話しかけてください。**赤ちゃんは生まれてすぐに、お母さんの声が——そしてお父さんの声も——わかるでしょう。

トピック——お父さん

最後の数週間

お父さんになろうとしているあなたが、もうすぐ赤ちゃんが生まれてくることに戸惑い、気持ちが動揺しているとしたら、それはあなただけではありません。まず、家がずいぶん変わるだろうと思っておいてください。パートナーが産前休業に入ると、彼女は赤ちゃんを迎えるための準備をすごい勢いではじめ、準備万端整えるためにあなたの手伝いが必要になるかもしれません。

これからの数週間、実際的な面でも精神面でも彼女を支えてあげることが重要になりますが、自分のことも大切にしてください。機会があれば休むようにしましょう。ふたりで話し合い、夜中の赤ちゃんの世話は主に彼女がすることに決めたとしても、赤ちゃんが生まれたあとの数週間は、お父さんもぐっすり眠れないはずです。いまのうちに友だちと会っておきましょう。ただし、へとへとになってしまわない程度にしてください。そして、運動する習慣があれば続けましょう。

これから起こること——出産に立ち会うことも、父親になることも——に不安を感じるのはおかしなことではありませんが、不思議とすべてうまくいくものですから安心してください。生まれた赤ちゃんを腕に抱くことだけを考えましょう。

第37週

第38週（妊娠37週1日〜38週0日）

これまで妊娠を楽しんできた人も、早く終わってほしいという思いが強くなってくるころでしょう。

赤ちゃんの準備はほぼ整っていて、お母さんの準備は十分すぎるほど整っているというのに、分娩はいつはじまるのでしょう？　おそらくまだ少し時間がかかります。今回が初めての妊娠ならなおさらでしょう。
これから1週間くらいかけて発育・発達の仕上げが進行する間は、やはり子宮が赤ちゃんにとっていちばんよい場所なのです。
上の子どもがいる場合は、「もうすぐ赤ちゃんに会えるわよ」と話してあげましょう。

妊娠後期

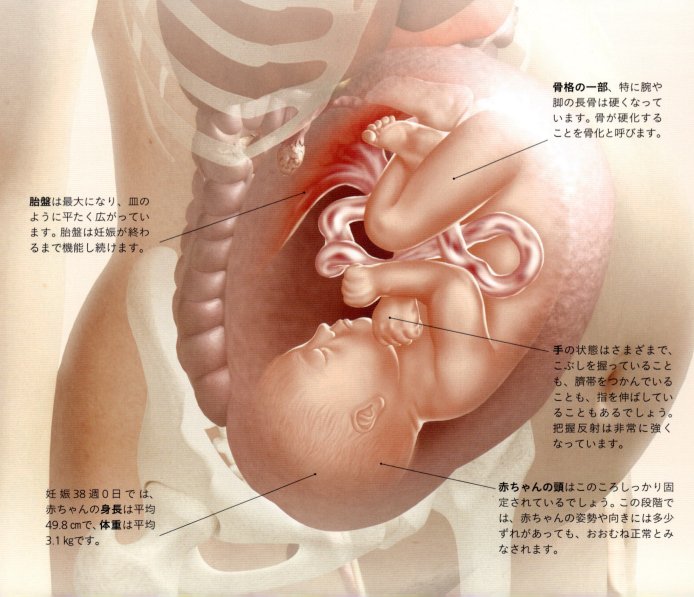

骨格の一部、特に腕や脚の長骨は硬くなっています。骨が硬化することを骨化と呼びます。

胎盤は最大になり、皿のように平たく広がっています。胎盤は妊娠が終わるまで機能し続けます。

手の状態はさまざまで、こぶしを握っていることも、臍帯をつかんでいることも、指を伸ばしていることもあるでしょう。把握反射は非常に強くなっています。

妊娠38週0日では、赤ちゃんの**身長**は平均49.8cmで、**体重**は平均3.1kgです。

赤ちゃんの頭はこのころしっかり固定されているでしょう。この段階では、赤ちゃんの姿勢や向きには多少ずれがあっても、おおむね正常とみなされます。

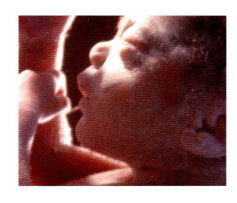

妊娠37週1日です

あと20日……

今日の赤ちゃん

満期になり、赤ちゃんの顔立ちはもう非常にはっきりしています。これからある程度に達するまで、赤ちゃんはひたすら大きくなり、体重を増やしていきます。体の大きさと体重は、誕生後にエネルギーを得、体温調整を楽にするための重要な因子となります。

そろそろ出産に備えはじめましょう。現実的に、前向きになることで、あなたの出産体験は必ずすばらしいものになるでしょう。

ご存じですか

妊娠中にヒプノバーシング（催眠出産）のトレーニングを受けると、自信を深めて分娩に臨めるかもしれません。

ある研究によると、初産の女性でも分娩時間が短くなったといいます。初産の場合、分娩第2期（娩出期）にかかる平均時間は2時間ですが、ヒプノバーシングのトレーニングを受けた女性の場合、平均1時間だったといいます。

陣痛から赤ちゃんの誕生までを少しでもよく覚えておきたいなら、極力健康的に過ごし、十分な休息をとって分娩に備えるのがいちばんです。そうしておけば、赤ちゃんが生まれるまでの間ずっと、体力を保ち、頭がさえた状態を維持できる可能性が高まるでしょう。

体力に自信があり十分なエネルギーがあれば、陣痛から分娩の間じゅう体を起こした状態を保ち、動き回っていやすいでしょう。その結果、ペチジン（p.403参照）（注：日本ではペチジンは一般的でない）などの鎮痛薬が必要になる可能性は低くなります。鎮痛薬は軽度の記憶喪失状態を引き起こし、出産のより細かい部分を思い出しにくくなることがあるのです。出産に立ち会ってくれる人には陣痛・分娩中ずっとつき添ってもらうようにすると、自分が覚えていないことをあとで思い出させてもらえるかもしれません。写真やビデオで撮影するのもよい方法でしょう。

出産後、思い出せないことがあれば、助産師に頼んで陣痛・分娩中の記録をみせてもらってください。出産体験を日記に書いておくのもよいでしょう。

トピック——お父さん

医療関係者との関係

陣痛がはじまってからは特にですが、**パートナーの出産が近づくにつれ、必然的に医療関係者と接する機会が増えるでしょう**。医療関係者は知識が豊富で、あなたがたに安心感や自信をもたせてくれるものですが、お父さんになるあなたは男性としてなんだかのけ者にされているように感じたり、自分の意見などきいてもらえないと感じたりすることがあるかもしれません。これは妊娠・出産にしっかりかかわりたい男性にとっては、とてもストレスを感じる状況かもしれません。

医療関係者はいちばんケアを必要としている人――つまりあなたのパートナー――に力を貸そうとしているのだということを忘れないでください。耳を傾けてもらいたいことがあれば、事前に医療関係者への質問を書いておくといいかもしれません。あなたがパートナーの出産チームの一員だと感じてパートナーのサポートをできるよう、助産師は可能な限りはからってくれるはずです。

パートナーにとってもっとも大切な関係はあなたとの関係であり、あなたが前向きな姿勢をみせることがパートナーの妊娠・出産に大きく影響するということを忘れないでください。ですから辛抱強く、あきらめないで、ただしあまり押しつけがましくならないようにしましょう。

陣痛・分娩にいちばんいい心の状態で臨めるように、**残りの2、3週間は十分な休息をとるようにしましょう**。

妊娠37週2日です

あと19日……

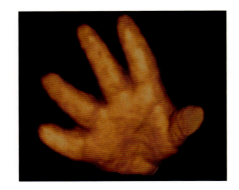

今日の赤ちゃん

3D超音波によってアップで映した手のひらには、皮膚のしわがあるのがわかります。ふたつとして同じ指紋がないように、手や足にできる深いしわもひとりひとり違います。把握反射が強くなり、赤ちゃんは手のひらに触れるものはなんでも握るようになります。

もう少し子宮のなかにいることは赤ちゃんのためになります。しかし、赤ちゃんの発育・発達はほぼ完了しており、"満期"を迎えています。

このころ、子宮には赤ちゃんが動けるだけの余裕があまりなくなっており、まだ頭を上に向けているとしても、間もなく居心地のいい頭位に落ち着くでしょう。子宮は赤ちゃんが頭位になりやすい形をしており、一度その体勢になれば、回転するのはかなり難しくなります。以前より窮屈になった子宮のなかでまだまだ活発に動き回ろうとする赤ちゃんを、十分な羊水が保護し続けます。

赤ちゃんはこのころ、新生児とまったく同じようにふるまいます。光のほうを向き、新生児と同じくらいの頻度であくびをします。また、羊水を規則的にリズミカルな動きで飲み込んだり吐き出したりして、呼吸の練習を続けます。

雑学

アンダーヘアの処理

めったに話題にのぼらないものの、もうすぐお母さんになる女性がよく頭を悩ませるジレンマに、**出産前に陰毛を剃るべきか、少し短く整えるべきか**という問題があります。

これは人それぞれの選択で、どれだけヘアが気になるかによります。親友がワックス脱毛をしたからといって、同じようにしなければと感じる必要はありません。なにはともあれ、出産直後の数日間にヘアが伸びてきてかゆくてしかたないなんて、ありがたくないものです。

ただし産後を衛生的に過ごすことを考えると、ヘアを短めにカットするか、会陰にかかる部分だけ毛抜きで抜くか剃るというのもひとつかもしれません。産後の出血(悪露)がヘアにからみつくからです。

帝王切開の予約をしている人は、アンダーヘアの上部(少なくとも)3センチくらいは、病院で剃毛されるので、自分で剃毛したければ家ですませておけます。

赤ちゃんにとって、子宮のなかがとても窮屈になってきます。しかし、間もなく赤ちゃんは頭を下に向けて骨盤内に下りてきて(下降)、この世に生まれてくる準備をするでしょう。

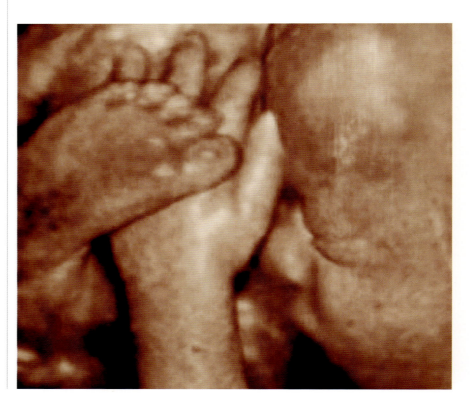

妊娠37週3日です

あと18日……

今日の赤ちゃん

1日が過ぎるごとに、分娩が近づいてきます。前駆陣痛を感じることもあるでしょう。前駆陣痛は子宮頸部をやわらかくし、本番の陣痛に備えるために起こります。赤ちゃんをとり囲んでいる羊水のおかげで、赤ちゃんがこの軽度の子宮収縮を感じることはまずありません。

赤ちゃんが生まれた後の生活を考えてみて、十分な助けを得られ、適切な支援も受けられるようにしておくとよいでしょう。

こうして妊娠の終わりになっても、赤ちゃんが生まれていっしょに暮らすなんて、まだ信じられないかもしれません。念のため、なにかあったときに手伝ってくれる人をみつけておきましょう。

いまは想像がつかないかもしれませんが、妊娠中に何週間も睡眠不足が続き、生みの苦しみを乗り越えたあとは、くたくたになっているかもしれないのです。それに加えて、夜中にたびたび起こされ、慣れない親業にすべてを合わせていくわけですから、実際的な面でも感情的な面でも、いろいろな人に助けてもらう必要を感じるでしょう。

赤ちゃんが生まれる前に、確実にサポートしてくれる人を見つけておくと、とても助かるものです。親しい家族や友人のなかでも、心おきなく頼れ、家にきて手伝ってくれるけれど、あなたがそっとしておいてほしいときもわかってくれる人たちが理想的でしょう。栄養のある食事づくりを手伝ってもらえたり、あなたが心から必要としている休息やシャワーの時間に赤ちゃんを抱っこしていてもらえたりすると、ひと息つけてありがたいですね。

母乳育児の専門家や助産師の電話番号は、すぐわかるようにしておき、相談したいことがあればすぐに電話できるようにしておいてください。また、出産準備クラスで知り合った人たちと電話で話すのもおすすめです。同じように母親になろうとしている彼女たちは、だれよりもあなたの気持ちに寄り添えるでしょうから。

家事や買い物を手伝ってくれる人がいれば、任せてしまってください。自分でしなくていいとわかっていれば、リラックスして赤ちゃんのことに集中できるでしょう。

赤ちゃんが生まれて間もないころは、たくさんの人に会いにきてもらうのは避け、きてくれる人には「あまり長い時間はいてもらえないけど」と事前に知らせておきましょう。赤ちゃんをみんなにみてもらいたくてしかたないかもしれませんが、人を招くということは体力を消耗するものなので、ある程度1日の流れが確立するまで待ったほうがいいのです。

トピック——栄養

間食を健康的に

一度にたくさん食べると、おなかがいっぱいになりすぎて不快感が生じるでしょう。これは特に妊娠後期の後半にひどくなります。食事と食事の間が長くあくと、頭がくらくらしたり、血糖値が下がる低血糖症を発症して体に力が入らなくなったりするでしょう。これは、赤ちゃんが常にお母さんの血液循環からグルコースをとり込んでいるために起こります。

適切で快適な食生活を送るには、健康的に間食をとることが大切です。

- 新鮮な果物をみえるところに盛っておくと、忘れずに食べられるでしょう。
- 戸棚にさまざまなドライフルーツやナッツ類をとりそろえておきましょう。
- ゆで卵をつくり、冷蔵庫に入れておきましょう。塩をひと振りして食べると、塩気のものを食べたいという欲求をやわらげられます。
- 果汁を凍らせたアイスを買うか、自分でつくって冷凍庫に保存しましょう。陣痛・分娩中にそれを食べると、リフレッシュできるという女性もいます。

ヨーグルトは栄養価のある健康的な食べ物で、1日のうちどの時間帯にも適しています。グラノーラやドライフルーツを加えればバリエーションを楽しめるうえ、栄養価も高められます。

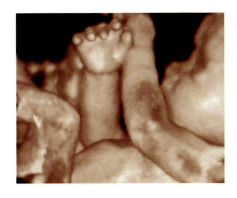

妊娠37週4日です

あと17日……

今日の赤ちゃん

陣痛を引き起こすものがいったいなんなのかは、まだわかっていません。陣痛開始の信号はお母さんの体から発せられるのか、それとも赤ちゃんがその決定にかかわっているのでしょうか？ 陣痛は人によって異なり、開始のタイミングは初産と2度目の出産でも異なるでしょう。

カルシウムを十分にとり入れるおかげで、赤ちゃんの骨ひとつひとつが徐々に強くなっていきます。

赤ちゃんの骨は、カルシウムから硬骨が形成される骨化と呼ばれるプロセスを経て強くなります。必要とされるカルシウム量の増加に応えるため、お母さんの体はこれまで以上に食事からたくさんのカルシウムを吸収しやすくなっています。

妊娠のこのころには、赤ちゃんの上腕骨、大腿骨、脛骨（ひざから足首まで走る2本のうち太いほうの骨）は、骨化が完了しています。妊娠期間のうち、骨化が起こる時期は決まっているので、必要なら超音波検査でこれらの骨を指標として、妊娠日数を推測することができます。

この骨化が起こるのは、女の子のほうが男の子より数日早いと考えられており、興味深いことに膝蓋骨（ひざの皿）が骨化するのは赤ちゃんが誕生してからです。

ドクターへの質問

Q. 少量の出血がみられました。どうしたらいいでしょう？

A. 妊娠終盤の出血は深刻なものである可能性があります。胎盤が部分的または完全に子宮の壁からはがれてしまう胎盤剥離（p.473 参照）や、胎盤の位置が低い前置胎盤（p.212 参照）が原因となっている場合があるからです。妊娠終盤に少量の血が混じった粘液が分泌されたなら、"おしるし"（p.391、411 参照）かもしれません。

出血に気づいたら、妊娠のどの時期であっても必ず医師に相談し、問題がないことを確認しましょう。

バッチフラワーレメディ（下のコラム参照）の使用例として、グラス1杯の水に4滴たらし、少しずつ飲む方法があります。また、ピペットを使ってレメディを舌に直接たらすこともできます。どのレメディも、必ず使用前にラベルを読みましょう。

ご存じですか

パートナーが生まれたときの体重が平均以上だったからといって、赤ちゃんもそうなるとは限りません。

出生体重は、赤ちゃんが受け継ぐ遺伝子の組み合わせによって決まります。ですから、パートナーが長身で体格がよく、いまのあなたが小柄で、生まれたときに小さめだったなら、あなたの遺伝子が優勢であることを祈りましょう！

バッチフラワーレメディ

英国のエドワード・バッチ博士は花のエネルギーを水に移し、保存剤とブレンドした液体をつくりました。これをバッチフラワーレメディといいます。エネルギーを静めて集中させる目的でブレンドされたレメディもあり、リラックス効果や集中力を高める効果があると考える人もいます。"レスキューレメディ"、"エマージェンシーエッセンス" と呼ばれるバッチフラワーレメディが陣痛・分娩や、産前産後に効果的だと考えられており、不安、ショック、ストレスによる苦痛、動揺などを感じている、または長くつらい陣痛・分娩中にただ力づけてくれるものが必要という場合には、これらのレメディがポジティブな効果をもたらすことがあります。

指定された使用方法に従って舌に数滴たらすか、上の写真のように水に混ぜてください。レスキューレメディとエマージェンシーエッセンスは、局所的に塗布できるクリームタイプや、自分や周囲の環境にかけられるスプレータイプもあります。

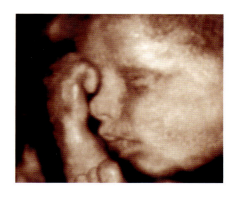

妊娠37週5日です

あと16日······

今日の赤ちゃん

赤ちゃんの頭が骨盤内に深く下降するにつれて体全体が下に移動するので、お母さんの子宮は少し小さくなります。そのおかげでお母さんの肋骨にかかっていた圧力が、いくらか軽減されるかもしれません。この時期にはありがたいことですね。

そろそろ赤ちゃんが生まれてきそうだと感じたら、家族のなかの小さい人たちに心の準備をさせてあげることが大切です。

子どもたちにもうすぐ生まれてくる赤ちゃんのことをどう伝えるかは、その子たちの年齢によります。まだ歩みもたどたどしい幼児なら、まったく関心を示さなくてうろたえもせず、赤ちゃん用のおもちゃに興味をもつかもしれません。もう少し年齢が上の子なら、人気者は自分だったはずなのに、生まれたての赤ちゃんにパパとママの注目を奪われたように感じてショックを受け、やきもちを焼くでしょう。

子どもには準備期間を何週間か前からとり、「赤ちゃんが生まれてきたら、とっても時間をかけて、たっぷりかわいがってあげないといけないのよ」、「しょっちゅうおっぱいを飲ませてあげたり、おむつを替えてあげたりしなきゃいけないから、しばらくの間は楽しいっていうより大変かもね」といった具合に説明してあげるといいでしょう。お子さんが手伝ってくれるととても助かるということや、赤ちゃんが生まれたらどんなことをしてあげる必要があるかを中心に話してください。図書館で、赤ちゃんが生まれると家族がどのように変化するのかをテーマにした本を借りていっしょに読み、お子さんの気持ちをたずね、赤ちゃんがやってきたらなにがどんなふうに変わると思うかきいてみましょう。

赤ちゃんへのプレゼントをお子さんに選ばせてあげ、赤ちゃんからのプレゼントとして、お子さんがいちばんほしがりそうなものをみつけてあげてください。お子さんが時間を持て余すことなく、気にかけてもらっていると感じられるよう工夫しましょう。

助産師への質問

Q. わたしの母は、わたしを産むときに難産でした。わたしも同じような出産体験をする可能性が高いでしょうか？

A. お母さんがあなたを産んだときと同じような分娩を、あなたも経験するだろうという人もいるでしょう。例えば、出産が予定日より早まるとか遅れるとか、分娩にあまり時間がかからないとか、分娩の進行がゆっくりだとか、鉗子分娩や吸引分娩といった補助が必要になるなどといった点で、同じような体験をするだろうというのです。しかし、そうとも限りません。

お母さんの現在の年齢にもよりますが、おそらくお母さんが出産した時代から産科学はかなり進歩しています。たとえあなたが分娩中にお母さんが経験したのと同じ困難に直面したとしても、当時とは違った対処法があるかもしれません。

また、あなたのほうが健康で体力もあるかもしれないので、お母さんが難産を経験しているからといって、自分の分娩も大変だろうと考えることはありません。

上のお子さんが赤ちゃんとのきずなを感じられるようにしてあげましょう。お母さんのおなかのなかで、赤ちゃんがなにをしていると思うかたずねてみてください。赤ちゃんの名前を考えてもらいましょう。ただし、お子さんが考えた名前にするという約束はしないことです！

第38週

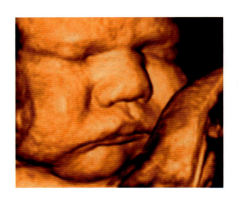

妊娠37週6日です

あと15日……

今日の赤ちゃん

子宮底（子宮の上端）から恥骨の上端までの長さを測ることで、赤ちゃんの大きさを予測することができますが、このころにはその精度は低くなってきます。赤ちゃんはまだ骨盤内に下がっていない可能性もあり、赤ちゃんをとり囲む羊水の量は変化しやすい状態です。

新生児が人の指をしっかり握るのは、把握反射があるからです。把握反射はすでに子宮のなかでも機能しています。

子宮のなかで、赤ちゃんは強力な把握反射を身につけました。誕生した赤ちゃんの握力はとても強く、自分の体重を支えられるほどです。把握反射は生後6カ月くらいまでみられ、それ以降、赤ちゃんはものを握るか、握らないかという選択をするようになります。

おもしろいことに、赤ちゃんの足にも同じような反射がみられます。これは"足底反射"と呼ばれ、足の裏を指でこすられると、その指を足の指が包み込もうとして丸まる反応です。足底反射は赤ちゃんの誕生後に消失するまで時間がかかり、通常、生後12カ月までみられます。もうひとつ、足の側面をこすられると足の指を広げる反射があります。これら、およびその他の反射は非常に原始的な性質のもので、赤ちゃんを保護するためのものと考えられていますが、それぞれの反射が厳密にどのような役割を果たしているのかは完全には解明されていません。

水中出産用のプールを使うとリラックス効果が期待できるだけでなく、分娩の進行を早められるかもしれません。水につかることで、子宮収縮を引き起こすオキシトシンというホルモンのレベルが急上昇すると考えられています。

ご存じですか

2度目の分娩は、たいてい1度目よりも短くすみます。

つまり通常は2度目のほうが、分娩は楽だということです。ただし、2度目の赤ちゃんが初産のときに比べて大きい、胎位が異なる、といった場合もあります。考慮すべき要因はたくさんあるのです。

雑学

フクロウと妊娠・出産

次のような迷信はなかなかゆかいです！

- 妊娠中に**フクロウが金切り声を上げる**のをきくと、赤ちゃんは絶対に女の子です。
- 家の屋根裏に**フクロウが住みついて**いると、赤ちゃんになんらかの問題が起こります。
- いよいよ出産のときがきたら、**分娩室にフクロウがいる**のはよくありません。もしも赤ちゃんが生まれる瞬間にフクロウが鳴けば、その子はみじめな人生を送ることになります。

助産師への質問

Q. 赤ちゃんのためには自然分娩がいちばんいいというのは本当ですか？

A. 出産の専門家はたいてい、滞りなく進行する経腟分娩がお母さんにも赤ちゃんにももっとも安全だという意見で一致するでしょう。また、一般的には、問題のない分娩では痛みをやわらげる方法として水を使うのは安全だと考えられています。

しかし、ときとして陣痛・分娩中になんらかの問題が起こり、スムーズに経腟分娩がおこなえなくなることがあります。お母さんに問題が起こった場合も、赤ちゃんに問題が起こった場合も、医療チームは赤ちゃんをもっとも安全に産み落とせる方法をアドバイスするでしょう。

あなたが希望し、安心できる出産スタイルを考えることは大切ですが、柔軟に対応し、分娩がどのように展開するか見極められるようにしましょう。

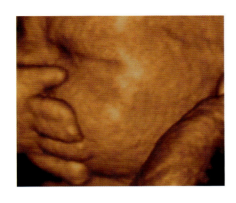

妊娠38週0日です

あと14日……

今日の赤ちゃん

左の写真では、赤ちゃんが手の甲を口に当てています。赤ちゃんは機会あるごとに吸啜の練習をしますが、いまでは足の指を口もとにもってくるのが簡単ではなくなっているので、もっぱら親指をはじめとする手指など、手の一部をしゃぶります。

赤ちゃんの性別をまだ知らない人は、だんだんワクワクしてくるでしょう。性別を知っている人は、準備を万全に整えられますね！

赤ちゃんの性別を知っていると、名前を考えたり、性別に合った服を買ったり、子ども部屋があればそれに性別に応じた飾りつけをしたい場合にも作業をはじめたりできます。ただし、超音波検査（p.214〜215参照）の結果が間違っている可能性があることは忘れないでください。赤ちゃんの性別を確実に知ることができるのは、羊水穿刺や絨毛採取（p.152〜153参照）などの確定診断検査によって特定された場合のみです。

性別を知っていると、分娩をやりとげたときに驚きをもたらすものが少ないかもしれませんが、妊娠中に赤ちゃんとのきずなを深めやすいと感じるでしょうし、生まれたばかりの赤ちゃんを思い浮かべやすいでしょう。

性別をまだ知らなければ、がんばって赤ちゃんを産み落としたあとにはもちろんそれだけの驚きが待っているでしょう。赤ちゃんの性別を知らないお母さんのなかには、赤ちゃんが男の子か女の子かが本能的にわかるという人もいますが、実際に生まれてきたら予想がはずれ、とても驚かされることもあります。

性別についてはあまりこだわらず、どちらか一方を期待しすぎないようにしましょう。確率は男の子がわずかに高いかもしれません。

雑学

男の子か女の子か

まだどちらが生まれてくるのかわかりませんか？　では、もう少し"おばあちゃんたちの話"をきいて、予想してみましょう……。

- **お母さんの手**がすべすべなら女の子、がさがさしていれば男の子が生まれます。
- もうすぐ**お父さんになるパートナー**がそわそわしていれば女の子、リラックスしていれば男の子です。
- お母さんが両手で**コーヒーカップ**をとれば女の子、カップの取っ手を片手でつまんでもちあげたら男の子です。
- **おへそが敏感**になれば女の子、**足が冷たく**なっていればほぼ間違いなく男の子です！

赤ちゃんの性別がわかっていると、ピンクの服を買うか、ブルーの服を買うかといった決断はしやすくなりますが、**性別を知らなければそれだけ期待感も高まる**でしょう。

ドクターへの質問

Q. 赤ちゃんは頭位ですがわたしに背を向けています。これは分娩にどのように影響するのでしょう？

A. 赤ちゃんがお母さんの背骨側ではなく、おなか側を向いている状態ですね（p.336参照）。この胎位は分娩を長引かせる可能性があり、通常より苦労し、ひどい腰痛をともなうかもしれません。この場合、骨盤位（逆子）の赤ちゃんの回転を促すのと同じ方法（p.329参照）で、赤ちゃんがお母さんの背中のほうを向くように促すことができます。

たいていの場合、陣痛が本格的になってくると、赤ちゃんは子宮の収縮に助けられて向きを変えます。赤ちゃんの向きが変わらなければ、鉗子や吸引（p.436〜437参照）などを使用する医療介入が必要になることがあります。

ご存じですか

女性の体は分娩の痛みに対処できるようにつくられています。

陣痛・分娩中はその痛みに耐える助けとなるエンドルフィンというホルモンが増加します。このことを知っておくと心強いでしょう。子宮収縮が強烈になってくるにしたがって、その痛みに対処する力も強くなるのです。

第38週

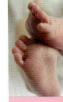

第39週（妊娠38週1日〜39週0日）

ときが止まってしまったかのように感じられ、ちょっとした痛みが走るたびに警戒するでしょう。

陣痛・分娩がいよいよはじまるという兆候をよく知っておく必要があります。
陣痛がはじまったと思ったのに、実は違ったということはあるものですから、
遠慮なく助産師に電話してアドバイスを求め、本番の陣痛かどうか確認しましょう。
期待と不安が入り交じった気分でしょうが、それはパートナーも同じです。
陣痛・分娩がどのように進行するかはだれにもわかりませんが、その日がくる前に、
パートナーにどうしてもらうのが理想的か、共通認識をもっていられるとよいでしょう。

目は大きくなり、しっかり形成されていますが、神経回路はまだ十分発達していないので、焦点を合わせることはできません。赤ちゃんの誕生後も数週間かけて目の発達が続くので、新生児の視力はよくありません。

頭に髪がびっしり生えている赤ちゃんもいれば、まばらに生えている、髪がまったくないといった赤ちゃんもいます。

このころ、**呼吸様運動**はリズミカルで、1分間に約40回みられます。

妊娠39週0日では、赤ちゃんの**身長**は平均50.7cmで、**体重**は平均3.3kgです。

赤ちゃんがしっかりと骨盤内に下りてきているので、おなかの上のほうに感じられた苦しさはなくなり、代わりに膀胱が圧迫される不快感が生じるでしょう。

妊娠後期

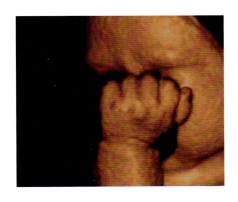

妊娠38週1日です

あと13日……

今日の赤ちゃん

左の写真では、赤ちゃんの手の位置は左ページのイラストと同じように、顔の前でしっかり握られています。足を蹴りだす動きであろうと、単に手を握ったり開いたりする動きであろうと、赤ちゃんの動きは筋肉を強化し、協調性を高めるのに役立っています。

陣痛・分娩が目の前に迫り、あとはただ待つばかりです。
なんらかの活動をしていれば、その分時間は速く過ぎていくでしょう。

これからの2週間は体を休めてばかりいがちになるでしょう。体が大きくなるということは、それだけ疲れるということなので、残りの妊娠期間は足を高くして家で過ごし、「もう生まれた？」という電話はすべて留守番電話に任せてしまいたいですよね！

それでもいいのですが、陣痛を誘発するいちばんいい方法は動くことだということを忘れないでください。さらには、ゆっくり歩くだけでもさまざまなホルモンが分泌され、それが気分を上向きにし、陣痛がはじまったときに前向きな気持ちでいられるでしょう。

毎日、ひとつでもふたつでもいいので、友だちと昼食を食べにいく、ゆっくり泳ぐ、赤ちゃん用品を最後に買い足すなどのちょっとした課題を自分でつくり、疲れたら足を高くして休むようにしてみてください。おこなう活動は気をつけて選び、へとへとになるようなことや潜在的な危険をともなう活動は避けましょう。例えば、いまは体の重心が不安定になっていることを心に留めて、子ども部屋の壁紙を貼ったり、買い物をして重いものを運んだりするのは、明らかに"やることリスト"から外すべきだということを忘れないでください。

いまは、あなたの人生が保留にされているかのように思われるかもしれませんが、だからこそ、できるだけ時間を持て余さないようにするといいのです。ただし、あと2週間もすれば、生まれてくる赤ちゃんの世話に明け暮れる日々がはじまることをお忘れなく。

雑学

音楽の力

調査によると、**分娩中に音楽をきく女性は感じるストレスが少なく、鎮痛薬が必要になる確率が低い**といいます。また、音楽をききながら生まれてきた赤ちゃんは穏やかだということを裏づける証拠もあります。

ある研究では、さまざまな音楽を比較した結果、歌の入らないクラシック曲にもっともリラックス効果があることがわかりました。なじみのあるメロディーやリズムが痛みから気をそらせてくれるかもしれませんし、ぴったりの曲を選べば、呼吸に集中できるかもしれません。前もってiPodなどにあなたの選曲集を入れておきましょう。

いろいろな音楽をきいてみて、いちばん癒されるものや元気になれるものをみつけましょう。分娩は、ミニマラソンのようなものです。自分に合った音楽をきくことで、ゴールラインに楽に到達できるかもしれません。

第39週

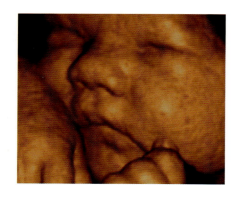

妊娠38週2日です

あと12日……

今日の赤ちゃん
赤ちゃんの頭は骨盤内に深く下りていても、形は丸いままです。
頭蓋を構成する骨が寄り集まって頭の形が長細くなり、産道を通過しやすくなるのは、陣痛がはじまってからです。

赤ちゃんは大きなかわいらしい目をして生まれてきますが、離れたところにあるものをはっきりみられるようになるまでに、少し時間がかかります。

赤ちゃんの目は、誕生時にはおとなとほぼ同じサイズになっています。 眼球は思春期までごくわずかに成長し続け、水晶体は生涯を通して成長し続けますが、誕生時の眼球は成人の4分の3に達しています。色覚を担う視細胞（錐体細胞）も、白黒映像を結ぶ視細胞（杆体細胞）も網膜上にそろっていますが、視覚はまだ弱い状態——視力検査表のいちばん上の段がなんとかわかる程度——です。これは視力0.05に相当し、赤ちゃんが文字を読めると仮定すると、視力が約1.0の人が122m離れたところから読める文字を、6mまで近づかないと読めないということです。そのため、はじめは新生児がなにをみているのか測りかねるかもしれません。まだなかなか焦点を合わせられず、目の筋肉もとても弱いのです。しかし、新生児は30cm離れたところのものは見分けることができます。お母さんの乳房と顔の間がちょうど30cmほどなので、授乳の際にはお母さんの顔が赤ちゃんにみえているのです。

生後6～8週間で、赤ちゃんは対象に焦点を合わせ、目で追うことができるようになり、4カ月で距離を判断する能力が備わり、2歳ごろには視力が1.0に達します。

赤ちゃんはこの最後の数週間、皮下脂肪をつけて順調に体重を増やします。このころに生まれる赤ちゃんは、ふっくら肉づきがよいでしょう。

ご存じですか
95%の赤ちゃんが、出産予定日には生まれてきません。そのうち25%は予定より早く生まれ、70%は遅く生まれます。

正期産とみなされ、赤ちゃんが安全に生まれてこられる期間は、妊娠37週0日～41週6日の5週間です。

5週間というのは、待っている人たちには長い期間ですので、留守番電話のメッセージには「赤ちゃんが生まれたらご連絡します」というメッセージを入れておくとよいでしょう。時間を持て余さないように、美容院にいったり（赤ちゃん連れでいくよりずっと楽です）、友だちと会ったりしましょう。もっと大事なのは睡眠をとっておくことです！

助産師への質問
Q. わたしはめったに悪態をつくことはありませんが、陣痛・分娩中は立ち会ってくれる人にひどいことをいう可能性が高いというのは本当ですか？

A. 可能性はありますが、だからといってだれにも咎められることはありませんから安心してください！　産みの苦しみは耐えがたい場合があり、お母さんは感情的になったり、怒りっぽくなったり、不安になったり、吐き気をもよおしたりするものです。自分の言葉や行動をあまり気にしないでください。分娩に集中し、必要なら鎮痛薬を使いたいといってください。ほとんどの出産立会人は許してくれますし、ひどいことをいわれても気にしないでしょう。立会人はきっと、分娩中のあなたはいつものあなたではないとわかるでしょうし、陣痛・分娩を通してずっとつき添っていたなら、あなたの状況はよくわかってくれるはずです。世話をしてくれるスタッフにもイラつくかもしれませんが、彼らは慣れていますから大丈夫です！

妊娠38週3日です

あと11日……

今日の赤ちゃん

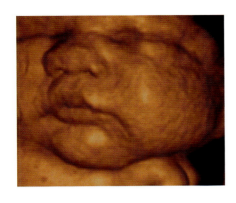

これから赤ちゃんは脂肪を蓄え、左の写真のように頬がふっくらしてきます。
赤ちゃんの体重が正確にどれくらいになるかは、分娩の時期によります。それは、これまでほどのペースではありませんが、赤ちゃんは子宮のなかで大きくなり続けるからです。

自宅で出産するなら、できるだけしっかり準備を整えておくと、助産師はあなたの分娩を助けるという仕事をしやすくなります。

自宅で赤ちゃんを産む予定の人は、この週のうちにすべて準備が整っているようにし、出産に使うつもりの部屋を清潔に、快適に、適度な暖かさを確保できるようにしておきましょう。

そろそろ助産師が、分娩に必要なものをまとめた荷物を持ってくるかもしれません。助産師が仕事をしやすいように、ベッドを（分娩に使う予定なら）どの方向からも近づけるようにしておいてください。枕やクッションはすぐ手の届くところに多めに用意し、交換用のシーツも何枚かあるといいでしょう。

薄暗い部屋で出産するつもりでも、助産師には明るい光源が必要です。赤ちゃんを産み落としたあと、お母さんに縫合の必要が生じた場合はなおさらです。

10～20分間の仮眠をとるすべを学びましょう。そうすることで体を休め、元気をとり戻すことができますし、赤ちゃんが生まれてきてからも役立つテクニックです。

雑学

いきみについて

いきんで赤ちゃんを押し出すのは自然で本能的なことでしょうか？ 女性はだれでも分娩中にいきみたいという衝動を感じるものですが、苦痛のあまりいきむことに抵抗してしまうことがあります。硬膜外麻酔（p.404～405参照）などの薬を使うと、いきみたい感覚がわかりにくくなります。助産師があなたのそばにいて手助けし、安全かつもっとも効率的にいきめるタイミングを知らせてくれるでしょう。

助産師への質問

Q. すでに疲れ切っています。陣痛・分娩を乗り切れるでしょうか？

A. まず、機会あるごとに休んでください。日中に何度も昼寝をすることになってもかまいません。ほんの少しの眠りでも、エネルギーレベルに差が出ます。夜、たびたび目覚めるようならなおさらです。

積極的な気分になれるときは軽度のエクササイズをすると、すこやかに、ゆったりと眠れるでしょう。泳ぐことはエネルギーを消費し、余計なことを考えないためのすばらしい方法であり、おなかや、痛みを感じている筋肉や関節に、まったくといっていいほど負担をかけません。

トリプトファンを含む食べ物（p.177参照）を寝る前に食べるようにすると、眠りやすくなるでしょう。日中には高エネルギーの炭水化物（p.92参照）をたっぷりとって血糖値を安定させ、エネルギーの落ち込みを防ぎましょう。

第39週

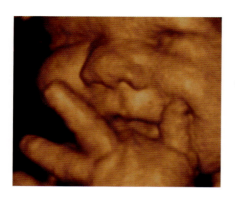

妊娠38週4日です

あと10日……

今日の赤ちゃん
赤ちゃんの首の筋肉が強くなり、頭をぐっと胸から持ち上げられるようになっています。しかしこの世に生まれてくると、羊水による浮力がなくなるため、赤ちゃんを抱くときは常に頭を支えてあげなければなりません。

赤ちゃんはおなかのなかで夢をみるのでしょうか？
赤ちゃんはぐっすり眠っているときもよく動きます。

赤ちゃんは妊娠10週から呼吸の練習をしてきましたが、そのパターンは変化しています。以前は単発的に短い呼吸様運動が約10秒続いていましたが、いまでは誕生後の赤ちゃんと同じように1分間に約40回という安定的でリズミカルな呼吸パターンになっています。

眼球の動きも落ち着いてきて、急速眼球運動（レム）が一度に25分強続き、休息の期間は25分弱続きます。レム睡眠には活動が活発になり、心拍が速くなるという特徴があります。ですから、赤ちゃんが動いているからといって、必ずしも目覚めているわけではありません。

赤ちゃんは以前のように腕や脚を自由に伸ばせませんが、これまでと同じようなパターンの動きが1日に少なくとも10回は起こります。これは赤ちゃんがすこやかであることを示す指標となります。

トピック――栄養

分娩のための燃料

英国国立医療技術評価機構（NICE）では、すべての女性が陣痛・分娩中に水を飲めるようにすることを推奨し、アイソトニック飲料（スポーツドリンク）のほうが、エネルギー価が高いうえに体に素早く吸収されることから、水より多少効果的だとしています。

軽い間食をとるのは、陣痛が本格的になってからでも推奨されています。ただし、ペチジン、ジアモルフィンなどのオピオイド鎮痛薬（p.403参照）を使用した場合（注：これら鎮痛薬は日本では一般的でない）や、一般的な麻酔薬が必要になるリスク因子がある場合は間食をしてはいけません。

陣痛・分娩の間は脱水状態にならないようにするのが重要です。体がとてもがんばって働いていますし、暑いと感じるでしょう。

助産師への質問

Q. 卵膜剥離とはなんですか？ 過期妊娠になりそうな場合、分娩を誘発する代わりに卵膜剥離術を受けられますか？

A. 妊娠41週を超えた場合は分娩を誘発する前に、子宮頸管が分娩に向けてどれくらい準備できているかを評価するため、すべての女性が卵膜剥離術を受けることを推奨されています。

卵膜剥離術では、内診時に医師や助産師が子宮頸管に指を1本入れ、円を描いてなでるように動かし、卵膜を子宮頸部から分離させます。卵膜剥離は不快感と痛みをともなうことが多い処置ですが、そうすることで、陣痛開始にかかわる複数のホルモンの分泌を促そうとするのです。また、卵膜剥離術を受けたあとに膣から"おしるし"と呼ばれる血液混じりの粘液（p.411参照）が分泌されることがありますが、これはとてもよくあることです。

卵膜剥離術をおこなうと48時間以内に自然に陣痛がはじまる可能性が高まることがわかっており、ほかの方法で分娩を誘発する（p.432参照）必要性は低くなります。卵膜剥離術が必要なときが近くなれば、医師か助産師から話があるでしょう。

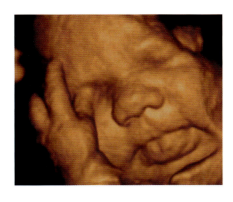

妊娠38週5日です

あと9日……

今日の赤ちゃん

いろいろな意味で、赤ちゃんの大きさをいちばんよくわかっているのはお母さんでしょう。これまでの妊娠と比べられるなら、なおさらです。超音波検査では赤ちゃんの体重を予測できますが、このころのほかの計測値と同様に間違いの幅もそれなりに広いのです。

子宮収縮がはじまるのをただ待っているだけでなく、陣痛開始が迫っている兆候を知っておきましょう。

胎児モニタリング

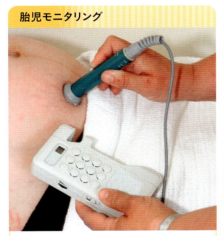

妊娠に問題がなく、心配する理由がなければ、赤ちゃんの心拍は通常、小型のドップラー超音波装置で計測されます。陣痛が本格的になってくると、子宮口が開ききるまでの分娩第1期には10分おきにやってくる子宮の収縮がおさまったあと60秒間、助産師が赤ちゃんの心音をききます。その後、赤ちゃんを娩出するまでの分娩第2期には、5分おきにやってくる子宮収縮のあと60秒間、同様に赤ちゃんの心拍をチェックします。

英国ではこれまでの妊娠期間に問題があった場合や、分娩中に問題が発生した場合、助産師は胎児心拍陣痛計（CTG、p.418参照）を使用して赤ちゃんの心拍を監視することがあります（注：日本では問題の有無にかかわらず、すべての妊婦にCTGを使用）。

陣痛はいったいいつはじまるのでしょう？ 今回が初めての妊娠なら、赤ちゃんが生まれてくることを知らせるサインに気づくのは難しいかもしれません。はじめは腰に鈍痛を感じ、本格的な痛みになるという人もいます。"おしるし"（p.411参照）に気づく人もいますが、これは本番の陣痛が実際にはじまるずっと前に起こる場合もあります。羊水を収めている袋が破れ、破水が起こるかもしれません。子宮収縮をともなわないこともありますが、破水が起こったら必ず産科に連絡してください。

最後に、いちばんわかりやすいサインは子宮の収縮です。子宮がぎゅっと固くなるような痛みがどんどん強まり、分娩が進行するにつれて規則的になってきます。子宮の収縮にともない内子宮口は開大して頸管の長さが短くなります。そのため、助産師は分娩の進行を確かめるために内診をおこなうでしょう（p.414～415参照）。

陣痛がはじまったことがわかったら、落ち着いて病院に連絡してください。そして症状、特に子宮収縮の状態を説明します。子宮の収縮が5分おきに1分間続き（それぞれ時間を測ります）、不快感のあまりやっていることを中断しなければならなくなったら、病院に向かいましょう。自宅出産をする人は、助産師に電話してください。

ドクターへの質問

Q. 出産後はどれくらいで退院できますか？
A. 英国では、病院での滞在時間については、多くの産科病棟がある程度柔軟に対応するでしょう。できるだけ早く退院したい場合は、助産師に相談してください。産後は、最短で6時間後に退院できます（注：日本ではその日のうちに退院することはなく1週間ほど入院する）。

出産した日は病院に一泊するというお母さんはたくさんいます。体を休め、生まれた赤ちゃんの世話と授乳を助産師に教えてもらい、ある程度自信をつけるためです。とりわけ初産のお母さんはそうする人が多いようです。

入院の期間は、ほぼ分娩方法によって決まります。普通分娩（経腟分娩）の場合は産後6時間で退院できることが多く、帝王切開なら3日くらい入院することになるかもしれません。赤ちゃんが早く生まれた、具合がよくないといった場合や、赤ちゃんがうまくお乳を吸えない、赤ちゃんの体温が安定しないといった場合は、入院をすすめられるでしょう。赤ちゃんが長期にわたって入院する必要があるなら、お母さんは退院し、新生児集中治療室（NICU）または発育発達支援室（GCU）にいる赤ちゃんに会いにいくことになります。

第39週

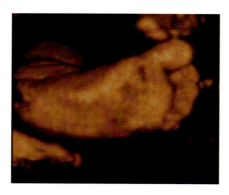

妊娠38週6日です

あと8日……

今日の赤ちゃん
赤ちゃんの動きが感じられるのは、だいたい数カ所に決まってくるでしょう。
これは赤ちゃんが容易に姿勢を変えることができないためです。
胎動の質は変化しても、このころにも毎日多くの動きを感じるはずです。

妊娠最後の週が近づいてくるにつれて、少し不安になるものです。それでもやはり、ワクワクしているでしょう。

いまにもはじまりそうな分娩のことで、少し神経質になるのは自然なことです。今回が初めての出産ならなおさらです。不安なことをパートナーに話してみると、彼も安心感を求めていることがわかるかもしれません。特定の心配ごとがある場合は、助産師に電話しましょう。助産師は産前の不安に対処することに慣れていますし、きっとあなたを安心させてくれるでしょう。クロスワードパズルなど、とにかくなにか別のことに気持ちを集中させ、やきもきしないようにしましょう。

トピック――お父さん

分娩の段階とお父さんの役割

陣痛・分娩の最初の段階（p.408〜421参照）が終わるまでにかかる時間は人それぞれで、**大きな幅があります**。ひとりの女性の出産体験を比べても、分娩第1期（内子宮口が開大するまで）に何日もかかった経験があるのに、次の妊娠では数時間しかかからなかったということもあります。

パートナーにとっていちばんのサポート役として、あなたは難しい任務を担っています。積極的に自分の役割を果たし、冷静さを醸し出し、感情面でも実際的な面でも彼女をサポートしようと努めなければならないのです。ためらわずに助産師に電話してアドバイスを求めてください。助産師と少し話せば、パートナーが分娩第1期のどのあたりにいるのか見当をつけやすくなるでしょう。時間的な余裕をもって病院に向かい、事前に道順はよく確認しておきましょう（下のコラム参照）。

パートナーはときどき、まともにものを考えられない状態になるかもしれませんが、あなたはだれよりもよく彼女の希望をわかっています。だからこそ、彼女が自分で伝えられないときに代弁したり、彼女に代わって病院のスタッフと連携したりするのがあなたの役割です。また、彼女をどのように安心させ、励ましてあげるのが適切かもすぐにわかるでしょう。

分娩第2期（p.422〜427参照）――パートナーが赤ちゃんをこの世に送り出している間――には、彼女がとろうとする姿勢をサポートし、いろいろ手を尽くして彼女の力になってあげてください。そして分娩第3期（p.428〜429参照）です。生まれたばかりの赤ちゃんをその腕に抱いている間に、胎盤が娩出されるでしょう。

あなたがたふたりの赤ちゃんが生まれてこようとしています。**これからの2週間**は、これまで以上にお互いを必要とするときです。

ドクターへの質問

Q. なにを基準に、病院に向かうには遅すぎると判断したらよいのでしょう?
A. 一般的にいえば、いきみたいという衝動を抑えられなくなったら、それから病院に向かっても、赤ちゃんを娩出する前に到着できないかもしれません。そのような状況になったら、近くの産科病棟に連絡すると、赤ちゃんの分娩に立ち会ってくれる救急医療隊を送る手配してくれるでしょう。そして（救急医療隊が先に到着するかもしれませんが）待機している助産師に出産に立ち会うよう依頼してくれます。また、自分で救急車を手配し、搬送してもらうこともできます。

妊娠39週0日です

あと7日……

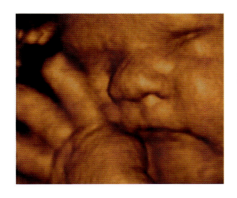

今日の赤ちゃん
左の写真の赤ちゃんは、妊娠のこの最終段階でも羊水がたっぷりあるので容易に様子をみることができます。この時点では、羊水の量は人によってかなり異なりますが、通常は0.5Lくらいです。

分娩直前のいまの時間を利用して、パートナーにその日の自分の役割——あなたをどうサポートするか——を完全に理解しておいてもらいましょう。

事前にパートナーと話し合い、陣痛・分娩がはじまったとき彼があなたのためにできることをいっしょに考えるとよいでしょう。例えば、自然療法を利用するつもりなら、レメディをひとまとめにして、どれがどんなときに必要になりそうか、彼に説明してください。

パートナーに鎮静効果のある精油をブレンドしたもので（p.163参照）マッサージの練習をしてもらいましょう。陣痛・分娩中に触れられるのが耐えられない人もいますが、腰、または手足でさえ、さすってもらうと楽になるという人もいます。実際に陣痛がはじまるまで、あなたにとってなにが効果的かはわかりませんが、いまマッサージを練習しておいて損はありません。

パートナーがいっしょに出産準備クラスに参加していたなら、呼吸法やリラックス法はわかっているでしょうから、ふたりで練習し、必要なら助産師にみてもらってアドバイスをもらいましょう。

パートナーは、最近父親になった男友だちや親せきと話してみるといいかもしれません。ほかの人の体験談をきき、出産に立ち会うにあたってしたほうがいいこと、しないほうがいいことを学ぶのはためになります。

ご存じですか
体重に差があっても、妊娠40週の赤ちゃんはほぼ同じ身長です。

95％の赤ちゃんは45〜55cmの間におさまります。新生児の身長はびっくりするほどばらつきがなく、これは骨格の成長とかかわっています。一方、出生体重にはかなり個体差があります。

陣痛がはじまって間もない段階に、腰や肩には触れられたくなくても、**足をマッサージしてもらうとリラックスできる**かもしれません。さすってもらうことで、緊張がほぐれやすくなります。

最終準備
妊娠40週を超えていても、陣痛がはじまったときにやはり病院に向かいながら対処しなければならないことがあれこれあるものです。最後の最後でパニックを起こすのを避けるために、次のようなことを確認しましょう。

- **入院用の荷物**（p.358参照）はつくりましたか？ 最後にかばんに入れるものをリストアップして貼っておきましょう。
- **小銭**をひとまとめにして入院用のバッグに入れておくと、コインパーキングや自動販売機を利用するときに便利です。
- **それぞれの役割**を決めておきましょう。例えば、間食の用意はパートナーがするといった具合に。
- **病院への道筋**を実際にたどっておきましょう。渋滞しそうなエリアの見当をつけ、近道を探し、いちばん駐車しやすそうな場所をみつけておいてください。また、学校の送り迎えの車が何台も停まっている場所や、通勤渋滞にはまらないようにするために、1日のうち異なる時間帯に病院までかかる時間をはかっておくのも役立ちます。それから、病院の夜間受付の方法もチェックしておきましょう。
- なにはともあれ、**パニックを起こさないように**。ほとんどのカップルは、時間的な余裕を十分にもって病院に到着できています。

第40週（妊娠39週1日〜40週0日）

すべての節目を無事に越え、赤ちゃんに会えるそのときがいつきてもおかしくありません。

母親になろうとしている女性の多くがそうであるように、あなたも妊娠"最後の日"を超えても「まだかしら」と気をもみながら妊娠生活を続けることになるかもしれません。間違いなく、ビッグイベントはもうすぐ起こりますし、待って、思いを巡らせ、やきもきするだけのことがあるイベントです。赤ちゃんに会って腕に抱けば、これまでの40週間を振り返ることはあまりないかもしれませんが、そのすべての奇跡にただただ驚嘆するでしょう。

赤ちゃんが生まれると間もなく、さらに子宮の収縮が起こり、**胎盤**を子宮の壁からはがします。助産師か医師が臍帯を引っ張って、胎盤の娩出をそっと手助けすることがあります。

臍帯の長さは赤ちゃんの身長とほぼ同じです。

陣痛がはじまると**羊膜嚢**を構成している膜が破れ、これまで何カ月も赤ちゃんを保護してきた羊水が流れ出します。

満期になると、赤ちゃんは新生児に典型的なふっくらした顔になっています。

頭蓋の骨と骨の間は膜で隔てられています。そのおかげでそれぞれの骨が動き、頭が産道を通りやすくなります。

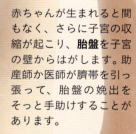

妊娠40週0日では、赤ちゃんの**身長**は平均51.2 cmで、**体重**は平均3.5 kgです。

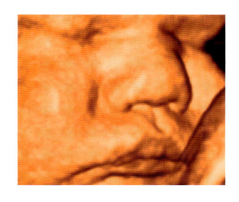

妊娠39週1日です

あと6日……

今日の赤ちゃん

帝王切開で出産する予定なら、予期せず陣痛がはじまってしまうリスクと時期尚早に赤ちゃんを子宮から出してしまうリスクをてんびんにかけ、このころに手術がおこなわれることが多いでしょう。赤ちゃんのためには、誕生が出産予定日に近ければ近いほどいいのです。

この妊娠最後の時期にバースプランを見直してみるとよいでしょう。いまでは、前に希望していたことと考えが変わっているかもしれないからです。

バースプラン（p.181、303 参照）**は通常、妊娠の早めの段階で作成するもので、それ以来あまりそのプランについて考えることはなかったかもしれません。**出産を目前に控えたいま、パートナーといっしょにバースプランを見直し、なにか考えが変わっていないか確かめましょう。例えば、自然分娩志向に変わっているかもしれませんし、逆に硬膜外麻酔は必ず利用したいと考えるようになっているかもしれません。自分の希望通りにバースプランを書き換え、必要なら助産師と話し合いましょう。

分娩中はパートナーがあなたの代弁者となり、あなたが自分でできない場合は助産師や医師に要望を伝えることになるので、パートナーがあなたの希望を理解し、よく覚えていることが重要です。

ただし、実際に陣痛・分娩がはじまってみなければ、自分がどう感じ、どうしたいかは本当にはわからないということを忘れないでください。ですから、ものごとを柔軟に考え、その日がきて、赤ちゃんのためにいちばんいい方法があればプランを変更する心積もりをしておきましょう。

パートナーの意見にも耳を傾けてください。彼には彼なりの不安や心配ごとがあり、その日の自分の役割を再確認したいと思っているかもしれません。彼にどのように手助けしてもらうのがいちばんうれしいかを話してあげましょう。それがマッサージでも、ずっと手を握っていてもらうことでもいいのです。分娩に備えて、不安や希望、期待などお互いが感じていることを話し合いましょう。

助産師への質問

Q. 誘発分娩を拒否することはできますか？
A. あなたにはいかなる医療介入にも「ノー」という権利があります。分娩の誘発（p.432 参照）が考えられるとき、決断を下す前に医療関係者はすべての選択肢についてあなたと話し合わなければなりません。

分娩の誘発を妊娠 42 週以降に遅らせたい場合は、頻繁の検診で妊娠の様子を評価することになります。そのときに、超音波ドップラー法（p.285 参照）で胎盤内の血流をチェックするかもしれません。また、赤ちゃんをとり囲む羊水量を確認するために超音波検査をおこなうこともあります。これは、胎盤が効果的に機能しているかどうかや赤ちゃんの健康状態を知るためのよい指標になります。

お互いに寄り添う

ここまで妊娠の終わりに近づくと、**出産して赤ちゃんに会うことばかり考えてしまうかもしれません。**ほかのことにも少し目を向けてみましょう。

- **パートナーとの時間を大切に。**まだふたりきりの生活のうちに、ふたりの充実した時間を楽しんでください。赤ちゃんが生まれればお母さんは手いっぱいになり、疲労がたまってくるでしょう。これから変わっていく人生について、楽しみなことや不安なことを話し合ってください。
- **愛し合う。**おなかが大きすぎるし、疲れすぎていると感じるかもしれませんが、ふたりが愛し合うことを忘れないようにするのは素敵なことです。思いがけず、セックスが陣痛を引き起こしてくれるかもしれませんよ（p.393 参照）。

妊娠39週2日です

あと5日……

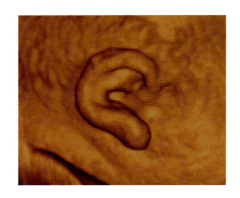

今日の赤ちゃん
左の3D超音波画像は赤ちゃんの耳をアップで映しており、特に耳たぶが特徴的なのがわかります。耳のまわりには黒っぽいしみのようなものがたくさんあります。これは頭髪にみえますが、実際には影です（ただし、多くの赤ちゃんにはこのころ頭髪が生えています）。

赤ちゃんの骨はある程度硬くなっていますが、骨化と呼ばれるこの硬化のプロセスは十代まで続きます！

赤ちゃんの骨格は、やわらかい軟骨から硬骨へと徐々に変化します。このプロセスを骨化といいます（p.372参照）。骨化はそれぞれの骨の中心からはじまり、両端へと広がっていきます。妊娠が終わるころには、ひとつひとつの骨の端から端まで骨化が完了しています。ただし、腕や脚など長骨の両端と、手足の指先の骨は軟骨のままです。赤ちゃんの骨がのちに成長するためには、これらの部分がやわらかくなければなりません。

頭蓋上部を構成する骨は、軟骨でなく膜のような構造から形成されるので、事情が少し異なります。これらの骨が完全に癒合するのは赤ちゃんの誕生後何年もたってからで、それまでの間は結合組織によって隔てられています。この結合組織はふたつ以上の骨が出合う"縫合"と呼ばれる部分を形成します。その縫合が交わる点には"泉門"と呼ばれる広い結合組織の部分があります。これらの部分の役割は、分娩中に赤ちゃんの頭が骨盤内に嵌入しやすくするためにそれぞれの頭骨が動けるようにすることで、これを頭蓋の"応形機能"といいます。また、これらの縫合線とふたつの泉門は、助産師が分娩中の赤ちゃんの頭の向きを判断する材料となります。

生まれてきた赤ちゃんの頭の形は長細い場合が多いのですが、頭蓋の骨がもとの位置に戻るにつれて頭の形はほどなく変化します。

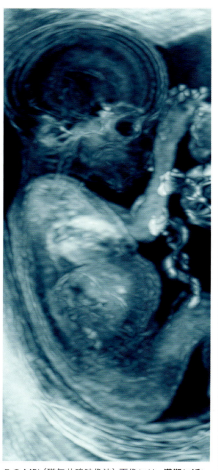

このMRI（磁気共鳴映像法）画像には、**満期に近い時期の胎児**が映っています。赤ちゃんの脳、脊柱、心臓、肝臓、肺がみえており、臍帯が画像の右側にみられます。

雑学

胎盤クッキング？

胎盤を食するなんて、考えただけで気分が悪くなるかもしれませんが、まさにそうすることを選ぶ女性もいます（注：日本の病院では胎盤を持ち帰ることはできない）。胎盤という臓器はその精神性ゆえに畏れ敬われており、胎盤食の支持者は、胎盤に含まれるビタミンB6などの栄養は、産後うつの発症を防ぐことに役立つと信じています。しかしながら、胎盤を食べることで健康効果があるとする裏づけには、科学的根拠がありません。

それほど抵抗感がなさそうな別の習わしでは、胎盤にハーブをまぶし、赤ちゃんの誕生を祝うパーティで土に埋めるというものがあります。これは赤ちゃんと親戚とのきずなを結ぶための重要な儀式と考えられています。

アートという選択肢もあります。胎盤を紙に押しつけると、樹木のような版画ができあがります。

胎盤を乾燥させて生薬をつくる文化もあります。

胎盤の調理法がわからない？　それならインターネットで、パテからラザニアまでレシピはいくらでもみつかります。ただし、当然ながらだれの口にも合うとは限りませんよ。

妊娠後期

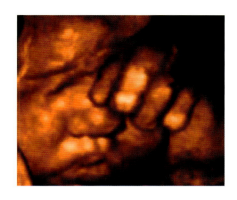

妊娠39週3日です

あと4日……

今日の赤ちゃん

陣痛・分娩がはじまると、赤ちゃんが手を頭頂や顔のまわりにもっていくだけの広さはなくなります。しかし興味深いことに、赤ちゃんはまだ動き回っているのです。お母さんはほかのことで頭がいっぱいでしょうから、このときの胎動はおそらく感じないでしょう。

この週には「生まれた?」という問い合わせがせきを切ったように押し寄せるでしょう。まるであなたの赤ちゃんの誕生を全世界が待っているかのように。

この妊娠の最終週には、期待というプレッシャーが非常に重くのしかかってくるでしょう。まるでだれもがあなたの赤ちゃんが生まれてくるのを待っているかのようです。これがひとり目の赤ちゃんならなおさらです。

この週には間違いなく、この問題に対処することになるでしょう。みんなが気にかけてくれていることがうれしく思われるかもしれません。しかし、出産予定日を過ぎてしまった場合、ひっきりなしに電話がかかってきて、同じ説明を何度もしなければならないことにストレスを感じるでしょう。なるべく根気よく対応し、みんなはただあなたのことを思ってくれていて、あなたと同じように「まだかしら」とやきもきしながら待っているのだということを忘れないでください。

出産予定日はあまりあてになりません。スケジュールを守ってくれる赤ちゃんは稀で、多くは自分の準備が整ったときに生まれてきます（p.378参照）。妊娠42週までは、医療の世界では特に"遅い"とはみなされません。

まわりの期待に対処しきれなくなってきたら、身近な人に電話の対応をまかせ、なにか進展があればすぐに知らせます、とはっきり伝えてもらいましょう。

妊娠の終わりごろには、**携帯メールで人と連絡をとり合う**のが便利かもしれません。「赤ちゃんはまだ生まれません」という同報メールを送るといいでしょう。

助産師への質問

Q. 病院ではスタッフが不足していて、陣痛が起こっている女性がいるのに空いているベッドがなくて受け入れられないことがあるときます。本当ですか?

A. 助産師とベッド数の不足についての懸念はあります。多くの病院では、助産師を助けるために補助スタッフや助手を雇っています。残念ながら、稀ではありますが産科病棟が満床になることは過去にありました。英国では満床の場合は、別の病院に受け入れてもらえます（注→p.481）。多くの病院には提携している助産所があるので、そこに搬送されます。ほとんどの産科病棟は長期にわたって満床になることはないので、ベッドが空き次第あなたが戻ってこられるように手配してくれるでしょう。

トピック――からだのこと

前駆陣痛

妊娠が終わりに近づくと特に、おなかの深部に痛みを感じたり、前駆陣痛（偽陣痛）を経験したりするでしょう。これらは本番の陣痛と勘違いされやすいもので、本当はまだ体が"練習"しているだけなのに病院に駆けつけてしまった、などということもあるかもしれません。また、規則的な子宮収縮がある程度続いたあとにぴたりと止まってしまうこともあります。どれもよくあることです。

陣痛開始が近いことを知らせるサインには、粘液栓がはずれる（p.411参照）こと、そして破水があります。しかしながら、陣痛が本格的になるまでこれらの兆候があらわれないこともあるので、なにも起こらなくても動揺しないでください。

子宮収縮が規則的――約10分間隔――になれば、分娩がはじまるのだと確信できます。本番の子宮収縮ならだんだん持続時間が長くなり、痛みが強くなり、収縮と収縮の間隔は短くなってきます。そして、歩き回ろうが、姿勢を変えようが、痛みがなくなることはありません。

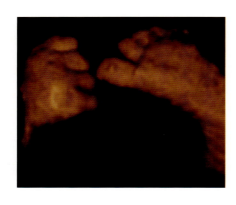

妊娠39週4日です

あと3日……

今日の赤ちゃん

左の写真から、この段階になっても赤ちゃんは手（写真左側）を伸ばして足（写真右側）を触ることができることがわかります。しかし、子宮内はこれまでよりも窮屈になっているので、いまとなっては、赤ちゃんは頭の上に足をもち上げることはできません。

赤ちゃんがまだ骨盤内に下がってきていなくても心配しないでください。これは最終的な出産日とはなんら関係ありません。

赤ちゃんがまだ骨盤内に下りていないのにはさまざまな理由が考えられます。お母さんの骨盤の形が原因で、子宮収縮という圧力がかからなければ赤ちゃんの頭が下降できないのかもしれません。よく運動をする女性の赤ちゃんは下降するのが遅い場合が多く、これはお母さんの鍛えられた筋肉が赤ちゃんを通常とは違った位置に支えているためです。ふたり目以降の妊娠ではお母さんのおなかの筋肉が緩んでおり、赤ちゃんが自由に動き回れて頭を下に向ける必要を感じないので、下降が遅めになる傾向があります。赤ちゃんが大きいと、子宮の収縮がはじまるまで骨盤内に下りてこない場合があります。

胎向

赤ちゃんは頭を下に向けて骨盤内に下りてくると、さまざまな方向を向きます。これを胎向といいます。ここではもっともよくみられる6つの胎向を紹介します。胎向は胎児の背中がどちらを向いているかによって決まります。もっとも一般的なのが第1胎向です。赤ちゃんが骨盤位（逆子）の場合も同様に、胎児の背中の向きで胎向が決まります。

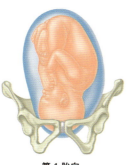
第1胎向

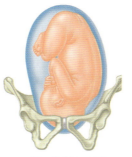
第1胎向第1分類

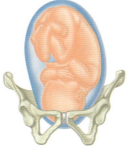
第1胎向第2分類

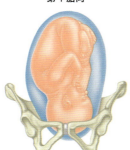
第2胎向

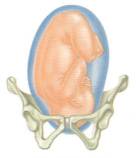
第2胎向第1分類

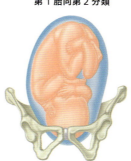
第2胎向第2分類

第1胎向：赤ちゃんの背中が前後に傾くことなく母体の左側を向いている。

第1胎向第1分類：背中は母体の左側前面に向いている。

第1胎向第2分類：背中は母体の左側後方に向いている。

第2胎向：赤ちゃんの背中が前後に傾くことなく母体の右側を向いている。

第2胎向第1分類：背中は母体の右側前面に向いている。

第2胎向第2分類：背中は母体の右側後方に向いている。

妊娠39週5日です

あと2日……

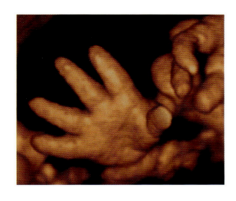

今日の赤ちゃん

左の写真には赤ちゃんの両手がすばらしくよく写っており、手のひらに形成された細かいしわまでわかります。赤ちゃんは、手のひらと足の裏にひとりひとり違ったしわが形成されます。赤ちゃんが生まれれば、お母さんもそれをみられますよ。

もう間もなく陣痛がはじまるでしょう。赤ちゃんに会うためにあなたが乗り越えなければならないことを思い、不安になるのは自然なことです。

陣痛・分娩に臨むにあたって、さまざまな感情が入り交じるのは避けられません。赤ちゃんに生まれてきてほしいけれど、分娩を恐れる気持ちがあるかもしれません。大多数の女性が当然のことながら痛みについて心配しますし、多くは自分自身と赤ちゃんの身を案じます。忘れないでください。ほとんどの分娩はなんの問題もなく正常におこなわれ、多くの赤ちゃんが元気ですこやかに生まれてきます。

これまでの約9カ月、出産を目指して準備してきたにもかかわらず、まだ赤ちゃんを産む準備ができていないように感じたり、とても無理だと感じたりするかもしれません。その気持ちには、未知のことへの恐れが含まれているのです。まだ赤ちゃんに会ったこともなく、どのような分娩になるか、そしてそれに続く日々がどうなるかを予測するすべもないのですから。

十分に準備ができていないと感じるとしても、生まれたばかりの赤ちゃんをどのように世話したらいいかは必ずわかりますから、自信をもってください。事実、あなたはおそらく、赤ちゃんが生まれる前からその子をはぐくみ守ってあげたいと感じていて、すでに母親になる準備をはじめています。そして、この自然な本能はこれからも途切れることはないのです。

助産師への質問

Q. 緊急帝王切開と選択的帝王切開の違いはなんですか？

A. 選択的帝王切開とは、妊娠中に事前に計画を立て、陣痛がはじまる前に赤ちゃんを帝王切開で分娩することを指します。通常は医学的な理由によって決められることですが、なかには実際的な理由から、または陣痛を避けるために選択的帝王切開をおこなうという決断をする人もいます。

緊急帝王切開は通常、分娩中になんらかの状況が発生して、帝王切開に切り替えるのがもっとも安全な分娩方法と判断された場合におこなわれます。

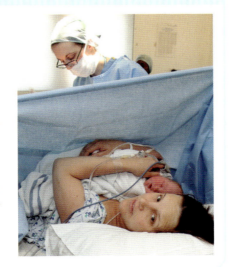

MRSAは危険？

メチシリン耐性黄色ブドウ球菌（MRSA）のような非常に強力な細菌が各種メディアでとり上げられています。MRSAは人の皮膚などから検出される常在菌で、健康な人には無害ですが、免疫力の弱っている人に感染を引き起こすことがあります。衛生状態をよくすること、特に手洗いなどの予防措置がMRSA感染を防ぎます。病院での感染のリスクは低いでしょう。医療従事者は消毒液を使用しますし、最近では多くの病院がすべての病棟でアルコールジェルを手指の消毒にとり入れています。

一般的な衛生対策はもちろんのこと、病院では感染者に抗生物質を投与する、感染を早期発見して患者を隔離するといった対策をとり、MRSAの感染拡大を予防しています。感染患者は個室またはほかのMRSA感染者と同室に移されます。

多くの病院では、妊娠中にMRSAのスクリーニングをおこなうようになっています（注：妊婦も含め健康な人であれば、陽性でも発熱など感染の兆候がなければ、まず問題はない）。とりわけ英国では、帝王切開による分娩が予定されている場合は、MRSA感染者を手術前に治療する目的でスクリーニングをおこないます（注：日本では一般的でない）。

第40週

まゆ毛、まつ毛、爪など、赤ちゃんの外見のなかでも最後に形成される細かい部分もできあがり、内臓は子宮の外で問題なく生きていけるくらいに発達しています。

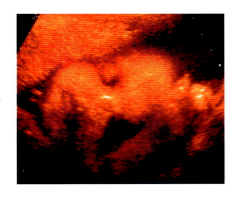

妊娠39週6日です

あと1日……

今日の赤ちゃん

赤ちゃんの顔立ちや発育のようすをみながら妊娠を1日、また1日と追ってこられたのはすばらしいことでしたね。誕生前の生命の興味深く複雑な世界を垣間みることができたのは、2D、3Dの超音波画像やMRIといった技術のおかげでした。

生まれてくる赤ちゃんの胃は十分に成熟していますが、胃酸の量が少ないのではじめの数カ月は母乳かミルクしか飲ませることはできません。

おとなと異なり、赤ちゃんは胃酸をほとんど産生しません。そのうえ、胃のなかが羊水で満たされていることもあって、酸性度が低く保たれているのです。赤ちゃんが子宮のなかでしゃっくりをしたり、回転して逆さになったり、呼吸と嚥下を協調させる練習をしたりしているときには、胃のなかの塩酸が少ないほうが好都合なのです。

誕生後24時間で赤ちゃんの胃のなかの酸は急激に増加しますが、おとなと同じ濃度に達するのは生後3カ月になってからです。このような理由から、赤ちゃんが少なくとも生後4カ月になるまでは固形物を食べさせないのです。ただし、現在では離乳をはじめる時期として、生後6カ月が推奨されています。いくつかの研究によると、母乳で育てられた赤ちゃんが生後6カ月以前に固形物を与えられた場合、下痢や肺感染症を引き起こすリスクが高く、アレルギーを発症しやすいといいます。人工ミルクで育てられた赤ちゃんについては研究結果がそれほどありませんが、固形物を早く食べはじめたほうがいいことを裏づけるものはありません。

ラズベリーリーフティー

ラズベリーリーフティーは、筋肉のより効果的な収縮を助け、分娩の進行を促すことが証明されています。複数の研究から、分娩前の2カ月ほどの間にこのお茶を飲むと（妊娠30週前には飲まないでください）子宮の収縮がより効果的になり、分娩第2期にかかる時間が短くなることがわかっています。また、緊急帝王切開や吸引分娩（p.437参照）などの分娩介助が必要となるリスクを下げるようです。

ラズベリーリーフティーはとりわけ栄養が豊富で、ビタミンA、B、C、Eや、カルシウム、マグネシウム、鉄などのミネラルが含まれています。これらはすべてすこやかな妊娠に必要なものです。

出産後にラズベリーリーフティーを飲むと、子宮が収縮してもとの大きさに戻るのを助けるとともに、母乳の生成を促します。

雑学

赤ちゃんとの蜜月

プレゼントとお祝いの気持ちを携えてひっきりなしに人が訪ねてくると、赤ちゃんをよく知ることができないかもしれません。外の世界をシャットアウトして、2～3日の間、家で赤ちゃんと過ごしませんか？ 赤ちゃんはよく眠りますから、この機会にあなたも眠りましょう。周囲の人たちがあなたの新しい家族に会える機会はこれからいくらでもあるのですから。

あなたのホルモンの状態は非常に乱れていますから、気分の浮き沈みがあるでしょう。とりわけ母乳の生成がはじまるとき（p.448～449参照）には、それが顕著になるでしょう。

パートナーにも赤ちゃんときずなを深め、あなたと赤ちゃんを大切にし、おむつ替えのコツをつかむ時間が必要です。

ですから玄関には貼り紙をし、留守番電話に切り替えて、新たな家族と寄り添って過ごしましょう。

助産師への質問

Q. "おしるし"とは正確にはなんですか？

A. 妊娠中にはゼリー状の粘液の栓が子宮頸管の下端をふさぎ、細菌が子宮に入るのを防いでいます（p.411参照）。妊娠の終わりごろになると、この"栓"がはずれます。これが"おしるし"と呼ばれるものです。分娩がもうすぐはじまるのだと知らせる場合もありますが、早ければ本番の陣痛がはじまる6週間前にはずれることもあります。

第40週

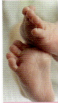

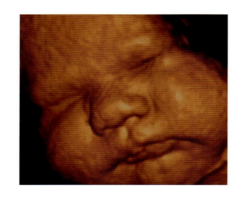

妊娠40週0日です

出産予定日です

今日の赤ちゃん

赤ちゃんが外の世界で生きていける準備が整いました。
産み落とされて最初のひと息とともに急激な変化が起こり、羊水に満たされた子宮の環境で過ごしていた赤ちゃんが、一瞬にして空気のある外の世界に適応するのです。

妊娠40週と0日に到達しました！ 赤ちゃんをその腕に抱けば、これまで待った甲斐があったと感じられるでしょう。

おめでとうございます！ まだ赤ちゃんを腕に抱いていない人も、もうすぐ赤ちゃんに会えます。そしてあなたの人生は決定的に変わるのです。どんなに長い妊娠も、陣痛がはじまればどういうわけか短かったと感じられ、生まれてくる赤ちゃんを間もなく自分の腕に抱くのだという実感がわいてきます。

陣痛・分娩を乗り越え、その体験を家族や親しい友人に何度か事細かに語り聞かせれば、出産の痛みも苦しみも忘れてしまうでしょう。実際、初めて赤ちゃんを腕に抱く瞬間以前に起こったことはすべて、自分がこの世でもっともすばらしいもの——新たな命——を生み出したのだということに気づけば、とるに足りないことになるものです。さあ、きっとうまくいきますよ。ここまでよくがんばりましたね！ 人生のもっとも驚きに満ちた段階が、いままさにはじまろうとしているのです。

いよいよ妊娠が終わります。ですから、もうすぐ大きなおなかの代わりに、かわいらしい赤ちゃんを大事に育てていくことになります。

ご存じですか

近年の調査に協力したカップルの58%が、赤ちゃんにつけた名前がその子の将来の成功に影響すると考えていました。

それ以上の割合のカップルが女の子より男の子の名前のほうが考えやすいと感じており、可能なら赤ちゃんにつけた名前を変えたいと答えたカップルはほんの3%でした。

出産予定日を過ぎたら

陣痛がこないまま妊娠40週を迎えるのは珍しいことではありません。
出産予定日ぴったりに赤ちゃんを産む女性などめったにいませんし、
妊娠37週0日から41週6日の間の分娩はすべて正期産とみなされます。

なにが陣痛の引き金となるかは正確にはわかっていないため、出産予定日を過ぎても妊娠が続く理由はわかりません。初産の場合や、過去に妊娠が長びいた経験がある、またはそのような家族歴があるといった場合には、出産予定日を過ぎる可能性が高くなります。栄養状態のよい女性に多い、冬よりも夏のほうが妊娠期間が長くなるなど、諸説あります。出産予定日を初期の超音波検査から算出した場合は、最終月経に基づいて算出した場合よりも正確なので、分娩が出産予定日を過ぎる可能性は低いでしょう。

対処法

妊娠41週を超えると、胎盤の機能が低下することによって赤ちゃんの健康状態に多少リスクが生じます。妊娠42週を超えるとそのリスクは高まりますが、まだそれほど大きくはありません。病院の方針にもよりますが、妊娠41週と42週の間に分娩の誘発がおこなわれるでしょう（p.432参照）。次のような処置がおこなわれることもあります。

卵膜剥離術：妊娠40週を超えると、内診をして"卵膜剥離"という処置をおこなうことがあります。医療用の手袋をはめて指を1本子宮頸部に挿入し、円を描くように動かして卵膜を子宮頸部から分離させます。この処置をおこなうことで子宮頸部はやわらかくなり、48時間以内に陣痛がはじまる可能性が30％上がります。お母さんにも赤ちゃんにも安全ですが、痛みや少量の出血の原因になることがあります。

妊娠42週以降の評価：妊娠が42週を超えて続いていて、分娩の誘発を希望しない場合、英国では多くの病院が妊娠の状態を注意深く見守るでしょう（注：日本では通常、妊娠

出産予定日を過ぎても妊娠が続いていると、ストレスを感じるかもしれませんが、**とても一般的なのだと自分にいいきかせる**と、気持ちが楽になるでしょう。

42週になる前に分娩を誘発する）。その手段として、超音波検査で赤ちゃんの心拍と羊水の量を測る、陣痛がはじまるまで週に1～2回、胎児心拍陣痛計（CTG、p.418参照）を使用して胎盤の機能が低下していないか見極めるといった方法が考えられます。なんらかの問題が見つかれば、帝王切開か分娩の誘発（p.432参照）をすすめられるでしょう。

お母さんの気持ち

出産予定日を過ぎても妊娠が続いていることの身体的・精神的ストレスはかなりのものだと感じるかもしれませんが、特に医学的な問題がない限り、出産予定日を過ぎたからといって健康上のリスクが大幅に高まりはしないということは、知っておくと気持ちが楽になるかもしれません。このころの赤ちゃんは体重がたいして増えないので、大きくなりすぎ分娩が難しくなることはありません。

家でできる対策

陣痛を引き起こす

いかなる民間療法も代替医療も陣痛を誘発できると証明されてはいませんが、体に害をおよぼすことなく本来の仕組みを補助できると考えられるテクニックがいくつかあります。

- おそらく、もっとも楽しく陣痛を引き起こす方法は、**パートナーとのセックス**でしょう。精液に含まれるプロスタグランジンという生理活性物質が、子宮を刺激してくれる可能性があります。ただし、その効果についての裏づけは確定的ではありません。胎児発育遅滞、胎盤からの出血などの医学的理由によって医師から性交を控えるように指示されていない限り、セックスによって赤ちゃんに危険が及ぶことはありません。

- セックスの有無にかかわらず、**乳頭（乳首）を刺激する**ことで、子宮の収縮や子宮頸管の熟化と関連づけられるオキシトシンというホルモンが、脳の下垂体から放出されます。

- **ウォーキングやエクササイズ**は、赤ちゃんが骨盤内に下りて子宮頸部を圧迫するよう促し、じわじわと子宮の収縮を増大させる可能性があります。

- **ラズベリーリーフティー**は、子宮の活動を活発化させるといわれます（p.391参照）。はっきりした変化があらわれるわけではなく、このお茶が妊娠中に問題を起こすことはなさそうですが、その効果が説得力のある研究によって証明されているわけでもありません。

- ホメオパシーの**レメディ**のなかには推奨されるものもあります。

  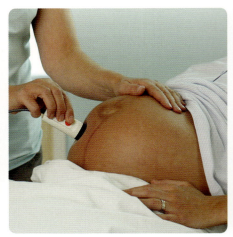

待ちに待った瞬間が近づくにつれ、陣痛・分娩中になにが
起こるのだろう、とだんだん不安になってくるかもしれませんし、
このきわめて重大なときに肉体的・精神的なきつさに
耐えられるかしらと自信がなくなるかもしれません。
陣痛・分娩の進行や鎮痛方法の選択肢についてもできるだけ
情報を得ることは、ポジティブな気持ちで陣痛・分娩に
向き合うための第1歩となるでしょう。

 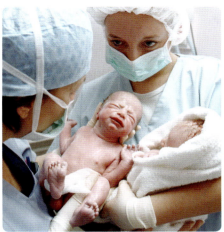 

陣痛と分娩

鎮痛方法いろいろ

事前に鎮痛方法についての知識をもっていれば、分娩時に十分理解したうえで選択しやすくなるでしょう。

陣痛・分娩がはじまると、気持ちの面でも肉体面でもサポートが必要になります。それは助産師と出産に立ち会ってくれる人がなんとかしてくれるでしょう。
一方で、痛みに対処するために、なんらかの鎮痛方法に頼ることになるかもしれません。助産師は、医療に頼らない呼吸法などで陣痛をやり過ごせるよう助けてくれるでしょう。もっと強力な鎮痛方法が必要になれば、助産師が鎮痛薬や硬膜外麻酔（p.402 ～ 407 参照）のような医療的な手段をすすめてくれます。

痛みに対処する

陣痛・分娩をうまく乗り切るためには、
この間に痛みがどのように変化していくかを理解することが重要です。

陣痛は独特なもので、いかなる慢性の痛みとも急性の痛みともまったく異なります。一般的には、痛みというのはなにかまずいことが起こっていると知らせる警告ですが、陣痛は赤ちゃんが生まれるプロセスが進行中であり、赤ちゃんを産むための安全な環境が必要であることを"注意喚起"する役割を担っています。家庭的な環境を好む女性もいて、それはそれで多くのメリットがあります。ペチジンなどの医療的な鎮痛方法が必要になる確率が低くなるのもそのひとつです。そのため、多くの産科病棟の分娩室や、とりわけ助産所では住空間を思わせるような家具や装飾をとり入れ、医療の場という雰囲気をできるだけなくすようにしています。一方では、強力な鎮痛方法と医療的なバックアップがそろっている病院のほうが安心できるという女性もいます。

陣痛について知っておくことで、不安を軽減し、痛みに対処しやすくなります。

痛みへの反応

なにが陣痛を引き起こすのかは解明されていませんし、陣痛はひとりひとり異なるものです。それと同様、分娩にともなう痛みも人によってかなり幅があるでしょう。比較的痛みの少ない分娩を経験する人も、耐えられないほどではないという人も、かなりひどい痛みを感じる人もいるでしょう。疑う余地がなさそうなのは、不安と恐れがアドレナリン濃度を高め、結果として感じられる痛みの強さも増すということです。また陣痛の強さは、心の状態、分娩に対する心積もり、(経産の場合は)過去の分娩経験、文化的信念などの影響を受けます。また、特に初産のお母さんには、未知のものを恐れる気持ちも影響するでしょう。陣痛がはじまる前に十分な準備をしておくこと、陣痛・分娩を通してきめ細やかで思いやり深いサポートをしてもらうことで、不安や恐れはかなりやわらげられます。

先のことを考える

陣痛の段階によって痛みの感覚が異なります。分娩の進行とともに痛みが強くなり、長く続くようになります。痛みへのもっとも効果的な対処法も、陣痛の進行とともに変化します(左のコラム参照)。

痛みへのさまざまな対処法、薬に頼らない鎮痛法や薬を使用する鎮痛法にどのような選択肢があるか(次ページ以降参照)をよくわかっていればそれだけ、陣痛・分娩を乗り越えやすくなるでしょう。どんな鎮痛方法をとり入れるかを決めるとき、分娩の3つの段階の間に体内でどのような変化が起こるのか(p.408～429参照)も理解する必要があります。

分娩の段階に応じた鎮痛法

分娩中に必要な鎮痛方法が変わるかもしれないので、さまざまなタイプの鎮痛法を知っておくとよいでしょう。

分娩第1期初期(潜伏期):この段階で子宮口が開きはじめます。子宮の収縮はそれほど強くなく、マッサージ、呼吸法など、薬に頼らない方法で対処できるでしょう。もっと強い鎮痛方法が必要な場合は、笑気ガスやペチジン(注:日本では一般的でない)(p.402～403参照)といった、痛みを鈍らせながらもお母さんが動き回る自由を奪わない鎮痛薬を使うことになるかもしれません。

分娩第1期活動期:子宮口の開きが加速し、子宮の収縮は強まり、次の収縮までの間隔が狭まります。引き続き薬に頼らない鎮痛方法や鎮痛薬で対処する人もいますし、さらに強い鎮痛薬が必要になり、この時点で硬膜外麻酔(p.402～403参照)を使用する人もいます。

分娩第1期極期(移行期):子宮口が開ききるまでの間、収縮は激しく間隔が短くなります。笑気ガスのような吸入鎮痛薬(注:日本では一般的でない)は効果が期待できますが、ペチジンは赤ちゃんに影響する場合があるのでここまで娩出が近づいてくると使用しないのが一般的です。硬膜外麻酔をはじめている人は、追加することになるかもしれません。

分娩第2期(娩出期)および第3期(胎盤娩出):第2期とは、子宮口が全開になってから赤ちゃんの娩出までを指します。子宮の収縮は強く、持続時間は長くなりますが、いきみに入ると痛みに耐えやすくなるでしょう。笑気ガスは使用できます。分娩第3期には胎盤が娩出されます。子宮の収縮はゆるやかで、鎮痛の必要はないでしょう。

薬に頼らない鎮痛方法

多くの女性が陣痛中に薬に頼らない鎮痛方法を選んだり、それらの方法を医療的な鎮痛方法を補うために利用したりします。

陣痛・分娩中に、エンケファリンとエンドルフィン（幸せホルモン）というホルモンが放出され、自家製の鎮痛薬として働いてくれます。今日では、動き続けるなど薬に頼らずに痛みに対処する方法や、医療的な鎮痛方法の補助または代替として妊娠中、出産時、出産後に利用できる療法についてよく知っている女性が増えています。これらの療法には、自分でおこなうものと施術師がおこなうものがあります。分娩の痛みを乗り切るためにそういった療法を利用しようと考えているなら、それぞれの療法のやりかたと期待できる効果を知っておくことが重要です。

動き回る

陣痛がはじまったあとも動いていることで女性は痛みに耐えやすくなり、分娩にかかる時間が短くなることがわかっています。歴史的にみると、何世紀にもわたって女性は自由に動き回りながらお産をしてきましたが、欧米で出産が医療化され、女性がベッドに横になって分娩するということが受け入れられるようになりました。こうして、英国において分娩中の女性のもっとも一般的なイメージは"ベッドの上"になったのです。英国国立医療技術評価機構（NICE）は近年、女性が分娩中に動き回り、快適な姿勢を見つけられるようにサポートすることを推奨しています。

分娩中、子宮収縮の合間にベッドで休みたくなるのではないかと考えるかもしれませんが、サポートしてもらえるのがわかれば、多くの女性は本能的に動き回るようです。横になると痛みにうまく対処できないうえに、痛みは増し、赤ちゃんは重力に逆らって子宮口を押し広げることになるので分娩の進行を妨げます。医療介入のなかには分娩監視装置の使用（p.418参照）、静脈点滴、なんらかの鎮痛薬など、お母さんの動きを制限するものがあります。

リラックス法

陣痛・分娩中に力を抜くために役立つテクニックはいろいろあります。 力が抜けていれば、楽に平静を保ち、体の声に耳を傾けられるでしょう。そのテクニックには、呼吸に集中する（下記参照）、音楽をきく（子宮収縮の間にお気に入りの曲に合わせてハミングするのもいいでしょう）、瞑想CDをきくなどがあります。

陣痛・分娩中にゆっくりと落ち着いて呼吸する方法を学んでおくと、集中し、冷静さを保ちやすくなります。通常、お母さんの呼吸はお母さんがどう感じているかを反映します。子宮収縮が起こっている間は少し呼吸数が多くなったり、息を止めてしまっためまいの原因になったりすることがあります。そうなった場合、集中して呼吸を整えましょう。助産師が、ゆっくりと落ち着いて呼吸するよう声かけしてくれるでしょう。5つ数えながら息を吸い、7つ数えながら吐くと、呼吸のペースを落として体の力を抜き、パニックを起こさないために役立つでしょう。

陣痛・分娩中に**呼吸に集中する**ことで、心を落ち着かせ、気持ちをしっかりもちやすくなります（上）。**前にもたれかかり、落ち着いて呼吸すると**、子宮収縮をやり過ごしやすくなるでしょう（下）。

分娩第1期に**お気に入りの音楽をきく**のは、子宮収縮の間の時間をくつろいで過ごすためのすばらしい方法です。くつろいでいれば、体の力を抜いて、分娩のもっと先の段階のためにエネルギーを蓄えておけます。

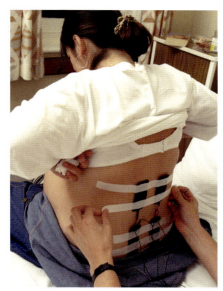

TENSの電極パッドを背中に貼れば、自由に動き回って快適な姿勢をみつけられます。

TENS（経皮的電気神経刺激）

TENS（Transcutaneous Electrical Nerve Stimulationの略）（注：日本では使用されていない）は経皮的電気神経刺激を意味する小さな電気装置で、脳に伝えられる痛みの信号を緩和します。分娩中はもちろんのこと、妊娠終盤（36週以降）の腰痛や妊娠陣痛（前駆陣痛、p.410参照）による不快感がある場合にも使用することができます。

この電池式の装置は細い導線で電極となる4枚の粘着パッドにつながれています。それを腰にテープでとめて使いましょう。この装置から神経根を通して脳の痛覚伝導路まで電気的刺激を送ることで、痛みのインパルスの伝達を遮断するのです。また、脳を刺激して"幸せ"ホルモンのエンケファリンやエンドルフィンの分泌を促すと考えられており、痛みの感じかたにも変化をもたらす可能性があります。

TENSは初期の陣痛、特に腰の痛みに効果的なので、陣痛開始時に装置が手もとにあることが重要です。出産予定の病院がTENS装置を貸し出しているか、それとも別の方法で手配しなければならないのかを事前に確認しておくとよいでしょう。TENSがよく使われるのは、陣痛がはじまったら装置を手に持ったり近くに置いたりしておけて、子宮の収縮がきつくなってきたらボタンひとつで電気的刺激を強めることができるためです。

TENSにはいくつかメリットがあります。わかっている限りにおいて副作用はなく、お母さんにも赤ちゃんにもまったく害をおよぼしませんし、お母さんが動き回るのを妨げません。そして、笑気ガスやペチジン（p.402〜403参照）など、ほかの鎮痛方法と組み合わせて使えます。TENSのデメリットは、一般的に軽度から中度の痛みにしか効果がないことと、粘着パッドを貼るので腰をさすりにくくなることです。また、この装置を使っている間は、温水につかって陣痛をやり過ごしたり、硬膜外麻酔の投与を受けたりすることはできません。

温水

多くの女性が、分娩中に温湯につかるのは非常に鎮静効果があり、陣痛をやり過ごすためのすばらしい方法だといいます。お湯の温かさが筋肉の緊張をほぐし、リラックスを促し、水に入ることで浮力に助けられ、骨盤まわりの圧迫感がやわらぐ可能性があります。この10年ほどの間に薬に頼らないこの方法が広く使われるようになり、英国では多くの助産所や産科病棟が出産用のプールを用意しています。実際に赤ちゃんを水中で産み落とすことまでできるかどうかは、病院の方針と、水中出産（p.427参照）の介助トレーニングを受けた助産師がいるかどうかによります。自宅に水中出産用プールを借りることもできます。

ヒプノシス（催眠）

自己催眠は、イメージ法と呼吸法によって深いリラックス状態を誘発し、恐れを解消します。これは陣痛に対処する方法としてどんどん普及しており、"ヒプノバーシング"として知られるようになっています。これは英国の産科医、グラントリー・ディック=リード（p.303参照）が初めて理論化した、出産における"不安・恐れ——緊張——痛み"サイクルに基づくものです。ディック=リード博士は、"幸せ"ホル

温水のなかで陣痛をやり過ごすことで、深い安らぎを感じられるでしょう。骨盤まわりの圧迫感をとり除くとともに、温水は筋肉を緩めるので、結果として緊張やストレスもやわらげてくれます。

Q & A

Q. 分娩中に動き回ることはできますか?
A. はい。大多数の女性が分娩を通して動いており、また動いたほうがいいとすすめられます。椅子やビーズクッション、バースボールなどの道具を使うことになるでしょう。動いていることで分娩の進行を促し、姿勢を変えることで陣痛に対処しやすくなります。病院や助産所に到着したら、助産師とバースプランについて話し、できるだけ動いていたいと伝えましょう。

Q. 陣痛・分娩中にヒプノシス(催眠)をおこなうと、自制心を失ってしまうのですか?
A. そんなことはありません。深いリラックス状態にあっても、自分をコントロールできますし、自分がなにをしているかわかっています。心配しないでください。自己催眠のテクニックを使うことで陣痛・分娩中に不安や恐れを感じにくくなり、陣痛をやり過ごしやすくなります。事前に練習しておくことで、パートナーがあなたの集中力が途切れないようサポートできますし、いくつか催眠のテクニックも利用できます。

Q. 過去に帝王切開で分娩したことがあると、水中出産はできないのでしょうか?
A. 残念ながら、水中出産は避けたほうがいいといわれるでしょう。帝王切開の経験がある場合は、助産師が分娩監視装置を使ってあなたと赤ちゃんを陣痛・分娩中は継続的に見守ることが求められるからです。これはプールのなかではできません。しっかり見守る必要があるのは、非常に小さいながらも子宮破裂のリスクがあるためです。子宮破裂が起こると突然激痛が走り、脈が速まりますが、ほとんどの場合、赤ちゃんの心拍数の変化でしか判断できません。

Q. 水中出産用プールにはいつ入ればいいのですか?
A. 自分で決められます。一般的には温水のなかでリラックスするのは分娩の早い段階がよいとされますが、温水のなかでくつろいでしまい分娩の進行が減速するという理由で子宮口が4cmくらい開くまで待つようにすすめる助産師もいます。ただし、それを裏づける証拠はほとんどありません。

モンであるエンドルフィンやエンケファリンの分泌を妨げるのが恐れであると考え、恐れがとり除かれると、ほとんどの女性は自然な出産をすることができると主張しました。ヒプノバーシングでは、周囲で起こっていることはよくわかっているものの、夢をみているか、うとうと眠りに落ちていくかのように感じます。ヒプノバーシングのクラスは妊娠25〜30週あたりから参加可能で、出産に立ち会ってくれる人といっしょに分娩前にテクニックを学ぶことができます。助産師に地域のクラスについてたずねてみましょう。

鍼療法

鍼療法ではごく細い鍼を体のツボに刺し、エンドルフィンの分泌を促すことで痛みを軽減する漢方医学の伝統的手法です。漢方医学では、人体にはエネルギー(気)が通る道(経絡)が走っていると考えられています。その経絡に滞りが生じることがありますが、鍼を特定のツボに刺すことでエネルギーの流れをよくし、痛みをやわらげて体のバランスを修復します。多くの女性が妊娠にともなう軽度の症状を改善するのに鍼療法が有効だと感じており、なかには陣痛をやり過ごすのにこの方法をとり入れる人もいます。鍼療法には、お母さんにも赤ちゃんにも害をおよぼすような副作用はなく、陣痛がはじまってからの施術は通常、耳などお母さんの動きを妨げないツボに刺されます。陣痛・分娩中の施術を希望する場合は、妊娠出産を専門とする鍼師を探し、分娩に立ち会ってもらえるよう交渉する必要があります。

ホメオパシー

毒をもって毒を制するという考え方に基づく療法です。ホメオパシーのレメディのなかには陣痛・分娩中に安全に使用できる

マッサージとタッチセラピー

陣痛・分娩中にマッサージしてもらうとリラックスできて、幸福感を得られ、痛みがやわらぐという女性は大勢います。出産に立ち会う人にとっても、リラックスと癒しの効果が期待できるかもしれません。出産に立ち会う人は出産準備クラスなどの機会に、助産師からマッサージの見本をみせてもらい、事前に練習しておくのが理想的です。腰の低い位置をマッサージすると、腰痛、頭痛、首の痛みが緩和され、肩をマッサージすると緊張がほぐれ、疲れが癒されます。

タッチセラピーや指圧療法もまた、痛みと緊張をやわらげます。これらの療法では、特定のツボに圧を加えてエンドルフィンの濃度を高めます。お母さん自身か、出産に立ち会ってくれる人が熟練した施術師からやりかたを学んでおく必要があります。助産師に、施術師を紹介してもらえないかたずねてみましょう。

手の付け根を背骨の基底部にしっかりと当てて圧を加えます。押す代わりに腰の低い位置をさすってもいいでしょう。

親指を使い、円を描くように腰の低い位置をマッサージします。背骨の基底部から下へ、お尻までおこなうと、凝り固まった筋肉をほぐす効果があります。

お尻や腰の低い位置を親指でぐっと押すと、子宮収縮の間に集中力を保ち、緊張をやわらげる効果があります。

ものがいくつかあり、セルフケア用の出産キットも出回っています。そのようなキットには、アンプル入りのレメディと、どのレメディをいつ使うかといった案内が含まれます。なかにはあまり間隔をあけず規則的に繰り返すことで反応を促すレメディもあります。また、認定された施術師に個人のニーズに合わせたレメディを処方してもらうこともできます。ホメオパシーの効果のほどを裏づける科学的証拠は不十分ですが、レメディが役立ったという女性はたくさんいます。

アロマテラピー

アロマテラピーに使われるエッセンシャルオイルは植物由来のもので、癒し効果があると考えられています。これらのオイルを分娩時に使うと、お母さんの励みになり、元気を回復させ、気持ちを落ち着かせてくれる可能性があります。出産に立ち会う人にもそれなりの効果があるでしょう。ラベンダーなど、オイルによっては陣痛・分娩の不安を軽減し、結果としてお母さんが痛みに対処しやすくなることが証明されているものもあります。エッセンシャルオイルを加えた水に浸した布を温湿布や冷湿布に使用すると、痛みをやわらげる効果が期待でき、(キャリアオイルで)薄めたエッセンシャルオイルを皮膚にすり込むようにマッサージするのも癒し効果があります。アロマテラピーの施術トレーニングを受けている助産師もいるので、病院でそのような助産師の施術を受けられないか、地域にいる有資格の施術師に関する情報と連絡先を教えてもらえないかをたずねてみましょう。

リフレクソロジー

リフレクソロジーでは、体の各部に対応する足裏の反射区をマッサージして血行を促し、凝っている部位があればほぐします。リフレクソロジーは、陣痛がはじまったころの対処法として普及しつつあります。しかし、陣痛の間は多くの女性が自然と活動的になって動き回りたくなるので、リフレクソロジーが効果的なのは初期の子宮収縮の合間でしょう。

出産体験記:自宅での自然分娩

ジェマは31歳のお母さんです。ここでは2度目の出産について紹介します。最初の出産は問題なくスムーズに女の子が生まれました。その子はいま3歳になっています。2度目の妊娠は順調だったため、自宅出産をすることにしました。

ジェマの出産体験記:出産予定日を8日過ぎたとき、陣痛を誘発するために助産師が卵膜剝離術(p.393参照)をおこないました。それから2度ほどおしるし(p.411参照)があり、前駆陣痛もありました。夜、目が覚めると子宮収縮が20分間隔になっていました。眠れなくなったのでおふろに入り、アセトアミノフェン(カロナール)(注→p.481)を2錠飲んでベッドに戻りました。娘が6時45分に起きて、いっしょに朝食をとりました。子宮の収縮は10分間隔になり強まっていたので、パートナーは仕事を休みました。

午前8時には子宮の収縮は5分おきにやってきて、さらに強まり、50〜60秒続くようになっていました。パートナーが助産師に電話すると、助産師はすぐにきてくれるといい、わたしには動き回っているようにとアドバイスしました。わたしはTENS装置(p.399参照)を低めの設定で使いはじめ、おかげで集中することができました。立って骨盤を前後左右に揺らすと楽でした。バースボールも使いました。パートナーは協力的で、肩やおなかの下部のいちばん痛むところをさすってくれ、彼の手のぬくもりに癒されました。娘はわたしの手を握っていてくれました。

8時40分に助産師が到着。わたしの血圧、脈拍、体温を測り、おなかに手を当て張りを確かめ、赤ちゃんの心音をチェックし、採尿しました。排尿したことで、会陰まわりの圧迫感が少しやわらぎました。助産師によると、分娩第1期の活動期に入っていて、子宮口が5cm開いているとのことでした。子宮頸部が薄くなっていて、赤ちゃんの頭が触れる状態だったけど、まだ破水はしていませんでした。わたしはTENSを使いながら動き回ったり、前にもたれかかったりして痛みをやり過ごしました。気持ちが楽になるように、パートナーが音楽をかけてくれました。

9時50分、強烈な子宮収縮が2分おきに60秒続くようになりました。できるだけ歩くようにし、それができないときはその場で足踏みするようにしました。わたしの母が到着して、娘を公園につれていきました。暑くなってきたので、わたしは冷たいものを飲み、助産師が湿らせた冷たい布を顔にぽんぽんと当ててくれました。両手両ひざを床について体を揺らしたり、背中を丸めたりすると楽でした。

10時30分、子宮の収縮がかなりの苦痛になったので、笑気ガス(p.402参照)を吸いました。子宮の収縮がくると1回おきに笑気ガスを使い、歩き回り続け、TENSも使い続けました。助産師がときどき赤ちゃんの心音をチェックしました。

午前11時には、いきみたいと感じるようになりました。破水が起こり、子宮の収縮は非常に強烈で1分間隔になっていました。パニック状態になりそうでしたが、助産師が「もうすぐ赤ちゃんが生まれるわよ」と励ましてくれました。パートナーはゆっくり呼吸しようといって、わたしが集中できるように助けてくれました。助産師が子宮口を確認すると全開で、娩出の準備ができていることがわかりました。なんとか力をふりしぼっていきむと、赤ちゃんの頭があらわれるのがわかりました。息をすって集中し、いきんで赤ちゃんを産み落としました。3685gの男の赤ちゃんが11時14分に生まれ、臍帯の拍動が止まるのを待って、パートナーが臍帯を切りました。胎盤の娩出には薬を使いませんでした(p.429参照)。助産師が赤ちゃんを胸の上に乗せるようにすすめてくれました。そうするとオキシトシンというホルモンの分泌が促され、子宮が収縮して胎盤の娩出を助けるからです。胎盤が娩出されたのは11時40分でした。

助産師のコメント:ジェマとパートナーはしっかり準備し、うまく連携していました。ジェマは分娩中ほとんどずっと動いており、集中していました。極期(移行期)にパニックを起こすのはよくあることですが、パートナーとわたしがしっかりサポートしました。ジェマは本能に従って行動することで内なる力を引き出し、正常分娩で出産しました。分娩にかかった時間は9時間で、2度目の出産としてはほぼ平均的な時間でした。

薬に頼らない鎮痛方法

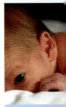

薬を使う鎮痛方法

分娩中の鎮痛には、さまざまなタイプの薬を使用することができ、
その多くは薬に頼らない鎮痛方法と併用できます。

> **ご存じですか**
>
> **150年前までは出産中の鎮痛方法にはほとんど選択肢がありませんでした。**
>
> 　近代産科学における鎮痛の歴史は19世紀半ばのクロロホルムの発見からはじまりました。
> 　亜酸化窒素、オピオイドがそれに続き、20世紀初頭には鎮痛薬の需要が非常に高まったため過剰に使用され、分娩中の女性は意識がほとんどない状態でした。
> 　1960年代、70年代の自然分娩運動は、そのような薬の乱用に反発するものでした。1970年代には硬膜外麻酔が登場し、新たな革命が起こりました。

分娩前にさまざまな鎮痛薬について助産師と話し合っておくと、それぞれのメリットを理解でき、どの鎮痛薬を使いたいか検討しやすいでしょう。

　薬に頼らない鎮痛方法だけではどんどん強まる子宮収縮に耐えられず、薬を使わないテクニックと組み合わせて鎮痛薬を使うという選択をする人もいます。例えば陣痛を誘発したり（p.432参照）促進したり（p.415参照）した場合、子宮収縮が徐々に強まるのではなく強い収縮からはじまることがあり、強力な鎮痛方法が必要となることがあります。

　医療的な鎮痛方法は何種類かあり、大きくふたつのグループに分けられます。笑気ガス、ペチジン（注：日本ではあまり使用されない）といった鎮痛薬が痛みの伝達をブロックして痛みを感じにくくさせるのに対し、麻酔は局所であっても全身であっても痛みを感じる神経そのものを麻痺させます。神経ブロックとしても知られる局所麻酔では、局所麻酔薬を特定の部位にかかわる神経の周辺に注射します。局所的神経ブロックにはいくつか種類があります。硬膜外麻酔や脊髄くも膜下麻酔（脊髄ブロック）は腹部の感覚を麻痺させ、子宮収縮の痛みを軽減します。陰部神経ブロックは産道と会陰の感覚を麻痺させる方法で、鉗子分娩で使われることがあります。場合によっては、帝王切開中に全身麻酔が使われることがあります。

　分娩はひとりひとり異なるので、"すべての人に適用できる"鎮痛方法はあり得ません。柔軟な考えで臨み、十分な知識を得ておくことが、痛みにうまく対処できるという安心感につながるでしょう。助産師からもらう資料に目を通し、出産準備クラスに参加し、わからないことは質問してください。より多くの知識を得ることで不安を最小限にできます。例えば、事前にペインクリニックを受診して麻酔医と話せるよう希望するのもひとつでしょう（注：日本では事前に、産科医とどのような鎮痛法が可能かを相談することになる）。

笑気ガス

　鎮痛成分である亜酸化窒素と酸素を1：1で混合したものです。英国ではすべての産科病棟と自宅での出産で利用することがで

> **メリットとデメリット**
>
> ### 笑気ガス
>
> **メリット**
> - 笑気ガスは多くの人に効果的な鎮痛方法で、特に初期の陣痛に効果があります。
> - 分娩のどの段階でも利用できます。
> - 効果が薄れるのが早いので、鎮静状態から早く回復します。
> - 効果の持続時間が短いので、お母さんにも赤ちゃんにもまったく害がありません。
>
> **デメリット**
> - 笑気ガスは痛みをやわらげるだけで、とり除いてくれるわけではありません。TENSなど、別の鎮痛法と併用する人もいますし、分娩の進行とともにさらに強力な薬が必要になる人もいます。
> - 眠気や吐き気の原因となることがあるので、短時間しか利用しない人もいます。

き、壁にとりつけられたパイプ、またはベッド横のボンベからガスが供給されます。マスク、またはマウスピースから吸入します。

子宮収縮がはじまったときにガスを吸うと、収縮がピークに達したときにもっとも効果があらわれます。即効性があるもののすぐに効果がなくなるので、子宮収縮の合間に使用しても次の収縮への効果はまったく期待できません。めまいや吐き気を訴える女性もいます。

オピオイド

睡眠薬（文字通り眠りを誘発するという意味）と呼ばれる薬のグループに属し、モルヒネに似ています。脳や神経の受容体に結合し、痛みの伝達を遮断します。英国でもっとも一般的に使用されるのはペチジンですが、ジアモルフィンを使う病院が増えています（注：日本では分娩の鎮痛目的でオピオイドを注射することは一般的でない）。

ペチジン

この人工的に合成されたモルヒネはお尻か腿の筋肉に注射されます。約20分で効果があらわれ、3～4時間持続します。ペチジンには鎮静効果がありますが、幸福感をもたらすことはなく、多くの女性が自分から切り離されるような、コントロールできないような感覚に陥るのを嫌います。また、子宮収縮の合間には落ち着けるものの、収縮のピーク時には鎮痛効果を感じないという人もたくさんいます。吐き気を感じ、実際に嘔吐するケースもあるので、吐き気止めの注射をすることもあります。

ペチジンは投与後すぐに胎盤を通り抜けて赤ちゃんの呼吸に影響する恐れがあるので、娩出前の2～3時間は投与を控えるべきです。赤ちゃんの呼吸に問題を引き起こした場合は、誕生後にナロキソンと呼ばれる拮抗剤を投与することがあります。

多くの研究により、ペチジンを使用した分娩で生まれた赤ちゃんは母乳をうまく飲めるようになるのに時間がかかることがわかっています。しかし、長期的な悪影響はありません。

ジアモルフィン

モルヒネを原料として化学的に合成されるこの半合成オピオイドは、筋肉に注射されます。ペチジンよりもすぐれた鎮痛作用があり、幸福感をもたらします。ペチジンほどではありませんが、吐き気を引き起こすこともあるので、多くの場合、吐き気止めの注射を同時におこないます。ジアモルフィンも胎盤を通過し、赤ちゃんの呼吸に問題を引き起こすことがあるので、投与のタイミングに注意が必要です。

レミフェンタニル：自分でコントロールできる鎮痛薬

レミフェンタニルは比較的新しい麻酔薬で、産科ではあまり使われません。 しかし、硬膜外麻酔の使用が望ましくない場合の代替として使われることがあります（p.404参照）。非常に強力なこの鎮痛薬は、血中ですみやかに代謝され、鎮痛作用が短時間で消失するので分娩には理想的です。しかしその効力ゆえに、お母さんの呼吸が浅くなり、回数も減少することがあり、安全のためには、助産師が常に監視している必要があります。また、ほかの麻酔薬と同じように、胎盤を通過して赤ちゃんに届きます。しかし、すみやかに代謝されるので、影響はあまりありません。

レミフェンタニルは即効性のある短時間持続型の薬なので、分娩中に使用するとすれば、薬の量をお母さんが自己管理できる患者自己調節鎮痛（PCA）装置を使用する可能性が高いでしょう。PCA装置は細いチューブで静脈に接続され、お母さんが鎮痛薬の投与量をコントロールできるようになっています。ボタンを押すと、事前に設定された量の薬が直接血流に投与されます。少量を継続投与しつつ、必要に応じてお母さんが追加投与できるような設定にすることも可能です。PCA装置は過剰投与を防止するようにプログラムされています。

（補足） 日本では自然分娩が主となりますが、最近では硬膜外麻酔を使用した無痛分娩が、少しずつ普及してきました。しかし分娩中に鎮痛目的で笑気ガスを吸ったり、ペチジンなどのオピオイドを注射したりすることは一般的ではありません。ただ、年々鎮痛を希望する妊婦さんは増えていくので、こうした鎮痛法が日本でも徐々に普及していく可能性があります。

メリットとデメリット

オピオイド
（ペチジンとジアモルフィン）

メリット

- オピオイド系鎮痛薬を使用すると、陣痛中にリラックスでき、子宮収縮の合間に力を温存しやすくなります。
- ジアモルフィンは幸福感をもたらし、多くの女性が分娩中に効果的だと報告しています。

デメリット

- オピオイド系鎮痛薬を使った女性の多くが吐き気を訴えます。特にペチジンは吐き気、嘔吐といった副作用があります。
- めまいを引き起こす場合があり、分娩中に頭が混乱することがあります。
- ペチジンを使った結果、冷静でいられなくなり、分娩の進行具合がわからなくなってしまったという人もいます。
- オピオイド系鎮痛薬は胎盤を簡単に通過し、赤ちゃんの血流に入り込みます。赤ちゃんに鎮静効果がおよんで、誕生後の呼吸に影響する場合があります。そのためオピオイド系の薬を投与するタイミングは、赤ちゃんの娩出に近くなりすぎないよう注意する必要があります。
- 分娩中のお母さんの呼吸を抑制することがあります。ただし、この副作用が多くみられるのは、喘息や肺気腫など、もともと呼吸器疾患がある場合です。
- オピオイド系鎮痛薬を使うと、消化吸収に時間がかかる原因となります。オピオイド系鎮痛薬のこの副作用は、のちに全身麻酔が必要になった場合のリスクを引き上げます。全身麻酔の影響下では、小さいながらも胃の内容物が逆流して肺に吸い込まれる危険があるのです。

（補足） オピオイド受容体は脳・脊髄や末梢神経にも存在します。投与されたオピオイド鎮痛薬がどこにどのように作用して痛みを抑制するのかは完全に解明されてはいません。

薬を使う鎮痛方法

硬膜外麻酔を検討する

▶メリット
- 硬膜外麻酔を使った女性の90％は完全に痛みから解放されます。10％の女性が多少の痛みは残るといいますが、全体的な不快感は格段に楽になります。
- 硬膜外麻酔は赤ちゃんにいかなる害も与えません。
- 硬膜外麻酔が効果的に使用できていれば、仮にいずれかの段階で医療介入が必要になったとしても、麻酔薬を追加して鉗子や吸引器を使用した器械分娩（p.436〜437参照）、または帝王切開による分娩（p.438〜439参照）に切り替えることができます。また、全身麻酔が必要になる可能性も低くなります。

▶デメリット
- 約10人にひとりは、硬膜外麻酔を使用しても完全には痛みがなくなりません。
- 頭痛を発症することがあり、硬膜外麻酔の影響がなくなっても頭痛が解消しない人もいます（p.406参照）。
- 稀に、脚部や足が部分的に重く感じられるという人もいます。

▶硬膜外麻酔にともなう非常に稀なリスク
- 侵襲的な処置に共通することですが、針を刺したりカテーテルを挿入したりすることで感染が生じることがあります。約10万人にひとりが髄膜炎を発症し、約5万人にひとりが硬膜外膿瘍を生じます。
- 17万分の1の確率で硬膜外腔に血栓ができる（硬膜外血腫）リスクがあります。
- 10万分の1の確率で、脊髄を包んでいる髄液内へとカテーテルが入り込み、意識消失を引き起こすリスクがあります。また、25万分の1の確率で硬膜外麻酔によってなんらかの麻痺が残るリスクもあります。

硬膜外麻酔

硬膜外麻酔は分娩のどの段階でも使用できる局所麻酔で、腹部の感覚を麻痺させます。したがって、子宮収縮の痛みをとり除くことができます。

手順と仕組み

腰の椎骨の間に硬膜外麻酔用の硬膜外針を刺します。その針を通してごく細いプラスチックのカテーテルが、脊髄を包んでいる硬膜の外の空間（硬膜外腔）に通されます。局所麻酔薬が針に注入され、カテーテルを通って硬膜外腔へ流れ込みます。疼痛刺激を脳に運ぶ神経の根が麻酔薬でおおわれ、痛みが軽減、または完全に感じられなくなります。

動ける硬膜外麻酔

少量の局所麻酔薬とオピオイド（鎮痛薬）を組み合わせて使用する病院もあります。この方法ならお母さんは歩き回ったり、姿勢を変えたり、バースボールを使ったりすることができ、分娩に重力の助けを借りることが可能です。子宮収縮が強すぎれば、オピオイドの量を増やして追加投与することができます。

一般的な硬膜外麻酔

動ける硬膜外麻酔を病院がとり入れていない、またはお母さんに適していないといった場合は、通常の硬膜外麻酔が使われます。この場合は下半身の感覚すべてに影響が出るので、ベッドに横になっている必要があり、赤ちゃんの状態を慎重に監視することになるでしょう。膀胱の感覚も影響されるので、尿道カテーテルを装着する必要があります。分娩の終盤に硬膜外麻酔を投与した場合、赤ちゃんの娩出を助けてもらうことになるでしょう。これは麻酔によって骨盤底筋が麻痺し、機能しなくなってしまうためです。この場合、助産師がお母さんのおなかに片手を当てて、子宮の収縮がはじまるのを確認し、いついきめばよいかを知らせてくれます。器械分娩（p.436〜437参照）が必要になる場合もあります。

投与のタイミング

硬膜外麻酔は分娩のどの段階でもはじめられ、早期から終盤までいつでも選択できます。ひとそれぞれに、がまんできる痛みの限界は異なるので、硬膜外麻酔をいつ希望するかも異なります。分娩の後半に硬膜外麻酔を希望する場合には、気をつけるべき点がいくつかあります。リスクを最小限にするために、硬膜外麻酔のカテーテルを挿入するときには絶対に動かないでください。じっとしていられないほど分娩が進行している場合、お母さんのためを考え、麻酔医は硬膜外麻酔をおこなえないと判断するかもしれません。また、分娩の終盤になって硬膜外麻酔を使うという選択をすると、即効性が求められるため、（動ける硬膜外麻酔でなく）通常の硬膜外麻酔を使うことになるかもしれません。そうなると、いくつか不都合が生じます（左記参照）。

硬膜外麻酔の使用を考えているなら、助産師が麻酔医と相談できるように分娩の早い段階で知らせましょう。それから麻酔医がお母さんと話し、簡単な病歴をきいて硬膜外麻酔の使用に問題がないことを確認するでしょう。麻酔医からリスクについての説明があり、お母さんとパートナーからの質問があれば答えてくれます。そのような話し合いを早めに済ませておくことで、実際に麻酔が必要になったときに時間を節約できます。

硬膜外麻酔が使用できないケースがあります。お母さんに脊髄の手術を受けた経験がある、抗凝血剤を使用しているといった場合がそれに該当します。稀にではありますが、硬膜外麻酔が原因で悪化する可能性のある感染症を患っている場合も同様です。

副作用

硬膜外麻酔には軽度の副作用がいろいろあります。薬の影響で血圧が下がることがあるので、血圧は常にチェックされます（右ページ参照）。実際に血圧が低下したときは、輸液と薬の投与がおこなわれ、以後追加する麻酔薬の量を減らすこともあります。

動ける硬膜外麻酔に使われるオピオイドにより放出されるヒスタミンが原因で、かゆみが生じるのはよくあることです。ヒスタミンはアレルギー反応の過程で体内で放出される物質で、かゆみを引き起こすことがあります。かゆみに対する処置は可能ですが、自然とよくなる場合がほとんどです。かゆみが生じた場合は、濃度を高めて局所麻酔のみを使用することになるでしょ

硬膜外麻酔の手順

硬膜外麻酔を選択する場合、助産師か医師から手順の説明を受けることになります。また、麻酔医と直接話し、質問する機会ももつべきです。

硬膜外麻酔の準備

硬膜外麻酔の投与をはじめる前に、手の甲か腕の静脈にプラスチックのカテーテルを挿入し、点滴がつながれます。硬膜外麻酔を投与している間は、血圧の低下を防ぐために輸液がおこなわれます。その後、助産師が硬膜外麻酔をはじめるために適切な姿勢をとるよう手助けしてくれます。ベッドの端に足を下ろしてすわり背中を丸めて前かがみになるか、背中を丸めてベッドの上に横向きに寝るかのどちらかです。このときの姿勢は麻酔医にとって処置をしやすいほうになるでしょう。

まず腰の消毒をし、感染症予防のため、穿刺予定部位以外の背中全体を殺菌済みのシートでおおいます。硬膜外針と呼ばれる穿刺針を刺す部分の皮膚と周辺の組織に局所麻酔をかけます。これによってその部分の感覚がなくなり、硬膜外針を穿刺しても痛みを感じずにすみます。局所麻酔の注射はチクッとして、ほんの一瞬、椎骨の間に痛みを感じるかもしれません。

手順

処置の間はお母さんがじっとしていることが重要なので、カテーテルの挿入は子宮収縮の合間におこなわれます。それが難しい場合、処置が終わるまでお母さんは呼吸に集中し、できるだけじっとしているようにしなければなりません。麻酔医がごく狭い硬膜外腔に穿刺針を到達させるまでの間、お母さんは背中を押されるような感覚があるでしょう。硬膜外腔に針が到達したら、その針に細いプラスチックのカテーテルが通され硬膜外腔に挿入されます。その後、硬膜外針は抜きとられ、カテーテルがテープで背中に固定されます。カテーテルは赤ちゃんが生まれるまで硬膜外腔に留置されます。非常に細く、やわらかく、しなやかなので、カテーテルが挿入された状態で仰向けになったり、動き回ったりしてもまったく問題ありません。

硬膜外麻酔の管理

硬膜外カテーテルが正しく挿入されたら、麻酔医はシリンジを使って最初の麻酔薬を投与します。カテーテルの位置にも麻酔の効果にも問題がないと判断されれば、その後の継続投与や"追加"投与は助産師がおこないます。硬膜外麻酔の投与がはじまると、お母さんの血圧を測ります。約30分間はモニターで連続的に、その後は一定間隔で血圧をチェックし、麻酔薬の追加投与をおこなったあとも血圧を測ります。麻酔薬を投与するたびに、効き目が十分にあらわれるまでに約20分かかり、その効果は1～2時間持続します。硬膜外麻酔は必要に応じて一定間隔、通常は3～4時間おきに追加され、分娩が終わるまで痛みをとり除きます。硬膜外麻酔に関する不安や問題が持ち上がったときに対処するために、麻酔医は24時間体制で対応しなければなりません。

(補足) 日本での硬膜外麻酔による無痛分娩

日本の約2800の分娩施設のうち、硬膜外無痛分娩をおこなっている施設は250足らずでした (2008年)。ただし、ニーズは明らかに高まっているので、対応施設は増えていくでしょう。無痛分娩を希望している場合は、できるだけ早い時点で担当医または助産師に伝えてください。硬膜外麻酔をおこなっていない施設では、他施設を紹介してくれるかもしれません。

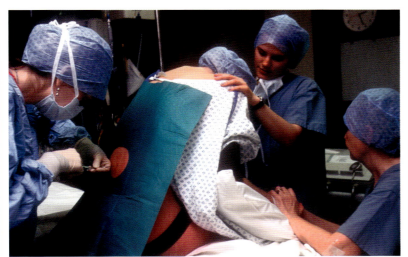

硬膜外麻酔をはじめる前に、殺菌済みのシートで背中がおおわれ、太い硬膜外針が穿刺されるときの痛みをとり除くための局所麻酔が打たれます。

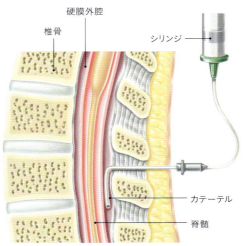

麻酔薬は、脊髄とそれを包む髄液や膜組織を避けて硬膜外腔に挿入されたカテーテルを通じて、投与されます。

薬を使う鎮痛方法

う。

硬膜外麻酔によって震えが起こることは珍しくありませんが、これは帝王切開などで濃度の高い局所麻酔が使われた場合によくみられる副作用です。

硬膜外麻酔の使用により、体温が上昇することがあります。そうなった場合、感染症の疑いを排除するために血液検査をおこないます。感染症が原因で体温が上がっている可能性もあるためです。血液検査の結果が出るのを待つ間、予防的に抗生物質の投与をおこない、体温を正常値に戻すためにアセトアミノフェン（カロナール）を使うでしょう。

硬膜外麻酔の問題点

硬膜外麻酔には副作用もありますが、ときにはうまく効果があらわれないこともあります。硬膜外カテーテルは硬膜外腔の片側にとどまっているため、麻酔薬が硬膜外腔全体に均等にまわらない可能性があります。これは、鎮痛効果があらわれるのが体の片側だけになる可能性があることを意味します。そのようなことが起こった場合は、麻酔医がカテーテルの位置を変え、麻酔薬を追加するでしょう。それがうまくいかなければ、硬膜外麻酔をはじめからやり直すしか解決法はありません。

部分的に痛みが残ることもあります。これは、鼠径部か下腹部の前面である場合が多く、"麻酔薬が届かなかった分節"と呼ばれます。これは神経根のどれかが局所麻酔で包まれなかった結果起こります。この場合も、麻酔医がカテーテルの位置を変えるでしょう。より強力な局所麻酔やオピオイドを使ってその部位の感覚を麻痺させることもあります。それでも麻酔が効かず痛みをがまんできない場合は、脊髄くも膜下硬膜外併用鎮痛法（CSE、右下記参照）が使われることがあります。

硬膜外麻酔を使用すると分娩第2期が長引くと考えられています。また、鉗子や吸引器を用いた器械分娩が必要になる確率も高まります。特に、分娩の終盤にかけて麻酔薬の投与量が多かった場合は、いきみが難しくなるためそのリスクは高まるでしょう。誤解されることが多いのですが、硬膜外麻酔が原因で出産後に長期的な腰痛に悩まされることはありません。

脊髄くも膜下麻酔

背中に針を刺し、骨盤内の器官にかかわる神経線維をブロックすることで鎮痛する点で、硬膜外麻酔と似ています。しかしこの脊髄くも膜下麻酔法では、針は硬膜外腔を通って脊髄を包んでいる膜（硬膜）を貫通し、脊髄をとり囲んでいる髄液内に麻酔薬が注入されます。カテーテルは留置されません。脊髄くも膜下麻酔に使用される針は、硬膜外麻酔用の針よりも細いので、穿刺時の痛みは軽くなります。また、細い針を使えば髄液が漏れ出す可能性が減るため、硬膜外麻酔使用の場合に比べて頭痛を引き起こすリスクは低くなります（下のコラム参照）。

必要な麻酔薬の量は少なく、効き目はすぐにあらわれます。硬膜外麻酔は効果があらわれるまでに20～30分かかるのに対し、脊髄くも膜下麻酔は即効性があります。しかし、脊髄くも膜下麻酔を使用できるのは1回までと限定的です。そのため、この鎮痛方法は帝王切開をおこなうことになったときのための鎮痛手段として残しておくのが一般的です。

脊髄くも膜下硬膜外併用鎮痛法（CSE）

この鎮痛方法では、脊髄くも膜下への麻酔投与と硬膜外への麻酔投与が組み合わせておこなわれます。硬膜外麻酔で問題が起こった場合（左記参照）におこなわれる場合と、帝王切開に使用される場合があります。CSEの鎮痛効果は約2時間持続します。しかしこれは特殊な技術であり、すべての病院でおこなわれるわけではありません。

陰部神経ブロック

この局所麻酔は陰部神経がある産道内に麻酔薬を注射し、産道と会陰の痛みを緩和するものです。陰部神経ブロックに使用される針は非常に長く太いので、針を刺す部位には事前に冷たい麻酔薬をスプレーします。この麻酔は赤ちゃんにまったく影響せず、ペチジンや笑気ガスと併用できます。効果はすぐにあらわれ、鉗子分娩の際に娩出の直前に使用されることもあります。

全身麻酔

ほとんどの帝王切開は局所麻酔を使用しておこなわれます。しかし、お母さんを眠らせる全身麻酔が必要な場合があります。これは局所麻酔が効かない、お母さんの血液が固まりにくい、お母さんが敗血症にかかっている、胎児が重度の機能不全に陥っ

硬膜外麻酔による"頭痛"

硬膜外麻酔の使用後に頭痛を訴える女性がいます。分娩後24時間以上たってから発症する場合もあり、前頭部に痛みが生じる傾向があります。すわったり動き回ったりすると悪化し、横になることで改善します。これは硬膜外針が進みすぎて、硬膜鞘（脊髄と脳をとり囲む脳脊髄液を包んでいる膜）を傷つけてしまうことが原因で、およそ100人にひとりに起こります。こうして小さな穴があいた結果、硬膜鞘から髄液が漏れ出し、頭痛を引き起こすのです。カテーテルを挿入する間じっとしていることで、硬膜鞘が傷つくリスクは激減します。穴はおよそ70％のケースで自然にふさがっています。

水分をたくさんとり、アセトアミノフェン（カロナール）、イブプロフェンといった一般的な鎮痛薬を飲むように指示され、麻酔医が定期的に経過をみるでしょう。

頭痛が続く場合は、"硬膜外自家血注入療法（ブラッドパッチ）"という処置がおこなわれるでしょう。この処置は通常、無菌の手術室でふたりの麻酔医によっておこなわれます。ひとりが患者の背中に硬膜外針を刺します。もうひとりは患者の腕の静脈から約20mLの血液を採り、その血液を硬膜外針を通して硬膜外腔に注入します。血液が凝固して硬膜鞘の穴をふさぎ、脊髄のまわりを満たしている髄液が漏れ出さなくなるので、患者の頭痛はおさまります。

出産体験記：硬膜外麻酔による鎮痛

アリスはひとり目の赤ちゃんを妊娠していました。妊娠に問題はなく、パートナーといっしょに書いたバースプランでは自然分娩を希望し、分娩中に動き回ったり、TENS（経皮的電気神経刺激）や温水を利用したりすることで子宮収縮をやり過ごしたいとしていました。また、可能な限り硬膜外麻酔は避けたいと希望していました。

アリスの出産体験記：陣痛がはじまって早い段階で、パートナーといっしょに分娩室に到着しました。わたしはTENS装置を鎮痛に使いはじめました。でも、分娩が進むにつれて、子宮の収縮が予想以上の痛みだったのでとても動揺してしまいました。子宮口が3cmほど開いたとき、TENS装置をはずして温水につかることにしました。パートナーは背中をマッサージし、感情面でもサポートしてくれました。でも、彼にはわたしが味わっている不快感がなかなか理解できず、助産師に教えてもらわなければならなかったようです。15分後、鎮痛効果がほとんどないので、温水から出ることにしました。バースボールを使って動きを止めないようにし、パートナーはさらにマッサージや指圧をしてくれました。それから1時間はなんとか乗り切りましたが、その後どんどん疲れが出て冷静でいられなくなりました。子宮口の状態をみてもらうと5cmしか開いていなくて、私たちは分娩がもっと進んでいると思っていたので、がっかりしてしまいました。

助産師が、ほかに利用できる鎮痛方法について麻酔医の話を聞いてみてはどうかとすすめてくれました。麻酔医と話し、わたしは硬膜外麻酔を利用することにしました。わたしは数年前にひざの手術を受けたときのことを麻酔医に話しました。硬膜外麻酔を使い、鎮痛効果はすばらしかったものの、術後何時間もかゆみに悩まされたのです。麻酔医は、硬膜外麻酔で追加投与された鎮痛薬のひとつ（フェンタニル）がかゆみの原因と推測し、今回はその薬を使わないようにするといいました。

麻酔医は、5分以内に完全に痛みをとり除けるよう脊髄くも膜下硬膜外併用鎮痛（CSE）をおこなおうといいました。はじめは脚が重く感じられましたが、1時間以内に違和感はなくなりました。硬膜外麻酔を投与してもらったあと、わたしもパートナーも少し休むことができ、わたしは分娩にまた集中することができました。分娩の大部分を薬に頼らずに乗り越えられたという満足感がありましたし、あのとき硬膜外麻酔を使うことにしてよかったです。その日の夕方、普通分娩でかわいらしい赤ちゃんを産み落としました。

麻酔医のコメント：アリスは鎮痛方法について常に柔軟に考え、分娩中はその段階に応じた鎮痛方法があることを理解していました。硬膜外麻酔の処置をしたあと、アリスにとって分娩は忍耐力を試す試験ではなくなり、分娩とすこやかな赤ちゃんを産むことへの集中をとり戻せました。

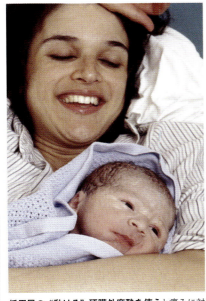

低用量の"動ける"硬膜外麻酔を使うと痛みに対処しやすくなり、ある程度自分のコントロールを保てるようになって、分娩に集中できるでしょう。

ているなどの理由でおこなわれます。

手順

お母さんと赤ちゃんのリスクを最小限にするため、いくつかの予防措置がとられます。胃酸を抑えるためにクエン酸ナトリウム溶液を飲むことになるでしょう。ほとんどの場合、膀胱にカテーテルを挿入し、お母さんの腹部を消毒します。赤ちゃんが麻酔薬にさらされる時間を最小限にするために、これらの処置はお母さんを眠らせる前におこなわれます。

お母さんを眠らせるときに、鼻と口に酸素マスクが当てられます。胃のなかの食べ物や胃酸が食道を逆流して肺に流れ込むのを防ぐため、首の特定の位置が圧迫されます。これには驚いてしまうかもしれませんが、30秒以内に眠りに落ちます。お母さんが眠ってしまうと、麻酔医が口からのどに管を挿入し、酸素がうまく肺に届くようにします。そのため、お母さんは目覚めたときにのどに痛みを感じるかもしれません。

手術の間、麻酔医はお母さんの様子を見守り、痛み止めや制吐薬を必要に応じて投与します。赤ちゃんの様子は助産師が見守ります。パートナーが赤ちゃんの誕生に立ち会えるかどうかは、病院の方針によって異なります。しかし、麻酔をかけている間にパートナーの立ち会いを許可する病院はありません。

手術後

手術はおよそ1時間で終わります。お母さんは術後5〜10分で起こされます。赤ちゃんは、特別なケアが必要でない限りずっとお母さんといっしょにいます。

全身麻酔は局所的な鎮痛薬を投与しないため、術後に鎮痛薬が必要になるのが一般的です。定期的な錠剤服用に加え、はじめの1〜2日はモルヒネベースの薬も投与されるかもしれません。

分娩第1期

陣痛の開始を待っているときは、気持ちの浮き沈みがあるでしょう。

早く赤ちゃんを産んでしまいたいと感じていますか？
それとも赤ちゃんを産む準備がまだできていないと感じていますか？
いまは感情的になりやすいときですから、できるだけ穏やかに過ごしましょう。
ここでは、陣痛の兆候とその症状の見極め方を紹介し、
女性の体が出産の準備を整える過程で起こる変化を、
段階を追ってみていきます。

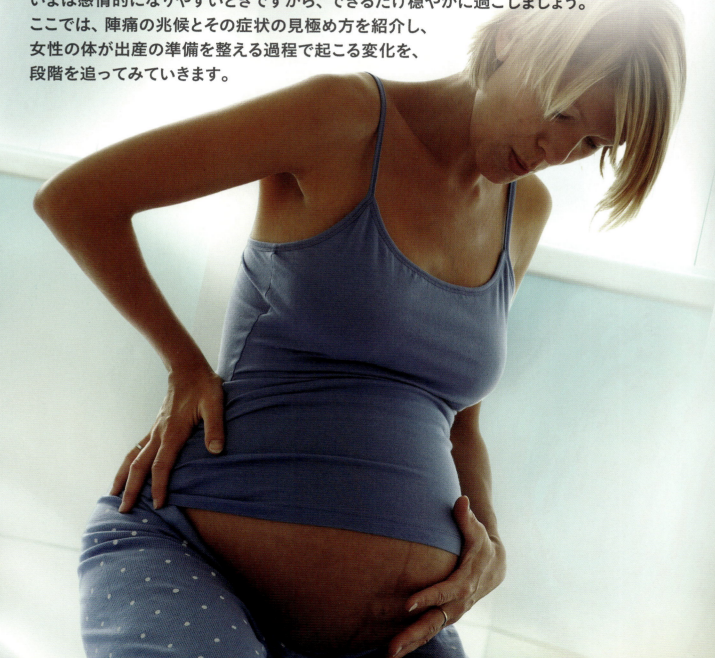

出産が近づいています

妊娠が終わりに近づくと子宮頸管がやわらかくなり、
体はこれからはじまる陣痛と分娩に備えます。

陣痛の開始が近づいてくると、体はこれからとり組むべき仕事に向けて準備をはじめます。お母さんは、陣痛がはじまることを知らせるさまざまな身体的症状や兆候に気づくでしょう。とはいえ、陣痛のはじまり方はひとそれぞれで、これらの症状を感じる前に陣痛が訪れる場合もあります。

よくある身体的な症状

妊娠が終わりにさしかかると、骨盤内や直腸のあたりにじわじわと圧迫されるような、引きつるような感覚が生じることがあります。この骨盤痛を月経痛に非常に似ていると感じる人もいるでしょう。腰に鈍痛が生じるのも一般的な兆候です。胸やけしやすくなった（胃酸の逆流）、ガスがたまっておなかが張りやすくなったなどの症状に気づく人もいるでしょう。これらの症状が妊娠の終盤にみられる場合、病院にいったり助産師に連絡したりする必要はありません。ただし、ハイリスクの妊娠の場合は、この限りではありません。

心の状態

陣痛の開始を待っているこのころ、多くの女性はせっせと家事をして過ごします。このように突然活動的になるのはだいたい本能的なもので、お母さんが赤ちゃんを迎える準備をしているのだと考えられており、"巣づくり"本能と呼ばれています。陣痛・分娩でどんなことが起こるだろうと考えると、恐れや不安から興奮や焦りまでさまざまな感情がわきあがってくるでしょう。ものすごく痛いのかしら、尿や便が出てしまったらどうしようと不安になる人もいるでしょう。陣痛・分娩で経験することに完全に備えることなどできませんが、鎮痛方法にどのような選択肢があるか（p.396〜407参照）を事前によく理解していればそれだけ、痛みに対処できるという自信がもてるものです。また、十分な知識を得て備えることで陣痛がはじまってからの不安は軽減され、そのおかげで子宮収縮の痛みにうまく対処できるようになると考えられています。

> **チェックリスト**
>
> ### 陣痛に備える
>
> 陣痛の兆候があらわれてから実際に陣痛がはじまるまでは、数時間のこともあれば数日かかる場合もあります。初産ならなおさら、時間がかかるでしょう。そのときがきたら対処できるように、陣痛の開始を待っているこの段階では、自分をいたわってあげましょう。
>
> - **十分な休養をとり**、陣痛がはじまったときに疲れ果てていることのないようにしてください。不安で眠れないときには、リラックス法をおこなってみましょう。
> - 眠れないときはたいてい、**身体的な不快感が原因です**。暑すぎる、快適な姿勢をとれない、鼻がつまっていてうまく呼吸できないなどの不快感を解消するために、眠りやすい環境をつくりましょう。抱き枕、季節によっては除湿器や扇風機やエアコンを利用してください。
> - **これまで通り食事をきちんととって**エネルギーレベルを維持し、数日先に使える燃料を蓄えておきましょう。1度にたくさん食べられないでしょうから、少量を何度も食べてください。
> - **腰痛に悩まされているなら**、温かいシャワーを浴びるかおふろに入りましょう。ただし、妊娠中にめまいを起こしやすいのでシャワーを浴びるときは気をつけてください。また、熱いお湯に長時間つかるのは避けましょう。赤ちゃんに悪影響をおよぼす場合があります。
> - **腰の低い位置へのマッサージ**は心地よく、リラックス効果もあって不快感を軽減するよい方法です。パートナーのマッサージで癒してもらいましょう。

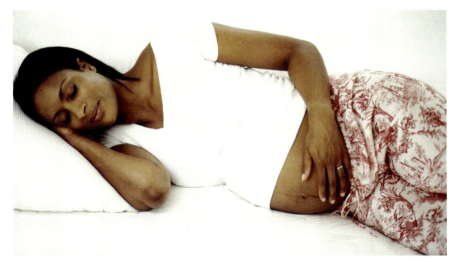

体が目の前の大仕事に備えられるように、十分な休養をとりリラックスして過ごしてください。
夜間によく眠るのはもちろんですが、日中も疲れたら昼寝をするようにしましょう。

ご存じですか

なにが陣痛・分娩を引き起こすのかは正確にはわかっていませんが、その仕組みは生物の種によって異なるようです。

羊の場合、プロゲステロン値が下がると分娩がはじまります。鼠の場合、成熟を知らせる数種類のたんぱく質が赤ちゃんから分泌され、それが引き金となって分娩がはじまります。人間の場合、分娩開始の合図となるものがなにかはほとんどわかっていませんが、さまざまな説があります。複数の研究によって、子宮や胎盤で産生される副腎皮質刺激ホルモン放出ホルモン（CRH）などのホルモンがなんらかの役割を果たしていることがわかっています。また、炎症性サイトカインという炎症誘発性物質の増加も、なんらかのかかわりがあると考えられています。引き金となるものがなんであれ、陣痛・分娩の開始には赤ちゃんとお母さんの体の間でなんらかの生物学的なコミュニケーションがとられ、赤ちゃんが生まれてくる準備ができたと知らせているようです。

妊娠陣痛（ブラックストン・ヒックス収縮）

陣痛の開始が近いことを知らせるもっとも一般的な症状のひとつに妊娠陣痛、または前駆陣痛（偽陣痛）の強さと頻度が増すことがあります。これは、多ければ1時間に4回起こります。これらの子宮収縮は、子宮を収縮に慣らすために起こります。つまり、本番の陣痛にうまく対処し、分娩をスムーズに進行させるための予行練習なのです。また、子宮頸管をやわらかく、短くするのを助けるのではないかとも考えられています。妊娠陣痛の感じ方は人それぞれで、比較的痛みが少ないという人もいれば、かなりの不快感をともなうという人もいます。赤ちゃんがかなり下がってきていて、子宮の収縮によって骨盤がさらに圧迫される場合は特に、不快感が増すでしょう。

痛みの強さ以外に妊娠陣痛と本番の陣痛とが大きく異なるのは、妊娠陣痛が不規則でだんだんおさまっていくのに対し、本陣痛の痛みは一定の間隔で起こり、徐々に強く、強烈になり、収縮の間隔が狭まっていきます。また、もうひとつの大きな違いは、子宮口を開大させるかどうかです。妊娠陣痛と異なり、本陣痛は子宮口を開大させます。つまり分娩が開始していることを意味します。

児頭の固定

初産の場合、早ければ妊娠36週くらいに赤ちゃんの頭が骨盤内に下りてきて"児頭の固定"が起こります。2度目以降の経産の場合、陣痛の開始まで赤ちゃんの頭が固定されないことがあります。

赤ちゃんが骨盤内に下りたことは、通常ふたつの変化によってわかります。まず、おなかの上のほうや肋骨周辺の不快感が軽くなるでしょう。これは赤ちゃんが下方に移動することでいくらか圧迫が弱まるためです。また、赤ちゃんが下りてくるにつれて骨盤まわりや膣周辺の圧迫感や痛みが増してくるでしょう。これまで以上にお母さんの歩き方はぎこちなくなり、トイレが近くなります。場合によっては、骨盤内に走っている神経が赤ちゃんの頭に圧迫されて坐骨神経痛を発症し、脚部の外側から足の小指にかけてしびれるような鋭い痛みが走ることがあります（p.470参照）。

陣痛開始の兆候

どのような陣痛を体験するかはひとりひとり異なり、なにがいつ起こるか決まっているわけではありませんが、陣痛がただちに、あるいは数日のうちにはじまりそうだということを知らせるサインはいくつかあります。陣痛が近いことを示す典型的な兆候に"おしるし"（次ページ参照）があります。これは、妊娠中に細菌などの侵入から赤ちゃんを守ってくれていた粘液の栓がはずれるときに起こります。疑う余地のないもうひとつの兆候に、子宮口が開きはじめることがあります。ただし当然ですが、子宮口が開いているかどうかは内診をしなければわかりません。

破水（次ページ参照）も陣痛開始を知らせるサインです。しかし、ほとんどの場合、破水は陣痛が本格的になってから起こります。

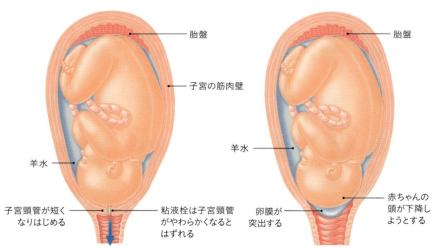

子宮頸管がやわらかく、短くなってくると、妊娠中に赤ちゃんを細菌などから守っていたどろりとした粘液の栓がはずれて膣から流れ出します。これが"おしるし"です。透明で黄色っぽいゼリー状の分泌物で、血液が混ざっていることがあります。

赤ちゃんの頭が下方に進もうとするとき、卵膜（赤ちゃんと羊水を包む膜）が頸管のほうへと突出します。羊膜が破れる（破水する）とき、陣痛は間もなくはじまるかすでにはじまっています。羊水は勢いよく流れ出すことも、ちょろちょろ漏れるだけのこともあります。

陣痛と分娩

チェックリスト

助けを求めるべきとき

次のような状況になったら、病院に向かうか医師や助産師にアドバイスをもらいましょう。

- **膣から月経のような、またはそれ以上の出血があるとき。**
- **羊水か、緑がかった液体が流れているとき。** 赤ちゃんが危険な状態にある場合があります。
- **赤ちゃんがいつものように動いていない**（病院に相談してください）。

"おしるし"

妊娠すると子宮頸管内に粘液の栓が形成され、子宮に細菌などが入るのを防ぎます。妊娠の終わりに子宮頸管がやわらかくなって子宮口が開いてくると、その粘液の栓がはずれて膣から流れ出します。この現象が起こるとき"おしるし"と呼ばれるおりものがみられることがありますが（注：日本では少量の血液が混じったおりものを"おしるし"と呼ぶ）、なかには気づかない人もいます。この分泌物は透明または黄色がかったどろりとしたかたまりで、鼻から出る粘液に似ています。おしるしに少量の血液が混ざるのはよくあることです。これは粘液栓がはずれるときに子宮頸管に小さな傷がつくためです。

粘液栓がはずれたらすぐに陣痛がはじまると考える女性が多いのですが、必ずしもそうではありません。実際、陣痛開始まで何日もかかることもあります。しかし、"おしるし"のほかに、痛みをともなう子宮収縮が短時間に繰り返し起こっている、出血がひどい、液体が流れ出す（破水が起こっている）などの症状をともなう場合は、すぐに助産師か病院に電話してください。

破水

羊膜が破れることを"破水"と呼びます。通常は陣痛開始後に起こりますが、もっと早い段階で起こることもあります。破水が起こるとたいてい陣痛が間もなくはじまります。羊水が勢いよく流れ出して破水したことがはっきりわかる場合もあれば、量が少なく、流れ出しているのが羊水なのか判断しにくい場合もあります。また、多くの女性は妊娠中に膀胱のコントロールが難しくなるので、尿か羊水かを見分けるのは困難です。生理用のナプキンを使うのはひとつの判断方法です。ナプキンがすぐにぐっしょりぬれてしまうなら、おそらく破水しています。また、羊水には尿とはまったく異なるにおいがあるので、専門家でなくても区別がつくでしょう。

破水後の対処

前期破水と呼ばれる、陣痛がはじまる前に破水が起こってしまった場合には、病院に連絡して相談してください。妊娠が満期に達していて問題もなく、赤ちゃんの頭が骨盤内に下りて固定されている場合は、陣痛がはじまるかどうか自宅で様子をみるように指示されることがあります（注：日本では通常、破水後は入院となる）。また、自宅か病院で助産師にみてもらうようにいわれることもありますが、これは破水すると赤ちゃんを包んで保護していた卵膜が破れ、赤ちゃんが細菌などにさらされる危険性が高まるためです。助産師は膣から検体を採取し、有害な細菌の有無を確認するでしょう。また、赤ちゃんの心拍を監視し（p.418 参照）、赤ちゃんに負担がかかっていないことを確認することもあります。

24時間以内に陣痛がはじまらなければ（病院によってはもう少し長く様子をみることがあります）、陣痛の誘発を提案されるかもしれません（p.432 参照）。

初期の陣痛

お母さんの体が分娩の開始に備えるために、それほどきつくない子宮収縮が不規則に起こりはじめるでしょう。これらは徐々に強まり、子宮頸管をやわらかくするとともに子宮口を開かせるので、前駆陣痛（偽陣痛）とは異なります。

分娩の開始が近づくと、子宮収縮が不規則に起こるでしょう。この収縮は分娩がはじまると強く規則的になります。

チェックリスト

本陣痛の見分け方

多くの女性が「陣痛がほんものかどうかはどこで見分けるのかしら」と心配します。次のような兆候があれば、陣痛・分娩は間違いなくはじまっています。

- **子宮収縮がだんだん強くなり**、痛みを感じる時間は長く、収縮の間隔は短くなる。

- 姿勢を変えたり歩き回ったりしても**子宮収縮の痛みは弱まらない。**

- 下腹部だけがぎゅっと絞られるのではなく、子宮の収縮はおなかの上のほうからはじまり、その痛みが下のほうや腰へと移っていく。

- 子宮収縮の間に**破水（左記参照）**が起こる。

出産が近づいています

分娩の進行

子宮収縮は次第に強まりさらに規則的になりながら、
子宮頸管をおよそ10cmに全開大するまで引き伸ばします。

分娩が急速に進むケース

あまり一般的ではありませんが、陣痛開始から分娩が予想外に急速に進み、予期せず自宅出産をすることになったり、病院に向かう途中に赤ちゃんが生まれてしまったりすることがあります。そのようなスピード出産は初産より2度目以降の出産で起こりやすく、過去にそのような経験がある人はまた分娩の進行が速くなる可能性が高いようです。

自宅にいるとき陣痛が急速に進みはじめ、お尻が圧迫されるように感じたら、落ち着いて救急車を呼んでください。またその際に、かかりつけの助産師に連絡してもらえるようお願いしましょう。助けてもらえる友人、親せきや近所の人にも連絡するとよいでしょう。だれかといっしょにいる場合は、その人に救急車を呼んでもらい、助産師にも連絡してもらってください（注：日本では最初にかかりつけの病院に連絡し、指示をもらうようにする）。

連絡がすんだら手を洗い、バスタオルとフェイスタオルかふきんを数枚ずつ用意します。時間があれば床かベッドをビニールシートか新聞紙でおおい、胎盤娩出用に洗面器を近くに用意しておきます。

いきみたくなったら、ゆっくり呼吸していきみを逃します。"ヒッ、ヒッ"と短く呼吸して"フー"と長く吐くと楽になるかもしれません。赤ちゃんを産み落としたときの衝撃をやわらげるために床かベッドに清潔なタオルを敷き、その上にすわるかひざ立ちになります。破水が起こり、出産に立ち会っている人には、会陰が突然ふくらんで赤ちゃんの頭があらわれるのがみえるでしょう。そこまできたら、いきんで大丈夫です。

赤ちゃんの頭が娩出されると、もう一度子宮の収縮が起こり、いきむと体を娩出できるでしょう。お母さんが自力で娩出できるでしょうが、手伝ってくれる人がいれば赤ちゃんの頭を両側からそっと支えてもらいます。赤ちゃんが卵膜に包まれたまま生まれた場合は、膜は指で破れます。赤ちゃんの顔をふいて、気道を確保してあげる必要があります。できれば、赤ちゃんが生まれた時間を書き留めておきましょう。

赤ちゃんをすぐにお母さんの胸に抱いて肌を触れ合わせ、体温が下がらないようにしてあげてください。それから全身をふいてタオルか毛布でくるんであげましょう。赤ちゃんの口に乳首を含ませることで、胎盤を娩出するための子宮収縮が促されます。立ち会っている人は注意していてください。膣から血液がどっと流れ出してきたり、臍帯が長くなってきたりしたら間もなく胎盤が娩出されます。胎盤はあとでチェックしてもらえるよう、タオルで包んで洗面器に入れておきます。救急隊員が到着したら、臍帯を切ってくれるでしょう。

車のなかでいきみたくなったら、パートナーは車を路肩に止めてハザードランプをつけてください。車内で赤ちゃんが生まれたら、パートナーは温かいお母さんのおなかの上に赤ちゃんを乗せてあげましょう。タオルがあれば赤ちゃんをふき、清潔なタオルでくるんで、救急車を呼びましょう。

病院に向かう途中でどうしてもいきみたくなったら、**車を止めて救急車を呼んでください。**

陣痛・分娩は人によって異なるものなので、正確にどんな体験になるかを説明することはできません。しかし、分娩の段階はすべての女性に共通しています。陣痛が活発になる分娩第1期（開口期）のはじまりは、子宮の収縮によって子宮口が開きはじめる、つまり子宮頸管が開大しはじめる（p.415のコラム参照）ときです。分娩の段階のなかでもこの第1期がもっともつらいと感じる人もいるでしょう。強い鎮痛薬を使いたくない人には、とりわけきつい段階となります。初産の場合、子宮頸管が開大するまでに長い時間がかかることがありますが、その進行を早めるためにできることはあまりありません。分娩第1期（開口期）は3つの段階に分けられます。初期または潜伏期と呼ばれる段階（下記参照）と活動期（下記参照）を経て極期（移行期、p.416参照）に入ると、子宮頸管が全開大します。ここまでくれば、いきんで赤ちゃんを娩出する準備が整うのです。

初期（潜伏期）

初めての分娩では分娩第1期の初期が24時間以上続くこともあります。子宮収縮の不快感は徐々に増しますが、それでもまだ比較的やり過ごしやすいでしょう。規則的ではないかもしれませんが、収縮はだんだん頻繁に起こるようになります。この段階では、子宮頸管が次第に短くなる"展退"と呼ばれる現象が起こり（p.414のコラム参照）、開大しはじめます。頸管がだいたい3〜4cmに開大し、規則的で強い収縮が起こるようになると、活動期のはじまりです（下記参照）。初期の子宮頸管の開大はなかなか進まないこともあれば進行が速いこともあり、予測がつきません。

活動期

分娩第1期の活動期はどの女性にとっても、子宮頸管の変化が速まり、予測できるようになる唯一の段階です。しかし、正確にどの時点から活動期に入るのかは、助産師で

病院に向かう

多くのカップルが、いつ病院に向かえばいいのかよくわからないといいます。妊娠に問題がない場合は、陣痛がはじまったころは自宅で過ごすほうが断然快適ですし、分娩第1期の活動期に入るまでは病院に向かうのを待つべきです。活動期には、規則的でかなりきつい子宮収縮が5分間隔で起こるようになります。この段階になると、赤ちゃんが強い子宮収縮にうまく反応しているか病院で評価してもらう必要があります（注：日本では初産婦の場合、10分間隔で子宮収縮が起こると病院に連絡するよう指示されることが多い）。また、お母さんはなんらかの鎮痛薬を使いたくなるかもしれません。鎮痛薬を使用するにはお母さんの様子を見守れる環境が必要となりますし、硬膜外麻酔（p.404参照）の使用は病院に限られます。

現在の妊娠がハイリスク、帝王切開で出産した経験がある、赤ちゃんが骨盤位（逆子）である、GBS（B群溶血性レンサ球菌）陽性、といった場合は、入院のタイミングを病院に相談してください。

活動期に入ったら、赤ちゃんが生まれる前に病院にたどり着くことが重要です。予期せず自宅（または車のなか）で出産することになるのは、お母さんにとっても赤ちゃんにとってもよいことではありません。初産には稀ですが、経産の場合、子宮口がかなり開いた状態で病院に到着したり、やむを得ず自宅で出産することになったりするリスクは上がります。

病院に向かう

パートナーか、友人か、親戚のだれかに車で病院に連れていってもらえるよう、お願いしておきましょう。自分で運転することは考えないでください。事前に病院までのルートを確認し、その日がくる前に予行演習するとよいでしょう。入院中に自分と赤ちゃんに必要なもの（p.358参照）はすべてバッグに詰めておきましょう。

病院に着いたら

受付を終えると、活動期に入っていると判断されれば陣痛室に、判断がつかない場合は診察室に通されます。一般的に採尿後、助産師が体温、脈、血圧を測り、子宮頸管の状態をチェックして、過去の妊娠について確認します。まだ活動期に入っていなければ、自宅で待機するよういわれることもあります。だからといって、病院にきたのが軽率だったというわけではありません。万全を期するに越したことはないのです。

入院手続きがすむと、お母さんと赤ちゃんの状態を評価してもらい、担当の助産師が決まります。陣痛室や分娩室で快適に過ごすために、準備してきたアイテムを活用しましょう。病院によっては、立ち会いのために入室できる人数を制限している場合があります。

病院に着くと、**分娩第1期の活動期に入っているか確認し、そのまま入院するかどうか決めます。**

さえはっきりわからないことが多いのです。ほとんどの女性は子宮口が4cmくらい開いたころに活動期に入ります。子宮収縮が規則的に、5分くらいの間隔でやってくるようになります。その間隔は徐々に狭まり、2～4分おきに収縮が45～60秒（またはそれ以上）続くようになるでしょう。活動期に入ってから赤ちゃんの娩出までおよそ10～12時間かかる可能性がありますが、経産ならずっと短い時間ですむこともあります。

活動期になると陣痛の質が変化します。それまでのように下腹部に痛みが集中するのではなく、おなかの上のほうに生じた痛みが骨盤や腰まわりに向かって下りてくるようになります。これは赤ちゃんが下へと押し進められるためです。陣痛は子宮の筋肉がぎゅっと収縮することによって起こる痛みです。はじめは重い生理痛のように感じられますが、さらに強まってピークを迎えるでしょう。助産師は、お母さんが感じる痛みの程度や子宮収縮の頻度と強さを監

トピック——自宅出産

陣痛がはじまったら

自宅で出産する場合、陣痛がはじまったときの連絡方法を事前に助産師から教えてもらえるはずです。おそらく助産師の携帯電話かポケットベルに直接、または病院を通じて連絡をとることになります。助産師に自宅にきてもらう際の交通事情を考慮し、道路が混んでいそうなら、活動期に入る前に一度連絡しておくとよいでしょう。子宮収縮の間隔がもう少し狭まってきたらまた連絡するように指示されたら、それに従ってください。

助産師を待つ間に動き回りたくなったり、温水につかってリラックスしたくなったりするかもしれません。水中出産用のプールを借りているなら、すぐに使えるように準備しておいてください。パートナーに頼んで床の上に汚れても構わないシーツか、ビニールシートを敷いてもらいましょう。これから何時間もかけて大仕事をするわけですから、栄養価の高い軽食を何回かに分けて少量ずつとり、水分をとり、エネルギーを蓄えてください。

英国では通常、自宅出産にふたりの助産師が立ち会います。分娩を通してふたりがつき添うこともあれば、子宮頸管がある程度開大するまではひとりがつき添い、娩出が近づいてからもうひとりを呼んで、娩出時にはふたりそろっているようにすることもあります。万が一、助産師がすぐにかけつけられず、分娩が急速に進行するようなことがあれば、病院に連絡して出産に対応してくれる救急隊員を手配してもらう必要も出てくるでしょう。

子宮頸管の変化

子宮頸管は丈夫な筋肉から成り、子宮の基底部に強固な基盤を形成しています。赤ちゃんが生まれるためには、頸管が伸びてやわらかくなる必要があります。そうなれば頸管は開き（開大し）、赤ちゃんが子宮を出て産道に進めるようになるのです。

妊娠の終盤にかけて、お母さんの血中のプロスタグランジンという物質の作用で子宮頸管はやわらかくなりはじめ、子宮の出口がしなやかになってきます。妊娠中の子宮頸管の長さは通常3〜4cmです。妊娠の終盤や分娩の初期には、前駆陣痛（偽陣痛）が起こって子宮頸管を短く、薄くしはじめます。この現象を子宮頸管の展退と呼びます。陣痛が発来したころ、大多数の女性の子宮頸管は1.5〜2cmくらいの長さになっています。この状態を"展退度50％"と表現することもあります。頸管は短くなるにつれて、子宮によって上方に引き上げられます。最終的には子宮頸管が全開大し（次ページのコラム参照）、赤ちゃんの娩出が可能になります。経産の場合、頸管の展退と開大は同時に起こることがあります。

分娩の開始が近づくと、血液中のプロスタグランジンの作用と前駆陣痛（偽陣痛）の影響で子宮頸管はやわらかくなります。

- 子宮の下部
- 子宮頸管

子宮頸管がやわらかくなると、その長さが短くなりはじめます。このプロセスを展退と呼びます。これは子宮頸管が開大しはじめる前に起こることも、開大と同時進行で起こることもあります。

- 頸管が子宮に引き上げられはじめる
- 頸管長が短くなる

"ステーション（児頭の位置）"

"ステーション"はお母さんの骨盤に対する赤ちゃんの頭の位置をあらわし、−5から＋5（cm）までの数字で記録されます。ステーション0は赤ちゃんの頭が骨盤内の空間（骨盤腔）に入り、"固定"された状態を意味します。負の数字（−5から0）は、頭が骨盤内に固定されていないことを示します。正の数字（0から＋4）は赤ちゃんの頭が骨盤内に固定されている状態を、＋5は赤ちゃんの頭が子宮口から常にみえている"発露"と呼ばれる状態で娩出がはじまっていることを示します。子宮頸管が全開大していても、赤ちゃんの頭が骨盤内に固定されるまではいきむのを我慢するのが理想的です。

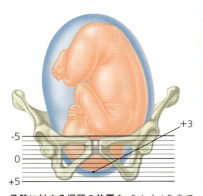

骨盤に対する児頭の位置を−5から＋5までの数字で評価します（この赤ちゃんは＋3）。

視し、陣痛曲線を利用して活動期に入ったかどうかを評価します。陣痛曲線は、分娩経過時間を横軸に、子宮頸管の開大度とお母さんの骨盤に対する赤ちゃんの頭の位置（児頭下降度）を記録したグラフです（p.419「分娩経過図（パルトグラム）」の項参照）。

いつ活動期に入ったかの判断は重要で、助産師はそれをもとに分娩の進行具合を評価します。初産の女性の90％は1時間に約0.5cm子宮頸管が開大しますが、経産の場合は分娩が速く進みます。硬膜外麻酔（p.404参照）を使用すると、分娩の進行は遅くなることがあります。活動期に入ったことが確認されると、助産師や医師は赤ちゃんの娩出がいつごろになるか予測できます。しかし、赤ちゃんを産み落とすまでにどれくらいの時間がかかるかは人によって大きく異なるので、あくまでも予測ということを忘れないでください。

ここまで薬に頼らずに陣痛に対処してきた人も、活動期になると笑気ガス、ペチジン、硬膜外麻酔などの医療的な鎮痛法（p.402〜407参照）を利用したくなるかもしれません。

腹部触診と内診

助産師か医師がおなかに触れて、赤ちゃんの下がり具合を評価するでしょう。正常な分娩の経過をたどっている初産婦には本人の同意を得たうえで内診が2〜3回おこなわれるでしょう。経産の場合、内診を1回しかしないこともあります。羊水が漏れているかどうかを判断するために、助産師が腟鏡（クスコ）という器具を腟に挿入して腟鏡診をおこなうことがあります。内診では通常、助産師が人差し指と中指を使い、赤ちゃんの先進部とその下がり具合を評価します。助産師は分娩の進行を見極めるうえで必要な回数だけ内診をおこないますが、子宮に細菌が入り込むリスクを高めるとともにお母さんに不快感を与えることになるので、最小限にとどめます。内診では次の点を評価します。

児頭の位置（ステーション）

赤ちゃんの頭が骨盤内にどれくらい下りてきているかをチェックします（上のコラム参照）。

子宮頸管の展退度

子宮頸管が短くなることを展退といいます。頸管がどれくらい短くなったかを

チェックします（前ページのコラム参照）。

子宮頸管の開大度

子宮頸管がどれくらい開大したか（どれくらい開いたか）を評価します（下のコラム参照）。開大度が3〜4cmの時点で分娩第1期の活動期に入ったとみなされ、約10cmで全開大とみなされます。子宮頸管が全開大するまでは、いきんで赤ちゃんを娩出することはできません。

胎位

赤ちゃんの体で最初に子宮口を出る部分を先進部と呼びます。頭から生まれる赤ちゃんも、お尻より下の部分から生まれる赤ちゃん（骨盤位、p.433参照）もいます。助産師は、産道内での赤ちゃんの向きも確認します。赤ちゃんがもっとも産道を通過しやすいのは、頭を下にして背中をお母さんのおなか側に向けている前方後頭位という胎位をとっている場合です。赤ちゃんが後方後頭位（赤ちゃんの背中がお母さんの背中側を向いている）をとっている場合も経腟分娩（普通分娩）が可能ですが、前方後頭位に比べて時間がかかり、苦痛をともなうお産になるでしょう。また、会陰裂傷が起こりやすいのは後方後頭位の赤ちゃんを娩出するときです。もうひとつ、骨盤内に入るときは、ほとんどの赤ちゃんは横を向いていますが、産道を進むにつれ通常はお母さんの背中側を向くように（赤ちゃんの背中がお母さんのおなか側を向くように）回旋し前方後頭位となり、お産になります。ところが稀に、この回旋が起こらず横向きのまま赤ちゃんが降りてくる低在横定位と呼ばれる胎位では、途中で分娩が進まなくなることがほとんどで、最後は吸引器か鉗子によって分娩を介助する必要が生じるでしょう（p.436〜437参照）。

子宮収縮と児頭の下降

ほとんどの場合、助産師は子宮収縮の合間に分娩の進行具合を評価しますが、子宮が収縮している間に赤ちゃんの頭がどれくらい骨盤内に下がってくるか（児頭の下降度）を確認すると進行具合の評価に役立つことがあります。子宮収縮の間に赤ちゃんがある程度下りていれば、頭がうまく骨盤内にフィットしており、子宮が効果的に収縮していることがわかります。

Q&A

Q. 病院でお産をすると医療介入を受ける可能性が高いのですか？

A. 実際、病院で出産すると医療介入を提案されるでしょう。なかにはとても効果的な介入方法もあります。医療介入には、人工破膜、手の甲か腕からの静脈点滴による水分補給や薬の投与、薬を使用した分娩促進などがあげられます。

Q. 病院では必ず人為的に卵膜を破るのですか？

A. 人為的に卵膜を破り破水させることを人工破膜（p.432参照）と呼びますが、必ずおこなうというわけではなく、分娩が滞っている場合に提案されることがあります。痛みをともなわない、リスクの低いこの処置をおこなうことで、分娩時間を1〜2時間短縮し、出生直後の赤ちゃんの状態を評価するアプガースコア（アプガー指数、p.428参照）が低くなるリスクを減らし、薬による陣痛促進（下記参照）が必要になる可能性を下げることができると考えられています。ただし、人工破膜をおこなうと子宮の収縮は激しくなります。陣痛誘発の一環として人工破膜がおこなわれることもあります（p.432参照）。

Q. 薬による陣痛促進はどのようにおこなわれるのですか？

A. お産がなかなか進まないとき、オキシトシンという薬を使って進行を速めます。この処置を陣痛促進といいます。オキシトシンは分娩がはじまると脳の下垂体から自然に放出されますが、陣痛・分娩が滞っているときには合成オキシトシンを静脈点滴によって投与し、子宮の収縮を強めます。この処置をおこなうとき、通常は継続的に分娩監視装置（p.418参照）をつけることになります。子宮収縮が強くなりすぎると赤ちゃんに負担がかかり、心拍が下がってしまうことがあるためです。オキシトシンは点滴をやめればお母さんの血中からすみやかに消失するので、子宮収縮が強くなりすぎたらすぐに弱めることができます。合成オキシトシンは陣痛・分娩を誘発するためにも投与されることがあります（p.432参照）。

開大度

子宮頸管が引き伸ばされてやわらかくなると（前ページのコラム参照）、頸管は開き（開大し）はじめ、赤ちゃんが産道を通って生まれてこられるよう準備を整えます。規則的な子宮収縮によって子宮頸管が開大します。初産の場合、子宮頸管は平均で1時間に1cm開大するでしょう。2度目以降の経産の場合、この開大にかかる時間は短くなります。頸管が全開大するまで、つまり子宮口が10cmになるまでは、いきんで赤ちゃんを娩出することはできません。

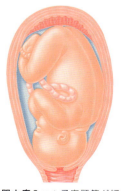

開大度2cm：子宮頸管が短くなり、開きはじめます。子宮の収縮はまだ規則的になっていないこともあります。

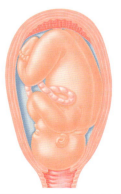

開大度6cm：分娩第1期の活動期に入っています。子宮収縮は頻度が増し、規則的で強烈になってきます。

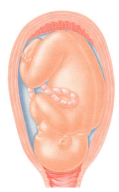

開大度10cm：子宮頸管が開き切った状態です。子宮収縮がほとんど間隔をあけずに起こり、いきんで赤ちゃんを娩出する準備がほぼ整っています。

極期（移行期）

極期（移行期）は分娩第1期の終盤で、いきみの段階がはじまる分娩第2期に向かう時間です。極期は非常に短い時間で終わることもありますが、長ければ2時間ほど続くこともあり、平均すると30分ほどです。極期は分娩の正念場のひとつになるでしょう。子宮収縮は強まり、30〜90秒おきに60〜90秒間の収縮が起こるので、次から次へと波が押し寄せてくるように感じられるはずです。硬膜外麻酔を使用しない場合、極期は特につらいかもしれません。腰と直腸がひどく圧迫されるように感じ、いきみたくてたまらないのに、子宮頸管が開き切っていないのでがまんしなければならないのですから。硬膜外麻酔を使っていても、骨盤がどんどん圧迫されるのが感じられるかもしれません。子宮頸管が全開大になる前にいきんでしまうと、子宮口が裂けたり、むくんで厚くなったりして、分娩を長引かせることになります。極期に嘔吐することは珍しくありません。これは子宮頸管が引き伸ばされることと骨盤が圧迫されることによる副作用です。体が震えたり、ほてったりすることもあります。

対処のしかた

極期には子宮収縮が強まるうえ、いきみたくてもがまんしなければならないので、ひどく苦痛に感じるでしょう。この段階では骨盤まわりがかなり圧迫されるので、子宮収縮の合間にリラックスするのが難しくなるかもしれません。ですから、このときに出産に立ち会ってくれる人や助産師に十分なサポートをしてもらうことが大切です。疲れ果てて、自分をコントロールできないと感じ、もしかすると恐れを感じるかもしれませんし、これ以上耐えられないと思うかもしれませんが、もう少しがんばりましょう。

助産師の助けを借りて、自分にとっていちばん楽な姿勢を見つけてください。分娩の段階のなかでも極期だけは、骨盤まわりの圧迫感をいくらかやわらげることができるので、立っていないほうがよいときです。すわったり、両手両ひざをついてお尻を高くしたりすると楽でしょう。子宮収縮の間は呼吸を止めないようにしてください。助産師が短く浅い呼吸によっていきみを逃す方法を教えてくれるでしょう。できれば子宮が収縮しているときに動き回ると、ほかのことに集中できて、本格的にいきめる段階まで時間をやり過ごしやすいでしょう。バースボールを使ったり、ロッキングチェアにすわったりして体を揺らすのも効果的です。子宮収縮の間に時間があり、圧迫感をやわらげる効果が期待できる場合は、パートナーに腰をマッサージしてもらってください。

このころには陣痛・分娩の意味を見失いやすくなるので、もうすぐ赤ちゃんに会えるのだということだけを考えるようにしましょう。

鎮痛方法

静脈点滴で鎮痛薬を投与している場合は、この段階で打ち切られる可能性があります。娩出が近くなって鎮痛薬を使用すると、赤ちゃんの意識に影響し子宮の外に出たときの適応が難しくなることがあるためです。病院の方針によっては、この時点では硬膜外麻酔を使えないことがあります（p.404 参照）。

トピック──出産に立ち会うパートナーの役割

分娩第1期のサポート

分娩第1期には、出産に立ち会うパートナーには重要な役割がいろいろあります。 お母さんが快適に過ごせるようサポートし、楽な姿勢をとれるよう助ける以外にも、精神的な支えとなることができます。これは分娩第1期の終盤にはとりわけ重要です。お母さんは極期（移行期、上記参照）に入るとパニックに陥り、自分をコントロールできないと感じることがよくあるからです。パートナーは、お母さんに「よくがんばっているね」、「もうすぐ赤ちゃんに会えるよ」などといって安心させてあげてください。お母さんの顔や首にしめらせた冷たいタオルを当ててあげると気持ちいいものですし、呼吸に集中するよう促し、"フッ、フッ"という短息呼吸と"フー"と長くゆっくり吐く呼吸をいっしょにおこない、子宮頸管が開き切るまでいきみを逃すようサポートしてあげることもできます。

極期（移行期） になると、強烈でひっきりなしに押し寄せてくる子宮収縮にお母さんが圧倒されてしまうかもしれません。この段階では出産に立ち会うパートナーのサポートがとても大切です。励ましてあげることで、お母さんは赤ちゃんを産むことに集中しやすくなるでしょう。

分娩進行不全

分娩第1期に思ったより子宮頸管が開大しない、赤ちゃんが下がってこないといった場合、助産師はその原因と解決策を見極めようとします。このとき一般的に、次の3つの"P"を評価します。Passenger（乗客）＝赤ちゃん（の大きさと胎位）、Power（力）＝子宮収縮の効率、Passage（通り道）＝骨盤のサイズと形。この3要素は相互に作用しあい、それぞれが分娩のスムーズな進行に重要な役割を果たします。

分娩が滞る理由はいくつか考えられます。例をあげれば、お母さんの骨盤に対して赤ちゃんの頭が大きすぎる児頭骨盤不均衡（CPD）、子宮収縮が弱い、赤ちゃんが背中をお母さんの背中側に向けて後方後頭位をとっているといったことがあります。

児頭骨盤不均衡（CPD）

陣痛がはじまる前の妊娠の終盤に、児頭骨盤不均衡（CPD）の疑いが指摘されることがあります。事前にそのように指摘されるのは、助産師の経験上、お母さんの骨盤が小さい（狭骨盤）、または仙骨が突出していて骨盤出口が狭いと感じられる場合で、どちらも分娩の進行を遅らせ、難産の原因となるでしょう。しかし、骨盤の評価だけでは経腟分娩（普通分娩）に支障がないかどうかを正確に知ることはできません。また、骨盤の形が理想的でないとしても、助産師や医師は普通分娩を積極的に支持してくれるかもしれません。重要なのは骨盤の形そのものだけではなく、赤ちゃん（passenger）と骨盤（passage）との相互作用だからです。

CPDの疑いがあっても赤ちゃんの頭が骨盤内に下りているなら、普通分娩を試みることができます。分娩経過図（パルトグラム、p.419参照）を使って注意深く分娩の進行を監視し、赤ちゃんに負担がかかっている、分娩の進行が遅いといった兆候がみられれば、帝王切開に切り替えることがあります。また、分娩第1期の終わりごろになってもまだ赤ちゃんの頭が骨盤内に下りていない場合も、帝王切開に切り替えるよう提案されるでしょう。

陣痛開始後にCPDの疑いが浮上すると、医師は赤ちゃんの大きさを測り直し、もともとの推定体重を低く見積もり過ぎていないか確認することがあります。赤ちゃんの推定体重が重い、分娩がなかなか進まないという状況が重なると娩出時になんらかの困難が生じる可能性はありますが、分娩自体は正常な過程をたどることが多いのです。

微弱陣痛

子宮頸管がなかなか開大しない、ある時点から開大しなくなったなどの理由で分娩が滞っている場合、助産師はお母さんを励ますとともに、子宮収縮が本来の2～3分間隔で起こっているかチェックするでしょう。また、おなかに手を当てて子宮収縮の強さを評価します。収縮時におなかが硬くなるほど、収縮は効果的です。収縮の間隔に期待より幅があり、収縮が弱くて効果的でない場合、医師は陣痛促進と呼ばれる方法をひとつかふたつおこなうことがあります。

まず、まだ破水が起こっていないなら、卵膜を人為的に破ります。この方法を人工破膜と呼びます（p.432参照）。この処置によって分娩を1～2時間短縮することができますが、より強力な鎮痛方法が必要になるかもしれません。人工破膜をおこなっても効果がない場合、合成オキシトシンという薬を投与して子宮収縮の強さと頻度が増すよう促します（p.432参照）。はじめは少量投与し、中程度の強さの子宮収縮が10分間隔で3～4回起こるようになるまで時間をおいて投与量を増やしていきます。こうして陣痛の促進がうまくいけば、継続的に分娩監視装置（p.418参照）を使用し、強い子宮収縮が突然はじまったことで赤ちゃんに負担がかかっていないかチェックすることになるでしょう。

合成オキシトシンを使用しはじめてある程度の時間が経過しても分娩が進まない場合、帝王切開に切り替えることも提案されるでしょう。

後方後頭位

分娩時、いちばん理想的な赤ちゃんの体位は、背中をお母さんのおなか側に向けた前方後頭位です。赤ちゃんが背中をお母さんの背中側に向けた後方後頭位をとっていると、産道内を回旋しながら下降するのが難しくなることがあります。この場合、助産師は、お母さんがどのように姿勢を変えると赤ちゃんが回旋しやすくなるかを教えてくれるでしょうが、分娩第1期の活動期になれば赤ちゃんは通常、いずれにしても回旋します。そうでない場合、吸引器か鉗子による介助が必要になるかもしれません（p.436～437参照）。

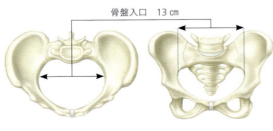

女性型骨盤とは、ほぼ円形の骨盤を指します。このとても典型的な"女性型の"骨盤は大きく、分娩中に赤ちゃんの頭が通れる広さがあります。

骨盤入口　13 cm

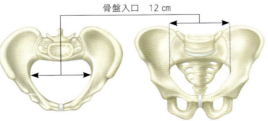

男性型骨盤とは、三角形に近い形をした骨盤を指します。この形は赤ちゃんの頭が通れる場所が狭く、普通分娩中になんらかの問題が起こる原因となる可能性があります。

骨盤入口　12 cm

フォーカス

分娩の経過を監視する

陣痛が活発になってきたら赤ちゃんの心拍とお母さんの子宮収縮を監視して、
分娩が期待通り進み、お母さんと赤ちゃんが危険な状態にならないように見守ります。

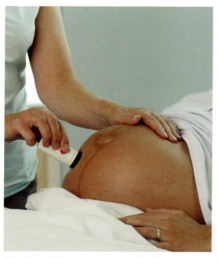

手で持っておなかに当てるタイプの装置なら、赤ちゃんの心拍を間歇的に観察でき、お母さんは分娩中に動き回ることができます。

赤ちゃんが子宮の収縮に耐えているかどうかは心拍数によってわかります。一定時間ごとに心音をきくことで、赤ちゃんの状態を確認します。なんらかの問題が発生した場合や、ハイリスクの妊娠の場合には、分娩を監視するようすすめられるでしょう。その際は、分娩監視装置によって記録される胎児心拍陣痛図（CTG）によって継続的に子宮収縮を監視することになります（下のコラム参照）。また、陣痛の状況は分娩経過図（パルトグラム、次ページ参照）という表に記録されるでしょう。

間歇的観察

超音波ドップラー聴診器（胎児心拍計）と呼ばれる電池式の手のひらサイズの装置をお母さんのおなかに当てて赤ちゃんの心音をききます。分娩第2期のいきみの段階に入ると、それまでより頻繁に赤ちゃんの心拍をチェックする必要があります。

分娩の継続的監視

この監視方法では赤ちゃんの心拍と子宮収縮の強度・周期を監視するふたつの装置を使用します。赤ちゃんの心拍を測るのは円形の超音波装置のようなものです。これで心音を聞くことができますが、気になるようならボリュームを下げたり音を消したりすることもできます。子宮収縮は円形のプラスチック器具表面についたボタン状の部分で計測されます。伸縮性のあるベルトを1本か2本使用して、お母さんのおなかにモニターを固定します。お母さんはモニターをつけたまま立ち上がったり、すわったり、しゃがんだりできるはずです。病院によっては、お母さんが動き回れるように無線信号で観察するコード

監視方法

お母さんのおなかの上から計測する（外測法）

ふたつの装置をベルトでおなかに固定し、**赤ちゃんの心拍と、子宮収縮の強度と周期を計測します**。これらの装置は、計測値を記録した胎児心拍陣痛図（CTG）と呼ばれるグラフを出力する機械につながれています。

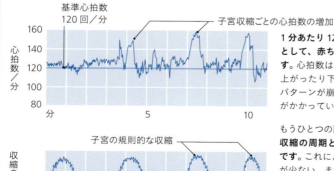

1分あたり120回という心拍数を基準として、赤ちゃんの心拍が記録されます。心拍数は子宮収縮の波に合わせて上がったり下がったりします。波形のパターンが崩れれば、赤ちゃんに負担がかかっている可能性があります。

もうひとつの記録からわかるのは**子宮収縮の周期と毎回の収縮の持続時間**です。これによって、子宮収縮の回数が少ない、または不規則であるといった問題がみつけられ、硬膜外麻酔を使用して子宮収縮を感じられなくなったときにも役立ちます。

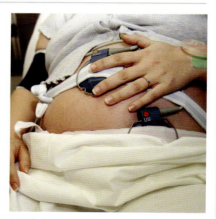

お母さんのおなかにふたつのモニターを装着し、赤ちゃんの心拍とお母さんの子宮収縮を継続的に監視します。

内測法

胎児頭皮用電極

赤ちゃんの心拍に不安がある場合は、頭皮に小さな電極を装着することで外測法より正確な計測値を得られます。電極は子宮頸管を通して赤ちゃんの頭に装着されます。

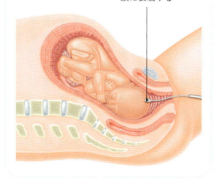

電極を赤ちゃんの頭に装着する

レスタイプを採用しているところもあります。

内測法（注：日本では一般的に使用しない）

外側法で計測した心拍から赤ちゃんに負担がかかっている可能性がある、モニターからの信号が読みとりづらいといった場合、助産師や医師が赤ちゃんから直接信号を得る内測法によって心拍を監視することを提案する場合があります。この方法では、小さな電極を赤ちゃんの頭皮に装着し、心臓の電気的インパルスを検知します。電極にとりつけられたコードは子宮頸管を通して分娩監視装置につながれ、心拍を記録します。この方法で計測する場合にも、子宮収縮の周期と強度を計測する陣痛計はおなかにベルトで固定されています。

電極は内診のときにとりつけられますが、装着によって一般的な内診より不快感が増すことはありません。頭皮に電極をとりつけられることで、赤ちゃんには多少の不快感が生じるかもしれません。また、頭皮になんらかの感染が生じるリスクは小さいながらもありますが、出生後に抗生物質の投与で治療できます。これらのリスクは小さいものの、むやみに内測法を採用するべきではありません。助産師はこの装置の仕組みを事前に説明し、お母さんはこの方法で赤ちゃんを監視する必要をしっかり理解しなければいけません。B型またはC型の肝炎、HIVなど、分娩・娩出の過程で赤ちゃんにうつる恐れがあるウイルス性の病気に感染している場合、胎児頭皮用電極の使用は避けるべきです。赤ちゃんの頭皮に電極が装着されたら、お母さんは装置の本体からあまり離れることができなくなりますが、体位を変えることはできるでしょう。

内測法で得られた胎児心拍陣痛図から赤ちゃんに負担がかかっていることがわかれば、頭皮から採血して酸性度を確認します。酸性度が高ければ、帝王切開か器械分娩を提案されるでしょう。

分娩経過図（パルトグラム）

分娩経過図は陣痛が活発になると使用する大きな表です。いくつかのグラフに分娩の情報が記載され、助産師が分娩の進行を把握できるようになっています。この表のなかでもっとも役立つもののひとつが、産婦の陣痛曲線をあらわすグラフです。これには子宮頸管の変化や、お母さんの骨盤に対する赤ちゃんの頭の位置が時間を追って記録されます。このグラフをみて、助産師は分娩がいつ活動期に入ったかを判断します。分娩経過図にはほかにもお母さんの血圧、脈拍、体温、赤ちゃんの心拍、子宮収縮の頻度、痛みのレベル、子宮収縮の強度が記録されます。

リスクとメリット

分娩を継続的に監視するべき？

分娩中にお母さんと赤ちゃんの状態を見守ることは重要ですが、**継続的な監視のメリットについては賛否があり**、お母さんがリスクにさらされる可能性を指摘する人もいます。そのため、英国のほとんどの病院では間歇的な監視を提案しています。分娩をまったく監視しないという選択肢もありますが、その場合、分娩にかかわるスタッフを難しい立場に立たせることになります。そのため、陣痛・分娩中に万が一のことがあってもスタッフは責任を免除されるという書面にサインを求められるでしょう。

リスク

分娩を継続的に監視すると、帝王切開、鉗子か吸引器による器械分娩（p.436～437参照）が必要になる可能性が高まります。赤ちゃんの心拍数の変化をみて、助産師が心配になってしまうことがあるからです。頻脈（1分間に160回以上）、子宮の収縮より遅れて心拍が下がるといった変化は、赤ちゃんに届く酸素が減ることで起こります。しかし、助産師はこのような変化をみただけでは、低酸素状態になっているのか、実際には赤ちゃんが元気なのかを判断できない可能性があります。

赤ちゃんが危険な状態にある可能性があると判断されれば、緊急帝王切開が推奨されるかもしれません。娩出の段階で赤ちゃんの心拍が変化した場合は、鉗子か吸引器を分娩に使用することがすすめられるでしょう。

メリット

継続的に分娩を監視するメリットははっきりしていません。赤ちゃんの心音がきこえることで安心できるという人はいるでしょう。また専門家によると、継続的に監視することで赤ちゃんが誕生後に発作を起こす確率を下げることができるといいます。発作は分娩時に赤ちゃんが低酸素状態に陥ることによる脳障害が原因で起こります。発作が起こることは稀で、分娩を継続的に監視した場合は1000回に2.5回、しない場合は1000回に5回ほどです。分娩の継続的監視により脳性麻痺、死産といった稀な問題を回避できる可能性がありますが、これを証明するのは困難です。

（補足）日本のほとんどの病院では、特に分娩の直前には分娩監視装置をつけ、継続的に監視をしています。

分娩第1期の体位

分娩第1期にお母さんが動いていると、分娩の進行が促されると考えられています。妊娠期間に出産に向けてしっかり準備をし、さまざまな姿勢や体位を練習していれば、分娩がはじまったとき本能的に役立てられるでしょう。

正座してひざを開き、いくつも重ねたクッションの上に頭をもたせかけると、心地よく、体の力を抜くことができます。また、この姿勢は子宮頸管の開大を促します。

分娩第1期を乗り切るのに役立つ姿勢や体位はいろいろあり、この段階で体位を変えると子宮が効果的に収縮し、痛みを軽減できることは証明されています。特に上半身を起こしておくと、赤ちゃんが下降するために重力の助けを借りることができます。

動き続けられる体位

動きを止めずにいられる体位は分娩の進行を助けると考えられています。立位かバースボールにすわった状態で骨盤を前後に揺らし、それから時計回り、反時計回りに動かすと痛みがやわらぐという人もいます。両手両ひざをつく姿勢は集中を保ちやすく、骨盤を回しやすいでしょう。ロッキングチェアにすわって前後に揺れても楽になるかもしれません。多くの女性が立って足踏みをしたり、歩き回ったりするとよいといいます。

姿勢を支えるものを利用する

ものを利用して体を支えると、とりわけ赤ちゃんが背中をお母さんの背中側に向けている後方後頭位の場合は楽になるでしょう。子宮が収縮している間は両手でテーブルか椅子につかまって寄りかかり、ゆっくり規則的な呼吸をすることで集中力を保てます。マッサージが効果的なら、パートナーに肩から背中にかけてさすってもらいましょう。脚を開き、背もたれのある椅子に後ろ向きにまたがったり、洋式のトイレでタンクのほうを向いてすわったりし、クッションを置いて頭や腕をのせてもたれかかると不快感がやわらぐといいます。この姿勢は、子宮収縮の合間に短時間眠るのにも適しています。

左：**分娩中にバースボールを使うと楽に上体を起こしていられます。**右：バースボールにすわったり、床にひざをついてバースボールにもたれかかったりすると、**腰を回して分娩の進行を促すことができます。**

両手両ひざを床につくことで腰にかかる負荷を軽減しやすくなります。この姿勢は腰を前後に動かしたり、回したりしやすく、初期の子宮収縮をやり過ごすのに役立つでしょう。

床にひざをついた状態で、重ねたクッションに頭を預け、お尻を高くします。この姿勢も腰痛をやわらげてくれ、極期（移行期、p.416参照）のいきみたい衝動をがまんしなければならないときを乗り切るのに役立つでしょう。

いすの背に向き合うようにまたがるのは楽な姿勢です。こうしてすわると、脚を開いて前にもたれかかっても、体はしっかり支えられています。

横向きに寝て上になるひざを曲げ、クッションにのせると、子宮収縮の合間にリラックスでき、体を休めて気力とエネルギーを回復させることができます。子宮の収縮中に、クッションなどを利用して楽な姿勢で横になることがあってもよいでしょう。

分娩第1期の体位

分娩第2期と第3期

赤ちゃんを産み落とす瞬間は間近に迫っており、もうすぐ待望の赤ちゃんに会えます。

分娩第2期は子宮頸管が全開大し、赤ちゃんが骨盤内に深く下降した時点からはじまります。
第2期の開始が近くなると、お母さんはいきみたくてたまらなくなるでしょう。
助産師が準備は整ったと判断したら、お母さんはいきんで赤ちゃんを娩出します。
その後、第3期に胎盤を娩出したら分娩は終わりです。

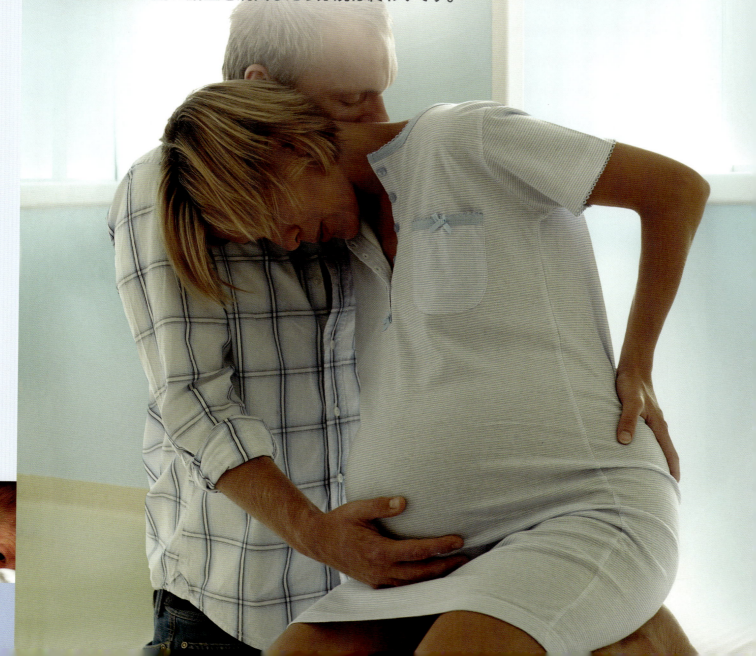

赤ちゃんを娩出する

分娩第2期になるとお母さんが赤ちゃんをこの世に送り出そうと
いっしょうけんめいいきむので、分娩の進行が速まります。

分娩第2期に入るころ、お母さんはいきみたくてたまらなくなるでしょう。子宮頸管（子宮口）が全開大していることを助産師が確認し、いきんでOKといわれたら、お母さんは分娩を自分でコントロールしていると感じはじめます。お母さんのいきみに助けられ、赤ちゃんはさらに骨盤内へと移動していくのですから。

第2期

分娩第2期とは子宮頸管が10cmに全開大した時点から、赤ちゃんの誕生までを指します。この段階は通常、初産で45分から2時間、経産なら15〜45分かかります。硬膜外麻酔を使用した場合は、さらに時間がかかります。第2期の陣痛は強烈で、子宮の収縮は強まりますが、頻度は低くなり、だいたい2〜5分間隔になります。この段階の陣痛がくると、膣や腸が圧迫されるように感じ、いきみたくてたまらなくなるでしょう。多くの女性は第2期に入ってからのほうが陣痛に対処しやすいといいます。この段階になると子宮収縮に合わせて積極的にいきみ、赤ちゃんを娩出できるからです。なかにはこの段階が分娩のうち特

ご存じですか

産道はまっすぐではなく、赤ちゃんは向きを変えながら"分娩のメカニズム"という苦難をくぐり抜けて生まれてきます。

このカーブは"カールスの曲線"といわれ、人類が4足歩行から2足歩行に進化したことで生じたと考えられています。直立したことにより背骨にカーブが生じ、骨盤が傾き、産道にカーブが生じたのです。骨盤底筋は、赤ちゃんの頭が回旋しながら産道内を通り抜けるのを助けます。

トピック——出産に立ち会う

分娩第2期のサポート

分娩第2期には、出産に立ち会う人のサポートはとてもありがたいものです。立ち会う人の役割は、自分が助けになるから大丈夫だとお母さんを安心させ、とにかく励ましてあげることです。

お母さんが子宮収縮に合わせていきみ、赤ちゃんをこの世に送り出すという大変な仕事に耐えられるように、立ち会う人は言葉でサポートしてあげることができます。お母さんの思考力が低下しているときがあれば、立ち会う人が代弁者となり、医療スタッフと連携しなければならないでしょう。

感情面でのサポートのみならず、物理的にお母さんの支えとなり、分娩第2期にお母さんがとりたい体位をサポートすることもできます。お母さんが過ごしやすいよう、腰を落とすなどの体位を支えてあげてください。お母さんが望めば背中をマッサージし、抱きしめて安心させ、子宮収縮の最中にも合間にも呼吸に集中できるよう助けてあげられます。

赤ちゃんの頭がみえ、後退しなくなったら、立ち会っている人はどんなふうにみえるかを説明してあげたり、鏡に写してお母さんにもみえるようにしてあげたりできます。そうしてあげることで、お母さんはゴールが目の前だとわかり、とても安心できるのです。

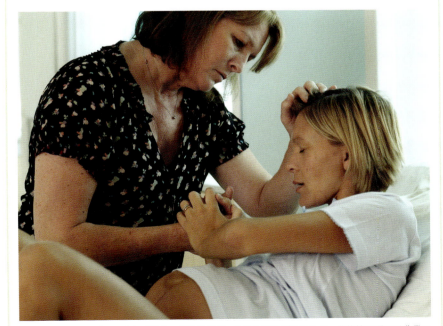

出産に立ち会う人がしっかり感情的、身体的サポートをしてあげることが、分娩第2期には非常に重要です。いま、お母さんは全力でいきんで赤ちゃんを骨盤内で押し進め、産道から圣み落とさなければならないのです。

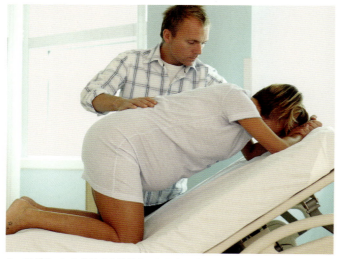

上：**ひざをついた体位**をとる場合、お母さんがいきむときにパートナーと助産師が両側から支えてあげます。下：病院のリクライニングベッドにもたれかかるように**両手両ひざをつく**と楽です。

立位で腰を落とすのはいきみに適しており、だれかにしっかり支えてもらえばこの体位をとることができます。パートナーに両脇を支えてもらい、お母さんは彼の首に手をまわしてつかまります。

にきついと感じる女性もいますが、これはいきみの段階が長引き、もうへとへとだと感じるようになるためです。

分娩第2期の体位

このころには疲れてしまい横になりたくなるかもしれませんが、その衝動に負けないでもう少しがんばりましょう。パートナーと助産師がしっかりサポートし、お母さんがいちばん楽な体位をとれるよう助けてくれます。

上体を起こしておく

分娩第2期に上体を起こしておくと、いくつかメリットがあります。いちばんの利点は、重力を利用して赤ちゃんの下降を後押ししてあげられることです。いきんで赤ちゃんを娩出するときにも重力が役立ちます。また、上体を起こしておくと、産道内で赤ちゃんが理想的な位置をとりやすくなる、子宮収縮の効率がよくなる、骨盤内の空間が広くなるなどの可能性があります。

分娩第2期に上体を起こした姿勢をとると、いきんで赤ちゃんを娩出する期間を短縮でき、娩出時に鉗子や吸引器による補助（p.436〜437参照）や会陰切開（p.426参照）が必要になる確率を下げるということが証明されています。

どのような体位をとるか

分娩第2期に適している上体を起こした体位には、座位、腰を落とす（しゃがむ）といった姿勢があります。

座位をとる場合、体を完全に起こした状態か、背中を少し後ろに倒した状態ですわりましょう。ベッドで座位をとるなら、ベッドを45度に起こしてもたれると呼吸しやすくなります。また、お母さんの血液

循環が悪化して赤ちゃんの健康に影響する大動脈下大静脈圧迫という症状を引き起こすリスクを下げます。この症状はお母さんの子宮と赤ちゃんの重みで主要な血管（大動脈と大静脈）が圧迫されることで起こり、お母さんの体内をめぐる酸素の量が減って、頭がくらくらしたりめまいがしたりします。そのような状態になったら左の体側を下にして横になると、血管にかかる圧が軽減され、体内をめぐる酸素の量が増加します。

ひざをついたり、しゃがんだりすると骨盤出口が広がるので、分娩中、多くの女性が自然に足を開いて腰を落としたり、両手両ひざをついたりします。そうするのがもっとも苦痛がなく、赤ちゃんを娩出するうえで楽な姿勢だとわかるからです。立位で腰を落とす、ひざをつくといった体位をとると、横になっているときに比べて骨盤出口が約28％広がります。つまり、赤ちゃんが骨盤を通過し、産道へと下降するための空間が広がるのです。しゃがむことに慣れていないと、腰の位置を低く保つのがつらくなり、すぐに疲れてしまうでしょう。その場合は、パートナーに支えてもらってしゃがんでください。

横向きに寝るほうが楽だという人もいるかもしれません。それなら上になるほうの脚をパートナーが持ち上げて、できるだけ骨盤を開いてあげましょう。横向きに寝ることで会陰が裂けにくくなることを示す証拠もいくつかあります。

道具を利用する

ビーズクッション、バースボール、大小さまざまのクッションを使うと、ひざをついてもたれかかる姿勢をとりやすいようです。

いきみの段階

赤ちゃんはお母さんの骨盤をうまくくぐりぬけられるよう、頭と肩の向きを少しずつ変えていきます。その段階になると、お母さんはいきみたくてたまらなくなるでしょう。助産師はお母さんが集中できるように助け、子宮の収縮とともに自然にやってくる衝動にまかせていきむように促してくれるでしょう。子宮収縮が起こるたびに、骨盤の深部やお尻に向かってひたすらいきみます。子宮の収縮がはじまったら、顎をぐっと引いてできるだけ長くいきむと

よいでしょう。収縮の合間に呼吸を整え次のいきみにつなげましょう。いきむときに低い唸り声をあげたり、声を出したりしたくなる人もいますし、静かに深呼吸したくなる人もいますが、お母さんが楽になり、もっともうまくいきめると感じられることならなにをしてもかまいません。体のおもむくままに、いちばん無理なく楽に赤ちゃんを産み落とせる体位（左ページ参照）をとってください。赤ちゃんをこの世に送り出すのは並大抵の努力とエネルギーでできることではありませんが、女性にはその能力が備わっていますし、きっとうまくいきます。

助産師と出産に立ち会ってくれる人が、この段階を通してサポートしてくれますし、お母さんが自分の力を信じ、赤ちゃんを産み落とせるよう精神面でも助けてくれるでしょう。

赤ちゃんの下降

骨盤内に深く下降した赤ちゃんを娩出するのにかかる時間は、初産の場合およそ30分から2時間ですが、経産の場合はかなり短縮され、ほんの数分しかかからないこともあるでしょう。子宮収縮（このころにはだいたい2〜5分間隔）にいきみによる腹圧が加わって、赤ちゃんは骨盤出口へとさらに移動していきます。このとき、お母さんの腰と直腸は強烈に圧迫され、膣が最大限に引き伸ばされるのでヒリヒリとした痛みを感じるでしょう。この時点で助産師からいきむのをやめるように指示されるかもしれません。赤ちゃんの頭を一気に押し出すと会陰がひどく裂けてしまう可能性があるので、そうならないよう会陰がさらに薄く伸びるのを待つためです。いきみたい衝動をこらえるために、"ハッハッハッ"という短息呼吸をしたり、"フー"と長く息を吐いたりしてみることをすすめるかもしれません。

> **トピック──お母さんの気持ち**
>
> ## 分娩第2期を乗り越える
>
> **分娩第2期になると本能が優勢になり、**まわりのことなど忘れてしまい、いきみたいという圧倒的な衝動に突き動かされるでしょう。陣痛がはじまるまでは分娩中に自分がどんな行動をとるだろうと心配していた人もいるかもしれません。なかにはいきんでいる最中に便が出てしまうのではと心配する人もいます。これは実際によく起こることで、分娩中に便が出るのは自然のなりゆきなのです。助産師や医師は慣れていますから、安心してください。そんなことが起こったとしても、お母さん自身は気づかないかもしれません。
>
> 自分がどんな行動をとるか心配するより、この段階では以前より分娩を自分自身でコントロールできるようになりますし、自ら積極的にいきんで赤ちゃんを押し出そうとしているのだという事実を励みにしましょう。いきむときにさかんに声が出てしまう人も、だまって一心不乱にいきむ人もいます。もうすぐ赤ちゃんが生まれてくるということだけを考えれば、がんばり通すことができるでしょう。

> **硬膜外麻酔下のいきみ**
>
> **硬膜外麻酔を使った人は、いきみのタイミングがわかりにくくなるかもしれません。**その場合、助産師は、まず赤ちゃんに負担がかかっていることを知らせるサインがないかチェックし、硬膜外麻酔の効果が少し薄れてお母さんがいきみのタイミングを感じられるようになるのを待つという決断をするかもしれません。
>
> あるいは、助産師がお母さんの子宮底に手を当てて収縮がはじまるのを確認し、「いきんでください」と知らせてくれるかもしれません。

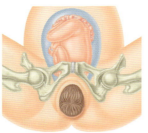 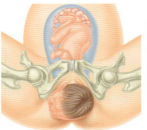 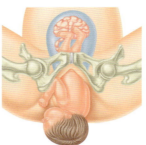

赤ちゃんの頭が膣口からみえたままの発露の状態になると、間もなく頭が娩出されます。1、2回の子宮収縮で頭部が完全にあらわれるでしょう。

頭が娩出されるとき、赤ちゃんは首を後方に反らせます。それから一方の肩が娩出されやすくなるよう、横向きになります。

両方の肩が無事に娩出されれば、赤ちゃんの体は間もなく滑り出てくるでしょう。

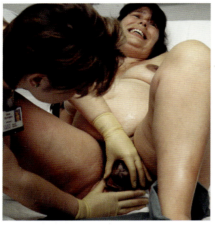 

発露の状態になると、助産師は赤ちゃんの首に臍帯が巻きついていないか確認し、側頭部をやさしく引っ張って肩の娩出を助けることがあります。

赤ちゃんは血液やどろりとした胎脂という物質におおわれて生まれてきます。この胎脂が子宮のなかで赤ちゃんの皮膚を保護していたのです。

肩甲難産

これは分娩中の緊急事態で、赤ちゃんの頭がうまく娩出されたのに肩がつかえてしまう状態を指します。頭はかなりすんなり娩出されるので、分娩のこの段階になって初めて問題が発覚することが多いのです。肩甲難産の場合、すぐに対処する必要があります。赤ちゃんをすぐに娩出しなければ、酸欠になってしまうからです。

助産師か医師が素早くお母さんを水平に寝かせ、脚を上にあげて開かせ、産道ができるだけ広がるようにします。これがうまくいかなければ、ほかのさまざまな手段がとられます。赤ちゃんをすみやかに娩出するために、会陰切開（次ページ参照）をおこなうことになるかもしれません。

肩甲難産は、赤ちゃんが特に大きい、お母さんの骨盤が小さい、お母さんが糖尿病を患っている、肥満であるといった場合に多くみられます。過去の妊娠でこの問題を経験している場合は、マタニティファイルに記載され、出産時に産科医が立ち会うか、帝王切開による分娩をすすめられるでしょう。

発露

はじめのうち、赤ちゃんの頭は子宮が収縮するたびに下降し、産道内を少しだけあと戻りします。やがて赤ちゃんが深く下降し、子宮収縮のピークに会陰から頭がみえる"排臨"という状態になり、またあと戻りして頭がかくれるようになります。子宮収縮が何度も起こるうちに、頭はいずれ陣痛の合間にも後退せず、会陰からみえている状態になります。"発露"と呼ばれるこの段階までくると、赤ちゃんは間もなく生まれてきます。

赤ちゃんが下降するとき、顎を胸のほうに引き、頭を少し回旋させてお母さんの背中側を向きます。赤ちゃんがこの姿勢をとることで、もっとも頭囲の大きい部分が骨盤のいちばん広い部分を通過することができるのです。頭部が膣から出るとき、頭は背中に触れそうなくらいまでぐっと後ろに反ります。助産師か医師が、臍帯が赤ちゃんの首に巻きついていないことを確認するでしょう。巻きついていれば、臍帯を引っ張って首からはずします。それから助産師が赤ちゃんの鼻や口から粘液を除去するでしょう。娩出されてしまえば、反っていた頭は正常な位置に戻ります。

体の娩出

頭が娩出されたあと赤ちゃんは少し回旋し、次の子宮収縮で一方の肩が娩出される体位になります。助産師が赤ちゃんの側頭部に手を添えてそっと引っ張り、肩の娩出を助けることがあります。一方の肩が娩出されると、赤ちゃんはまた少し回旋し、もう一方の肩が娩出されます。そのあとは体がするりと抜け出て、赤ちゃんの誕生です。

お母さんと赤ちゃんの様子を見守る

分娩第2期には、助産師が赤ちゃんの心拍と子宮の収縮を見守ります。この第2期が長引き、お母さんがいきみ疲れて体力がもちそうになければ、鉗子か吸引器による器械分娩が提案されるかもしれません（p.436〜437参照）。

会陰切開

会陰切開とは、赤ちゃんを娩出しやすくするために会陰を切って広げる処置のことです。30年ほど前にはとても一般的な処置で、切開することでもっとひどく会陰が裂けるのを防げると考えられていました。し

かしそうでないことが証明されたため、今日では会陰切開をおこなえるのは医師だけで、鉗子分娩の補助として必要な場合、赤ちゃんに負担がかかっているなどの緊急の場合、赤ちゃんが大きい場合、会陰が硬くて伸びないといった場合に限られます。処置をおこなう前に、助産師か医師が会陰切開の必要性を説明し、お母さんから口頭で同意を得なければなりません。

施術前に局所麻酔で切開部位の感覚を麻痺させます。通常は、腟から肛門の方向にはさみを入れ、分娩が終了してから縫合します。医師が体に吸収される糸を使い、切開した組織の層を縫合して、腟の後壁、会陰の筋肉層、皮膚の層を接合させます。

縫合が終わるとすぐに痛み止めの座薬や内服薬、抗炎症薬を処方されることがあります。温水につかると痛みがやわらぐでしょう。

会陰裂傷

分娩中に自然に会陰が裂ける場合があり、初産の女性に起こりやすいようです。自然に起こる会陰裂傷は、傷の重症度と傷がおよんだ組織層によって分類されます。第1度会陰裂傷は皮膚のみ、第2度は皮膚と筋組織層、第3度は皮膚、筋肉、肛門括約筋におよんだもの、第4度は肛門や直腸粘膜までが損傷したものを指します。第1度会陰裂傷には縫合は必要ありませんが、第2度からは必要です。会陰裂傷でもっとも一般的なのは第2度で、第3〜4度に至るケースは少なく、通常は器械分娩の場合に生じます。

（補足）バースプラン

多くの病院でとり入れられているバースプランは、自分の妊娠、出産、育児の希望を医師や助産師に伝える手助けになりますが、希望といってもなかなか難しいかもしれません。書籍やインターネットなどに、具体的な内容が掲載されていますが、まずはできるだけ自分のイメージをふくらませてください。「これはしないでください」と書かれたプランをよく見ますが、できれば「こうしたいです」が多いプランがおすすめです。

出産体験記——水中出産

ベッキーは22歳で初産を体験しました。妊娠の経過は順調で、妊娠36週の妊婦検診でバースプランについて助産師と相談し、地元の助産所で水中出産をしたいと希望しました。

ベッキーの出産体験記

出産予定日を2日過ぎたころに、不規則な子宮収縮が起こるようになっていました。それまでにおしるしと腰痛がありました。次の日、6時半に目が覚めると、子宮の収縮が規則的になっていて、呼吸法、動き回る、バースボールを使うなどしてがまんしました。陣痛が5分おきに1分間続くようになったので、助産所に電話してプールを使いたいと伝えると、助産師が準備しておいてくれるとのことでした。

午前11時35分にパートナーといっしょに助産所に着き、助産師に診てもらいました。助産師はおなかに触れて子宮収縮を確かめ、赤ちゃんの心音をきいて内診をしました。そして、子宮口が5cm開いているし、赤ちゃんの頭がしっかり下りてきているから活動期に入っているといいました。プールに入ると、動き回ったり姿勢を変えたりしやすくなり、温水の効果で腰痛も子宮収縮の痛みもやわらぎました。すると気持ちが落ち着き、体の力を抜いていられるようになってきたのです。水中でひざをついて骨盤を前後左右に揺らすと楽でした。パートナーがサポートしてくれ、助産師は定期的に赤ちゃんの心音をチェックしました。

午後3時20分、非常に激しい子宮収縮が1、2分おきに起こるようになりました。助産師とパートナーがわたしの気持ちを落ち着かせてくれたおかげで、なんとか集中していられました。だんだんいきみたくてたまらなくなってきました。午後3時50分、赤ちゃんの頭が出てきて、その2、3分後には赤ちゃんを水のなかに産み落とすことができました。助産師が赤ちゃんをやさしく水からあげて、わたしに抱かせてくれました。そのまま赤ちゃんといっしょにもう少しの間プールに入っていました。プールから出て、薬を使わずに胎盤を娩出したのが午後4時20分です。会陰を縫合する必要はありませんでした。

助産師のコメント

ベッキーは温水につかることで陣痛をやり過ごしやすくなったようで、落ち着いていました。いろいろな姿勢をとり、水の浮力をうまく使っていました。ベッキーもパートナーもおろおろすることはなく、分娩は順調に進行して10時間弱しかかりませんでした。安心してみていられるお産でした。

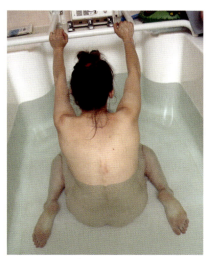

温水のなかでひざをつくと、子宮収縮の痛みがやわらぎました。

赤ちゃんはベッキーの乳房へと導かれ、乳首を口に含ませてもらいました。

赤ちゃんが生まれたら

赤ちゃんが誕生すると間もなく臍帯が切断され、
もう一度子宮の収縮が起こって胎盤が娩出されます。

分娩第3期

赤ちゃんが誕生してから卵膜（赤ちゃんを包んでいた羊膜）と胎盤が娩出されるまでを分娩第3期といいます。胎盤は薬を使って積極的に管理しながら娩出することも、薬を使わず生理的に（自然に）娩出することもできます。分娩開始前に助産師がこれらふたつの選択肢について説明してくれるでしょう。

臍帯の切断

赤ちゃんが生まれたあと、臍帯を2～3分拍動させてから切断することがあります。これは、赤ちゃんに届く臍帯血の量が増える分、体内の酸素も血液量も増加することを意味します。臍帯は、一般的には赤ちゃんのおへそから約1cmの位置と約4cmの位置の2カ所で結紮され、その間をハサミで切断します。英国では希望すれば、パートナーが臍帯を切断することも可能です（注：日本では医療行為にあたるので、医師か助産師がおこなう）。

胎盤の娩出を積極的に管理する

赤ちゃんの誕生後、分娩促進薬（オキシトシンが一般的）の筋肉注射を太腿にうち、胎盤と卵膜の娩出を早めることができます（注：日本では胎盤娩出のために分娩促進薬は使わないが、臍帯を軽くけん引しながら、もう一方の手で胎盤をつかんで引き出すことは一般的）。この方法で子宮の収縮を助けることで、分娩後出血（次ページコラム参照）と呼ばれる分娩第3期に起こる大量出血のリスクを下げ、胎盤の娩出を早められます。薬を使った場合、赤ちゃんの誕生後5～15分以内に胎盤が娩出されるでしょう。分娩後出血を引き起こすリスクを回避するため、英国では多くの病院で薬を使った胎盤娩出をすすめます。子宮筋腫がある場合は分娩後出血のリスクが高まるため、薬を使って胎盤を娩出するのが望ましいといわれるでしょう。

助産師はお母さんの恥骨のすぐ上あたり

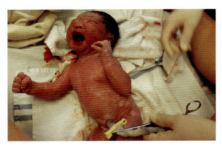

赤ちゃんの誕生後、臍帯が結紮・切断され、赤ちゃんと胎盤のつながりが断たれます。

円盤のような形をした胎盤は約500gの重量があり、中央にある臍帯を取り巻くように血管が網目状に走っています。

誕生時にチェックすること

アプガースコア

誕生後1分、5分の時点で、赤ちゃんの呼吸、心拍数、筋緊張、皮膚の色、刺激に対する反射が評価されます（有色人種の赤ちゃんの場合、皮膚の色は唇、手のひら、足の裏でチェックします）。それぞれの項目につき、0～2点のアプガースコアと呼ばれる点数をつけます。生後1分で合計7点以上が正常で、7点未満の場合はなんらかの助けが必要となる場合があります。

アプガースコア	2	1	0
皮膚の色	全身がピンク	体はピンク、四肢は青紫色（チアノーゼ）	全身が蒼白／青紫色
呼吸	規則的で強い	不規則で弱い	呼吸しない
心拍数／分	100以上	100未満	心拍が認められない
動き／筋緊張	活発に動く	ある程度動く	筋肉が弛緩している
刺激に対する反射	力強く泣く、大きく顔をしかめる	ある程度反応し、顔をしかめる	反応しない

を片手で圧迫し、臍帯をけん引するときに子宮が下方に引っ張られるのを防ぎます。そしてもう一方の手でやさしく臍帯をけん引して卵膜と胎盤の娩出を補助します。これを"臍帯けん引"と呼びます。

胎盤を自然に娩出する

分娩第3期の待機的管理という、薬を使わずに胎盤を娩出する方法をとることにした人は、胎盤娩出に長ければ1時間かかります。助産師がいきみを促してくれるでしょう。しゃがむといきみやすいかもしれません。胎盤が娩出されると、助産師は娩出物をみて子宮内に残っている部分がなさそうかチェックします。胎盤が完全に娩出されていないと、分娩後出血（下のコラム参照）の原因となることがあります。

分娩後のお母さんの気持ち

出産という大仕事のあとで肉体的な反応が起こるのはよくあることです。多くの女性は震えが止まらないといいますし、吐き気を催したり、実際に吐いてしまったりする人もいます。肉体的な反応が起こるだけでなく、燃え尽きたように感じたり、感情的になったりしやすいでしょう。お母さんにも赤ちゃんにも問題がないと判断されると、きずなを深められるよう、ふたりだけで静かに過ごせる時間をもらえるでしょう。

分娩後出血

分娩後出血とは、分娩後に多いときで500mLの出血が起こることを指します。500mLというのは産後ではそれほど多いものではありません。分娩後出血の一番の原因は、子宮の収縮が悪いために起こる弛緩出血です。そのときは医師か助産師がおなかの上から子宮をマッサージしたり、アイスノンなどで冷やしたり、子宮が収縮する薬を使ったりします。胎盤の一部が子宮内に残っている胎盤遺残では、一度出血が止まったあとにまた多量の出血が見られることがあります。また、鉗子による器械分娩のあと、長時間におよぶ分娩後、帝王切開後にも起こる可能性があります。分娩後出血に対する処置が抗生物質の使用や輸血によって改善されたことで、大量出血後に問題が起こるケースはかなり減ってきています。

赤ちゃんの姿

新生児というのはたいてい、びっくりするくらい美しさに欠けるものです。幸い、親にとっては赤ちゃんは美しくみえます。生まれたばかりの赤ちゃんは胎脂と呼ばれるぬるぬるした物質におおわれ、羊水や産道から出血した血液にまみれています。娩出される前に胎便を排泄した赤ちゃんは、皮膚や爪が緑色に染まっているかもしれません。

さらに、新生児は頭が変形して長くなっており、ところどころに産道を通過するときに圧迫されてできた"産瘤"と呼ばれる瘤がみられることもあります。また、鼻が押しつぶされて曲がっていたり、まぶたがはれていたりするかもしれません。性器がむくんでいることだってあります。でも安心してください。こうした症状はどれも一時的なもので、24時間かそこらで変形したところは自然にもとに戻り、赤ちゃんはご両親が想像していた赤ちゃん像にだんだん近づいてくるでしょう。

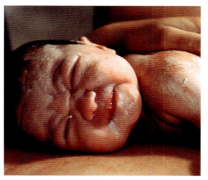

生まれたばかりの赤ちゃんは、くしゃっと押しつぶされたようにみえるかもしれませんが、1日か2日でもとに戻るでしょう。

多くの赤ちゃんが、正中部母斑（サーモンパッチ）と呼ばれるあざのある状態で生まれてきます。これはまぶたやうなじにみられる淡い赤色のあざですが、ときとともに薄れていきます。

生まれたばかりの赤ちゃんはうまく体温調節ができませんが、**お母さんの肌と触れ合うことで、体温を保てます**。また、素肌の触れ合いは、お母さんと赤ちゃんのきずなを形成するうえでも役立つでしょう。

特殊なケース

分娩はそれぞれのケースで異なり、ときにはなんらかの医療介入が必要になります。

妊娠の状態や因子によっては、陣痛の誘発や帝王切開などの医療介入が必要になることを事前に知っておくとよいでしょう。また、分娩中に予想外のできごとが起こり、なんらかの介助が必要になることもあれば、早期産の場合は赤ちゃんに特別なケアが必要になることもあります。なにが起ころうと心配は無用です。
お母さんと赤ちゃんの安全を確保するための手段はちゃんと整っています。

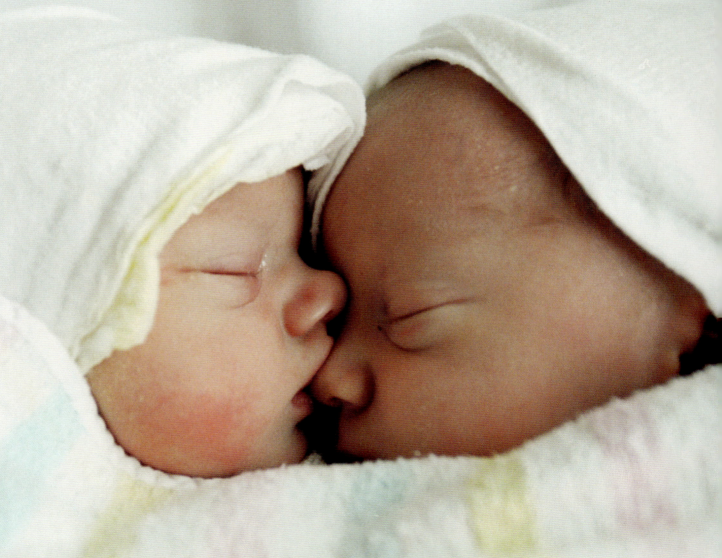

早期産（早産）

ここでいう"早期"という言葉にはふたつの意味があります。
出産の時期が"早期"である、つまり妊娠37週未満であるという意味。
そして、赤ちゃんが子宮の外で生きていくための準備が完全に整っていないという意味での"早期"です。英国では早期産が出産の約7％を占めます。

赤ちゃんが早期に生まれるのは、医学的な理由（下記参照）で早期分娩がすすめられる場合と、妊娠37週未満で自然に陣痛が発来する場合があります。誕生が早いほど、赤ちゃんに呼吸の問題や感染が起こる確率は高まります。しかし今日では、早産児のケアが飛躍的に進んだおかげで、妊娠22週以降に生まれた赤ちゃんも生き延びることが可能になっています。赤ちゃんが早く生まれた場合は、新生児集中治療室（NICU、p.452参照）にしばらく入院することになるかもしれません。

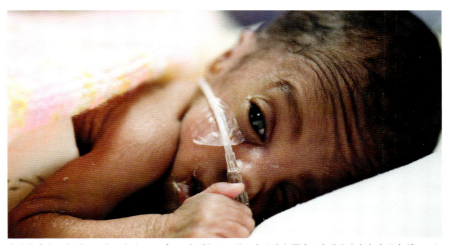

小さな赤ちゃんがモニターやチューブにつながれているのをみると不安になるかもしれませんが、これらは赤ちゃんの呼吸や栄養摂取を、ひいては発育を助けているのですから、安心してください。

早期分娩がすすめられる場合

妊娠37週に達するのを待たずに出産したほうがいいと判断されるのは、お母さんか赤ちゃんの健康が脅かされている場合です。たとえば、母体に医学的な問題がある場合が該当し、具体的には、お母さんに心疾患があり身体的な負担が大きくなる、お母さんが妊娠高血圧症候群（p.474参照）を発症しており、お母さん自身も赤ちゃんの健康も危険にさらされるリスクがあるなどの場合が考えられます。また、超音波検査で胎盤の機能に問題があり、赤ちゃんに十分な酸素が届いていないことが分かった場合にも早期分娩がすすめられます。医学的な理由から妊娠32週未満で子宮外に出される赤ちゃんは、ほとんどが帝王切開によって誕生します。妊娠32週以降は、分娩の誘発（p.432参照）が可能な場合があります。

自然早産

妊娠37週未満の自然早産の原因はわからないことがほとんどです。しかし、大きな筋腫（p.218参照）があるなど、子宮壁に大きな異常がある場合や、子宮頸管が弱い場合は自然早産が起こりやすいでしょう。赤ちゃんを包んでいる卵膜が細菌に侵されたり、炎症を起こしたりした場合にも子宮収縮が起こることがあります。

対処法

早産のリスクが高ければ、プロゲステロンというホルモンを注射し、リスクを下げることがあります。早産がはじまると止めることはできませんが、薬で進行を遅らせることは可能で、それにより軽減できるリスクもあります。

ステロイドの投与により、赤ちゃんの肺でサーファクタントという化学物質がつくられるのを促すことができます。体内で生成されるこの物質のおかげで、誕生後の呼吸障害を予防できるのです。最大限の効果を得るには出産の24〜48時間前までに、お母さんにステロイドを投与する必要があります。

経口薬や注射によって子宮収縮の回数を減らすこともできます。そうすることで、妊娠を数日間継続させることができ、その間にステロイドの効果が期待できるでしょう。また、必要なら、新生児治療のための施設が整った病院に移されることもあります。

また、成熟しきらずに生まれてくる産道内の早産児は分娩中に子宮頸管で接触した細菌に感染しやすいので、予防的に抗生物質の点滴をすることがあります。

早産を予測する

妊娠37週未満で出産しそうな人を予測するのは困難です。しかし、過去に早産の経験がある場合は、今回の妊娠でもその可能性があるかを見極めるための検査を受けることになるかもしれません。妊娠23週ごろに超音波検査をおこない子宮頸管の状態を観察します。子宮頸管が短くなると、早産のリスクが高いと考えられています。膣から検体を採取し、早産に結びつくような細菌の有無を調べたり、"フィブロネクチン検査"をおこない卵膜と子宮頸管に負担がかかり、早産を引き起こすリスクがないかを調べたりすることもあります。子宮頸管が短い場合、縫縮術によって頸管を強化できることもあります。膣内に細菌がみつかった場合は、抗生物質の膣錠を処方されるでしょうし、子宮収縮を止めるためにプロゲステロン座薬を投与されるかもしれませんが、これはまだごく新しい治療法です。

分娩の誘発

英国では5人にひとりの女性が、分娩の誘発、つまり人為的な方法で陣痛を引き起こすという決断をします。

妊娠の継続がお母さん自身または赤ちゃんの健康を害する恐れがあると判断されると、分娩の誘発をすすめられることがあります。誘発の理由としてもっとも多いのは妊娠41週、42週を過ぎても妊娠が続いており、胎盤機能が低下しはじめる可能性がある場合です。双子の赤ちゃんを妊娠している、糖尿病などの病気を患っているといった場合は、もっと早い段階での分娩誘発がすすめられるでしょう。誘発する日を決める前に、助産師が卵膜剥離術（p.393参照）をおこない、自然に陣痛がはじまるのを促すかもしれません。

分娩の誘発は、分娩の促進とは異なります。促進とは、すでに陣痛が自然に開始しているときに薬を使って子宮収縮の効果を高めることを指します（p.415参照）。

子宮頸管の評価

分娩の誘発をはじめる前に、内診によって子宮頸管の状態を評価します。子宮頸管が展退して短くなり、やわらかく"熟化"しているほうが、長く硬い場合よりも分娩を誘発しやすいのです。内診の結果はビショップスコアと呼ばれる表に記録されるでしょう。この表には、子宮頸管の開大度（p.415参照）、子宮口の位置、骨盤に対する児頭の位置（ステーション、p.414参照）も記録されます。合計が6点以上あれば、分娩の誘発に適した状態であるといえます。

子宮頸管を熟化させる

子宮頸管が熟化していない場合、プロスタグランジンを投与することでやわらかくすることができます。プロスタグランジンは体内で生成される化学物質の一群で、子宮の収縮を促します。英国では合成プロスタグランジンの膣座薬か膣ジェルが、膣上部の頸管に近いところに挿入されます（注：日本では現時点で施行されていない）。一般的にこれで効果があらわれますが、何度か投与してもうまく頸管がやわらかくならないこともあります。その場合、数日間おいてからもう一度おこなうことになるでしょう。その一方で、少量の投与で劇的な効果があらわれる人もいます。

人工破膜

卵膜または羊膜嚢を人為的に破ることは、分娩を誘発するうえでもっとも重要なステップのひとつです。"人工破膜"と呼ばれることが多く、子宮頸管がやわらかくなって少し開大し、赤ちゃんの頭が骨盤内に下降しはじめた段階でおこなわれます。内診時に通常はコッヘルという器具を使い、卵膜を破ります。そうすることで、赤ちゃんをとり囲んでいる羊水の一部が流れ出します。その結果、子宮頸管はさらにやわらかくなり、子宮壁の収縮を引き起こせる可能性があります。人工破膜後も子宮収縮が活発にならなければ、合成オキシトシン（アトニン）を使う必要があります（下記参照）。

天然オキシトシンと合成オキシトシン

オキシトシンは体内で自然に生成されるホルモンで、子宮の収縮を促し、収縮の頻度と強度を高めます。合成オキシトシンには、体内で生成されるオキシトシンと同様の効果が期待できます。これを輸液で薄め、腕の静脈に点滴します。適切に使用すれば安全で効果的な薬ですが、過度の子宮収縮によってその間の赤ちゃんへの酸素供給が阻害されかねないので、しっかり管理する必要があります。予防措置として、子宮の収縮と赤ちゃんの心拍を継続的に監視することになります（p.418参照）。

> **Q&A**
>
> **Q. 分娩を誘発した場合には医療介入が必要になる可能性は高くなるのですか？**
>
> A. 分娩を誘発した場合、鉗子か吸引分娩器（p.436〜437参照）を使用した器械分娩や、帝王切開が必要になる確率は高まります。初産で子宮頸管が熟化していない場合、または妊娠の比較的早い段階で分娩を誘発することになった場合は、その確率はさらに高まるでしょう。これらの医療介入は通常、あらゆる手段を尽くしても分娩がなかなか進まないときや、分娩がまったくはじまらないときにおこなわれます。また、誘発分娩中の赤ちゃんの健康状態が懸念される場合も医療介入をおこなうことがあります。
>
> **Q. 分娩を誘発すると、自然に陣痛がはじまる場合に比べて痛みが激しくなりますか？**
>
> A. 分娩を誘発した直後に強烈な子宮収縮を感じる人もいます。そのような場合、より強い痛みに徐々に慣れていくことができないので、痛みへの耐性が低くなるかもしれません。そして結局、硬膜外麻酔のような強力な鎮痛方法をもっと、もっとと求めるようになる人もいます。

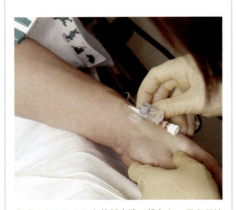

合成オキシトシンを静脈点滴で投与し、子宮収縮の頻度と強度を高めます。

骨盤位（逆子）の赤ちゃん

妊娠32週の時点では、15％の赤ちゃんが骨盤位（逆子の体位）をとっています。ほとんどの赤ちゃんはやがて回転しますが、3〜4％は満期を迎えても骨盤位のままです。

骨盤位（逆子）の分娩は一般的に頭位の場合より難しく、妊娠終盤になっても赤ちゃんが骨盤位をとっている場合、赤ちゃんを回転させる処置をおこなうでしょう。

赤ちゃんを回転させる

赤ちゃんを回転させる処置を外回転術（ECV）といい、通常は妊娠37週あたりでまだ赤ちゃんが骨盤位をとっている場合におこなわれます（注：日本ではおこなう病院は多くない）。医師か助産師がお母さんの下腹部を圧迫し、赤ちゃんのお尻をお母さんの骨盤から押し上げます。それから、赤ちゃんが頭位になるまで、力を加えて回していきます。この処置には痛みをともなう可能性があり、子宮筋の緊張をやわらげる薬を使うことがあります。処置は超音波映像をみながらおこないます。

外回転術はおよそ40％以上の確率で成功します。胎盤剥離による出血、子宮破裂といった問題が起こることもありますが、その確率は低いでしょう。外回転術がうまくいかなかったけれど経腟分娩（普通分娩）を希望する場合、必要な対応が素早くとれるよう、病院での出産をすすめられるでしょう。同じ骨盤位でも赤ちゃんの体位によっては経腟分娩が困難なことがあり、その場合は帝王切開がすすめられるでしょう。

分娩開始後に骨盤位だとわかったら

分娩開始後に逆子とわかることがあります（注：日本では健診で超音波検査などにより赤ちゃんの位置を確認するため、分娩開始後に逆子とわかることはまずない）。これは、お母さんのおなかの上から触っただけでは、赤ちゃんの頭とお尻を区別しにくいために起こります。

分娩開始後に骨盤位だとわかった場合でも、外回転術を試みることはできますが、この段階では成功率は下がります。すでに破水している、極期（移行期）に入っている、外回転術をおこなえるスタッフがいないといった場合は、この処置をおこなえません。

赤ちゃんの娩出

経腟分娩（普通分娩）を試みる場合は、助産師がマンツーマンで担当することになります（注：日本では骨盤位はほとんどの病院で予定帝王切開になる）。おそらく産科医も分娩に立ち会い、生まれた赤ちゃんに蘇生が必要な場合に備えて看護師か医師がもうひとり立ち会うでしょう。

分娩が終わるまで分娩監視装置によって赤ちゃんの心拍を見守ることを推奨され、帝王切開に切り替える場合にすぐに麻酔を投与できるよう、腕か手から輸液を注入し点滴ルートを確保するでしょう。娩出に備え、医師が医療措置をとりやすいように、足台に足をのせてすわるように指示されることもあります。立位や両手両ひざをついた体位をとることもできます。鉗子を使わなければならなくなった場合に容易に施術できるように、尿道カテーテルを使用して膀胱を空にしたり、会陰切開（p.426参照）をおこなったりするかもしれません。娩出の途中で、助産師か医師が赤ちゃんの腕や脚を軽く押さえることがありますが、お母さんはおそらく気づかないでしょう。これらの違いを除けば、分娩は頭位の赤ちゃんの場合と同じように感じられるはずです。頭が産道からうまく娩出されるよう、手か鉗子で補助して、娩出のスピードを調整することもあります。速すぎるのも遅すぎるのもよくありません。

なんらかの問題が起こった場合、例えば、赤ちゃんの心拍が下がっている、臍帯が赤ちゃんのお尻より下にまわり込んでしまう、子宮頸管の開大に時間がかかりすぎる、赤ちゃんが下降してこないなどの場合は帝王切開をおこなうことになります。

骨盤位の種類

骨盤位の赤ちゃんは、単殿位、複殿位、足位の3つのいずれかの体位をとっています。
単殿位の赤ちゃんは体をふたつに折り曲げており、ひざは伸ばされ足先は顔のあたりにあります。このタイプの骨盤位は経腟分娩（普通分娩）ができる確率がもっとも高いでしょう。複殿位の赤ちゃんは股関節とひざを曲げており、両足がお尻より上に位置します。経腟分娩は不可能ではありません。足位の赤ちゃんは足がお尻より下にある状態で、経腟分娩ができる可能性は低いでしょう。

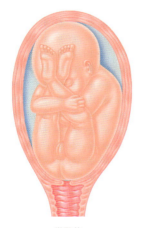 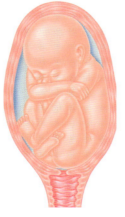 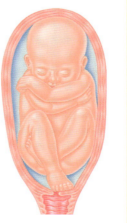

単殿位　　　　　　　複殿位　　　　　　　足位

多胎の出産

一度にふたり以上の赤ちゃんを妊娠している場合、分娩中に問題が起こるリスクが高まります。そのためお母さんと赤ちゃんを注意深く見守る必要があります。

多胎妊娠はおよそ90人にひとりの割合で自然に起こります。多胎妊娠の可能性を高める要因には、不妊治療を受けた、高齢になってから妊娠した、上に何人か子どもがいる、家系に双子がいるなどがあります。

妊娠中の管理

多胎妊娠はハイリスクに分類されるので、通常よりもしっかり管理されるでしょう。分娩の方法は、赤ちゃんの体位、ほかになんらかの問題があるかによって異なります。懸念されるのは、多胎の赤ちゃんの出生体重が低く、成熟しきらないまま生まれてくることで、そうなれば新生児集中治療室（NICU、p.452参照）に入院しなければなりません。妊娠の後半にかけて、健診の回数が多くなったり、管理入院が必要になったりするかもしれません。これは、多胎妊娠の場合、胎盤の酸素供給能力が落ちる、頻回の子宮収縮が起こるといった可能性があるためです。ひとりひとりの赤ちゃんの健康度を確認するとともに、早産予防のため安静を促されることがあるでしょう。

起こりうる問題

赤ちゃんの、またはお母さんの抱える問題のなかには、分娩に影響するものがあります。その場合、帝王切開による分娩が計画されることになります。

赤ちゃん側の問題

双胎間輸血症候群（TTTS）は胎盤を共有する一卵性双生児（p.51参照）に特有の問題です。ふたりの赤ちゃんに血液を供給する血管が胎盤でつながっている場合に起こり、どちらの赤ちゃんの命も危険にさらされる可能性があります。TTTSを発症した双子の赤ちゃんには、一方の赤ちゃんをとり囲む羊水を除去する、またはレーザーで血流を分離するという特殊な治療が必要になります。

稀に、一羊膜性双胎といって、ふたりの赤ちゃんがひとつの羊膜を共有していることがあります。この場合の主なリスクは臍帯が絡み合い、酸素供給に影響することです。妊娠の終わりに、それぞれの赤ちゃんの心臓の状態を確認し、通常は早めの帝王切開で出産します。

お母さん側の問題

双子かそれ以上の多胎の赤ちゃんを妊娠すると、さまざまな問題が起こるリスクが高まります。妊娠高血圧症候群（p.474参照）を発症

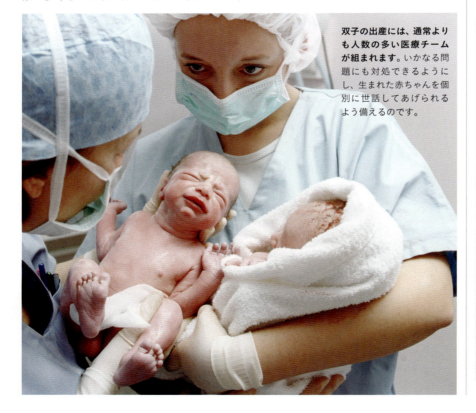

双子の出産には、通常よりも人数の多い医療チームが組まれます。いかなる問題にも対処できるようにし、生まれた赤ちゃんを個別に世話してあげられるよう備えるのです。

Q&A

Q. 双子の赤ちゃんをどのような方法で出産するか、自分で決められますか？
A. 双子を妊娠している場合、妊娠中に助産師や医師と出産に関する希望を話し合う機会があるでしょう。経膣分娩（普通分娩）にするか帝王切開にするかは、おそらく胎位などいくつかの要因を考慮したうえでの決断になります（注：日本ではほとんどの病院で予定帝王切開になる）。十分な時間をかけて、必要な情報をすべて考慮したのであれば、お母さんの希望が最優先されるでしょう。

Q. 双子の赤ちゃんを自宅で出産できますか？
A. 推奨しません。赤ちゃんの問題以外にも、分娩は問題なくても産後出血が多量になるなど、母体のリスクが高いからです。

（補足）日本では新生児集中治療室（NICU）のある病院での出産が望まれます。

陣痛と分娩

出産体験記——双子の出産

ジリアンは妊娠初期の超音波検査で双子を妊娠していることを知りました。当初は難しい妊娠、出産になるのではと心配していましたが、赤ちゃんの成長が順調だったので、お母さんも自信をつけていきました。妊娠35週で陣痛が発来しました。

ジリアンの出産体験記

双子を妊娠しているといわれたとき、ものすごくびっくりしました。だってわたしの家族には双子を産んだ人などひとりもいませんでしたから。妊娠中は疲労感がひどく、おなかはとても大きいし、本当に大変でした。でも、超音波検査は楽しみで、画像をみるととても元気づけられました。

妊娠35週に入ってすぐに陣痛がはじまりました。不規則な子宮収縮がしばらく続いたあと、午前2時に破水しました。パートナーが15分以内に病院につれていってくれました。彼はちょっと気が動転していたようです。ひとり目の赤ちゃん、ジョナサンが生まれたのは午後4時過ぎなので、最初の分娩にずいぶん時間がかかったことになります。笑気ガスを吸い、ジアモルフィンの注射をしてもらって、痛みに耐えました。ふたり目の赤ちゃん、セリアが20分後に生まれました。心拍が下がっていたのでこんどは人工破膜をおこないましたが、生まれてきたセリアは元気でした。分娩室には人がたくさんいて、みんな自己紹介してくれたけど、だれがだれだかわかりませんでした。でも、分娩が終わるとみんないなくなって、わたしたちと双子の赤ちゃんだけの時間をつくってくれました。最高の時間でした。不安はすべて消え去り、わたしたちはただパパとママでいられたのです。

助産師のコメント

双子の赤ちゃんを妊娠した女性はたいていそうですが、ジリアンは分娩中に自分とふたりの赤ちゃんになにか起こるのではと心配していました。妊娠中にわたしや医師とずいぶん話をしましたが、それでも不安はぬぐいされなかったのです。でも、病院に到着したジリアンは、自分の分娩を担当するスタッフが非常にすぐれた、経験豊富な人たちだとわかったのでしょう。それで、なにかあってもうまく対処できるという自信が生まれたようです。退院時、赤ちゃんはふたりともとても元気で、ジリアンの回復もすばらしかったです。

リスクは高くても、双胎の出産はたいていどちらの赤ちゃんも無事に娩出できるものです。

しやすいのは、おそらく単胎妊娠の場合より腎臓に大きな負担がかかるためでしょう。妊娠性肝内胆汁うっ滞症（p.473参照）という肝臓の症状の原因はわかっていません。血栓が形成されるのは血液循環に大きな負担がかかるせいです。これらの症状がみられた場合も、早めの分娩が推奨されるかもしれません。

陣痛の発来

陣痛は早い段階ではじまり、赤ちゃんは平均以下の出生体重で生まれる可能性が高いでしょう。陣痛の開始は双胎妊娠の場合で妊娠37週ごろ、三つ子なら34週ごろ、四つ子なら32週ごろでしょう。平均出生体重は双子の場合2.5 kg、三つ子なら1.8 kg、四つ子は1.4 kgです。

双子の陣痛・分娩

英国において、現在では双子の出産には産科医が立ち会うべきだとされています。経腟分娩（普通分娩）を計画している人は、分娩は赤ちゃんをひとり妊娠している場合とほぼ同じ時間で終わらせなければなりません（注：日本ではたいていは新生児集中治療室（NICU）のある病院での予定帝王切開となる）。

双子の分娩では、分娩監視装置で記録される胎児心拍陣痛図（CTG、p.418参照）を利用し、両方の赤ちゃんの心拍を継続的に監視することが推奨されます。通常、ひとりの赤ちゃんにつきひとつのモニターをお母さんのおなかにベルトで留める外測法で心拍を計測します。場合によっては上方に位置するふたり目の赤ちゃんをこの方法で監視し、下方に位置するひとり目の赤ちゃんを頭に小さな電極を装着する内測法（p.419参照）で監視することもあります。この方法を使うと、外側法ではひとり目の赤ちゃんの心音を確認しづらいときに、赤ちゃんの状態をより明確に知ることができます。

ひとり目の娩出

医師がふたり目の赤ちゃんをできるだけ速やかに助けられるようにするために、ひとり目の赤ちゃんの娩出を介助する必要が生じることもありますが、ひとり目の赤ちゃんの娩出に鉗子や吸引分娩器による介助をおこなう確率は単胎妊娠の場合と同じくらいです。ひとり目の娩出が終わるとその子の臍帯を結紮・切断しますが、胎盤は通常ふたり目の赤ちゃんが生まれるまで子宮内にとどまります。

ふたり目の娩出

ふたり目の赤ちゃんが頭位か骨盤位かを、医療スタッフが確認します。ふたり目の赤ちゃんの頭かお尻が骨盤内に下降してきたら、人工破膜により子宮の収縮が強まるよう促す可能性があります。娩出にかかる時間が約30分以内ならば正常分娩として対処され、問題が起こらなければ鉗子や吸引分娩器は使われないでしょう。ふたり目の赤ちゃんが骨盤位の場合、いつでも手助けできるよう医師が立ち会ってくれるはずです。一般的には、ひとり目を経腟分娩で出産した場合はもうひとりも同様に出産できますが、ふたり目の赤ちゃんの娩出に緊急性が認められ、経腟分娩を安全におこなえないと判断されたときには帝王切開に切り替えることも考えられます。

胎盤の娩出

分娩後出血を避けるため、分娩第3期の積極的管理（p.428参照）が推奨されます。

器械分娩

英国では10人にひとりの赤ちゃんがなんらかの助けを借りて誕生します。
器械分娩は安全で、さらなる問題が起こるのを防ぐことができると考えられています。

チェックリスト
補助が必要になる理由
器械分娩の可能性が高まる要因がいくつかあります。

- **赤ちゃんの心拍数に異常がみられ、**負担がかかっていると考えられる。
- **いきみの段階に入ってずいぶん時間がたつのに**分娩の進行が遅い。
- **お母さんが疲れ果ててしまい、**いきむ力が尽きてしまった。
- **医学的理由から、**お母さんが長時間いきめない。

器械分娩とは、鉗子または吸引カップ（吸引分娩器）を使って普通分娩（経腟分娩）を補助する分娩を指します。器械分娩後に内出血など多少の影響はあるかもしれませんが、重大な問題が起こることは稀です。

すべての医療介入にいえることですが、鉗子や吸引カップを使用するのは赤ちゃんかお母さんの、または双方の健康のために必要性が認められるときだけです。

手順

まず、担当の医師からなぜ鉗子または吸引が必要なのかが説明され、起こりうる問題についても説明があるでしょう。病院によって、同意書にサインを求める場合があります。器械分娩をおこなう前に、分娩台に横になり両脚を足台に乗せます（砕石位）。分娩台の足もとに支持台がついている場合は、医師が介助しやすいように収納し、少量の水で外陰部を洗浄します。通常、清潔なシートで脚と腹部をおおい、尿道カテーテルを挿入して膀胱を空にします。医師は赤ちゃんの頭を鉗子ではさむか、吸引器を頭に吸着させ、お母さんに子宮収縮が起こったらいきみを再開するよう伝えます。赤ちゃんはこの時点から約20分以内に娩出されるでしょう。

鉗子

近代の手術用鉗子は英国の医師、チェンバレンが17世紀に発明し、改良を重ねながら何百年にもわたって使われてきました。分娩を補助するうえで効果的で信頼できる方法ではありますが、トレーニングを受けた医師による使用が原則です。

赤ちゃんの頭を耳や頬に近い位置で左右からはさむように鉗子をセットします。それからお母さんの子宮収縮といきみに合わせて赤ちゃんの頭をやさしくけん引し、赤ちゃんを産道からひっぱり出します。

娩出前に赤ちゃんの頭の位置を調整するために鉗子を使うこともできます。赤ちゃんの体位が後方後頭位で、分娩の終盤になっても後頭部をお母さんの背中側に向けている場合（p.417参照）に頭を回転させるのです。その後、分娩は上記の要領でおこなわれます。

鉗子分娩のメリットとデメリット

鉗子が吸引分娩器よりすぐれている点はいくつかあります。鉗子はお母さんの子宮収縮が弱い、お母さんがへとへとでいきめないという場合にも有効に使えます。また、鉗子分娩は失敗率が低く、赤ちゃんの頭を鉗子ではさむのが特に難しい場合をのぞいては、通常は緊急帝王切開に頼ることなく経腟分娩を完了させることができます。鉗子のデメリットは、吸引分娩器を使用する場合より腟や会陰を傷つける可能性が高いことです。

器械分娩の方法

赤ちゃんの誕生を吸引分娩器または鉗子で補助するのは安全で広くおこなわれている処置であり、緊急帝王切開が必要となるような状況を避けられます。鉗子と吸引分娩器のどちらを使うかは、医師の技術と経験によるでしょう。

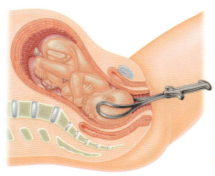

鉗子を使う場合、赤ちゃんの頭を左右から金属のトングではさみ、お母さんの子宮収縮に合わせて出口に導きます。

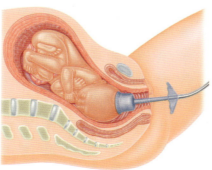

吸引分娩の場合、赤ちゃんの頭にやわらかい吸引カップを吸着させ、やさしくけん引します。

吸引分娩器

吸引分娩器は1950年代に開発されました。構造的には、吸引ポンプからのびたチューブの先にカップがとりつけられています。カップはプラスチック製のソフトタイプとハードタイプと、金属製のものがあります。カップを赤ちゃんの頭頂に当て、陰圧をかけることでカップを赤ちゃんの頭皮に吸着させます。お母さんが子宮収縮に合わせていきむ間に、医師が赤ちゃんの頭をやさしくけん引します。

妊娠が少なくとも34週まで進んでいれば、吸引分娩は安全だとされています。それ以前は、赤ちゃんの頭は吸引によって傷つきやすいので、妊娠34週以前の吸引分娩をおこなう医師はほとんどいません。

吸引分娩のメリットとデメリット

吸引分娩には鉗子分娩にはないメリットがいくつかあります。赤ちゃんの頭への装着が多少容易で、不快感は少ないでしょう。膣や会陰が傷つきにくく、会陰切開が必要になることもあまりありません。子宮頸管が全開大していなくても、赤ちゃんに負担がかかっていそうな場合は使用できます。赤ちゃんの頭皮を傷つけるリスクは小さいながらもありますが、大きな問題が起こることはほとんどありません。赤ちゃんを早く娩出する必要がある場合、これらの小さなリスクと吸引分娩で赤ちゃんを娩出しないリスクとを比較しなければなりません。

吸引分娩が失敗する確率は最大20%で、とりわけ赤ちゃんが娩出に適した体位をとっていない場合にうまくいかないケースが多くみられます。分娩中に吸引分娩器がはずれてしまったら、もう一度吸着させることができますし、鉗子に切り替えることもできます。ただし、吸引分娩に失敗して帝王切開に切り替えなければならない場合もあります。

鎮痛方法

器械の補助を受けるのは痛みをともなうことがあるので、娩出に耐えられるよう十分な鎮痛対策が必要です。局所麻酔を膣周辺に注射することで痛みに十分耐えられる場合もあります。特に、医師や助産師が娩出にほとんど時間はかからないだろうと判断した場合、赤ちゃんがすでにかなり骨盤内に下りてきている場合は、この鎮痛法が効果的です。さらに難しい器械分娩、例えば赤ちゃんが前方後頭位（p.417参照）でない場合には、硬膜外麻酔（p.404参照）を使用するでしょう（注：日本では分娩中の硬膜外麻酔があまり普及しておらず、難産で使用することは少ない）。特に、鉗子か吸引分娩器に失敗する可能性が高く、緊急帝王切開が必要になることを視野に入れて、分娩室でなく手術室で分娩することになった場合は、硬膜外麻酔が適しています。また、すでに硬膜外麻酔を使用している場合は、必要に応じて薬を追加することもできます。

起こりうる問題

大多数のケースでは、器械分娩後のお母さんも赤ちゃんもいたって健康ですが、ときどき問題にぶつかることがあります。

分娩中の問題

肩甲難産といって、分娩中に赤ちゃんの肩がつかえてしまうことがあります（p.426参照）。鉗子・吸引分娩で、肩甲難産が起こる頻度が高まります。肩がつかえてしまったら、たいてい少し動かせばそれほど苦労せずにはずれますが、ごく稀に緊急事態に発展し、肩甲難産への対応に熟練した医師が赤ちゃんの娩出を完了しなければならないこともあります。

赤ちゃんへの影響

鉗子分娩では赤ちゃんの顔の両側にしばらく傷が残ることがあり、場合によっては目の周辺の神経が圧迫され、誕生後1日か2日は赤ちゃんが正常にまばたきできなくなる可能性があります。一方、吸引分娩では赤ちゃんの顔でなく頭頂に傷ができる傾向があります（また、生まれたときは吸引器にひっぱられた頭頂部が引き伸ばされたようにみえるかもしれません）。それをみると心配になるかもしれませんが、いずれも2週間もすればもとに戻ります。さらに深刻な問題に鉗子分娩による頭蓋骨骨折、吸引分娩による頭蓋内出血がありますが、非常に稀なケースです。

お母さんへの影響

おそらく会陰切開をおこなうことになります。これは特に鉗子分娩の場合、分娩中にお母さんの会陰部や肛門、直腸がひどい損傷を受けるのを防ぐために必要な処置です。たいていこれでうまく予防できますが、さらにひどい裂傷が起こり肛門や直腸まで傷つけることもあります。その場合、手術室で慎重に縫合して患部を修復する必要があります。膣内外にも裂傷が生じている場合は、それらの部分も縫合する可能性があります。

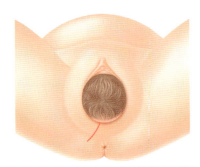

一般的に、膣下端中央から肛門を避けて斜めに筋肉に切開を施す、**正中側切開**がおこなわれます。

(補足) クリステレル胎児圧出法

分娩時に胎児の娩出を補助する目的で、陣痛に合わせて分娩介助者が両手のひらで子宮底を押す手技です。通常は子宮口が全開大して胎児の先進部が会陰から見えている排臨、発露まで下降しているのに陣痛が弱くなりなかなか娩出にならない場合、あるいは胎児心拍が低下するなどの理由で早く赤ちゃんを娩出する必要がある場合に使用します。単独でおこなわれることもあれば、吸引分娩、鉗子分娩の補助としておこなわれることもあります。

帝王切開

お母さん自身、赤ちゃん、あるいは双方に健康上のメリットがあると考えられるとき、帝王切開が提案されることがあります。

帝王切開とは、お母さんの腹部を切開して赤ちゃんを娩出する方法です。分娩における帝王切開の割合は約10〜15％が合理的と考えられていますが、欧米諸国のほとんどでその割合は20％をゆうに超えており、英国では今日、約25％の赤ちゃんが帝王切開で娩出されています（注：日本での帝王切開率は約20％）。

なぜ帝王切開の割合が増えているかは明確ではありませんが、病院によってはなんらかの問題が発生したときに帝王切開をすすめれば、対応を批判されるリスクを回避できると考えることがあるようです。帝王切開のほうが普通分娩（経膣分娩）に比べて赤ちゃんにとって安全だと考える女性もいます。実際には、妊娠に問題がなければ医学的な理由で帝王切開を正当化するのは困難です。

帝王切開の種類

帝王切開には緊急におこなわれるものと計画的におこなわれるものがあります。英国では、医師は緊急性に等級づけをして評価します。グレード1の帝王切開は母子どちらかの命が危険にさらされているときにおこなわれます。グレード2は、命にかかわる状態ではないものの、母子の状態が懸念されるとき。グレード3は、母子ともに緊急対応を要する問題がなくても、お母さんか赤ちゃんの状態を考慮した結果、早期の娩出が望ましいと判断される場合におこなわれます。グレード4は選択的帝王切開で、お母さんと病院双方の事情に合わせて計画されます（注：日本ではグレード分けはなく、対応させるならグレード1は超緊急帝王切開、2、3は緊急帝王切開、4は選択的帝王切開となる）。

緊急帝王切開

グレード1の帝王切開は通常、赤ちゃんが危険な状態、例えば赤ちゃんへの酸素供給が減少しており胎児機能不全の兆候がみられるときにおこなわれます。その場合、スタッフは帝王切開を迅速に、可能なら30分以内に終わらせますが、近道をしたばかりにお母さん自身の健康を不要なリスクにさらさないようにするのは重要です。

グレード2とグレード3の帝王切開は、差し迫った命の危険がないときにおこなわれるので、グレード1の処置に比べてよくおこなわれます。分娩のかなり早い段階で赤ちゃんの心拍が心配な状況になってきて、経膣での娩出がある程度の時間内に完了する見込みがあまりないとき、グレード2の帝王切開がおこなわれる可能性があります。グレード3の帝王切開の例としては、陣痛の誘発に失敗した場合があげられます。

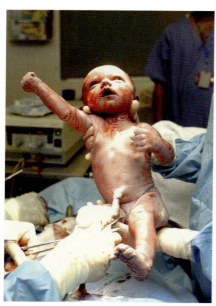

赤ちゃんを子宮からやさしくとり出したあと、臍帯を結紮し、切断します。

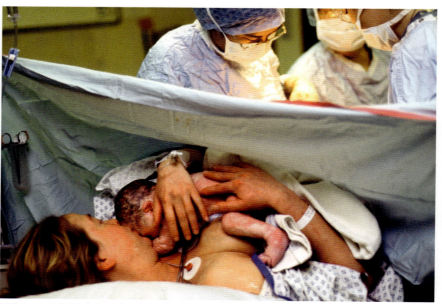

医療チームが胎盤を娩出し、傷を縫合して手術を終えるまで、お母さんとパートナーは赤ちゃんを腕に抱いていられます。

選択的帝王切開

帝王切開の3分の1ほどは選択的帝王切開、つまりグレード4にあたり、その件数は近年著しく増加しています（注：日本では3分の2が選択的帝王切開）。帝王切開を選択する理由には、胎位が骨盤位（逆子）である、過去の分娩で肛門に達するような会陰裂傷などのトラウマになるような体験がある、過去に帝王切開で出産している、赤ちゃんが平均よりも大きい、お母さんが帝王切開を希望しているなどがあります。このような状況なら帝王切開をおこなうのは合理的ですが、適切な対策をとりながら普通分娩（経腟分娩）を試みるのも合理的です。お母さんの希望のみで帝王切開をおこなうことはあまりなく、手術をおこなう場合には上記のような理由がほかにひとつはあるものです。

場合によっては、普通分娩を試みることがお母さんまたは赤ちゃんに危険をおよぼすことがあります。例をあげれば、過去に何度か帝王切開や子宮の大きな手術をしたことがある、赤ちゃんがお母さんの体の軸に対して横向きの体位（横位）をとり続けている、胎盤の位置が非常に低い（p.212参照）、または骨産道（産道のうち骨盤に囲まれた部分）に重度の異常がある場合などがそれに該当します。お母さんの健康状態によっても普通分娩を避けたほうがいい場合があります。

お母さんの同意

医師は、帝王切開をおこなう前にお母さんの同意を得る必要があります。なぜ帝王切開をする必要があるのか、そのメリットとリスクを説明しなければなりません。お母さんが十分な時間をかけて、手術をするか否かを決められるのが理想ですが、緊急帝王切開の場合はいろいろ考える時間は限られています。それでも、お母さんにはどんなときでも、たとえ、お母さん自身や赤ちゃんの命が危険にさらされることになるとしても、帝王切開はしたくないという権利があります。

麻酔

手術の前に、麻酔医に会うことになるでしょう。麻酔医は、お母さんが手術中に痛みを感じないようにし、術後の痛みもコントロールしてくれます。ほとんどの帝王切開は、お母さんの意識がある状態でおこなわれます。薬を背中から髄液内に注入する脊髄くも膜下麻酔（脊椎麻酔）により、痛覚を麻痺させます（p.406参照）。分娩中に硬膜外麻酔（p.404参照）を鎮痛法として使っていた場合は、そのまま手術にも使えます。麻酔薬を投与すると、麻酔医は薬がうまく効いているか確認します。

お母さんに意識がある状態で手術をおこないますが、立会人がいっしょにいられますし、全身麻酔に比べればお母さんにも赤ちゃんにも多少安全です。ごく稀に、全身麻酔が必要になることがあります（p.406～407参照）。

手術

手術の前に手か腕に針を刺して点滴を開始し、必要に応じて輸液や薬を静脈から注入できるようにします。また、陰毛を上から3cmくらい剃り、切開の邪魔にならないようにします。これらの処置は手術室に入る前にすませる場合も、入室後におこなう場合もあります。

麻酔医が麻酔の効果を確かめたあと、膀胱に尿道カテーテルが挿入されます。カテーテルをはずせるのは、翌日お母さんの感覚が回復してからです。腹部を消毒液でふいてから、殺菌ずみのドレープをかけます。これによって、お母さんにもパートナーにも手術の様子はみえなくなります。

手術がはじまると、通常は腹壁をビキニラインのあたりで横に15cmくらい切開します。場合によっては、おへその下を縦に切開することもあります。膀胱を落とし、子宮の前面を切開して赤ちゃんをとり出せるようにします。まだ破水していない場合は、赤ちゃんと胎盤をとり出す前のこの時点で卵膜を破ります。医師は赤ちゃんの頭を骨盤上縁から解放し、赤ちゃんをとり出します。このとき、別のスタッフが子宮を圧迫してこのプロセスを補助する必要がある場合もあります。臍帯が切断されると、お母さんは赤ちゃんをみせてもらえます。出生時のチェックがひと通り終われば、お母さんかパートナーが赤ちゃんを抱いて、手術が終わるまで肌と肌を触れ合わせていられるでしょう。胎盤を娩出しやすくするためにオキシトシンを注射（p.428参照）することになるかもしれません。

最後に縫合をします。子宮筋の縫合は一重の場合（1層縫合）と、二重に縫う2層縫合の場合があります。それから腹壁を何層かに分けて縫合します。縫合にかかる時間は約30分ですが、過去に手術を受けた経験がある場合などは、さらに時間がかかることがあります。縫合には体に吸収される糸か、5～6日後に抜糸の必要な糸が使われ、稀に小さな医療用ホチキスが使われることもあります。どの糸を使うかは一般的に医師が決定しますが、希望があれば手術開始前に担当の医療チームに伝えましょう。

術後の回復

手術の翌日には、ベッドから出て動いてみるよう助産師からアドバイスされるでしょう。手術の2日後には、手伝ってもらいながらほとんどのことを自分でできるようになるはずです。英国では一般的に、帝王切開で出産した人は、術後3日目には鎮痛薬を処方してもらって退院できます（注：日本では帝王切開後の入院は約1週間）。

> **起こりうる問題**
>
> 帝王切開にともないよく起こる問題はいくつかありますが、深刻なものではありません。手術中または術後1～2日後に出血する、輸血が必要になる、膀胱や傷口が軽度の感染を引き起こすなどの小さな問題です。重大な感染症を引き起こす可能性はかなり低く、命にかかわる創傷感染のためにもう一度手術をおこなわなければならないことは稀です。手術後に血液を薄める薬を使わない場合、骨盤静脈に血栓ができる可能性は高まります。特に健康状態に問題がなく、血栓予防の薬を使用していれば、肺に血栓ができて命にかかわるようなことはまずないでしょう。膀胱や、場合によっては赤ちゃんさえ損傷するリスクが、低いながらもあります。腸に損傷がおよぶ可能性はさらに低く、ほかの臓器が傷つく可能性はほとんどありません。
>
> 長期的には、産後うつ（p.475参照）を発症するリスクは帝王切開で分娩した場合のほうが高く、将来的に不妊の問題が起こるリスクが高まることを示す証拠があります。

 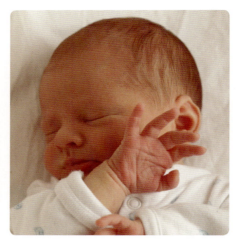 

このときがくるのを心待ちにしながら、これまで約9カ月を過ごしてきたでしょう。しかし赤ちゃんに会えたとき、親になったふたりにどのような感情が芽生えるかは、そのときになってみなければわからないものです。これから数週間かけて産後の体は回復していきます。しかし、赤ちゃんの日々の世話に奮闘することになり、お母さんの世界は劇的に変わります。
おそらく純粋な喜びからいら立ちまでさまざまな気持ちが生じ、疲れの程度によっても感じ方は異なるでしょう。そんななか、生まれたばかりの赤ちゃんのことをよく理解することで、新たに家族の一員になったその子に驚きと感動を味わえるはずです。

新生児との生活

(注) 欧米では医療費、保険などの関係から、正常分娩ではその日に退院することが一般的です。そのため、産後に助産師による訪問が、日本より多くあります。産後は1週間ほど入院することになる日本の事情とは違うので、お読みになる際にはご注意ください。

産後12時間

約9カ月の間思い描いてきた瞬間が訪れ、先ほどまでカップルだったふたりは親になりました！　それではこれからなにが起こるのでしょう？

これから経験することが、どのような陣痛・分娩を経験し、どのような局所的な処置を受けたかによって異なるのはいうまでもありませんが、一般的に出産後の12時間には次のようなことが起こります。

🕐 **産後2時間まで**　赤ちゃんが元気であればすぐに腕に抱かせてもらえます。その子をやさしく抱きしめ、赤ちゃんの誕生直後のすばらしい時間を堪能できます。数分後あるいは臍帯の拍動が止まったら、助産師か医師が臍帯を切ります（注：日本では拍動にかかわらず早めに臍帯を切ることがほとんど）。お母さんはうれしくてたまらないですか？　ほっとしているかもしれませんし、ただ疲れきっているかもしれませんね。嘔吐してしまったり、激しい震えに襲われたり、疲労困憊ですぐに赤ちゃんを抱っこできなかったりしても心配いりません。これらはすべて、産後にとてもよくある反応です。

赤ちゃんが健康で、お母さんが授乳したいと感じるなら、赤ちゃんの口もとに乳首（乳頭）を近づけてあげましょう。ただし、赤ちゃんはまず鼻で乳首をさぐってみる程度かもしれません。肌と肌が触れ合うように抱き寄せてあげてください。いま、赤ちゃんに必要なのは、お母さんの体のぬくもりだけなのです。誕生後1分、5分の時点で赤ちゃんの様子を観察し、アプガースコア（アプガー指数、p.428参照）をつけます。赤ちゃんをやわらかいタオルで拭き、手足の指をチェックします。それから体重と頭囲を計測します。

お母さんにも仕事が残っています。赤ちゃんが産まれて間もなく、お母さんは胎盤を娩出しなければなりません。薬を使わず胎盤を自然に娩出するか、オキシトシンを注射してこの分娩第3期の進行を速めるかを選択します（p.428参照）（注：日本では胎盤を娩出するためではなく、産後の子宮収縮を促し出血を抑えるために、胎盤娩出後にオキシトシンかメテナリンという子宮収縮止血剤を注射する病院が多い）。

会陰が裂けたり、会陰を切開して赤ちゃんの娩出を助けたりした場合は、縫合が必要になるでしょう。まず、お母さんが痛みを感じないように局所麻酔をします。縫合中、パートナーは赤ちゃんを抱いて近くで待ちます。

誕生後数時間のうちに、赤ちゃんは聴力検査（新生児聴覚スクリーニング）と、ビタミンKシロップ（注→p.481）の経口投与を受けます。ビタミンKは血液の凝固に必要ですが、新生児は体内貯蔵量が低いのが一般的です。

🕐 **産後2〜3時間**　エネルギーを補給する時間です。多くの女性が、出産を終えて1杯目の紅茶とトーストほどおいしいものはないといいます……さあ、召しあがれ。

🕐 **産後3〜4時間**　出産という大変な仕事を成し遂げたのですから、汗をかき体がべたついていて、シャワーを浴びたいでしょう。硬膜外麻酔をしていなければ、この時点でシャワーを浴びられます（注：日本ではまだシャワーは翌日からとする病院が多い）。足もとがふらつく場合は、助産師かパートナーにつき添ってもらって歩きましょう。産

赤ちゃんと初めて対面する瞬間はかけがえのないものです。

新生児との生活

後は授乳用ブラをつけると快適です。

🕐 **産後5時間** トイレにいきたくなりましたか？ 産後最初に排尿するとき、会陰を縫合したなら特にヒリヒリとした痛みを感じるでしょう。排尿するときに温水で流すと痛みがやわらぐかもしれません。お母さんの産後の状態に問題がないことを確認してから、助産師はいったんお母さんのケアを離れます。膣からの出血（悪露）を吸収するために、産褥パッドを当てましょう。悪露がかなりひどければ、助産師に知らせましょう。

🕐 **産後6時間** お母さんが元気で、産後検診を終え（p.444参照）、お母さんは産科医から、赤ちゃんは小児科医からそれぞれ許可が出れば退院できます（注：日本では考えられないが、欧米では医療費、保険などの関係から正常分娩ではその日に退院することが一般的）。心配ごとが生じた場合の連絡先をいくつか教えてもらえるでしょう。退院しない場合は、入院病棟でくつろぎます。赤ちゃんを抱っこしたまま、車椅子で部屋に連れていってもらえるでしょう。

🕐 **産後7時間** このころやっと、赤ちゃんの小さな足の指や、ひざの曲がった脚、細い髪の生えた頭をじっくりみる時間がとれるでしょう。肌にはべたっとした胎脂が多少残り、薄い爪が伸びているかもしれません。背中に毳毛と呼ばれるふわふわした産毛が生えていることもあります。かけがえのない、かわいい赤ちゃんです。

🕐 **産後8時間** 一方の乳房をできるだけ大きく出して、赤ちゃんを脇に抱えるようにして寝かせると、赤ちゃんはおっぱいを飲みやすいでしょう。お母さんの体内では、栄養価が高くさまざまな抗体を含んだ初乳が産生されています。赤ちゃんに口を大きく開けさせ、乳輪全体を含ませてあげます。これが"ラッチオン"という含ませ方です（p.448参照）。授乳によって、脳下垂体からオキシトシンというホルモンの放出が促され、子宮の収縮が起こります。こうして後陣痛が引き起こされます。後陣痛はたいていの場合、2度目以降の出産に著しく、陣痛のような痛みが感じられます。後陣痛が起こるたびに、子宮、つまりおなかが、縮んでもとの状態に戻っていきます。

🕐 **産後9時間** 自宅であっても病院であっても面会はできますが、お母さんが疲れてしまわないよう短時間で切り上げましょう。

🕐 **産後10時間** 赤ちゃんは生後4～12時間の間に診察を受けるでしょう（上のコラム参照）。

🕐 **産後11時間** 入院病棟に移ったあと母子ともに健康であれば、その日のうちに退院できるかもしれません。縫合部が心配、痔を発症していて不安、授乳がうまくいかない、といった場合は弱気になってしまうかもしれませんが、助けてくれる人はいますから安心してください。なにか問題があれば教わった連絡先に電話しましょう。

🕐 **産後12時間** 嵐のような苦痛を無我夢中で乗り越え、分娩という実に大変な仕事を終えたのですから、休めるときに休んでください。赤ちゃんが眠っている間は面会を断り、ベッドのまわりのカーテンを引き、携帯電話の電源を切って眠りましょう。

初めての健診

誕生後12時間までに、助産師か小児科医が赤ちゃんの健康診断をするでしょう。頭からつま先までくまなく確認するだけでなく、皮膚の色、体温、筋緊張、吸啜反射や把握反射などもチェックします。

心臓と肺の音に異常がないかチェックします。

頭の形と泉門（頭蓋骨間のやわらかい部分）を確認します。

手足の反射を確認し、指の数を数えます。

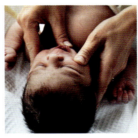
口腔を観察し、口唇と口蓋に裂け目がなく完全に癒合していることを確認します。

股関節を動かし、脚を上方に曲げて脱臼していないかを確認します。

背骨にゆがみや異常がないか確認します。

帝王切開をした場合

術後の回復

大きな手術を終えたばかりですが、足首を回して血液循環を促すよう助産師にすすめられるでしょう。この足首の運動は、硬膜外麻酔を使用した人は足の感覚が戻り次第、全身麻酔をした人は眠気がなくなったらおこないます。翌日にはベッドから出て活動するようにすすめられるでしょう。まだシャワーは浴びられませんが、ベッドに横になった状態で助産師に体を拭いてもらえるのでさっぱりするはずです。

かなりの疲労感があり傷口が痛むでしょうから、赤ちゃんを胸元に抱きかかえるのを手伝ってもらって授乳したり、必要なら鎮痛薬を飲んだりしましょう。

産後12時間

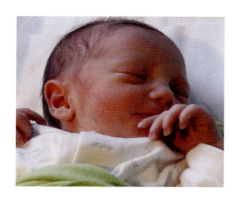

第1週：1日目
退院 （注→ p.481）

今日の赤ちゃん

誕生後24時間以内に赤ちゃんは尿と胎便を排泄するでしょう。胎便とは赤ちゃんが初めて排泄する粘り気のある緑がかった黒い便で、粘液、羊水、胆汁、子宮内ではがれ落ちた皮膚や腸粘膜の細胞などが含まれます。

ついに赤ちゃんを腕に抱くことができました！
この日にすべてが順調なら、赤ちゃんを連れて家に帰れます。

チェックリスト

安全な眠り

SIDS（乳幼児突然死症候群）は、親になったすべての人に共通の不安です。その8割は生後6カ月までに起こります。危険因子に気をつけて、リスクを最小限にして育児をしましょう。

- 赤ちゃんを仰向けに、ベビーベッドの足もと側の端に足が接するように寝かせ、赤ちゃんがもぞもぞ動いて毛布の下にもぐり込むのを防ぎましょう。
- 赤ちゃんの体温が上がり過ぎないよう注意し、頭に帽子などをかぶせないようにしてください。体温が高すぎないかチェックするには、汗をかいていないかみるか、おなかに触れてみましょう。手足は冷たくても、それが正常なので心配ありません。
- 赤ちゃんがいる部屋では禁煙を徹底してください。
- 赤ちゃんとソファで眠ったり、抱いたままひじかけ椅子で眠ったりしてはいけません。生後6カ月までは、ベビーベッドをお母さんの寝室に置いて寝かせるのがいちばん安全です。寝具は硬いマットを使用し、枕は使わないようにしましょう。またベッドのまわりにはガーゼやビニールなどを置かないようにしましょう。

とうとうお母さんになりましたね！ 誕生した赤ちゃんを初めて抱いたとき、ひと目みて愛情を感じる人もいますが、多くの女性は数日から数週間かけて赤ちゃんとのきずなをはぐくんでいきます。素肌を触れ合わせることで、お父さん、お母さんと赤ちゃんとのきずな形成が促され、とりわけ早産の赤ちゃんにはそうすることのメリットが大きいのです（p.452参照）。赤ちゃんを抱き上げるのをこわがらないようにしましょう。生後数週間は、赤ちゃんは自力で頭を支えることができないので、頭と肩を一方の手で支えるか、左右のわきの下に手を入れて指で頭を支えてあげてください。

退院する前に、助産師か医師による退院前診察があるでしょう。子宮が収縮して小さくなっているか、失血（悪露）が多すぎないかをチェックし、縫合した場合は縫合部の状態を確認します。お母さんに排尿と便通があったかたずね、必要なら授乳指導をします。また、自宅に戻ってから手伝ってくれる人はいるか、どうやって帰るのかを確認するでしょう。おそらくお母さんは、出産後の過ごし方の手引きと、かかりつけ医の参照用に分娩中の記録を要約した書類をもらえます。病院を出る前に、赤ちゃんをくるんで温かくしてあげましょう。車で移動する場合には、チャイルドシートが必要です。

赤ちゃんの反射

新生児にはいくつか反射が備わっており、これらは生き抜くために必要な能力の一部です。写真の探索反射と把握反射だけでなく、モロー反射（驚愕反射）や歩行反射もあります。赤ちゃんを支えている手を緩めると、びっくりしたように両腕をばっと伸ばすのがモロー反射、縦に抱いて床やテーブルに足を触れさせたときに足を上下させるのが歩行反射です。

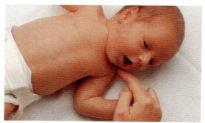

探索反射：赤ちゃんの頬に触れたりなでたりすると、赤ちゃんは口を開けてそちらを向いて乳首を探します。

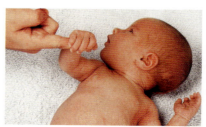

把握反射：手のひらに指をおくと、赤ちゃんは本能的に指をぎゅっと握ります。

新生児との生活

第1週：2日目
家に落ち着く

今日の赤ちゃん

新生児は1日におよそ16時間眠ります。
はじめの数日はほとんど眠っている赤ちゃんもいれば、あまり眠れずむずかる赤ちゃんもいます。
赤ちゃんが眠り続けていても、少なくとも6時間おきに起こして授乳しましょう。

新たな責任に不安を覚えているかもしれませんが、身近なところに支援のネットワークがあるので、安心してください。

英国ではこの日、地域の助産師が訪ねてくるのが一般的です（注：日本では生後28日以内の「新生児訪問指導」がある）。赤ちゃんとの生活にうまく対処できているかたずね、緊急事態が起こった場合の連絡先やSIDSのリスク（前ページ参照）をお母さんが把握しているか確認して、お母さんと赤ちゃんを診察します。心配ごとがあれば、相談しましょう。

健康的な食生活を送り、日中に休めるときに休んでおくことが大切です。骨盤底のエクササイズ（p.69参照）は、筋力を強化するうえで不可欠です。鎮痛薬や抗炎症薬を処方された場合は必要に応じて服用してください。手伝ってくれるという人がいればありがたく受け入れ、お母さんは休息をとりましょう。

小さな赤ちゃんを自宅に迎えて初めて丸一日を過ごす日は、気力をくじかれてしまうかもしれません。お母さんは新しい役割にともなう責任を負っているうえに、夜中に起きて授乳したりおむつ替えをしたりしたあとでは、疲れてなにがなんだかよくわからなくなっているでしょう。

ベビーベッドをお母さんのベッドのそばに置くと、夜中の授乳やおむつ交換が多少楽になるでしょう。柵を下げられるタイプのベビーベッドなら、お母さんのベッドにくっつけて置くことで、赤ちゃんが目覚めたときお母さんはベッドからおりずに抱き上げて授乳し、またベビーベッドに寝かせられます。赤ちゃんが夜中に目覚めたときは、できるだけ静かに対応しましょう。照明は暗めにし、話しかけるのは控え、赤ちゃんを興奮させないようにおむつ替えはどうしても必要なときだけにして、授乳後はすぐに赤ちゃんをベビーベッドに寝かせましょう。

お母さんにもすぐわかるでしょうが、赤ちゃんは服を着せられるのが好きではなく、とりわけ服を頭からかぶせられるのを嫌がります。洗濯機で洗える前開きのベビー服を用意し、汚れたときだけ着替えさせ、できるだけ労力をかけないようにしましょう。生後数週間は、朝になったからといって着替えさせる必要はありません。赤ちゃんが寒がれば、ショールでくるんだりカーディガンを着せたりして、重ね着させましょう。

赤ちゃんにげっぷをさせる

授乳後には赤ちゃんがげっぷをしやすいように手助けしてあげましょう。赤ちゃんが母乳やミルクを飲むと胃のなかに気泡が発生するので、たまった空気を口から出してあげてください。赤ちゃんをひざにすわらせたり、肩にもたせかけるように縦抱きにしたりすると効果的です。背中をさすったり、トントンとたたいたりする必要はありませんが、そうしたほうがいいような気がするでしょうし、赤ちゃんも気持ちよさそうです！ 授乳の途中で一度げっぷをさせるのもいいでしょう。哺乳瓶を使う場合は特に、空気でおなかが満たされて飲むペースが落ちたり、吐きやすくなったりするのを防げます。

授乳後、肩にもたせかけるように縦抱きにするとげっぷが出やすくなり、赤ちゃんの不快感をやわらげます。

不快感をやわらげるコツ

会陰の縫合部と痔

次のような方法でより快適に過ごせます。

- すわるときは**円座（ドーナツ型クッション）**を使いましょう。
- 温水につかったり、縫合部にシャワーで水をかけたりしましょう。
- トイレで患部に温水をかけて痛みをやわらげたり、ためた温水のなかで排尿したりすると楽になります。
- **鎮痛剤や座薬**も有効です。

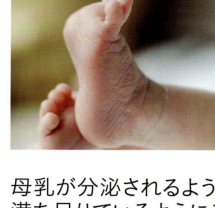

第1週：3日目
毎日のお世話

今日の赤ちゃん

新生児の肌は、生後数週間はとても乾燥しているものです。それが正常で、いずれ自然になじんできます。保湿剤を使う必要はありませんが、なにかしてあげたいのなら、ベビーオイルかオリーブオイルをやさしくすり込んであげてもいいでしょう。

母乳が分泌されるようになると、赤ちゃんはそれまでより落ち着いて、満ち足りているようにみえ、授乳の間隔が長くなりはじめるでしょう。

手足がむくんでいた人は、産後3日目のこの日あたりにひいてくるでしょう（まだ指輪はきついかもしれません）。これは尿がしっかり出るようになるためです。しかし、まだ水分は十分に――1日に約2〜3リットル――摂取する必要があります。そうすることで、膀胱感染症や便秘の予防につながり、母乳の生成が促されます。このころ、産後初めての排便があるかもしれませんが、これは正常です。新鮮な野菜や果物をたくさん食べたり、食物繊維をしっかりとったりすることも、便通の回復に役立ちます。

このころまでお母さんの乳房で生成されるのは、とろりとして栄養価が高く、抗体を多く含んだ初乳です。産後3日目の終わりごろには、母乳が分泌されるようになり、赤ちゃんはこれまでよりも満足するようになります。母乳が出るようになると、乳房が張って不快に感じられるかもしれません。これから数日のうちに授乳がうまくいくようになるにつれて、この不快感はおさまってくるでしょう。

英国ではお母さんの心身の状態と社会的な必要性に応じて、この日から2〜3日のうちに、助産師が訪問することがあります。

英国では、父親には最長2週間の出産・育児休暇を取得する権利があります（注→ p.481）。これはお父さんが早期に赤ちゃんとのきずなを結べるすばらしい機会となるでしょう。母乳をあげることはできなくても、それ以外の赤ちゃんの世話はすべてお父さんにもできます。赤ちゃんをあやす、おむつを替える、沐浴や着替えをさせるなど、積極的にかかわりましょう。

赤ちゃんのおへそには臍帯の断片（へその緒）がついていますが、だんだん乾いて縮み、産後7〜10日ほどで自然にとれます。多くのお父さん、お母さんが、へその緒に触るのをこわがり、へその緒の手入れをすべきか迷います。へその緒が清潔そうなら触る必要はありません。けれども、へその緒のまわりが湿っていると、有害な細菌の温床となる恐れがあるので、周囲が汚れていたら湿らせたコットンできれいにしましょう。へその緒やその周囲がべたついている、炎症を起こしている、嫌なにおいがする、といった場合は助産師か医師に相談しましょう。

頭からつま先まで

赤ちゃんはしょっちゅう沐浴させる必要はありません。"頭からつま先まで"という方法で、おむつを当てている部分と顔を清潔にしておけば、沐浴は数日おきで大丈夫です。"頭からつま先まで"きれいにするには、洗面器にお湯をはり、清潔なガーゼ1枚とコットンを用意します。最初に赤ちゃんの顔を拭き、おしりまわりは最後にしてください。目のまわりとおむつを当てている部分には湿らせたコットンを、その他の部分にはガーゼを使います。マイルドなベビー用の沐浴用品を使ってもよいでしょう。

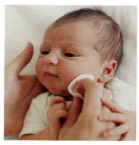
湿らせたコットンで赤ちゃんの顔をきれいにします。目は左右ともに新しいコットンで拭きます。

手の甲、手のひら、指の間を拭きましょう。

最後におむつでおおわれる部分をきれいにします。皮膚のしわの間まで清潔にするようにしましょう。

新生児との生活

第1週：4日目
初めてのお出かけ

今日の赤ちゃん

ほぼすべての赤ちゃんがはじめに体重が減り、たいてい生後4日目にもっとも軽くなります。
生後5日目に助産師が訪問し、赤ちゃんの体重を計測します。
出生体重の10％以上減っている場合は授乳についてアドバイスしてくれるでしょう。

お母さんの体は出産から徐々に回復しています。再び外の世界に目を向けたいと感じはじめるかもしれません。

お母さんの感情が揺れ動き、涙もろくなるころかもしれません。"ベビーブルー"といわれるこの現象はホルモンの変化が原因で起こり、疲れていたり、出産に向けて準備してきたのにあっけなく終わってしまったという気持ちがあったりすると症状に拍車がかかります。休息と精神的支えがあればベビーブルーは1日かそこらで解消します。数日たっても気分が晴れない場合は、産後うつ（p.475参照）の可能性があるので、助産師に相談してください。

乳房はまだ敏感で、張り感があるでしょう。赤ちゃんがほしがるときに授乳していれば（p.448参照）、この不快感はやわらいできます。疲れていると赤ちゃんに乳首を吸われたときに母乳が射出される催乳反射（射乳反射、p.449参照）が妨げられるので、赤ちゃんが眠っているときは日中でも休み、とぎれとぎれになる夜の眠りを埋め合わせる必要があります。両方の乳房からの授乳を続けなければ、母乳がうっ滞し、膿がたまる膿瘍や乳腺炎（p.475参照）などの問題が起こることもあります。悪露は少なくなってきますが、朝起きてすぐや授乳中には出血しやすいでしょう。

外出する気にならないかもしれませんが、精神的にも身体的にもリフレッシュするために必要なことかもしれません。ただし外出しすぎるのも考えものです。お母さんにはまだ休息がたっぷり必要なのです。

赤ちゃんと車で移動するときは、新生児に対応したチャイルドシートの使用が法律で定められています。

ご存じですか

生後4日目までに、およそ3分の1の赤ちゃんにひと目でわかるほどの黄疸があらわれます。

新生児の黄疸はたいてい無害で、肝臓が成熟しきっていないためにビリルビンという老廃物の血中濃度が上がることが原因で起こります。ビリルビンの血中濃度があまりに高いと問題を引き起こす場合があるので、光線療法で治療します（p.477参照）。

チェックリスト

赤ちゃんとのお出かけ

まだ外に出ていないのなら、ストレスがたまってきているかもしれません。思いきって出かける前に、必要になる可能性があるものをすべてそろえましょう。

- **おむつバッグに入れるものは**、おむつ2枚、おしりふきかコットン、汚れたおむつを入れる袋2〜3枚、着替え、ガーゼのハンカチ1枚、ミルクで育てている人は哺乳瓶とミルク。
- **赤ちゃんに重ね着させましょう**。ベストやカバーオール、カーディガンが便利で、冬には上下つなぎのカバーオールを着せてベビーカーに乗せたら毛布をかけてあげましょう。
- 赤ちゃんの体温は3分の1が頭から奪われるので、**寒い日には帽子をかぶせたり、フードつきの上着を着せたりしましょう**。靴下は落としやすいので、足つきのベビー服のほうが実用的です。手袋は寒い日だけ必要です。
- **暑い日にはおおいをかけて**、赤ちゃんに直射日光が当たらないよう、つねに気を配りましょう。
- **前もって、抱っこひもやスリングの使い方を練習しておきましょう**。車や公共交通機関で移動する場合は、ベビーカーの開閉に慣れておく必要があります。

授乳

母乳育児は赤ちゃんの人生において栄養面で最高のスタートとなります。また、ここで紹介するように母乳育児にはさまざまなメリットがあります。人工ミルクで育てることにした人も、赤ちゃんは健康に育ちますから安心してください。どちらの方法も準備が重要です。

Q&A

Q. 授乳の間隔はどれくらいが適切ですか？
A. 満期を迎えて生まれた健康な赤ちゃんなら、ほしがるときに授乳しましょう。つまり、赤ちゃんが泣いている、おなかをすかせていそうといったときに授乳するのです。2〜3時間おきのこともあれば、間隔が4〜6時間あくこともあるでしょう。はじめは母乳があまり産生されていないと感じるかもしれませんが、赤ちゃんには初乳と呼ばれる最初に出るとろっとしたお乳が少量あれば十分です。生後数日がたち、赤ちゃんの飲む量が増える時期に、母乳の産生がはじまります（右記参照）。

Q. 双子の赤ちゃんも母乳で育てられますか？
A. 母乳は需要と供給に基づいて産生されるので、多胎児を母乳で育てることは十分に可能です。早期に生まれた多胎の赤ちゃんには、母乳はとても役に立ちます。感染症にかかりやすい早産児を、母乳が守ってくれるのです。ですからたとえ数週間であっても、赤ちゃんに母乳を与えるだけのことはあります。お母さんには十分な休息と栄養が必要です。まず、双子の赤ちゃんにひとりずつ授乳することからはじめましょう。ふたり同時に授乳したい場合は、時間がかかっても赤ちゃんの位置を適切に調整してください。両脇にひとりずつ抱えるとうまくいきますし、授乳クッションを利用したりだれかに赤ちゃんを支えてもらったりしてもよいでしょう。搾乳（次ページ参照）しておけば、ひとりは直接授乳し、もうひとりは搾乳した母乳を哺乳瓶であげられます。その場合、次の授乳では直接授乳と哺乳瓶での授乳を交代させます。母乳が足りていないと思うなら、助産師に相談しましょう。地域の双子サークルや母乳育児の専門家も、支援してくれます。

母乳育児のメリット

母乳は赤ちゃんにとって初めて体内にとり込む完璧な食事で、必要な栄養がすべて含まれています。また、需要と供給に基づいており、赤ちゃんが飲めば飲むほど、お母さんの体は反応してより多くの母乳を産生します。母乳は、喘息や皮膚炎など赤ちゃんのアレルギー性疾患発症のリスク、小児肥満や小児糖尿病、長期的には心臓病を患うリスクも下げると考えられています。

お母さんにとってのメリットもあります。母乳を産生するためにカロリーを多く消費するので、出産後に体形が戻りやすくなりますし、乳がんや卵巣がんを発症するリスクが低くなります。また、のちの骨粗しょう症予防にもつながります。

最後にもっとも大切なことですが、授乳という行為はお母さんと赤ちゃんを肉体的にも情緒的にも近づけてくれます。

母乳の分泌がはじまるとき

最初の数日間に産生されるのは初乳というとろみがある黄色い物質で、赤ちゃんに不可欠な栄養と抗体が含まれています。初乳に含まれる抗体のおかげで、赤ちゃんは耳や胸、消化管などの感染症を発症せずにすみます。

産後3日目かもう少したってから、母乳が分泌されるようになります。母乳には赤ちゃんに必要な栄養がすべて含まれています。この時期、乳房が妙に張ったり痛みを感じたりすることがありますが、授乳のたびに母乳を出し切り、詰まらせないように気をつけましょう。

正しい授乳方法

ラッチオン（乳首の含ませ方）

授乳をはじめる前に、赤ちゃんの口に乳首（乳頭）を正しく含ませてあげることが大切です。そうしないと乳首を痛めてしまいます。しっかり吸いついている赤ちゃんは口を大きく開け乳首のまわりの濃い色の乳輪という部分全体を口に含んでいます。下唇は巻き込まずに外側にめくれ、強く吸っているのがよくわかります。お母さんは乳房全体に吸啜の効果を感じるでしょう。

赤ちゃんを乳房の高さに抱き、赤ちゃんの鼻と口が乳首のほうを向くようにします。

赤ちゃんが大きく口を開けたら乳房に抱き寄せ、口に乳首と乳輪全体を含ませます。

赤ちゃんを乳房から離すときには、口の端に指を入れて隙間をつくり、乳首を引っ張られないようにします。

おなかどうしをくっつけるとどちらも楽な姿勢をとれ、赤ちゃんはうまく吸いつけます（左）。フットボール抱きにしてわきの下で抱えると、赤ちゃんが動かずじっとしていてくれます（中央）。横向きに寝て授乳する方法は、帝王切開をした人におすすめです（右）。

じょうずな授乳方法

赤ちゃんに母乳を飲ませるのは自然なことなのに、実際にやってみると難しいとわかるかもしれません。授乳の前に無理のない姿勢をとり、赤ちゃんを適切な位置に据えて正しく吸いつかせましょう（前ページのコラム参照）。これらの条件をすべて満たせば、授乳はうまくいきます。

赤ちゃんが正しく吸いつくためには、赤ちゃんもお母さんも無理のない姿勢をとることが大切です。お母さんは背中をなにかに預け、楽な姿勢をとってください。クッションを当てるといいかもしれません。赤ちゃんを胸の高さに抱くには、赤ちゃんのおなかをお母さんのおなかにくっつけるようにすると楽でしょう。赤ちゃんをわきの下に抱えるフットボール抱きも、乳首がヒリヒリするときにはおすすめです。この抱き方なら、赤ちゃんに乳房を引っ張られずにすみます。横向きに寝て赤ちゃんに吸いつかせるのがやりやすいという人もいます。どの姿勢が自分にいちばん合っているかはすぐにわかるでしょうし、だんだん授乳に自信がついてくるでしょう。

赤ちゃんが吸いつくと、催乳反射（射乳反射）が誘発されます。母乳が放出されるとき、乳房に痛みを感じるでしょう。それがさらなる母乳の産生を促します。赤ちゃんは授乳中に休憩することがあり、おなかがいっぱいになると乳首を放します。授乳中または授乳直後には必ずなにか飲み、授乳で失われた水分を補給するようにしましょう。

哺乳瓶でミルクを飲ませる

直接母乳を飲ませるのに比べて準備がいろいろ必要になりますが、パートナーに手伝ってもらうことも、哺乳瓶で赤ちゃんに飲ませてもらうこともできます。あらかじめ250mLと125mLのサイズの哺乳瓶を合わせて4〜6本、新生児用乳首、哺乳瓶用ブラシ1本、新生児用粉ミルクを用意しましょう。哺乳瓶を消毒するためのものも必要です。スチーマー、電子レンジ、錠剤を使って

哺乳瓶を使うときはお父さんの出番です。赤ちゃんときずなを深める機会となるうえ、お母さんをしばし授乳から解放してあげられます。

搾乳

母乳をストックする

搾乳をすると、母乳がたくさんつくられるようになります。また、パートナーが赤ちゃんに飲ませることができるので、お母さんは外出したり、夜中にぐっすり眠ったりできます。搾乳は産後いつでもはじめられますが、出産から4週間ほどたって授乳が安定してから開始する女性が多いようです。滅菌ずみの母乳パックや哺乳瓶に入れておけば、冷蔵庫で最大24時間保存できます。冷凍なら3カ月保存でき、温水で解凍できます。

ほとんどの女性が電動か手動の搾乳器を使います。手でお乳をしぼることもできます。

消毒する方法があります。お湯と洗剤で哺乳瓶を洗ってすすぎ、消毒しましょう。消毒ずみの哺乳瓶に沸騰させて冷ましたお湯を入れ、ラベルの指示に従って粉ミルクを加えます。手首の内側にミルクを1滴たらして、温度を確かめます。温かく感じるくらいが適温で、熱すぎてはいけません。必要に応じて冷水を入れたマグカップに哺乳瓶をひたしたり、哺乳瓶を振りながら流水に当てて冷ましたりします。準備ができたら、赤ちゃんの頭をひじの内側にもたせかけて背中を前腕で支え、ななめにすわらせるように抱きます。哺乳瓶を傾けて乳首をそっと赤ちゃんの口に入れてあげましょう。このとき乳首の部分がミルクで満たされていないと、赤ちゃんは空気もいっしょに飲み込んでしまうので気をつけてください。毎回新しいミルクをつくり、飲み残しは捨ててください。

第1週：5日目

診察を受ける

今日の赤ちゃん

助産師が訪ねてきて赤ちゃんを診察します。赤ちゃんが目覚めているときの周囲への反応はどうかたずね、黄疸の兆候が出ていないかチェックします。
体重を計測し、哺乳の状況やその他の問題がないかなどお母さんから話をききます。

上のお子さんの気持ちにも目を向け、新たに加わった家族をうまく受け入れられるよう助けてあげる時間をとりましょう。

英国ではこの日あたりに助産師が訪ねてきて出産後健診をおこない（注：日本では入院中におこなう）、お母さんが元気か、感染症の兆候はないか、授乳はうまくできているかを確認します。安定的に授乳できるようになっているので、乳房の違和感は緩和されてきており、子宮は着実に小さくなっていますが、まだ下腹部を押すと子宮に触れるかもしれません。助産師はまた、縫合部が痛むなど特に気がかりなことがないかたずね、なんらかの問題があれば解消するよう助け、アドバイスしてくれるでしょう（p.445 参照）。

助産師は赤ちゃんの診察もおこない、黄疸（p.477 参照）の兆候がないかチェックしますが、ほかになにも問題がなく元気なら少しくらい黄疸が出ていても大丈夫です。赤ちゃんが脱水状態になる心配がないか、おむつの使用状況などから判断し、哺乳の問題がないかも確認します。

赤ちゃんの誕生は上の子どもにとってとても大きな変化ですが、お子さんが赤ちゃんをうまく受け入れられるよう助けてあげることができます。"赤ちゃんからのプレゼント"をあげたり、赤ちゃんの世話を手伝ってもらったりしましょう。年齢に応じた手伝いが可能で、例えば2歳の子なら赤ちゃんをなでたり、赤ちゃんの手をにぎったり、お母さんのためになにかをとってきたりできます。5歳の子なら、多少補助してあげれば赤ちゃんを抱っこできますし、赤ちゃんに歌を歌ってあげられます。

上の子どもに目を向け、その子のための時間をつくってあげると、さみしい思いをせずにすみ、その子が新しい家族を受け入れやすくなります。

うまく対処するヒント

双子や三つ子以上の赤ちゃん

赤ちゃんの人数が多い分求められることも増えますが、自分のためにガイドラインをつくっておくと対処しやすくなります。

- 赤ちゃんたちとの時間をつくりましょう。
- ものごとに優先順位をつけ、可能な限り手伝ってもらえる人を募り、食料品はインターネットで購入しましょう。
- 沐浴を毎日させる必要はありません。お母さんも赤ちゃんも楽しんでいるなら、毎日させてあげてください。
- お客さんのお茶はセルフサービスに。
- 赤ちゃんたちが四六時中泣いているなら、おしゃぶりを使ってみることを考えてください。お母さんを必要としているほうの赤ちゃんにしっかり向き合えるでしょう。
- 毎日、自分の時間をつくるようにしましょう。

新生児との生活

第1週：6日目
自分のやり方をみつける

今日の赤ちゃん

お母さんも赤ちゃんも、授乳に自信がついてきたころでしょう。
新生児が授乳のたびに少量の母乳を吐くのは一般的です。この"吐き戻し"が
なんらかの害をおよぼすことはまずありません。心配なら助産師に相談しましょう。

そろそろお母さんもパートナーも、赤ちゃんを抱いたり、世話をしたり、授乳したりすることに自信を持ってとり組めるようになってきたでしょう。

多くのお母さんやお父さんが、赤ちゃんに沐浴させるのをこわがります。手をすべらせて赤ちゃんを落としてしまうのではないかと不安になるのです。また、赤ちゃんが服を脱がされたり、お湯に入れられたりするのをひどく嫌がっているのがわかるという人も少なくありません。沐浴は本来楽しいはずのものですから、最初のうち赤ちゃんが沐浴を嫌がるなら"頭からつま先まで"(p.446参照)の方法を優先して清潔にしてあげてください。前もって必要な物をすべてそろえ、できるだけ沐浴タイムのストレスを減らしましょう。赤ちゃんの服を脱がせる部屋は暖かくし、お湯からあげたらすぐに体を拭き、服を着せましょう。

これから2～3年は、おむつを扱う生活を送ることになります。授乳の前後に規則的におむつを替える必要はなく、うんちをしたときやおしっこがたっぷりたまってからでいいのです。おむつをはずしたら、まずうんちをおむつで拭きとります。赤ちゃんのおしりは、湿らせたコットンで前から後ろに拭き、細菌を広げないようにしましょう。布おむつの場合には、おむつかぶれを防ぐために保護クリームを使いましょう。紙おむつの場合に保護クリームをつけすぎると、おむつがおしっこを吸収しにくくなります。新しいおむつははずれないようしっかり留めましょう。

チェックリスト

基本のエクササイズ

運動できそうだと感じたら軽いエクササイズをはじめてかまいませんが、激しい運動は産後6週の健診(p.462～463参照)(注：日本では一般的に産後一カ月健診のあとになる)が終わってからにしましょう。

- よい姿勢を保ちましょう。
- 出産後も骨盤底のエクササイズ(p.69参照)を続けましょう。
- 帝王切開で出産した人は、少なくとも6週間は運動を避けましょう。
- 体に負担の少ないウォーキングやピラティスなどからはじめてください。徐々に運動の時間を長くし、強度を上げていきましょう。腹筋を強化(p.456参照)しはじめるのもよいでしょう。
- 出血したりめまいがしたりすることがあれば、運動をやめて医師に診てもらいましょう。
- 現実的な目標を設定しましょう。

赤ちゃんに沐浴させる

部屋を暖かくしてタオルを広げ、新しいおむつと着替えを用意して、沐浴後に赤ちゃんの体温を下げない工夫をしましょう。洗い桶かベビーバスにお湯を半分ほどはります。お湯の温度は、ひじでぬるく感じるくらい（温度計を使うなら37℃）です。沐浴後はすぐに体を拭いてあげましょう。タルカムパウダーは不要です。赤ちゃんが吸い込むとよくありません。

タオルで赤ちゃんをくるみ、一方の手で頭と肩を支えながら、もう一方の手で頭にお湯をかけます。

タオルをとり、赤ちゃんの頭から肩にかけてとおしりを支えながら、体をお湯のなかにおろします。

頭を支えながら、ガーゼのハンカチで赤ちゃんを洗います。顔からはじめ、最後におしりを洗います。

第1週

特別な治療が必要な赤ちゃん

特別な治療が必要な赤ちゃんは、新生児集中治療室（NICU）か、発育発達支援室（GCU）に入院しなければいけません。ほとんどの場合、肺が十分に成熟するまで呼吸を助けるための特別な治療が必要になります。

赤ちゃんが特別な治療を必要とする理由はさまざまですが、もっとも一般的なのは（妊娠37週以前に誕生する）早産です。特別な治療室で数日から数週間過ごせば十分に大きく、元気になって退院できる赤ちゃんもいれば、数カ月間入院する赤ちゃんもいます。

特別治療室

赤ちゃんが特別治療室に入院しているなら、その間はとりわけ精神的に苦しいでしょう。赤ちゃんがどんな人に世話をしてもらい、どんな治療を受けているのかが少しでもわかると安心できます。スタッフには常に必ずすべての情報を提供してくれるようにお願いしておくとよいでしょう。

英国のほとんどの病院に、特別な看護的・医療的治療を赤ちゃんに提供する部門があります。特別治療室は提供する治療の程度に応じて、3つのレベルに分かれています（注：日本では、NICUとGCUの2つのレベル）。レベル1ではもっとも基本的なケアをおこないます。長期的な呼吸支援をおこうことはありませんが、少し早めに生まれた、頻回にお乳を飲ませる必要がある、これまで装着していた人工呼吸器をはずして集中治療から移行しようとしている、といった赤ちゃんの世話を専門家がおこないます。レベル2では人工呼吸器を使用し、妊娠26週以降に生まれた赤ちゃんの集中治療にあたります。レベル3では、もっとも早期の場合だと妊娠22週で生まれた赤ちゃんから集中治療をおこない、新生児外科手術をおこなうことも珍しくありません。

これらすべての部門には専門の看護師と医師がおり、時間があれば出産前に喜んで特別治療室について説明してくれるでしょう。

回診　特別治療室のほとんどで、毎朝、回診がおこなわれます。より集中的な治療をおこなっている部門では、午後にも回診があります。回診時に赤ちゃんの両親が同席して質問できる場合もあれば、両親は回診中は外で待ち、あとから時間をとって説明してもらえる場合もあります。

コミュニケーションと面会　赤ちゃんに新生児治療が施される前に、赤ちゃんとの時間をある程度もらえるでしょう。しかし、人工呼吸器の助けを必要とする赤ちゃんは、すぐにNICUに運ばれ、出産後にいっしょに過ごす時間はほとんどないかもしれません。赤ちゃんが運ばれるとすぐに、お母さんが会いにいくようすすめられます。すぐに会いにいけない場合は、赤ちゃんの写真をもらえるでしょう。

昼でも夜でも、赤ちゃんにいつでも会えますし、希望すれば看護師が定期的に赤ちゃんの様子を知らせてくれます。赤ちゃんに面会しにいけば、医師もその時々の状況を説明するのをいとわないでしょうし、予約をとって正

両親の役割

赤ちゃんのためにできること

特別治療室にわが子が入院するのはつらいものです。自分たちは無力だと感じるかもしれませんが、そんなことはありません。まずは、搾乳をはじめましょう。母乳は早産で生まれた赤ちゃんにとって、必ずといっていいほど最高の栄養ですし、冷凍保存して必要なときに使えます。

赤ちゃんに会いにいけば触れたりなでてあげたりできますし、人工呼吸器をつけていても手伝ってもらえば抱くこともできます。赤ちゃんは、素肌を触れ合わせるカンガルーケアという方法ですこやかに強くなっていきます。特別治療室では赤ちゃんをお母さんの胸元に入れるよう促されるでしょう。そうすることで、赤ちゃんはお母さんに身も心も密着しているのを感じられるのです。話しかけたり、読み聞かせをしたり、歌ってあげたりすると、赤ちゃんはお母さんを認識しやすくなります。おむつ替えはもちろん、鼻腔栄養（経鼻胃）チューブという鼻から胃に通された管を通してであっても、赤ちゃんの哺乳を手伝ってあげられます。

赤ちゃんと過ごす時間をたっぷりとってください。赤ちゃんとともに過ごす時間が多いほど催乳反射（射乳反射、p.449参照）が起こりやすくなるでしょう。ただし、自分の時間もつくり、赤ちゃんを家に連れて帰る日のためにエネルギーを蓄えておくことも大切です。

赤ちゃんを体にぴったりと抱き寄せてお互いに肌と肌の触れ合いを感じることは、小さな赤ちゃんのすこやかな成長を助けます。

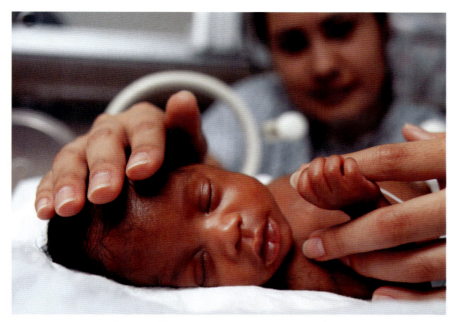

お父さんもお母さんも、赤ちゃんを触ったり、さすったり、なでたりしてあげましょう。できるだけ赤ちゃんとの時間を過ごし、話しかけたり、歌ってあげたりしてください。

式に説明する機会も設けてくれるでしょう。

赤ちゃんの治療

NICUにいる間、赤ちゃんは薬を投与されたり、さまざまな検査や診察を受けたりします。人工呼吸器をつける必要がある場合もあります。

いろいろな検査とX線 赤ちゃんの血液検査をおこない、感染症や貧血の有無や腎機能を確認し、血中の酸素と二酸化炭素の濃度、血糖値をチェックし、血液型を特定するでしょう。赤ちゃんの病状や身体の機能の成熟度によって、検査の頻度は異なります。また、特別な治療を受けている間に、たいてい1回はX線検査をおこなう必要があります。かなり未熟な状態で生まれた赤ちゃんは、胸部X線検査を何度も受け、腹部X線検査を受けることもあるでしょう。

赤ちゃんの支援 酸素を少し補ってあげればよい赤ちゃんもいれば、鼻カニューレと呼ばれるチューブで絶え間なく酸素を補給しなければならない赤ちゃんもいます。身体の機能がかなり未熟な場合は、気管にチューブを通してそれを人工呼吸器につなぎ、肺に酸素を送り込みます。人工呼吸器をいつはずせるかを見極めるため、赤ちゃんの状態を監視します。

集中治療を受けている赤ちゃんのほとんどは、補液、輸血、抗生物質の投与などのために少なくとも1本は点滴が必要です。非常に小さく生まれた赤ちゃんには、静脈に細くて長いチューブを挿入し、そこから栄養を送り込むこともあります。

感染症を予防するために、たいてい抗生物質の投与がおこなわれます。血圧を保つための投薬が必要な赤ちゃんもいます。

> **ご存じですか**
>
> **静かで落ち着いた環境で治療された赤ちゃんは回復が早い。**
>
> 研究によると、照明を抑えた静かな環境で治療を受けた赤ちゃんは、昼夜を問わず煌々と明かりを灯し、雑音の多い環境で治療した赤ちゃんに比べて早く退院できるといいます。

赤ちゃんのケアをする人たち

新生児の治療にあたるスタッフ

新生児専門の看護師

ケアのほとんどは、高度な訓練を受けた看護師によっておこなわれます。新生児集中ケア認定看護師がいる場合もあり、通常は医師がおこなうさまざまな処置を実行します。

医師

新生児の治療に専門で携わる医師は新生児科医と呼ばれ、NICU（新生児集中治療室）がある病院で働いています。大学病院では小児科の中でも新生児科に所属し、トップの教授か准教授のほか、講師、医局員、研修医が働いています。また一般病院では部長、医長、病棟医、研修医が働いています。日本では医学部を卒業し、医師国家試験に合格すると研修医となりますが、新生児科を目指す医師は、最初は小児科に入り、研修の後に新生児科を専門とすることが一般的です。研修医には前期（2年）と後期（プログラムにより3〜5年）があります。研修医の中にはそのまま新生児科医になる医師もいますが、小児科の他の専門領域に進む医師、産婦人科など他の科から3カ月など短期間勉強に来ている医師も多くいます。

24時間体制のため、夜でも通常は上級の指導医と研修医のペアで当直し、入院中の赤ちゃんの対応のほか、新生児医療が必要な赤ちゃんがいつ搬送されてきてもよいように待機しています。また当直でなくても、担当している赤ちゃんの急変や、重症な赤ちゃんが搬送されてきて人手が足りない場合などは、深夜でもコールされ駆けつけることもあり、新生児科医は医師のなかでもハードな仕事です。そのような背景もあり、日本では新生児科医は常に不足しているのが現状です。

その他のスタッフ

新生児集中治療室は、医療者のほか、コメディカルと呼ばれるたくさんのスタッフに支えられています。栄養士、理学療法士、看護助手（赤ちゃんの身の回りの世話を担当）、薬剤師などです。病院によっては、赤ちゃんの両親やスタッフに必要な心のケアをおこなう臨床心理士がいる場合もあります。

第1週：7日目

赤ちゃんのことがわかってくる

今日の赤ちゃん

血液の凝固に欠かせないビタミンK（注→p.481）が、赤ちゃんに投与されます。英国では、出生時に注射（一般的にはこちらが推奨）ではなく経口投与をおこなった場合には、この日に2回目の投与をおこないます。母乳育児の場合には、生後28日目にもう一度投与をおこないます。

お母さんと赤ちゃんのきずなが深まるにつれて、これまでより直感的に、赤ちゃんがなにを求めているのかわかるようになってくるでしょう。

チェックリスト

赤ちゃんが泣く理由

以下のチェックリストに従って、赤ちゃんが泣いている理由をつきとめましょう。赤ちゃんが1日に3時間以上泣いている場合は、保健師か医師に相談しましょう。

- **空腹は赤ちゃんが泣くいちばんの理由です。** 母乳やミルク、指やおしゃぶりをもらうとすぐに泣きやみます。
- **痛みが原因で泣いているときはわかりやすいでしょう。** なだめることができず、痛くて両脚を引き上げたり、背中を反らせたりします。どうやって痛みをとり除いてあげたらいいかよくわからない場合は、助産師に相談しましょう。
- **おむつがぬれていたり汚れていたりすると**、不快感から泣くことがあります。
- 他に考えられる理由がなさそうなら、**抱っこをしてほしいのかもしれません。** 抱っこしすぎて赤ちゃんがわがままになることはありません。家事をしながらスリングで抱っこしてあげると赤ちゃんは安心感を得られるでしょう。
- **刺激が多く、興奮してしまって泣いている場合もあります。** どうやっても泣きやまなければ、静かな部屋で赤ちゃんを寝かせましょう。お父さん、お母さんになって間もない日々は、不安のあまり忘れがちですが、赤ちゃんには静かな時間が必要です。

赤ちゃんがなぜ泣いているのかすぐに察しがつくようになり、赤ちゃんの世話にもどんどん自信がついてくるでしょう。

泣くという行為は、赤ちゃんにとって人の注意を引くことができる唯一の手段です。親になろうとしている人たちは、「赤ちゃんがなにをしてほしいのかちゃんとわかるかしら」と心配するものです。はじめのうちはなぜ泣いているのかわからないかもしれませんが、すぐに察しがつくようになります（左のコラム参照）。

産後間もないこの1週間も、骨盤底のエクササイズ（p.69参照）を続けていましたか？ 骨盤底のエクササイズは膀胱を支える筋肉を強化するので、腹圧性尿失禁（p.475参照）の予防につながります。また、この運動をすると会陰の血流が増加するので、縫合した場合は回復が早まり不快感もやわらぐでしょう。

ガスリー検査

生まれつき赤ちゃんが抱える疾患によっては、進行するまで放置せず早期に発見して治療することで、赤ちゃんにとってのクオリティ・オブ・ライフ（生活の質、満足度）を低下させずにすむ場合があります。ガスリー検査（足底穿刺による先天性代謝異常検査）は生後5〜8日におこなわれます。この検査では、赤ちゃんのかかとに針を刺して血液を数滴ろ紙に採取し、検査機関に送ります。そこで血液の分析をおこない、数日後には結果が出ます。異常が見つかれば、さらに検査をおこなって診断を確定します。診断が確定すれば、専門家から結果と今後の対応について説明があります。

この方法で多くの疾患が診断できますが、スクリーニングの対象となる疾患（注→p.481）は国や自治体によって異なります。英国では、以下の疾患が対象となっています。

- フェニルケトン尿症（PKU）、代謝疾患、先天性甲状腺機能低下症、鎌状赤血球病、嚢胞性線維症、中鎖アシルCoA脱水素酵素欠損症（MCAD欠損症）と呼ばれる、まれな酵素欠損症。

新生児との生活

第2週：8日目

健康的な生活

今日の赤ちゃん

飲んでいるのが母乳かミルクかによって、赤ちゃんのうんちは異なります。母乳で育てられている赤ちゃんのうんちは、ゆるめで黄色っぽく、かなり甘いにおいがする傾向があります。ミルクで育てられている赤ちゃんは、固めできついにおいのする、茶色のうんちをします。

健康的なライフスタイルは心身の健康維持のプラスになり、大変な親業をこなすうえでためになるでしょう。

バランスのとれた食生活（p.14〜17参照）を送ることは、母親としての役割を果たすうえでも重要です。授乳中のお母さんは、1日に350kcal多くカロリーをとる必要があります。水をたっぷり飲んで、カフェインの摂取を控えてください。妊娠中に貧血だった人や、出産後の悪露が多かった人は、ブロッコリーやホウレンソウなど、鉄分を豊富に含む食べ物をたくさんとりましょう。ビタミンCが豊富な食べ物や飲み物は、鉄分の吸収を助けます。

妊娠中にどうしても禁煙できなかったなら、禁煙に再度挑戦するよい機会です。地域の禁煙グループに連絡してみましょう。授乳中の飲酒もおすすめできません。

赤ちゃんの世話には**パートナーにも参加してもらい**、彼が"蚊帳の外"だと感じないようにすることが重要です。彼は父親業に慣れようとしている最中で、彼なりの不安や心配ごとがあるでしょう。実際に世話をしてみることで、お父さん自身が赤ちゃんとのきずなを築くことができます。彼が自信をつければ、赤ちゃんの世話は彼に任せて、お母さんは少し外出する時間をもてるようになるでしょう。お父さんとお母さんがいつでも話し合えることが非常に重要です。いまはお互い、大きな変化に直面しているときなのですから。新しい家族のかたちに慣れるには時間がかかりますが、ふたりでとり組めば、この移行の時期をよりうまく乗り越えられるでしょう。

新鮮な食べ物をいろいろとれば、ビタミンやミネラルをたくさん摂取できます。

ご存じですか

イングランド、ウェールズ、北アイルランドでは、赤ちゃんが生まれたら6週間以内に出生届（注→p.481）を提出します。スコットランドではその猶予が21日間しかありません。

出生届は居住地にかかわらず、赤ちゃんが生まれた州か自治区に提出します。

赤ちゃんのおむつ：正常な状態と心配な状態

赤ちゃんの便の色とかたさは実にさまざまですが、ほとんどの場合が正常で心配するにはおよびません。しかし便の状態で問題がわかることもあるので、それを知っておくのは大切です。血液の混入や尿の色の変化からも問題がわかります。

▶**正常な状態**

- 最初に黒い胎便が出ると（p.444参照）、便は濃い緑色、黄緑色、明るい黄色、オレンジ色、茶色になります。どの色も正常で、1日のうちに色の変化がみられることもあります。
- 母乳を飲んでいる赤ちゃんの便はゆるく、つぶつぶで、明るい黄色をしているでしょう。
- ミルクを飲んでいる赤ちゃんの便はむらがなく、かたくて茶色い傾向があります。
- 排便間隔はまちまちで、授乳のたびに排便する場合もあれば2〜3日おきのこともあります。
- 尿は黄色か透明でしょう。
- おむつにピンクや赤みがかったオレンジ色のしみがつくことがありますが、（尿が濃縮されてできる）尿酸結晶によるものです。最初の数週間、特に母乳を飲んでいる赤ちゃんによくみられますが、なにも心配することはありません。

▶**正常ではない状態**

- 便が白色か白っぽい灰色だと、肝臓に問題がある場合があります。
- 便に血液が混入しているなら、ミルクアレルギーの可能性があります。
- 尿の色が濃い場合、脱水や黄疸の兆候かもしれません。

このような状態に気づいたら、助産師か医師に相談しましょう。

第2週

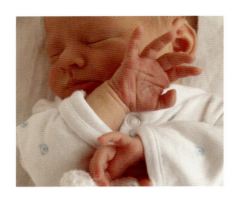

第2週：9日目
自分も大切に

今日の赤ちゃん
赤ちゃんが大量に吐いてしまい成長が芳しくない場合、胃食道逆流症（p.477 参照）などの問題があるのかもしれません。これは胃の筋肉が未発達であることが原因で起こりますが、時間がたてば解消しますし、治療も受けられます。

母親業というてんやわんやの世界にも慣れてきたころでしょう。毎日、自分の時間を捻出するようにしてみましょう。

夜中に何度も起こされ、絶え間なく要望にこたえなければならないわけですから、うまくやりくりするためには昼寝をするなどの対処能力（コーピングスキル）を身につける必要があります。世の中から切り離されてしまったように感じていたり、昼も夜もいっしょくたになって今日が何日かさえわからなくなったりしているかもしれません。元気をとり戻すために、友人や身内の人に赤ちゃんの世話を頼んで休息をとりましょう。お父さんとお母さんも、お互いのための時間をつくる努力をする必要があります。

お母さんへのヒント
おなかを引っ込める

腹筋を鍛えると、どんな活動をしていても体がより効率的に機能するようになり、妊娠前の状態に戻りやすくなります。

- 背すじを伸ばしてすわり、少なくとも1時間に1回は、おなかを60秒間引っ込めましょう。
- 背すじを伸ばしてまっすぐ立ち、腹筋を引き締めましょう。
- オイルやボディローションを使い、円を描くようにして腹部をマッサージしましょう。
- 軽い腹筋運動ができそうなら、腹部を鍛えはじめましょう。ただし帝王切開で出産した人は、少なくとも産後6週間たつまで待ってください。

母乳育児の悩み

母乳育児をするにあたって、お母さんも赤ちゃんもすんなり要領をつかめる場合もあります。しかし多くの女性にとって授乳するという行為はびっくりするくらい難しく、問題を克服するためには手助けが必要になります。乳房が張ってしまう、乳首が痛いというのは一般的な悩みです。これらの問題をいかに予防し、起こってしまったらいかに対処すべきかを知っているかどうかによって、母乳育児を続けるかあきらめるかの違いが生じるでしょう。

乳首が痛くならないようにする秘訣は、赤ちゃんに正しく吸いついてもらうことです（p.448 参照）。乳房が張っていると赤ちゃんが吸いつきにくくなります。そこで授乳の前に少し母乳を搾り（p.449 参照）、乳房の張りを緩めましょう。可能な限り乳首を空気にさらし、それができなければ母乳パッドを使って乳首を清潔に保ってください。冷やしたキャベツの葉を乳房に当てると、乳首の痛みも乳房の張りも癒されます。

授乳を続け、授乳の合間に何度も搾乳することで、乳房の張りは改善されるでしょう。

赤ちゃんをうまく乳房の位置に抱き、乳首を正しく口に含ませるようにすれば、乳首を傷めずに授乳できるでしょう。

ブラのなかに冷やしたキャベツの葉をはさむと、驚くほど痛みがやわらぎます。炎症を起こしていそうなときは特に効果的でしょう。

第2週：10日目
赤ちゃん時間

今日の赤ちゃん

一般的にはこの日、赤ちゃんの健診がおこなわれ、出生時の体重まで戻ったかを確認します。だいたいこのころ、皮膚に発疹ができたり、かゆがったり、おむつかぶれを発症したりする赤ちゃんがいます。その場合、こうした小さなトラブルへの対処法を教えてもらえるでしょう。

出産後2週目には、体が妊娠前の状態に戻りつつあることがわかるでしょう。

英国では一般的に、この日にもう一度、出産後健診をおこないます（注→p.481）。助産師が自宅を訪問する場合と、お母さんが産後ケアセンターに出向く場合があります。産後ケアセンターは英国で近年導入されたものです。助産師はお母さんのおなかを触り、子宮が大幅に小さくなっていることを確認します。出血（悪露）の状態をきかれるでしょうが、一般的にこのころには悪露はかなり減っています。突然出血する、出血の量が多く血の塊が混じる、悪臭をともなう、といったことがなければ心配はいりません。特にくしゃみや咳をしたり、笑ったりした場合の腹圧性尿失禁（p.475参照）に悩む女性は多いので、骨盤底のエクササイズを続けるとよいでしょう。助産師はまた、お母さんが水分を多くとり、十分に食物繊維をとって便秘になりにくい食生活を送れているか確認するでしょう。縫合部が順調に癒えていて、はれやあざがないことも確認します。

赤ちゃんは刺激を受けるのが大好きです。30cmほど先はよくみえ、スマートフォンのような単純な物をみつめます。まもなくなじみのある顔を認識し、お母さんがしゃべるのをみて楽しむようになるでしょう。日々の暮らしのなかで、赤ちゃんは多くの刺激を受けています。お母さんがしていること、その日の予定などを話したり、物語を読んであげたり、いっしょに音楽をきいたりしましょう。赤ちゃんが目覚めているときには、（必ず目を離さないようにして）うつぶせで過ごす時間をとると腕の力がつき、"絶壁"頭になるのを防げます。後頭部が平らになってしまうのは、ずっと仰向けに寝ている赤ちゃんによくみられる問題です。

赤ちゃんの眠り

生まれたばかりの赤ちゃんは1日に少なくとも2回はうとうとまどろみ、1日を通して眠ることと栄養をとることをひたすら繰り返します。生まれてから数日間は赤ちゃんの睡眠に決まったパターンはないように思われるでしょうが、これは授乳後ある程度時間がたつとおなかがすいてしまうためです。

赤ちゃんはどこでも眠ってくれます。車のなかだって、ベビーカーだって、スリングだって、どこでもいいのです。自宅にいるときには、ベビーベッドなど静かな場所でお昼寝させたいという人もいるでしょう。赤ちゃんを目の届くところに寝かせたい人もいるかもしれません。それならベビーサークルのなかや、安全が確保できるなら床の上にタオルを敷いて寝かせてもよいでしょう。

スリングでお母さんの体に抱き寄せておいてあげると、赤ちゃんは深い安らぎを覚え、移動中も心地よく眠れるでしょう。

赤ちゃんのケアのヒント

爪とひっかき傷

赤ちゃんの爪はすぐに伸び、切るのはとても大変です！ しかし、赤ちゃんが自分の顔をひっかかないように、爪をきちんと切ってあげる必要があります。細菌が入り感染するといけないので、爪の両端の皮膚を傷つけないようにしましょう。

- 赤ちゃん用の爪切り（ハサミ）もありますが、ひっかき傷がつかないほど爪を短く切るのは難しいかもしれません。
- 顔をひっかかないようになるまで、ミトンをはめておくのもよいでしょう。

第2週：11日目

よく考えて決める

今日の赤ちゃん

多くの赤ちゃんに、稗粒腫（はいりゅうしゅ）あるいは"乳白色斑"として知られる発疹ができます。この小さな白黄色の発疹は、生後2日くらいまでに顔にあらわれ、4週間ほどで消えます。お母さんのホルモンの影響で出る発疹もあり、消えるまでに時間がかかることもあります。

親になる過程では、自分自身の直感を信用することも学んでいくものです。たとえそれが、ときにはだれかのアドバイスを無視することを意味するとしても。

赤ちゃんの世話にもさまざまなアプローチがあります。赤ちゃんが生まれると、だれもかれもが「こうしたほうがいいわよ」と口を出したがるでしょう。多くは役に立つアドバイスですが、あれこれいわれすぎたり相反する意見があったりして困ってしまうかもしれません。なかでも授乳（p.448参照）に関するアドバイスは非常に多いでしょう。授乳に苦労していて、「簡単そうにみえるのにどうしてこんなに難しいのかしら」と悩んでいるなら、専門家や友人、家族のアドバイスや本に書いてあることにどんどん懐疑的になるでしょう。そんなときは一歩引いてみるといいのです。友人や親せきのうち、授乳以外のことで自分と似たような暮らし方をしている人を見つけ、その人たちのアドバイスを優先してとり入れるようにしましょう。なによりも、自分の能力に自信を持ち、直感を信じ、なにかをするにあたって"正しい"やり方はひとつではないと自分にいいきかせればよいのです。

チェックリスト

赤ちゃんとお出かけ 初めてのスーパー

事前に計画し、準備しておけば、スーパーでの買い物のストレスをなくせます。

- **出かける前に赤ちゃんにしっかり授乳しておけば**、赤ちゃんはスーパーですやすや眠ってくれるかもしれません。
- **スーパーはかなり冷えることがあるので**、赤ちゃんの服装に気をつけましょう。
- **出かける前に買い物リストをつくっておき**、赤ちゃんが泣いているのが気になっても、必要なものを買い忘れないようにしましょう。

ベビーマッサージ

赤ちゃんは触れられるのが大好きです。ベビーマッサージは赤ちゃんとのきずなをはぐくむすばらしい方法です。必要なものは、オリーブオイル（ナッツ類のオイルやアロマテラピー用のオイルは避けましょう）と、床かベッドに敷くタオルだけです。部屋を温かくし、赤ちゃんが空腹だったり満腹過ぎたりしないときにおこないましょう。赤ちゃんの服を脱がせ、お母さんの手のひらにオイルをもみ込みます。その手で赤ちゃんのおなか、腕と脚、手足とその指をやさしくこすってあげましょう。赤ちゃんが気持ちよさそうにしているのを確認しながらおこないます。ベビーマッサージのクラスに参加すると、地域のお母さんたちと知り合えます。

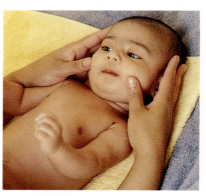

やわらかいタオルに赤ちゃんを寝かせ、指の先を使ってやさしく赤ちゃんの頭をなでます。頭頂の泉門などやわらかい部分は避けましょう。

上から下に向かって赤ちゃんの胸をやさしくマッサージし、指先でおへそから外側に向かって時計回りに円を描くようにおなかをさすります。

第2週：12日目

振り返ってみる

今日の赤ちゃん

このころお母さんは、赤ちゃんの反応が少し増えてきたと感じるかもしれません。赤ちゃんが人の顔をじっとみつめ、お母さんがしゃべったり笑ったりするのをみて楽しんでいるのがわかるからです。とはいえ、赤ちゃんが笑顔を返せるようになるのは、まだ数週間先のことです。

激しい苦痛をともなった出産を思い出すのがつらい場合、その記憶と向き合うための支援を受けることもできます。

助産師への質問

Q. 赤ちゃんの目がいつもべたついています。どうしたらいいでしょう？
A. 多くの新生児は、目を覚ましたときに目やにが出ています。これは、新生児の非常に細い涙管が一時的に詰まるために起こります。水を沸騰させて冷まし、コットンに含ませて目を拭いてきれいにしましょう。一度拭いたら新しいコットンに変えてください。たいてい時間がたてばよくなりますが、目やにが黄色くなり炎症を起こしていそうな場合は、医師か保健師に相談しましょう。抗生物質入りの眼薬が必要になることがあります。

トピック——赤ちゃんの感覚

赤ちゃんの世界

赤ちゃんはお乳を飲みながらお母さんの顔をじっとみつめます。 赤ちゃんは子宮のなかにいるときから音をきくことができましたし、いまでは人の声や音楽が大好きです。突然の物音にびっくりしますが、まだ音源は特定できません。味もわかります。母乳の甘みが大好きで、お母さんがいつもと違うものを食べれば、ちゃんとわかります！　お母さんのにおいもわかり、抱っこしてもらったり、なでてもらったり、スリングでお母さんにくっついて抱かれたりするのが大好きです。

赤ちゃんはお母さんの顔に興味津々で、目を合わせるのが大好きです。

赤ちゃんが生まれたことを受け止めて実感がわき、母親としての新しい役割に慣れてくると、 出産体験を振り返るようになり、それを身内や友人に話したくなるかもしれません。出産の体験は生涯忘れることはなく、いつか赤ちゃんにも語ってあげることでしょう。

陣痛・分娩が自分の思い描いたものと違ったり、予期せぬことが起こったりすることもあったかもしれません。例えば、出産予定日を過ぎて陣痛を誘発することになり、そのせいでなんらかの医療介入が必要になったり、鉗子や吸引分娩器を用いた器械分娩や緊急帝王切開で出産することになったりしたかもしれません。なんだかがっかりしているかもしれませんし、どうしてこうなってしまったのか、こうなることを避けるためになにかできなかったのかと、納得できないかもしれません。

なかには、とりわけ大変な出産体験をした女性とそのパートナーが、産後のトラウマに苦しむケースもあります。出産がつらい記憶となっていて、どうにも気持ちがおさまらないといった場合は、助産師との面会予約をとって出産体験について相談しましょう。助産師は出産時のできごとについてお母さんの疑問にこたえるべく説明してくれますし、必要なら出産に立ち会った助産師や産科医との面会を手配してくれるでしょう。病院の産科スタッフは記録を調べ、特定の判断がくだされた経緯をお母さんが理解できるよう助けてくれます。パートナーが出産に関して心に傷を負い、出産の過程で無力感を感じたという場合も、助産師や、希望によっては医師と話すことができます。

陣痛・分娩についてパートナーと話すことは、 いい思い出を回顧したり、心をかき乱されるような記憶と折り合いをつけたりしやすいかもしれません。パートナーは「陣痛、分娩を通してがんばっていたじゃないか」と安心させてくれるいちばんの適任者です。いっしょに語り合うことで、自分ひとりで抱え込まず、出産についての気持ちを外に出しやすいでしょう。

第2週：13日目
お互いを思いやる

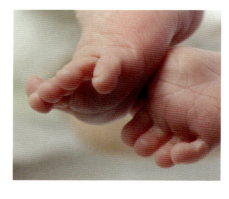

今日の赤ちゃん
赤ちゃんがウイルスにさらされるのは避けられないことで、それによってのちにアレルギーを発症するリスクが下がると考える人もいます。しかし、新生児の風邪は重症化することがあるので、風邪をひいている人には近づかないようにしましょう。母乳にはウイルスに対する抗体がある程度含まれています。

このころにはお母さんもお父さんもそれぞれの新しい役割に慣れてくるので、お互いのために時間をつくることを考えはじめましょう。

ふたりきりの時間を見つけるのは難しく、性生活を再開するには時間がかかります。なんの問題もなく性生活を再開できる人もいますが、多くの女性にとっては時間がかかるでしょう。縫合した部分が痛むといった場合はなおさらです。出産が大変だった場合もお母さんの気持ちに影響するかもしれませんし、寝不足で疲れている場合も同様です。出産後2～3週間たって子宮が小さくなり、出血が止まるのを待ってからセックスを再開することをおすすめします。多くの女性は産後6週健診（p.462～463参照）が終わるまで待ちたいといいます。最初は、抱きしめ合うだけで挿入しないセックスにして親密さを感じられるとよいでしょう。ふたりとも抵抗感がなくなれば挿入して大丈夫ですが、産後初めてのときはやさしくおこなわなければいけませんし、潤滑剤が必要になるかもしれません。これはお母さんのホルモンの状態によって膣の滑りがよくないことがあるため、特に授乳中は気をつけてください。セックスに痛みをともなう場合には、医師に相談して傷の回復状況をみてもらいましょう。

いまは避妊を考える必要もあります（p.463参照）。避妊方法を決めていない場合は、産後6週健診まではコンドームを使うのがよいでしょう。避妊法については産後6週健診でさらに検討してください。

家庭生活に適応するというのは、お互いの求めに応えるために時間をやりくりする努力をするようになることかもしれません。

> **体形をとり戻す**
>
> ほとんどの女性は出産後の2週間で4～7kgくらい体重が減ります。赤ちゃん、胎盤、羊水の重さが失われるだけでなく、妊娠中に蓄えた水分も排出されるからです。この水分は体の組織から移動して血流に再吸収され、尿として排出されます。出産後はたいていそれまでよりもむくんでいるように感じられるものですが、おそらくお母さんの排尿量はかなり増え、余分な水分は出産後2週間のうちに自然に排出されるでしょう。
>
> 2週間目以降は体重の減少はゆるやかになります。出産後、急激に体重を減らさないようにすることが大切です。特に赤ちゃんを母乳で育てている場合には、毎日350kcalほど多くカロリーが必要になります。余分に必要とされるこの栄養をきちんととらないと、カロリー不足で力が出ないでしょう。全粒穀物、果物、野菜、たんぱく質を含むバランスのとれた食事をとり、水分をたくさんとって便秘を予防しましょう。
>
> **（補足）**授乳期間中は、妊娠期に厚くなった大腿部の皮下脂肪の分解が進むことから、大腿部の脂肪は授乳期のエネルギー供給源と考えられています。その一方で、乳房の近くにある上腕と肩甲骨下部の皮下脂肪は、プロラクチンの影響で厚くなる傾向があります。ただそれでも2～3カ月以降には徐々に薄くなっていくでしょう。

第2週：14日目
新たなはじまり

今日の赤ちゃん

この日おこなわれる最後の健診で、母子の健康が確認されます。赤ちゃんは出生時の体重に戻っていて、母乳やミルクをしっかり飲み、元気に育っていなければなりません。助産師は赤ちゃんのガスリー検査（足底穿刺による先天性代謝異常検査）がすんでいるか、黄疸の兆候はないかも確認します。

人生はがらりと変わってしまい、もうもとに戻ることはありません。このころには、子どもに対する親の無条件の愛というものを理解しているでしょう。

英国ではこのころに担当の助産師が最後の健診をおこないます（注→p.481）。助産師が訪ねてくるか、お母さんが出産後ケアセンターに出向くことになるでしょう。お母さんと赤ちゃんの身体的な健康だけでなく、赤ちゃんの家庭医（GP）への登録がすんでいるか、赤ちゃんのNHS番号はあるかを確かめます。お母さんが知っておくべきことはすべて教え、これから数週間のうちに連絡をとる必要が生じたときのために電話番号を教えてくれるでしょう。

なにも問題がなければ、助産師は今後のケアを保健師に引き継ぐでしょう。一般的には産後10日から28日の間に保健師から連絡があります。すでに担当保健師から連絡があり、数日のうちに家庭訪問が予定されている人もいるでしょう。お母さんか助産師がなんらかの理由でさらに検査する必要があると感じる場合、翌週あたりに予定されるでしょう。

このころにはパートナーは仕事に復帰し、お母さんと赤ちゃんだけで外出する機会が増えるかもしれません。地域の支援グループや育児サークルやベビーマッサージ教室についての詳細を、保健師に教えてもらいましょう。地域の活動に参加するのは、ほかのお母さんたちと知り合うとてもいい機会になります。

2週間たてば、親業のコツがつかめてくるでしょう。もう妊娠前のような生活に戻ることはできません。これは赤ちゃんのことを常に最優先し、以前ほど自分の時間がもてなくなることを意味しますが、その代わりお母さんのもとにはとてもかわいらしく、個性あふれる魅力的な子どもがいてくれて、お母さんはいつだってその子を無条件に愛することでしょう。親子の愛情に勝るものはありません。このころには、お母さんもその意味を正確に理解しているでしょう。

助産師への質問

Q. 赤ちゃんの生活リズムをつくるべきですか？

A. 最初の数週間は生活リズムをつくるには早すぎます。母乳育児を軌道に乗せるためには、赤ちゃんがほしがるときに授乳する必要があり、ほとんどの赤ちゃんは自分で生活リズムをつくっていきます。授乳の時間を決めておきたいなら、泣きわめく赤ちゃんをどう落ち着かせるかを考えなければなりません。ただし、夜間の生活リズムを早めにつくりはじめるのはよいでしょう。赤ちゃんに沐浴させて、歌ってあげ、授乳して、ベビーベッドにおろしてやれば、のちのち理想的な睡眠パターンが確立されていくでしょう。

赤ちゃんの記録

ひとり目の子どもが生まれると、ほとんど四六時中写真やビデオを撮っていたくなるものです。ふたり目以降の子どもたちはだいたい、自分たちの写真はひとり目の子と比べると少ないのだといいます！　いまはデジタル時代ですから、赤ちゃんの写真を撮ってすぐに身内や友人にメールで送ることができます。ただし、やりすぎには要注意。わが子の写真なら見飽きることはなくても、よその子の写真はそれほどでもないかもしれませんよ。

いっしょに写った最初の1枚は、かけがえのない思い出になります。

赤ちゃんから**一瞬たりとも目が離せない**でしょう。

誇らしげなお父さんの写真も忘れないで。

産後6週健診 （注：日本では産後1カ月健診に相当）

英国では出産後6週間から8週間くらいの時期に、かかりつけ医の診療所で医師か診療看護師による出産後健診がおこなわれます。この健診では、お母さんの心身の健康状態をチェックします。同じころに赤ちゃんも健診を受け、発達の状況もチェックしてもらいます。

産後6週健診は、お母さんが抱えている問題や不安について医師に相談することができ、産後の回復が順調だと確認して安心できるよい機会です。

お母さんの診察

赤ちゃんが生まれてからの最初の数カ月間は、大多数の女性が大きな健康上の問題もなく、妊娠前の健康状態に戻ります。しかし全般的な診察を受けて健康上の問題がなにもなく、母親としての第一歩をうまく踏み出せていると確認できるのはよいことです。

産後の健診は、医師や診療看護師に産後の心配ごとを相談できるよい機会です。お母さん自身のことでも赤ちゃんのことでも、気がかりなことはなんでも相談して大丈夫です。医師は必要に応じて担当の保健師と連携してくれるでしょう。なんらかの問題があれば、医師は助言して、場合によっては治療をおこなうこともあるでしょう。また、必要に応じてさらなる治療のために専門医を紹介してくれるでしょう。

お母さんの健康診断

医師は、血圧を測るなどの一般的な健診をおこないます。そして心配なことがないか、授乳はうまくいっているか、母乳育児の場合は乳房の状態に問題がないか、母乳の出が悪くて困っていないかなどをたずねるでしょう。

子宮はほぼ妊娠前の大きさ（手のひらほどの大きさ）に戻り、もうおなかの上から触れることはできません。それでも医師は腹部に触れて筋肉が正常な状態に戻っているか確認します。"腹直筋離開"（p.250参照）といって、出産後に腹筋が離開してしまうことがあるからです。腹筋が指4本分以上離れている場合には、理学療法士を紹介されることがあります。ピラティスや体幹を整えるエクササイズ（p.250参照）が役立つことがあるので、医師からこれらのエクササイズについて話があるかもしれません。

腰痛も産後の悩みのひとつです。リラキシンという妊娠ホルモンには筋肉や靭帯を緩める作用がありますが、これが出産後数カ月は体内に残っているため、腰痛が悪化するのです。腰痛がひどいという人には、医師が姿勢について、特に赤ちゃんを抱っこしているときや授乳のときの姿勢に気をつけるようアドバイスをするでしょう。またエクササイズのメリットについても触れるかもしれません。

帝王切開で出産した場合には、切開部をみて傷の回復具合を確認します。傷のまわりの感覚が麻痺しているように感じるかもしれませんが、神経の末端が再生するにつれて、感覚はしだいに戻ってくるでしょう。

この3年間に子宮頸がんの検査（注→p.481）を受けていない人は、3カ月以内に一度受けるようにいわれるでしょう。

膀胱のチェック

排尿に問題がないかたずねられ、頻尿や排尿時の痛みなどがあれば、尿検査をおこなうことがあります。腹圧性尿失禁といって、くしゃみや咳、エクササイズをしたときの尿もれ（p.475参照）は出産後によくあることなので、恥ずかしがらずに医師に話しましょう。骨盤底のエクササイズ（p.69参照）をするようにすすめられるかもしれません。この問題が長引くようなら、理学療法士を紹介されて膀胱の容量を増やす"膀胱訓練"（注→p.481）のテクニックを教えてもらえるでしょう。

縫合部

縫合部分がまだ痛む場合は、順調に治癒しているかどうか医師が診察します。縫合にはだいたい体に吸収される糸が使われますが、完全に吸収されるまでに最大で3カ月かかることがあります。入浴が糸の吸収を促すこともありますが、痛みが続く場合は婦人科医あるいは会陰部の損傷を専門とするクリニックを紹介されるかもしれません（p.475「会陰の問題」参照）。

心の安定

医師は体だけでなくお母さんの情緒や精神の健康も確認します。産後間もなくのこの数週間は、夜間の授乳や赤ちゃんの絶え間ない要求が負担になりはじめるので、多くの女性が非常に疲れを感じるときです。しかし無気力で疲れ果てている、ほとんどの時間気分が落ち込んでいるという場合は、産後うつ（p.475参照）を患っている可能性があるので、これらの症状を見過ごさないことが大切です。医師や看護師に自分の気持ちを話してみると、サポートしてくれますし、保健師と連携してくれるでしょう。

ライフスタイルの見直し

医師は健康的な食生活と生活習慣についてアドバイスします。喫煙する人には、たばこを吸うのをやめられるように地域の禁煙支援グループの情報が提供されるでしょう。

赤ちゃんを評価する

赤ちゃんの健診

生後6週から8週ごろの時期に医師は赤ちゃんの健康診断をおこない、成長と発達を確認するでしょう。

この健診の内容は、生まれて間もなくおこなわれた健診（p.443参照）と似ています。股関節、脊椎、目、心臓をチェックし、脚のつけ根で脈を測ります。男の子の場合、精巣が陰嚢におさまっているのを確認することが重要です。この健診は誕生後に発症することがある心雑音など、わかりにくい問題を突きとめられる機会でもあります。体重と頭囲の測定もおこないます。医師は赤ちゃんがよくお乳を飲めているかたずね、黄疸の兆候がないかチェックします。赤ちゃんの発達状況も確認するでしょう。首がしっかりしてきたか、笑うようになったか、30cmほど離れたところにある物や顔をじっとみるか、動く物を目で追うかを調べます。これらの結果は"レッドブック"と呼ばれる母子手帳に記録されます。レッドブックは誕生後の赤ちゃんの成長と発達を記録するもので、このころには保健師からすでに受けとっているでしょう。

頭囲を測り、泉門と呼ばれる頭のやわらかい部分をチェックします。

赤ちゃんの心音をきき、呼吸を観察・確認します。

首のすわり具合を確認するために、赤ちゃんの腕を持ってやさしく引き上げ、頭をどれくらい支えられるかをみます。

Q&A

Q. 授乳中は妊娠の心配は不要だというのは本当ですか？

A. 母乳をあげているのなら、産後しばらくは月経がないかもしれません。つまり妊娠しにくいということですが、それでも排卵する可能性はあります。ですから、避妊の必要がないと思い込んではいけません。医師か看護師が避妊と産後の性生活についての相談に乗ってくれますし、黄体ホルモン100%のピル（注→p.481）をすすめられるかもしれません。授乳中の人に産後21日目から処方してもらえます。

Q. 人工ミルクで赤ちゃんを育てているので、すぐにまた妊娠するのではないかと心配しています。産後どれくらいから妊娠の可能性がありますか？

A. 人工ミルクで赤ちゃんを育てている人は、この健診の前に産後初めての月経があったでしょう。それならもちろん妊娠する可能性はあります。すでに助産師か保健師と避妊について話し合ったかもしれませんが、この産後6週間の健診でもまた避妊について触れられるでしょう。医師か看護師から、産後適切な避妊対策をとっているかたずねられるはずです。避妊をしていない場合は、どのような選択肢があるかなどアドバイスしてもらえます。

Q. 会陰を縫合したので、産後はこわくてセックスができません。これはよくあることですか？

A. はい。多くの女性が同じように感じ、出産後健診が終わるまで性生活を控えます。この産後6週間健診で、医師か看護師が傷の回復を確認し、セックスの再開について不安をとり除いてくれるでしょう。その一方で、悪露がおさまっていればこの健診を待たずにセックスを再開してもまったく問題ありません。実際にセックスする段になったら、KYゼリーのような潤滑剤が必要になるかもしれません。特に授乳中は、ホルモンの作用で膣の滑りが悪くなっていることがあるからです。

 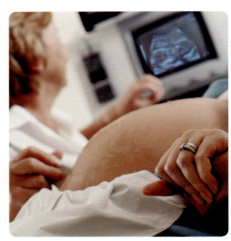 

なんの不満もなく妊娠期間を過ごせる人はめったにいません。妊娠中に経験する問題のほとんどが、正常な妊娠にともなう変化による小さな問題ですが、なかには深刻な問題で治療を要する場合もあります。今日では妊娠中の管理がゆき届いているので、深刻な事態に陥る危険性があるとしても、たいていはうまく対処できるものです。これは妊娠期間中にも分娩中にもいえることです。産後の問題は、赤ちゃんの問題もお母さんの問題も、注意深く経過を追いながら治療しなければならないことがあるかもしれません。場合によっては、専門医を紹介されるでしょう。

よくある不安と問題

妊娠中によくある不安

妊娠ホルモンは体のあらゆる組織に作用します。ここではよくある不安をリストアップして解説します。妊娠すると、体はどのように反応してこれらの症状を引き起こすのでしょう？ 医療の助けを借りる必要はあるのでしょうか？ 症状をやわらげるために自分でどのようなことができるのでしょう？

全身症状

疲労感

激しい疲労感は、妊娠初期によくみられる症状のひとつです。たいていは中期になると消失しますが、後期になると戻ってくる可能性が高いでしょう。

原因 妊娠初期に極端に疲れる主な理由は、ホルモンが劇的に変化するためであり、血液量が最大50％増加することによって妊娠前より体に負荷がかかるためでもあります。こうして血液量が増加するおかげで子宮内膜は厚くなり、胎盤は発育します。妊娠中期には、ホルモンの変化が落ち着いてくるので、たいてい妊娠前の元気が戻ってきます。妊娠の終盤になると、疲労感が戻ってくるかもしれません。おなかが大きくなり体重が増えるうえに、発育中の赤ちゃんの要求に応えるべく、お母さんの体はいっしょうけんめい働かなければならないからです。妊娠初期と後期には、不眠（下記参照）が疲労感の一因となることもあります。また、貧血（p.472参照）も妊娠中の疲労感の原因となることがあります。

対処法 仕事をしている人は定期的に休憩をとり、少なくとも1日に1回は新鮮な空気を吸いましょう。必ず水分を十分にとってください。カフェイン飲料には脱水作用があるので、かえって気分が悪くなるでしょう。必要に応じて睡眠時間を増やしましょう。家事は後回しにして大丈夫ですし、つき合いはほどほどにしたほうがよいでしょう。

不眠

妊娠中の不眠はとても一般的な悩みで、とりわけ妊娠初期と後期によくきかれます。

原因 睡眠が妨げられる原因としてよくあるのは頻尿です。妊娠初期の頻尿は、血液量の増加が原因で引き起こされます。血液量が増加すると腎臓でろ過される水分量も増え、それが膀胱にたまります。妊娠が進むともうひとつ頻尿の原因が加わります。子宮が大きくなり骨盤内で膀胱を圧迫するようになるので、膀胱を空にしなければならない回数が増え、眠りが妨げられるのです。また、夜中に空腹感を覚えて間食が必要になるという人は多いですし、胃のむかつきや嘔吐で眠りを中断されたり、朝早く目が覚めてしまったりするという人もいます。妊娠20週ごろになると、子宮が骨盤の上方に移動するので、膀胱は圧迫されなくなります。同じころに胃のむかつきもおさまってくるので、以前よりよく眠れるようになります。妊娠の終盤にかけて、再び睡眠が妨げられるかもしれません。ちょうどお母さんが休みたいときに、おなかの赤ちゃんは活動的になることが多いのです。体が大きくなっていて、快適に眠れる姿勢をみつけるのが難しくなります。そして赤ちゃんが大きくなるにつれ、再び膀胱が圧迫されるようになるでしょう。

対処法 頻尿で目が覚めてしまうなら、就寝時間が近づいてきたら水分をたくさんとらないようにしましょう。空腹で目が覚めないように、全粒粉のパンなど未精白の炭水化物を夕食にとり入れるのがおすすめです。目が覚めてしまったら、そのまま長いこと横になっているのはやめましょう。ストレスになりますし、不眠が習慣化する恐れがあります。ベッドから出て、脳を刺激しすぎないような簡単な活動をして、温かいカフェインフリーの飲み物を飲み、眠くなってきたらベッドに戻るのがおすすめです。妊娠後期になり、快適に横になるのが難しくなったら、眠るときの姿勢をいろいろと試してみましょう。枕やクッションをたくさん使い、頭や腰に当てたり、ひざに挟んだりしてみてください。妊娠後期には、日中に休息をとることが不可欠ですが、20分の仮眠か、足を高くして読書したりテレビをみたりする時間を1時間とる程度にしておきましょう。日中に長時間眠ってしまうと、夜間にますます眠れなくなります。

頭痛

頭痛は妊娠中によくある症状で、特に妊娠初期に多くみられます。

原因 頭痛はほとんどが心配する必要のないもので、おそらくホルモンの変化と、体に必要な水分が不足していることが原因です。妊娠後期に頭痛が起こり、腹痛や吐き気などほかの症状をともなう場合は、妊娠高血圧症候群の兆候かもしれないので、医師の診察を受けましょう（p.474参照）。

対処法 水をたっぷり飲み（1日に約2L）カフェインを避けていれば、頭痛は軽減されてあまり起こらなくなるでしょう。仕事中、またはなにかに集中してとり組むときは、2～3時間ごとに休憩をとり、新鮮な空気を吸って軽い運動をしてください。妊娠12週以降は、アセトアミノフェン（カロナール）を4～6時間おきに服用しても安全です。24時間以内に4回以上使用しないでください。風邪やインフルエンザによる頭痛の場合、お湯に溶かす顆粒タイプをはじめとする市販の風邪薬はいずれも推奨できません。現在の症状に対して医師が処方した場合以外は、セデスやロキソニンなどを服用しないでください。薬を飲む前に、必ず医師や助産師にどのような症状に悩まされているかを話しましょう。

妊娠後期に頭痛を発症し、脚部や足首または体全体がむくんでいる場合や、腹痛、吐き気、嘔吐をともなう場合は、すぐに助産師か医師に連絡してください。

脚部や足首のむくみ

脚部や足首、手、手首に少しむくみが生じる人もいます。このむくみは、特に気温が高いときに目立つでしょう。

原因 むくみは水分がうっ滞することで起こり、もとをたどれば妊娠中に赤ちゃんの発育に必要な栄養を提供するために血液量が増加することが原因で起こるのです。脚部や足首のむくみは、妊娠高血圧症候群（p.474参照）などの問

題を知らせている可能性もあるので、必ず助産師か医師に知らせてほかの症状がないか確認してもらってください。

対処法　脚部や足首のむくみを解消するには、休憩をはさみながら軽い運動をして、休憩中は足の位置を高くするのがもっとも効果的です。しかし、ベッドで横になる時間やすわっている時間が長すぎると、エコノミークラス症候群としても知られる深部静脈血栓症（DVT）（p.186参照）を発症するリスクが高まるのでよくありません。マタニティ用の弾性ストッキング（p.225参照）をはくと、むくみを緩和する効果が期待できるでしょう。

皮膚の変化

かゆみと乾燥肌

妊娠すると多くの女性は肌がところどころかゆくなって乾燥し、妊娠の後半になると症状がひどくなるといいます。このような皮膚の炎症はホルモンの変化によるもので、無香料の保湿剤を使えば改善できます。妊娠の後半に皮膚がかゆくなるのは、稀ではありますが、妊娠性肝内胆汁うっ滞症（p.473参照）という重大な疾患が原因であることがあります。その場合、一般的に持続性のかなりひどいかゆみが手足に集中します。

くも状静脈

くも状静脈は拡張した毛細血管（ごく細い赤い血管）の集合で、妊娠中は主に頬にあらわれます。体内を循環する血液量が増えること、妊娠ホルモンに血管をやわらかくする効果があることが原因で形成されます。くも状静脈は痛みをともないませんが、みた目が気になるならメイクでかくせます。一般的に、出産後しばらくすると消失します。

色素沈着

妊娠中に皮膚の色が濃くなるのはよくあることです。これはホルモンの分泌が増加することによって起こります。ほとんどの女性が、乳頭（乳首）のまわりの乳輪が黒ずんでくることや、正中線（黒線）と呼ばれる黒っぽい線がおなかの中央をおへそから恥骨まで縦に走っていることに気づくでしょう。また、妊娠性肝斑または"妊娠黒皮症"として知られる茶色いしみが頬、鼻、顎にあらわれることもよくあります。もともとの皮膚の色が濃い女性の場合、しみができても周囲の皮膚の色より薄い色になることがあります。日光に当たるとしみがさらに目立つようになるので、日焼け止め効果の高いクリームを顔に使用するとよいでしょう。

妊娠線

妊娠中は皮膚が急激に引き伸ばされるので、多くの場合、妊娠線と呼ばれるピンクや紫の線ができます。妊娠線は傷あとのようにみえるのでとても心配になるかもしれませんが、一般的に妊娠の後半に、腹部やお尻、太腿や乳房の上部にあらわれます。クリームで妊娠線を予防したりとり除いたりできることを示す明確な証拠はありませんが、無香料の保湿剤を少量塗れば、皮膚をしなやかに保てるでしょう。水分を十分とったり、体重を増やしすぎないようにしたりするのも同じ効果が期待できます。出産後時間がたつにつれて妊娠線は色が薄れて白っぽくなり光沢を帯び、ほとんど目立たなくなります。

乳房の問題

乳房の痛み

多くの女性にとって、乳房が痛み、大きくなることが最初にみられる妊娠の兆候です。ときには乳房がかなり敏感になっていて、なにかが触れるだけで耐えがたいほどの痛みを経験する人もいるでしょう。乳房がズキズキしたり、熱く感じられたりすることもあります。乳房の痛みは、たいてい妊娠初期の終わりにはおさまります。

原因　乳房の痛みが生じるのは、赤ちゃんが生まれてきたときにお乳をあげるための準備がはじまっている証拠です。乳管が拡張しはじめて、血流が増加しているのです。

対処法　体にきちんと合ったブラを身に着けることで、乳房が支えられ、不快感は軽減されます。体に合っていないブラや、小さめのものを着けていると不快に感じるでしょうし、乳管が圧迫されてしまいます。夜間はやわらかい"おやすみブラ"を着けるとよいかもしれません。乳房が熱をもっているなら、冷やしたタオルを当てると楽になります。

乳房が部分的に痛んだり赤くなったりしていたら、乳腺炎（p.475参照）の疑いがあるので助産師か医師に知らせてください。

乳頭（乳首）の問題

女性の乳房と乳頭（乳首）は大きさも形も人それぞれです。乳頭が突出していない扁平乳頭や、くぼんでいる陥没乳頭の場合、赤ちゃんにお乳をあげられないのではないかと不安に思うことでしょう。しかし、すこやかな女性なら誰でも授乳できます。赤ちゃんは、乳首だけではなく、乳輪まで口に含んでお乳を飲むからです。

原因　陥没乳頭や扁平乳頭は、乳房組織のなかの乳房提靭帯が短く、乳頭が内側に引っ張られるのが原因だと考えられています。

対処法　乳頭の状態が授乳に適しているか不安な場合は助産師か医師に相談し、母乳育児の専門家（ラクテーションコンサルタント）を紹介してもらいましょう。母乳育児に備えるために乳頭を引き出す製品もあります。しかしそのような道具は必ずしも必要ではありません。扁平乳頭であれ陥没乳頭であれ、赤ちゃんは乳房を口に含み、乳頭を引き出すことができます（お母さんはどうすれば赤ちゃんに乳頭を引き出せるようにできるか、いちばんよい方法を教えてもらう必要があるかもしれません）。

消化の問題

胃のむかつきと嘔吐

およそ80％の女性が、妊娠初期に胃のむかつきや嘔吐といった不快な症状に悩まされます。このつわりの期間中はあまりたくさん食べることができず、においや味の強いものは受けつけなくなることもあります。特定の野菜や酸性食品が消化しにくくなり、普段の健康的な食生活の質が落ちてしまうと不安になる女性もたくさんいます。妊娠初期のつわりは、たいていは妊娠12〜20週くらいの時期におさまります。ただし、妊娠後期になると胃のむかつきや嘔吐の症状が戻ってくることも珍しくありません。

原因　妊娠初期には、妊娠ホルモンと、妊娠とはかかわりのない体組織を統制しているホルモンとが互いに影響しあいます。特に、血糖調節にかかわるホルモンに影響をおよぼすので、結果的に胃がむかついたり、嘔吐したりするのです。妊娠の終盤になると消化の問題が起こるかもしれません。子宮が消化管を押しやって腹腔のほとんどを占めるようになり、まとまった量の食べ物を消化

する余裕がほとんどなくなるためです。

対処法 妊娠中の胃のむかつきや嘔吐に対処するいちばんの方法は、1日を通して水分をたくさんとり、定期的に少量の食べ物を口にすることです。食事と食事の間隔をあけるのは避け、全粒粉を使った食品や未精白のシリアル、玄米など複合糖質を少しずつ何度もとるようにするとよいでしょう。糖分の多い間食は避けてください。甘いものを食べるとすぐに元気が回復しますが、血糖値が急激に下がるので、やがて食べる前より気分が悪くなるでしょう。お菓子やケーキ、ビスケットや甘い飲み物に入っている精糖の総摂取量を減らせば、胃のむかつきや嘔吐の症状は軽減され、妊娠糖尿病を発症するリスクも低くなります。

健康的な間食を"少しずつ何度も"食べるという原則は、妊娠後期にも当てはまります。

胃腸炎

胃腸炎は消化管の粘膜が炎症を起こす疾患で、細菌やウイルスによる感染の場合がほとんどです。たいていは突然の嘔吐や下痢が起こります。ほとんどの場合は自然に治癒しますし、心配する必要はありません。しかし深刻な場合は、脱水症状を引き起こすことがあり、胎盤を介して赤ちゃんに供給される血流に影響することがあります。リステリア菌に感染すると、稀にではありますが死産を引き起こすことがあります。

原因 胃腸炎は、感染者との接触によって感染したり、汚染された飲食物を摂取して健康障害（食中毒）を引き起こしたりして発症します。食中毒は一般的に、食品衛生の不備が原因で起こります。

対処法 水をたくさん飲み、家庭内での感染を予防しましょう（右記参照）。ほんの少量の水さえ胃におさめておけない、嘔吐と下痢が24時間続いているといった場合は、かかりつけの医師か近くの産科に相談しましょう。すぐに受診できない場合には、最寄りの救急外来にいってください。糖尿病などの持病があれば、すぐに助けを求めなければなりません。脱水状態になっていれば点滴治療をおこない、胎児心拍数モニタリングによって赤ちゃんの健康状態を確認するかもしれません。リステリア菌に感染した場合は、抗生物質で治療します。

胃腸炎の予防 食品衛生をよい状態に維持することで（p.17参照）、胃腸炎の予防を心がけることが大切です。

家族が胃腸炎になったら、石鹸、タオル、ナイフやフォークなどのカトラリー、食器をほかの家族の使うものと区別して感染が広がるのを防ぎましょう。家に複数のトイレがあるなら、感染した人にはほかの家族と別のトイレを使ってもらってください。使用後はトイレ、洗面台、蛇口を、薄めた漂白剤でその都度拭きましょう。感染している人は、家族の食事のしたくをしてはいけません。

消化不良と胸やけ

多くの女性が、妊娠中期になると消化不良と胸やけを経験しはじめます。

原因 消化不良は、妊娠ホルモンの影響で消化管の動きが遅くなるのに加え、赤ちゃんが大きくなるにつれておなかのなかで消化管がおさまる場所が小さくなってくることが原因で起こります。また、胃の上部にある筋肉の蓋もホルモンの作用で緩み、胃酸が上方へと逆流して食道に流れ込むので、胸やけの不快感が生じます。

対処法 ボリュームたっぷりの食事をとるのは避け、特に夜遅くに食べないようにすると、消化不良と胸やけが起こるのを防ぎやすいでしょう。夜間の胸やけに悩まされる場合は、上体を少し起こし、頭の位置が足より高くなるようにして眠ってみましょう。胸やけをやわらげるには、液状の制酸薬が効果的な場合があります。医師か助産師に安全に使用できる薬を教えてもらいましょう。牛乳をゆっくりと飲むと、不快感がやわらぐという人もいます。

便秘

便秘は妊娠中期によくある問題です。

原因 妊娠ホルモンの弛緩作用によって、消化管の働きが鈍くなります。結果として、便が大腸に通常より長い間とどまり、水分がよく吸収されて便が固くなり、排泄しにくくなります。水分を十分にとらないと、便秘になる可能性が高まります。

対処法 野菜や未精製の食品から食物繊維をとり、水分摂取量を増やすことで、たいていこの問題は解決します。それでも改善しない場合は、医師か薬剤師に相談したうえで弱めの緩下薬を試してみましょう。

痔

痔のなかでもっとも一般的なのはいぼができる痔核で、肛門周辺の静脈を含む組織がうっ血し、隆起してできます。肛門の周囲や内側に形成され、ときには肛門出口から脱出することもあります。痔核が肛門括約筋の収縮運動によって圧迫されたり、酸性環境に敏感に反応したりすることで、不快感を覚える軽度の症状から痛みをともなう重度の症状までを引き起こします。妊娠後期に起こることが多いでしょう。

原因 ホルモンの影響で肛門周辺の組織が弛緩するため、痔核が形成されるリスクが高まります。赤ちゃんの頭で血管が圧迫されることや便秘も、痔核形成の原因となります。

対処法 痔核の形成を予防するためには、便秘を改善し、排便時にいきまないことが重要です。不快感をやわらげるため、冷湿布を当たり市販のクリームを使ったりするとよいでしょう。痔核が肛門から脱出していて不快感が強い場合は、医療機関に相談してください。やさしく押し"戻して"もらえるでしょう。

心臓、血液循環の問題

めまいがする、意識が遠のく

妊娠中はときおり、めまいがする、意識が遠のきそうになるといった問題が生じることがあります。

原因 妊娠初期には、すわっているときでさえ気を失いそうになることがあるかもしれません。おそらく原因は低血糖です。しっかり食べていないと低血糖になることがあり、これは多くの女性がつわりに苦しむこの時期によくある問題です。妊娠中期には、立ちくらみがしたり、長時間立ちっぱなしでいるとめまいが起こったり意識が遠のく感覚が生じたりしますが、その原因はおそらく低血圧です。妊娠中はプロゲステロンという妊娠ホルモンが血管の柔軟性を高めて赤ちゃんへの血液供給を容易にするため、血圧が低くなるのです。血圧が低いと立ったときに脳に十分な血液が届かない可能性があり、めまいを感じたり、気を失いそうになったりすることがあるのです。

妊娠が進むにつれて、仰向けに横になると、めまいを感じるようになるかもしれません。仰向

よくある不安と問題

けになると大きくなった子宮が体を走る主要な血管を圧迫し、脳に送られる血液量が減ってしまうからです。

対処法 低血糖を予防するために、複合糖質（p.92参照）を豊富に含む食品を少量ずつ何度も食べましょう。水分補給を十分にする、定期的に休憩をとる、長時間同じ姿勢で立ち続けないようにする、新鮮な空気を吸うといったことも、意識が遠のくのを防いでくれます。めまいを感じはじめたら、何かにもたれかかるなどして、頭の位置を心臓より低くしてすわると気分がよくなってくるでしょう。完全に回復するまですわり、それからゆっくり立ち上がってください。症状が出たあと、気分がよくなれば病院にいく必要はありませんが、たびたび起こる場合は医師か助産師に相談しましょう。気を失って頭をぶつけたり、体のどこかにけがをしたりしたら、病院にいってみてもらってください。

仰向けに横になっているときにめまいがしたら、横向きになればすぐに気分がよくなるでしょう。左側を下にして横になるほうが、全身に血液が循環しやすくなるのでおすすめです。

動悸

心拍が速くなったり鼓動が不規則になったりするのは、妊娠中によくあることです。とりわけ妊娠28週から32週に顕著ですが、いつ起こってもおかしくありません。

原因 動悸の原因ははっきりとわかっていませんが、仮説はいろいろあります。例をあげれば、プロゲステロンというホルモンが心筋に作用するという説や、お母さんと赤ちゃん双方をすこやかに維持するために増加した血流を、心臓がうまく処理しようとしているという説があります。

対処法 動悸はたいてい一時的なもので、心配することはありません。しかし動悸が頻繁に起こる、胸の痛みや息切れをともなうという場合は、助産師か医師に相談しましょう。心疾患にかかったことがある、または心臓に異常がある場合は、大至急受診してください。

鼻血

妊娠中はよく鼻血が出ます。鼻血が出るのは気持ちのいいものではありませんが、重大な問題であることはめったにありません。

原因 体中の血管についていえることですが、妊娠中は鼻の血管も柔軟になり拡張します。さらに、妊娠中は血液量が増え、血管というこの繊細な構造に圧力がかかります。風邪をひいたり、鼻炎を患ったり、寒い季節や空調の効いた部屋で鼻粘膜が乾燥したりすると、鼻血が出やすくなります。

対処法 鼻血が出たらすわり、頭は傾けずまっすぐ保って親指と人差し指で小鼻をつまみます。10分ほど圧迫したら、血が止まったかどうか確認しましょう。上を向いたり、仰向けに寝たりしたくなるかもしれませんが、鼻血がのどに流れ込んで気分が悪くなったり、嘔吐したりする原因になるのでやめましょう。鼻を圧迫すると同時に、氷や冷湿布を鼻や顔に当てると、血流が抑えられて血が止まりやすくなります。頭にけがをして鼻血が出ている場合や、20分以上ひどい出血が止まらない場合は医師に相談してください。鼻血がたびたび出る場合は妊婦検診で話し、より重大な問題である可能性がないことを確認してもらいましょう。

歯肉の出血、痛み

歯肉からの出血や歯肉の痛みは妊娠中に一般的です。

原因 血液量が増加していることと、妊娠ホルモンの作用で血管がやわらかくなっていることが重なって、歯肉の問題が起こります。歯垢がたまると症状が悪化するうえ、歯周病を発症しやすくなります。

対処法 口腔内を清潔に保つことが不可欠です。痛むからといって、歯みがきをしないのはよくありませんが、歯ブラシをやわらかいものに交換しましょう。また、妊娠中も出産後も、かかりつけの歯科に定期的に通うようにしてください。英国では、妊娠中の歯科治療には国民健康保険が適用されるので無料です。

下肢から外陰部にかけての静脈瘤

静脈瘤は、静脈が拡張して瘤状にふくらんだ状態のことで、脚や外陰部に形成されます。肛門内部や周辺にできる静脈瘤は痔（前ページ参照）として知られています。静脈瘤は、妊娠の後半になるとやっかいになり、不快感や、ときにはかゆみをともない、みた目がよくない場合もあります。膣や外陰部の静脈瘤は正常分娩の妨げにはなりませんし、出産中に破裂する危険性もありません。

原因 血流が増え、血管がやわらかくなるわけですから、妊娠中に多くの女性が脚部や外陰部の静脈瘤を経験します。子宮が大きくなると骨盤内の静脈を圧迫し、ひいては脚部や外陰部を圧迫することになるのです。

対処法 マタニティ用の弾性ストッキングをはくと効果的です。英国では理学療法士に依頼して（注→p.481）、特別仕様の腹帯やコルセットを処方してもらうこともできます。すべての問題についていえることですが、静脈瘤についても医師か助産師に相談し、診察とアドバイスを受けましょう。一般的に、静脈瘤は出産後に消えてしまいます。

さまざまな痛み

腰痛

腰部の痛みは妊娠中にとてもよくあることです。特に妊娠後期によくみられ、妊婦のおよそ3分の2が腰痛に悩まされます。

原因 妊娠が進むにつれてだんだんおなかが重くなってくると、その重みが脊椎の下部を引っ張るようになるので脊椎の下部が前方にカーブし、体の重心は前方に移ります。これを修正しようとして、腰の筋肉を痛めることがあります。さらに、妊娠ホルモンが靭帯をやわらかくするので、靭帯は緩んでしまい、腰の支えが弱まるのです。

対処法 よい姿勢（p.249参照）を維持し、骨盤を前に傾けないようにすれば、腰にかかる圧力が軽減され、腰痛の予防にも緩和にも役立ちます。適度な運動を習慣づけ、引き締まったしなやかな筋肉を維持するのもためになります。90ページと250ページで紹介した運動を参考にしましょう。ヨガ、ピラティス、水中エアロビクスもおすすめです。

同じ姿勢で長時間立ち続けるのは避け、日常の仕事に変化をつけ、できればそれらの仕事を短時間ですむように切り分けましょう。仕事で長時間立ちっぱなし、すわりっぱなしになることがある人は定期的に短時間の休憩をとり、すわるときはなんらかの支えを腰に当ててください。重い物を持ち上げるときは気をつけましょう。

マッサージしたり温水につかったりすると痛みがやわらぐかもしれません。腰痛がかなり気になるなら、医師か助産師に腹帯（p.278参照）

を利用したいと話してみましょう。

骨盤帯痛（PGP）

骨盤帯痛（PGP）は恥骨結合機能不全としても知られ、骨盤周辺と鼠径部に感じる不快感や痛みを指します。臀部に痛みが蓄積しますが、片脚に痛みが広がることもあり、その場合は坐骨神経痛（右記参照）と間違えられる可能性があります。PGPはたいてい、ウォーキングや階段を上るなどの活動時に悪化します。夜間に痛みが生じることもありますが、これはたいてい昼間の活動に関連しています。PGPは妊娠の終盤にかけてもっともよくきかれる悩みで、軽いものから歩行に補助が必要になるほど深刻なものまで、症状に幅があります。

原因 さまざまな要因がPGPを引き起こします。骨盤は4つの骨で構成されています。仙骨と、左右一対の腸骨（寛骨）、尾骨です。これらの骨は体の前面では恥骨結合で、背面では仙腸関節でつながっています。関節は靭帯で固定されており、通常はほとんど動きません。しかし妊娠中は、靭帯がやわらかくなり伸びやすいので、これらの関節も通常より可動域が広がっています。その結果、骨盤が不安定になるのです。そのうえ、おなかが大きくなって姿勢も変化し、一方の関節がより動きやすくなり、どちらの関節にもさらに大きな負担がかかります。その結果、関節が炎症を起こして不快感や痛みが生じるのです。

対処法 骨盤の前後の結合部どちらかに動きが偏り、骨盤が前傾または後傾してしまう場合は、骨盤サポートベルトを着用するとすぐに痛みがやわらぎます。理学療法士に紹介され、歩き方や立ち上がり方など日々の活動をどのように修正すれば痛みを予防できるか教えてもらえるかもしれません。また、腹部や骨盤底のエクササイズ（p.69参照）もすすめられるでしょう。鍼療法も痛みの緩和に役立ちますし、マタニティアクアのクラスに参加するのもよいでしょう。予防として、痛みの原因となる活動を避ける、重い物を持ち上げない、仰向けにならない、長時間におよぶ活動を避けるなどの対策が可能です。休息をたっぷりとることも重要です。

円靭帯痛

円靭帯は子宮上部の左右から1本ずつ左右の腹壁まではしっています。子宮が大きくなるにつれて円靭帯は徐々に引き伸ばされ、下腹部の片側あるいは両側、鼠径部にうずきや、ズキンと鋭い痛みを引き起こします。円靭帯痛は一般的に妊娠中期にはじまります。

対処法 助産師か医師の診察を受け、おなかの痛みの原因がほかにないことを確認しましょう。ほかの可能性がないとわかれば痛みに対処しやすくなります。痛みを感じたら、休憩をとってくつろぎましょう。横向きに寝てひざを胸のほうへ引き上げたり、温かいおふろにつかったりするのもよいでしょう。

坐骨神経痛

坐骨神経痛を発症すると、お尻の片方または両方に痛みが生じ、その痛みが片方の脚に伝わります。両脚に刺すような痛みが走ったりしびれたりすることもありますが、女性にこのような症状が出ることはごく稀です。坐骨神経痛は、妊娠中期以降に起こることがほとんどです。

原因 坐骨神経痛は、脊柱管が狭くなっている、椎間板ヘルニアがあるなどの原因で坐骨神経が圧迫されることによって生じます。この痛みは関連痛と呼ばれ、痛みを感じる部位は問題のある部位から離れています。赤ちゃんの頭で神経が圧迫されて坐骨神経痛が起こることはありません。妊娠中の坐骨神経痛の原因は妊娠していないときと同じで、姿勢が悪い、脊椎関節を傷めた、物の持ち上げ方に問題があるなどが考えられます。

対処法 筋肉に負担がかからないように伸ばし、坐骨神経の圧迫を解消しやすくするのに適したエクササイズがあります。助産師がエクササイズについてアドバイスしてくれるか、理学療法士を紹介してくれるでしょう。

尾骨痛

尾骨は背骨の基底部にある小さな骨です。この骨は通常はほとんど動きませんが、妊娠中は動くようになり、分娩時に赤ちゃんが産道を通り抜けるのを助けます。尾骨が痛むと長時間すわっているのがとても苦痛になることがあります。とりわけ仕事中や移動中はきついでしょう。尾骨痛は、妊娠のどの段階でも起こります。

原因 尾骨痛の原因は、過去に尾骨まわりのけがをしたなど、妊娠前にさかのぼることがあります。その場合、妊娠によるホルモンの変化と力学的な変化によって、症状が悪化することもあります。あるいは、妊娠中に尾骨痛を発症するかもしれません。妊娠中は尾骨の可動性が増し、けがをしやすくなるのです。分娩中に赤ちゃんの頭が通過するときに尾骨を損傷し、出産後に尾骨痛が生じることもあります。

対処法 体をよく動かしたり患部をやさしくマッサージしたりすると、苦痛がやわらぐでしょう。アセトアミノフェン（カロナール）など、一般的な鎮痛剤を服用するのもよいでしょう。たいてい産後6週間もすれば症状は改善します。

こむら返り

脚のけいれん、特にふくらはぎのこむら返りは、妊娠中によくあることです。一般的には夜間に起こりますが、歩いているときに起こることもあります。妊娠が進むにつれて起こる頻度は増します。

原因 妊娠中のこむら返りの原因については、意見が分かれています。こむら返りはさまざまな要因の組み合わせによって起こる可能性が高く、妊婦の姿勢や、体重の増加、脚部の血行不良、子宮による骨盤内の神経の圧迫などがその要因と考えられています。食事に含まれる塩分の不足が妊娠中のこむら返りの原因ではないかという人もいます。しかし、減塩が妊娠中の健康のためになること、バランスのとれた食生活を送っていれば塩分不足にはならないことは、研究によって証明されています。

対処法 こむら返りは、姿勢を変えたり、つった足のつま先を上に反らしたり、けいれんした筋肉をマッサージしたりすると楽になるでしょう。あまりにもひどい場合は、理学療法士かマッサージ師に適切な運動を提案してもらったり、アドバイスをもらったりすることができます。水分をしっかりとって、適度な運動をしては休むということを繰り返しましょう。

痛みが引かない、ふくらはぎに赤みやむくみがみられるという場合は、エコノミークラス症候群としても知られる深部静脈血栓症（DVT）（p.186参照）の兆候かもしれないので、すぐに診察を受けてください。

むずむず脚症候群
（下肢静止不能症候群、RLS）

むずむず脚症候群（下肢静止不能症候群、RLS）

よくある不安と問題

は、違和感やチクチク、ヒリヒリとした不快感があり、脚を動かしたくてたまらなくなったり、無意識に脚がビクッと動いたりします。とりわけ睡眠中によく起こる症状です。経験者は、「脚を電気が通り抜けるような感覚」、「骨がかゆくなる」などと表現します。妊娠中に発症するとしたら、後期になってからの可能性が高いでしょう。

原因 むずむず脚症候群（下肢静止不能症候群、RLS）は、妊娠によって引き起こされたり悪化したりすることが非常によくあります。原因は解明されていませんが、血液中の鉄濃度が低いこととの関連を指摘する研究もあります。発症する人の多くは、家系に同じ悩みを経験した人がいます。

対処法 むずむず脚症候群に悩まされているなら医師に相談し、血液検査で血液中の鉄濃度を調べてもらいましょう。濃度が低ければ、一般的な鉄剤が処方されるでしょう。脚を動かしたり伸ばしたり、温湿布や冷湿布を当てたり、脚をマッサージしたりするとよいという女性もいます。妊娠中に初めて発症した場合には、出産後に症状がなくなる可能性が非常に高いでしょう。

手根管症候群

手根管とは手首にある狭いトンネルのことで、神経はそこを通って前腕から手と指に伸びています。手根管症候群はこれらの神経が圧迫されると発症し、指のしびれや痛みを引き起こします。この症状はたいてい夜間にひどくなります。重症なケースになると、かなりの痛みをともない、握力が低下します。妊娠中は、中期以降に起こる可能性が高いでしょう。

原因 手根管症候群は、周辺組織のむくみにより手根管を通る神経が圧迫されることで発症します。妊娠中は体内の水分と血液が増加するため、手足がむくむのはよくあることです。

対処法 手根管症候群が疑われる場合は、助産師か医師に相談しましょう。理学療法士を紹介され、不快感をやわらげるのに適したエクササイズを教えてもらえるかもしれません。手首をまっすぐに固定するための道具（サポーターや軽量の固定バンド）を使うようすすめられることもあり、痛みがひどくて眠れない場合は特に、その効果が期待できるでしょう。手根管症候群の症状は、出産が終わるとたいていなくなります。それでも痛みが続く場合は、簡単な手術をおこなって神経の圧迫を軽減することもできます。

泌尿器と膣の問題

膣カンジダ症

妊娠中におりものが増加するのは正常です。しかし、おりものがクリーム状でどろりとしていて、膣周辺と外陰部がヒリヒリ痛んだりかゆみが生じたりする場合は、真菌（酵母やカビ）による感染症のひとつ、カンジダ症でしょう。おりものに悪臭がある場合は、膣トリコモナス症や細菌性膣炎という性感染症の可能性があり、抗生物質を投与して治療しなければ早産を引き起こすこともあります。妊娠中、特に後期には、カンジダ症を発症しやすくなります。

原因 カンジダ症は、カンジダ・アルビカンスという酵母様真菌（形、増殖方法が酵母に似ている菌）によって引き起こされます。この微生物は、少ないながらも消化管や膣にいる常在菌で、通常はなんの問題も引き起こしません。妊娠中は膣内の環境が変わり、この真菌が異常増殖することがあります。ストレスが多い、全体的に気分がすぐれない、抗生物質を服用している、糖尿病にかかっているといった場合は、カンジダ症を発症する可能性が高いでしょう。

対処法 カンジダ症を発症していると思ったら、助産師か医師に相談し、膣の粘膜を採取して診断してもらいましょう。抗真菌性の膣座薬やクリームを使用することをすすめられるかもしれません。また、酢を数滴垂らした水で外陰部を洗ったり、外陰部にヨーグルトを塗ったりすることで、症状をやわらげることができます（注：日本では一般的でない）。木綿の下着を身に着け、排便後は必ず前から後ろに拭くようにしましょう。

腹圧性尿失禁

腹圧性尿失禁を患うと、自分の意志とは無関係に少量の尿が漏れてしまいます。特に、咳やくしゃみをしたり、笑ったりしたときや、体を動かしたり、重い物を持ち上げたりしたときに、尿漏れが起こりやすくなります。腹圧性尿失禁は妊娠中のどの時期にも発症する可能性がありますが、妊娠後期にもっともよくみられます。

原因 妊娠中は、非妊娠時に比べて骨盤底筋に大きな負荷がかかっており、また、ホルモンの変化もこの筋肉に影響します。そのため、咳やくしゃみをする、笑うなど、骨盤底筋を圧迫するような活動によって腹圧が増すと、結果的に少量の尿漏れが起こることがあるのです。

対処法 腹圧性尿失禁はきまりが悪く、悩ましいものですが、助産師か医師に話すべきです。そうすれば骨盤底筋のエクササイズ（p.69参照）を教えてもらうことができ、それらを習慣的におこなえば症状の改善に役立つでしょう。尿意を感じたら、その都度膀胱を空にすることも大切です。尿漏れパッドを当てておくと、さらに安心できるでしょう。

尿路感染症

妊娠中は尿路感染症を発症しやすくなります。もっとも一般的な尿路感染症は膀胱のみに炎症が起こる、膀胱炎です。膀胱炎を発症すると、強い尿意を頻繁に感じ、排尿時に焼けつくような痛みをともないます。尿に血液が混じることもあります。感染が膀胱から腎臓に広がることがあり、その場合、腰の片側（腎臓のあたり）にも痛みを感じるかもしれませんし、高熱、吐き気、嘔吐をともなうこともあります。尿路感染症にかかっていても、症状があらわれないこともあります。妊娠中は特に、尿路感染症をすぐに治療することが重要です。感染が腎臓に達すると、早産を引き起こす可能性があるからです。

原因 尿路感染症は、細菌が尿道（尿を膀胱から排出する管）から体内に入り増殖することで引き起こされます。妊娠中はホルモンが尿路に影響して排尿に時間がかかるようになるので、このような細菌感染が起こりやすくなるでしょう。

対処法 尿路感染症の症状に気づいたら、すぐに医師か助産師に相談してください。尿検査をおこなうことになるでしょう。採取した中間尿は検査に回され、感染の原因となっている菌が特定されます。抗生物質による治療をすぐにはじめ、尿検査の結果によっては、のちに別の抗生物質を処方されることもあります。治療をはじめれば、一般的に数日で症状が改善します。無症状の尿路感染症もあるので、妊娠中の女性は全員、妊婦健診のたびに尿検査を受けます。細菌が見つかれば、適切な抗生物質が処方されます。

妊娠中・分娩時に起こる問題

妊娠特有の問題、妊娠中にも起こりうる問題のなかには、発生するとその妊娠が"ハイリスク"に分類されるものがあります。ハイリスク妊娠なら、妊婦健診や、場合によっては超音波検査も通常より回数を増やしておこない、注意深く経過を観察します。分娩時に起こる問題のなかには、すぐに医療介入をおこなわなければならないものがあります。

妊娠中に起こる問題

流産
　流産とは、赤ちゃんが子宮外で生き延びられるようになる前に赤ちゃんを失うことを指し、妊娠初期にもっともよく発生する問題です。最大で全妊娠件数の約20%が流産に至ります（p.94参照）。

異所性妊娠（子宮外妊娠）
　受精卵が子宮腔外に着床した場合に起こります。異所性妊娠の大多数は卵管で起こりますが、卵巣や子宮頸管、過去の帝王切開瘢痕部で起こることもあります。

原因　異所性妊娠は誰にでも起こりえます。しかし、クラミジアなどの骨盤内感染症にかかったことがある場合や、子宮内避妊具（IUD）を使用中に妊娠した、不妊治療によって妊娠したといった場合、また、子宮内膜症を発症している、帝王切開などの開腹手術を受けたことがある、過去に異所性妊娠の経験があるといった場合には、異所性妊娠のリスクが高くなります。

症状　異所性妊娠が起こると、ほとんどの場合は妊娠6週から8週（月経が停止してから2～4週後）に痛みと軽い出血がみられます。一般的に下腹部の左右どちらかに痛みを感じ、激しい痛みが持続することもあります。異所性妊娠が早期に発見されず、胎芽が卵管内で発育して卵管を破裂させると、妊婦は突然激しい痛みに襲われ、その痛みは腹部全体に広がるでしょう。破裂した卵管が腹腔内で出血すると、横隔膜が刺激されて肩の先端に痛みが生じます。下腹部が激しく痛むようなら、すぐに救急外来か産婦人科を受診しましょう。

対処法　卵管が破裂していればすぐに手術をおこなうでしょう。たいていこの段階に至る前に異所性妊娠が疑われます。疑いがあれば経腟的に超音波検査をおこなうのが一般的で、だいたいそれで問題があることがわかります。子宮に赤ちゃんがみつからなかったり、腹腔内に出血がみられたりし、ときには異所性妊娠そのものを確認できることもあります。何度か血液検査をおこない、hCG（ヒト絨毛性ゴナドトロピン）という妊娠ホルモンの血中濃度の変化を監視するかもしれません。hCG濃度が横ばい、もしくはわずかにしか上昇しない場合は、異所性妊娠であることを意味します。これらの検査で異所性妊娠が確認できなければ、おそらく手術室で腹腔鏡検査をおこなうでしょう。医師がおへそを小さく切開し、そこから腹腔鏡を挿入して実際になにが起こっているのか確認します。

　異所性妊娠が見つかれば、医師は卵管を切除します。その方法は、体に小さな穴を開けておこなう鍵穴手術か、稀にビキニラインを小さく切開することもあります。ときには、妊娠の進行を止めるメトトレキサートと呼ばれる薬を投与して治療することもあります。この治療法は、hCG濃度が低く卵管が破裂していない場合にのみおこなえます。この治療法のメリットは、手術を避けられることです。しかし、必ずしもうまくいくわけではなく、深刻な痛みをともなうことがあり、しっかり経過観察する必要があります。

妊娠悪阻
　ほとんどの女性が妊娠中に、多かれ少なかれつわりを経験します。ときには、嘔吐がかなり重症化して妊娠悪阻に至ることもあります。食べ物や飲み物を24時間以上受けつけない場合は、医師か助産師に診察してもらいましょう。

対処法　尿検査によって感染症の有無をチェックし、超音波検査をおこなって妊娠に問題がないことを確認します。体重も計測しなければなりません。妊娠前に比べて体重が10%以上減ってしまうと、なんらかの問題が起こる恐れがあるからです。脱水症状がひどい場合は、短期入院して輸液をおこなうことを医師からすすめられ、鎮吐剤とビタミン剤を処方されるかもしれません。妊娠悪阻は一般的に妊娠13週までにおさまります。

貧血
　貧血とは、赤血球中のヘモグロビンという酸素を運ぶ成分の濃度が低い状態を指します。妊娠中に軽度の貧血になることはよくあります。妊娠によって血液中の水分が多くなるので割合として赤血球が少なくなり、血液が薄まった状態になるためです。また、赤ちゃんも、お母さんの体内に貯蔵されている鉄を使います。貧血になると疲労感と息苦しさを覚え、顔色が悪くなります。

原因　貧血の原因はたいてい鉄分不足です。稀に葉酸やビタミンB12の不足が原因で起こることもあり、さらに稀ではありますが、ほかの問題が原因となることもあります。血液検査の結果が出れば、貧血の原因を特定しやすいでしょう。

対処法　貧血を改善するには、鉄剤を使用するのが一般的です。鉄剤には副作用があり、便秘になったり、便が黒くなったりします。そのため、食事で鉄の摂取量を増やしたいという女性もいます（p.154参照）。

子宮頸管無力症
　人によっては子宮頸管が弱い場合があります。子宮頸管無力症として知られ、妊娠13週以降の流産につながる可能性があります。通常、子宮頸管無力症が原因で起こる流産はあまり痛みがありません。特に自覚症状もなく、おそらくおりものが増えたと感じる程度でしょう。それなのにあっという間に流産が起こってしまうのです。

原因　子宮頸管無力症の危険因子としては、過去の死産、子宮頸管の手術（子宮頸がん検診で異常所見により子宮頸部円錐切除診をおこなった場合など）、かなり遅い段階で妊娠中絶したことがある、などがあげられます。

対処法　子宮頸管無力症のリスクがあると判断されれば、医師が超音波検査で子宮頸管の長さを測ることを提案するでしょう。子宮頸管が短くなっていれば、流産が起こる可能性が高まるからです。しかし、子宮頸管が短くなってから流産まではあっと

いう間に進むことがあるので、超音波検査だけをもとに治療法を決めるのは必ずしもよいとはいえません。医師は、妊娠12〜14週ごろに頸管縫縮術をおこない、結紮することで子宮頸管を補強したほうがよいと判断するかもしれません。縫縮術は全身麻酔下でおこなわれ、それで流産を防げることもあります。縫縮部は妊娠37週ごろまでそのまま残されます。抜糸は簡単で、麻酔は必要ありません。

妊娠性肝内胆汁うっ滞症

この疾患はあまり一般的ではありませんが、肝機能に影響をおよぼし、血液中の胆汁酸を増加させます。発疹もないのに重度のかゆみが生じるのが主な症状で、通常は特に手のひらと足の裏が強烈にかゆくなります。たいてい妊娠28週以降に起こります。

原因 妊娠性肝内胆汁うっ滞症の正確な原因は明らかではありませんが、家系に同じ症状に悩まされた女性がいる傾向があること、妊娠中に発症するとその後の妊娠でも発症する場合が多いことから、おそらく遺伝的要因がかかわっています。また、妊娠ホルモンに対して敏感になっていることも胆汁処理の過程に影響をおよぼすので、これも胆汁うっ滞の一因だと考えられています。

対処法 発疹もないのにかゆみがあるときは、医師や助産師が血液検査をおこない、肝機能と胆汁酸をチェックします。異常があれば、妊娠性肝内胆汁うっ滞症が疑われます。医師はウルソデオキシコール酸という薬でかゆみを抑え、肝機能を改善しようとするでしょう。ビタミンKの投与もおこなわれるかもしれません。ビタミンKは血液の凝固に不可欠ですが、肝臓疾患や胆汁の問題を抱えた人にはたいてい不足しているからです。重度の妊娠性肝内胆汁うっ滞症の場合は死産のリスクが高まるので、一般的に妊娠37週ごろに陣痛を誘発します。分娩後出血（p.474参照）のリスクも高まります。

妊娠糖尿病

妊娠してから初めて発症する糖尿病を妊娠糖尿病と呼び、妊婦の7〜9％が発症します。この疾患では、膵臓が十分なインスリンを産生しないため、グルコース（糖）を血液から細胞にとり込んで貯蔵することができず、結果的に血液中のグルコース濃度（血糖値）が高くなります。妊娠糖尿病を発症するのは一般的に妊娠20週から24週あたりです。家系に遅発性の糖尿病を患った人がいる場合や、太りすぎている、過去に何度か出産経験がある、過去に巨大児の出産経験がある、死産を経験している、これまでにも妊娠糖尿病にかかったことがあるといった場合には、リスクが高まります。

原因 胎児からの要求に応え、胎盤で産生されるホルモンがインスリンの働きを妨げるために、インスリンの血中濃度が不十分になります。

対処法 妊娠24週から28週の間に、ブドウ糖負荷試験を受ける機会があるでしょう。危険因子がある場合には、もっと早い段階でこの検査を受けることになるかもしれません。この試験では、絶食後、午前中の空腹時に血液検査をおこなってから検査用の糖水を飲み、2時間後に血糖値をもう一度測定します。妊娠糖尿病と診断された場合、専門のクリニックを紹介され、栄養士、糖尿病専門医、産科医に会うことになるでしょう。そして、自宅で血糖値を測定する方法を教わります。ほとんどの場合、食事療法と運動で糖尿病はコントロールできます。しかし、それでは不十分だとわかれば、妊娠が終わるまでの間インスリン注射が必要になるかもしれません。超音波検査の回数を増やして赤ちゃんの発育具合を確認し、早期の陣痛誘発（p.432参照）がすすめられることもあります。

過去に妊娠糖尿病にかかったことがある場合には、再び妊娠する前に体重を正常範囲内に戻すことが大切です。

羊水の問題

羊水過多症 羊水過多症は、羊水の量が多くなりすぎる状態を指します。症状として、腹部の張り、息切れ、胸やけ、脚のむくみ、便秘があります。羊水過多症は、糖尿病を患っている、双子を妊娠している、感染症にかかっている、赤ちゃんに先天異常があるといった場合に起こりやすくなります。羊水過多症は早産や臍帯脱出のリスクを高めます。そのため、妊娠の経過を注意深く観察することになり、休息をとるよう推奨されるでしょう。重症の場合は、おなかに針を刺して羊水を除去することもあります。

羊水過少症 羊水が少なくなりすぎる原因としては、卵膜が裂けている、胎盤に問題がある、赤ちゃんに異常がある、赤ちゃんの発育に問題がある（p.284〜285参照）などが考えられます。羊水の減少は、妊娠終盤にかけて起こりやすくなります。超音波検査で羊水量が少ないことが確認され、赤ちゃんの発育が懸念される場合には、早期出産がすすめられるかもしれません。

胎盤機能不全

胎盤機能不全とは、胎盤の機能が赤ちゃんの需要を十分に満たせていない状況をあらわす用語です。胎盤機能低下の兆候には、赤ちゃんをとり囲む羊水の減少、赤ちゃんの腹囲、ひいては推定体重の伸び悩み、超音波ドップラー法（p.285参照）で特定される異常があります。

原因 胎盤機能不全は、妊娠高血圧症候群にかかっている人、なんらかの基礎疾患がある人、たばこを吸う人によくみられます。赤ちゃんにダウン症候群などの染色体異常があったり、心臓の欠陥など構造的な先天異常があったりする場合にもよくみられます。

対処法 胎盤機能不全は、赤ちゃんが小さいことに気づいた医師や助産師が、超音波検査を指示して発見されるのが一般的です。赤ちゃんの発育が芳しくない場合は、医師が注意深く経過を観察し、早期出産がすすめられるかもしれません。胎盤の機能がかなり悪い場合には、赤ちゃんが分娩に耐えられない可能性があるので、帝王切開が推奨されるでしょう。

妊娠後期の出血

膣からの出血があれば、すぐに病院でお母さんと赤ちゃんの状態をみてもらうことが大切です。出血の原因が胎盤に問題があるためだとすると、赤ちゃんにとって重大な脅威となりかねません。

原因 妊娠後期の出血でもっとも深刻なものは、前置胎盤（p.212参照）と常位胎盤早期剥離です。前置胎盤とは胎盤が子宮の低い位置に付着している状態で、分娩前出血の5件に1件の原因となっています。出血はたいてい妊娠28週ごろからはじまり、痛みはなく、繰り返し起こることがほとんどで、大量に出血することもあります。

分娩前出血5件のうちもう1件の原因となるのが常位胎盤早期剥離です。これは胎盤が子宮内膜からはがれはじめる現象で、激しい腹痛と出血を起こします。胎盤と子宮壁の間に血液がたまってしまうと、出血がわかりにくいかもしれません。常位胎盤早期剥離を発症すると、胎盤が十分に機能しないため、赤ちゃんにかなりの悪影響をおよぼす恐れがあります。

子宮膣部びらんが出血の原因になることもあります。性交後は特にその可能性が高いでしょう。また、頸管ポリープが原因で出血することもあります。出血の原因がわからないことも少なくありません。

対処法 軽度から中程度の出血で痛みをともなわない場合は、入院して経過を観察することになります。そしてステロイドの投与を受け、赤ちゃんの肺の成熟を促して早期分娩が必要になったときに備えるでしょう。出血が重い、痛みをともなうといった場合や、赤ちゃんに負担がかかっている場合には、緊急帝王切開や輸血をおこなう必要があるかもしれません。

妊娠高血圧症候群

妊娠高血圧症候群（妊娠高血圧腎症）は妊娠によって引き起こされる疾患で、高血圧、尿たんぱく、浮腫（むくみ）に特徴づけられます。頭痛、目のちかちか（閃輝暗点）、腹痛、吐き気などの症状をともなうこともあります。治療せずに放置すると子癇という非常に深刻な疾患につながり、ひきつけや昏睡の原因となることもあります。妊娠高血圧症候群と診断されると、医師は妊娠の経過を慎重に観察し、いつ出産するのがいちばんよいかを判断することになります。初産では、5％ほどの女性が妊娠高血圧症候群を発症します。

原因 妊娠高血圧症候群を発症することが多いのは次のような場合です。多胎妊娠の場合、かなりの若年齢あるいは高齢で妊娠した場合、高血圧や腎臓病を持病としてもっている場合、過去に重度の妊娠高血圧症候群を発症して妊娠32週までに分娩せざるを得なかった経験がある場合、卵子の提供を受けた場合。

対処法 妊娠高血圧症候群の唯一の治療法は赤ちゃんを産むことですが、赤ちゃんには子宮のなかで成熟する時間がまだしばらく必要かもしれません。できるだけ妊娠を長く継続させられるように、お母さんと赤ちゃんの状態を注意深く監視することになるでしょう。お母さんには血圧を下げる薬が処方され、可能な限り休息をとるようにいわれるでしょう。妊娠高血圧症候群は胎盤への血流に影響を与えるため、定期的に超音波検査（p.214〜215参照）と超音波ドップラー法（p.285参照）による検査をおこない、赤ちゃんの発育具合を確認し、胎盤機能不全（p.473参照）の兆候がないか調べます。降圧剤を使っても血圧が非常に高い、尿に流出するたんぱく質が多い、赤ちゃんの状態が懸念されるなど、医師が危機感を抱くことがあれば早急な分娩が推奨され、分娩の誘発（p.432参照）か帝王切開（p.438-439参照）をおこなうことになります。

B群溶血性レンサ球菌（GBS）

およそ20％の女性が、膣内にB群溶血性レンサ球菌（GBS）をもっていますが、これはまったく正常なことで、なんらかの症状を引き起こすことはありません。しかし1000件に1件の割合で破水時に赤ちゃんに感染し、GBS関連の重症疾患を発症することがあります。

対処法 お母さんがGBSのキャリアで、前期破水や赤ちゃんが成熟しきっていないなどの危険因子がある場合には、陣痛がはじまると抗生物質の静脈内投与をおこないます。この点滴でたいてい、さらなる問題が起こるのを防げるでしょう。英国では現在のところ、女性に対してGBSのスクリーニング検査（注→p.481）は標準化されていません。

分娩時に起こる問題

早産

正常な妊娠期間とされるのは妊娠37週から41週の間で、この間に起こる分娩を正期産といいます。妊娠37週以前に生まれた赤ちゃんを早産児（p.431参照）と呼びます。

胎児機能不全

陣痛・分娩時には赤ちゃんの状態を監視し、酸素供給が減って負担がかかっていることを示すサインを見逃さないようにします。胎児機能不全の兆候のひとつが、胎便（赤ちゃんが初めて排便する濃い緑色の便）で混濁した羊水です。これだけでは、必ずしも胎児機能不全とはいえませんが、赤ちゃんの心拍数の減少もみられれば、胎児機能不全のリスクが高まるので、すぐに分娩の準備をします。胎便の濃度が高まると、出生時に赤ちゃんが胎便を吸い込んで呼吸障害や肺感染症を引き起こす危険性があります。赤ちゃんは継続的に監視され、心拍数が減少してくればすぐに娩出となるでしょう。

進行の遅い分娩

分娩第1期に子宮頸管が期待通りには開大しないことがあります。分娩の進行を妨げる要因はさまざまで、赤ちゃんの頭がお母さんの骨盤に対して大きすぎる、陣痛が弱く効果的でない（微弱陣痛）、赤ちゃんが顔をお母さんのおなか側に向けている後方後頭位（p.336参照）などが例としてあげられます。

臍帯脱出

稀に臍帯が赤ちゃんの下にまわり込むことがあります。赤ちゃんが骨盤位（逆子）や横位をとっているときは、そういった状況になる可能性が高まります。このような場合、破水が起こると臍帯が子宮口から滑り出してしまうことがあります。これは産科的緊急事態で、臍帯が圧迫され、赤ちゃんへの酸素供給が制限されたり遮断されたりすることがあります。

対処法 すぐに経膣的な娩出が可能でない限り、緊急帝王切開がおこなわれます。

肩甲難産

頭は娩出されたものの、肩がつかえて赤ちゃんが生まれてこられない状態を指します。赤ちゃんが大きい、またはお母さんが糖尿病を患っているといった場合に起こることが多いようです。

対処法 頭が娩出されているのに体が出てきそうにない場合、助産師は至急、応援を要請するでしょう。お母さんの脚を持ち上げてひざを胸に近づけ、赤ちゃんの肩がはずれやすい状態をつくり、会陰切開（p.426参照）をおこなう場合もあります。それでも赤ちゃんがなかなか出てこないときは、医師や助産師がさまざまな手段を講じて肩をはずせるようにします（p.426参照）。両手両ひざをついた姿勢をとるとよいこともあります。

早期分娩後出血

分娩後24時間以内に500mL以上出血することを、早期分娩後出血と呼びます。子宮の収縮に時間がかかる、胎盤の娩出が不完全である、産道に損傷があるといったことが原因で起こります。胎盤娩出を積極的に管理（p.428参照）すれば、早期分娩後出血は起こりにくくなります。リスクを高める要因としては、巨大児、双子、遅延分娩、分娩前の出血などがあります。

対処法 子宮の収縮を促進する薬を使ったり、胎盤遺残（子宮内に胎盤の破片が残っている状態）などの問題に対処したり、傷を縫合したりすることで、たいてい止血することができます。出血が続く場合は"バルーン"を子宮に挿入するかもしれません。稀にではありますが、手術をおこなっておなかのなかを確認することもあります。

出産後の不安

出産後は、お母さん自身と赤ちゃんについて、日々さまざまな心配ごとが生じるかもしれません（p.441〜463参照）。しかし深刻な問題はほとんどなく、たいていは簡単に治療できることか、赤ちゃんの正常発達やお母さんの正常な回復の過程で起こる問題です。
ここで紹介するのは、お母さん自身や医療関係者がしっかり注意を払う必要がある問題です。

お母さんの問題

乳腺炎

痛みをともなう乳房の炎症で、授乳中の女性に非常によく起こります。乳房が部分的に赤くなる、しこりができる、ヒリヒリするなどの局所症状があり、全体的にはれて熱をもっているように感じられたり、インフルエンザのような症状があらわれたりすることもあります。研究によると、出産を終えて3カ月のうちに10％の女性が乳腺炎を経験するといいますが、産後2年までは発症する可能性があります。

原因 乳腺炎は非感染性の場合も、細菌感染による場合もあります。非感染性の乳腺炎は、乳管が詰まって母乳が乳房組織に滞ることで引き起こされます。詰まった乳管に細菌が入り込むと、感染性の乳腺炎が起こることもあります。治療せずに放置すると感染がひどくなり、激しい痛みをともなう膿瘍に進行する恐れがあります。

対処法 乳管の詰まりを解消しやすくするためにも、授乳を続けることが重要です。赤ちゃんにお乳を飲ませながら、脇の下（腋窩）から乳首に向かって乳房をマッサージしたり、授乳後に搾乳したりするのもよいでしょう。休息と十分な水分をとることも重要です。乳房を冷やしたりアセトアミノフェン（カロナール）のような弱い鎮痛薬を飲んだりすると、痛みがやわらぎます。細菌感染している場合には、抗生物質による治療が必要です。膿瘍ができてしまうと外科的に排出しなければなりません。

膀胱の問題

普通分娩（経腟分娩）のあとは、膀胱をうまくコントロールできないかもしれません。産後は、咳やくしゃみをしたり、笑ったり、動き回ったりすると尿が漏れる腹圧性尿失禁や、急に激しい尿意を感じる切迫性尿失禁に悩まされることがあります。

原因 どちらも骨盤底筋が伸びて弱くなっていることが原因で起こり、妊娠によって体内の水分が増えているため症状に拍車がかかります。膀胱の症状は、産後数日から数週間で骨盤底筋が引き締まってくるにつれて改善するでしょう。

対処法 骨盤底のエクササイズ（p.69参照）をして筋肉を強化し、引き締めるのがおすすめです。それでも症状が改善しなければ、助産師か医師が、エクササイズのしかたは適切か、ほかに症状がないかを確認します。尿が濁っている、排尿時に痛みがある、尿に嫌なにおいがあるなどの症状があれば感染症の可能性があり、抗生物質による治療が必要です。尿流動態検査をおこなう病院に紹介されることもあります。

産後うつ

母親になったばかりの女性の10人にひとりが、産後うつを患います。たいていは出産後4週間から6週間たったころに発症しますが、産後1年間はいつでも発症する可能性があります。治療せずに放置するとなおりにくく、その人の人生に深刻な影響をおよぼしかねません。

情緒面の症状として、不安、イライラ、涙もろくなる、パニック、気分の落ち込みが長引く、無力感、外見に無関心になる、集中力ややる気がなくなる、赤ちゃんとのきずな形成が困難といった特徴がみられます。自己評価が低下したり、罪悪感、拒否感、孤独感を抱いたりすることもあります。身体的な症状としては、不眠、疲労感、頭痛、食欲の低下、性欲の喪失、胃痛、体調不良などがあります。

原因 産後うつのメカニズムは解明されていませんが、発症のリスクを高める要因がいくつかあると考えられています。過去にうつ病を患ったり、精神衛生上の問題を抱えたりした経験がある、トラウマになるような出産体験をした、人間関係の問題を抱えているなどがその要因となるようです。

対処法 軽度の場合は、精神的、実際的なサポートを受けることで十分に改善できることがあります。さらに深刻なケースでは、多くの場合抗うつ剤による治療と、カウンセリングか心理療法を受けることが推奨されます。

産褥精神病

500人にひとりの女性がおかされる深刻な精神病で、出産後2週間ごろから発症します。お母さんは混乱し、日常生活に支障をきたし、自分の容姿や身なりにかまわず、赤ちゃんの世話を忘れることもあります。重度の場合、自殺を考えることも、自分の赤ちゃんを傷つける可能性もあります。

対処法 精神科医による治療が必要で、お母さんは専門的な母子入院病棟（注→p.481）に入院することもあり、退院後も経過を観察する必要があります。

会陰の問題

普通分娩（経腟分娩）の場合、腟と肛門の間にあたる会陰が伸びたために、ヒリヒリ痛むことがあります。縫合が必要になるような会陰裂傷が起こった場合や、会陰切開（p.426参照）をおこなった場合は特に痛みがひどいかもしれません。縫合後に患部が赤くなったりはれたりする、ズキズキ痛むといった場合は、なんらかの感染症の可能性があります。

対処法 縫合後に抗炎症性の座薬を使用すると不快感がやわらぎます。温かいおふろに入るのも癒されるでしょう。お湯にアルニカオイル（注→p.481）を垂らすと炎症を鎮める効果があるという人もいます。排尿時に縫合部に温水をかけるとヒリヒリとした痛みを緩和できます。痛みが軽度から中程度ならアセトアミノフェン（カロナール）を服用するとよいでしょう。イブプロフェンのような抗炎症薬も効果があるかもしれません。冷却用のジェルパッド（保冷剤）を当てるとはれやあざの症状を改善できるかもしれませんし、クッションや空気を入れてふくらませるタイプの円座を使えば楽にすわれます。傷が感染していそうな場合には、抗生物質が処方されます。

晩期分娩後出血

出産後24時間から最大6週間を経て大量の

出血が起こるこの問題は、妊娠の約1％に起こります。その原因としてもっとも多いのが子宮のなかに胎盤の破片が残っている胎盤遺残で、のちに感染症を引き起こす恐れがあります。熱や腹痛、全般的に体調がよくないといった症状をともなうこともあります。感染していれば抗生物質による治療がおこなわれ、子宮内に残っている胎盤組織は麻酔下で除去されます。

赤ちゃんの先天的な疾患

ダウン症候群

もっとも多くみられる染色体異常で、1000人にひとりの新生児が発症します。ダウン症候群の赤ちゃんには、発達の遅れと知的障害があり、心疾患などの先天異常が起こるリスクも高まります。ダウン症候群には典型的な特徴がいろいろあり、出生時の低緊張（筋力がない）、目がつり上がっているなどの特徴的な顔つき、手の猿線（頭脳線と感情線が1本となって手のひらを横切っている）、扁平な後頭部などはその特徴の一部です。

原因　ダウン症候群は、21番目の染色体が1本多いことが原因で発症します。お母さんが高齢になるほど発症の確率は高まりますが、ダウン症候群の赤ちゃんのお母さんは若い女性が多いのも事実です。これは出産件数全体でみると、若いお母さんが出産する割合が多いためです。

対処法　生まれてくる赤ちゃんがダウン症候群と診断されると、中絶を選択するカップルもいます。妊娠を継続するカップルはたいてい、教育の整備が進んだおかげでダウン症の子どもがすばらしい人生を歩める、つまり多くのダウン症児が成長すればある程度自立して人生を楽しめると考えます。ダウン症候群の平均寿命は約60歳です。

内反足

赤ちゃんが生まれたときに片足あるいは両足が内下方向を向いている状態を内反足といいます。

原因　原因はわかっていませんが、赤ちゃんの子宮内での姿勢（脚の位置）が関係するともいわれます。

対処法　手を使って足を正常な位置に戻せる場合は内反位足といい、時間とともに自然治癒します。理学療法が必要になる場合もあり、理学療法士が助言し、経過を観察するでしょう。稀ではありますが内反足と呼ばれるより重度のケースもあり、その場合は足を正常な位置に保持するだけでは矯正できません。この場合は手術をおこなう必要があります。整形外科医が腱を延長し、手術後しばらく、赤ちゃんはギプスと副木の両方またはどちらかをつけることになるでしょう。一般的に手術は成功し、足と足首は正常に機能するようになります。

臼蓋形成不全

股関節は大腿骨の上端が臼蓋（きゅうがい）または寛骨臼（かんこつきゅう）と呼ばれる骨盤のソケットにはまり込むようにして形成されています。1000人にひとりくらいの割合で、そのソケットが浅い、つまり股関節が外れやすい赤ちゃんが生まれます。男の子より、女の子に多くみられます。出産後、助産師か小児科医が股関節を動かしてみて、大腿骨が臼蓋（寛骨臼）にきちんとはまっていることを確認します。股関節の状態に疑問がある場合や状態が悪化するリスクが高い場合は、超音波検査がおこなわれます。

原因　先天性股関節脱臼の家族がいる、胎位が骨盤位（逆子）だった、赤ちゃんが内反足（左記参照）であるという場合には、臼蓋形成不全のリスクが高まります。

対処法　股関節を装具で正しい位置に固定し、臼蓋の適切な発達を促す治療をおこないます。歩行開始まで股関節の問題に気づかなかった場合、赤ちゃんは足をひきずって歩くようになり、おそらく手術が必要になります。

口唇口蓋裂

500人にひとりの赤ちゃんに起こるこの問題では、顔の左右が適切に癒合せず、上唇と口蓋の両方またはどちらかに裂け目が残ります。口唇口蓋裂は左右対称のこともありますが、そうではなく、上唇の片側に裂があり鼻の変形をともなうのがより一般的です。出産前にわかることもありますが、必ずしもそうではないので、最初はショックを受けるでしょう。妊娠中に葉酸をたくさん摂取すると、赤ちゃんの口唇口蓋裂発症リスクが下がることが証明されています。

対処法　口唇裂の専門家に紹介されます。また口唇口蓋裂用の乳首を使用し、赤ちゃんの哺乳を補助することになるでしょう。だいたい生後6カ月ごろに口唇裂を閉じる手術を、生後1歳から2歳前後に口蓋裂を閉じる手術をおこないます。子どもの成長に合わせて、二次形成（修正）手術がおこなわれることがあります。

先天性心疾患

心房、心室の構造や、それらの連絡に異常があると、心臓の機能に影響をおよぼすことがあります。出産前に判明する心疾患もあり、その場合はどこで出産するのが適切か、生まれた赤ちゃんにどんなことが起こるのか説明があるでしょう。

中隔欠損症　左右の心房間の壁や心室間の壁に小さな穴が開いている状態です。心雑音を生じるため出生時にわかる場合もあります。多くの場合、この穴は自然にふさがります。

"青色児"症候群　心臓の連絡に異常があるために重大な問題が引き起こされ、青紫になって生まれてくる赤ちゃんもいます。このような緊急事態が発生すれば、赤ちゃんはできるだけ急いで専門家のいる病院に運ばれ、心臓の手術を受けることになります。

動脈管開存症　胎児には肺動脈と心臓の大動脈を直接つなぐ血管がありますが、出生後すぐにこの管が閉じないと、酸素を豊富に含む血液と、酸素の少ない血液が混ざってしまいます。投薬治療、ときには手術による治療が必要です。

停留精巣（停留睾丸）

男の子の5％前後に起こります。ふたつある精巣の一方だけが下降していないことが多く、たいてい1年くらいで自然に下降します。そうでなければ手術をおこなうことが推奨されます。停留精巣を放置すると精子の産生や生殖能力に影響したり、後年に精巣がんを発症するリスクが高まったりすることがあるからです。

あざ

生まれたときにあるあざはなかなか消えないかもしれませんが、ときがたてば薄くなっていくことが多いものです。

正中部母斑（サーモンパッチ）　白色人種にみられる淡い赤色のあざで2年から5年で消えていきます。

蒙古斑　とりわけアジア系、またはアフリカ・カリブ系にルーツがある赤ちゃんは、腰、お尻などの部位に広範囲にわたる灰色のあざがある場合があり、打撲のあざに似ています。これは蒙古斑と呼ばれ、数年かけて薄れていきます。

単純性血管腫（ポートワイン母斑）　これは皮膚の

浅いところにある毛細血管の形成異常によるあざで、ときとともに消えることはなく、体のどの部位にもできます。顔にできた場合は、専門医を紹介されレーザー治療を受けることになるでしょう。

苺状血管腫 毛細血管が過剰に増殖したものですが、生涯残るわけではなく、一般的に治療の必要はありません。血管腫は苺のようにみえ、不安を感じさせるかもしれませんが、数年のうちに消失します。出産後数日であらわれ、数カ月かけて大きくなっていきます。目や鼻の機能の妨げとなるなど、日常生活に支障をきたす部位にある場合は、専門家に紹介されるでしょう。

誕生後の赤ちゃんの問題

吹き出物や発疹

新生児に吹き出物や発疹はつきもので、すぐに消えてしまうものがほとんどです。なかなか消えないあざ(前ページ参照)のほうが気になるかもしれません。

原因 稗粒腫(はいりゅうしゅ、乳白色斑とも)と呼ばれる小さな白い発疹の原因が皮脂腺の詰まりであるのに対し、新生児痤瘡(しんせいじざそう、新生児にきびとも)の原因は誕生後に体内に残っているお母さんのホルモンです。どちらもいずれ自然治癒します。中毒性紅斑の原因はわかっていませんが、生後1日か2日であらわれ、数日で消えます。中央が黄色っぽく隆起した紅斑ができ、全身をあちこちへと移動します。治療をしなくてもいずれ消えます。炎症を起こしていそうな赤い発疹の中央に膿がたまったものが、脇の下や股間にできることがあります。これは感染性のものである可能性があり、抗生物質による治療が必要になるかもしれません。

体重の増加不良

誕生直後の数日はどの赤ちゃんも体重が減りますが、ほとんどの場合、生後10日目には出生時の体重に戻ります。その後、たいていの赤ちゃんが1日に約30gずつ体重を増やしていきます。母乳で育てられている赤ちゃんは出生体重に戻るまでにやや時間がかかり、一般的に体重増加もゆっくりです。出生体重の10％以上体重が減った、予想通りに体重が増えないといった場合は、医師に相談して原因を特定し、対策を考える必要があります。

原因 なかなか体重が増えないのは、ときとして授乳のしかたに原因があります。例えば、赤ちゃんの位置や吸いつきかたに問題があり、お母さんは授乳が、赤ちゃんは哺乳がなかなかうまくいかないと感じているような場合です。体重の増加不良のもうひとつの原因として、大量の嘔吐(右記参照)が考えられます。

対処法 赤ちゃんに母乳を飲ませている場合は、お母さんが十分に水分とカロリー(通常の摂取基準に1日あたり350kcal追加)を摂取しているかチェックしてください。どちらが足りなくても母乳の産生に影響します。すこやかな母乳育児のためには十分に休息をとることも大切です。母乳育児が軌道に乗るまで、授乳後にミルクを足してあげるように助言されるかもしれません。その具体的な方法と、母乳の産生量を十分に維持するにはどうしたらいいかも教えてもらいましょう。

黄疸

新生児によくある症状で、皮膚が黄色っぽくなります。新生児の黄疸はたいていビリルビンという物質が過剰になることで引き起こされます。ビリルビンは、通常、赤血球が分解されるときに産生される老廃物です。新生児黄疸には、生理的黄疸、病理的黄疸、母乳性黄疸(下記参照)といった種類があります。

生理的黄疸 新生児にもっともよくみられる黄疸で、まず心配ありません。生まれたばかりの赤ちゃんの血液中には、通常より多くの赤血球があります。しかし肝臓が未成熟なため、ビリルビンを処理するスピードが追いつかず、ビリルビンが増えてしまうのです。このタイプの黄疸は、たいてい自然治癒します。しかし、血中のビリルビン濃度が高くなりすぎると脳の一部にダメージを与えることがあるので、これを避けるために光線療法による治療がおこなわれます。早く生まれた赤ちゃんほど、あるいは赤ちゃんが未熟であるほど、低いビリルビン値でも治療をおこなうことになります。ビリルビン値が十分に下がるまで治療は続けられ、一般的に治療をやめてから最低12時間は赤ちゃんを入院させ、値がまた上昇しないことを確認します。黄疸の治療がもっとも必要とされるのは、生後3日から4日目です。

病理的黄疸 これはより深刻な黄疸で、赤血球が急激に破壊されることで起こり、たいていはお母さんと赤ちゃんの血液型不適合が原因です。新生児病棟での緊急治療が必要です。

母乳性黄疸 黄疸がなかなか消えない原因としてもっとも一般的なのは、母乳です。母乳に含まれるホルモンが、赤ちゃんの肝臓のビリルビン処理能力に影響していると考えられています。治療の必要はなく、赤ちゃんに害はありません。

黄疸が生後2週間を過ぎても続き、母乳性の黄疸ではなさそうだということになると、原因を調べ、稀にある肝疾患などではないことを確認しなければなりません。肝臓の問題がみつかれば、生後6週間を経る前に、専門家による治療が必要になります。

嘔吐

誕生後の数週間は、どの赤ちゃんもある程度吐きます。しかし、赤ちゃんの嘔吐がいつまでも続く、大量に嘔吐するといった場合や、赤ちゃんの体重増加が十分でない場合、お母さんが心配している場合には、医師に連絡しましょう。深刻な嘔吐の原因は、胃食道逆流症や幽門狭窄症といった問題など、いくつかの原因が考えられます。

嘔吐以外の症状をともなう場合は、病気を特定できる可能性があるので、調べる必要があります。赤ちゃんに元気がなく、ぐったりしているなら、なんらかの感染症の可能性があります。赤ちゃんのおなかがふくらんでいるなら、腸閉塞の可能性があります。嘔吐物が鮮やかな黄色や緑色なら、腸捻転かもしれません。そして、下痢をともなう場合は胃腸炎でしょう。

胃食道逆流症

赤ちゃんがかなりつらく苦しそうで、背中を反らしてむずかる、授乳をいやがる、毎回の授乳後に大量に吐くといった場合には、胃食道逆流症を患っている可能性があります。この疾患は食道最下部と胃上部の間にある弁が未発達なために起こり、胃の内容物が食道に戻ってしまいます。胃酸が食道の下端に炎症を起こすこともあり、逆流症が重度の場合には、赤ちゃんの食欲がなくなることもあります。

対処法 赤ちゃんが嘔吐するけれど問題なく体重が増加し、痛みもなさそうだという軽度の胃食道逆流症の場合は、一般的に治療の必要はありません。より重度な場合は、治療が必要です。たいていはミルクにとろみをつける薬、胃酸の分泌を抑える薬、嘔吐を抑える薬を使用します。人工ミルクで育てられている赤ちゃんが軽度の胃食道逆流症を患っているなら、薬局で逆流防止用の増粘ミルクを購入するのもよいでしょう。

用語集

■ 英字

CVS "絨毛採取"参照。

EDD 出産予定日。

Rh因子 赤血球のタイプを区別する際の指標となる特徴です。人間の血液型は例外なくRh＋かRh－のどちらかです。お母さんがRh－で、赤ちゃんがRh＋の場合、Rh血液型不適合が起こり、抗体によって赤血球が破壊されることがあります。ただし、抗D人免疫グロブリンをお母さんに投与することで予防できます。

TENS（経皮的電気神経刺激）装置 鎮痛方法のひとつです。電気的刺激を利用して、痛みの信号が脳に伝えられるのを遮断します。

■ ア行

アクティブバース 上体を起こした姿勢をとったり、動き回ったりする分娩法です。

アプガースコア（アプガー指数） 誕生後1分、5分の時点で赤ちゃんの健康状態を見極める一般的な検査で、心拍数、筋緊張、呼吸、皮膚の色（血色）、刺激に対する反射を評価します。

アルファフェトプロテイン（AFP） 妊娠初期には赤ちゃんに栄養を提供する卵黄嚢で、そして卵黄嚢が役割を終えたあとは赤ちゃんの肝臓で産生される物質です。妊娠中に母体の血流に入り込みます。

一卵性 "双生児（双子）"参照。

一卵性双生児 "双生児（双子）"参照。

会陰 膣をとり囲むやわらかい組織の部分と、膣と肛門の間の部分。

会陰切開 膣口を広げるために会陰に入れる切開です。

エストロゲン 卵巣で産生されるホルモンで、妊娠中は胎盤で産生されます。

黄体 排卵後の卵胞が変化してできる組織。黄体はプロゲステロン（黄体ホルモン）を産生し、それが胎盤の形成を促します。黄体が活発に活動するのは妊娠してから14週間です。

おしるし 陣痛開始前にみられる血液混じりのおりもののことで、子宮頸管が開大しはじめたことが原因で起こります。近いうちに陣痛がはじまるというしるしです。

オピオイド（医療用麻薬） 鎮痛薬です。使用すると、眠くなったり、意識がもうろうとしたりします。

悪露（おろ） 出産後に膣から排出される分泌物のことです。

■ カ行

外回転術（ECV） お母さんのおなかの上から赤ちゃんを圧迫して頭位（頭が下を向く体位）になるよう回転させます。妊娠の終盤になっても赤ちゃんが骨盤位（逆子）や横位をとっている場合に、産科医がおこなうことがあります。

カテーテル 体の特定の部位から体液を抜いたり、液体を注入したりするために、もともと体に備わっている血管や尿道などの管から体内に挿入されるプラスチックの細いチューブです。手術後、膀胱から尿を排出したり、静脈内に一定量の液体を注入し続けたり、硬膜外腔に麻酔薬を注入したりするのに使われることがあります。

カンガルーケア 赤ちゃんとお母さんかお父さんが、ある程度の時間、肌と肌を触れ合わせることで、赤ちゃんにぬくもりと刺激を与え、お母さんのお乳を飲むように促そうというテクニックで、とりわけ早産児や未熟児のケアとしてとり入れられています。

肝斑 皮膚の着色のことで、ところどころに茶色っぽいしみがあらわれます。顔にあらわれることも少なくありません。

極期（移行期） 分娩第1期から分娩第2期へ移行する段階で、子宮口（子宮頸管）が7～10cm開大した状態です。

抗D人免疫グロブリン 血液型がRh－のお母さんの血液中にRh＋の胎児の赤血球が入り込んだ可能性がある場合に、お母さんにRh＋の抗体ができないように注射する製剤です。

後方後頭位 子宮内の赤ちゃんの体位のひとつで、赤ちゃんの後頭部がお母さんの背中側を向いている状態を指します。

骨盤位（逆子） 子宮内の赤ちゃんが頭ではなくお尻を下に向けている体位です。

骨盤底 骨盤内にある弾力性のある筋肉構造で、膀胱と子宮を支えています。また、赤ちゃんは分娩中に骨盤底を通って下降してきます。

■ サ行

細胞核 ひとつの細胞の中心部、または中核の、遺伝情報が含まれる部分のことです。

子宮頸管の開大 陣痛中に子宮の収縮によって子宮頸管が徐々に開いていくことをあらわします。

試験分娩 帝王切開が必要になりそうでも、経膣分娩が可能かどうかを判断するために分娩を進める方法です。

死産 妊娠12週以降に死亡した赤ちゃんが娩出されることを指します。

児頭骨盤不均衡 赤ちゃんの頭がお母さんの骨盤内の空間より大きい状態を指します。そのため、赤ちゃんの娩出は帝王切開によっておこなう必要があります。

縦位 胎位（子宮内での赤ちゃんの体位）のなかで、赤ちゃんの背骨とお母さんの背骨が平行になるものを指します。

周産期 妊娠22週から産後1週間の期間を指します。

絨毛採取 遺伝的疾患のスクリーニング検査のひとつです。胎芽を包んでいる膜のうち外側に位置する絨毛膜の小さな突起部（絨毛）の組織を採取し、分析します。絨毛はのちに胎盤を形成します。

絨毛膜 赤ちゃんと胎盤を包む羊膜の外側をおう膜組織です。

静脈注射 静脈内にする注射です。

静脈内点滴 細いカテーテルを静脈内に挿入し、液体を血流内に直接注入する方法です。

触診 お母さんのおなかの上から赤ちゃんの体の部位に触れることです。

初乳 たんぱく質を豊富に含む母乳に似た液体で、妊娠の終盤に乳房で産生・分泌されます。これは出産後数日のうちに、徐々に母乳に変わっていきます。

初妊婦 初めて妊娠した女性のことです。

人工破膜 赤ちゃんを包む卵膜をコッヘルなどの小器具で破膜します。多くの場合、陣痛を誘発、あるいは促進するためにおこなわれます。

陣痛の誘発 人工的に陣痛を開始、継続させるプロセスのことです。

正中線（黒線） 人によっては妊娠中におなかの中央の皮膚にあらわれる、黒っぽい縦線のことです。

毳毛（ぜいもう） 胎児の体に生える、細かくやわらかい産毛のことです。

前駆陣痛（偽陣痛） 妊娠陣痛のなかでもかなり強烈で規則的に起こり、分娩第1期の陣痛と勘違いされるほどのものです。

染色体 遺伝子を内包する棒状の構造で、ひとつひとつの細胞核のなかに対になって存在します。人間の細胞にはそれぞれ23対の染色体があります。

先進部 陣痛がはじまる前および陣痛が発来してから、子宮頸部にもっとも近い赤ちゃんの体の部位を指す用語です。

前方後頭位 子宮内の赤ちゃんの体位のひとつで、赤ちゃんの後頭部がお母さんのおなか側に向いている状態を指します。

早産児 妊娠37週未満で生まれた赤ちゃんをこう呼びます。

桑実胚 受精卵の発育段階のひとつで、受精後3〜4日後、16〜32個程度の細胞数になったものをこう呼びます。

双生児（双子） 子宮内で同時に発育するふたりの赤ちゃんのことです。ふたつの卵子がそれぞれ受精に至ると二卵性双生児になります。ひとつの受精卵がのちに分割して一卵性双生児になる場合もあります。

■ タ行

第1胎向／第2胎向 子宮内での赤ちゃんの位置をあらわす用語で、頭位、骨盤位にかかわらず、横を向いていて背中が左側にあるときを第1胎向、右側にあるときを第2胎向といいます。

胎位 子宮内での赤ちゃんの縦軸と子宮の縦軸の位置関係を指します。軸が平行な場合を縦位、軸が交わる場合を横位、斜位と呼びます。

胎芽 受精後およそ10日目から妊娠10週未満の赤ちゃんは胎芽と呼ばれ、それ以降は胎児と呼ばれます。

体外受精（IVF） 生殖補助のひとつの方法です。受精は子宮の外で起こり、複数の胚（受精卵）が子宮内に移植されます。

胎脂 子宮内の赤ちゃんの肌をおおっていて、保温の役割などがある白い脂質です。

胎児 子宮内で発育中の赤ちゃんのうち、妊娠10週から誕生までの赤ちゃんを指します。

胎児機能不全 さまざまな原因で、赤ちゃんへの酸素供給が不足している状態を指します。

胎児心拍陣痛図（CTG） 分娩中にお母さんの陣痛の進行と赤ちゃんの心拍数を測定するために使われる電子監視装置です。

胎便 誕生前に赤ちゃんの腸にたまる最初の便です。誕生後、数日のうちに排泄されるでしょう。娩出前に羊水が胎便で混濁しているのは、赤ちゃんにかなりの負担がかかっているしるしとみなされます。

探索反射 原始反射のひとつで、赤ちゃんが頬や口に触れるもののほうに顔を向け、口を開けてお母さんの乳首を探す動作を指します。

着床 受精卵が子宮の内膜に潜り込むことです。

超音波断層法 高周波の音波を跳ね返らせることで、ものの像を映し出す方法です。超音波断層法は妊娠中に子宮内の赤ちゃんの発育状態を知るために使われます。

低出生体重児 出生時の体重が2.5kg以下の赤ちゃんのことです。

点滴 "静脈内点滴"参照。

頭位（頭頂位） 子宮内で頭を下に向けている、もっとも一般的な赤ちゃんの体位です。

ドゥーラ 分娩時に身体的にも心理的にもお母さんをサポートする女性のことです。

ドップラー（超音波心音計） 超音波を使って赤ちゃんの心音をきく方法です。

■ ナ行

乳腺炎 母乳が乳腺にたまりすぎて、詰まってしまう状態。授乳間隔が長すぎる、赤ちゃんがうまくお乳に吸いついていないといった場合に、痛みをともなう乳腺炎を発症することがあります。赤ちゃんにお乳を飲ませたり、飲み残しを搾乳したりすると楽になるでしょう。

乳輪 乳頭（乳首）のまわりにある皮膚の色の濃い部分です。

二卵性 "双生児（双子）"参照。

妊娠陣痛（ブラックストン・ヒックス収縮） 本番の陣痛に備えるための練習のような子宮収縮で、妊娠中どの段階でも起こりますが、妊娠の終盤になるまでは気づかないこともあるでしょう。

脳波検査（EEG） 頭皮に電極をつけ、脳の電気的活動を記録する検査です。

■ ハ行

肺サーファクタント 肺胞の表面張力を軽減し、肺の収縮時にも常に肺胞が開いている状態を維持する表面活性物質です。早産児や未熟児は、サーファクタントが十分に分泌されるようになっていないと、呼吸の問題を引き起こすことがあります。

胚盤胞 受精後、初期の発育段階にある胞胚で、分裂を繰り返して約100個の細胞になった状態です。

発露 赤ちゃんの頭が膣口からあらわれ、陣痛がおさまっても後退しなくなった状態をいいます。

ヒト絨毛性ゴナドトロピン（hCG） 月経予定日の約6日後から、初期の胎盤によって血流へと放出されるホルモンです。このホルモンが尿から検出されると、妊娠していることを意味します。

ヒプノバーシング 分娩中に深いリラックス状態を得るために、イメージ法と呼吸法を使う自己催眠の一種です。

ビリルビン 赤血球に含まれるヘモグロビンが分解されてできる物質で、通常は肝臓で処理されて無害になります。新生児は、このビリルビンの濃度が高すぎて肝臓で処理しきれないことがあります（新生児黄疸）。

浮腫 体液貯留が原因で、体の組織が膨張している状態です。

プロゲステロン 黄体で産生されるホルモンです。のちには胎盤でつくられるようになります。

プロスタグランジン 陣痛の開始を促す生理活性物質です。子宮頸管をやわらかくし、陣痛を誘発するために、プロスタグランジンの膣ジェルが使われることもあります（注：日本では未認可）。

ホルモン さまざまな臓器がそれぞれ特定の働きをするように刺激する、血液中の化学伝達物質です。

■ ヤ行

羊水 子宮のなかで赤ちゃんをとり囲んでいる液体です。妊娠の後半になると超音波検査をおこない、羊水が十分あるか確認するでしょう。

羊水穿刺 妊娠中の女性の腹部に針を刺して少量の羊水を抽出する方法です。通常は、赤ちゃんの異常を確認する検査としておこなわれます。

羊膜 赤ちゃんと羊水を包む薄い膜のことで、羊膜嚢としても知られます。

本文内容に関する注

本文中におさまりきらなかった日本の事情や補足注について、以下にまとめました。

p.27　コラム「よくある心配ごと」：「〜マニキュアを落とす必要はありません〜」
日本では病院により異なりますが、マニキュアを落とすようにいわれることが多いでしょう。

p.27　コラム「安全なものとそうでないもの」：「ボトックス」
ボトックスとは、ボツリヌス菌の毒素からつくられる薬です。筋肉のけいれんを緩和する効果があるほか、しわ取りなど、美容整形に用いられることがあります。

p.46　コラム「避妊をやめる」
日本ではインプラントと注射法は未認可であり、使用できません。

p.99　本文：体重増加の基準に関する記述
本文の数字は英国での体重増加の基準を示していますが、日本では以下の通りになります。
・妊娠中の推奨体重増加は 7〜12 kg
・妊娠前 BMI が低体重に分類される人は 9〜12 kg 増やすことを推奨
・妊娠前 BMI が 25 以上の肥満に該当する人は、個別対応にはなるが、5〜7 kg 程度でよいと考えられる
・双子の場合の基準は日本にはありません

p.116　コラム「自宅出産：それぞれの立場から」：「〜自宅出産は可能でしょうか？〜」
自宅出産は主に助産所の助産師が担当します。ただし、現在、自宅出産を取り扱う助産所、助産師は少なく、病院との連携が十分でない場合もあるので、日本では一般的ではありません。

p.118　リード：「〜赤ちゃんが"胎芽"と呼ばれる最後の週〜」
妊娠 8 週未満を胎芽、妊娠 8 週から胎児と呼ぶ場合もあります。

p.122　本文：「〜鉄を豊富に含む食品をとるように〜」
日本では貧血の程度によりますが、軽度では食事とサプリメントをとるようにいわれます。鉄剤の処方、妊娠後半になると鉄分の注射をすることも一般的です。

p.126　コラム「ご存じですか」：「〜染色体異常を特定する非侵襲性検査〜」
赤ちゃんの特定の染色体の数の変化（13 トリソミー、18 トリソミー、ダウン症候群（21 トリソミー））について調べられる母体血胎児染色体検査は、日本でもすでに実施されています（p.142 参照）。

p.130　コラム「ドクターへの質問」：「〜抗ヒスタミン薬の妊娠への影響〜」
抗アレルギー剤は妊娠への影響は少ないと考えられており、日本では花粉症などのアレルギー疾患には、妊婦にも抗ヒスタミン薬や漢方などが処方されることが多いでしょう。

p.131　コラム「トピック──安全」：「〜旅行保険〜」
日本で妊婦に対応している海外旅行保険は AIU があり（2017 年 5 月時点）、妊娠 22 週未満が対象となります。

p.133　本文：「〜無料で歯科治療〜」
日本では乳幼児費助成がある期間であれば、全額免除の自治体は歯科の保険治療が無料となります。ただし、一部免除の場合もあります。対象年齢は出生から就学前までとする自治体が一般的です。

p.133　コラム「ドクターへの質問」：「〜腟カンジダ症〜」
腟カンジダ症は、抵抗力が低下する妊娠中によく見られます。日本では病院で診断のうえ治療します。

p.138　リード：「〜出産予定日〜」
出産予定日とは、最終月経か超音波検査により決まった本日の週数から数えて 40 週 0 日になる日のことです。実際に出産となる予定の日ではありません。

p.140　コラム「考えてみましょう」：「〜雇用主に伝えます〜」
妊娠 6〜12 週は一般につわりできつい時期なので、仕事の配慮をしてもらう観点からも、少なくとも上司には早めに妊娠を伝えることも推奨されます。

p.140　コラム「考えてみましょう」：「産前産後の休業〜」
日本では労働基準法により、出産予定日の 6 週間前（双子以上の場合は 14 週間前）から請求すれば産前休暇を取得できます。ただし、本人の希望があれば、産前休暇を申請せずに出産前日まで仕事をすることも可能です。なお、出産の翌日から 8 週間は産後休暇として就業することができません。ただし、産後 6 週間を経過後に本人が請求し、医師が認めた場合は就業することができます。

p.141　コラム「トピック──双子」：「〜推奨される体重増加〜」
日本では、多胎妊娠での体重増加の基準はありませんが、単体妊娠でも欧米と比較すると少なめに設定されています。

p.142　本文：「〜トリソミー〜」
染色体は通常 2 本（1 対）ずつありますが、いずれかの染色体が 1 本多く 3 本ある染色体異常をトリソミーといいます。

p.142　見出し：「コンバインド検査」
日本ではまだ一般的でなく、実施しているクリニックは限られています。

p.142　見出し：「母体血胎児染色体検査」
日本では、NIPT（無侵襲的出生前遺伝学的検査）として、①染色体疾患（13 トリソミー、18 トリソミー、21 トリソミー）に罹患した児を妊娠、分娩した既往がある場合、②出産時 35 歳以上、③胎児が染色体疾患（13 トリソミー、18 トリソミー、21 トリソミー）に罹患している可能性の上昇を指摘された妊婦を対象に、全国 78 施設（2016 年 12 月時点）で実施しています。

p.144　コラム「トピック──安全」：「〜超音波検査はむやみやたらとおこなうものではありません〜」
超音波検査の胎児への影響が証明されていないこと、検査費が比較的安価なこと、妊婦と家族の希望が多いことなどから、日本ではほぼ毎回の健診で超音波検査を受けることも多いでしょう。

p.153　コラム「リスクとメリット」：「CVS と羊水穿刺〜」
日本では羊水穿刺と比べ、CVS（絨毛採取）を施行している施設は多くありません。

p.181　コラム「考えてみましょう」：「〜アクティブバース〜」
できるだけ医療に頼らず自然に産もうと妊婦さんが積極的に出産にとり組むことです。分娩台での出産でなく自由な体位で産むフリースタイル出産などがあります。

p.181　コラム「考えてみましょう」：「〜水中出産用のプール〜」
日本では水中出産を扱う施設は限られています。

p.221　本文：「一卵性双胎の場合〜」
一卵性でも胎盤を共有している一絨毛膜性双胎では、健診の回数が頻繁になります。

p.226　本文：「この段階で卵巣には卵胞が 600 万個あり〜」
その後、生理が始まる思春期には約 30 万個、30 代で約 5 万個、40 代で約 1 万個、50 代で閉経するのが一般的です。

p.231　コラム「トピック──双子」：「〜双子を妊娠している人はすぐに名前を〜」
日本でも 2 人はペアとして以前は関連した名前をつけるのが一般的でしたが（桃、桜や右京、左京など）、今は別の個性としてあえて関連のない名前をつける場合も増えています。

p.233　本文：「〜超音波検査を受けることになるでしょう〜」
海外では一般に日本に比べ超音波検査の頻度が少なく、英国では特に異常がない場合、妊娠期間中で 4〜5 回くらいになります。

p.237　コラム「トピック──双子」：「〜妊娠 29 週あたりから休業に入ります〜」
日本では、通常の妊娠だと産前 6 週の妊娠 34 週から

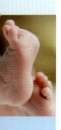

産前休暇となりますが、双子以上の場合は妊娠26週からの休業が可能になります。

p.239　コラム「ご存じですか」：「〜40歳以上の受胎率〜」
日本では、40歳以上の出産率は晩婚化と不妊治療の普及により2005〜2010年の間に急速に増加し、1980年には1000人中1人だったのに対し、2010年には1000人中12人となっています。

p.245　本文：「〜妊娠の重要な節目となります〜」
日本では妊娠22週未満の出産を流産、妊娠22週0日〜妊娠36週6日までの出産を早産とよびます。つまり、妊娠22週0日からは生育する可能性があるとみなされ、治療を受ける対象となります。

p.245　コラム「新生児集中治療室（NICU）」
日本では新生児治療室（SCBU、NNU）と新生児集中治療室（NICU）の区別はなく、新生児集中治療室（NICU）で統一されています。

p.255　リード：「英国では、この週には法的義務により〜」
日本には妊娠25週になったら伝えなければといけないという法的義務はありません。

p.271　コラム「病院を見学する」：「水中出産用のプール〜」「〜TENS（経皮的電気神経刺激）装置〜」
水中出産、TENS（経皮的電気神経刺激）装置を提供している病院は、日本ではほとんどありません。

p.275　コラム「雑学」：「ヒプノバーシング」
日本では一般に普及はしていません。

p.284　リード：「英国において助産師は〜」
日本では妊娠健診は産婦人科医が担当するのが一般的ですが、欧米では助産師やかかりつけ医の役割が大きく、異常がある場合に産婦人科医か診察医が診察します。

p.284　本文：「〜唯一の方法は、超音波検査です〜」
日本では健診で毎回超音波検査をすることも多いですが、欧米ではコストの問題もあり、妊娠中3〜5回くらいが一般的です。

p.302　本文：「〜助産所について調べてみたくなったりするかもしれません〜」
日本では助産所、自宅での出産は約1％です。

p.302　本文：「〜地域の病院を見学し〜」
欧米では健診を受けるクリニックと出産場所は違うことが多いため、妊娠後期に病院見学に行くことが一般的です。

p.305　本文：「〜骨盤と赤ちゃんの頭を正確に測ることになるでしょう〜」
日本では骨盤のMRI検査は一般的ではありません。

p.305　コラム「助産師への質問」：「〜経膣分娩（普通分娩）が可能で〜」
双子でも経膣分娩は可能ですが、日本では安全のため、ほとんどの施設では赤ちゃんの位置にかかわらず帝王切開での出産となるでしょう。

p.307　写真キャプション：「自宅出産を計画しているなら〜」
日本では自宅出産のサポートは十分ではありません。

p.312　コラム「双子」：タイトル「子宮内でのふたりの位置関係」
ふたりのうち、頭の位置が下にあるほうが「ひとり目」になります。また、日本では双胎の場合、ふたりの位置にかかわらず、最近では帝王切開となることが多いでしょう。

p.314　リード：「〜助産所での出産〜」
現在、日本での助産所および自宅での出産は、あわせても全体の1％です。

p.324　コラム「トピック──赤ちゃん」：「〜トラウベ〜」
トラウベは赤ちゃんの心拍をきくための筒型でラッパ型の道具です。日本では助産所で使用されることはありますが、病院ではあまり使われていません。

p.335　本文：「〜帝王切開をすすめられることがあります〜」
日本では双胎の場合、ふたりの位置にかかわらず帝王切開となることが多いでしょう。

p.387　コラム「助産師への質問」：「〜別の病院に受け入れてもらえます〜」
日本では満床のため、一時的に病室以外の場所で待機することはありますが、別の病院に移ることはまずありません。

p.401　コラム「出産体験記」：本文「〜カロナール〜」
赤ちゃんには影響が少ない鎮痛薬ですが、日本では医師の指示なしに鎮痛薬を使うのはリスクもあり一般的ではありません。

p.442　本文：「〜ビタミンKシロップ〜」
日本ではビタミンK（K2）シロップ1mL（2mg）を出生時（数回の哺乳確立後）、産科退院時、1カ月健診時の合計3回、経口投与するのが標準的です。

p.444　見出し：「退院」
その日のうちに退院することは日本では考えられませんが、欧米では医療費、保険などの関係から、正常分娩ではその日に退院することが一般的です。

p.446　本文：「父親には〜育児休暇を取得する権利があります〜」
日本での父親の育児休暇取得率は低いですが、最長1年まで取得できます。

p.454　「今日の赤ちゃん」：「〜ビタミンK〜」
p.442 本文：「〜ビタミンKシロップ〜」注参照。

p.454　コラム「ガスリー検査」：「〜対象となる疾患〜」
日本での対象となるのは、これまではフェニールケトン尿症、ガラクトース血症、メープルシロップ尿症、ホモシスチン尿症、先天性副腎過形成症、先天性甲状腺機能低下症（クレチン症）の6疾患でしたが、平成26年度からはタンデムマス法という新しい検査を導入し、赤ちゃんの負担を増やすことなく20種類程度の病気を追加検査することができるようになりました。

p.455　コラム「ご存じですか」：「〜出生届〜」
日本の出生届は、出生の日から14日以内に、子の出生地・本籍地、または届出人の所在地の役所に提出します。

p.457　本文：「〜もう一度、出産後健診をおこないます〜」
欧米では経膣分娩後は当日か翌日に退院となることが一般的なので、助産師の訪問が日本より多くあります。

p.461　本文：「〜担当の助産師が最後の健診をおこないます〜」
ここで紹介されているのは英国のケースです。日本では、1カ月までは通常、出産した産科での対応となります。ただし母子保健法により、希望者は出産後28日以内に、助産師か保健師による自宅への新生児訪問が受けられます。

p.462　本文：「〜子宮頸がんの検査〜」
日本ではたいてい妊娠中に子宮頸がんの検査を施行しています。

p.462　本文：「〜"膀胱訓練"〜」
計画的に尿をがまんして、膀胱にたまる尿の量を少しずつ増やし、排尿回数を減らす方法です。

p.463　コラム「Q＆A」：「〜黄体ホルモン100％のピル〜」
ミニピルと呼ばれる黄体ホルモンだけが含まれるピルは、日本では未認可です。使用の場合は治療用の黄体ホルモンを代用しますが、一般的ではありません。日本での避妊用ピルは、黄体ホルモンのほか母乳分泌に影響する卵胞ホルモンも含まれているので、通常は産後6カ月以降に処方されます。

p.469　本文：「〜理学療法士に依頼して〜」
日本では理学療法士に処方権はないので一般的ではありません。

p.474　本文：「〜GBSのスクリーニング検査〜」
日本の病院では妊娠33〜36週に膣内のGBS有無を検査し、陽性の場合は、分娩開始後に抗生物質を予防的に点滴投与します。

p.475　本文：「〜母子入院病棟〜」
日本では子どもと一緒に入院できる精神科の母子入院病棟は限られています。

p.475　本文：「〜アルニカオイル〜」
アルニカは古くから薬用植物として用いられてきた、ヨーロッパ原産のキク科植物です。

本文内容に関する注

索引

数字・英字

- 13トリソミー ... 142, 152
- 18トリソミー ... 142, 152
- 2D超音波検査 ... 240
- 3D超音波検査 ... 178, 282
- 40歳以上の受胎率 ... 239
- 4D超音波検査 ... 240, 256
- 50g糖負荷試験 ... 275
- 75g糖負荷試験 ... 275
- AFI ... 232
- AFP ... 120, 143, 151, 152
- AIH ... 51
- AMH ... 41
- AML ... 348
- APL ... 349
- BMI ... 17, 40, 66, 68, 99, 122, 195
- BP ... 232
- BPD ... 132
- BPS ... 285
- B型肝炎 ... 123
- B群溶血性レンサ球菌 ... 341, 474
- CPD ... 417
- CRH ... 410
- CRL ... 132, 139
- CSE ... 406
- CTG ... 285, 381, 393, 418, 435
- CVS ... 152, 211
- C型肝炎 ... 123
- DBP ... 191
- DIY ... 25, 105
- DNA ... 41, 44, 142, 207, 266
- DVT ... 29, 44, 131, 186, 467
- D抗原 ... 127
- ECV ... 323, 364, 433
- EDD ... 74
- EFW ... 232
- FSH ... 38, 47
- GBS ... 341, 474
- GCU ... 452
- GI値 ... 17
- Hb ... 232
- hCG ... 56, 63, 71, 81, 111, 142, 151, 472
- HIV ... 39, 123, 419
- ICSI ... 51
- IUD ... 46, 73, 472
- IUGR ... 255
- IUS ... 46, 73
- IVF ... 37, 51, 57, 59
- LH ... 38, 43, 47, 49, 50
- LHサージ ... 49, 50, 56
- MA ... 349
- Midwife ... 129
- MRI ... 347, 354, 386, 391
- MRSA ... 389
- NCT ... 199
- NHS ... 102, 122, 129, 133, 199, 310, 349
- NICE ... 175, 357, 380, 398
- NICU ... 103, 199, 245, 271, 277, 350, 357, 381, 431, 434, 452
- NNU ... 245
- np ... 232
- NT（後頸部浮腫）スキャン ... 120, 132, 143
- OML ... 348
- PAPP-A ... 142
- PCA装置 ... 403
- PGP ... 470
- PI ... 232
- PL ... 349
- PMS ... 38, 69
- PMT ... 69, 101
- Rh- ... 123, 127, 286, 316
- Rh+ ... 123, 127, 286, 316
- RLS ... 292, 470
- SCBU ... 245
- SIDS ... 24, 444
- SMP ... 255, 291, 337, 348
- TENS ... 271, 399
- TTTS ... 130, 434
- Tシャツ ... 151, 325
- X染色体 ... 53, 54
- Y染色体 ... 53, 54, 171, 200

ア行

- アイソトニック飲料 ... 380
- 亜鉛 ... 16, 44, 121, 164
- 赤ちゃんが泣く理由 ... 454
- 赤ちゃんとのお出かけ ... 447
- 赤ちゃんの下降 ... 425
- 赤ちゃんの感覚 ... 459
- 赤ちゃんの記録 ... 461
- 赤ちゃんの健診 ... 463
- 赤ちゃんの生活リズム ... 461
- 赤ちゃんの世話 ... 273, 458
- 赤ちゃんの便 ... 455
- 悪態 ... 378
- アクティブバース ... 302, 319, 333
- あくび ... 254, 256, 282, 309
- あざ ... 476
- 脚 ... 150, 184, 236, 308
- アシクロビル ... 22
- 足のつり ... 246

項目	ページ
足の不快感	257
アスピリン	23, 180
汗	248, 270, 283
アセトアミノフェン	22, 23, 116, 155, 401, 406, 466, 470, 475
頭	118, 136, 254, 352, 368
暑がり	248
アップライトロウ	196
アドバイス	167
アドレナリン	266
アパート	115
アプガースコア	428
アボリジニー	193
甘いもの	144
アミノ酸	113, 126, 166, 172, 177, 191, 266, 292
編み物	238
歩き方	249
アルコール	24, 39, 64, 75, 95, 109, 159, 195, 292
アルファフェトプロテイン	120, 143, 151, 152
アレルギー	21, 23, 27, 60, 104, 107, 131, 165, 169, 171, 207, 232, 391, 404, 448, 455, 460
アロマテラピー	163, 401
安産型	305
安静	233, 356
アンダーヘア	370
アンドロゲン	266
家に招く	241
息切れ	106, 145, 241, 306
いきみ	379, 425
育児休業	237, 259, 267, 349
胃酸	391
意識が遠のく	468
異食症	109, 121
胃食道逆流症	477
異所性妊娠	93, 472
一次骨化中心	114
胃腸炎	468
一羊膜性双胎	434
一卵性双生児	51, 54, 59, 130, 266, 294, 312, 320, 434
遺伝	54
遺伝子	54
遺伝的因子	294
胃のむかつき	467
いびき	165
イブプロフェン	23, 406, 475
イメージトレーニング	331, 354
医療介入	415, 432
医療関係者	369
飲酒	24, 39, 95, 194, 455
インスリン	20, 66, 72, 146, 156, 194, 320, 343, 473
インスリン注射	20, 343, 473
インターバルトレーニング	106, 196
咽頭弓	78
陰嚢	171, 226, 272, 276, 463
陰嚢水腫	276
陰部神経ブロック	406
インプラント	46, 73
インフルエンザ	22, 56, 243
陰毛	370
ウエスト調節ベルト	179
上の子ども	223, 314, 357, 373, 450
ウェラン法	45
ウォーキング	29, 40, 64, 77, 90, 111, 209, 229, 233, 246, 329, 350, 393, 451, 470
ウォームアップ	90, 196
うつ病	21, 261, 475
腕	150, 168, 184
産毛	210, 241, 360
産み分け	45
運動	18, 95, 96, 106, 125, 135, 157, 161, 196, 227, 238, 246, 282, 306, 313, 356, 363
運動神経線維	156
永久歯	110, 210, 216
英国国民保健サービス	102, 122, 129, 133, 193, 310, 349
英国国立医療技術評価機構	175, 357, 380, 398
栄養不足	77
会陰切開	336, 426
会陰の問題	475
会陰マッサージ	336
会陰裂傷	336, 415, 427, 475
エクササイズ	61, 69, 89, 90, 106, 183, 196, 208, 227, 229, 249, 250, 251, 270, 296, 350, 356, 363
エクササイズの服装	325
エコノミークラス症候群	29, 467, 470
エステ	257, 293, 351, 359
エストロゲン	36, 38, 47, 49, 50, 60, 86, 133, 134, 140, 170, 173, 218, 248
エッセンシャルオイル	163, 171, 257, 316, 401
エンケファリン	398
円座	445, 475
炎症性サイトカイン	410
円靱帯痛	470
エンドルフィン	161, 307, 375, 398, 400
エンプティ・カロリー	258
横位	312, 336
応形機能	386
黄体	36, 60, 66
黄体形成ホルモン	38, 43, 47, 49, 50
黄疸	232, 447, 477
嘔吐	81, 111, 467, 477
オーガニック食品	289
オークションサイト	345
オキシトシン	189, 322, 374, 393, 401, 432, 443
おしゃれ	167, 351, 359
おしるし	391, 411
おたふくかぜ	110
音	336, 367
お父さん	44, 83, 109, 137, 165, 169, 180, 193, 253, 259, 279, 304, 323, 332, 338, 345, 349, 355, 367, 369, 382
おなかの大きさ	233, 284
オピオイド	403

索引

おむつ	291
おむつ替え	238, 445, 451
オメガ3脂肪酸	15, 169
泳ぎ方	268
おりもの	43, 133, 227, 283
オルガスム	19, 48, 182, 222, 322
悪露	324, 443, 457
音楽	252, 319, 377
音楽セラピー	93
温水	399

カ行

カーディガン	324, 358, 445, 447
ガーデニング	25, 238
カーボローディング	366
カールスの曲線	423
海塩	198
外回転術	323, 364, 433
解雇	170, 349
外出	241, 258, 344, 353, 447, 455, 461
外食	191
外性器	107, 130, 171, 200
外測法	418
開大度	415
潰瘍性大腸炎	21
会話テスト	161
顔の形	306
過換気症候群	145
角化	246
確定診断検査	120, 129, 143, 152
家事	305, 323, 346, 371, 409, 454, 466
下肢静止不能症候群	292, 470
ガスリー検査	454
風邪	22, 23, 56, 116
家族	82
家族歴	59, 122, 393
カタログ	346
合蹠のポーズ	329
家庭支援センター	345
カフェイン	46, 66, 84, 134, 154, 172, 189, 195, 292, 455, 466
花粉症	130, 165
過保護	140, 183, 283, 323
鎌状赤血球症	123
髪	173, 351
紙おむつ	291, 451
髪型	167
仮眠	379
かゆみ	133, 181, 198, 227, 251, 255, 265, 328, 404, 467
体にかかる負担	209
体のバランス	242, 251
カルシウム	15, 16, 131, 156, 332, 372
カロナール	22, 23, 116, 155, 401, 406, 466, 470, 475
カロリー	154, 282
感覚神経	156

カンガルーケア	350, 452
環境的因子	294
幹細胞	232, 302, 308, 310
鉗子	436
カンジダ症	22
患者自己調節鎮痛装置	403
感情的な時期	161
感情の起伏	84, 237
間食	258, 321, 339, 371
完全菜食主義	16, 121
感染症	22, 113
完全流産	94
乾燥肌	140, 467
肝斑	26, 170, 190, 467
漢方医学	400
漢方薬	246
陥没乳頭	274, 467
キーピング・イン・タッチ・デイズ	348
記憶喪失	369
器械分娩	436
器官形成期	23, 93
危険因子	120
ぎこちなさ	242, 343
偽陣痛	328, 347, 387, 410
基礎代謝	77
喫煙	24, 25, 64, 94, 141, 194, 255, 350, 463
キック	213, 277, 304
キック・チャート	273
機能改善エクササイズ	90
擬娩	119
脚力	183
キャベツの葉	456
吸引カップ	436
吸引分娩器	437
休眠	106, 185
臼蓋形成不全	476
救急医療隊	382
休憩	217, 321
急速眼球運動	310, 344, 380
吸啜反射	346
驚愕反射	206, 212, 444
偽陽性	142
局所麻酔	402
禁煙	24, 64, 141, 253, 444, 455, 463
緊急帝王切開	389, 438
禁酒	24, 39, 64, 95, 253
筋肉	90, 320
クアトロテスト	142, 151
クーハン	277
空腹感	92, 177, 339
クスコ	414
薬	20, 23
果物	15, 189, 258
口げんか	276
靴	221, 288

クッション	420	抗菌薬	23
靴ひも	343	高血圧	21
くも状静脈	134, 467	硬骨	114, 249, 372, 386
クラシック音楽	319	虹彩	354
クラスメート	199	抗酸化物質	15, 16, 44
グリコーゲン	146, 366	甲状腺	170
クリステレル胎児圧出法	437	甲状腺疾患	21
グリセミック指数	17	抗真菌薬	23
グルコース	14, 17, 92, 112, 146, 174, 232, 266, 282, 340, 371, 473	口唇口蓋裂	476
		後陣痛	324, 443
グルココルチコイド	266	香辛料	134
車の運転	253, 344, 363	香水	283
クレープ包帯	325	合成オキシトシン	415, 417, 432
クローン病	21	向精神薬	21
黒ビール	75	抗生物質	23, 107
クロロホルム	402	抗体	313, 316
ケア	102	交通機関	339, 344, 447
計画外妊娠	65	抗ヒスタミン薬	60, 116, 130
頸管長	414	後壁胎盤	178
頸管粘液	43, 60, 65	後方後頭位	336, 417
経口避妊薬	73	硬膜外腔	404
経口ワクチン	105	硬膜外麻酔	317, 404
軽食	18, 126, 144, 154, 293, 338, 339, 359, 366, 413	硬毛	364
		交友関係	65, 239, 289
携帯メール	338, 387	抗利尿ホルモン	189
経腟的採取法	152	交流	238, 241
経腟分娩	317, 374	高齢化	82
経皮的電気神経刺激	271, 399	口論	276
経腹的採取法	152	コート	248, 288
稽留流産	94	コーヒー	66, 109, 154, 189
化粧品	27	呼吸	106, 251, 282
血圧	122	呼吸運動	190
血圧測定	283	呼吸法	339
血液型	316	呼吸様運動	380
血液型判定	123	黒線	170, 327, 467
血液検査	122, 142, 286	腰への負担	179, 225, 278, 296
血液循環	87, 112	骨化	114, 372, 386
血液量	165, 273, 306	骨髄	114, 232, 310, 316
月経	35, 41	骨盤	131, 155
月経周期	36, 37	骨盤位	232, 286, 308, 312, 336, 433
月経痛	131	骨盤帯痛	286, 470
月経不順	37, 40, 65, 137, 138	骨盤痛	155, 361, 409
月経前緊張	69, 101	骨盤底筋	69, 423, 471, 475
月経前症候群	38, 69	コッヘル	113, 432
血小板	232	コデイン	23
血栓	186	子ども部屋	242, 375, 377
結腸炎	21	鼓膜	212, 238, 367
血糖値	20, 95, 144, 156, 275	こむら返り	18, 216, 470
げっぷ	445	雇用主	140, 170, 255, 267, 348
血餅	65	コラーゲン繊維	304
肩甲難産	426, 437, 474	コルチゾール	187, 237, 266
原始結節	74	コレステロール	66, 166, 174, 231, 327
原始溝	74	混合家族	82
顕微授精	51	コンタクトレンズ	181, 203
抗D人免疫グロブリン	123, 127, 153, 286, 316, 364	コンバインド検査	142
抗ウイルス薬	22		

コンピューター 25, 117, 181, 205

サ行

サーファクタント 252, 356, 431
サーモンパッチ 429
サイクリング 125, 157
採血 122, 142, 419
臍静脈 113, 258, 325
菜食主義 16, 121, 126
最初のひと呼吸 358
砕石位 436
臍帯 68, 70, 78, 98, 113, 118, 134, 136, 157, 201, 214, 236, 292, 384
臍帯血 302, 308, 310
臍帯けん引 429
臍帯脱出 474
在胎日数 137, 138
臍帯の切断 428
臍動脈 113, 157, 258, 292, 325
サイドランジ 90
催乳反射 447, 449, 452
細胞塊 52, 58, 63
細胞層 58, 61, 62, 68, 69, 72, 73, 76, 172, 180
催眠 275, 317, 369, 399, 400
採卵 37, 57
サイロキシン 21, 170, 294
サウナ 29, 178
逆子 286, 308, 312, 336, 433
魚 17, 96, 100, 169
搾乳 305, 347, 349, 357, 449, 452, 456, 475
搾乳器 347, 449
坐骨神経痛 293, 470
サプリメント 15, 16, 20, 35, 79, 80, 84, 91, 119, 121, 122, 207, 259
サポートベルト 325, 470
サラセミア 123
サルファ薬 107
サルモネラ菌 17, 25, 237
産科医 103
サングラス 324
産後12時間 442
産後1カ月健診 462
産後6週健診 462
産後うつ 169, 261, 351, 386, 439, 447, 463, 475
産褥精神病 475
産褥パッド 341, 358, 443
産前休業 203, 255, 267, 278, 291, 327, 337, 348, 353, 359, 361, 367
産前産後の休業 140, 170, 237, 255, 267, 281, 291, 296, 307, 337, 345, 361
産前産後の権利 348
サンダル 324
産婦人科医 20, 116
散歩 161, 235, 253, 306, 350

産瘤 429
サンレスタニング剤 172
痔 28, 207, 251, 443, 445, 468, 469
指圧バンド 111
ジアモルフィン 380, 403, 435
シーツ 167, 277, 301, 341, 379, 413
シートベルト 29, 253, 354, 363
シェアド・ケア 91, 102
シェトルズ法 45
塩 109, 198
視界のぼやけ 203
歯科治療 27, 133, 349, 469
色素沈着 26, 170, 327, 467
子宮 34, 50, 98, 108, 118, 128, 136, 184, 192
子宮異常 138
子宮円索 155
子宮円靭帯 155
子宮外妊娠 93, 472
子宮筋腫 37, 79, 94, 138, 218, 284, 428
子宮筋層 34
子宮頸管 34, 331, 410, 414
子宮頸管の評価 432
子宮頸管無力症 19, 472
子宮底 124, 160, 202, 228, 334
子宮底長 123, 233, 279, 282, 284
子宮膣部びらん 100, 473
子宮内胎児発育遅延 255
子宮内の温度 258
子宮内避妊器具 46
子宮内膜 34, 51, 61, 62
子宮内膜症 37, 472
子宮破裂 235, 400, 433
子宮壁 95, 100, 172, 212, 218, 431, 432, 473
事後経口避妊薬 73
自己催眠 275, 399, 400
しこり 158, 266, 309, 475
死産 20, 21, 24, 64, 94, 343, 419, 468, 472, 473
四肢 136, 214, 254
脂質 14, 15, 266, 343
歯周病 27, 133, 469
視床下部 38, 63
姿勢 218, 219, 249
自然早産 431
自然分娩 300, 311, 314, 335, 374, 385, 401, 402, 403, 407
自尊心 180
自宅出産 116, 307, 314, 341
膝蓋骨 372
児頭下降 361
児頭下降度 414
児頭嵌入 361
児頭骨盤不均衡 305, 417
児頭大横径 132, 285
児童手当 349
児頭の位置 414
児頭の固定 410

索引

シナプス	268	ショウガ	81
歯肉	133, 469	消化不良	23, 259, 468
市販薬	23, 60, 243, 259	笑気ガス	402
持病	20, 64, 102, 302, 343, 468, 474	上司	25, 81, 83, 105, 187, 235, 337
脂肪	99, 164, 231, 282, 320	情緒不安定	101
しみ	26, 190, 467	小児科医	103
ジム	53, 227, 234, 348	小児感染症	110
指紋	197, 207, 234, 266, 370	情報過多	167, 297
ジャグジー	29, 178	静脈瘤	18, 167, 197, 225, 251, 469
ジャケット	221, 288, 324	ショートパンツ	325
しゃっくり	120, 186, 204, 277, 304, 332, 391	ショール	288, 445
射乳反射	447, 449, 452	ジョギング	40, 77, 95, 164, 208, 329
シャワー	25, 248, 283, 371, 409, 442, 443, 445	食事	14
ジャンクフード	66, 159	食生活	241
縦位	312	食中毒	22, 56, 104, 191, 237, 468
習慣流産	47, 94	植物由来の食品	126
自由出産	299	食物繊維	14, 15, 171, 327
柔軟体操	216	食欲	79, 80, 109, 145, 154, 475, 477
収納スペース	242, 355	助産師	103, 122, 129, 145, 175, 284
終毛	364	助産所	314
絨毛	67, 76, 109, 112, 127	女性型骨盤	417
絨毛採取	152, 211	初乳	119, 232, 309, 367, 443, 446, 448
絨毛膜	70, 112, 304	除毛	27
絨毛膜腔	62, 70	書類の整理	238
絨毛膜絨毛	70, 78, 84, 108, 112	ショルダープレス	196
熟化	393, 432	心音	188, 324
手根管症候群	239, 471	シングルマザー	82, 91, 199, 287, 359
受精	51, 53	神経管	72, 73, 83
受精卵	50, 53, 57	神経管欠損症	16
受胎	50	神経溝	72
出勤日	235	神経細胞	264, 300
出血	67, 79, 94, 100, 135, 165, 235, 372, 473	神経ブロック	402, 406
術後の回復	439, 443	心血管運動	106, 167, 197, 282, 325
出産	302	人工授精	51, 79
出産・育児に関する権利	267	進行の遅い分娩	474
出産休暇給付	348	人工破膜	432
出産給付金	349	人工ミルク	357, 391, 448, 463, 477
出産後健診	450	進行流産	94
出産準備クラス	129, 199, 225, 235, 265, 267, 331	新生児	429
出産体験記	401, 407, 427, 435	新生児科医	103
出産立会人	181, 261, 275, 333, 378	新生児集中治療室	245, 271, 357, 452
出産手当	349	新生児聴覚スクリーニング	442
出産哲学	303	新生児治療室	245
出産の場所	302	新生児訪問指導	445
出産予定日	74, 76, 137, 139, 214, 378, 392	心臓	107, 214
出生体重	270, 372	腎臓	162, 170, 214
出生届	455	診断書	327
受動喫煙	141	人中	305
ジュニアISA	349	身長	122
授乳	295, 347, 367, 448	陣痛	322, 328, 347, 365, 381, 397, 411, 413
授乳クッション	347, 351, 448	陣痛開始の兆候	410
授乳指導	444	陣痛促進	415
授乳用ブラ	347, 443	心拍	136, 184, 232, 244
守秘義務	140	心拍数	141, 161
瞬目驚愕反応	256	深部静脈血栓症	29, 44, 131, 186, 467, 470

水泳	25, 29, 64, 90, 125, 187, 213, 233, 239, 246, 263, 289, 350, 353
水銀	14, 17, 96, 100, 169
髄鞘	174, 300
推奨摂取カロリー	17
推奨摂取量	15, 109
水中エクササイズ	208
水中出産	271, 307, 343
水痘	22, 110, 113, 123
水分補給	18, 29, 117, 127, 131, 135, 185, 189, 212, 324, 415, 469
水分補給飲料	23
睡眠	172, 321, 325
睡眠覚醒周期	282, 294, 310
睡眠不足	229, 371
スーパー	109, 286, 345, 458
スーパーマンのポーズ	250
スクリーニング検査	120, 129, 142
スクワット	196
頭痛	406, 466
巣づくり	105, 242, 362, 409
ステーション	414
ステロイド	23
ステロイドホルモン	266
ストール	288
ストレス	63, 75, 82, 187, 256
ストレスホルモン	187
ストレッチ	18, 61, 197, 216, 239, 246, 278, 296, 330, 356
ストレプトマイシン	23, 107
スパ	29, 257
スポーツシューズ	257
スポーツドリンク	380
スポーツブラ	121, 125, 164, 325
スムージー	84, 127, 135, 258
スリング	158, 269, 288, 447, 454, 457, 459
スルホンアミド系	23
生育可能	245
性格	266, 269
生活習慣	24, 72, 253, 463
性感染症	39, 122, 471
正期産	74, 357, 378, 393, 474
正期産児	74
制酸薬	23, 468
精子	41, 44, 48, 50, 51, 53
成熟卵	42, 50
精神疾患	21
性染色体	54
精巣	128, 130, 272, 276
正中線	170, 327, 467
正中側切開	437
正中部母斑	429, 476
成長曲線	284
成長率	190, 294
制吐薬	23, 111, 407
性別	45, 107, 200, 211, 215, 223, 226, 375
性別に関する迷信	223
毳毛	360, 364, 443
精油	163
性欲	19, 38, 47, 134, 159, 182, 222, 475
咳	22
脊髄	168
脊髄くも膜下麻酔	406
脊髄くも膜下硬膜外併用鎮痛法	406
脊髄神経	174
脊椎	98, 210, 214
背筋	61, 218, 249, 251, 293
セックス	19, 48, 57, 89, 134, 159, 217, 222, 317, 322, 460
赤血球	162, 232, 316
摂取カロリー	14, 17, 45, 154, 195, 366
切迫早産	356
切迫流産	94
絶壁頭	457
セルフリーDNA検査	142
セレン	44
セロトニン	114, 177
前駆陣痛	328, 347, 387, 410
全血球計算	122
染色体	53, 54
染色体異常	41, 94, 120, 126, 142, 143, 152, 162, 215, 473, 476
染色体検査	142, 304
全身性エリテマトーデス	21
全身性紅斑性狼瘡	21
先進部	232, 336, 414, 415, 437
全身麻酔	402, 406
全前置胎盤	212
喘息	20, 21, 104, 171, 207
選択的帝王切開	389, 439
前置胎盤	212
先天性心疾患	476
腺熱	101
前壁胎盤	178
前方後頭位	336, 415, 417
線毛	42, 46, 50
染毛剤	167
泉門	386, 443, 458, 463
添い寝	242, 309
ゾウ	219
爪郭	330
早期産	431
早期分娩	431
早期分娩後出血	474
早期産	431
早産	431, 474
掃除	17, 21, 24, 25, 86, 101, 305, 362
桑実胚	50, 57, 58
爪床	222, 330
双胎間輸血症候群	130, 155, 434
双胎妊娠	51, 59, 130, 141, 222, 274, 294, 305, 312, 335, 434
足位	433

足底反射 374
蘇生 245, 277, 433
ソフトマーカー 215

タ行

第1位 232
第1胎向 388
第2位 232
第2胎向 388
胎位 323, 336, 415
退院 381, 444
退院前診察 444
ダイエット 17, 66, 233
胎芽 56, 62, 67, 70, 76, 78, 88, 93, 98, 108, 118, 126
体外受精 37, 51, 57, 59
体格指数 17, 40, 68, 122, 195, 275
胎芽の心拍 80
胎芽の性別 53, 107
体型の変化 86, 115, 163
胎向 388
胎脂 244, 249
胎児 118, 126, 128
胎児異常 138, 350
胎児機能不全 285, 438, 474
胎児形態異常スクリーニング 208, 214
胎児心拍陣痛計 285, 381, 393
胎児心拍陣痛図 418, 419, 435
胎児性アルコール症候群 24, 216
胎児頭皮用電極 419
胎児モニタリング 381
代謝 77
体重増加 99, 276
体重増加の内訳 99
体重増加の目標 195
体重の増加不良 477
体重増加のリスク 205
帯状疱疹 56
体節 77
胎動 193, 206, 219, 246, 273
胎動初感 193, 213
胎動の回数 273, 285
体内時計 222, 310
胎盤 58, 59, 61, 62, 76, 88, 106, 109, 112, 118, 127, 128, 166, 168, 172, 192, 368, 384
胎盤遺残 429, 474, 476
胎盤機能不全 473
胎盤クッキング 386
胎盤早期剥離 100
胎盤の娩出 384, 401, 428, 435, 474
胎盤の老化 112
胎便 234, 328, 444, 455
胎毛 241, 244, 249, 290, 364
対立遺伝子 55
ダウン症候群 120, 142, 215, 299, 476

唾液過多症 92
多幸感 161
多胎妊娠 57, 120, 124, 132, 155, 190, 199, 237, 312, 434
多胎の出産 434
立ち方 217, 249
抱っこひも 269, 447
脱水状態 29, 127, 144, 189, 229, 235, 237, 243, 321, 380, 450, 468
タッチセラピー 400
多嚢胞性卵巣症候群 72
たばこ 24, 25, 64, 75, 109, 141, 190, 292, 463, 473
食べ物の好み 109, 217
タミフル 22
タルカムパウダー 451
タンキニ 213
探索反射 345, 346, 444
炭酸水 95
胆汁酸塩 328
炭水化物 14, 15, 17, 92, 366
男性型骨盤 417
弾性ストッキング 186, 225
男性染色体 171
単胎妊娠 138, 294, 305, 312, 435
単殿位 433
たんぱく質 15, 16, 126, 164, 166
ダンベル 196, 234
暖房 248
チアノーゼ 428
チーズ 114
乳首の含ませ方 448
乳首の問題 467
恥骨結合機能不全 286, 470
父親 82
膣 34
膣カンジダ症 23, 133, 471
膣感染症 265
膣鏡診 414
膣口 336, 426
膣座薬 133, 432, 471
膣分泌物(おりもの)培養検査 123
乳房の痛み 86, 467
乳房の変化 309
チャイルドシート 158, 269, 278, 288, 289, 301, 346, 355, 358, 359, 444, 447
着床 51
着床出血 67
注射法 46, 73
中枢神経系 72, 81, 164, 354
注目の的 119, 198, 359
超音波検査 76, 79, 128, 136, 138, 142, 211, 240
超音波ドップラー胎児心拍計 188
超音波ドップラー法 285
超音波の安全性 144
聴覚 135, 157, 237, 238, 240, 248, 254, 442
腸管 117, 136, 141, 146

腸疾患	21
調理	104
聴力検査	442
鎮痛方法	365, 398, 402
鎮痛薬	23, 357, 369, 402
追加的父親休暇	349
追加的母性休業	348
椎骨	210, 235
通勤	105, 221, 235, 278, 307, 337, 361, 383
通常母性休業	348
ツボ	58, 111, 163, 207, 224, 400
爪	26, 191, 220, 222, 249, 328, 330, 390, 457
つわり	81, 109, 111, 145, 159
低GI食	17
帝王切開	307, 317, 354, 389, 438
低出生体重児	292
停留精巣	276, 476
テーブル	25, 81, 321, 420, 444
デカフェ	66
テストステロン	38, 47, 56, 64, 200, 226, 266
鉄分	16, 84, 154, 173, 191, 288, 292, 321, 340, 455, 472
テトラサイクリン系	23, 107
テニス	157
手袋	24, 25, 86, 167, 238
出不精	353
手持ちの服	151
テレビ番組	174
てんかん	20, 44
伝染性紅斑	110
展退	412, 414
デンタルフロス	133
転倒	18, 29, 125, 157, 226, 257, 288, 313
天然オキシトシン	432
トイレ	92, 145, 364
頭位	232, 280, 312, 336, 370
ドゥーラ	261
動悸	321, 469
瞳孔	344
統合失調症	21
胴体	98, 260
頭殿長	132, 139
糖尿病	20, 156, 275, 343
糖尿病性腎疾患	156, 343
糖尿病性網膜症	156, 343
頭部	98, 108, 260
動物	171
動物由来の食品	126
ドーナツ型クッション	445
ドーパミン	292
トキソプラズマ	17, 25, 56, 86, 101, 123, 238
特別治療室	452
独立助産師	102, 129
ドップラー胎児心拍計	184, 188, 324
友だち	76, 199, 233, 238, 239, 241, 261, 265, 289, 296, 353, 359, 366, 367, 377, 378, 383
ドライアイ	181
ドライクリーニング	25, 110
ドライフルーツ	191, 258, 288, 321, 332, 371
トラウベ	324
ドラッグ	24, 39
トランス脂肪酸	15, 204
トリソミー	142
トリプルマーカー検査	142, 151, 179
トレーニングウエア	325
トレーニングパンツ	325

ナ行

内耳	135, 200, 212, 236, 237, 238
内出血	93, 134, 436, 437
内診	414
内測法	419
内反足	476
内部細胞塊	58, 61
ナショナル・チャイルドバース・トラスト	199
夏	225, 248, 288, 294, 324, 393
名前	230, 231, 392
軟骨	97, 110, 386
難産	256, 305, 373, 417, 426, 437
におい	283
にきび	27, 140, 477
肉	191
ニコチン	25, 141
二次骨化中心	114
日記	63, 369
日光	16, 26, 29, 79, 172, 185, 190, 324, 447, 467
日光浴	16, 29
ニット	288
二分脊椎	16, 20, 27, 29, 72, 152, 214, 215
入院用の荷物	358
乳歯	110, 210, 216
乳製品	15, 16, 17, 77, 126, 131, 166, 191, 289, 332
乳製品アレルギー	131
乳腺炎	475
乳頭	86, 274
乳頭保護クリーム	347, 358
乳白色斑	458
乳幼児突然死症候群	24, 444
入浴	163, 279, 281, 463
乳卵菜食主義者	126
乳輪	86, 170, 309, 443, 448, 467
尿	71, 189
尿検査	21, 76, 123, 125, 129, 179, 232, 299, 341, 462, 471, 472
尿路感染症	22, 92, 125, 471
二卵性双生児	49, 51, 130
人気のある名前	230
妊娠20週の超音波検査	214
妊娠悪阻	111, 207, 472
妊娠可能期間	43, 49, 60

索引

490

妊娠可能性	46, 65
妊娠関連血漿たんぱく質A	132, 142
妊娠期間	10
妊娠記録	63, 232
妊娠検査	63, 71
妊娠検査薬	71, 76
妊娠後期	11, 262
妊娠高血圧症候群	17, 20, 180, 337, 474
妊娠高血圧腎症	21, 474
妊娠証明書	235, 267
妊娠初期	10, 32
妊娠陣痛	347, 410
妊娠性肝内胆汁うっ滞症	198, 328, 435, 467, 473
妊娠性肝斑	170, 190, 467
妊娠線	26, 255, 351, 467
妊娠損失	94
妊娠中期	10, 148
妊娠中のセックス	19, 89
妊娠糖尿病	17, 156, 343, 473
妊娠による輝き	140
妊娠脳	229
妊娠の兆候	64, 66, 79, 467
妊娠ホルモン	18, 26, 63, 80, 84, 101, 119, 132, 133, 140, 142, 159, 173, 187, 197, 257, 259, 296, 462, 466, 467, 468, 469, 472, 473
妊娠率	36, 37, 38, 41, 58, 59, 60, 65, 82
ニンニク	194, 259
妊婦健診	91, 102, 116, 122, 129, 179, 221, 282, 299
妊婦健診の回数	123
妊婦体験ジャケット	119
妊孕性	56
布おむつ	291, 301, 451
熱帯地域	105
ネフロン	170
寝る姿勢	175
粘液栓	89, 387, 410, 411
脳	100, 156, 160, 176, 214, 220, 268, 290, 298
乗り物	28, 131, 198
ノルアドレナリン	266
ノンアルコール飲料	39, 322, 359
ノンレム睡眠	344

ハ行

歯	27, 133, 210, 216
把握反射	242, 370, 374, 443, 444
バースプラン	181, 261, 271, 303, 333, 355, 385, 427
バースボール	303, 319, 329, 365, 400, 401, 404, 407, 416, 420, 425, 427
ハーブティー	21, 134, 259, 316
ハーブ療法	21
肺	120, 182, 184, 197, 244, 252, 280, 352, 356
バイオフィジカル・プロフィール・スコアリング	285
肺サーファクタント	252
胚細胞	68
バイセプスカール	90
肺塞栓症	186
梅毒	123
排尿	22, 92, 125, 155, 189, 227, 324, 401, 443, 444, 445, 460, 462, 471, 475
胚盤胞	50, 51, 58, 61, 67
ハイヒール	257
肺胞	197, 252
排卵	36, 41, 42, 43, 49, 50
排卵検査	56, 57
排卵検査薬	43, 57
排卵不順	65
ハイリスク妊娠	20, 75, 102
稗粒腫	458, 477
排臨	426, 437
吐き気	81, 111
吐き戻し	451
白帯下	133
はしか	39, 110, 313
破傷風	105
バス	227, 241, 344
破水	338, 411
肌	26
発育発達支援室	381, 452
発がん性	141
白血球	162, 232
発酵食品	295
バッチフラワーレメディ	316, 366, 372
発露	414, 426, 437
バドミントン	157
鼻	118, 298
鼻血	165, 469
鼻づまり	22, 159, 165
バナナ	16, 17, 45, 68, 80, 114, 135, 154, 327, 339
母娘の関係	209
歯磨き	29, 121, 133, 305
葉物野菜	15, 16, 64, 75, 77, 79, 84, 131, 154, 191, 207, 332
鍼治療	58, 207, 286, 400
パルトグラム	419
パレオ	213
ハワイ	172, 231
ハンカチ	294, 347, 447, 451
晩期分娩後出血	475
反射神経	225
伴性遺伝	55
パンチ	304
反復流産	94
ビーガン	16, 121, 126
ビーチサンダル	324
ピーナッツ	165
日陰	185
ビキニ	213
ビキニライン	439, 472
鼻腔	110, 165, 260, 452
尾骨	101, 470

尾骨痛	470
皮脂分泌	173
微弱陣痛	417, 474
ビショップスコア	432
非侵襲性検査	126
ヒスタミン	404
ビタミン	15
ビタミンA	16, 27, 44, 131, 391
ビタミンB	16, 40, 114, 121, 122, 131, 164, 177, 386, 472
ビタミンB12	16, 40, 121, 122, 472
ビタミンB6	40, 164, 386
ビタミンC	16, 84, 134, 154, 191, 288, 455
ビタミンD	16, 79, 131, 332
ビタミンE	16, 26, 131, 207
ビタミンK	328, 442, 454, 473
ビタミンKシロップ	442
左利き	174, 256
引っ越し	115
必須脂肪酸	44, 79
ビデオ撮影	333
ヒトゲノム	54
ヒト絨毛性ゴナドトロピン	56, 63, 71, 81, 111, 142, 151, 472
瞳の色	55, 142, 266, 353, 354
ヒドロコルチゾン	23
避妊	46, 73, 460, 463
避妊パッチ	73
皮膚	176, 180, 212, 228, 244, 246
ヒプノシス	399, 400
ヒプノバーシング	275, 369, 399
肥満	14, 17, 66, 68, 92, 99, 186, 195, 205, 270, 284, 426, 448
日焼け止め	26, 185, 190, 467
日焼けマシン	27, 178
美容	25, 27, 351, 378
病院	382, 413
病院見学	271
病院に持っていく荷物	338
病気	20
病気休暇	170, 337
氷嚢	165
病歴	28, 44, 76, 122, 123, 129, 198, 404
ピラティス	197, 218, 251, 306, 451, 462, 469
ビリルビン	232, 328, 447, 477
ピル	46, 73, 138, 463
疲労感	84, 241, 307, 466
貧血	84, 241, 286, 288, 472
ヒンドゥー教徒	64
ファストフード	64
不安障害	21
不安のあらわれ	248
フィブロネクチン検査	431
風疹	22, 39, 123
フェロモン	36
フォワードプルアップ	196
フォワードランジ	90, 196
吹き出物	26, 140, 477
腹圧性尿失禁	227, 462, 471
腹横筋	89
復職	291, 322, 337, 344, 348, 349
副腎	56, 266
副腎皮質刺激ホルモン放出ホルモン	410
腹帯	278, 329, 469
腹直筋	89, 250, 462
腹痛	11, 22, 25, 29, 79, 153, 466, 473, 474, 476
複殿位	433
服の処分	238
腹部触診	414
腹部のエクササイズ	89, 250, 313
腹壁	104, 214, 250, 439, 470
フクロウ	374
浮腫	353, 474
父性本能	243
不全足位	336
不全流産	94
双子	51, 59, 120, 124, 130, 132, 141, 155, 162, 186, 190, 199, 222, 231, 237, 266, 274, 288, 294, 305, 306, 307, 312, 320, 335, 351, 355, 434, 435, 450
豚肉	14, 17, 101, 164
フタル酸ジブチル	191
腹筋	89, 227, 250, 456
物質交換	112, 113
フットボール抱き	449
ブドウ糖	14, 17, 92, 146, 282, 340
不妊検査	51, 65
不妊治療	40, 47, 51, 58, 79, 155, 434, 472
不妊の原因	37, 39, 65, 72
部分前置胎盤	212
不飽和脂肪酸	14, 15, 204
不眠症	18, 95, 316, 466
冬	248, 288, 393, 447
不用品	242
プライバシー	198, 303
ブラジャー	86, 121, 145
ブラジャーのサイズ	145
ブラ調節フック	179
ブラックストン・ヒックス収縮	410
フリーバース	299
フリーマーケット	345
フリーラジカル	15
ブリッジ	90
ブルーベリー	135, 297, 327
プレグナンシーロス	94
プレッシャー	49, 63, 115, 276, 287, 295, 311, 367, 387
プローブ	76, 79, 138, 152, 153, 188, 337
プロゲステロン	22, 36, 38, 42, 57, 60, 66, 125, 133, 140, 171, 195, 218, 259
プロスタグランジン	304, 322, 393, 414, 432
分娩	412
分娩監視装置	303, 398, 400, 415, 417, 418, 419, 433, 435
分娩恐怖症	317
分娩経過図	419

分娩後出血 429, 474
分娩時間の短縮 161
分娩進行不全 417
分娩促進薬 428
分娩第1期 408
分娩第1期活動期 397, 412
分娩第1期極期 397, 416
分娩第1期初期 397, 412
分娩第1期の体位 420
分娩第2期 397, 423
分娩第2期の体位 424
分娩第3期 397, 428
分娩中 365
分娩の誘発 432
ベークドポテト 366
ペクトラルリフト 196
ベジタリアン 14, 16, 84, 126, 166, 191, 288
へその緒 446
ペチジン 403
ペット 25, 357
ペディキュア 27, 257, 343, 351, 359, 366
ペニシリン 23, 107
ペパーミント 21, 23, 81, 163, 194, 259
ベビーカー 67, 242, 269, 294, 301, 346, 447, 457
ベビーカフェ 347
ベビーシャワー 359
ベビーバス 281, 451
ベビーバスケット 277, 301, 346
ベビー服 158, 200, 269, 320, 345
ベビーブルー 351, 447
ベビーベッド 67, 115, 158, 269, 277, 288, 301, 309, 335, 346, 355, 366, 444, 445, 457, 461
ベビーマッサージ 458, 461
ベビーモニター 309, 329
ベビー用品 115, 158, 265, 301, 346
ヘモグロビン 16, 84, 113, 162, 179, 232, 286, 472, 479
ベリーキャスト 362
ベリーバンド 179, 319
辺縁前置胎盤 212
ペンキ塗り 25
娩出 423
便秘 14, 15, 18, 23, 171, 251, 286, 295, 297, 327, 347, 446, 457, 460, 468, 472, 473
便秘薬 23
扁平乳頭 274, 467
保育 82, 291, 332, 344
保育器 245, 350
縫合 386
膀胱訓練 462
膀胱の問題 475
帽子 190, 294, 324, 358, 444, 447
放射線 25, 27, 205
放線冠 52
法定出産休暇給付 255, 291, 337, 348
飽和脂肪酸 14, 15, 166, 204

補完療法 58, 163
歩行反射 444
母子健康手帳 232
保湿ローション 328
母性本能 205, 243
母体血 112, 127
母体血胎児染色体検査 142
発疹 22, 328, 457, 458, 473, 477
ほてり 29, 195, 229, 248
母乳 295, 448
母乳育児 295, 347, 456
母乳パッド 347, 358, 456
哺乳瓶 297, 367, 449
ホメオパシー 21, 400
ホルモン 38
本陣痛 410, 411

マ行

麻疹 110
麻酔 402
マタニティアクア 208, 239, 353, 470
マタニティウェア 121, 177, 179, 221
マタニティサポートショーツ 179
マタニティファイル 122, 129, 131, 232, 426
マタニティブラ 121
マタニティマーク 339
マタニティヨガ 139, 251
マニキュア 27, 191, 351, 359, 366
魔よけ 64
マラソン 106, 164, 350
マンガン 44
ミエリン 174, 300
水着 213
水ぼうそう 56, 123
ミックスナッツ 258
三つ子 51, 89, 138, 141, 162, 233, 312, 316, 335, 435, 450
ミネラル 15, 44, 77, 113, 119, 126, 340, 391, 455
ミネラルコルチコイド 266
ミルク 269, 297, 449
ミレーナ 46
虫歯 27
むずむず脚症候群 292, 470
ムダ毛 158
無痛分娩 317, 403, 405
胸やけ 21, 23, 28, 191, 194, 207, 236, 259, 409, 468, 473
無排卵 65
瞑想CD 398
メガネ 181
メチシリン耐性黄色ブドウ球菌 389
メテナリン 442
めまい 95, 241, 468
メモ帳 321
目やに 459
メラニン 26, 170, 190, 207, 354

メラニン産生細胞	170
メラノサイト	207
メロン	23, 127, 189
免疫グロブリン	113
免疫系	159, 313
メントール	259
モイスチャライザー	140
毛髪	26
モーニングアフターピル	73
沐浴	281, 331, 446, 450, 451, 461
模様替え	242
モロー反射	444
モントゴメリー腺	309

ヤ行

野菜	15, 84
有害物質	24, 25, 86, 112, 113, 128, 141, 159
有給休暇	140, 170, 235, 255, 259, 337, 348, 349
有機溶剤	110
有酸素運動	77, 90, 161, 306
友情	239, 289, 331
優性遺伝子	55
誘発分娩	283, 316, 335, 385, 432
油脂	204
指しゃぶり	174, 278
夢	73, 172, 183, 248, 271, 310, 317, 400
葉酸	16, 35, 64, 80, 91, 119, 340
羊水	146, 154, 211, 316, 334, 338
羊水過少症	316, 338, 473
羊水過多症	316, 338, 473
羊水腔	328
羊水穿刺	152, 153, 162
ヨウ素	168, 170, 294
腰痛	218, 278, 296, 469
羊膜	59, 109, 128, 150, 304
羊膜腔	62, 68, 69, 89, 130, 150
羊膜嚢	62, 93, 211, 226, 298, 304, 335, 384, 432
ヨーグルト	14, 15, 22, 135, 144, 156, 169, 177, 258, 295, 371, 471
ヨガ	139, 195, 218, 219, 251, 287, 293, 296, 303, 306, 330, 333, 340, 469
浴室	242
予防接種	22, 28, 39, 105, 110, 123, 131, 313

ラ行

ラ・レーチェ・リーグ	274, 347
ラクト・オボ・ベジタリアン	126
ラズベリーリーフティー	21, 391, 393
ラッシュアワー	235, 278, 307
ラッチオン	443, 448
卵黄管	80
卵黄嚢	62, 68, 70, 78, 80, 85, 88, 98, 108, 118
卵割	57

卵管	34, 42, 50
卵管采	42, 49
卵管閉塞	65
卵管壁	42
卵子	34, 41, 42, 50, 51
卵子の老化	75
卵巣	34, 41, 42, 44, 50, 128, 130
卵巣固有靭帯	34
卵巣嚢胞	138
ランニング	125
卵胞	34, 41, 42, 50
卵胞刺激ホルモン	37, 38, 41, 44, 47, 50
卵膜	410, 415, 428
卵膜剥離	380, 393, 401, 432
リサイクルショップ	242, 269, 288, 289, 301, 345
リステリア感染症	156
リステリア菌	17, 56, 114, 237, 468
利尿薬	23, 353
リフレクソロジー	58, 103, 163, 171, 401
流行性耳下腺炎	110
流産	47, 67, 87, 94, 106, 110, 245, 472
流産後	47, 94
流産のリスク	28, 39, 66, 67, 73, 75, 96, 140, 144, 151, 152, 153, 161, 165
緑茶	46, 134
旅行	28, 106, 131
旅行保険	131
リラキシン	167, 197, 209, 242, 462
リラックス法	354, 398
リンゴ	104, 339
りんご病	110
列車	29, 241, 344
劣性遺伝子	55
レミフェンタニル	403
レム睡眠	248, 271, 308, 310, 344, 380
レメディ	316, 366, 372, 383, 393, 400, 401
ロータスバース	363
ロッキングチェア	416, 420
肋骨の痛み	265

Acknowledgments

Maggie Blott's acknowledgments

I would like to thank the Pregnancy and Childcare team at Dorling Kindersley for their help, guidance, and expert knowledge. In particular I would like to thank Andrea Bagg for her patience and support. I would also like to thank my children Polly, Jess, and Eddie for their love and for putting up with me and my preoccupation during this project.

Publisher's acknowledgments

Indexer Hilary Bird
Proofreader Angela Baynham
Additional Editorial Assistance Suhel Ahmed, Ann Baggaley, Terry Moore, Helen Murray, Diana Vowles
Additional Design Assistance Isabel de Cordova, Charlotte Seymour
New Photography Ruth Jenkinson
Art Direction for Photography Emma Forge
Illustration Assistance Amanda Williams
Additional illustrations Philip Wilson
Picture Librarian Romaine Werblow
Additional Picture Research Jenny Baskaya
Hair & Make-up Stylist for Photography Alli Williams
Photographer's Assistants Sarah Bailey and Carly Churchill
Assistant to Art Director for Photography Susie Sanford
Location Agency www.1st-Option.com

Dorling Kindersley would like to thank all the authors and illustrators for their expertise and dedication. We are grateful to the following individuals and organizations for their help:
Dr Mary Steen RGN, RM, BHSc PGCRM, PGDipHE, MCGI, PhD for consultancy work and editorial assistance.
Catharine Parker-Littler SRN, RSCN, SCM, DPSM (Advanced midwifery), BscMid (Hons) for permission to reuse text from *Ask a Midwife*.
Dr Paul Moran MD, MRCOG for consultation and expert advice on all embryonic and fetal images. His invaluable contribution provided not only the fetal text and all fetal captions, but he also sourced, scanned, and supplied images when all other image sources had been exhausted. Paul would like to thank the women who helped him to provide the images for this book and Maggie Blott for the opportunity to work on such a fascinating title.
Dr Pranav Pandya BSc, MRCOG, MD for advice on embryonic and fetal images.
The women at the Royal Victoria Infirmary who gave permission for their scans to be used in this book.
Nicola, Joe and Leo Hayward and **Reuben Marcus** for allowing us to use photographs of themselves.

A special thank you to:
University College Hospital London for permission to photograph in the new Elizabeth Garrett Anderson (EGA) Wing. Many thanks also to the midwives, who helped and advised during photography and who also in some cases modelled for us.

The new University College Hospital Elizabeth Garrett Anderson (EGA) Wing opened its doors to women and their babies in the first week of November 2008. The £70 million wing includes three floors dedicated to the care of mothers and babies and has been specially designed to ensure all women have ready access to the integrated care they and their babies may require. Maternity care is provided by midwifery, obstetric, neonatal and anaesthetic consultants with their teams and core midwifery staff working together to deliver up to 6,000 babies a year.

Mothers will receive care from the same team of midwives throughout their pregnancy. All women who are anticipated to have low risk pregnancies and deliveries will be offered the facilities of the Bloomsbury Birthing Centre – providing a home-from-home philosophy.

The Elizabeth Garrett Anderson (EGA) Wing houses antenatal and post-natal beds, high-dependency maternity unit beds, birthing rooms, birthing pools, special care cots, and neonatal intensive care cots. As well as providing care for women with normal pregnancies, the staff also care for women with very complicated, high risk pregnancies and treat some of the sickest and most vulnerable babies in the UK with the most modern equipment and up-to-date and highly trained medical, midwifery, and nursing teams.

Picture credits

Most of the scans and photographs of the developing baby in this book are of the embryo and fetus live in utero, pictured using endoscopic and ultrasound technology. When this has not been possible, images have been taken by reputable medical professionals as part of research or to promote educational awareness.

Dorling Kindersley would like to thank the following for their kind permission to reproduce their photographs:
(Key: a-above; b-below/bottom; c-centre; f-far; l-left; r-right; t-top)
Alamy Images: 322tl; Angela Hampton Picture Library 266bc; Avatra Images 33cra, 84br; Marie-Louise Avery 135cl; Peter Banos 58cr; Bubbles Photolibrary 10tr, 20br, 148br, 185cr, 233bc, 242br, 317br, 328br; Adam Burton 125br; Camera Press Ltd 255bc, 268bc; Form Advertising 338br; David J. Green 76bc; Jennie Hart 47bl; Juergen Hasenkopf 95br; Janine Wiedel Photolibrary 405bl, 438br; Martin Hughes-Jones 154cr; Medical-on-Line 381cl; Picture Partners 235c, 369br, 380c; Pregnancy Maternity And Motherhood/Mark Sykes 365bl; Profimedia International s.r.o. 3fcla; Chris Rout 119bc, 148bc, 193c, 232cr; **babyarchive.com:** MJ Kim 42cl; **Babybond® www.babybond.com:** 2clb, 146tl, 149bc, 149bl, 149fbl, 173tl, 183tl, 199tl, 206bc, 206bl, 206br, 218tl, 256bc, 257tl, 258tl, 262fcl, 262ftl, 262tl, 263bc, 281tl, 282tl, 283tl, 286tl, 287tl, 288tl, 289tl, 292tl, 294tl, 306tl, 310tl, 311tl, 320tl, 323br, 327tl, 328tl, 329tl, 330tl, 332tl, 333tl, 336tl, 337tl, 338tl, 339tl, 340tl, 353tl; **BSIP:** 166tl, 235tl, 253tl; Ramare 174tl, 240bc, 343tl, 350tl, 351tl; SGO 131tl, 270tl, 271tl, 296tl; **Bubbles:** Moose Azim 333bl; **Corbis:** Heide Benser / zefa 180br; Brooke Fasani 341bc, 382bl; Rolf Bruderer 198c; Cameron 426c; Kevin Dodge 77bl; Annie Engel / zefa 200bl, 335bc, 375bc; Wolfgang Flamisch / zefa 387c; Owen Franken (sidebar); Rick Gomez 3fcrb, 10tc, 32cra, 158bc, 177c; Ole Graf/zefa 32bc; Rune Hellestad 389bc, 438bl; A. Inden / zefa 171cl; JLP/Sylvia Torres 2fcla; Michael A. Keller 60cr, 64bc; Jutta Klee

140c; Mika / zefa 80bl, 101bc; Markus Moellenberg/zefa 2crb, 31tc; Moodboard 273cl; Kevin R Morris 314br; Peter Pfander / zefa 351bc; Shift Foto / zefa 261bc; Ariel Skelley 6fbl, 464cl; Tom Stewart 245cr; Larry Williams 6fcr, 205br, 289br, 297cr, 395cr; **Custom Medical Stock Photo:** 127tl; **Dreamstime.com:** Monkey Business Images 37br, 57bc, 65cr, 292bc; Pliene 159tl; Shahar 204br; Shipov 180tl; Starush 256bl; Studio1one 162tl; **fotolia:** Liv friis-larsen 134cl; Nyul 75cr; **Getty Images:** 83bc, 311cr, 374c; Altrendo 412bc; Altrendo Images 356bl; B2M Productions 54l; Blend Images 73cr; Blend Images/Jose Luis Pelaez Inc 6cra, 30tr; Blend Images/PBNJ Productions 33bl; Leland Bobbe 313cr; Daniel Bosler 287br; Noah Clayton 164bc; Taxi / Colorstock 157br; Donna Day 270bc; DK Stock 63br; DK Stock / Michael Rowe 172br; Dorling Kindersley / Sian Irvine 173br; Gazimal 117bl; George Doyle 339bc; Vladimir Godnik 309bc; Sammy Hart 354c; Frank Herholdt 263br; Dorling Kindersley / Ian Hooton 209br; Ian Hooton 295br; Iconica 45c; Iconica / Andersen Ross 241br; Image Bank/Tracy Frankel 263bl; Image Source 149cra; Blend Images / Jose Luis Pelaez Inc 251br; Ruth Jenkinson 306cr; Christina Kennedy 223br; Jutta Klee 169cr; The Image Bank / Bernhard Lang 115cr; Lecorre Productions 145cr; StockFood Creative / Louise Lister 114br; LWA 462c; LWA/The Image Bank 367c; Laurence Monneret 385br; Nacivet 371br, 373br; Peter Nicholson 131br; Sarma Ozols 357cr; Barbara Peacock 262bc; Iconica / Jose Luis Pelaez 110c; Photonica 97bc; Louie Psihoyos 453tl; Riser 44cr, 116bc; Riser/ Frank Herholdt 3crb; Riser/Laurence Monneret 263cr; Stockbyte 86c, 263ftl, 327bc; Stockbyte/George Doyle 2cla; StockFood Creative 33ca; Stone 39c, 105br; Stone / James Baigrie 207br; Stone/Jerome Tisne 148; Jonathan Storey 246bc; Studio MPM 283c; Taxi 66br; Taxi / Bernd Opitz 252tl; Taxi / DreamPictures 106br; Jerome Tisne 151br; Titus 275bc; Tobias Titz 127cl; Paul Venning 379cr; Simon Wilkinson 139br; ZenShui / Laurence Mouton 316cr; **iStockphoto.com:** Alex Bramwell 104br; Dirk Richter 259c; **Prof. J.E. Jirasek MD, DSc.:** 3cra, 11tl, 32br, 33tc, 33tl, 68tl, 69tl, 71tl, 72tl, 73tl, 75tl, 76bl, 83tl, 87tl, 96cr, 96tl, 101tl, 104tl, 107tl, 110tl, 114tl, 115tl, 149tl, 149tr, 232tl, 242tl, 249tl; **jupiterimages:** Pixland 91c; **Lennart Nilsson Image Bank:** 33ftl, 65tl, 87cr, 91tl, 93cr, 93tl, 99tl, 100tl, 107cr, 126cr, 156tl, 219tl, 231tl; **Life Issues Institute:** 125tl, 181tl, 200tr, 260tl; **LOGIQlibrary:** 191cl, 237bc; **Masterfile:** 113br, 138c; **Mediscan:** 120tl, 211tl, 237tl; **Mother & Baby Picture Library:** 262br, 282bc, 426cl, 435cr; Dave J. Anthony 238bc; Moose Azim 307br, 427bc, 427br; Ian Hooton 6bl, 6cla, 6fcl, 6tr, 12tr, 26br, 28br, 30tc, 33br, 103bc, 122bc, 122cb, 138bl, 142l, 146cl, 199c, 229bc, 230c, 243cr, 262tr, 263tl, 267cr, 278br, 279br, 286bc, 299c, 300br, 302br, 321bc, 348, 383bc, 393cr, 394cl, 397c, 402cr, 411br, 465cl; Ruth Jenkinson 3fcra, 6cl, 6crb, 11tc, 13tr, 239cr, 288br, 319cr, 331cr, 394c, 399tl, 407cr, 409bl, 416br, 432bc, 441tc; Eddie Lawrence 6cr, 395cl, 399b; Paul Mitchell 8-9, 31tl, 149cl, 203bl, 320br; James Thomson 13tc, 19; **Dept of Fetal Medicine, Royal Victoria Infirmary, Newcastle upon Tyne:** 97tl, 111, 140tl, 161tl, 165tl, 167tl, 170tl, 187tl, 188tl, 274tl, 275tl, 276tl, 277tl, 278tl, 279tl, 297tl, 299tl, 300tl, 304tl, 305tl, 314tl, 316tl, 317tl, 325tl, 370tl, 374tl, 375tl, 377tl, 378tl, 379tl, 380tl, 381tl, 382tl, 383tl, 385tl, 386tl, 388tl, 389tl, 392tl; **Dr Pranav P Pandya:** 143c, 143cr, 285c, 285cr; **Photolibrary:** Banana Stock 2fclb, 103cl, 429b, 464c; Pierre Bourrier 133cr; Brand X Pictures 167bc; Neil Bromhall 226bl; OSF / Derek Bromhall 190tl; OSF / Neil Bromhall 221tl, 223tl, 229tl, 233tl, 255tl; OSF / Densey Clyne 193tl, 194br, 194tl, 203tl; Fresh Food Images/Robert Lawson 32tl; Henry Horenstein 366tl; Robert Lawson 322c; Graham Monro 430; Andersen Ross 323bc; Joy Skipper 332cr; **Phototake:** Dr Benoit/Mona Lisa 365tl; Sovereign 355tl; **PunchStock:** 442; **Reflexstock:** Agencja Free / Rafal Strzechowski 221br; **Rex Features:** 309tl; Prof Stuart Campbell 105tl, 106tl, 151tl, 154tl, 172tl, 189tl, 198tl, 209tl, 216tl, 217tl, 225tl, 226tl, 245tl, 252, 261tl, 269tl, 293tl, 295tl, 307tl, 321tl, 345tl, 361tl, 363tl, 387tl; **Science Photo Library:** 21tl, 77tl, 120bc, 169tl, 207tl, 240tl, 262c, 284tl; AJ Photo 335tl; Anatomical Travelogue 49tl, 63tl, 64tl, 67cl, 79tl, 81tl, 84tl, 86tl, 89tl, 92tl, 117tl, 129tl, 133tl, 145tl, 158tl, 174c, 197tl, 291tl, 344tl, 362tl, 364tl, 371tl; Samuel Ashfield 343tl, 364c; Bernard Benoit / Kretz Technik 341tl; Thierry Berrod, Mona Lisa Production 354tl; Biophoto Associates 36tl; Neil Borden 215tc, 215tl; Neil Bromhall 230tl, 241tl, 243tl; Neil Bromhall / Genesis Films 227tl; BSIP Estiot 57tl; BSIP VEM 40tl; BSIP, ASTIER 395c, 434bl; BSIP, ATL 324tl; BSIP, Cavallini James 124bl; BSIP, Laurent 418br; John Burbridge 47tl; CIMN, ISM 266tl, 273cr; Clouds Hill Imaging Ltd 10tl; Clouds Hill Imaging Ltd. 53cr; CNRI 428c; Kevin Curtis 378bl; Dopamine 135tl, 163tl, 175tl, 178tl, 179tl; Dr Keith Wheeler 43tl; Du Cane Medical Imaging Ltd 367tl, 386c; Edelmann 41c, 72cr, 100c, 109tl, 119tl, 124tl, 132tl, 134tl, 144tl, 148ftr, 148tr, 155tl, 157tl, 166bl, 171tl, 182br, 185tl, 213tl, 222tl, 234tl, 238tl, 239tl, 256tl, 347tl, 369tl; Simon Fraser 141tl, 370br; GE Medical Systems 372tl, 373tl; Steve Gschmeissner 37tl, 41tl, 46tl, 48tl; Ian Hooton 1c, 2cra, 2fcrb, 3cla, 4-5c, 6fbr, 14, 24bc, 46br, 103bl, 129c, 149cb, 149ftl, 188cl, 214bc, 263c, 398br, 455c, 464cr, 465cr; Dr Isabelle Cartier, ISM 45tl; Jean-Claude Revy-A. Goujeon, ISM 66tl; K.H. Kjeldsen 60tl; Mehau Kulyk 186tl, 246tl, 251tl; Dr Najeeb Layyous 95tl, 116tl, 121tl, 126tl, 130tl, 137tl, 156tl, 182tl, 186bc, 204tl, 208tl, 212tl, 222bl, 231tl, 267bc, 268tl, 274br, 313tl, 357tl, 358tl, 359tl; Living Art Enterprises, Llc 215c, 215cl; Cecilia Magill 6fcra, 31tr; Manfred Kage 39tl; Matt Meadows 346tl, 391tl; Hank Morgan 206tl; Dr Yorgos Nikas 50bl, 50br, 50fbr; Dr Yorgos Nikos 59bc, 59tl; Susumu Nishinaga 44tl; Lea Paterson 20bc; D. Phillips 50fbl, 53tl; Photo Researchers, Inc / Nestle / Petit Format 205tl; Alain Pol, ISM 248tl; Prof. P. Motta / Dept. of Anatomy / University 56tl; Prof. P. Motta / Dept. of Anatomy / University "LA SAPIENZA", Rome 49bc; Professors P.m. Motta & J. Van Blerkom 32tr; Professors P.M. Motta & S. Makabe 35tr; R. Bick, B. Poindexter, UT Medical School 67tl; P. Saada / Eurelios 138tc; Sovereign, ISM 139tl, 177tl, 178cr; James Stevenson 259tl; BSIP, Kretz Technik 319tl; Tek Image 310br; Alexander Tsiaras 132cr, 162cr; Zephyr 38tl, 331tl; **University College London Hospitals:** 271cr; **Wellcome Library, London:** 80tl, 164tl, 190br, 191tl, 195tl, 224tl, 265tl; Yorgos Nikas 61tl; Anthea Sieveking 429tr; **Wikipedia, The Free Encyclopedia:** Acaparadora 43bl

All other images © Dorling Kindersley
For further information see: www.dkimages.com

日本語版監修	竹内 正人	
翻 訳	松浦 直美	
発行者	片岡 巌	
発行所	株式会社技術評論社	
	東京都新宿区市谷左内町 21-13	
	電話 03-3513-6150 販売促進部	
	03-3267-2270 書籍編集部	
印刷／製本	Leo Paper Products Ltd.	

日めくりマタニティブック

2017年9月11日 初版 第1刷発行

定価はカバーに表示してあります。
ISBN 978-4-7741-8929-1 C2077
Printed in China

監修 ドクター マギー・ブロット

ブックデザイン 加藤愛子（オフィスキントン）
本文DTP 技術評論社制作業務部

本の一部または全部を著作権の定める範囲を超え、無断で複写、複製、転載、テープ化、あるいはファイルに落とすことを禁じます。

©2017 松浦直美

造本には細心の注意を払っておりますが、万一、乱丁（ページの乱れ）や落丁（ページの抜け）がございましたら、小社販売促進部までお送りください。送料小社負担にてお取り替えいたします。